Elogios a *Los pri*

Los principios de Canfield son sencillos, ¡pero los resultados que usted logrará serán extraordinarios!   —Anthony Robins, autor de *Awaken the Giant Within*
y *Unlimited Power*

Si solamente puede leer un libro este año, ¡ya lo tiene en sus manos!
—Harvey Mackay, autor de *Nade entre tiburones sin que*
se lo coman vivo, best seller del *New York Times*

Cuando Canfield escribe, yo lo escucho. Esta es su mejor obra e impactará la vida de sus lectores para siempre.
—Pat Williams, vicepresidente de los Orlando Magic del NBA

Jack Canfield es maestro de su medio, y les da a las personas que están hambrientas por tener una vida feliz, la sabiduría, la perspicacia, el entendimiento y la inspiración que necesitan para lograrlo. Gran libro, gran lectura, ¡gran regalo para cualquiera empeñado en ser un maestro de la vida!
—Michael E. Gerber, autor de los libros de la serie *The E-Myth*

En un libro, *Los principios del éxito* le da las estrategias básicas para el éxito, y las estrategias más avanzadas que le ayudarán a ser un maestro del éxito. Yo he aprendido mucho de Jack Canfield y confío en que usted también lo hará.
—John Gray, Ph.D., autor de *Los hombres son de Marte, las mujeres son de Venus*

Antes de poder cambiar su vida, tiene que cambiar su manera de pensar. Jack y Janet han creado un plan edificante y motivador para su éxito personal. Mi curso de bienes raíces ha ayudado a miles a convertirse en inversionistas exitosos de bienes raíces, seguros de sí mismos. Estoy convencido de que *Los Principios del éxito* cambiará la manera en que usted piensa, actúa y le ayudará a cambiar su vida en maneras que usted jamás creyó posibles. Yo recomendaría este libro no solamente a mis estudiantes, sino también a todos aquellos que estén empeñados en ser exitosos ¡aun más allá de sus sueños más descabellados! Lo invito a que lea este maravilloso libro. ¡Le ayudará sin duda a cambiar su vida para bien!   —Carleton Sheets,
creador del curso a distancia «No Down Payment Real Estate»

Canfield y Switzer han colocado sus métodos de éxito en un libro revelador y fácil de leer. Las enseñanzas de Jack son altamente eficaces y su nuevo libro será el regalo para dar este año.
—Ken Blanchard, coautor de *El mánager al minuto* y de *Clientemanía*

En *Los principios del éxito*, Jack Canfield revela la metodología específica y los principios necesarios que le traerán resultados para alcanzar el éxito y la realización máxima. ¡Este libro allanará el camino para lograr éxito al máximo!
—Peter Vidmar, dos veces campeón de la medalla de oro en gimnasia en los Juegos Olímpicos, y miembro de U.S. Olympic Hall of Fame

Los principios del éxito lo inspirará y le dará valor para llevar una vida más satisfactoria. ¡Prepárese para muchos cambios con este libro!
—Kathy Smith, líder destacada en salud y bienestar

El mensaje de Jack es sencillo, impactante y práctico. Si usted estudia los principios, los principios funcionarán. Este libro debe leerlo todo aquel que quiera hacer realidad la vida exitosa con la cual sueña. —Andrew Puzder, presidente y director general de CKE Restaurants, Inc., Carl's Jr., Hardee's, y La Salsa

¡Qué libro tan maravilloso! *Los principios del éxito* es una obra de consulta para todo aquel que realmente esté interesado en obtener la vida que sueña. Conserve este libro con usted, úselo como guía e inspiración para que le ayude a alcanzar su máximo potencial y la paz interior que desea. ¡Usted necesita este libro! —Marilyn Tam, expresidente de Reebok Apparel Products Group y autora de *Cómo utilizar lo que tienes para conseguir lo que quieres*

Si usted pensó que sabía todo lo que necesita para ser exitoso en los negocios, ¡espere a que lea lo que dice *Los Principios del Éxito*! Desde empresarios principiantes, hasta los directores generales más exitosos del mundo, este libro le enseñará a cualquiera cómo ser más exitoso y más feliz haciendo lo que le encanta hacer. —John Assaraf, RE/MAX Indiana, autor *best seller* del *New York Times* y *Wall Street Journal* de *The Street Kid's Guide to Having It All*

Este es el mejor sistema —página por página— para lograr todo lo que usted quiere. ¡Prepárese para el viaje más fascinante de su vida! ¡No pude dejar de leerlo! —Marcia Martin, exvicepresidenta de EST y Transformational Coach

La habilidad de Jack Canfield para ser extremadamente elocuente, comprensible y accesible hace que *Los principios del éxito* sea no solamente un asombroso plan para tener éxito, sino también un gusto leerlo. —Jim Tunney, Ed. D., exárbitro del NFL, instructor, y autor de *It's the Hill, Not the Skill*

Personalmente, he sido testigo de la firmeza con la cual usa los principios en este libro. Es por su resolución y su fe en estos principios que nació la serie de *Sopa de pollo para el alma*. *Los principios del éxito* no es solamente un libro asombro que lo guiará a logros impresionantes, pero en sí mismo es una prueba de que los principios sí funcionan. —Peter Vegso, presidente de Health Communications, Inc., y editor de *Sopa de pollo para el alma*

La mayoría de nosotros sabemos lo que queremos de la vida, pero muy pocos sabemos cómo conseguirlo. *Los principios del éxito* no le da solamente el mapa de carretera, ¡sino también le da las llaves para el motor y hasta le pone gasolina en su tanque! Consígase unas galletitas y no deje de leer este libro hasta que haya dominado su mensaje. —Wally Amos, autor of *The Cookie Never Crumbles*

Mi buen amigo Jack Canfield es uno de los oradores y profesores más intuitivos del mundo actual. Luego de haber pasado tiempo con él, asimilando sus ideas y su perspicacia, usted cambiará de manera positiva por el resto de su vida. —Brian Tracy, uno de los líderes de los EEUU en el desarrollo del potencial humano y efectividad humana y autor de *Viaje hacia el éxito, Sopa de pollo para el alma* y *Sopa de pollo para el alma de la madre*

Si usted actúa de acuerdo con los principios y valores de Jack, podrá lograr el éxito y la paz interior que busca. Jack ha escrito este libro con ese propósito. Lo único que tiene que hacer es dejarse guiar por él. —Hyrum W. Smith, vicepresidente y fundador de Franklin Covey

En el mercado tan competitivo de hoy, las personas más exitosas son aquellas que se dirigen sistemáticamente hacia sus metas. Ahora, *Los principios del éxito*, el mejor clásico de éxito y desarrollo personal en las últimas décadas, analiza y aclara estos métodos usando un lenguaje sencillo y con instrucciones paso a paso, destacando historias inspiradoras de otras personas que han recorrido este camino antes que usted. Si su meta es obtener mayor realización, más dinero, más tiempo libre y menos tensión, lea y aplique los principios comprobados en este libro.

—Les Brown, autor de *Live Your Dreams* y *Conversations on Success*

¡Qué colección de pensamientos y conceptos «exitosos» tan maravillosa!… algunos sencillos, otros profundos, pero todos imprescindibles en el complejo mundo de hoy… ¡tiene que leerlo!　　　　—Steven Stralser, Ph. D., director administrativo y profesor clínico de Global Entrepreneurship Center, Thunderbird: The Garvin School of International Management, y autor de *MBA in a Day: What You Would Learn in Top-Tier Schools of Business —If You Only Had the Time*

Después de que lea *Los principios del éxito*, se enfocará en sus metas a corto y largo plazo de una manera completamente nueva y emocionante. Este libro resume todo lo que usted necesitará para lograr todo lo que quiere de la vida, ¡y mucho más! El éxito del mismo Canfield y de Switzer es prueba de que estos principios funcionan y que fácilmente se pueden aplicar a cualquier objetivo.

—Rita Davenport, expresidente de Arbonne Internacional

El éxito es algo que casi todo el mundo desea, y muchos se pasan la vida entera con la esperanza de obtenerlo. Algunos nunca lo logran, mientras que otros lo alcanzan pronto. Sin importar en qué punto de su vida esté, pare y lea este magnífico libro escrito por Jack Canfield y Janet Switzer. Tal vez ya llegó a ese lugar, o aun intente hacerlo, o tal vez esté perdido entre el deseo por y la realización de su éxito personal. En cuanto termine de leer *Los principios del éxito*… sabrá en dónde está, a dónde quiere ir y cómo llegar allí. Esta es una obra que debería ser un libro de consulta o lectura requerida antes de «recibirse» como adulto.

—Dave Liniger, presidente del consejo de RE/MAX Internacional

¡Jack Canfield lo ha logrado de nuevo! En *Los principios del éxito*, explica con gran facilidad y compasión los métodos implementados por personas altamente exitosas de toda profesión y clase social: métodos que lo llevarán hasta donde pueda imaginar. Sin importar cuál sea su propia definición de éxito, este libro lo guiará a su realización.

—Jeff Liesener, presidente de High Achievers Network

Si alguna vez quiso que Jack Canfield le aconsejara personalmente sobre la manera de lograr sus sueños, este libro es lo que mejor se aproxima a tenerlo a él como su propio guía. Está lleno de información, inspiración y, en gran medida, comprensión. Además de sus estrategias comprobadas, se destacan en este libro el apoyo, la compasión e integridad de Jack.　　—Marshall Thurber, cofundador de Accelerated Business School y Money and You

Los principios del éxito que se encuentran en este libro son muy sencillos, pero a la misma vez son muy impactantes. Son necesarios para poder lograr sus metas. Jack tiene una manera de hacer que el aprendizaje sea entretenido y divertido. ¡Este libro sí es un verdadero ganador!　　—Kathy Coover, cofundadora y vicepresidenta de mayor antigüedad de ventas y mercadeo de Isagenix Internacional

En un mundo lleno de caminos dudosos hacia el éxito, *Los principios del éxito* identifica los pasos que las personalidades y estrellas más famosas de hoy utilizan para lograr su futuro ideal. No se me ocurre una manera mejor de llegar de donde está a donde desea estar. —Bill Harris, director, Centerpointe Research

Si tiene sueños y grandes planes, lea *Los principios del éxito* y actúe. Al fin y al cabo, ¡usted merece tener aún más de lo que quiere en la vida!
—H. Ronald Hulnick, Ph.D., presidente de la Universidad de Santa Mónica

Una mezcla única de moralejas y técnicas, con anécdotas de la vida real y mucho humor, hace que *Los principios del éxito* sea una lectura estupenda. Educativo, divertido y con los pies en la tierra, este libro utiliza la habilidad de Jack Canfield para motivar e inspirar, sin una actitud exagerada. Estos principios del éxito son de gran valor para cualquier lector. —Christen Brown, presidenta de On Camera Entertainment y autora de *Star Quality*.

No importa cuál sea su interpretación del éxito, Jack Canfield lo guiará a él. *Los principios del éxito* es el libro de consulta vital para todos. Transforme su sueño de éxito en una realidad. ¡Compre este libro hoy mismo!
—Gary T. Van Brunt, vicepresidente de Discount Tire Co.

Los principios del éxito comprueba de una vez por todas que el logro personal no es un derecho de nacimiento ni un privilegio. Más bien es el resultado de mucho racionamiento y trabajo, de planificación y acción. Pero en gran medida, la capacidad de lograr metas y sueños es una *habilidad* que sí se puede *enseñar*, y nadie lo hace mejor que Jack Canfield. —Catherine B. Reynolds, directora de la junta de Catherine B. Reynolds Foundation

¡Tiene que leer este libro! Canfield y Switzer explican en detalle y paso a paso las fórmulas que todos podemos usar para lograr más éxito en nuestras carreras y en nuestra vida personal. Si ganar más dinero, tomar más riesgos y realizar el tipo de vida con que sueña es lo que usted desea, *Los principios del éxito* se lo concederá.
—Gary Hendricks, Ph.D. autor de *Conscious Living* y coautor (con la doctora Kathlyn Hendricks) de *Conscious Loving*

No importa en qué punto de su vida esté, *Los principios del éxito* le dará estrategias y sistemas comprobados a lo largo del tiempo para crear un futuro más brillante. Únase a las filas de quienes actualmente obtienen los mejores resultados en la lectura y aplicación de lo que dice este impresionante clásico y nuevo éxito.
—Paul R. Scheele, autor de *Natural Brilliance, Genios Code, Abundance for Life* y *The PhotoReading While Mind System*

Este libro está escrito de una manera fenomenal y revela con autoridad los principios y procesos más importantes que existen hoy para alcanzar el verdadero éxito en su vida.
—Hale Dwoskin, autora de *The Sedona Method: Your Key to Lasting Happiness, Success, Peace, and Emotional Well-Being*, *best seller* del *New York Times*

¡Usted puede tener éxito en todos los aspectos de su vida! ¡Siga los principios y estrategias que le ofrece Jack Canfield para lograr cualquier meta! *Los principios del éxito* brinda una guía detallada y comprensiva para conseguir más de lo que USTED pretende. Es divertido y eficaz. ¡Léalo hoy!

—Erin Saxton, Eleven Communications

Leer *Los principios del éxito* es lo que mejor se aproxima a tener a Jack Canfield como su consejero personal. Jack tiene la habilidad de mezclar la inteligencia con la compasión, logrando así que este sea un libro accesible. Los principios y las historias de personas que han usado estos principios son eficaces e inspiradores. ¡Se hablará por muchos años de este libro!

—George R. Walther, autor de *Heat Up Your Cold Calls*

Si busca una varita mágica para mejorar su vida, su carrera o sus relaciones personales, *¡Los principios del éxito* se la entregará! Pero no compre este nuevo clásico solamente para colocarlo en su biblioteca. Lea las estrategias ya comprobadas, aplíquelas y ¡prepárese para unirse al rango de las personas más exitosas del mundo!

—Raymond Aaron, el instructor de negocios e inversiones
más destacado de Canadá

¡Qué colección más «maravillosa» de pensamientos e ideas triunfadoras!... unos sencillos, otros profundos, pero todos imprescindibles en el mundo de hoy. ¡Tiene que leerlo! Yo apliqué los principios que se encuentran en este libro para propulsar mi sitio web, ¡de 100 visitantes al mes a más de 5.000!   —Zev Saftlas, autor de
Motivation That Works y fundador de empoweringmessges.com

Los principios del éxito entrelaza estrategias para alcanzar el éxito junto con historias y lecciones comprobadas. Este libro debe leerlo todo aquel que busca llegar a nuevas alturas en su vida. ¿Hay manera de obligar a las generaciones del futuro a que lean este libro? ¡Quisiera haber tenido esta información a mano hace veinte años!

—Arielle Ford, autora de *El secreto del amor*

Canfield y Switzer han creado un libro que está lleno de inteligencia, compasión y humor. ¡Este es uno de los mejores libros sobre el éxito que he leído! Si tiene un sueño que aún no ha podido realizar, déjese guiar por Jack Canfield. Estará feliz de haberlo hecho.

—Bill Cirone, director de Santa Barbara County Office of Education

Si lo que busca es ampliar las oportunidades que se le presentan, crear nuevas alianzas, ayudar a más personas y obtener más de cada minuto de su vida, *Los principios del éxito* le dará esos resultados. ¡Me encanta!

—John Demartini, director general de Demartini Seminars
y fundador de Concourse of Wisdom

Las personas más exitosas saben que la mejor inversión es la que se hace en uno mismo. *Los principios del éxito* le ayudará a dominar las aptitudes que atraerán a personas importantes, oportunidades inmensas y gran fortuna a su vida. ¡Deje que la inversión le traiga ganancias!

—Cynthia Kersey, autora de *Unstoppable* y *Unstoppable Women*

Si existe un libro que destapa las estrategias secretas de las personas más exitosas de hoy, *¡Los principios del éxito* es ese libro! Fácil, comprensible, aplicable. Es la mejor herramienta para lograr el éxito que se ha presentado en años.

—Bill Bauman, Ph.D. Bill Bauman Seminars and Mentoring

¡Por fin!, un libro que logra lo que pretende. *Los principios del éxito* sí que lo llevará al próximo capítulo de su vida y le ayudará a realizar todos sus sueños. Si usa los principios que han hecho que Jack Canfield —y todas las personas dentro de este libro— sea exitoso, usted también logrará hechos asombrosos. ¡Lea este libro hoy!

—Tom Hill, fundador de Eagle Institute y autor de
Living at the Summit: A Life Plan

Si busca un plan triunfante para obtener el éxito, no busque más allá de *Los principios del éxito* de Jack Canfield.   —Suzanne de Passe, productora de televisión

Jack Canfield es un gran maestro. Entiende lo que se necesita para tener una vida exitosa y en *Los principios del éxito* reúne todos los elementos necesarios para que el resto del mundo los vea.

—T. Harv Eker, autor de *Los secretos de la mente millonaria*

He sido estudiante de Jack Canfield por más de una década y he utilizado los principios que enseña en su libro para acelerar mi propio éxito y también el de las personales a las que enseño y dirijo en el Henry Ford Museum. Le recomiendo este libro. Cambiará su vida.

—Jim Van Bochove, director del desarrollo de mano de obra
en The Henry Ford: America's Greatest History Attraction

Los principios del éxito de Jack Canfield comunica de una manera inteligente y breve, las reglas para tener una vida realizada y llena de triunfo. Encontrará inspiración y motivación en cada página.

—Debbie Ford, autora #1 del *New York Times* de
The Dark Side of the Light Chasers y *The Best Year of Your Life*

Jack Canfield ha creado, con la claridad de un diamante, el mejor manual del éxito. Es el manual que hubiese querido tener cuando comencé la búsqueda para obtener lo mejor.   —Maestra Mary Louise Zeller, «Abuela Ninja», ganadora
nacional doce veces e internacional cinco veces, de la
medalla de oro de Tae Kwon Do, tipo Olímpico

Si es un empresario que comienza, ha estado ya en las empresas por décadas, o se acaba de recibir, debe leer *Los principios del éxito*. Lo llevará paso a paso por las etapas del éxito y lo moverá al próximo nivel, ¡y hasta más lejos! La manera práctica y el lenguaje directo de Jack le permitirán disfrutar de este libro tan profundo, comprensivo e inteligente.   —Linda Distenfield e Ira Distenfield, presidenta
y directora general, respectivamente, de We The People

Todavía escucho *Los principios del éxito* en mi auto mientras conduzco a la universidad. En solo tres años, pasé de estar al borde de la quiebra a ser propietario de una compañía de bienes raíces con siete empleados cuya producción está en el dos por ciento superior de todos los agentes de Arizona. Fundé un respetado bufete de abogados de bienes raíces y actualmente soy socio de una empresa de adquisición y desarrollo de tierras. La base de mi éxito está directamente ligada a las lecciones que he aprendido de este libro.   —Jason Wells, Tempe, Arizona

Después de leer *Los principios del éxito*, compré varios ejemplares para el personal dental de mi marido. Como resultado, hemos decidido abrir una escuela de asistencia dental para formar excelentes asistentes dentales que consigan fácilmente puestos de trabajo. Ahora compro un ejemplar del libro para cada estudiante y hablo acerca de los principios clave en nuestra ceremonia de graduación. Los principios del éxito ofrece todo lo que ellos necesitan para triunfar en todas las áreas de sus vidas.   —Helen Hussey, Arlington, Washington

En los dos años transcurridos desde que leí *Los principios del éxito,* recibí una oferta para trabajar como director del departamento de psicología en un prominente instituto en Qatar; pasé unas vacaciones largas y fabulosas en Tailandia, el Reino Unido e India; me convertí en copropietario de varios apartamentos y suites; mi primer libro fue publicado por Hay House Publishers; creé un plan efectivo para administrar mis finanzas, mis diezmos y mi patrimonio, y me he convertido en un millonario en el proceso.   —Doctor A. Moosani, Mumbai, Maharashtra, India

Durante diez años trabajé como médica en diferentes países y campos de la medicina, pero aunque eso luce emocionante, nunca fui realmente feliz trabajando en hospitales, pues me hacían sentir desdichada y agotada. Los principios del éxito me hicieron darme cuenta de que yo podía decir «no», y me enseñaron a «indagar en mi interior» aquello que era bueno para mí. Cuando vi el anuncio en la Internet de una ambulancia aérea que buscaba un médico de servicio aéreo, me pareció una oportunidad realmente fantástica, a pesar de que no tenía la certeza de que estarían interesados en mí. Solicité el puesto de todos modos, y me contrataron. ¡Es, de lejos, el mejor trabajo que he tenido!   —Johanna Gnad, Viena, Austria

Después de un paréntesis de treinta y cuatro años como luchador amateur, decidí competir en los Juegos Nacionales de Veteranos, que se celebrarían en solo dos meses. Con mi hijo como entrenador, utilicé la visualización, modifiqué mi dieta, me ejercité con vigor y me mantuve concentrado en el premio. Perseveré, a pesar de que nuestro vuelo fue desviado y llegamos a las 2:00 a.m. Tras unas pocas horas de sueño, practiqué mi afirmación y visualicé el triunfo. Varias horas después, yo era el campeón nacional de estilo libre.   —Skip Mondragon, Evans, Georgia

¡Este libro fue el catalizador que reunió a mi familia y salvó mi matrimonio! Yo iba camino al divorcio; me separé de mi marido y me mudé de un lado al otro del país. Mientras escribo esto, mi marido y yo nos hemos reconciliado, y nuestra familia está junta de nuevo. He compartido el libro y lo que he aprendido con mi marido y mis hijos, y dirigido incluso una «Reunión Jack» semanal en nuestra oficina. Me siento muy satisfecha de compartir con los demás lo que he aprendido.
                    —Carole Murphy, Columbus, Ohio

Mi hijo es un individuo muy brillante, pero nunca encontró su lugar en el sistema educativo. Mientras tenía dificultades durante su primer año en la universidad, le di un ejemplar de *Los principios del éxito*. Leyó el libro y, poco después, se retiró de la universidad para perseguir su sueño de convertirse en empresario. Eso fue hace cinco años y dos empresas. Gracias.   —Janet Barlow, Ajax, Ontario, Canadá

Cuando emigré a Alemania hace cinco años, vivía con 500 euros al mes y temía al futuro. Vi *Los principios del éxito* en una de las casas en las que trabajé como niñera, y dos meses después de comenzar a seguir los principios, conseguí un trabajo como consultora con un sueldo de 200 euros al día o cuatro mil euros al mes. Un año después, quería hacer un doctorado, y obtuve una beca universitaria que solicitaron otros doscientos estudiantes. —María Fernanda Valdés, Berlín, Alemania

Luego de seguir *Los principios del éxito,* pude cumplir mi sueño de viajar alrededor del mundo. He viajado a seis de los siete continentes y a más de cuarenta países, y he ayudado a muchos niños y familias en el camino. En 2013, viajé durante casi nueve meses por Centro y Suramérica, Europa, África y el Medio Oriente. ¡Fue un año increíble! —Antoinette Bernardo, Brooklyn, Nueva York

Yo estaba al borde del suicidio luego de un despido laboral y de una dura temporada como trabajador independiente. Después de leer *Los principios del éxito,* me comprometí a escribir un libro, a ganar un concurso Toastmaster y a encontrar un mentor que me condujera al siguiente nivel. En un lapso de veinticuatro meses, terminé mi libro Live a More Excellent Life [Vive con mayor excelencia], quedé entre los veinte primeros del Concurso Internacional de Oratoria Toastmasters entre treinta y cinco participantes, y ahora soy orador, entrenador y coach profesional y certificado. —J. Loren Norris, Euless, Texas

Después de leer *Los principios del éxito* fui capaz de cambiar mi vida. Pasé de tener deudas superiores a los treinta mil dólares a salvar mi negocio del fracaso, a pagar mis deudas, y a tener ahorros sustanciales para una casa nueva y para mi jubilación; ¡todo en menos de un año! —Jenny Cleary, Chicago, Illinois

Jack me ha devuelto mi autoestima y el valor para perseguir mis sueños. Hoy, soy financieramente independiente y tengo una compañía que ayuda a las personas a diseñar sus vidas. Realizo seminarios con líderes de pensamiento para un público de entre ochocientas y mil personas. Soy muy respetado en mi comunidad y presidente de la Asociación de Padres y Maestros en la escuela de mi hijo. Todo eso fue posible gracias a Jack, que me devolvió lo que había perdido: MI PODER. —Puja Gupta, Chennai, India

Gracias al principio «Rechace el rechazo», me convertí en chef de repostería después de que me habían dicho que era imposible, pues no había aprendido ese oficio a una edad temprana y debido a que tengo tres hijos pequeños y un marido con una carrera exigente. Seguí tocando puertas hasta que una se abrió, y estoy orgullosa de decir que ahora trabajo en la mejor pastelería francesa de Calgary, Canadá. ¡Gracias! —Mariko Tancon, Calgary, Alberta, Canadá

Los principios del éxito

Los principios del éxito

Edición décimo aniversario

Cómo llegar de donde está
a donde quiere ir

Jack Canfield

Cocreador de
Sopa de pollo para el alma
Destacado maestro en *El Secreto*

Con
Janet Switzer

HarperCollins *Español*

Editora en Jefe: *Graciela Lelli*

Traducción: *Rosario Camacho-Koppel y Santiago Ochoa Cadavid*

Edición: *Nahum Saez*

Adaptación del diseño al español: *www.produccioneditorial.com*

ISBN: 978-0-82970-244-6

Impreso en Estados Unidos de América

16 17 18 19 20 DHV 9 8 7 6 5 4 3 2 1

*Este libro es dedicado a Patty Aubery, mi socia comercial,
presidenta de mis compañías, y —durante veinticinco años—
mi caja de resonancia, confidente y amiga más cercana.*

*Desde aquellos días lejanos cuando escribí las primeras historias de Sopa de
pollo para el alma hasta la consolidación de una empresa de gran éxito que ha
expandido mi impacto a nivel mundial, Patty me ha ayudado a orientar mi carrera,
ha promovido estas enseñanzas y mantenido una visión de mi trabajo que es más
grande y audaz que cualquier cosa que yo podría haber soñado por mi propia cuenta.*

*No hay palabras para expresar mi gratitud por tu energía inagotable,
tu atención desinteresada y tu dedicación de toda una vida a este trabajo.
Eres un tesoro.*

*La vida es como la combinación de una
caja fuerte; a ti te corresponde encontrar los
números correctos, y en el orden correcto,
para poder lograr todo lo que quieras.*

BRIAN TRACY

*Si todos hiciéramos lo que somos capaces de
hacer, nos sorprenderíamos, literalmente.*

THOMAS A. EDISON

CONTENIDO

Prefacio   xix

Introducción   xxix

I. Los fundamentos del éxito

1. Sea cien por ciento responsable de su vida   3
2. Tenga una idea muy clara de por qué está aquí   23
3. Decida qué quiere   31
4. Crea que es posible   44
5. Crea en usted   51
6. Utilice la ley de la atracción   63
7. Libere el poder de fijarse metas   82
8. Divida los trabajos en segmentos   97
9. El éxito deja pistas   103
10. Quite el freno   106
11. Visualice lo que quiere y obtenga lo que ve   118
12. Actúe como si…   135
13. Hágalo   147
14. Inclínese en la dirección correcta   157
15. Aunque sienta miedo, hágalo de todos modos   165
16. Dispóngase a pagar el precio   179
17. ¡Pida! ¡Pida! ¡Pida!   191
18. Rechace el rechazo   199
19. Use la retroalimentación en beneficio propio   208
20. Comprométase a un mejoramiento constante   220
21. Lleve su puntaje del éxito   224
22. Practique la persistencia   228
23. Aplique la regla de cinco   237
24. Exceda las expectativas   240

II. Transfórmese para el éxito

25. Sálgase del club de los «pesimistas»... y rodéese de
    personas exitosas   247
26. Reconozca su pasado positivo   253
27. No pierda de vista el premio   263
28. Ordene sus desórdenes y concluya lo inconcluso   266
29. Concluya el pasado para abrirse al futuro   273
30. Enfrente lo que no funcione   285
31. Acepte el cambio   290
32. Transforme su crítico interno en un asesor interior   294
33. Trascienda sus creencias limitantes   308
34. Desarrolle cuatro nuevos hábitos de éxito al año   313
35. El noventa y nueve por ciento no sirve; el cien por ciento
    es fácil de lograr   317
36. Aprenda más para ganar más   321
37. Manténgase motivado con los maestros   330
38. Alimente su éxito con pasión y entusiasmo   335

III. Constituya su equipo de éxito

39. Concentre su atención en su genio interno   343
40. Redefina el tiempo   348
41. Conforme un sólido equipo de apoyo y deléguele tareas   354
42. Diga simplemente: ¡No!   360
43. Conviértase en un líder digno de ser seguido   367
44. Cree una red de mentores y de otros que le ayudarán a avanzar   380
45. Contrate a un asesor personal   396
46. Conforme un grupo de mentes maestras para diseñar
    su camino al éxito   403
47. Indague en su interior   410

IV. Cree relaciones exitosas

48. Esté aquí ahora   425
49. Sostenga una conversación de corazón a corazón   430
50. No demore en decir la verdad   436
51. Que su lenguaje sea impecable   446

52. En caso de duda, cerciórese   452
53. Demuestre el poco frecuente sentimiento de aprecio   457
54. Sea fiel a su palabra   464
55. Sea una persona de clase   470

V. El éxito y el dinero

56. Desarrolle una conciencia positiva acerca del dinero   479
57. Obtendrá lo que se proponga   487
58. Páguese usted primero   493
59. Domine el juego de gastar   503
60. Para gastar más, primero gane más   511
61. Dé más para recibir más   526
62. Encuentre una forma de servir   533

VI. El éxito en la era digital

63. Domine la tecnología que necesita   541
64. Véndase a sí mismo con una persona en línea   553
65. Utilice los medios sociales de modo que mejore su reputación   569
66. Utilice el poder exponencial del *crowdfunding*   576
67. Conéctese con personas que puedan ampliar su visión   586

Epílogo: Aumente sus facultades capacitando a los demás   591

Los principios del éxito: *Herramientas gratis para alcanzar el éxito*   602
Lleve el poder del cambio a su organización: discurso,
    capacitación y taller de *Los principios del éxito*   603
Lecturas recomendadas y recursos adicionales para el éxito   605
Acerca de los autores   607
Agradecimientos   610
Autorizaciones   613
Índice   617

PREFACIO

Hace una década, Janet Switzer y yo imaginamos una época en que *Los principios del éxito* sería leído en docenas de idiomas y seguido en más de cien países; una en que las personas de todos los ámbitos y grupos de todo tipo lo utilizarían como una guía para tener sueños grandiosos, planear resultados mayores, adoptar medidas de una manera más grande y disfrutar de un tipo de estilo de vida abundante que, para ellos, no parecía posible antes.

Imaginamos un momento en que educadores, directores de empresas y líderes de grupos pequeños aceptarían nuestro reto para promover el mensaje de *Los principios del éxito* mediante la capacitación de otras personas con estos fundamentos del potencial humano, una época en que podíamos mirar hacia atrás con orgullo, a los millones de vidas que habían sido tocadas por el mensaje universal y los principios comprobados de este libro.

Me alegra decir que esa época es ahora.

En los últimos diez años, no solo *Los principios del éxito* ha sido publicado en 108 países en treinta idiomas, sino que las historias de éxito y los comentarios positivos que hemos recibido a cambio han sido gratificantes y constituyen una lección de humildad. Hombres, mujeres, adolescentes, estudiantes, deportistas, empresarios, padres de familia que permanecen en casa, estrellas corporativas en ascenso y otros triunfadores se han dedicado a crear vidas de abundancia, alegría, desempeño profesional y logros personales.

Son una prueba positiva de que estos principios funcionan si usted trabaja con ellos.

A través de incontables historias e informes conmovedores, he visto este fenómeno desplegarse a medida que los lectores pasaron más allá de la cultura actual de la conformidad y la mediocridad para crear la vida excitante y fascinante de sus sueños.

Ellos han superado sus propias limitaciones —ya sea los desafíos físicos, las dificultades económicas, los fracasos del pasado o simplemente sus propias creencias limitantes—, y han alcanzado un éxito asombroso.

En una época, tal vez al igual que usted, ellos se preguntaban cómo un solo libro podría cambiar sus vidas.

Doug Wittal, un constructor canadiense de Kamloops, Columbia Británica, duplicó sus ingresos luego de un año de aplicar lo que aprendió y los duplicó de nuevo doce meses después. Comenzó a disfrutar de mucho más tiempo libre y construyó cuatro casas magníficas para que él y su familia pudieran pasar los veranos e inviernos en climas templados.

Días antes de hablar con Doug, tuvimos noticias de Miriam Laundry, una madre que soñaba con llevar conceptos de autoestima a más de cien mil niños, y con cambiar vidas y comunidades en todo el mundo. No solo superó su objetivo en menos de un año, sino que obtuvo un *récord* Guinness® por su logro.

Sean Gallagher, un exitoso empresario irlandés, participó tres temporadas en el exitoso programa de televisión *Dragon's Den* (*Shark Tank* en EE.UU.), y más tarde logró su meta más audaz al presentarse a las elecciones presidenciales de Irlanda. Actualmente es un orador y escritor muy solicitado, que ayuda a informar e inspirar a la próxima generación de líderes de negocios irlandeses.

Justin Bendel —un aspirante a músico orquestal—, utilizó *Los principios del éxito* para visualizar que tocaba en una sala de conciertos de primer nivel cuya foto conservaba desde hacía varios años. A pesar de que no sabía el nombre de la sala de conciertos, de todos modos la pegó en su cartelera. Poco después, recibió una beca completa para realizar estudios de postgrado en música y, en su primer año de estudio, fue elegido para tocar con la orquesta universitaria en el Carnegie Hall de Nueva York, la sala de conciertos de la fotografía que tenía en su cartelera.

Luego de utilizar el *Principio 24: Exceda las expectativas*, la canadiense Natalie Peace, de veinticinco años, y quien tenía una franquicia, construyó uno de sus bares de jugos con récord de ingresos, y luego lo vendió por la cantidad más alta jamás recibida por esa franquicia. Ya obtuvo su MBA y actualmente (entre otras cosas) imparte clases de administración de negocios a estudiantes universitarios de cuarto año; y recomienda *Los principios del éxito* como un libro de texto influyente para los futuros empresarios.

Después de que uno de mis lectores —un exitoso empresario malayo—, fuera encarcelado en condiciones extremadamente duras en China, su mujer convenció a los guardias para que le entregaran su ejemplar de *Los principios del éxito,* que estaba raído, marcado y mordido por su perro, a fin de que pudiera mantener la motivación durante su terrible condena de veinte meses. Él no solo lo releyó cientos de veces, sino que también lo utilizó para transformarse en una persona aun más motivada, entusiasmada y sin miedo quien, desde su liberación, ha puesto en marcha un exitoso negocio de tecnología informática, abierto dos restaurantes y adquirido un portafolio de propiedades internacionales con un grupo de inversores inmobiliarios.

Pavel Popiolek —un destacado importador de computadores de la República Checa y con un negocio que administra seiscientos millones de dólares—, utiliza lo que aprendió en *Los principios del éxito* para equilibrar su vida y su trabajo, sacando tiempo para su verdadera pasión: el ciclismo competitivo. Hasta el momento, ha ganado la carrera Val d'Aran UCI World Cycling Tour en los Pirineos, clasificado para el Campeonato Mundial de Ciclismo Master y ha aparecido en la revista *Men's Health*.

Por supuesto, además del éxito empresarial y de la realización profesional, están aquellos lectores cuyas vidas han cambiado totalmente luego de implementar los principios de este libro.

Heather O'Brien Walker, que sufrió una devastadora lesión cerebral luego de un accidente laboral en una bodega, oyó por primera vez *Los principios del éxito* cuando estaba en su cama en el hospital mientras su prometido se lo leía en voz alta durante los treinta días de su rehabilitación. Aunque no podía caminar ni hablar —ni siquiera actuar normalmente—, ella comenzó a visualizar el día de su boda y convirtió *el acto de caminar por el pasillo* en su meta más importante. El proceso de aprender a caminar de nuevo fue agotador. Pero hoy Heather no solo se ha recuperado, sino que también comparte su mensaje para superar la adversidad por medio de charlas y de su libro *Do not Give Up, Get Up* [No se rinda, levántese].

Akshay Nanavati, un exmarine que fue diagnosticado con trastorno de estrés postraumático tras su regreso de Irak, está utilizando los principios para vencer su enfermedad. ¿Su sueño? Correr en todos los países del mundo, de frontera a frontera, en los próximos veinticinco años, no solo como una forma de inspirar a los demás, sino también de darse a *sí mismo* la inspiración para levantarse y actuar todos los días.

Y Lewis Pugh, de Gran Bretaña, es la única persona que ha completado una travesía de larga distancia en todos los océanos del mundo. Durante un período de veintisiete años, ha sido pionero en nadar en las aguas más hostiles de la tierra, incluyendo la Antártida, el Polo Norte y el Himalaya, y ha desarrollado una visión de la belleza y la fragilidad de la vida, así como de sus numerosos ecosistemas. Millones de personas han visto sus charlas en TEDGlobal [Soy TED, programa televisivo en español], y continuamente hace campañas para crear áreas marinas protegidas e implementar cambios en el marco jurídico en torno a los océanos. En 2013, Naciones Unidas designó a este abogado marítimo como «Patrono de los océanos». Y sí, también es un lector de *Los principios del éxito*.

Con historias como estas y de miles más que hemos recibido, cuando llegó el momento de preparar la edición del décimo aniversario de *Los principios del éxito*, rápidamente me di cuenta de que podía escribir todo un libro de cabecera que incluyera únicamente las historias inspiradoras y fascinantes que hemos recibido de los lectores en la última década. Muchos otros han utilizado lo que han aprendido para convertirse en autores muy vendidos, iniciar negocios, comprar propiedades de inversión, casarse, perder peso, lograr distinciones profesionales, obtener ascensos en el trabajo, viajar por el mundo, saldar deudas, criar hijos extraordinarios y mucho más.

Pero aunque muchos de esos lectores sabían exactamente lo que querían lograr cuando adquirieron su ejemplar de *Los principios del éxito*, fueron muchos más quienes no lo hicieron. Para algunos de ellos, los logros parecían tan lejanos que su único «deseo» era que la vida simplemente fuera mejor.

Forrest Willett fue uno de esos lectores.

A sus treinta y un años, la vida de Forrest iba por muy buen rumbo. Tenía tres casas y siete empresas. Llevaba siete años casado con una hermosa mujer y tenía un hijo de dos años. Estaba en la cima del mundo. Es decir, hasta que su mundo se puso al revés. *Literalmente*. Sufrió un accidente en el que su auto dio tres vueltas completas, produciéndole una lesión cerebral catastrófica.

De repente, Forrest se vio incapaz de hacer incluso las tareas más simples, por lo que su bella esposa le enseñó de nuevo a cepillarse los dientes y a peinarse. Aunque sabía que tuvo la suerte de sobrevivir, comenzó a sumirse de manera cada vez más rápida en un pozo profundo de depresión, ira y desesperación.

Al comienzo, y como sobreviviente de un derrame cerebral, tuvo dificultades para sostener incluso las conversaciones más básicas. Su humillación lo mantuvo confinado en casa, y pronto, la fatiga y la apatía dominaron su existencia. Forrest permanecía acostado en el sofá durante varias horas, durmiendo o viendo televisión. Los médicos, sus terapeutas (el del habla, el ocupacional y el físico) —esencialmente todos los expertos—, le dijeron que no podría volver a tener una vida productiva. Así que Forrest abandonó toda esperanza de tener de nuevo una existencia normal y mucho menos una vida en la que cumpliera sus sueños.

Luego un día, mientras permanecía en la cama, cambiando inadvertidamente los canales de televisión, las palabras «Si quieres ir desde donde estás a donde quieres estar...» llamaron su atención. Forrest se incorporó lo suficiente para concentrarse en lo que estaba diciendo el presentador de noticias. «Jack Canfield aparecería a continuación» para hablar de su libro *Los principios del éxito*. Con la más pequeña chispa de esperanza encendida, Forrest compró el libro del que estaban hablando en el programa: la primera edición de *Los principios del éxito*, que tenía más de cuatrocientas páginas. En esa época, Forrest estaba aprendiendo simplemente a leer los libros de su hijo; un hombre de treinta y cinco años leyendo libros de un niño de kínder. Su terapeuta del habla pensó que leer un libro de cuatrocientas páginas era demasiado ambicioso. Pero Forrest estaba más que listo para ir desde donde estaba a donde quería estar.

Y así, comenzó su jornada.

En un principio, leer incluso una sola página fue una tarea lenta y laboriosa. A pesar de que estaba motivado, Forrest empezó a preguntarse si su terapeuta tenía razón. Tal vez él *estaba* siendo demasiado ambicioso.

Luego, varios meses después de iniciar su labor a través de *Los principios del éxito* —y cinco años después del accidente—, recibió su mayor llamado de alerta. En la fiesta del séptimo cumpleaños de su hijo Hunter, Forrest estaba afuera en el patio con el niño y con un grupo de sus amigos mientras el pequeño abría sus regalos. Sacando un paquete de forma redonda de la pila, Hunter arrancó el papel de regalo y vio una pelota de béisbol. Sonrió con deleite y, de inmediato, la tiró al suelo. Naturalmente, la pelota cayó con un ruido sordo y rodó un par de metros. Hunter la recogió, la arrojó al suelo de nuevo y la pelota se alejó una vez más de él. Antes de que pudiera volver a intentarlo, el amigo que le había dado la pelota, le dijo gritando: «¡Hunter, las pelotas de béisbol no rebotan!».

En ese instante, Forrest se sintió estremecido como si una tonelada de ladrillos golpeara su distracción. *¿Cómo podría su hijo saber este tipo de cosas? Nunca habían lanzado juntos una pelota de béisbol.*

Forrest se dio cuenta de que había pasado más tiempo con sus pensamientos negativos que con su propio hijo y que, básicamente, lo había abandonado, al igual que a su esposa. Sabía que si no se encargaba de su vida, terminaría hecho pedazos. Terminaría divorciado, sin hogar, o algo peor.

La chispa en su interior se convirtió en una llamarada. Retomó el primero de los principios del éxito —*Sea cien por ciento responsable de su vida*—, y lo leyó con seriedad.

En su caso, ser cien por ciento responsable de su vida significaba que tenía que dejar de decirse a sí mismo: «Pobre Forrest» y «¿Por qué me pasó esto a mí?». Sin la distracción constante de esa banda sonora, Forrest logró ver que no participaba de modo activo en su propia rehabilitación. Había permitido que su fisioterapeuta estirara su cuerpo, pero luego se preguntaba por qué no se estaba fortaleciendo más. Permanecía sentado escuchando con pasividad mientras su terapeuta del habla le leía, pero luego se quejaba de que sus habilidades para leer no mejoraban.

Ahora Forrest empezó a creer que su vida podía ser diferente, que podía *hacerla* diferente. Y fue ahí cuando las cosas empezaron a cambiar.

Casi de inmediato, su conciencia de sí mismo empezó a aumentar. Las cosas que habían pasado por su mente durante tanto tiempo finalmente se revelaron con claridad. ¿Dónde estaban todos sus amigos? La respuesta fue tan dolorosa como clara: Él los había abandonado, tal como había abandonado a su familia. Todos habían dejado de llamarlo hacía mucho tiempo, alejados por la negatividad de Forrest, que había estado demasiado absorto en sí mismo como para importarle. El simple hecho de darse cuenta de esas cosas era un éxito, se recordó a sí mismo. Estaba haciendo progresos.

A continuación, decidió dejar de culparse y quejarse, lo que no es una tarea fácil. Se le había hecho tan habitual que Forrest ni siquiera se daba cuenta cuando lo hacía. Así que les pidió a las personas más cercanas que le avisaran cuando cayera de nuevo en sus viejos hábitos. De hecho, su esposa y los terapeutas implementaron un medio de advertencia: Si Forrest empezaba a culparse o a quejarse, se lo hacían saber jalándole la oreja. Y cuando se lo hacían, él dejaba lo que estaba diciendo a media frase, respiraba de manera profunda y pensaba con más cuidado en sus próximas palabras.

No es que hablar —positiva o negativamente—, fuera fácil para él. Forrest aún no había recuperado plenamente sus facultades del habla, por lo que a veces era incapaz de encontrar las palabras que necesitaba o tartamudeaba. Debido a eso, no sentía deseos de ir a la tienda de comestibles ni a la oficina de correos, por si acaso se encontraba con algún conocido. Para contrarrestar eso, se centró en el principio 22: «Practique la persistencia». Cada día leía *Los principios del éxito* durante veinte minutos y se ejercitaba saliendo de su rutina. Día tras día, practicaba un poco más y llegaba un poco más lejos.

Uno de sus pasos fuera de lo habitual lo condujo a una cafetería. Por años, Forrest había agachado la cabeza y pasado frente a la cafetería con los ojos clavados en el pavimento. Pero ese día entró, recordándose a sí mismo el principio 15: «Actúe aunque sienta miedo». Por desdicha, fue recibido de inmediato por su peor miedo. Un viejo conocido lo reconoció y lo llamó.

A pesar de que, en su interior, se abatía de vergüenza, Forrest mantuvo la calma, se acercó y se sentó. Explicó lo mejor que pudo lo que le había estado sucediendo. Se sorprendió al descubrir que, en realidad, se sentía bien al valerse por sus propios medios. En los próximos días, Forrest intentó eso con los demás, por lo que hablar se le hizo más fácil con el paso del tiempo. Descubrió que había personas a su alrededor que estaban dispuestas a apoyarlo, sobre todo ahora que estaba dispuesto a valerse por sí mismo.

También vio que no era el único en lidiar con los temores y desafíos de la vida. Todas las personas con las que hablaba parecían tener sus propias dificultades y dolores. Esa visión le ayudó a superar la vergüenza que había estado cargando durante tanto tiempo.

A medida que pasaba el tiempo, escasamente podía creer en los nuevos éxitos que estaba obteniendo. Un año después de aplicar los principios,

Forrest estaba haciendo todas las cosas que sus médicos le dijeron que nunca haría de nuevo. Regresó a la escuela. Suspendió todos sus medicamentos, tanto para el dolor como para la depresión. Comenzó a trabajar como voluntario. Empezó a convertir cada cosa negativa en positiva.

Y ha estado haciendo eso desde entonces.

Hoy es difícil creer que hubo una época, no hace mucho tiempo, en que Forrest no podía hablar con fluidez, ni leer ni escribir muy bien. ¡Pero revirtió eso de una manera tan completa que escribió un libro sobre sus experiencias! Como resultado, casi todos los días recibe peticiones para compartir su historia frente a un público. Y aunque nunca lo hubiera creído posible durante aquellos días oscuros, actualmente le gusta hablar en público y cree que ha encontrado el trabajo que estaba destinado a hacer. Está encantado de viajar y hablar con grupos en todo el mundo.

Leer *Los principios del éxito* también cambió el pensamiento de Forrest sobre el éxito en general. Antes del accidente, el «éxito» significaba para él más dinero y más cosas: una casa más grande, un bote más grande, abrir más negocios, ser dueño de más cosas. Después del accidente, renunció a alcanzar *cualquier* tipo de éxito, sin importar como lo defina usted.

Actualmente, y gracias a *Los principios del éxito*, Forrest ha aprendido la profunda verdad de que tener todas las cosas en el mundo no significa nada si no se está viviendo verdaderamente, y él sabe ahora que eso significa dar y recibir amor. Si la fortuna se calculara en amigos y amor, Forrest sería el hombre más rico del mundo.

Aunque Forrest Willett utilizó *Los principios del éxito* para definir y alcanzar el éxito por sí mismo, la manera en que *usted* lo defina está únicamente en *su* poder. Para usted, el «éxito» podría ser un ingreso sustancial, una recompensa financiera sin esfuerzo y los lujos de un estilo de vida de una persona acaudalada. Puede ser el reconocimiento profesional, logros en su afición o en sus obras filantrópicas. Puede ser hijos sanos, felices y dedicados, o una vida familiar que le ofrezca el disfrute y la bienaventuranza día tras día. O puede ser la entrada en el escenario mundial de un proyecto o tema que a usted le apasione. Sea cual sea *su* definición de éxito, puede estar seguro de que tiene en sus manos la hoja de ruta para lograrlo.

AUN CUANDO USTED SEA ESCÉPTICO, LOS PRINCIPIOS SIEMPRE FUNCIONAN

Una de mis historias favoritas en los últimos diez años es la de un lector de Filipinas que era escéptico al principio, pero que se comprometió a aplicar los principios, aunque solo por un año.

En la última escala de una gira asiática por seis ciudades mientras realizaba talleres sobre *Los principios del éxito*, un joven llamado John Calub se me acercó cuando firmaba libros en el centro comercial más grande de Manila. Él estaba escribiendo una columna sobre personas exitosas para el periódico más importante de Filipinas y me pidió una entrevista. Al final de una hora muy agradable, le dije que era un gran entrevistador y le pregunté por cuánto tiempo lo había estado haciendo. Con cierto orgullo, me contestó que yo era su primer entrevistado.

Continuó diciendo que, hasta hacía poco, había tenido y operado tres exitosos restaurantes con dos socios, pero que las disputas entre estos habían conducido finalmente al fracaso de sus negocios. Ahora estaba sin hogar, arruinado y durmiendo en el sofá de los apartamentos de sus amigos. Había tomado el transporte público para ir a la firma de libros porque había vendido su auto. Y todo el dinero que tenía eran los tres dólares en efectivo que llevaba en el bolsillo.

Tras oír su historia, y debido a que me agradó, le compré un ejemplar de *Los principios del éxito* en la librería, y le ofrecí un cupo gratis en el taller del día siguiente. Luego de darle veinte dólares para comprar algo de comida, le hice prometer que, si quería, escribiera un artículo sobre el taller.

Dos años y medio después, volví a Manila para hacer otro taller. Mientras me estaba preparando para comenzar, vi a un hombre bien vestido con un traje azul y unos zapatos dorados Doc Martens, seguido por un séquito de diez personas que vestían la misma camisa de polo con un logo brillante. Sentí curiosidad, así que me acerqué al grupo y, para mi sorpresa y deleite, ¡el hombre de la chaqueta azul era John Calub!

Me dijo que se había convertido en uno de los empresarios más exitosos de Manila. Cuando John me contó la historia de cómo había logrado su éxito, me conmovió tanto que le pedí que la contara con sus propias palabras.

Sentado en el seminario, con los brazos cruzados firmemente sobre mi pecho, escuché con atención mientras Jack Canfield describía sus principios para el éxito. Al principio fui muy escéptico. Él tenía ideas descabelladas, como recortar fotos, pegarlas en una cartelera, leerlas todos los días y *sentir* luego como si ya tuvieras lo que querías. Mi mente racional dijo: *¡Es una broma! ¡Como si mirar algunas fotos fuera a ayudarme a conseguir lo que quiero!*

En un momento, Jack habló incluso del famoso experimento del doctor Masaru Emoto con cristales de agua, y mostró imágenes de cómo el agua puede verse afectada por los pensamientos, las palabras y los sentimientos. Aunque me sentía intrigado, aún no estaba convencido.

Con mi mente llena de dudas y preguntas, regresé a casa del seminario y pensé más en lo que Jack había expresado. Pronto caí en cuenta: Jack era un tipo sumamente exitoso que había utilizado estos principios, mientras yo estaba totalmente arruinado. *¿A quién escucharías?*, me pregunté a mí mismo. Además, yo lo había perdido todo y no tenía nada más qué perder. Decidí leer el libro que él me había dado y seguir diligentemente los principios por un año.

Cada semana trabajaba con un principio diferente. Comencé a usar la visualización e hice incluso uno de esos pizarrones descabellados de sueños de los que había sido tan escéptico.

La primera imagen que recorté fue una foto de un BMW, el auto de mis sueños. En esa época, estaba muy lejos de poder comprar un vehículo y mucho menos un BMW. Caminaba o me transportaba en un Jeepney, un colectivo que era el medio de transporte público más atestado de Filipinas. Pronto, sin embargo, utilicé el principio para transformar mi duda en confianza. ¡Funcionó! Y en el lapso de un año, compré mi primer BMW.

Otro principio que descubrí fue el número 2: «Tenga una idea muy clara de por qué está aquí». Cuando era más joven, pasaba de un trabajo a otro, solo para ganarme la vida y pagar mis cuentas. Luego, durante el seminario, Jack nos condujo a través de un ejercicio para identificar nuestra pasión más profunda. No solo me di cuenta de que tengo un amor por la enseñanza, sino que empecé a identificarlo como mi verdadero don y propósito. Para comenzar a tomar medidas al respecto, creé un objetivo muy importante en el seminario para convertirme en el principal coach exitoso en Filipinas.

Puse en marcha una serie de seminarios, enseñando los principios que había aprendido de Jack. Empecé a hacer *coaching* y a ofrecer servicios de consultoría a varias empresas. Mis ingresos aumentaron rápidamente y pronto estaba ganando más de un millón de pesos, ¡lo cual es un montón de dinero en Filipinas! A continuación, combiné mi interés por los viajes con mi pasión por la enseñanza y empecé a hacer seminarios en todo el mundo.

Actualmente, mi compañía de formación es la más rentable de todas las empresas que poseo. Anteriormente, no había estado haciendo lo que amaba, así que mi éxito era incierto. Ahora estoy tan entusiasmado con la enseñanza de estos principios que las personas acuden a mí: ¡He ganado incluso cifras de siete dígitos en un solo día!

Jack me ha ayudado a ver que realmente puedo tenerlo todo. Hice mi primera cartelera con la visión en 2006 y desde entonces he logrado más del setenta por ciento de lo que me he propuesto hacer. Gracias a

Los principios del éxito, soy el orador motivacional mejor pagado del país y estoy bien encaminado a convertirme en el principal *coach* de éxito en Filipinas. Si pude pasar de la quiebra a convertirme en una estrella en mi campo simplemente viviendo estos principios, cualquiera puede hacerlo.

También he visto los resultados en mis clientes, ya que miles de mis compatriotas han logrado *sus* sueños. Muchos llevaban una existencia precaria, pero ahora están en el proceso de ser multimillonarios. Todos somos prueba viviente de que los principios siempre funcionan, si uno trabaja con ellos.

John Calub experimentó el poder de *Los principios del éxito*, y usted también verá cambios en su vida cuando aplique estos principios clásicos junto con los nuevos conocimientos contenidos en esta *Edición décimo aniversario*.

Los saludo. Los felicito. Les acojo en esta jornada.

Por su éxito,
Jack Canfield

INTRODUCCIÓN

*Si por cualquier razón, un hombre tiene la oportunidad de llevar una
vida extraordinaria, no tiene derecho a guardarla para sí mismo.*

JACQUES-YVES COUSTEAU
Legendario explorador y cineasta submarino

*Si un hombre escribe un libro, que diga solo lo que sabe.
Tengo suficientes interrogantes propios.*

JOHANN WOLFGANG VON GOETHE
Poeta, novelista, dramaturgo y filósofo alemán

Este no es un libro de buenas ideas. Es de principios perennes utilizados por
hombres y mujeres exitosos a todo lo largo de la historia. He estudiado estos principios del éxito por más de treinta años y los he aplicado a mi propia
vida. El fenomenal nivel de éxito que ahora disfruto es resultado de aplicar
estos principios día a día desde que empecé a aprenderlos en 1968.

Mi éxito incluye ser autor y editor de más de doscientos libros, incluso
sesenta *best sellers* del *New York Times* con más de quinientos millones de
ejemplares impresos en cincuenta idiomas en todo el mundo, con el récord
del *Libro Guinness* por tener siete obras en la lista de los libros más vendidos
del *New York Times* el 24 de mayo de 1998, lo que me ha representado un
ingreso anual de varios millones de dólares durante cada uno de los últimos
veinte años, y me ha permitido vivir en una linda casa de campo en California, aparecer en los principales programas de opinión de Estados Unidos de
América (desde *Oprah* y *Montel* hasta *Larry King Live* y *Good Morning America*), ser columnista de un semanario con millones de lectores, cobrar honorarios de orador entre 25.000 y 60.000 dólares por charla, hablar para las
500 compañías de *Fortune* en el mundo entero, recibir numerosos premios
profesionales y cívicos, mantener una inaudita relación con mi increíble

esposa y mis maravillosos hijos y llegar a un estado de bienestar, equilibrio, felicidad y paz interior.

Tengo la oportunidad de socializar con altos ejecutivos de las 500 compañías de *Fortune;* con estrellas del cine, la televisión y la música, con autores famosos y con los mejores maestros y líderes espirituales del mundo. He hablado ante los miembros del Congreso, a grupos de atletas profesionales, empresarios corporativos y superestrellas de ventas en los mejores hoteles y centros vacacionales del mundo, desde el Four Seasons Resort en Nevis, en las Antillas Británicas, hasta los mejores hoteles de Acapulco y Cancún. Disfruto practicar esquí en Idaho, California y Utah, practicar canotaje en Colorado y alpinismo en las montañas de California y Washington. Tengo la oportunidad de ir de vacaciones a los mejores hoteles de Hawái, Australia, Tailandia, Marruecos, Francia, Bali e Italia. En términos generales, ¡la vida es un verdadero placer!

Y al igual que la mayoría de todos los que leen este libro, mi vida tuvo un inicio muy corriente. Me crié en Wheeling, Virginia Occidental, donde mi padre tenía una floristería con la que ganaba ocho mil dólares al año. Mi madre fue alcohólica y mi padre adicto al trabajo. Trabaje durante las vacaciones de verano para ayudar a suplir las carencias del presupuesto familiar (como salvavidas en una piscina y también en la floristería de mi padre). Fui a la universidad con una beca y trabajaba vendiendo desayunos en una de las residencias estudiantiles para cubrir los gastos de mis libros, mi ropa y las invitaciones a mis novias. Nadie me entregó nada en bandeja de plata. Durante mi último año de postgrado, tuve un trabajo de medio tiempo como profesor en el que me ganaba 120 dólares cada quince días. Pagaba 79 dólares mensuales de alquiler, así que me quedaban 161 dólares para cubrir todos mis demás gastos. Hacia fines de mes, comía lo que se conocía como comidas de veintiún centavos, una lata de pasta de tomate de diez centavos, sal de ajo y agua sobre una bolsa de espagueti que costaba once centavos. Sé lo que es raspar los últimos peldaños de la escalera económica.

Después del postgrado, inicié mi carrera como profesor de historia de bachillerato, en una escuela de estudiantes negros en el lado sur de Chicago. Después conocí a mi mentor, W. Clement Stone. El señor Stone era un multimillonario autodidacta que me contrató para trabajar en su fundación, donde me capacitó en los aspectos fundamentales de los principios del éxito que sigo practicando en la actualidad. Mi trabajo consistía en enseñar a otros esos mismos principios. A través de los años, he seguido entrevistando, desde mis días con el señor Stone, a cientos de personas exitosas: atletas olímpicos y profesionales, celebridades de la farándula, autores de *best sellers*, líderes empresariales, líderes políticos, empresarios de éxito y los principales vendedores. He leído, literalmente, miles de libros, he asistido a cientos de seminarios y he escuchado miles de horas de programas de audiocasete para descubrir los principios universales de la creación del éxito y la felicidad. He aplicado luego esos principios a mi propia vida. Los que me han dado resultado los he enseñado en mis charlas, seminarios y talleres a más de dos millones de personas en todos los cincuenta estados de Estados Unidos... y en treinta y seis países del mundo.

Estos principios y técnicas no solamente han funcionado para mí, sino que han ayudado a cientos de miles de mis estudiantes a lograr el éxito en sus profesiones, a hacer grandes fortunas en las finanzas y recibir una gran satisfacción en sus relaciones, así como una mayor alegría y plenitud en sus vidas. Mis estudiantes han iniciado empresas exitosas, se han convertido en millonarios por sus propios medios, han logrado llegar a las primeras posiciones en atletismo, han recibido lucrativos contratos para grabar discos, han sido estrellas de cine y televisión, han alcanzado cargos públicos, han ejercido gran influencia en sus comunidades, han escrito *best sellers*, han sido nombrados maestros del año en sus distritos escolares, han roto todos los récords de ventas de sus compañías, han escrito guiones para películas que han ganado premios, han llegado a ser presidentes de sus corporaciones, han recibido reconocimiento por sus extraordinarias contribuciones filantrópicas, han establecido relaciones dignas de un cuento de hadas y han educado hijos excepcionalmente felices y exitosos.

LOS PRINCIPIOS SIEMPRE DAN RESULTADO SI SE PONEN EN PRÁCTICA

Usted también puede lograr estos mismos resultados. Sé, de hecho, que también usted puede lograr niveles de éxito inimaginables. ¿Por qué? Porque los principios y las técnicas siempre dan resultado, todo lo que hay que hacer es ponerlos en práctica para beneficio propio.

Hace unos años antes de escribir este libro, fui entrevistado en un programa de televisión en Dallas, Texas. Había dicho que aplicando los principios que yo enseñaba era posible duplicar los ingresos y el tiempo libre en menos de dos años. La entrevistadora se había mostrado muy escéptica. Le di un ejemplar de uno de mis programas de audio y le dije que si ponía en práctica los principios y las técnicas por espacio de dos años y no duplicaba sus ingresos y su tiempo libre, volvería a aparecer en su programa y le entregaría un cheque por 1.000 dólares. Si le daban resultado, ella tendría que invitarme de nuevo a su programa y comunicarles su experiencia a los televidentes. Apenas nueve meses más tarde, me la encontré en la convención de la Asociación Nacional de Oradores en Orlando, Florida. Me dijo que no solo había duplicado *ya* sus ingresos, sino que había estudiado oratoria, había obtenido su título de oradora pública y había vendido un libro, ¡todo esto en solo nueve meses!

El hecho es que cualquiera puede lograr este tipo de resultados de manera normal. Solo hay que decidir qué es lo que se desea, creer que se lo merece y practicar los principios que se presentan en este libro.

Los aspectos fundamentales son iguales para todos, en cualquier profesión, aun si se encuentra desempleado. No importa si su meta es llegar a ser el mejor vendedor de su compañía, obtener las mejores calificaciones en el colegio, perder peso, comprar la casa de sus sueños, convertirse en un atleta o en una estrella de rock de talla mundial, en un periodista laureado, en un multimillonario o en un exitoso empresario, los principios y las estrategias son siempre iguales. Si los aprende, y los aplica con disciplina, día tras día, trasformará su vida más allá de sus sueños más ambiciosos.

«NO PUEDE CONTRATAR A NADIE PARA QUE HAGA LAGARTIJAS POR USTED»

Como lo expresaría adecuadamente el filósofo motivador Jim Rohn: «No puede contratar a nadie para que haga lagartijas por usted.» Para que sirvan de algo, debe hacerlas usted mismo. Ya se trate de hacer ejercicio, estiramientos o meditación, de leer, estudiar, aprender un nuevo idioma, crear un grupo de mentes maestras, establecer metas mensurables, visualizar el éxito, repetir afirmaciones o practicar nuevas destrezas, *usted* lo tendrá que hacer. Nadie puede hacer estas cosas en lugar de usted. Yo le daré el mapa, pero será usted quien deba conducir el vehículo. Yo le enseñaré los principios, pero será usted quien deba aplicarlos. Si decide aportar el esfuerzo, le prometo recompensas que lo justificarán con creces.

LA ESTRUCTURA DE ESTE LIBRO

Para ayudarle a aprender rápidamente estos potentes principios, he organizado este libro en seis secciones. La sección I, «Los fundamentos del éxito», consta de veinticuatro capítulos que contienen las bases absolutas que hay que aplicar para ir de donde está a donde quiere llegar. Comenzará explorando la necesidad absoluta de aceptar el cien por ciento de la responsabilidad de su vida y sus resultados. De ahí en adelante, aprenderá cómo tener una idea clara del propósito de su vida, su visión y lo que realmente desea.

Después analizaremos cómo crear una fe inquebrantable en usted mismo y en sus sueños. Luego le ayudaré a convertir su visión en un conjunto de metas concretas y en un plan de acción para alcanzarlas. Le enseñaré, incluso, cómo puede aprovechar el poder increíble de las afirmaciones y la visualización, dos de los mejores secretos del éxito de todos los atletas olímpicos, los altos ejecutivos, los líderes mundiales y otras personas. Los siguientes capítulos se relacionan con la forma de dar esos primeros pasos esenciales y a veces atemorizantes, hacia la acción que se requiere para hacer que sus sueños se conviertan en realidad.

La sección II, «Transfórmese para el éxito», se refiere al importante e indispensable trabajo interno que le ayudará a eliminar cualquier bloqueo mental y emocional que le pueda impedir alcanzar el éxito. No basta *saber* lo que se debe hacer. Hay muchos libros que le indican eso. Es necesario entender la importancia de aprender la metodología para eliminar las convicciones, los miedos y los hábitos derrotistas que le impiden avanzar. Como si quisiera conducir su automóvil sin soltar el freno, estos bloqueos pueden retardar significativamente su progreso. Debe aprender a quitar el freno porque, de lo contrario, siempre experimentará la vida como una lucha y no logrará cumplir las metas que se ha propuesto.

La sección III, «Conforme su equipo de éxito», revela cómo conformar distintos tipos de equipos de éxito para poder dedicar tiempo a centrarse exclusivamente en su genio interior. También aprenderá cómo redefinir el tiempo, cómo aprovecharse de un *coach* personal y cómo tener acceso a su *propia* sabiduría interna, un recurso inexplorado pero que muchos poseen en abundancia.

En la sección IV, «Cree relaciones exitosas», le enseñaré varios principios y algunas técnicas muy prácticas para establecer y mantener relaciones exitosas. En esta época de alianzas estratégicas y redes de poder, es literalmente imposible construir un éxito duradero a gran escala sin la habilidad para establecer relaciones mundialmente y los medios de comunicación social.

Luego, debido a que tantos equiparan el éxito con el dinero y a que este es vital para nuestra supervivencia y nuestra calidad de vida, en la sección V, «El éxito y el dinero», le enseñaré cómo desarrollar una conciencia más positiva sobre el dinero, cómo asegurarse de que dispondrá del dinero suficiente para llevar el estilo de vida que desea tanto ahora como durante sus años de jubilación y la importancia de dar y servir para garantizar su éxito financiero.

Por último, en la sección VI y debido a que la tecnología es tan importante hoy, he perfeccionado los principios más importantes que siguen las personas exitosas en «El éxito en la era digital», una mirada sobre cómo dominar la única tecnología que usted necesita, cómo «venderse» a sí mismo y desarrollar una voz única en línea, cómo utilizar los medios sociales para conectarse y desarrollar relaciones valiosas, y cómo utilizar el *crowdfunding* [recaudación de fondos de numerosas personas], el *crowdsourcing* [obtener recursos y servicios de numerosas fuentes], y otras estrategias basadas en la Internet para encontrar las personas y recursos que pueden ayudarle a alcanzar sus metas más importantes.

CÓMO LEER ESTE LIBRO

Cada persona tiene una forma distinta de aprender, por lo que probablemente sepa cuál es la mejor para usted. Aunque hay muchas maneras de leer este libro, quisiera hacerle algunas sugerencias que pueden resultarle útiles.

Es posible que quiera leer este libro de principio a fin una vez para tener una idea global del proceso antes de empezar a trabajar en la creación de la vida que realmente desea. Los principios se presentan en un orden que hace que cada uno se base en el anterior. Son como los números de la clave de una caja fuerte, hay que conocerlos todos, y hay que introducirlos en el orden correcto. No importa cuál sea su color, raza, género o edad. Si conoce la combinación completa, la caja fuerte deberá abrirse para usted.

A medida que lee, le recomiendo que subraye y resalte todo aquello que le parezca importante. Haga anotaciones al margen sobre las cosas que pondrá en práctica. Luego repase una y otra vez esas anotaciones y segmentos resaltados. La repetición es la clave de un verdadero aprendizaje. Cada vez que vuelva a leer parte de este libro, literalmente estará «repasando» en su mente todo lo que tiene que hacer para ir de donde está a donde quiere llegar. Descubrirá que es necesaria la exposición repetida a una nueva idea antes de que se convierta en parte natural de su forma de pensar y de ser.

También puede descubrir que ya conoce algunos de los principios que aquí se presentan. ¡Estupendo! Pero pregúntese: *¿Los estoy practicando?* De no ser así, hágase el firme propósito de ponerlos en práctica, ¡desde ya!

Recuerde que los principios solo dan resultado si *usted* los practica.

La segunda vez que lea este libro querrá leer capítulo por capítulo y después tomarse todo el tiempo necesario para poner en práctica ese principio y las técnicas que lo acompañan. Si ya practica algunas de estas cosas, sígalo haciendo. Si no, empiece ya.

Como muchos de los estudiantes y clientes que he tenido, es posible que también usted se dé cuenta de que opone cierta resistencia a dar algunos de los pasos que aquí se sugieren. Sin embargo, la experiencia me ha demostrado que aquellos a los que más se resiste son los que más necesita. Recuerde que leer este libro no es lo mismo que hacer el trabajo que le corresponde, como tampoco sirve leer un libro sobre una dieta para perder peso si no se reduce el consumo de calorías y se hace más ejercicio.

Tal vez le sea útil asociarse con una o dos personas que quieran compartir la experiencia y garantizar así que cada uno practique lo que aprende (vea la página 408). Solo se da el verdadero aprendizaje cuando se asimila y aplica la nueva información, cuando se produce *un cambio de comportamiento*.

UNA ADVERTENCIA

Claro está que cualquier cambio requiere un esfuerzo constante para superar años de resistencia tanto interna como externa. Es posible que al comienzo esté muy entusiasmado con toda esta nueva información. Puede que experimente una novedosa sensación de esperanza y entusiasmo por la nueva visión de lo que puede llegar a ser su vida. Eso es bueno. Pero debo advertirle que también puede empezar a experimentar otros sentimientos. Podrá sentirse frustrado por no haber conocido estos conceptos antes, podrá sentirse disgustado con sus padres y maestros por no haberle enseñado estos importantes conceptos en su hogar y en la escuela, o podrá culparse por conocer ya muchas de estas cosas y no haberlas aplicado.

Respire profundo y acepte que todo esto es parte del proceso del viaje que acaba de emprender. Todo lo que ha ocurrido en su pasado ha sido perfecto. Todo su pasado lo ha traído a este momento de trasformación en el tiempo. Todos—también usted—han hecho siempre lo mejor que han podido con los conocimientos que poseían en un determinado momento. Ahora, está a punto de saber más. ¡Celebre su nueva conciencia! Está a punto de darle su libertad.

Tal vez haya también momentos en los que se pregunte: *¿Por qué no obtengo resultados más rápidos? ¿Por qué no he logrado aún mi meta? ¿Por qué no me he hecho rico todavía? ¿Por qué no he encontrado el hombre o la mujer de mis sueños? ¿Cuándo voy a lograr mi peso ideal?* El éxito requiere tiempo, esfuerzo, perseverancia y paciencia. Si pone en práctica los principios y las técnicas que se presentan en este libro, logrará sus metas. Alcanzará sus sueños. Pero esto no ocurrirá de la noche a la mañana.

En fin, es lógico que en el proceso de alcanzar cualquier meta surjan obstáculos; que por momentos, parezca que no se avanza, como si uno se hubiera quedado estancado. Esto es normal. Cualquiera que haya tocado un instrumento musical, que haya participado en un deporte o que haya practicado artes marciales sabe que se pasa por esos momentos en los que parece que no se avanza en absoluto. Es ahí donde los no iniciados suelen abandonar el esfuerzo, darse por vencidos o dedicarse a otro instrumento u otro deporte. Sin embargo, los sabios han descubierto que si siguen practicando su instrumento, su deporte o su arte marcial (o, en su caso, los principios del éxito de los que trata este libro), al fin tendrán lo que se experimenta como un gran salto a un mayor nivel de dominio. Hay que ser pacientes. No cejar en el esfuerzo. No darse por vencido. *Progresará.* Le aseguro, los principios *siempre* funcionan.

Está bien, comencemos.

Es hora de empezar a tener la vida que ha imaginado.

HENRY JAMES
Escritor norteamericano, autor de veinte novelas,
112 cuentos y doce obras de teatro

PRIMERA PARTE

Los Fundamentos del éxito

Aprenda las bases del juego y cíñase a ellas. Las soluciones emparchadas no perduran.

JACK NICKLAUS
Legendario golfista profesional

SEA CIEN POR CIENTO RESPONSABLE DE SU VIDA

Debe ser responsable de sí mismo.
No puede cambiar las circunstancias, las estaciones ni
el viento, pero sí puede lograr cambios en usted.

JIM ROHN
El más importante filósofo empresarial de Estados Unidos

Uno de los mitos más persistentes de la cultura estadounidense de hoy es que tenemos *derecho* a una vida excelente que, de alguna forma, en algún lugar, alguien (sin duda no nosotros) tiene la responsabilidad de llenar nuestra vida con infinita felicidad, proporcionarnos fascinantes opciones profesionales, una familia cariñosa y unas beatíficas relaciones personales por el simple hecho de existir.

Pero lo que es realmente cierto, y la única lección en la que se basa todo este libro, es que hay solo una persona responsable de la calidad de vida que usted lleva.

Esa persona es *usted*.

Si quiere tener éxito, tiene que hacerse cien por ciento responsable de todo lo que experimente en su vida. Esto incluye el nivel de sus logros, los resultados que obtiene, la calidad de sus relaciones, su estado de salud y su estado físico, sus ingresos, sus deudas, sus sentimientos, ¡todo!

No es fácil.

De hecho, la mayoría de nosotros estamos condicionados a culpar a algún factor externo a nosotros mismos por esos aspectos de la vida que no nos agradan. Culpamos a nuestros padres, a nuestros jefes, a nuestros amigos, a nuestros compañeros de trabajo, a nuestro cónyuge, al clima, a la economía, al gobierno, a nuestra carta astral, a nuestra falta de dinero, a cualquiera o a cualquier cosa que podamos culpar. Nunca estamos dispuestos a reconocer dónde se encuentra el verdadero problema, en *nosotros mismos*.

Hay una maravillosa historia acerca de un hombre que va caminando una noche y encuentra a otro hombre de rodillas que busca algo a la luz de un farol. El transeúnte le pregunta qué busca y él le contesta que está buscando una llave que perdió. El transeúnte se ofrece a ayudar y se agacha para colaborar en la búsqueda. Después de una hora de búsqueda infructuosa dice: «Hemos buscado por todas partes y no aparece. ¿Está seguro de que la perdió aquí?».

El otro le respondió: «No, la perdí en mi casa, pero aquí, bajo este farol, hay más luz».

Es hora de que dejemos de buscar fuera de nosotros mismos las respuestas de por qué no hemos logrado los resultados que deseábamos, porque es uno mismo quien crea la calidad de vida que lleva y los resultados que produce.

Es uno, ¡nadie más!

Para alcanzar el mayor éxito en la vida, para lograr todo aquello que es importante para usted, debe asumir el cien por ciento de la responsabilidad de su vida. Ningún porcentaje menor servirá.

CIEN POR CIENTO DE RESPONSABILIDAD DE TODO

Como ya lo dije en la introducción, apenas un año después de haber terminado mis estudios de postgrado, tuve la suerte de entrar a trabajar para W. Clement Stone, un multimillonario autodidacta que contaba en ese entonces con un patrimonio de 600 millones de dólares. El señor Stone era también el primer gurú del éxito de Norteamérica. Era el editor de *Success Magazine*, autor de *The Success System That Never Fails* [El sistema infalible para triunfar] y coautor, con Napoleon Hill, de *Actitud mental positiva*.

Cuando estaba terminando mi primera semana de entrenamiento, el señor Stone me preguntó si yo asumía el cien por ciento de responsabilidad de mi vida.

—Eso creo —le respondí.

—Esta es una pregunta que exige un sí o un no como respuesta, jovencito. O lo hace o no lo hace.

—Bueno, no estoy seguro.

—¿Alguna vez ha culpado a alguien por cualquier circunstancia en su vida? ¿Se ha quejado alguna vez por algo?

—Umm… sí… supongo que sí.

—No suponga. Piense.

—Sí, sí lo he hecho.

—Muy bien, entonces, eso significa que no se responsabiliza por el cien por ciento de su vida. Responsabilizarse el cien por ciento significa reconocer que es el promotor de todo lo que le ocurra. Significa que entiende que usted es la causa de todas sus experiencias. Si realmente quiere tener éxito, y sé que quiere, tendrá que dejar de culpar, de quejarse, tendrá que aceptar la responsabilidad total de su vida, y eso implica todas las consecuencias, tanto sus éxitos *como* sus fracasos. Ese es un requisito primordial para crear una vida de éxito. Solo al reconocer que usted ha sido el responsable de todo lo que le ha ocurrido hasta el momento, podrá encargarse de crear el futuro que desea.

—Verá, Jack, si acepta que es usted el responsable de las situaciones en las que ahora se encuentra, entonces podrá deshacerlas y recrearlas a voluntad. ¿Entiende eso?

—Sí, señor, lo entiendo.

—¿Está dispuesto a aceptar el cien por ciento de la responsabilidad de su vida?

—Sí, señor, ¡lo estoy!

Y lo hice.

DEBE RENUNCIAR A TODAS SUS EXCUSAS

El noventa y nueve por ciento de los fracasos proviene de personas que tienen el hábito de inventar excusas.

GEORGE WASHINGTON CARVER
Químico que descubrió más de 325 usos para el maní

Si *usted* desea crear la vida de sus sueños, va a tener que aceptar también el cien por ciento de la responsabilidad de su vida. Esto implica renunciar a todas sus excusas, a todas sus historias de víctima, a todas las razones de por qué no puede y por qué hasta el momento no ha logrado y todas las circunstancias externas a las que usted atribuye esa culpa. Tiene que renunciar a ellas para siempre.

Tiene que adoptar la posición de que siempre ha tenido el poder de cambiar las cosas, de poder lograrlo, de producir los resultados deseados. Por cualquier razón —ignorancia, falta de conciencia, temor, necesidad de estar en lo cierto, necesidad de sentirse seguro— usted ha decidido no ejercer ese poder. ¿Quién sabe por qué? No importa. Lo pasado, pasado. Todo lo que importa ahora es que, de aquí en adelante, es usted quien elige —correcto, se trata de una elección— usted elige actuar como si tuviese el cien por ciento de responsabilidad de todo lo que le ocurra o le deje de ocurrir.

Si algo no sale como lo planeó, se preguntará: *¿Cómo lo hice? ¿En qué estaba pensando? ¿Cuáles eran mis convicciones? ¿Qué dije o qué dejé de decir? ¿Qué hice o qué dejé de hacer para obtener ese resultado? ¿Por qué hice que la otra persona actuara así? ¿Qué debo hacer distinto la próxima vez para lograr el resultado que quiero?*

Unos años después de haber conocido al señor Stone, el doctor Robert Resnick, un psicoterapeuta de Los Ángeles, me enseñó una fórmula muy sencilla, pero muy importante, que me aclaró aún más el concepto del cien por ciento de responsabilidad. La fórmula es:

$$E + R = D$$
(Evento + Respuesta = Desenlace)

La idea básica es que todo desenlace que experimente en la vida (ya sea éxito o fracaso, riqueza o pobreza, salud o enfermedad, intimidad o alejamiento, gozo o frustración) es el resultado de la forma como ha respondido a uno o varios eventos previos en su vida.

Si no le gustan los resultados que está obteniendo actualmente, hay dos alternativas entre las que puede elegir.

1. **Puede culpar al evento (E) por su falta de resultados (D).**
   En otras palabras, puede culpar a la economía, al clima, a la falta de dinero, a la falta de educación, al racismo, a las posiciones sesgadas en cuanto al género, a la administración actual de Washington, a sus padres, a su cónyuge, a la actitud de su jefe, a sus empleados, al sistema o a la ausencia de sistemas, y así sucesivamente. Si es golfista, culpará hasta a sus palos de golf y al campo en el que ha jugado. Sin duda todos estos son factores reales, pero si fueran *el* factor decisivo, nunca nadie tendría éxito.

   Jackie Robinson nunca habría llegado a jugar béisbol en las ligas mayores, Barack Obama nunca habría llegado a ser el presidente de Estados Unidos, Sidney Poitier y Denzel Washington nunca se habrían convertido en estrellas de cine, Dianne Feinstein y Barbara Boxer nunca habrían sido senadoras de Estados Unidos, Bill Gates nunca habría fundado a Microsoft y Steve Jobs nunca habría iniciado Apple Computers. Por cada una de las razones por las que no es posible, hay cientos de personas que han enfrentado las mismas circunstancias y han alcanzado el éxito.

   Muchos superan los llamados factores limitantes, por lo que no pueden ser estos factores limitantes los que lo limiten. No se trata de condiciones ni circunstancias externas que le impidan actuar, ¡se trata de usted! ¡Nos frenamos! Pensamos en limitaciones y adoptamos comportamientos de autoderrota. Defendemos nuestros hábitos autodestructivos (como beber, fumar y no dormir lo suficiente) con lógica indefendible. Ignoramos la retroalimentación útil, dejamos de educarnos y aprender nuevas habilidades, desperdiciamos el tiempo en los aspectos triviales de la vida, nos entretenemos en cotorreos inútiles, comemos alimentos poco saludables, no practicamos ningún ejercicio, gastamos más dinero del que ganamos, no invertimos en nuestro futuro, evitamos conflictos necesarios, nos abstenemos de decir la verdad, no pedimos lo que queremos, y luego nos preguntamos por qué nuestras vidas no funcionan.

2. **Sin embargo, uno puede cambiar sus respuestas (R) a los eventos (E), a como son las cosas, hasta obtener los desenlaces (D) que uno desea.** Se puede cambiar de forma de pensar, se puede cambiar la forma de comunicarse, se pueden cambiar las imágenes mentales (la autoimagen y la imagen del mundo) y se puede cambiar el comportamiento, las cosas que se hacen. Esas son las cosas sobre las que usted tiene control. Desafortunadamente, la mayoría nos dejamos llevar hasta tal punto por los hábitos que nunca cambiamos de comportamiento. Nos quedamos estancados con nuestras respuestas condicionadas a nuestros cónyuges y nuestros hijos, a nuestros colegas en el trabajo, a nuestros clientes, a nuestros estudiantes y al mundo en general. Somos una colección de reflejos condicionados que operamos sin control. Hay que retomar el control de los pensamientos, las imágenes mentales, los sueños y nuestro comportamiento. Todo lo que pensamos, decimos y hacemos tiene que ser intencional y estar acorde con nuestros propósitos, valores y metas.

SI NO LE GUSTAN SUS RESULTADOS, CAMBIE SUS RESPUESTAS

Veamos algunos ejemplos de cómo funciona esto.

Recuerdo estar viviendo en Los Ángeles durante un terremoto terrible. Dos días después, vi cómo el noticiero CNN entrevistaba a las personas que iban al trabajo. El terremoto había dañado una de las principales carreteras que lleva a la ciudad. El tráfico estaba estancado y lo que normalmente tomaba una hora se había convertido en un viaje de dos o tres horas.

**«¿Qué fabricamos donde trabajo?
Más que todo, fabricamos excusas».**

© 2000 Randy Glasbergen. www.glasbergen.com

El reportero de CNN golpeó en la ventanilla de uno de los automóviles detenidos en el tráfico y le preguntó al conductor cómo le iba.

Este respondió enfurecido: «¡Odio a California, primero los incendios, luego las inundaciones y ahora el terremoto! No importa a qué hora salga de mi casa en la mañana, siempre llegaré tarde al trabajo, ¡Qué aburrido!».

A continuación, el reportero golpeó en la ventanilla del siguiente carro e hizo la misma pregunta al segundo conductor. Este conductor se deshizo en sonrisas. Respondió: «No hay problema. Salí de la casa a las cinco de la mañana. No pienso que, en estas circunstancias, mi jefe pueda pedirme más. Tengo muchos casetes de música y mis cintas para aprender español. Tengo mi celular. Tengo café en un termo, tengo mi almuerzo y tengo un libro para leer. Estoy muy bien.»

Si el terremoto o el tráfico (el *evento*) fueran realmente las variables determinantes, todos tendrían que estar disgustados. Pero no todos lo estaban. Era su *respuesta* individual al tráfico lo que les daba el *desenlace* específico. Era el tener pensamientos negativos o positivos, el salir de casa preparados o no preparados, lo que determinaba la diferencia. Era toda una cuestión de actitud y comportamiento lo que hacía que sus experiencias fueran totalmente distintas.

HE OÍDO QUE VA A HABER UNA RECESIÓN; HE DECIDIDO NO PARTICIPAR EN ELLA

Un amigo tiene una agencia distribuidora de Lexus en el sur de California. Cuando estalló la Guerra del Golfo, la gente dejó de comprar Lexus. Mi amigo y su equipo de ventas sabían que si no cambiaban su respuesta (R) al evento (E) y nadie entraba a la agencia, poco a poco el negocio iba a quebrar. Su respuesta normal (R) hubiera sido seguir publicando avisos en los periódicos y en la radio y luego esperar que llegaran los clientes a la agencia. Pero eso no daba resultado. Su desenlace (D) era una constante reducción en las ventas. Ensayaron entonces varias estrategias nuevas. Una que dio resultado fue sacar una flotilla de automóviles nuevos hacia donde había gente adinerada —los clubes campestres, las marinas, los campos de polo, las fiestas en Beverly Hills y Westlake Village— e invitarlos a dar un paseo en un Lexus nuevo.

Píenselo… ¿alguna vez ha conducido un automóvil nuevo para estrenarlo y luego ha vuelto a conducir su automóvil viejo? ¿Recuerda la sensación de insatisfacción al comparar el automóvil viejo con el nuevo que acababa de conducir? Su automóvil viejo le parecía muy bueno hasta ese momento. Pero de pronto se dio cuenta de que había algo mejor, y lo deseaba. Lo mismo les ocurrió a esas personas. Después de estrenar un nuevo auto, un alto porcentaje de ellas compraron o arrendaron un nuevo Lexus.

La agencia modificó su respuesta (R) a un evento inesperado (E) —la guerra— para lograr el desenlace (D) que deseaba… incrementar las ventas. En realidad el resultado fue que vendieron más autos por semana que antes de que estallara la guerra.

TODO LO QUE EXPERIMENTA HOY ES EL RESULTADO DE LAS ALTERNATIVAS POR LAS QUE HA OPTADO EN EL PASADO

Todo lo que experimenta en la vida, tanto interna como externamente, es el resultado de la forma como ha respondido a un evento previo.

Evento: Recibe una bonificación de 400 dólares.
Respuesta: Lo gasta todo en una noche de fiesta en la ciudad.
Resultado: Queda en la quiebra.

Evento: Recibe una bonificación de 400 dólares.
Respuesta: Lo invierte en su fondo mutuo.
Resultado: Aumentó su patrimonio.

Solo tiene control sobre tres cosas en su vida: sus pensamientos, sus imágenes mentales y las acciones que realiza (su comportamiento). La forma como utilice estas tres cosas determinará todo lo que experimente. Si no le gusta lo que está produciendo y experimentando, tiene que modificar su respuesta. Cambiar sus pensamientos negativos por otros positivos. Cambiar sus sueños en cuanto a las cosas que podrían ser. Modificar sus hábitos. Cambiar sus lecturas. Cambiar sus amigos. Cambiar su forma de hablar a sí mismo y a otros.

SI SIGUE HACIENDO LO QUE SIEMPRE HA HECHO, SEGUIRÁ OBTENIENDO LO QUE SIEMPRE HA OBTENIDO

Los programas de doce pasos, como el de Alcohólicos Anónimos, definen la *insensatez* como «continuar con el mismo comportamiento y esperar un resultado diferente». ¡Eso no va a suceder! Si es alcohólico y sigue bebiendo, su vida no va a mejorar. De igual forma, si continúa con sus comportamientos actuales, su vida tampoco mejorará.

¡El día que cambie sus respuestas será el día en el que su vida comenzará a mejorar! Si lo que hace actualmente produjera la «abundancia» y «mejoría» que busca en su vida, ¡esa abundancia y esa mejoría ya se hubieran manifestado! Si busca algo distinto, ¡tendrá que *hacer* algo distinto!

DEBE DEJAR DE CULPAR

Culpar es siempre una pérdida de tiempo. Sin importar cuántas fallas encuentre en el otro, por más que lo culpe, eso no lo cambiará a usted.

WAYNE DYER
Coautor de *How to Get What You Really, Really, Really Want*
[Cómo lograr lo que de veras, de veras, de veras desea]

Nunca alcanzará el éxito mientras siga culpando a otro o a algo por su falta de éxito. Si ha de ser un ganador, debe reconocer la verdad: fue *usted* quien actuó, pensó, dio origen a los sentimientos y eligió las alternativas que lo han traído adonde está. ¡Fue usted!

Fue usted quien consumió la comida poco saludable.
Fue usted quien ¡no dijo que no!
Fue usted quien aceptó el trabajo.
Fue usted quien se quedó en ese trabajo.
Fue usted quien decidió creer en ellos.
Fue usted quien ignoró su premonición.
Fue usted quien abandonó su sueño.
Fue usted quien lo compró.
Fue usted quien no lo cuidó.
Fue usted quien decidió que debía hacerlo sin ayuda.
Fue usted quien confió en él.
Fue usted quien dijo que sí a tener perros.

En pocas palabras, los pensamientos y los sentimientos fueron suyos, las decisiones fueron suyas, las palabras fueron suyas y por eso está donde está.

DEBE DEJAR DE QUEJARSE

El hombre que se queja de la forma como rebota el
balón es probablemente quien lo dejó caer.

LOU HOLTZ
El único entrenador en la historia de la NCAA que llevó a seis equipos
universitarios distintos a los juegos de postemporada, ganó un campeonato
nacional y recibió honores como «Entrenador del año»

Consideremos por un momento la queja. Para quejarse de algo o de alguien, debe pensar que hay algo mejor. Hay que tener un punto de referencia de algo que se prefiere y que uno no está dispuesto a asumir la responsabilidad de crear. Consideremos este concepto en mayor detalle.

Si no creyera que hay algo que es posible y mejor —más dinero, una casa más grande, un trabajo más satisfactorio, más diversión, una (un) cónyuge más cariñosa(o)— no podría quejarse. Tiene entonces esa imagen de algo mejor que sabe que preferiría pero no está dispuesto a *asumir los riesgos de crearlo*. Quejarse es una respuesta ineficaz a un evento que no produce un resultado mejor.

Píenselo… uno solo se queja de lo que, de alguna forma, puede remediar. No nos quejamos de cosas sobre las que no tenemos ningún poder. ¿Alguna vez ha oído a alguien quejarse de la fuerza de gravedad? No, nunca. ¿Ha visto alguna vez a una persona mayor, encorvada por los años, caminando por la calle y quejándose de la fuerza de gravedad? Claro que no.

Pero, ¿por qué no?, si no fuera por la fuerza de gravedad nadie caería por la escalera, los aviones no caerían del cielo, no romperíamos los platos. Pero nadie se queja de ella. Eso se debe a que la fuerza de gravedad es algo que solo existe. Nadie puede hacer nada acerca de la fuerza de gravedad, por lo que se acepta. De hecho, quejarse de ella no la va a cambiar, por lo tanto no lo hacemos. De hecho, porque es algo que simplemente existe, la aprovechamos. Construimos acueductos monte abajo para llevar el agua hasta donde la necesitamos, y usamos drenajes para deshacernos de nuestros desechos.

Aun más interesante, decidimos jugar con la gravedad, divertirnos con ella. Casi todos los deportes que practicamos utilizan la fuerza de gravedad. Hacemos esquí, nos lanzamos desde un avión en caída libre, practicamos salto alto, lanzamiento de disco y jabalina y jugamos básquetbol, béisbol y golf, y todos estos deportes requieren la fuerza de gravedad.

Las circunstancias de las que uno se queja son, por su misma naturaleza, situaciones que podemos cambiar, pero que hemos decidido no hacerlo. Podemos conseguir un mejor trabajo, encontrar una pareja más amorosa, ganar más dinero, trasladarnos a donde hay trabajos, vivir en una casa más bonita y consumir alimentos más sanos. Pero todo eso requiere que se produzca un cambio en nosotros.

Consulte la lista que se encuentra en la página 11. Podría:

Aprender a preparar alimentos más sanos.
Decir que no a la presión de grupo.
Renunciar y buscar un trabajo mejor.
Tomarse el tiempo para hacer las cosas con la debida diligencia.
Confiar en sus premoniciones.
Volver a estudiar para alcanzar su sueño.
Cuidar mejor de sus posesiones.
Pedir ayuda.
Pedir a otros que colaboren.
Tomar un curso de desarrollo personal.
Vender o regalar los perros.

Pero ¿por qué no hace todo eso? Porque hay un riesgo. Corre el riesgo de quedarse sin empleo, de quedarse solo o de exponerse a las burlas y ser juzgado por los demás. Corre el riesgo de fracasar, de tener una confrontación o de equivocarse. Corre el riesgo de enfrentarse a la desaprobación de su madre, sus vecinos o su cónyuge. El cambio puede requerir esfuerzo, dinero y tiempo. Puede ser molesto, difícil o confuso. Entonces, para evitar el riesgo de experimentar todas esas sensaciones o experiencias incómodas, se queda donde está y se queja de estar ahí.

Quejarse significa que se tiene un punto de referencia de algo mejor que se preferiría pero que no se está dispuesto a correr el riesgo de crear. O acepte que está eligiendo quedarse donde está, asuma la responsabilidad de su elección y deje de quejarse o arriésguese a crear su vida exactamente como la desea.

Si quiere ir de donde está adonde quiere llegar, es evidente que tendrá que arriesgarse.

Tome entonces la decisión y deje de quejarse o deje de perder tiempo con las personas que se quejan y siga creando la vida de sus sueños.

Pete Carroll, el entrenador de los Seattle Seahawks, el equipo de fútbol de la NFL que ganó el Super Bowl en 2014, tiene tres reglas para su equipo: (1) proteger SIEMPRE al equipo; (2) no gimotear, no quejarse y no excusarse; y (3) llegar temprano. Estas son las reglas de un equipo campeón del Super Bowl. Vale la pena adoptarlas.

EL JUEGO DE 2,00 DÓLARES

Este es un ejercicio que usted puede hacer en su casa u oficina. Lo hacemos en nuestros hogares y seminarios. Busque una jarra grande o una pecera y colóquele la etiqueta NO CULPAR, NO QUEJARSE, Y NO PONER EXCUSAS. Cada vez que usted o alguien de su grupo se sorprenda a sí mismo culpando a otra persona, quejándose de algo o exponiendo una excusa por su falta de resultados, el infractor tendrá que depositar 2.00 dólares en el frasco, no como castigo, sino como una técnica para profundizar en la conciencia de todos en cuanto a que estos comportamientos tienen un costo.

SE ESTÁ QUEJANDO CON LA PERSONA EQUIVOCADA

¿Se ha dado cuenta de que casi siempre la gente se queja con la persona equivocada, con alguien que no puede hacer nada acerca de su queja? Van al trabajo y se quejan de su cónyuge; vuelven a casa y se quejan con la esposa de las personas con las que tratan en el trabajo. ¿Por qué? Porque es más fácil; implica menos riesgo. Se necesita valor para decirle al cónyuge que uno no está contento con lo que está pasando en el hogar. Se necesita valor para pedir un cambio de comportamiento. También requiere valor pedirle al jefe que mejore los planes de trabajo para no tener que laborar todos los fines de semana. Pero eso solo lo puede solucionar su jefe. Su esposa nada puede hacer al respecto.

Aprenda a reemplazar las quejas por solicitudes y por la adopción de medidas que logren los resultados que desea. Esa es la actitud de quienes logran el éxito. Eso es lo que da resultado. Si se encuentra en una situación que no le gusta, esfuércese por mejorarla o abandónela. Haga algo para cambiarla o váyase de ahí. Acepte mejorar la relación u obtenga el divorcio. Esfuércese por mejorar sus condiciones de trabajo o busque otro empleo. En cualquiera de los dos casos, logrará un cambio. Como dice el viejo refrán: «No se quede de brazos cruzados (quejándose), haga algo al respecto». Recuerde que de usted depende que se produzca el cambio, que se haga algo de forma diferente. El mundo no le debe nada. Es usted quien tiene que crear el cambio.

ES USTED QUIEN CREA O PERMITE
TODO LO QUE LE SUCEDE

Para tener poder debe adoptar una posición en la que usted cree o permita todo lo que le ocurra. Por *crear,* quiero decir que es directamente usted quien hace que algo ocurra como consecuencia de lo que haga o deje de hacer. Si estando en un bar se acerca a un hombre más grande que usted que, evidentemente, ha estado tomando por mucho tiempo y le dice: «Es usted repulsivo y estúpido», y él se baja de su asiento y lo golpea en la mandíbula y usted va a parar al hospital, fue usted quien creó esa situación. Ese es un ejemplo fácil de entender.

Este otro puede ser más difícil de aceptar: trabaja hasta altas horas de la noche día tras día. Llega a casa cansado y agotado. Come su cena en estado de coma y luego se sienta frente al televisor a ver un juego de básquetbol. Está demasiado cansado y tenso para hacer cualquier otra cosa, como salir a caminar o jugar con los niños. Esto se repite año tras año. Su esposa le pide que hable con ella. Usted responde: «¡Después! Estoy mirando el partido». Tres años más tarde, llega a un hogar vacío y se da cuenta de que ella se ha ido y se ha llevado a los niños. ¡Esa situación también la creó usted!

En otras ocasiones simplemente permitimos que las cosas nos sucedan porque nos abstenemos de actuar, porque no estamos dispuestos a hacer lo que se requiere para crear o mantener lo que deseamos:

- No cumplió su amenaza de retirar algunos privilegios si los niños no aprendían a arreglar lo que desordenaban y ahora la casa parece un campo de batalla.
- No exigió que su marido fuera con usted a visitar a un asesor matrimonial o se fuera de la casa la primera vez que la golpeó y la sigue golpeando.
- Nunca asistió a un seminario de ventas y motivación personal porque estaba demasiado ocupado y ahora el nuevo vendedor joven obtuvo el premio por mayor número de ventas.
- No se tomó el tiempo de llevar a los perros a la escuela de entrenamiento y ahora están descontrolados.
- No se tomó el tiempo de darle mantenimiento al automóvil y ahora está varado en la mitad de la vía.
- No volvió a estudiar para mantenerse actualizado y ahora no lo tienen en cuenta para un ascenso.

Debe aceptar que, en estos casos, usted no es la víctima. No hizo nada y dejó que las cosas pasaran. No dijo nada, no exigió nada, no pidió nada, no dijo que no, no intentó algo nuevo ni se fue.

ALERTAS AMARILLAS

Debe admitir que las cosas no «le suceden» porque sí. Tal como ocurría con las «alertas amarillas» en la antigua serie de televisión *Viaje a las estrellas,* casi siempre se tienen advertencias previas —como indicios, comentarios de otras personas, premoniciones o intuiciones— que nos advierten de algún peligro inminente y nos dan tiempo de evitar un resultado no deseado.

Todo el tiempo estamos recibiendo alertas amarillas. Son alertas amarillas *externas:*

Mi marido siempre llega tarde a casa con olor a alcohol.
El primer cheque del cliente rebotó.
Le gritó a su secretaria.
Su madre me lo advirtió.
Mis amigos me lo dijeron.

Y hay también alertas amarillas *internas:*

Esa sensación de vacío en el estómago.
Esa idea que me pasó por la mente de que tal vez...
Esa intuición que decía…
Ese temor que sentí.
El sueño que me despertó a mitad de la noche.

Tenemos todo un lenguaje que nos informa:

Pistas, premoniciones, sospechas.
La mano invisible que escribe en la pared.
Tuve la sensación de que...
Lo veía a la legua.
Algo en mi interior me lo dijo.

Estas alertas nos dan tiempo de cambiar la respuesta (R) en la ecuación E + R = D. Sin embargo, muchos ignoran las alertas amarillas porque tenerlas en cuenta les exigiría hacer algo que les resulta incómodo. Resulta incómodo enfrentarse al cónyuge para hablar de los cigarrillos con lápiz labial en el cenicero. Resulta incómodo hablar en una reunión de personal para decir que uno es el único que cree que el plan propuesto no dará resultado. Resulta incómodo decirle a alguien que no se le tiene confianza.

Entonces, pretendemos no ver, no saber, porque es más fácil, más conveniente y menos molesto, evita la confrontación, mantiene la paz y nos evita tener que correr riesgos.

LA VIDA SE HACE MUCHO MÁS FÁCIL

Por otra parte, quienes alcanzan el éxito enfrentan directamente los hechos. Hacen lo que resulta incómodo y adoptan las medidas necesarias para crear los resultados que desean. Quienes alcanzan el éxito no esperan a que ocurra el desastre para luego culpar a algo o a alguien por sus problemas.

Una vez que uno empieza a reaccionar con rapidez y decisión a las señales y eventos a medida que se producen, la vida se hace mucho más fácil. Se comienzan a ver mejores resultados tanto a nivel interno como externo. El viejo diálogo interior que dice: *Me siento como una víctima; siento que me están utilizando; nada me sale bien* cambia por: *Me siento muy bien; tengo el control; puedo hacer que las cosas sucedan.*

Los resultados externos como: «Nadie compra en nuestro almacén, no cumplimos nuestras metas trimestrales, los clientes se quejan de que nuestro nuevo producto no funciona» cambian por: «Tenemos más dinero en el banco, soy el primero en ventas en mi división, nuestro producto se agota tan pronto como lo colocamos en los estantes».

SENCILLO NO QUIERE DECIR
NECESARIAMENTE FÁCIL

Aunque este principio es sencillo no es necesariamente fácil de poner en práctica. Exige una conciencia concreta del problema, una disciplina constante y disponibilidad para experimentar y correr riesgos. Hay que estar dispuesto a prestar atención a lo que se hace y a los resultados que se obtienen. Hay que preguntarse y pedir retroalimentación a la familia, a los amigos, a los colegas, a los directores, a los maestros, a los entrenadores y a los clientes. «¿Da resultado lo que estoy haciendo? ¿Podría hacerlo mejor? ¿Hay algo que no estoy haciendo y que debiera hacer? ¿Hay algo que estoy haciendo y debiera dejar de hacer? ¿Cómo cree que me estoy limitando?».

No tema preguntar. A la mayoría le da temor pedir retroalimentación sobre la forma como se está desempeñando por miedo a lo que puede escuchar. No hay nada que temer. La verdad es la verdad. Es mejor conocerla que no saberla. Y cuando uno la sabe puede hacer algo al respecto. No podrá mejorar su vida, sus relaciones, su técnica de juego ni su desempeño sin retroalimentación.

Tómelo con calma y preste atención. Si está atento, la vida siempre le dará retroalimentación sobre los efectos de su comportamiento. Si la pelota de golf siempre se desvía a la derecha, si no está vendiendo, si sus calificaciones siempre son bajas en la universidad, si sus hijos están disgustados con usted, si se siente físicamente cansado y débil, si su hogar es un desastre, o si no está contento, todo esto es información que le indica que algo anda mal. Es hora de empezar a prestar atención a lo que sucede.

Pregúntese: ¿Cómo estoy creando esto o permitiendo que ocurra? ¿Qué estoy haciendo bien que deba incrementar? (¿Debo aumentar el tiempo de práctica, el tiempo de meditación, debería delegar más, debería confiar más, debería escuchar mejor, debería hacer más preguntas, debería estar más atento a lo que ocurre, debería hacer más publicidad, debería decir «te amo» con más frecuencia, debería controlar mi consumo de carbohidratos?)

O: ¿Qué estoy haciendo que no funciona? ¿Qué debo dejar de hacer con tanta frecuencia? (¿Hablo demasiado, veo demasiada televisión, gasto demasiado dinero, como demasiada azúcar, bebo demasiado, llego tarde con demasiada frecuencia, critico y hablo mal de los demás?)

Se puede preguntar también: ¿Qué estoy dejando de hacer que debería ensayar para ver si da resultado? (¿Debo aprender a escuchar, hacer más ejercicio, dormir más, beber más agua, pedir ayuda, hacer más mercadeo, leer, planificar, comunicar, delegar, terminar lo que empiezo, contratar a un asesor, ofrecerme como voluntario o aprender a agradecer más el trabajo de otros?)

Este libro está lleno de técnicas y principios de éxito comprobados que puede empezar a practicar y a vivir de inmediato. Tendrá que dejar de juzgar, dar un gran salto en su fe y ensayarlos, actuar como si fueran ciertos. Solo entonces podrá tener la experiencia propia de cuán efectivos son para su vida. No lo sabrá a menos que los intente. Y este es el problema: nadie puede hacerlo por usted. Solo usted puede hacerlo.

Sin embargo, la fórmula es sencilla, hacer más de lo que da resultado, menos de lo que no resulta y ensayar nuevos comportamientos para ver si producen mejores resultados.

PRESTE ATENCIÓN... SUS RESULTADOS NO MIENTEN

La forma más fácil, más rápida y mejor de saber qué funciona y qué no, es prestar atención a los resultados que está obteniendo. O es rico o no lo es. Inspira respeto o no. Juega bien al golf o no. Se mantiene en el peso ideal o no. Es feliz o no lo es. Tiene lo que quiere o no lo tiene. Así de simple. ¡Los resultados no mienten!

Tiene que abandonar las excusas, las justificaciones y aceptar los resultados que está logrando. Si no cumple sus metas o si está pasado de kilos, ni las mejores razones del mundo podrían cambiar esa situación. Lo único que hará que sus resultados cambien es una modificación en su comportamiento. Elabore más planes prospectivos, tome un curso de capacitación en ventas, cambie su presentación de ventas, cambie su dieta, consuma menos calorías y haga ejercicio con más frecuencia; estas cosas marcarán la diferencia. Pero ante todo, debe estar dispuesto a fijarse en los resultados que está produciendo. El único punto de partida que da resultado es la realidad.

Por lo tanto, comience a prestar atención a lo que pasa. Examine su vida y las personas que interactúan en ella. ¿Están ellas y usted contentos? ¿Hay equilibrio, belleza, comodidad y tranquilidad? ¿Funciona su sistema? ¿Está obteniendo lo que desea? ¿Está aumentando su patrimonio? ¿Son satisfactorias sus calificaciones? ¿Tiene buena salud, buen estado físico y no tiene dolores? ¿Está mejorando en todos los campos de su vida? De no ser así, algo tiene que cambiar y solo usted puede hacerlo.

No se engañe. Sea descaradamente sincero consigo mismo. Haga su propio inventario.

DE VÍCTIMA A LA VICTORIA

Raj Bhavsar nació para ser gimnasta. Era una elección natural para un niño que, a los cuatro años, le encantaba treparse a todo, incluyendo árboles y muebles, y saltar de ellos. Sus padres, preocupados de que se lastimara y estropeara la casa, lo inscribieron en clases en un gimnasio cercano. Raj se enamoró rápidamente de la gimnasia, de modo que cuando tenía diez años quería ser el mejor en este deporte que amaba y representar a su país en los Juegos Olímpicos.

Así que comenzó a enfocarse intensamente en ser un mejor gimnasta y el éxito no tardó en manifestarse. Empezó obteniendo el primer y segundo lugar en las competiciones, y fue cinco veces campeón de Texas cuando entró a la escuela secundaria.

Sus años de secundaria y universitarios constituyeron una multitud de premios y campeonatos: campeón regional del estado, campeón nacional, selección nacional sénior, y su inclusión en dos equipos que obtuvieron medallas. En su mente, él era imparable.

En 2004, Raj estaba compitiendo por un cupo en el equipo estadounidense de gimnasia olímpica. De las doce rutinas que había hecho, once fueron perfectas. Todo el mundo estuvo de acuerdo en que ya tenía un pie adentro. ¡Allá voy, Grecia!, pensó en medio de su euforia.

Pero al final de los ensayos, cuando leyeron los nombres de los jugadores olímpicos, el suyo no estaba en la lista. Entonces oyó las palabras: «Raj Bhavsar, suplente». En ese momento, todo su mundo, todo aquello por lo que había estado trabajando durante una década y media, se hizo añicos. Sus expectativas eran altísimas y estaban arraigadas en su autoestima, así que como no se materializaron aquel día terrible de 2004, se vino abajo de manera estrepitosa. Durante los próximos años, ardió con un deseo: averiguar por qué había sido rechazado. Tenía que encontrar a alguien a quien culpar.

Aunque Raj viajó a Grecia como suplente, fue una experiencia agridulce ver a sus compañeros de equipo trabajar juntos y competir un día tras otro. Extraoficialmente, él hacía parte del equipo, pero estaba claro que realmente no era uno de ellos. Nunca tuvo la oportunidad de competir, por lo que regresó de su viaje desilusionado y confundido.

De vuelta en casa, hizo un serio examen de conciencia. Se preguntó: *¿Realmente disfruto de la gimnasia? ¿Me encanta competir independientemente de los resultados y los elogios?* Su respuesta fue: *¡Sí!* Entonces decidió consagrarse de nuevo a ser un gimnasta y dedicarse de lleno a este deporte, no solo para ganar competencias, sino por el amor que le tenía.

Por desdicha, sin el deseo intenso de ganar, su desempeño se vio afectado. En los juegos nacionales de Estados Unidos de 2007, celebrados nueve meses antes de seleccionar al equipo olímpico de 2008, Raj fracasó estruendosamente. Su desempeño fue irregular y por primera vez, en nueve años, ni siquiera logró formar parte del equipo nacional. Tuvo que reconocer la verdad: Lo que hacía no estaba funcionando.

Unos días después, un atleta amigo suyo que había participado en los Olímpicos del 2000, le regaló un libro y le dijo: «Tienes que leer esto». Raj lo tomó en sus manos y vio en la portada la foto de un tipo de pelo blanco con una gran sonrisa, y las palabras: *Cómo llegar de donde está a donde quiere ir.* Pensó: *Ningún libro me puede llevar a donde quiero estar; mi problema es diferente.* Pero cuando su entrenador recomendó el mismo libro un par de días después, Raj decidió darle una oportunidad.

Dejaré que Raj cuente el resto de la historia:

El libro era *Los principios del éxito* y lo primero que aprendí fue que, para tener éxito, tienes que asumir el cien por ciento de responsabilidad de todo lo que pase en tu vida. Eso fue difícil de aceptar, pues me había convencido —durante varios años—, de que la vida se había ensañado conmigo. Sin embargo, pronto comprendí que albergar resentimiento y detenerme en «lo que sucedió», no me había conducido a ninguna parte. De repente, en lugar de seguir buscando a alguien a quien culpar, empecé a dirigir esa energía hacia adentro, y a examinar la forma en que mi propia mentalidad temerosa y negativa había contribuido a mi desempeño reciente. *¿De dónde provenía mi miedo y qué estaba causando estos pensamientos negativos en mi mente?*

Siempre había pensado que el miedo significaba que yo estaba destrozado, pero Jack me enseñó que las personas exitosas sienten miedo y negatividad todos los días, y aun así optan por avanzar hacia sus metas. Los pensamientos negativos, el rechazo y el miedo ¡son solo una parte del proceso! De repente, esos pensamientos se convirtieron en retos a superar, en lugar de enormes obstáculos o pruebas de mi fracaso. Yo estaba en un camino completamente nuevo.

Mi entrenador vio la luz encenderse en mí. Dijo que era como haber activado un interruptor. Trabajé con él en un nuevo plan de entrenamiento, me comprometí de nuevo con mi sueño de ser un atleta olímpico, pero ahora también quería ser un atleta olímpico en la *vida*.

Hice una cartelera con la visión y un mapa mental, no solo para ayudarme a visualizar el éxito, sino también para dividir mi enorme, alta y abrumadora meta en áreas de atención diaria que pudiera controlar. Cuando se celebraron las pruebas olímpicas de 2008, no tuve ningún problema en la competencia. Me sentía feliz, claro y en la cima de mi juego. Perfeccioné todas mis rutinas. Con todo el trabajo que había hecho conmigo mismo, estaba seguro de que en esa ocasión sería convocado para el equipo.

Pero cuando seleccionaron a los últimos integrantes, mi nombre no fue llamado. *¡¿Qué?!*

En una repetición cruel de 2004, escuché: «Raj Bhavsar, suplente».

Cuando un periodista de la NBC me preguntó cómo me sentía tras ser nombrado suplente por segunda vez, le respondí con una sola frase: «No hay ningún evento exterior que pueda derrotar mi realización interior».

Aun así, estaba desconcertado sinceramente con que —después de todo lo que había hecho—, mi sueño aún estuviera fuera de mi alcance. Mientras que una parte de mí estaba dispuesta a renunciar a ser un atleta olímpico, algo dentro de mí dijo: «¡Mantén el sueño vivo! Es imposible que esto termine».

A la mañana siguiente, llamé a los funcionarios de USA Gymnastics y les reiteré que estaría honrado de ser suplente. Para la próxima semana, había entrenado duro y me sentí listo. Luego se anunció que Paul Hamm —medallista de oro olímpico en 2004 y miembro del equipo olímpico en 2008—, había tomado la decisión de retirarse debido a sus lesiones. El comité decidiría cuál de los tres suplentes sería elegido para reemplazarlo. Esperar la decisión probablemente fueron las veinticuatro horas más insoportables pero emocionantes de toda mi vida.

Al día siguiente en el gimnasio, mi entrenador, mi consejero de rendimiento deportivo y yo, estábamos hablando con USA Gymnastics cuando el presidente de la organización pasó al teléfono para hacer el anuncio oficial. Cuando empezó su anuncio —diciendo lo felices que estaban por la decisión y bla-bla-bla—, yo estaba suplicando en mi interior: *¡Simplemente diga el nombre! ¿Soy yo o no?*

«En este momento», dijo finalmente, «nos gustaría anunciar el nuevo miembro del equipo olímpico de 2008… Raj Bhavsar».

Raj gritó y cayó de rodillas. Luego, sonriendo y llorando al mismo tiempo, se incorporó y abrazó a su entrenador. Abrazó a su consejero. Abrazó a todos.

Pero Raj también sabía que el camino que tenía por delante sería difícil. Con Paul Hamm por fuera, ni un solo miembro del equipo tenía experiencia olímpica. Los medios de comunicación —incluso las personas en la comunidad gimnástica—, habían descalificado al equipo, dudando que pudiera llegar a la final. Fue entonces cuando Raj se comprometió a hacer todo lo que pudiera para mantener su actitud positiva.

Una noche antes de la competencia, reunió a los seis miembros del equipo y los instó a comprometerse a apoyarse unos a otros como seres humanos en primer lugar y como atletas en segundo. En ese momento, cada uno sabía que sus compañeros lo estaban apoyando. A la mañana siguiente, el equipo se dirigió a la pista de competencia con la cabeza en alto y, en una sorprendente victoria, con todo el estadio coreando «*¡EE.UU.! ¡EE.UU.!*», Raj y sus compañeros de equipo superaron a los alemanes y obtuvieron la medalla olímpica de bronce.

TENGA UNA IDEA MUY CLARA DE POR QUÉ ESTÁ AQUÍ

Decida su propósito principal y definido en la vida;
luego organice todas sus actividades en torno a él.

BRIAN TRACY
Una de las principales autoridades de Estados Unidos en el
desarrollo del potencial humano y la eficacia personal

Estoy convencido de que cada uno nace con un propósito en la vida. Identificar, aceptar y honrar ese propósito es tal vez lo más importante que hacen quienes alcanzan el éxito. Por ello se toman el tiempo de entender lo que deben hacer en este mundo y luego se dedican a cumplir ese propósito con pasión, con entusiasmo.

¿CON QUÉ PROPÓSITO LO TRAJERON A USTED A ESTE MUNDO?

Hace mucho tiempo descubrí para qué me trajeron a este mundo. Pude determinar mi verdadero propósito en la vida, «mi verdadera razón de ser». Descubrí cómo inyectar pasión y determinación en cada actividad que emprendo. Y aprendí cómo el propósito puede dar un sentimiento de diversión y plenitud a prácticamente todo lo que hago.

Ahora quisiera ayudarle a descubrir ese mismo secreto.

Debe saber que, sin un propósito en la vida, es fácil desviarse del camino que tiene trazado en este mundo. Es fácil perder el rumbo y quedar a la deriva, lograr muy poco.

Pero con un propósito, todo en la vida parece encajar en su lugar. Estar orientado «en ese propósito» significa que está haciendo lo que le encanta, está haciendo lo que sabe hacer y está logrando lo que es importante para usted. Cuando realmente está centrado en su propósito, las personas, los recursos y las oportunidades que requiere gravitan naturalmente hacia usted. También se beneficia el mundo; porque cuando se actúa de conformidad con nuestro verdadero propósito en la vida, todas nuestras acciones sirven automáticamente a los demás.

ALGUNOS PROPÓSITOS PERSONALES PARA LA VIDA

Mi propósito en la vida es *servir de inspiración y facultar a las personas para que vivan sus más ambiciosos sueños en un contexto de amor y felicidad.* Inspiro a las personas a vivir su visión más elevada recogiendo y difundiendo historias inspiradoras a través de la serie *Sopa de pollo para el alma* y con mis inspiradoras conferencias magistrales. Faculto a las personas para que puedan vivir sus sueños escribiendo libros prácticos de autoayuda como: *Tapping Into Ultimate Success* [Aproveche lo máximo del éxito], El poder de mantenerse enfocado y *El factor Aladino;* diseñando cursos para estudiantes de secundaria y universitarios; organizando seminarios y talleres para adultos y corporaciones donde se enseñan poderosos métodos para crear nuestra vida ideal tanto en el trabajo como en casa.

Los siguientes son los propósitos de algunos de mis amigos. Es importante anotar que todos se han convertido en millonarios por mérito propio a través del cumplimiento del propósito de sus vidas.

- Inspirar y facultar a las personas para que cumplan su destino[*]
- Elevar la conciencia de la humanidad a través de los negocios[†]
- Servir humildemente al Señor dando un ejemplo amoroso, divertido, poderoso y apasionado de la felicidad absoluta disponible desde el momento en que celebremos los dones de Dios y amemos y sirvamos sinceramente a todas sus criaturas[‡]
- Dejar el mundo mejor de lo que lo encontré para los caballos y también para la gente[§]

Una vez que sepa cuál es su propósito en la vida, puede organizar la totalidad de sus actividades en torno a él. Todo lo que usted haga debe ser una expresión de su propósito. Si una actividad no se alineó con su propósito, usted no querrá trabajar en ello. Punto.

[*] Robert Allen, coautor de *Millonario en un minuto* (Madrid: Temas de Hoy, 2003).
[†] D. C. Cordova, cofundadora de Excellerated Business School.
[‡] Anthony Robbins, autor de *Personal Power* [Poder personal] y *Get the Edge* [Obtenga la ventaja], empresario y filántropo.
[§] Monty Roberts, autor de *El hombre que escucha a los caballos* (Madrid: Tutor, 2002).

¿CUÁL ES EL «PORQUÉ» QUE YACE DETRÁS DE TODO LO QUE HACE?

Sin un propósito que le sirva de brújula para guiarse es posible que, en último término, sus metas y planes de acción no lo satisfagan. No querrá llegar al último peldaño solo para descubrir que recostó la escalera contra la pared equivocada.

Cuando Julie Marie Carrier era niña, le fascinaban los animales. Como resultado, todo lo que escuchó mientras crecía fue: «Julie, deberías ser veterinaria. Serás una excelente veterinaria. Eso es lo que deberías ser». Cuando llegó a la Universidad del Estado de Ohio, tomó cursos de biología, anatomía y química, y empezó sus estudios de veterinaria. Gracias a una beca internacional rotaria pudo estudiar su año de pregrado en Manchester, Inglaterra. Lejos de su familia y de las presiones de los profesores en su país se encontró, un monótono día, sentada ante su escritorio, rodeada de libros de biología con la vista fija en la ventana, y de pronto lo comprendió: *¿Sabes una cosa? Soy la persona más desdichada. ¿Por qué soy tan infeliz? ¿Qué estoy haciendo? ¡No quiero ser veterinaria!*

Entonces, Julie se preguntó: *¿Cuál sería el trabajo que me gustaría tanto que estaría dispuesta a hacerlo gratis pero por el que en realidad pudiera recibir remuneración? No es ser veterinaria. Ese no es el trabajo que deseo.* Luego volvió a pensar en todas las cosas que había hecho durante su vida y cuáles la habían hecho sentir más feliz. Entonces lo comprendió; habían sido las conferencias de liderazgo juvenil que se había ofrecido a dictar como voluntaria en los cursos de comunicación y liderazgo que había tomado como materia selectiva cuando estaba en la Universidad del Estado de Ohio.

¿Cómo pude ser tan ignorante? pensó. *Heme aquí, en mi cuarto año de universidad y hasta ahora me doy cuenta de que voy por el camino equivocado y no estoy haciendo lo que debo hacer. Sin embargo, lo he tenido frente a mí todo el tiempo, solo que nunca antes me tomé el trabajo de reconocerlo.*

Contenta por ese nuevo descubrimiento, Julie pasó el resto de ese año en Inglaterra tomando cursos de comunicación y desempeño en los medios de comunicación. Cuando regresó a la universidad, pudo convencer al fin a la administración de que le permitiera crear su propio programa de «Estudios en liderazgo» y aunque le tomó dos años más graduarse, se convirtió en consultora ejecutiva en capacitación y desarrollo de liderazgo para el Pentágono. Ganó además el concurso de Miss Virginia, lo que le permitió dedicar gran parte del año a dictar charlas a los niños de todo el Estado de Virginia, además de iniciar una carrera de conferencista nacional para potenciar a los jóvenes con mensajes de liderazgo y carácter. A propósito, debo mencionar que Julie tiene apenas veintiséis años y ya es todo un testimonio del poder que la claridad de propósito puede crear en nuestras vidas.

En la actualidad, Julie se ha dirigido a más de un millón de jóvenes como una de las mejores oradoras nacionales de liderazgo juvenil en conferencias para estudiantes, institutos, colegios y programas juveniles en todo el mundo. Es posible que usted la haya visto en el programa *Today* de la NBC o en Fox News, en el *New York Times* o como *coach* exitosa de adolescentes y mujeres jóvenes participando en un programa de televisión sobre el establecimiento de metas en MTV (¡Incluso recibió una nominación al Emmy!).*

Las buenas noticias son que no es necesario irse a Inglaterra para descubrir su verdadero propósito. Basta con tomarse el tiempo de realizar dos simples ejercicios que le ayudarán a aclarar ese propósito.

SU SISTEMA DE GUÍA INTERNO ES SU FELICIDAD

El deber diario del alma es ser fiel a sus propios deseos.
Debe abandonarse a la pasión que la guía.

DAME REBECCA WEST
Autora de *best sellers*

Nacimos con un sistema de guía interno que nos dice cuando estamos orientados o no hacia nuestro propósito, con base en el grado de felicidad que estemos experimentando. Las cosas que nos dan mayor alegría son acordes con nuestro propósito. Para comenzar a concretar su propósito, he aquí unos ejercicios que hacer. ¿Cuáles son los elementos comunes de esas experiencias? ¿Puede imaginar una forma de ganarse la vida desempeñando esas actividades?

Pat Williams es primer vicepresidente del equipo de básquetbol Orlando Magic. Ha escrito más de setenta libros y es orador profesional. Cuando le pregunté cuál creía que era el mayor secreto del éxito, me respondió: «Cuando aún se es muy joven, hay que pensar qué es lo que más nos agrada y luego organizar nuestra vida imaginando la forma de ganar dinero con esa actividad». Para el joven Pat, fue el deporte, más específicamente el béisbol. Cuando su padre lo llevó por primera vez a un juego de béisbol en Filadelfia, se enamoró de ese deporte. Aprendió a leer en la

---

* Puede saber más acerca de Julie en www.TheSuccessPrinciples.com/resources.

sección de deportes del *New York Times*. Sabía que cuando fuera grande quería ser deportista profesional. Dedicó casi todos los días de su vida al béisbol. Coleccionó tarjetas de beisbolistas, practicó varios deportes y fue columnista deportivo del periódico escolar.

Pat hizo una carrera en la oficina administrativa del equipo de béisbol Philadelphia Phillies, y más adelante trabajó con el equipo de básquetbol Philadelphia 76ers. Cuando la NBA pensó en otorgar una franquicia de expansión al equipo a Orlando, Pat estaba allí encabezando la lucha. Ahora en la séptima década de su vida, Pat lleva más de cincuenta años haciendo lo que más le gusta y lo ha disfrutado cada minuto. Una vez que tenga una idea clara de lo que más le agrada, sabrá con más certeza cuál es su propósito en la vida.

Este segundo ejercicio es una forma fácil pero muy efectiva de desarrollar un propósito en la vida para guiar y orientar su conducta. Ahora tómese un tiempo para hacer el siguiente ejercicio.

EJERCICIO PARA DETERMINAR SU PROPÓSITO EN LA VIDA*

1. Enumere dos de sus cualidades personales que lo distingan, como *entusiasmo* y *creatividad*.

   _____   _____

2. Enumere una o dos formas en las que disfruta expresando sus cualidades al interactuar con los demás, como *apoyar* e *inspirar*.

   _____   _____

3. Suponga que, en este momento, el mundo es perfecto. ¿Cómo lo ve? ¿Cómo interactúan las personas? ¿Cómo se siente? Escriba su respuesta en forma de enunciado en tiempo presente, describiendo cómo se sentiría mejor, el mundo perfecto tal como lo ve y lo siente. Recuerde que un mundo perfecto es un lugar divertido.

---

* Hay muchas formas de abordar la definición de su propósito. Esta versión la aprendí del ejercicio para determinar el propósito en la vida propuesto por Arnold M. Patent, director espiritual y autor de Puedes tenerlo todo. Su obra más reciente es *The Journey* [El viaje]. Puede leer más sobre cómo ponerse en contacto con Arnold en www.TheSuccessPrinciples.com/resources.

EJEMPLO: *Todos expresan libremente sus propios y exclusivos talentos. Todos trabajan en armonía. Todos expresan amor.*

_____

_____

_____

4. Combine las tres subdivisiones anteriores de este párrafo en un solo enunciado (vea el ejemplo a continuación).

EJEMPLO: *Mi propósito es utilizar mi creatividad y mi entusiasmo para apoyar e inspirar a otros a que expresen libremente sus talentos con amor y armonía.*

_____

_____

_____

Estos son algunos ejemplos de declaraciones de propósitos que han escrito ciertas personas en mis talleres recientes:

- Utilizar mi humor, mi creatividad y mis conocimientos para inspirar, animar y empoderar a las personas en proceso de recuperación a fin de que se mantengan sobrios. (*Coach* y autor de recuperación.)
- Inspirar y capacitar a los propietarios de pequeñas empresas para sistematizarlas, con el fin de facilitar la generación de ingresos. (Consultor de pequeñas empresas y autor.)
- Inspirar a las personas a tener fe en sí mismas y a creer en su genio natural. (Educador.)
- Criar niños saludables y prósperos que se distingan en el mundo. (Ama de casa de tiempo completo.)
- Crear un mundo en el que las personas lleven vidas ecológicamente sostenibles, espiritualmente plenas y socialmente justas. (Activista ecológico y social.)
- Utilizar mis vastos conocimientos de medicina integral para educar, inspirar y capacitar a las personas a llevar vidas más largas y saludables. (Doctor en medicina holística.)
- Vivir cada día al máximo y retribuir tanto como sea posible, al mismo tiempo que valoramos a alguien especial todos los días. (Contratista y constructor.)

- Vivir con integridad y compasión mientras sirvo a los demás, y valorar siempre lo inesperado. (Bombero.)

CÓMO MANTENERSE FIEL A SU PROPÓSITO

Una vez que haya determinado y escrito su propósito para la vida, léalo todos los días, preferentemente en la mañana. Si es una persona artística o muy visionaria por naturaleza, tal vez quiera dibujar o pintar un símbolo o una imagen que represente su propósito en la vida y póngala en algún lugar (en la puerta del refrigerador, frente a su escritorio, cerca de su cama) donde lo pueda ver todos los días. Esto le mantendrá en el curso correcto.

A medida que avance por los próximos capítulos sobre la forma de definir su visión y sus metas, asegúrese de que estén alineadas con su propósito y le ayuden a cumplirlo.

Otro modo de poner en perspectiva su propósito es reservar algún tiempo para reflexionar en silencio, un rato de meditación para interrogarse en lo más íntimo de su ser (vea el principio 47). Cuando esté relajado y haya entrado en un estado de profundo amor propio y tranquilidad, pregúntese: *¿Cuál es mi propósito en la vida?* o *¿Cuál es mi papel único en el universo?* Deje que la respuesta simplemente le llegue. Permita que sea tan expansiva como pueda imaginarla. Las palabras que le lleguen no tienen que ser floridas ni poéticas; lo que importa es el grado de inspiración que le puedan infundir.

Si realmente quiere profundizar en este ejercicio, puede hacer otros dos que realizamos en mi entrenamiento Breakthrough to Success Training [Avance al éxito]. El primero es The Passion Test [La prueba de la pasión]. Es un ejercicio modelo que usted puede hacer solo o con alguien. El proceso se puede encontrar en el libro *The Passion Test* [La prueba de la pasión], de Janet y Chris Attwood (Plume, 2008).

El otro ejercicio, que a muchas personas les parece el más poderoso, es la visualización guiada del propósito de vida, y que hace parte de mi serie de meditaciones en el disco compacto *Awakening Power* [Poder despertador].★

★Este programa de seis discos compactos contiene once visualizaciones guiadas y narradas por mí y por la doctora Deborah Sandella. Puede ordenar este programa de audio en www.JackCanfield.com.

«Todos mis profesores nos dijeron que la clave del éxito está en hacer algo que nos guste. Me encanta vivir en casa contigo y con mamá».

PRINCIPIO

DECIDA QUÉ QUIERE

*El primer paso, indispensable para lograr las cosas que desea
obtener en la vida, es el siguiente: decida qué es lo que quiere.*

BEN STEIN
Actor y autor

Una vez que haya decidido por qué está aquí, tendrá que decidir qué es lo
que quiere hacer, quién quiere ser y qué quiere tener. ¿Qué desea lograr?
¿Qué desea experimentar? Y ¿qué posesiones desea adquirir? En el trayecto
de donde se encuentra a donde quiere llegar, debe decidir dónde quiere estar. En otras palabras, ¿cómo imagina el éxito?

Una de las principales razones por las que la mayoría no logra lo que
desea es porque no ha *decidido* qué quiere. No ha definido sus aspiraciones
en forma clara y detallada.

LA PROGRAMACIÓN DE LA PRIMERA INFANCIA
SUELE IMPEDIR EL LOGRO DE LO QUE SE DESEA

Dentro de cada cual hay una pequeñísima semilla del «ser» en la que yace
lo que cada persona estaría destinada a convertirse. Por desdicha, es posible
que haya enterrado esa semilla en respuesta a sus padres, a sus maestros, a
sus directores y a otros ejemplos a seguir mientras crecía.

Al comienzo, cuando era un bebé, sabía exactamente lo que quería.
Sabía cuando tenía hambre. Escupía los alimentos que no le gustaban y de-
voraba ávidamente los que le agradaban. No tenía problemas para expresar
sus necesidades y deseos. Simplemente lloraba a todo pulmón —sin inhibi-
ciones y sin contenerse— hasta obtener lo que quería. Tenía en su interior
cuanto necesitaba para obtener su alimentación, para que lo cambiaran,
para que lo tomaran en brazos y lo mecieran. A medida que fue creciendo,

aprendió a gatear por todas partes y a dirigirse hacia lo que más le llamara la atención. Tenía una idea muy clara de lo que quería e iba directamente a obtenerlo sin ningún temor.

Y ¿qué ocurrió? En algún momento, en el transcurso del proceso, alguien dijo:

¡No toques eso!

Aléjate de ahí.

Deja eso quieto.

Cómete todo lo que tienes en el plato, ¡te guste o no!

Realmente no sientes eso.

En realidad, no quieres eso.

Te debería dar pena.

Deja de llorar, no te comportes como un bebé.

A medida que fuiste creciendo, lo que oías era:

No puedes tenerlo todo simplemente porque lo desees.

El dinero no se da en los árboles.

¿No puedes pensar en nadie más que en ti?

¡No seas tan egoísta!

¡Deja de hacer lo que estás haciendo y ven a hacer lo que quiero que hagas!

NO VIVA LOS SUEÑOS DE OTRO

Después de muchos años de este tipo de sanciones, muchos perdimos el contacto con las necesidades de nuestros cuerpos y los deseos de nuestros corazones y, de algún modo, nos quedamos atascados tratando de imaginar lo que los demás querían que hiciéramos. Aprendimos cómo actuar y cómo obtener *su* aprobación. Como resultado, ahora hacemos muchas cosas que no queremos hacer pero que agradan a otros:

- Vamos a la facultad de medicina porque es lo que papá quiere que hagamos.
- Nos casamos para complacer a mamá.
- Conseguimos un «trabajo de verdad» en lugar de desarrollar la carrera artística con la que siempre soñamos.
- Vamos directamente a la escuela de postgrado en lugar de descansar un año haciendo una excursión a pie por Europa.

En nuestro afán por actuar con lógica, terminamos adormeciendo nuestros deseos. No es de sorprender que al preguntar a muchos adolescentes qué quieren hacer o qué quieren llegar a ser, respondan con toda franqueza: «No lo sé». Son demasiadas capas de «debes», «deberías» y «mejor sería que», unas sobre otras, las que sofocan lo que realmente deseamos.

Entonces, ¿cómo volver a ser uno mismo y recuperar lo que verdaderamente desea? ¿Cómo volver a lo que realmente quiere sin temor, vergüenza o inhibición? ¿Cómo reconectarse con su verdadera pasión? Se empieza al nivel más bajo, siendo fiel a sus preferencias —sin importar cuán significativas o insignificantes sean— en cada situación. No piense que no tienen importancia. Pueden ser inconsecuentes para cualquiera, no para usted.

DEJE DE CONFORMARSE CON MENOS DE LO QUE DESEA

Para volver a ser su propio amo y obtener lo que realmente quiere en la vida, tendrá que dejar de decir: «Yo no sé; no me importa; no tiene importancia para mí» —o la frase favorita de los adolescentes: «Lo que sea». Cuando tenga que optar por una alternativa, por pequeña o insignificante que sea, actúe como si tuviera una preferencia. Pregúntese: *Si lo supiera, ¿qué preferiría? Si me importara, ¿cuál preferiría? Si realmente fuera importante, ¿qué preferiría hacer?*

El no saber a ciencia cierta lo que se quiere y dejar que las necesidades y deseos de otros sean más importantes que los propios es un simple hábito. Se puede romper, practicando el hábito contrario.

EL CUADERNO AMARILLO

Hace muchos años, asistí a un seminario con la experta en autoestima y motivación Chérie Carter-Scott, autora de *Si la vida es un juego, estas son las reglas*. Cuando los veinticuatro participantes entramos al salón del curso la primera mañana, se nos indicó que nos sentáramos en una de las sillas que miraban hacia el frente del salón. Había un cuaderno de espiral en cada silla. Unos azules, otros amarillos y otros rojos. El de mi silla era amarillo. Recuerdo que pensé: *Odio el amarillo. Quisiera tener uno azul.*

Entonces, Chérie dijo algo que cambió mi vida para siempre: «Si no les gusta el color del cuaderno que les tocó, cambien con otra persona hasta que tengan el que desean. Se merecen tener todo en su vida exactamente como lo quieren».

Santo cielo, ¡qué concepto tan radical! Durante más de veinte años, nunca había actuado sobre esas bases. Siempre me había conformado, pensando que no podía tener todo lo que quisiera.

Entonces me dirigí a la persona que estaba a mi derecha y le dije: «¿Le importaría cambiar su cuaderno azul por el mío que es amarillo?».

Ella respondió: «En absoluto. Prefiero el amarillo. Me gusta el brillo de ese color. Va con mi modo de ser».

Ahora tenía mi cuaderno azul. No era un gran éxito dentro del esquema de cosas, pero era un primer paso en el proceso de recuperar mi derecho nato de aceptar mis preferencias y obtener exactamente lo que quiero. Hasta ese momento, hubiera desechado mi preferencia como algo sin importancia, algo que no ameritaba hacer nada al respecto. Hubiera continuado reprimiendo mi conciencia de lo que realmente quería. Ese día representó un momento decisivo para mí, el comienzo de reconocer mis preferencias y deseos y de actuar en concordancia con mucho más poder.

HAGA UNA LISTA DE «YO QUIERO»

Una de las formas más fáciles de comenzar a aclarar lo que realmente desea es hacer una lista de treinta cosas que uno quiere hacer, treinta cosas que uno quiere tener y treinta cosas que quiere hacer antes de morir. Es una forma excelente de poner el balón en movimiento.

Otra técnica muy potente para descubrir sus deseos es pedirle a un amigo o amiga que le ayude a elaborar una lista de «yo quiero…». Haga que esa persona le pregunte constantemente: «¿Qué quieres? ¿Qué quieres?», durante diez a quince minutos y anote sus respuestas. Verá que las primeras cosas que quiere serán poco profundas. De hecho, la mayoría dice: «Quiero un Mercedes, quiero una casa grande frente al mar», y así sucesivamente. Sin embargo, al hacer este ejercicio durante quince minutos, empieza a manifestarse la persona real: «Quiero que la gente me quiera. Quiero poder expresarme. Quiero poder distinguirme. Quiero sentirme poderosa(o)»... deseos que son verdaderas expresiones de sus valores centrales.

HAGA UNA LISTA DE «VEINTE COSAS QUE ME ENCANTA HACER»

Lo que impide con frecuencia que las personas expresen su verdadero deseo es que no creen que puedan ganarse la vida haciendo lo que les encanta hacer.

Usted podría decir: «Lo que me encanta hacer es pasar el rato y hablar con la gente».

Bueno, Oprah Winfrey se ha ganado la vida pasando el rato y hablando con la gente durante treinta años. Y mi amiga Diane Brause, que es una guía turística internacional, se gana la vida pasando el rato y hablando con la gente en algunos de los lugares más emocionantes y exóticos del mundo.

A Tiger Woods le encanta jugar al golf. A Ellen DeGeneres le encanta hacer reír a la gente. A mi hermana Kimberly Kirberger le encanta diseñar y elaborar joyas. A Donald Trump le encanta hacer negocios y construir edificios. A mí me encanta leer y compartir con otros lo que he aprendido en libros, discursos y talleres. Es posible ganarse la vida haciendo lo que a usted le gusta.

Haga una lista de veinte cosas que le guste hacer, luego piense en maneras de ganarse la vida haciendo algunas de ellas. Si le gustan los deportes, puede practicar uno, ser escritor o fotógrafo deportivo, trabajar en administración deportiva, como agente deportivo o en la oficina de un equipo profesional. Podría ser entrenador, gerente o explorador. Podría ser locutor, camarógrafo o el publicista de un equipo. Hay miles de maneras de hacer dinero en cualquier campo que a usted le guste.

Por ahora, decida simplemente lo que le gustaría hacer, y en los siguientes capítulos le mostraré cómo tener éxito y ganar dinero con eso.

FÓRMESE UNA IDEA CLARA DE LO QUE SERÍA SU VIDA IDEAL

El tema de este libro es cómo llegar de donde está a donde quiere ir. Para lograrlo, tiene que saber dos cosas: dónde está y a dónde quiere llegar. Su visión es una descripción detallada de a dónde quiere llegar. Describa en detalle cómo se ve y se siente su destino. Para crear una vida equilibrada y exitosa, su visión debe incluir los siguientes siete campos: trabajo y profesión, finanzas, recreación y tiempo libre, salud y estado físico, relaciones, metas personales y contribución a la comunidad.

En esta etapa de la jornada, no es necesario saber exactamente cómo va a llegar allí. Lo que importa es saber que quiere llegar. Solo tiene que descubrir a dónde quiere ir. Si tiene una idea clara del qué, el cómo vendrá por añadidura.

SU SISTEMA INTERNO DE POSICIONAMIENTO GLOBAL

El proceso de cómo llegar de donde está a donde queire ir es como utilizar la tecnología de sistema de navegación GPS (Global Positional System [Sistema de Posicionamiento Global], por sus siglas en inglés), en los automóviles de modelos más recientes o su teléfono inteligente. Para funcionar, el sistema solo tiene que saber el lugar en el que usted se encuentra y el lugar al que quiere llegar. El sistema de navegación determina dónde se encuentra mediante el uso de un computador a bordo del automóvil que recibe señales de varios satélites y calcula la posición exacta. Al teclear su lugar de destino, el sistema de navegación señala el rumbo perfecto para usted. Solo tiene que seguir las instrucciones.

El éxito en la vida obedece a los mismos principios. Todo lo que hay que hacer es decidir a dónde quiere llegar para tener una visión clara que permita fijar el punto de destino y establecer las metas, las afirmaciones y la visualización para comenzar a avanzar en la dirección correcta. El Sistema de Posicionamiento Global interno irá desarrollando la ruta a medida que avance. En otras palabras, una vez que se tiene un concepto claro y se mantiene el enfoque en una determinada visión, los pasos exactos irán apareciendo a lo largo del camino. Una vez que tenga una idea clara de lo que quiere y mantenga su mente enfocada en su visón, irá encontrando la forma, gradualmente, de cómo alcanzarlo, a veces justo cuando lo necesita, ni un segundo antes.

«¡Tengo más dinero del que hubiera podido desear en mis más ambiciosos sueños! Desafortunadamente, nunca tuve sueños muy ambiciosos».

QUIENES LOGRAN GRANDES COSAS
TIENEN UNA VISIÓN MÁS AMPLIA

El mayor peligro para la mayoría no es tener metas muy altas
y no alcanzarlas, sino tener metas muy bajas y lograrlas.

MIGUEL ÁNGEL
Escultor y pintor renacentista que pasó cuatro años
acostado pintando el techo de la Capilla Sixtina

Quiero animarlos a no limitar sus perspectivas en forma alguna. Déjenlas ser tan amplias como sean. Cuando entrevisté a Dave Liniger, principal ejecutivo de RE/MAX, la mayor compañía de bienes raíces de Estados Unidos, me dijo: «Siempre hay que tener sueños grandes. Los sueños grandes atraen gente importante». El general Wesley Clark, Comandante Supremo de la Organización del Tratado del Atlántico Norte en Europa, me dijo hace poco: «No es más difícil crear un gran sueño que uno pequeño». Mi experiencia es que una de las pocas diferencias entre quienes alcanzan grandes logros y el resto del mundo es que los que lo hacen tienen sueños más grandes. John F. Kennedy soñó con poner un hombre en la luna. Martin Luther King hijo soñó con un país libre de prejuicios e injusticias. Bill Gates soñó con un mundo en donde cada hogar tuviera una computadora conectada a la Internet. Buckminster Fuller soñó con un mundo en el que todos tuvieran acceso a la energía eléctrica.

Estos grandes triunfadores ven el mundo desde un ángulo totalmente distinto, como un lugar en el que pueden ocurrir cosas sorprendentes, donde se pueden mejorar miles de millones de vidas, donde la nueva tecnología puede cambiar la forma como vivimos y donde los recursos mundiales pueden aprovecharse para el mayor beneficio común. Creen que cualquier cosa es posible y creen que tienen un papel integral en su creación.

Cuando Mark Victor Hansen y yo publicamos *Sopa de pollo para el alma*, la que llamamos nuestra «visión 2020» también fue muy grande. Queríamos vender mil millones de ejemplares de *Sopa de pollo para el alma* para recaudar quinientos millones de dólares para obras de caridad dando un porcentaje de nuestras ganancias para el año 2020. Teníamos, y tenemos, un concepto muy claro de lo que queremos lograr. A partir de 2015, ya hemos vendido más de 500 millones de ejemplares en cuarenta y siete idiomas.

*Si limita sus alternativas solo a lo que parece posible o
razonable, se estará desconectando de lo que realmente
desea y tendrá que conformarse con mucho menos.*

ROBERT FRITZ
Autor de *The Path of Least Resistance* [La vía del menor esfuerzo]

NO PERMITA QUE NADIE LO DISUADA DE SU VISIÓN

Hay quienes tratarán de disuadirlo de su visión. Le dirán que es una locura
y que no se puede lograr. Mi amigo Monty Roberts, autor de *El hombre
que escucha a los caballos*, el cual permaneció 58 semanas en la lista de *best
sellers* del *New York Times,* llama a esas personas ladrones de sueños. No les
preste atención.

Cuando Monty estaba cursando el bachillerato, su profesor les pidió a
todos los de su clase que, como tarea, escribieran sobre lo que querían ser
cuando grandes. Monty escribió que quería tener su propia hacienda de
doscientas acres y criar caballos de pura sangre. Su maestro calificó su trabajo con una F y le explicó que le ponía esa nota porque consideraba que su
sueño era poco realista. Ningún niño que estuviera viviendo en un campamento de casas rodantes, en la parte trasera de una camioneta podría ganar
lo suficiente para comprar una hacienda, conseguir sementales y pagar los
salarios de todos los trabajadores que requería una hacienda. Cuando el
profesor le pidió a Monty que cambiara o volviera a escribir su ensayo para
darle una nota más alta, Monty le dijo: «Usted quédese con su F, yo me
quedo con mi sueño».

Monty posee en la actualidad unas granjas de 154 acres, Flag Is Up
Farms, en Solvang, California, donde cría caballos de carreras de pura
sangre y capacita a cientos de entrenadores de caballos para entrenarlos
de una forma más humana.★ Monty ha criado ocho caballos que han sido
campeones nacionales en pistas de espectáculos en todo el mundo, y más
de trescientos de pura sangre que han ganado carreras internacionales de
apuestas.

★Para mayor información sobre Monty y su trabajo, puede visitar www.TheSuccessPrinciples.
com/resources o leer uno de sus libros: *El hombre que escucha a los caballos, Shy Boy* [El niño tí-
mido], *Horse Sense for People* [Lógica caballuna para la gente] y *From My Hands to Yours* [De mis
manos a las tuyas].

EL EJERCICIO DE LA VISIÓN

Cree su futuro con base en el futuro, no en el pasado.

WERNER ERHARD
Fundador del sistema de capacitación EST y el Landmark Forum

El siguiente ejercicio está diseñado para ayudarle a tener una visión más clara. Comience por poner música suave, que le permita relajarse, y siéntese en silencio en un ambiente confortable, donde no lo interrumpan. Después, cierre los ojos y pida a su subconsciente que le presente imágenes de lo que sería su ideal en la vida si pudiera lograrlo tal como lo desea, en cada una de las siguientes categorías:

1. En primer lugar, concéntrese en el área financiera. ¿Cuál es su ingreso anual ideal? ¿Cómo es su flujo de efectivo? ¿Cuánto dinero tiene en ahorros e inversiones? ¿Cuál es su patrimonio neto total?

    A continuación, ¿cómo es su hogar? ¿Dónde está ubicado? ¿Tiene un jardín o vista panorámica? ¿Tiene piscina o caballerizas? ¿Qué tipo de muebles tiene? ¿Tiene cuadros en las paredes? ¿Cómo son? Camine por la casa de sus sueños y llénela de todo tipo de detalles.

    No se preocupe, por el momento, de cómo va a obtener la casa. No se sabotee diciendo: «No puedo vivir en Malibú porque no gano lo suficiente». Una vez que tenga en su mente la imagen, será ella la que se encargue de superar el reto de «no contar con el dinero suficiente».

    Luego, visualice el automóvil que conduce y otras importantes posesiones que sus finanzas le han proporcionado.

2. A continuación, visualice su trabajo o su profesión ideal. ¿Dónde trabaja? ¿Qué hace? ¿Con quién trabaja? ¿Qué tipo de clientes o a qué tipo de gente atiende? ¿Qué tipo de remuneración recibe? ¿Se trata de su propio negocio?

3. Hecho esto, piense en su tiempo libre, su tiempo de recreación. ¿Qué está haciendo con su familia y sus amigos en el tiempo libre del que dispone? ¿Qué aficiones practica? ¿Cómo son sus vacaciones? ¿Qué hace para divertirse?

4. Luego, ¿cuál es su ideal para su cuerpo y su salud física? ¿Es libre de toda enfermedad? ¿Es libre de dolor? ¿A qué edad quiere llegar? ¿Es usted una persona receptiva, tranquila, permanece

en un estado de alegría todo el día? ¿Está lleno de vitalidad? ¿Es físicamente flexible y fuerte? ¿Hace ejercicio, consume alimentos sanos y bebe mucha agua?

5. Pase ahora a su visión ideal en cuanto a sus relaciones con su familia y sus amigos. ¿Cómo es su relación con su cónyuge y su familia? ¿Quiénes son sus amigos? ¿Cómo es la calidad de sus relaciones con sus amigos? ¿Qué siente en cuanto a esas relaciones? ¿Son sus amigos cariñosos, lo respaldan y creen en sus capacidades? ¿Qué tipo de actividades desarrolla con ellos?

6. ¿Qué pasa con su vida personal? ¿Se ve usted en un futuro volviendo a estudiar, recibiendo capacitación, asistiendo a seminarios, buscando tratamiento para problemas del pasado o desarrollando su vida espiritual? ¿Medita o asiste a retiros espirituales con las personas de su iglesia? ¿Le gustaría aprender a tocar un instrumento o escribir su autobiografía? ¿Quisiera correr un maratón o tomar clases de arte? ¿Le gustaría viajar a otros países?

7. Por último, piense en la comunidad en la que vive, la que usted ha elegido. ¿Cómo es cuando funciona a la perfección? ¿Qué tipo de actividades comunitarias se desarrollan allí? ¿Cómo son sus actividades relacionadas con el trabajo social y la labor de beneficencia? ¿Qué hace usted para ayudar a otros y marcar la diferencia? ¿Con cuánta frecuencia participa en esas actividades? ¿A quién ayuda usted?

Puede escribir sus respuestas a medida que avanza o puede hacer primero todo el ejercicio y luego abrir los ojos y escribir las respuestas. Pero, en este último caso, debe asegurarse de ponerlo todo por escrito tan pronto como termine.

Repase todos los días lo que escribió acerca de su visión. Así, tanto su conciencia como su subconsciente la tendrán presente y a medida que pone en práctica los otros principios y herramientas que se presentan en este libro, empezará a manifestar todos los distintos aspectos de su visión.

COMPARTA SU VISIÓN PARA LOGRAR EL MÁXIMO IMPACTO

Cuando haya terminado de escribir su visión, compártala con un buen amigo o una buena amiga que usted sepa que tendrá una actitud positiva y lo apoyará. Tal vez sienta temor de que puedan pensar que su visión es demasiado utópica, imposible de lograr, demasiado idealista, poco real o materialista. Casi todos piensan así cuando consideran la posibilidad de compartir su visión. Pero lo cierto es que la mayoría, en el fondo de sus corazones, desea lo mismo que usted: solvencia económica, un hogar confortable, un trabajo interesante del que puedan disfrutar, buena salud, tiempo para hacer las cosas que les gustan, unas relaciones reconfortantes con la familia y los amigos y la oportunidad de marcar una diferencia en este mundo, aunque pocos estamos dispuestos a admitirlo.

Se dará cuenta de que cuando comparta su visión, unos querrán ayudarle a lograrla. Otros le presentarán amigos y recursos que le pueden ayudar a avanzar. También podrá comprobar que cada vez que comparte su visión la va viendo con más claridad y la va considerando más real y alcanzable. Y lo que es más importante, cada vez que comparte su visión, usted fortalece su propia seguridad subconsciente de poder lograrla.

DE VIVIR EN LA MISIÓN A VIVIR SU MISIÓN

En julio de 2010, Logan Doughty estaba sentado afuera de un refugio para desamparados, esperando que lo admitieran en un programa de recuperación a largo plazo. Había sucumbido recientemente debido al alcohol y las drogas. Sus padres y sus hermanos no estaban dispuestos a recibirlo, y él no podía controlar su manera de beber o su temperamento por el tiempo suficiente para que cualquier persona pudiera hacer otra cosa que no fuera señalarle la puerta. Estaba agotado emocionalmente, físicamente cansado y seriamente estresado.

A medida que pasaba los meses en la Misión Rescue, su cabeza comenzó a aclararse lentamente. Y con la ayuda de un programa de doce pasos, y de unos cristianos amables (pero estrictos), empezó a creer que *podía* recuperarse de este devastador capítulo de su vida.

Finalmente, su familia lo invitaba a casa de vez en cuando y, de hecho, disfrutaba su compañía. Su hermana Alice le dio un ejemplar de *Los principios del éxito* en la Navidad de ese año. A él le pareció que el regalo era cursi, pero de todos modos le dio las gracias y lo añadió a los libros que tenía para leer.

Logan escribe:

Respeto a mi hermana, así que sabía que este libro no sería una basura. Pero, sinceramente, no estaba muy convencido. Pensé: *Se puede decir que el tipo es rico. ¿Cómo puede saber él por lo que estoy pasando?*

Para mi sorpresa, Jack parecía un tipo auténtico. No había nacido rico y satisfizo mi lado cínico, explicando en minucioso detalle el proceso por el cual la gente normal podría cambiar sus vidas realmente.

Leía el libro todos los días e hice incluso los ejercicios que Jack sugiere. Luego, el 26 de marzo de 2011, a las 9:11 de la noche, tuve un momento «¡AJÁ!», que permanecerá conmigo para siempre. A medida que leía el capítulo «Decida qué quiere», me di cuenta de que en el pasado yo pensaba en formas de hacer dinero, pero rara vez me concentré en lo que *más disfrutaba* y en *lo que quería hacer*.

Con gran entusiasmo, empecé a crear mi lista: *(1) Ejercicio, (2) Kung-fu, (3) Montar en bicicleta, (4) Enseñar autodefensa...* Cuando escribí *(10) Animar a la gente*, de repente las cosas encajaron en su lugar. De inmediato supe lo que quería hacer: ¡crear y enseñar un sistema de defensa personal que fomentara y empoderara a las personas! Me di cuenta incluso de que estaba especialmente preparado para ayudar a los demás de esta forma tan específica.

Durante años yo había sido un consagrado artista de artes marciales, y algún tiempo atrás había comenzado a desarrollar un programa de defensa personal para mujeres. Pero cuando caí en el alcoholismo, la disciplina y el honor que son tan vitales para las artes marciales se evaporaron junto con mi amor propio. Luego de hacer el ejercicio de Jack —«Veinte cosas que me encantan hacer»—, descubrí que mi experiencia en artes marciales —combinada con mi nueva energía y concentración—, me permitió enseñar autodefensa para ganarme la vida. De hecho, yo estaba excepcionalmente calificado para estar frente a un grupo de mujeres y hablarles con autoridad y comprensión. Había sido testigo de lo que les ocurría a las mujeres en la calle y en los refugios, y había visto cómo los fuertes se aprovechan de los débiles. Sin esa experiencia, yo sería simplemente un académico; alguien que había estudiado artes marciales, pero que nunca las había aplicado en situaciones de la vida real, bajo la coacción y el trauma.

¡Me di cuenta de que podía alinear mi experiencia, mis habilidades y mis deseos en una sola actividad con la que realmente podía ganarme la vida! Fue como ser golpeado por un rayo.*

Seis meses después de afirmar sus verdaderos deseos, Logan salió de la Misión Rescue con una perspectiva completamente distinta. Ya no se siente como una víctima. En lugar de ello, constantemente busca la forma en que el mundo le hará bien. Trata a los demás con compasión, tolerancia y paciencia. Armado únicamente con una bicicleta, ropa y el nuevo conocimiento de que podía cambiar su entorno, Logan abrió un pequeño pero

---

*Puede leer más sobre la conmovedora experiencia de Logan Doughty en www.TheSuccess-Principles.com/stories.

exitoso negocio de limpieza de patios, y en cuestión de meses se convirtió en instructor de defensa personal en la misión, enseñándoles a los voluntarios y al personal la manera de afrontar el comportamiento disruptivo y potencialmente peligroso en aquellas instalaciones. Al mismo tiempo, está desarrollando y enseñando su programa de defensa personal a tiempo completo.

Como afirma Logan: «Le debo gran parte de este triunfo a *Los principios del éxito*. Ahora sé quién soy y adónde voy. Y eso no me lo pueden quitar».

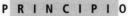

PRINCIPIO

CREA QUE ES POSIBLE

El principal problema que impide que las personas triunfen
hoy en Estados Unidos es la falta de fe en ellas mismas.

ARTHUR L. WILLIAMS
Fundador de A. L. Williams Insurance Company, vendida
a Primerica por 90 millones de dólares en 1989

En una oportunidad, Napoleon Hill, el autor de *Piense y hágase rico,* dijo: «Cualquier cosa que la mente pueda concebir y creer podrá lograrse». De hecho, la mente es un instrumento tan poderoso que prácticamente nos puede dar lo que queramos. Pero hay que *creer* que lo que uno quiere es posible. Y la creencia es una elección. Es simplemente un pensamiento que usted elije pensar una y otra vez hasta que se vuelva automático.

SOLAMENTE SE OBTIENE LO QUE SE ESPERA

Los científicos solían pensar que los humanos respondían a la información que fluía hacia el cerebro desde el mundo exterior. Ahora, sin embargo, están aprendiendo que respondemos a lo que el cerebro, con base en la experiencia previa, espera que ocurra después.

Por ejemplo, unos investigadores de la Universidad de Medicina de Baylor estudiaron recientemente el efecto de la cirugía artroscópica de la rodilla en pacientes con un gran dolor y desgaste en ellas, quienes recibieron uno de dos procedimientos quirúrgicos: raspado de la articulación de la rodilla o lavado de la articulación. Sus resultados se compararon con los de pacientes que habían sido sometidos inadvertidamente a una cirugía «simulada» en la que los médicos hicieron pequeñas incisiones en la rodilla como si fueran a insertar sus instrumentos quirúrgicos, pero no hicieron nada más.

Dos años después, los pacientes sometidos al simulacro quirúrgico informaron el mismo grado de alivio del dolor y la inflamación que aquellos que habían recibido tratamientos reales. El cerebro *esperaba* que la «cirugía» simulada mejorara la rodilla, y así lo hizo. Esto se conoce como el efecto placebo.

¿Por qué funciona así el cerebro? Los neuropsicólogos, que estudian la teoría de la expectativa, sostienen que toda la vida estamos en proceso de condicionamiento. Durante toda una vida llena de eventos, nuestro cerebro realmente aprende a saber qué esperar después, ya sea que al fin ocurra o no. Y debido a que el cerebro espera que algo suceda en una cierta forma, solemos lograr exactamente lo que esperamos.

De ahí la importancia de tener expectativas positivas. Cuando se reemplazan las antiguas expectativas negativas por otras más positivas —cuando uno comienza a creer que lo que quiere es posible— el cerebro se encarga de que esa posibilidad sea un hecho. Aún mejor, el cerebro realmente espera lograr ese resultado.

Frank and Ernest

© 2008 Thaves. Reimpreso con permiso.

«HAY QUE CREER»

Usted puede ser lo que quiera, solo si cree con suficiente convicción y actúa de acuerdo a su fe; porque la mente logra cualquier cosa que pueda concebir y creer.

NAPOLEON HILL
Autor del *best seller Piense y hágase rico*

Cuando el lanzador del equipo de béisbol Philadelphia Phillies, Tug Mc-Graw —padre del legendario cantante country, Tim McGraw— sacó del juego con tres *strikes* al bateador Willie Wilson ganando para los Phillies el título de la Serie Mundial de 1980, la revista *Sports Illustrated* captó una imagen inmortal de felicidad en el montículo del lanzador, un retrato que pocas personas supieron que reflejaba *exactamente la escena que McGraw había previsto.*

Cuando, una tarde en Nueva York, tuve la oportunidad de conocer a Tug, le pregunté acerca de su experiencia en el montículo del estadio de béisbol aquel día.

«Fue como si ya hubiera estado allí mil veces», me dijo. «Cuando era niño, solía practicar lanzamientos de pelota con mi padre en el jardín. Siempre imaginábamos que estábamos al final del noveno inning en la Serie Mundial con dos *outs* y tres hombres en base. Yo siempre me esforzaba por sacar al bateador por *strike*». Debido a que Tug había condicionado su cerebro días tras día, en el jardín de su casa, al fin llegó el momento en que pudo convertir en realidad su sueño.

La reputación de McGraw como una persona de pensamiento positivo se había iniciado siete años antes, durante la temporada del campeonato de la Liga Nacional de los New York Mets en 1973 cuando, en una de las reuniones del equipo, Tug acuñó la frase: «Hay que creer». El equipo de los Mets, que en agosto ocupaba el último lugar de la división, ganó el título de la Liga Nacional y llegó al séptimo juego de la Serie Mundial en el que finalmente cayó ante los Oakland's A's.

Otro ejemplo de su actitud siempre optimista de que «hay que creer» fue la ocasión en la que, hablando ante la liga infantil dijo: «Los niños deben aprender a autografiar pelotas de béisbol. Esta es una habilidad que, por lo general, no se tiene en cuenta en la liga infantil». Y luego dejó brillar su contagiosa sonrisa.

CREA EN USTED Y VAYA TRAS SU SUEÑO

Tarde o temprano, los que vencen son los que están convencidos de que lo pueden hacer.

RICHARD BACH
Autor del *best seller Juan Sebastián Gaviota*

Tim Ferris, autor de *The 4-Hour Workweek* [La semana laboral de cuatro horas], tenía fe en sí mismo. De hecho, tenía tanta fe en sus capacidades que ganó el título de Campeón Nacional de Kickboxing Sandhou apenas a las seis semanas de haber conocido ese deporte.

Como excapitán del equipo all-American y capitán del equipo de judo de la Universidad de Princeton, Tim siempre había soñado con ganar un título nacional. Había trabajado duro. Era bueno para ese deporte. Sin embargo, lesiones repetidas a lo largo de múltiples temporadas le impidieron alcanzar su sueño.

Entonces, cuando un amigo lo llamó un día para invitarlo a que fuera a verlo en los campeonatos de *kickboxing* chino que se realizarían en seis semanas, Tim decidió inmediatamente unirse a él en esa competencia.

Nunca había participado en un deporte que implicara dar y recibir golpes, por lo que llamó a la Asociación de Boxeo de Estados Unidos y preguntó dónde podía encontrar los mejores entrenadores. Viajó a un rudo vecindario de Trenton, Nueva Jersey, para aprender de los entrenadores de boxeo que habían capacitado a ganadores de medallas de oro. Después de un entrenamiento agotador de cuatro horas diarias en el cuadrilátero, siguió mejorando su estado físico en el salón de levantamiento de pesas. Para compensar su falta de práctica en este deporte, los entrenadores de Tim se concentraron en explotar sus puntos fuertes en lugar de tratar de compensar sus puntos débiles.

Tim no quería limitarse a competir. Quería ganar.

Cuando llegó por fin el día de la competencia, Tim derrotó a tres contrincantes muy aclamados antes de llegar a las finales. Dado que había previsto lo que tendría que hacer para ganar el último asalto, cerró los ojos y visualizó cómo derrotaba a su oponente en el primero.

Más tarde, Tim me contó que la mayoría de las personas fallan no porque no tengan la capacidad ni la aptitud para lograr sus metas, sino porque simplemente no se creen capaces de lograrlas. Tim se creía capaz. Y ganó.

CREA, AUNQUE NO SEPA CÓMO CUMPLIR LOS REQUISITOS

Jason McDougall creía que era posible. Como mayorista que despachaba mercancías a Fields, la tradicional cadena de tiendas por departamentos canadiense, su instinto le dijo que algo andaba mal en el gigante minorista. Preguntándose si la cadena podría estar a la venta, Jason llamó al director de la compañía y lo invitó a cenar, sin dudar que este aceptaría.

Cuando la conversación de la cena se desvió finalmente al tema de una posible compra, el director general respondió: «Si alguna vez ha habido un momento para comprar, sería ahora».

Lo que siguió fueron noventa días de frenética actividad para Jason: preparando la negociación y consiguiendo el dinero en efectivo. Para Jason y su pequeña compañía, la transacción fue como un pez pequeño tragándose una ballena. La cadena de ventas al por menor no solo era treinta veces más grande que la empresa de Jason, sino que él no tenía la menor idea de dónde sacaría el dinero. El mayor préstamo que había recibido del banco hasta ese momento había sido apenas de cinco mil dólares.

Sin embargo, aún creía, con absoluta convicción, que sería el propietario de Fields.

Aunque el primer depósito no reembolsable era de 150.000 dólares, que Jason no tenía, su fe inquebrantable lo llevó a asistir a un evento de negocios un jueves por la noche, donde un viejo amigo se ofreció a prestarle el dinero en efectivo a más tardar el viernes por la mañana.

En otra ocasión, Jason descubrió que le faltaban cuatrocientos mil dólares para completar el depósito de un millón de dólares, y que el plazo se vencía tan solo dos horas después. Utilizando su guía interior y su creencia firme, Jason consiguió el dinero pocos minutos antes de la hora límite. Y solo veinticinco días después, cuando debía depositar otros doce millones, Jason convenció milagrosamente a dos bancos y a seis inversores privados —uno de los cuales se apresuró con el papeleo— con el fin de cumplir con el plazo de financiación.

En cada etapa de la transacción, a medida que debía hacer depósitos no reembolsables más y más grandes, Jason tuvo una fe absoluta de que iba a cerrar el negocio. Tenía que hacerlo. De hecho, se trataba de llevar el dinero en efectivo o perder no solo la oferta, sino también todo el dinero que había pagado hasta ese momento.

¿Cómo mantuvo Jason esta creencia inquebrantable si sus probabilidades eran casi inverosímiles? Siguió su propia filosofía de guía, la cual le dijo que si se supone que una cosa suceda, lo hará. Si Dios lo había puesto en este camino, decía, el negocio estaba destinado a cerrarse. Por supuesto, el hecho de que hubiera cumplido cada plazo gracias a medios notables y casuales, contribuyó a galvanizar la creencia de Jason de que este negocio estaba destinado a cerrarse. Cada pequeño éxito en el camino le hizo creer aún más que la victoria estaba en el horizonte.

En el momento en que la transacción se completó por fin seis meses después, Jason había recaudado decenas de millones de dólares, comprado una compañía establecida que era una institución en Canadá, salvado cientos de empleos, y creado una nueva empresa de tamaño considerable para sí mismo.

Y todo porque creía que era posible.

Debes encontrar un lugar en ti en el que nada sea imposible.

DEEPAK CHOPRA
Autor de *Las siete leyes espirituales del éxito*

NO ES LO QUE USTED NO SABE LO QUE LO DETIENE; ES LO QUE USTED SABE QUE NO ES CIERTO

En 1983, un agricultor de sesenta y un años de edad, que sembraba papas y era socialmente torpe, llamado Cliff Young, se inscribió en el Ultramaratón de Sydney a Melbourne, que era considerado como uno de los retos físicos más difíciles del mundo: 544 millas (875 kilómetros) de planicies y colinas que se recorrerían en seis o siete días. A los corredores se les permitió comer y dormir a discreción, y el ganador recibiría diez mil dólares. Cuando Cliff se presentó con un overol y botas de lluvia, los otros corredores, que eran mucho más jóvenes y estaban vestidos con las últimas prendas de Nike, Reebok y Adidas, se burlaron de él. A las autoridades de la carrera les preocupó que Cliff pudiera morir de un ataque al corazón, pero él les aseguró que se había criado en una granja en la que no tenían dinero para comprar caballos o vehículos de tracción de cuatro ruedas, y que cada vez que se aproximaba una tormenta, él solía correr entre dos y tres días sin dormir con el fin de reunir a las dos mil ovejas de su familia en su rancho de dos mil acres.

Cuando la carrera comenzó, todos los otros corredores arrancaron a gran velocidad, dejando a Cliff atrás. Sin embargo, él comenzó dando grandes zancadas a paso lento, lo que más tarde llegó a ser conocido como el Arrastrado de Cliff Young. Ahora las autoridades de la carrera estaban seguras de que Cliff colapsaría y moriría en algún lugar a lo largo de la ruta.

Pero Cliff tenía un secreto que nadie sabía, incluido él. No había conocido nunca a otro corredor de larga distancia. Nunca había hablado con un entrenador. Nunca había leído la revista *Runner's World* ni un libro de carreras de larga distancia. Por lo tanto, ignoraba que supuestamente debía dormir seis o siete horas cada noche durante una carrera de resistencia de larga distancia. Cliff durmió apenas dos horas la primera noche. Luego de correr mientras los demás dormían, tomó la delantera la primera noche y la conservó durante el resto de la carrera. Al día siguiente corrió veintitrés horas sin parar, haciendo una pausa para dormir solo una hora.

Corriendo prácticamente sin dormir durante toda la carrera, Cliff cruzó la línea de llegada diez horas antes del segundo participante.

Había recorrido 544 millas en cinco días, quince horas y cuatro minutos —el equivalente a casi cuatro maratones al día—, rompiendo el récord de la prueba anterior en más de dos días. La historia de Cliff ilustra que a veces no es lo que usted no sabe lo que le impide tener éxito. Es lo que usted sabe que no es cierto. Es una buena idea cuestionar todas sus suposiciones acerca de cómo se hacen las cosas y ser receptivo a nuevas posibilidades.

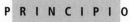

CREA EN USTED

*Usted no fue un accidente. No fue producido en masa. No es
producto de una línea de ensamblaje. Fue deliberadamente
creado, específicamente dotado y amorosamente puesto
en la tierra por el Maestro de los artesanos.*

MAX LUCADO
Autor de varios *best sellers*

Para forjarse con éxito la vida de sus sueños, tiene que creerse capaz de convertir sus sueños en realidad. Tiene que creer que cuenta con lo que se requiere y que puede lograrlo. Tiene que creer en usted. Llámelo autoestima, confianza en sí mismo o seguridad en sus capacidades, convencimiento absoluto de tener lo que se requiere —las capacidades, los recursos internos, los talentos y las destrezas— para obtener los resultados que desea.

CREER EN SÍ MISMO ES UNA ACTITUD

Creer en sí mismo es una elección. Es una actitud que se desarrolla con el tiempo. Aunque ayuda si se contó con padres positivos que nos respaldaban. El hecho es que la mayoría tuvimos padres comunes y corrientes que, sin darse cuenta, nos trasmitieron las mismas creencias limitantes y los mismos condicionamientos negativos con los que ellos crecieron.

Sin embargo, recuerde que lo pasado es pasado. Nada gana con culparlos por su nivel actual de confianza en sí mismo. Ahora es *su* responsabilidad encargarse del concepto que se tenga y de lo que hace. Debe decidirse a creer que puede lograr cualquier cosa que se proponga —sea lo que sea— porque, de hecho, así es. Tal vez le sirva saber que las más recientes investigaciones sobre el cerebro indican que con suficiente autodirección y visualización positivas, complementadas con la debida capacitación, con la práctica y el entrenamiento adecuados, cualquiera puede aprender a hacer casi cualquier cosa.

De los cientos de personas de éxito que he entrevistado para este y otros libros, casi todas me han dicho: «No fui la persona mejor dotada ni la más talentosa en mi campo, pero decidí creer que cualquier cosa era posible. Estudié, practiqué y trabajé más que los demás y así llegué adonde estoy». Si un tejano de veinte años puede empezar a practicar luge y convertirse en atleta olímpico, si un estudiante que abandonó sus estudios universitarios puede convertirse en multimillonario y un estudiante disléxico que perdió tres años de primaria puede ser autor de *best sellers* y productor de televisión, usted también podrá lograr lo que se proponga con solo creer que es posible.

Si acepta hacerse responsable de usted mismo y actúa como si fuera posible, entonces hará cuanto se requiera para lograr el resultado. Si piensa que es imposible, no hará lo que se requiere y no logrará resultados. Es una profecía autocumplida.

LA ELECCIÓN DE QUÉ CREER DEPENDE DE USTED

Consideremos el caso de Víctor Serebriakoff, hijo de un emigrado ruso, que creció en un barrio pobre de Londres. Creyendo que no tenía ninguna posibilidad de terminar la escuela o de encontrar un empleo significativo, sus maestros consideraron que era retrasado y le dijeron que debía retirarse de la escuela. Sucumbiendo al destino que otros habían prescrito para él, Víctor abandonó sus estudios cuando tenía quince años y se convirtió en un trabajador itinerante, pasando de un trabajo de pacotilla a otro, viviendo a menudo en la calle, sin aspiraciones distintas al simple hecho de sobrevivir.

Cuando tenía treinta y dos años, Víctor se enlistó en el ejército británico, donde fue sometido a una prueba de inteligencia, la cual reveló que era mentalmente superdotado, con un cociente intelectual (CI) de 161. ¡Era un genio! Sin embargo, y sorprendido por los resultados, Víctor decidió creer en ellos. En cuanto supo que era un genio, decidió actuar como tal. Mientras estaba en el ejército, fue asignado al cuerpo de educación para entrenar a los reclutas. Cuando se retiró del ejército, consiguió un trabajo en una empresa maderera y, finalmente, se convirtió en el gerente de un grupo de fábricas que trabajaban con madera. También se convirtió en un tecnólogo muy respetado y revolucionó el sector maderero tras inventar una máquina para clasificar la madera e implementar el sistema métrico en esa industria. Más tarde fue presidente de una comisión nacional de estandarización de la madera, y de diversas y valiosas patentes relacionadas con los aserríos.

Un día, su esposa Mary vio el anuncio de Mensa, una sociedad que estaba buscando a personas de gran inteligencia. Víctor tomó la prueba de admisión y superó fácilmente el único requisito para ser miembro: tener un CI de 140 o más. Una vez más, obtuvo 161 puntos, poniéndolo en la categoría de «superdotado». Varios años después, este antiguo desertor escolar fue elegido presidente de Mensa International.

¿Qué hizo entonces la diferencia en la vida de Víctor? No es que se hubiera vuelto inteligente de un momento a otro. La verdad es que siempre fue inteligente. El potencial intelectual siempre estuvo ahí. Lo que cambió fue la forma que eligió para verse a sí mismo. Cuando tenía quince años, optó por creerles a sus profesores, que lo consideraron un estúpido. Cuando tenía treinta y dos años, decidió creer en la prueba de inteligencia del ejército, la cual indicaba que era un genio, y liberó el potencial innato que siempre había estado ahí.

La historia de Víctor es una demostración impresionante del poder de elegir creer en ti y en tus capacidades. ¿Qué potencial está inactivo en ti que podría ser liberado si simplemente eligieras creer en ti y en tus capacidades?

Estoy buscando hombres que tengan la infinita
capacidad de no saber lo que no se puede hacer.

HENRY FORD
Fundador y CEO de la Ford Motor Company

TIENE QUE ABANDONAR EL «NO PUEDO»

La frase «no puedo» es la fuerza más poderosa
de negación en la psiquis humana.

PAUL R. SCHEELE
Presidente de Learning Strategies Corporation

Para tener éxito hay que olvidarse de la frase «no puedo» y de todas las relacionadas con ella, como «ojalá pudiera». Las palabras *no puedo* restan poder. Realmente debilitan al decirlas. En mis seminarios, utilizo una técnica llamada *quinesiología,* para poner a prueba la fuerza muscular de las personas mientras pronuncian distintas frases. Hago que extiendan el brazo izquierdo hacia el lado, y empujo hacia abajo con mi mano izquierda para ver cuál es su fuerza normal. Luego hago que escojan algo que piensen que no pueden hacer, como por ejemplo *no puedo tocar piano,* y que lo digan en voz alta. Empujo de nuevo su brazo hacia abajo y siempre lo encuentro más débil. Luego hago que digan: «sí puedo» y el brazo cobra fuerza.

El cerebro está diseñado para resolver cualquier problema y alcanzar cualquier meta que uno le fije. Las palabras que se piensen y se digan tienen un efecto real en el cuerpo. Pensaba que podía subir a cualquier parte. Que no había barrera lo suficientemente alta como para que usted no intentara superarla. Pero, poco a poco, su sentido de invencibilidad se fue condicionando por el abuso emocional y físico recibido de su familia, de sus amigos, de sus maestros, hasta que dejó de creer que era capaz.

Tiene que aceptar la responsabilidad de eliminar de su vocabulario las palabras *no puedo.* En los años ochenta, asistí a un seminario de Tony Robbins, donde aprendimos a caminar sobre brasas. Al principio, todos teníamos miedo de no poder hacerlo, de que nos quemaríamos las plantas de los pies. Como parte del seminario, Tony nos hizo escribir todos los demás «no puedo» que sentíamos, *no puedo encontrar el trabajo perfecto, no puedo convertirme en millonario, no puedo encontrar la pareja perfecta,* y luego los botamos sobre los carbones encendidos y vimos cómo se consumían con las llamas. Dos horas más tarde, 350 de nosotros caminamos sobre las brasas sin que nadie se quemara. Esa noche aprendimos que así como la idea de que no podíamos caminar sobre los carbones encendidos sin quemarnos era mentira, toda otra creencia limitante sobre nuestras capacidades también lo era.

Mientras George Dantzig hacía un doctorado en matemáticas en la Universidad de Berkeley, llegó tarde a una clase de estadística a nivel de postgrado y vio dos problemas escritos en el pizarrón que supuso que habían sido asignados para resolver en casa, y los anotó. Sin saber que habían sido escritos como dos ejemplos de famosos problemas de «estadística» irresolubles, se dispuso a resolverlos.

Dantzig contaría posteriormente que los problemas «parecían ser un poco más difíciles que de costumbre», pero pocos días después de copiarlos, entregó las soluciones completas a los problemas, creyendo todavía que eran parte de una tarea que había entregado tarde.

Dantzig señaló: «Si yo hubiera sabido que los problemas no eran una tarea, sino que en realidad eran dos famosos problemas de estadística sin resolver, probablemente no habría pensado en términos positivos, me habría desanimado y nunca los hubiera resuelto».

La historia de Dantzig es un maravilloso ejemplo de cómo, cuando usted persigue sus objetivos sin ningún tipo de creencias limitantes acerca de lo que puede lograr, podrá crear resultados inesperados y extraordinarios.

NO DESPERDICIE SU VIDA CREYENDO QUE NO PUEDE

Por otra parte, también está la historia de Catherine Lanigan. Durante toda su infancia y adolescencia fue considerada como una escritora talentosa.

Entró a la facultad de periodismo en la universidad. Durante el segundo semestre de su primer año, le recomendaron matricularse en un seminario de escritura creativa —generalmente reservado para estudiantes avanzados—, que sería impartido por un profesor visitante de la Universidad de Harvard. Cuando escribió su primer cuento, el profesor la citó en su oficina para hablar acerca de su escrito. Era el típico profesor de inglés: gafas de pasta, chaqueta de *tweed* y un metro noventa y ocho de estatura. Le dijo: «Pase, señorita Lanigan; siéntese». Él tomó su manuscrito, lo arrojó sobre el escritorio y señaló: «Francamente, señorita Lanigan, su escritura es horrible».

Ella quedó devastada.

Él prosiguió: «No tengo idea de cómo entró a mi clase. Usted no tiene ningún concepto de la estructura de la trama ni la caracterización. Es imposible que llegue a ganar un centavo como escritora, pero es usted una mujer joven y afortunada, porque me la he encontrado en la encrucijada de su vida. Sus padres están gastando todo su dinero en su educación, pero usted necesita cambiar su asignatura principal».

Debido a que era demasiado tarde en el semestre para cancelar el curso, él le dijo: «Sé que usted viene a mi clase con un 4.0 y que ha postulado su candidatura para graduarse *summa cum laude* [con los más altos honores]. Haré un trato con usted. Dejaré que tome el curso y le pondré una B si promete no volver a escribir nunca». Al no ver otra opción, ella aceptó la propuesta.

Más tarde esa misma noche, ella tomó su cuento y una caneca de basura metálica, se dirigió a la azotea de su dormitorio, quemó el manuscrito y le dijo al cielo nocturno de invierno: «Juro que nunca volveré a creer en los sueños. Voy a tratar solo con la realidad». A continuación, cambió su asignatura principal y decidió estudiar educación.

Catherine pasó catorce años sin escribir. Pero un verano, mientras estaba en San Antonio, vio un grupo de escritores y periodistas sentados alrededor de una de las mesas junto a la piscina de su hotel. Haciendo acopio de todo su valor, se acercó a ellos y les dijo:

—Quiero que sepan que realmente admiro lo que hacen como periodistas, buscando siempre nuevas historias. Mi sueño secreto era ser escritora.

Uno de los hombres mayores se dio la vuelta y le dijo:

—¿Es cierto eso? Porque si quisieras ser escritora, lo serías.

Catherine respondió:

—Sé de buena tinta que no tengo talento alguno.

El hombre le preguntó quién le había dicho eso y ella le contó la historia del profesor. Él le dio su tarjeta y le dijo que lo llamara si escribía algo. Ella respondió que no iba a escribir, a lo que él respondió:

—Oh, sí; lo harás.

Catherine pensó en ello, fue a su casa, escribió un libro y se lo envió. Tres meses después, él la llamó, le dijo que le había gustado y se lo había enviado a su agente, quien la llamaría en media hora. Este la llamó y le dijo:

—Catherine, eres sorprendentemente talentosa.

Ella firmó un contrato con la agencia y, en un lapso de tres semanas, dos editoriales le ofrecieron publicar el libro. Desde entonces, Catherine ha publicado treinta y tres libros, incluyendo *En busca de la esmeralda perdida* y *Joya del Nilo*, los cuales se convirtieron en películas de gran éxito, protagonizadas por Michael Douglas y Kathleen Turner.

Piense un momento en esto: Catherine desperdició los primeros catorce años de lo que sería una carrera lucrativa y creativa como escritora porque le creyó al profesor que le dijo que no sabía escribir. Nunca deje que alguien le diga lo que usted no es capaz de hacer. Con entrenamiento, determinación y trabajo duro, usted puede hacer con el tiempo lo que se proponga. Recuerde, sus creencias son una opción. Así que tome la decisión de creer en sí mismo, sin importar lo que digan los demás.

NUNCA ES DEMASIADO TARDE

Nunca es demasiado tarde: nunca es demasiado tarde para empezar de nuevo, nunca es demasiado tarde para ser feliz.

JANE FONDA
Actriz ganadora del Oscar y gurú del *fitness*

Una de las excusas más comunes que utilizan las personas para evitar el riesgo de perseguir sus sueños es: «Soy demasiado viejo. Es demasiado tarde para mí. No empecé lo bastante pronto». Bueno, eso no es cierto. Piense en esto.

Julia Child, una de las chefs más famosas de la historia, aprendió a cocinar cuando tenía casi cuarenta años, y lanzó *The French Chef*, el popular programa de televisión que la convertiría en una persona muy conocida, a los cincuenta y un años.

Susan Boyle era una aficionada desconocida de cuarenta y ocho años cuando en la primavera de 2009, irrumpió en la escena internacional luego de cantar a todo pulmón «I Dreamed a Dream», de *Los miserables,* en el programa *Britain's Got Talent.* Desde entonces, ha grabado cinco álbumes que han vendido más de diecinueve millones de ejemplares, recibido dos nominaciones a los Grammy, y acumulado un patrimonio neto aproximado de más de veintidós millones de libras esterlinas (treinta y siete millones de dólares estadounidenses).

Ray Kroc tenía cincuenta y dos años, después de pasar diecisiete años de su vida adulta como vendedor de vasos de papel, y aproximadamente otros diecisiete vendiendo una máquina que podía preparar cinco batidos de leche de manera simultánea, cuando conoció a los hermanos McDonald, que tenían varios restaurantes de hamburguesas en California, y los convenció para que les ayudara a convertir su negocio en una franquicia a nivel nacional. Siete años después, Ray también los convenció para que vendieran sus acciones y se convirtió en multimillonario.

Elizabeth Jolley publicó su primera novela a los cincuenta y seis años. En solo un año recibió treinta y nueve cartas de rechazo, pero finalmente le publicaron quince novelas y cuatro libros de cuentos con gran éxito.

Doris Haddock tenía ochenta y nueve años en 1999, cuando empezó a recorrer las 3.200 millas (5.150 kilómetros) que hay entre Los Ángeles y Washington, D.C., para crear conciencia sobre el tema de la reforma financiera de las campañas electorales. Abuelita D, como se la conoció, caminaba diez millas al día, confiando en la bondad de los extraños para su vivienda y alimentación durante los catorce meses que duró su viaje. En 2004, a sus noventa y cuatro años, se postuló incluso para un escaño en el Senado de EE.UU., haciendo de ella uno de los candidatos de mayor edad en postularse para un cargo público importante.

Anna Mary Robertson Moses, más conocida en el mundo como la Abuela Moses, es uno de los nombres más importantes en el arte popular de Estados Unidos, aunque no cogió un pincel hasta que tenía setenta y seis años. Pintó durante veinticinco años más, un tiempo lo suficientemente largo que le permitió ver los lienzos que había vendido originalmente por tres dólares, vendiéndose por más de diez mil. Hoy, algunos de sus cuadros se venden en subastas por más de cien mil dólares.

En 2007, Nola Ochs, que tenía noventa y cinco años, se graduó en historia de la Universidad de Fort Hays en Kansas, convirtiéndose en la persona de más edad en obtener un título universitario, y rompiendo el récord, según el Libro de Récords Guinness, que había pertenecido anteriormente a Mozelle Richardson, que recibió un título en periodismo de la Universidad de Oklahoma a los noventa años en 2004. Tres años después, Nola obtuvo su título de maestría, haciendo de ella el receptor de más edad de un título de maestría a sus noventa y ocho años. Cuando cumplió cien años, Nola comenzó a escribir su primer libro, *Nola Remembers* [Nola recuerda].

Y entonces, como si hubiera surgido algún tipo de nueva competencia, Leo Plass se graduó en 2011 a los noventa y nueve años de la Universidad del Este de Oregón, estableciendo un récord mundial para el hombre de mayor edad en obtener un título universitario. Está claro que nunca es demasiado tarde para hacer algo.

DE ZAPATOS DE ENFERMERÍA A ZAPATOS DE CORRER

Cuando Helen Klein tenía cincuenta y cinco años, su marido Norm se acercó a ella y le pidió que entrenara con él para correr en una carrera de diez millas. Ella fumó por veinticinco años y nunca había corrido una milla en su vida, pero accedió a intentarlo. Sin embargo, jadeante y exhausta después de correr dos vueltas en una pista improvisada en el jardín trasero, no estuvo tan segura. Sin embargo, decidió continuar, y cada día corrió una vuelta más. Diez semanas después terminó en último lugar, pero completó la carrera de diez millas.

Alentada por ese éxito, Helen participó en otras carreras «cortas», pero comprendió que no estaba bendecida con una velocidad sorprendente, por lo que decidió intentar con maratones más largas y lentas. Desde entonces, ha corrido en más de sesenta maratones y en ciento cuarenta ultramaratones. Estos son algunos aspectos destacados de los logros notables de Helen.

A sus sesenta y seis años, corrió cien millas en cinco carreras de pista de montaña en un lapso de dieciséis semanas. En 1991, recorrió el estado de Colorado en cinco días y diez horas, estableciendo el récord mundial en la carrera 500K. También detenta un récord mundial para su grupo etario en la carrera de cien millas. En 1995, a sus setenta y dos años, Helen corrió ciento cuarenta y cinco millas a través del Sahara y también completó las trescientas setenta millas del Eco-Challenge, en el que recorrió treinta y seis millas a caballo, escaló noventa millas en medio del calor calcinante del desierto, corrió dieciocho millas en medio de cañones llenos de agua congelada, anduvo treinta millas en bicicleta por montañas, practicó rapel por un acantilado de 440 pies, escaló mil doscientos pies, remó noventa millas en un río a bordo de una balsa, caminó otras veinte millas y, por último, navegó cincuenta más en canoa hasta llegar a la línea de meta. También posee el récord mundial de maratón en la categoría de los ochenta a los ochenta y cinco años, luego de completar la carrera de 26.2 millas en cuatro horas y treinta y un minutos.

Recuerde que Helen nunca había corrido antes de los cincuenta y cinco años. Su historia es la prueba de que realmente nunca es demasiado tarde para empezar.

NUNCA SE ES DEMASIADO JOVEN PARA EMPEZAR

En la otra cara de la moneda, muchas personas se detienen a sí mismas diciéndose que son demasiado jóvenes para empezar, o que aún no tienen suficiente experiencia para realizar sus sueños. Esa también es una idea falsa. Piense en esto:

Cuando yo estaba hablando en la Conferencia de Mujeres de California, me encontré con Ryan Ross, de doce años, y a quien los medios han bautizado como el «Pequeño Trump». Cuando tenía tres años, comenzó un negocio de gallinas y huevos en su patio trasero. Tenía sesenta pollos y vendía una docena de huevos por tres dólares. Ganaba quince dólares al día. Cuando se cansó de vender huevos, emprendió su próxima aventura, un negocio para cortar prados. Les cobraba veinte dólares la hora a sus clientes, pero debido a que era demasiado pequeño para operar una cortadora de césped, les pagaba quince dólares la hora a chicos mayores para que hicieran el trabajo, dejándole una ganancia de cinco dólares la hora. Su siguiente

¡Abrumado por una baja autoimagen,
Bob acepta un empleo como policía acostado!

negocio fue una empresa de lavado a presión en el que cobraba doscientos dólares por hora y le pagaba a alguien cien dólares la hora para que hiciera el trabajo.

A los cinco años, Ryan ya estaba invirtiendo sus ganancias en la compra de bienes raíces en su ciudad natal de Toronto, Ontario, y en Columbia Británica. Cuando tenía ocho años, era dueño de seis edificios y tenía una fortuna personal de un millón de dólares. Ryan también se dedica a la filantropía, suministrando alimentos y ropas a familias en los países del Tercer Mundo. Me dijo que la semana siguiente almorzaría con el mismísimo Donald Trump.

Cuando Alec Greven tenía nueve años, HarperCollins publicó su primer libro, *Aprende a hablar a las chicas*, el cual comenzó como un proyecto para la escuela. Un año después de su publicación, Alec se presentó en los programas *The Ellen DeGeneres Show, Late Night with Conan O'Brien* y *The Tonight Show with Jay Leno*. En los tres primeros meses, el libro fue incluido en la lista de los más vendidos del *New York Times*. Un año después, publicó tres libros más: *Aprende a hablar a las mamás, How to Talk to Dads* [Aprende a hablar a los papás], y *How to Talk to Santa* [Aprende a hablarle a Santa Claus]. Y al cabo de otro año, cuando tenía casi once, publicó *Rules for School* [Reglas para la escuela]. Actualmente sus libros están disponibles en diecisiete países.

Y también está la historia de Ryan Hreljac. Cuando tenía seis años, se impresionó al enterarse de que los niños africanos tenían que caminar muchas millas todos los días para buscar agua. Entonces, decidió que necesitaba construir un pozo para una aldea africana. Luego de hacer tareas domésticas y de hablar en iglesias y escuelas sobre temas de agua potable, Ryan logró recaudar el dinero suficiente para construir su primer pozo en el norte de Uganda cuando tenía ocho años. La determinación de Ryan lo condujo a establecer la Fundación Ryan's Well, que ha recaudado millones de dólares y ha completado 878 proyectos de agua y 1.120 letrinas en dieciséis países, ofreciéndoles acceso al agua potable e instalaciones sanitarias a más de 823.000 personas. Ryan, que actualmente tiene veintitrés años, acaba de terminar sus estudios en desarrollo internacional y ciencias políticas en la Universidad del Kings College en Halifax, en la costa este de Canadá, y sigue activo en la fundación como orador y miembro de la junta.

Y cuando Jaylen Bledsoe tenía apenas trece años, abrió su propia compañía de tecnología, Bledsoe Technologies, especializada en diseño web y otros servicios de tecnología. En dos años, la compañía pasó de tener solo dos empleados a 150 trabajadores contratados, y se había convertido en una empresa global que actualmente tiene un valor de 3.5 millones de dólares. ¡Hay muy pocos adultos que pueden decir que hicieron crecer su negocio en una empresa multimillonaria en tan solo dos años!

A los doce años, Brianna y Brittany Winner habían terminado su primera novela, *The Strand Prophecy* [La profecía del hilo], que fue distribuida a nivel nacional a través de Barnes & Noble. Hacia finales del décimo grado, estas mellizas idénticas habían escrito cuatro novelas, un guion, una guía para escribir y un libro de cómics. Y lean esto: Ambas son disléxicas.

NO SUPONGA QUE NECESITA UN TÍTULO UNIVERSITARIO

Esta es otra estadística que demuestra que creer en uno mismo es más importante que tener conocimientos, estar capacitado o contar con un alto nivel de escolaridad. El veinte por ciento de los millonarios de Estados Unidos nunca fue a la universidad y dieciséis de los 492 estadounidenses de la lista de multimillonarios en el 2014, nunca obtuvo un título universitario; *¡dos de ellos ni siquiera terminaron el bachillerato!* Por lo tanto, aunque tener una educación y estar comprometido de por vida con la superación son condiciones esenciales para el éxito, no es un requisito tener un título formal. Esto es cierto también en el mundo de la alta tecnología de la Internet. Larry Ellison, director de Oracle, abandonó sus estudios en la Universidad de Illinois y en el momento en que escribo este capítulo, cuenta con una fortuna de cuarenta y ocho mil millones de dólares. Mark Zuckerberg abandonó sus estudios en Harvard después de fundar Facebook y ahora cuenta con un valor neto de veintiocho mil millones. Y Bill Gates abandonó sus estudios en Harvard y más tarde fundó Microsoft. En la actualidad, es considerado uno de los hombres más ricos del mundo según la revista *Forbes*, con un valor neto de más de setenta y seis mil millones de dólares.

Hasta el vicepresidente Dick Cheney abandonó sus estudios universitarios. Teniendo en cuenta que el vicepresidente, varias personas más ricas de Estados Unidos y muchos actores de cine con patrimonios de veinte millones de dólares, al igual que muchos de nuestros grandes músicos y atletas no terminaron sus estudios universitarios, es evidente que se puede comenzar en cualquier nivel y alcanzar el éxito en la vida.★

★ De «Some Billionaires Choose School of Hard Knocks» 29 de junio de 2000; Forbes.com. Las estadísticas están basadas en la edición de 2003 de *Forbes 400 Richest People in America,* una lista de Wikipedia sobre multimillonarios que se retiraron de la universidad.

NO DEBE IMPORTARLE LO QUE LOS DEMÁS PIENSEN DE USTED

*Debe tener fe en sí mismo aunque nadie más la
tenga. Así es como se alcanza el éxito.*

VENUS WILLIAMS
Ganadora de una medalla de oro olímpica y campeona de tenis profesional

Si el que los demás crean en usted fuera un requisito para el éxito, muchos nunca lograríamos nada. Debe basar sus decisiones sobre lo que *usted* quiere hacer, en *sus* metas y deseos, no en las metas, deseos, opiniones y criterios de sus padres, o de sus amigos, de su cónyuge, sus hijos o de sus compañeros de trabajo. Deje de preocuparse por lo que otros piensen y haga lo que a usted le parezca.

Me encanta la regla de 18/40/60 del doctor Daniel Amen: A los dieciocho, uno se preocupa por lo que los demás piensen de uno; a los cuarenta, a uno lo tiene sin cuidado lo que los demás puedan pensar de uno; a los sesenta, uno se da cuenta de que nadie nunca ha pensado en uno.

¡Sorpresa, sorpresa! La mayor parte del tiempo ¡nadie piensa en uno en lo absoluto! Tienen demasiadas preocupaciones en sus vidas y, si piensan en uno, es porque se preguntan qué piensa usted de ellos. Las personas piensan en ellas mismas, no en usted. Piénselo bien, sería mejor que todo el tiempo que pierde preocupándose por lo que los demás puedan pensar de sus ideas, sus metas, su forma de vestir, su cabello y su hogar lo aprovechara mejor pensando y haciendo las cosas que lo llevarán a lograr *sus* metas.

6

UTILICE LA LEY DE LA ATRACCIÓN

*Lo que usted irradia desde sus pensamientos, sentimientos,
imágenes mentales y palabras, es lo que atrae a su vida.*

CATHERINE PONDER
Autora de *Las leyes dinámicas de la prosperidad*

Una de las fuerzas más poderosas del universo nos rodea, nos afecta y se puede utilizar para impactar nuestro futuro de manera positiva. Al igual que la gravedad, no es algo que podamos encender y apagar. Simplemente existe. Y al igual que la gravedad, podemos elegir luchar contra ella, quejarnos de ella o aprovechar sus enormes beneficios, tal como lo hacen las personas exitosas.

Estoy hablando de *la ley de la atracción.*

Durante siglos, la mayoría de las personas no sabían que esta ley existía hasta que, en 2006, fueron lanzados una película documental y un libro llamados *El secreto,* en los que muchos de mis colegas y yo aparecíamos como maestros de esta ley poderosa. He utilizado conscientemente la ley de la atracción para crear éxito personal y objetivos comerciales a lo largo de mi vida. Y curiosamente, las prácticas clave para aprovechar su poder son muchos de los mismos principios y prácticas que usted está leyendo en este libro, *Los principios del éxito,* comportamientos como asumir el cien por ciento de responsabilidad de los resultados en su vida, creyendo que son posibles, visualizando sus resultados deseados, creando una cartelera con la visión, repitiendo afirmaciones, actuando como si, mientras mantiene una expectativa positiva, practicara el perdón, la meditación, el reconocimiento poco frecuente y el desarrollo de una conciencia positiva acerca del dinero.

Debido a que *El secreto* y la ley de la atracción se han convertido en una parte tan importante de nuestra cultura, saquemos un momento para ver qué es, cómo funciona y, lo más importante, cómo puede utilizarla usted para crear la vida y los resultados que desea.

Expresada en su forma más básica, la ley de la atracción dice: *Aquello en lo que usted piense, hable, crea firmemente y sienta intensamente, es lo que obtendrá.*

A lo largo de la historia, las mentes y maestros espirituales más grandes nos han estado señalando esta verdad. Piense lo siguiente:

- «Crean que ya han recibido todo lo que estén pidiendo en oración, y lo obtendrán». Marcos 11:24 (Nueva Versión Internacional)
- «Todo lo que somos es el resultado de lo que hemos pensado». Buda
- «Un hombre no es más que el producto de sus pensamientos. Se convierte en aquello en lo que cree». Gandhi
- «Los imperios del futuro son los de la mente». Winston Churchill
- «Nos convertimos en aquello en lo que pensamos todo el día». Ralph Waldo Emerson
- «Hasta que no vuelvas consciente lo inconsciente, dirigirá tu vida y lo llamarás destino». Carl Jung

Estos grandes pensadores conocían el poder que tienen nuestros pensamientos en nuestras vidas: causar un impacto en lo que tenemos, crear todo lo que experimentamos y determinar incluso nuestro lugar en el mundo. ¿Cómo pueden los meros pensamientos controlar tantos aspectos de nuestra vida?

PUESTO QUE NUESTROS PENSAMIENTOS ESTÁN FORMADOS POR ENERGÍA, PUEDEN CAUSAR UN IMPACTO EN NUESTRO MUNDO FÍSICO

Hoy, los científicos saben que todo lo que se encuentra en el universo está compuesto de energía. Esto se aplica tanto para los objetos físicos como para los no físicos. Por supuesto, la química básica nos dice que un objeto físico, como por ejemplo un edificio, un árbol o este libro, se compone de miles de millones de átomos individuales, de pequeños manojos de energía que interactúan y se adhieren de muchas formas a otros átomos, incluyendo el agua, los metales, las plantas, la tierra, el plástico, la pulpa de madera y otras materias primas utilizadas para la fabricación de objetos físicos.

Las cosas no físicas, incluyendo los pensamientos, también están conformadas por energía y, como tales, también pueden «adherirse» e interactuar con objetos y aspectos de nuestro mundo físico. Es bien sabido por ejemplo, que nuestras ondas cerebrales (literalmente, nuestros pensamientos) son un tipo de energía intensa que puede detectarse fácilmente con equipos médicos estándar, y que puede interactuar con nuestro mundo físico como lo haría cualquier otro tipo de energía.

¿A qué me refiero con «interactuar con nuestro mundo físico»?

Bueno, ¿alguna vez ha pensado en una amiga lejana y unos minutos después recibe una llamada telefónica de ella? ¿Alguna vez ha conducido por una carretera, preguntándose si le pondrán una multa por exceso de velocidad, solo para ver unas luces rojas e intermitentes en su espejo retrovisor? Se trata de sus ondas cerebrales interactuando con su realidad física. Afortunadamente, también es posible utilizar sus pensamientos para estimular resultados positivos. Si alguna vez ha deseado algo intensamente durante meses y lo ha recibido de súbito a través de medios fortuitos, o se ha visto inmerso en una situación que le fue proporcionada a usted, también eran sus pensamientos, intenciones y deseos impactando en su experiencia.

El mundo que hemos creado es un proceso de nuestro pensamiento.
No se puede cambiar sin cambiar nuestra forma de pensar.

ALBERT EINSTEIN
Físico y ganador del Premio Nobel

Albert Einstein estudió este fenómeno en 1935, cuando experimentó con la *mecánica cuántica*; la idea de que activar energéticamente una partícula en un lado del universo producía una respuesta instantánea en una partícula «compañera» en otras partes del universo. Brian Greene, profesor de la Universidad de Columbia, lo explica de esta manera: «De acuerdo con la teoría cuántica y con los muchos experimentos que llevan a cabo sus predicciones, la conexión cuántica entre dos partículas puede persistir *incluso si están en lados opuestos del universo*». En otras palabras, algo que ocurra aquí puede entrelazarse con algo que ocurra allá.[*]

Otros experimentos documentados han demostrado también que los pensamientos pueden viajar rápidamente a través del espacio y ser recogidos por otras personas, o tener un efecto sobre la materia. El libro *Thoughts Through Space*[†] [Los pensamientos a través del espacio] relata un experimento realizado en 1937 por Sir Hubert Wilkins, explorador del Ártico, y

---

[*]Brian Greene es profesor de física y matemáticas en la Universidad de Columbia. Su libro *The Fabric of the Cosmos* [El tejido del cosmos], sirvió de base para una miniserie del programa NOVA en el canal televisivo PBS.

[†]*Thoughts Through Space* [Los pensamientos a través del espacio], de Sir Hubert Wilkins y Harold Sherman (Charlottesville, VA: Hampton Roads Publishing, 2004).

por Harold Sherman, un estudiante de los poderes mentales que durante mucho tiempo estuvo interesado en el fenómeno de la comunicación mente a mente. El experimento comenzó cuando un grupo de aviadores rusos chocaron contra una placa de hielo en la parte de Alaska del Polo Norte. El gobierno ruso le encargó a Sir Hubert Wilkins organizar y dirigir una búsqueda aérea en la región para encontrarlos y rescatarlos, si es que todavía estaban vivos.

Mientras estaba en Nueva York antes de partir, Sir Hubert se reunió con Harold Sherman, y viendo una oportunidad inusual para someter la comunicación mente a mente a una prueba científica, decidieron colaborar en un experimento por un período de seis meses.

Se acordó que Wilkins, una vez que su expedición estuviera en marcha, le transmitiría (como un experimento separado de su misión de rescate), y en momentos determinados de antemano, «mensajes de pensamiento» directamente a Sherman, que estaba en Nueva York. Ambos hombres llevarían un registro escrito de cada sesión, con Wilkins anotando sus pensamientos como el «emisor», y Sherman registrando sus impresiones mentales en su papel como «receptor». Ambos registros escritos fueron entregados periódicamente a terceros, por lo que los resultados no podían ser alterados.

Cuando Wilkins regresó a Estados Unidos al final de su expedición y mostró su diario de mensajes de pensamiento enviados a Sherman, un increíble ochenta por ciento de las «lecturas» de Sherman fueron exactas, ¡comprobando así que los mensajes de pensamiento fueron enviados de manera exitosa y recibidos a 3.400 millas de distancia!

Un experimento más reciente llevado a cabo por el astronauta Edgar Mitchell durante su misión en el Apolo 14 en 1971, determinó que los pensamientos pueden viajar por lo menos 250.000 millas, la distancia que hay entre la Tierra y la Luna. Mientras estaba en el espacio exterior, Mitchell, que tiene un doctorado en ciencias, transmitió un mensaje telepático a cuatro personas en la Tierra; tres de ellas lo recibieron correctamente. Según la historia, uno de aquellos a quienes se transmitió el mensaje era Olof Jönsson, un ingeniero y psíquico que vivía en Chicago. A una hora predeterminada en el interior de su cápsula espacial, Mitchell organizó una secuencia de tarjetas que contenían símbolos diferentes como una cruz, una estrella, una ola, un círculo y un cuadrado, y Jönsson trató de imaginar las tarjetas a 250.000 millas de distancia. No solo Jönsson descifró correctamente todos los símbolos, sino que también los vio en el orden correcto.

Decenas de científicos han escrito miles de documentos en
su ámbito literario, los cuales ofrecen pruebas sólidas de
que los pensamientos son capaces de afectar profundamente
todos los aspectos de nuestras vidas. Como observadores y
creadores, estamos rehaciendo constantemente nuestro mundo
a cada instante. Cada pensamiento que tenemos, cada juicio
que hacemos, aunque sea inconsciente, surte un efecto.

LYNNE McTAGGART
Autora de *El experimento de la intención* y *El vínculo*

Hoy, los científicos han pasado a estudiar no solo la transmisión del pensamiento, sino también la *física del bioentrelazamiento,* descubriendo cómo aprovechar estas conexiones de energía para traer resultados deseados a nuestra realidad física.

Aunque *El secreto* y la ley de la atracción han tenido críticos en estos últimos años, creo que la humanidad apenas está empezando a comprender el poder del pensamiento y la teoría del *entrelazamiento*; literalmente, que nuestra mente está «entrelazada» energéticamente con el universo físico y, como tal, puede activar el universo para brindarnos cualquier cosa que esté en ella.

LA LEY DE LA ATRACCIÓN SE APOYA EN EL HECHO DE QUE TODO ESTÁ EN UN ESTADO CONSTANTE DE VIBRACIÓN

Otro hecho que es ampliamente conocido por los científicos es que la Tierra —y todo lo que hay en ella, incluido usted—, está vibrando a una frecuencia específica que es única para ese objeto o persona. Desde la partícula atómica más pequeña hasta el rascacielos más grande, todo lo que se ha creado está en un estado constante de vibración; literalmente, en movimiento energético.

Los científicos también saben que la frecuencia vibratoria de la Tierra puede fluctuar si se encuentra bajo una energía intensa, no solo en zonas de clima extremo, *sino también en eventos a nivel mundial, tales como ataques terroristas, desastres naturales y otros casos de emociones humanas extremas.* No es muy difícil comprender que —por medio de nuestras emociones intensas—, nosotros también podemos aumentar, disminuir e incluso hacer coincidir las frecuencias vibratorias de objetos, situaciones, experiencias y personas que queremos atraer a nuestra existencia. De hecho, uno de los principales preceptos de la ley de la atracción es que el nivel de la frecuencia vibratoria y del flujo de energía es controlado por el pensamiento. Por medio de sus pensamientos deliberados, usted puede ponerse en armonía vibratoria con (y atraer) cualquier cosa que desee. Como escribe la exitosa autora Lynne McTaggart: *Adonde va la atención, la energía fluye. Adonde va la intención, la energía fluye.**

Un aspecto importante de *El secreto* es cómo utilizar el poder de la intención —es decir, el pensamiento deliberado— para manifestar lo que usted quiere en la vida. Es un proceso de tres pasos: pedir, creer y recibir.

PRIMER PASO: PIDA LO QUE DESEE, NO LO QUE NO DESEE

Cada día, envíe solicitudes al universo —así como a su mente subconsciente—, en forma de pensamientos: literalmente, de aquello acerca de lo que piense, lea, hable y le preste su atención. Esto incluye los libros y revistas que lea, los programas de televisión y películas que vea, los correos electrónicos que responda, las páginas web que visite, los blogs que lea y la música que escuche. Por desgracia, gran parte de este pensamiento es aleatorio, contradictorio, improductivo y ciertamente no deliberado: sucede sin nuestro conocimiento o intención consciente.

Peor aun, enviamos solicitudes negativas al universo cuando nos criticamos a nosotros mismos, nos quejamos de las cosas y nos centramos en la falta de abundancia en nuestras vidas. Del mismo modo, cuando usted culpa, le encuentra defectos, o juzga a alguien o a algo, también se está centrando en una experiencia negativa que no desea. Lo mismo es cierto cuando usted se preocupa. Me refiero con frecuencia al hecho de preocuparse como al establecimiento de metas negativas. Usted está creando imágenes en su mente de lo que no desea.

Debido a que la ley de la atracción afirma que usted atraerá a su vida aquello en lo que centre su energía, enfoque y atención —ya sea que lo desee o no—, debe ser más deliberado sobre lo que piensa y siente. La ley de la atracción también señala que cada pensamiento o sentimiento que ofrezca, lleva consigo una frecuencia vibratoria a la que el universo

---

*Para aprender más sobre el poder de la intención, lea *El experimento de la intención: Cómo cambiar tu vida y cambiar el mundo con el poder de tus pensamientos*, de Lynne McTaggart (Málaga: Sirio, 2015).

responde dándole a usted más de aquello que está vibrando. No importa si esa petición es buena para usted o no; simplemente responde a su vibración.

El problema es que, la mayoría de las veces, usted no es consciente de la vibración que está ofreciendo. Está respondiendo simplemente a las cosas que están afuera de usted: los acontecimientos actuales, las noticias, cómo lo trata la gente, el mercado de valores, la cantidad de dinero que usted gana, cómo les va a sus hijos en la escuela y si «su» equipo gana o no. Usted está respondiendo al sentirse optimista o pesimista. Por desgracia, cuando se limita a responder inconscientemente a lo que actualmente sucede a su alrededor —sin ofrecer nunca un pensamiento deliberado acerca de lo que desea en su futuro— podría permanecer «atascado» para siempre en su condición actual. Es por eso que parece que la vida de la mayoría de las personas nunca cambia. Permanecen atrapadas en un ciclo de recrear la misma realidad una y otra vez debido a que el universo responde fielmente a la vibración negativa que ellas están emitiendo.

Compare eso con el ofrecimiento de pensamientos positivos: sentirse emocionado, entusiasta, apasionado, feliz, alegre, amoroso, agradecido, abundante, próspero, relajado y tranquilo. Estos son los pensamientos que emiten vibraciones positivas. Por el contrario, sentirse aburrido, ansioso, preocupado, confundido, triste, solo, herido, enojado, resentido, culpable, decepcionado, frustrado, abrumado, estresado o deprimido emite vibraciones negativas.

La ley de la atracción responde de ambas maneras, y le proporciona más de aquello que usted está vibrando. Esto es sorprendente para la mayoría de las personas; aprender que la vida que están llevando ahora es el resultado de los pensamientos y las vibraciones que han ofrecido en el pasado es revolucionario. Aun más interesante es aprender que para crear el futuro de sus sueños, usted solo tiene que cambiar sus pensamientos y vibraciones de ahora en adelante.

¿Cómo se sentiría usted si ya tuviera esas cosas y experiencias de estilo de vida que desea: el trabajo perfecto, la relación perfecta, viajar por el mundo, la cantidad de dinero que quiere tener?

Comience a crear intencionalmente su futuro

Para ser más intencional con respecto a los pensamientos que usted le ofrece al universo, tendrá que decidir lo que desea, pero también practicar el hecho de sentir esas emociones que experimentará cuando lo obtenga.★ Tal

---

★Para ayudarle a decidir lo que usted quiere, vea el principio 3: «Decida qué quiere». Para aprender a practicar la alegría emocional y la satisfacción de tener, ser y hacer lo que quiere, vea el principio 12: «Actúe como si...».

vez quiera cambiar de carrera, mudarse a otro estado, ganar un premio profesional importante, tener su propio programa de televisión o recuperarse de una enfermedad grave. ¿Cómo se sentiría una vez que «llegue» a su objetivo? ¿Qué estaría haciendo todo el día? ¿Con quién estaría pasando el tiempo?

Cuanto más se centre y hable acerca de lo que desea (en lugar de lo que no desea), más rápido manifestará sus sueños y metas. Piense en su mente como si fuera un sistema de GPS, como el que tiene en su teléfono inteligente o en su auto. Con cada imagen que usted visualice, está «introduciendo» el destino al que quiere llegar. Cada vez que exprese una preferencia por algo, está expresando una intención. Una mesa junto a la ventana, asientos en primera fila para una conferencia, billetes aéreos en primera clase, una habitación con vista al mar, una relación amorosa: todas estas imágenes y pensamientos están enviando peticiones al universo.

Utilice palabras que centren el universo en lo que usted desea

Por supuesto, la forma en que exprese sus objetivos es muy importante para este proceso de enfoque. En lugar de decir: *Quiero salir de deudas* —lo cual mantiene su mente enfocada en las deudas que tiene actualmente—, diga: *Llevo una vida de abundancia y de riqueza*. Las palabras de este tipo lo mantienen en un estado positivo de pensamiento.

Sea igualmente cuidadoso cuando hable con otras personas acerca de su situación actual. Hablar de «la manera en que son las cosas» y describir lo que está pasando en su «realidad actual», realmente creará más de lo mismo en su futuro. Al pensar y expresar opiniones acerca de su situación actual, usted está prescribiendo realmente el futuro, en lugar de describir simplemente el presente.

La diferencia entre estas dos cosas me llegó de una manera dramática hace unos años, cuando Mark Victor Hansen y yo viajamos a Nueva York para ser incluidos en el Salón de la Fama Ardath Rodale en reconocimiento por el impacto positivo de nuestra *Sopa de pollo para el alma*. En el vuelo a Nueva York, me senté al lado de un hombre que pasó todo el viaje hablando de lo terrible que era el mundo: el gobierno, la economía, el crimen, la corrupción, la contaminación, lo ingratos y descontrolados que eran los adolescentes, etcétera. Él era un hombre infeliz.

Pero cuando Mark y yo fuimos a una cena tardía después de la entrega de los premios, solo podíamos hablar de todas las cosas maravillosas que estaban ocurriendo en nuestras vidas: de nuestros éxitos recientes, de los proyectos en los que estábamos trabajando, acerca de cómo podíamos ayudar a los demás, las personas que queríamos presentarnos el uno al otro, los conocimientos recientes que estábamos teniendo, todo aquello por lo que estábamos agradecidos, y todas las otras cosas positivas en nuestras vidas.

Tener una perspectiva positiva, utilizar un lenguaje de pensamiento futuro, y estar en un estado de expectación sobre el bien que va a llegar a su vida, es la mejor manera de «pedirle» al universo que le dé las mismas cosas, personas y experiencias que usted desea.

Reemplace las imágenes y pensamientos negativos por positivos

Del mismo modo en que usted puede escribir el guion de su excitante vida futura, también puede evitar las cosas que *no desea* si mantiene su mente alejada de ellas. Cada vez que vea cosas que no desea, tome una decisión consciente de no pensar en ellas, ni escribir sobre ellas, ni hablar de ellas, de resistirse contra ellas ni de unirse a grupos que se centren en ellas.

Cada vez que usted se sorprenda a sí mismo preocupándose o centrándose en las carencias, reemplace rápidamente esos pensamientos negativos con imágenes, sentimientos y emociones en las que usted disfrute de aquello *que desea*. Esto es la ensoñación intencional, un uso maravilloso del poder de la visualización (algo que discutiré más adelante en el principio 11).

Cada vez que usted se vea juzgándose a sí mismo, a alguien o a algo, comprenda que está centrado en lo que no desea. Tome medidas para cambiar su forma de pensar. El mejor discurso del líder de los derechos civiles Martin Luther King no se titulaba: «Tengo una queja», sino: «Tengo un sueño». Y cuando a la Madre Teresa le preguntaron por qué no participaba en manifestaciones en contra de la guerra, respondió: «Nunca haré eso, pero tan pronto organices una manifestación a favor de la paz, allá estaré». Estos grandes líderes sabían que estar en contra de algo —centrarse en su oposición a eso—, simplemente crea más de lo mismo.

Esta es la razón por la que la meditación, la atención plena y el prestar atención son tan importantes.

Usted será más poderoso en cuanto a crear lo que *quiere* cuando aprenda a enfocar su atención y a monitorear sus pensamientos. Reemplace los pensamientos negativos que producen sentimientos de resignación, desesperanza, depresión, culpa, miedo e ira, por pensamientos más positivos que produzcan sentimientos de felicidad, satisfacción, amor, aceptación, esperanza, paz y alegría.

Pida lo que desee. Luego deje que el universo se preocupe en cuanto a cómo lo obtendrá.

Como ya he mencionado en el principio 3: «Decida qué quiere», su única labor consiste en centrarse en lo que quiere. No se preocupe *en cuanto a* cómo obtenerlo. Esa es la labor del universo —y tal como veremos— es extraordinariamente buena para alinear personas, situaciones, dinero, recursos y otras cosas necesarias para lograr las metas que usted quiere.

Sea más intencional al decidir exactamente lo que quiere. Enfoque sus pensamientos. Estos atraerán hacia usted a las personas, cosas y experiencias que coincidan con el contenido y la vibración de sus pensamientos.

Al igual que el GPS que mencioné antes, cuando usted le ofrezca sus objetivos al universo y a su tecnología poderosa, quedará sorprendido y deslumbrado por lo que le dará. Es aquí donde la magia y los milagros ocurren realmente. Lo mismo sucede con los cristianos y otras personas de fe que están dispuestas a entregar sus sueños, miedos y deseos a Dios.

«Porque mis pensamientos no son los de ustedes», dice el Señor en Isaías 55:8, «ni sus caminos son los míos».

SEGUNDO PASO: CREA QUE USTED RECIBIRÁ LO QUE DESEA, Y LUEGO TOME MEDIDAS

Nuestras intenciones atraen los elementos y las fuerzas, los eventos, la situación, las circunstancias y las relaciones necesarias para llevar a cabo el resultado esperado. No necesitamos involucrarnos en los detalles; de hecho, intentarlo en exceso puede ser contraproducente. Deje que la inteligencia ilimitada sincronice las acciones del universo a fin de concretar sus intenciones por usted.

DEEPAK CHOPRA
Médico, orador y autor de *Las siete leyes espirituales del éxito*

¿Qué significa *creer* que usted obtendrá lo que quiere? Significa mantener una expectativa positiva, abordar su día con certeza, sabiendo que ha puesto su futuro en manos de poderes que son más grandes que los suyos.

Es decidir con convicción que lo que usted quiere *sucederá absolutamente*.

Esto no siempre es fácil. Muchas personas tienen creencias limitantes que les impiden permitir la abundancia y la felicidad en sus vidas. Si esto lo describe a usted, comprenda que primero debe cambiar sus creencias limitantes por pensamientos que sean meritorios, valiosos, amables, deseables y capaces, así como lo suficientemente inteligentes, lo suficientemente fuertes, lo suficientemente atractivos, lo suficientemente ricos, lo suficientemente buenos, lo «suficientemente» en todas las demás formas que sean importantes para usted. He escrito una estrategia simple en el principio 33: «Transcienda sus creencias limitantes» para ayudarle a eliminar cualquier creencia que lo esté refrenando. Y si usted necesita convertir su crítico interior en un *coach* interior, vea el principio 32 para encontrar la manera de superar los pensamientos negativos que pueden bloquear la expectativa positiva que es tan importante para la ley de la atracción en el trabajo.

Por supuesto, una vez que usted crea que obtendrá lo que quiere, la segunda parte de la ecuación es tomar medidas. Tomar las medidas que crearían su resultado deseado *afirma su creencia* de que lo que usted desea está a su alcance. Es algo que se suma a sus expectativas.

Algunas de las medidas que usted tomará son lo que llamo «medidas obvias», como inscribirse en clases de bioquímica y anatomía en la universidad si su meta es ser médico, o cambiar su dieta si su objetivo es perder peso. No necesita esperar a que el universo le ofrezca un conjunto único de circunstancias; lo que usted debe hacer es obvio, y esas oportunidades están disponibles para usted.

Luego están lo que llamo las «acciones inspiradas». Estas son las medidas que usted toma cuando recibe una guía interior, una comprensión intuitiva, un presentimiento o una sensación similar a una corazonada, como cuando usted responde a un pensamiento al azar, como por ejemplo: *no sé por qué, pero siento la necesidad de llamar a mi compañera de universidad,* o *siento una fuerte necesidad de asistir a esa conferencia.* Muchas personas, durante el tiempo que visualizan o meditan, mantienen papel y lápiz a mano para escribir estas ideas. La mayoría de las veces, usted no verá todo el plan. Pero con una creencia lo bastante fuerte, usted puede avanzar y tomar medidas, mientras está atento a que aparezcan otras medidas de acción.

ELLA SIGUIÓ SU INSPIRACIÓN

Con el pensamiento, lo que desea le es dado a usted; con la acción, usted lo recibe.

WALLACE D. WATTLES
Autor de *La ciencia de enriquecerse*

Cuando Jeanette Maw llevaba cuatro meses en un nuevo trabajo como representante de ventas 401(k) en un importante banco nacional, la dirección anunció que si el equipo de ventas no cambiaba pronto las cosas y creaba algunos números impresionantes con rapidez, todos perderían sus puestos de trabajo.

Hasta ese momento, habían seguido pasos muy recomendados para hacer una venta: hacer cierto número de llamadas en frío cada día, establecer cierto número de reuniones cada semana y utilizar una lista de respuestas a las objeciones potenciales.

Estas eran estrategias de ventas que habían sido intentadas y demostradas muchas veces por otros, pero que no estaban funcionando para su equipo. Y ahora el equipo pasaba gran parte de su tiempo hablando de lo que estaba saliendo mal, de quién era la culpa, y por qué las cosas no funcionaban.

Después de enterarse de que sus puestos de trabajo estaban en juego si no producían resultados con rapidez, Jeanette se olvidó de sus ideas y de su guion, y decidió probar otra cosa.

Recordaba haber oído acerca de una técnica para escribir un diario en la que si escribía una página al día sobre lo que quería como si ya lo tuviera, en el momento en que llegara al final de su libro podría obtener lo que quería. Jeanette no tenía mucho tiempo, así que sacó el libro más pequeño que pudo encontrar, un cuaderno de dos pulgadas por tres, de casi veinticinco páginas. Tardó dos minutos completos en llenar su primera página.

Escribió acerca de cómo hablarían con ella los posibles clientes emocionados. Lo mucho que les gustaba su producto y que no podían esperar a que ella lo implementara. Escribió acerca de la compenetración maravillosa e inmediata que sintió, y de cómo el producto que ella ofrecía era realmente la solución perfecta para la compañía de sus clientes.

Después de escribir por primera vez en su diario, indagó en su interior acerca de lo que le parecía bien hacer a continuación. La respuesta fue: «¡Almorzar!».

No había tenido un almuerzo de verdad desde su primera semana en el trabajo. Su «hora» de almuerzo había consistido desde entonces en correr literalmente por el pasillo hacia la máquina expendedora. Luego regresaba corriendo a su escritorio y engullía su comida poco saludable entre las llamadas a los propietarios de negocios.

En este día, sin embargo, siguió su guía interior y se decidió por un almuerzo mejor. Le parecía verdaderamente suntuoso salir del edificio, sentarse en una mesa exterior y disfrutar de su comida griega favorita en un día primaveral. Después de disfrutar de un plato delicioso, puso los pies sobre la mesa y les tiró las sobras de pan pita a los gorriones cercanos.

Cuando se sintió lista y a gusto, regresó de nuevo a la oficina. Fue en el ascensor, mientras regresaba a su cubículo, cuando un desconocido se le presentó y le preguntó quién era. «Me llamo Jeanette y vendo planes 401(k) para el banco».

¡Él no podía dar crédito a sus oídos! Le insistió que lo siguiera a su oficina, donde le mostró un escritorio atestado de literatura sobre ventas de 401(k) pertenecientes a varios vendedores. Dijo que no había podido entender nada de eso, y que no tenía idea de que su banco vendía 401(k) a las pequeñas empresas. Ella le mostró su material de ventas. Él estaba eufórico. Era exactamente lo que quería. Le preguntó qué tan pronto podía implementarlo en su compañía.

Ligeramente aturdida, ella dejó que él le presentara a su director de Recursos Humanos, a quien le dio instrucciones para firmar lo que Jeannette necesitara a la mayor brevedad posible. ¡Él quería ese plan de inmediato!

Dos horas después de escribir por primera vez en su diario, Jeanette ya estaba logrando un éxito sorprendente. Sus colegas y el gerente estaban igualmente asombrados. Era algo que no sucedía nunca.

Jeanette atribuyó el resultado feliz al hecho de renunciar a las «supuestas» medidas que les había dado la administración, y al hacer lo que «se sentía bien».

SABER CUÁNDO TOMAR UNA MEDIDA INSPIRADA

A medida que la ley de la atracción comienza a trabajar en sus metas, usted encontrará que numerosas ideas, estrategias y fuentes de inspiración acudirán a su conciencia. Podrían ser destellos de perspicacia que surgen durante el tiempo de visualización o meditación. A veces la oportunidad aparecerá en la modalidad de una llamada telefónica inesperada, o de un recién conocido que le ofrece detalles acerca de un «golpe de suerte». En otras ocasiones, será una transacción monetaria inusual, un reembolso u otro incentivo financiero que le suministre el dinero que usted necesita para dar el primer paso hacia su meta. Una vez más, podría ser simplemente un impulso, una idea inspirada o una estrategia que acuda de manera breve a su mente y que usted anote.

Yo las llamo *ideas inspiradas*. No son ideas al azar que a usted le gustaría ensayar, ni estrategias que crea que pueden funcionar. Son enfoques que usted no había considerado antes y que solo podrían haber acudido a su mente debido a su uso de la ley de la atracción.

Independientemente de todo aquello que aparezca, su labor consiste en reconocer estas oportunidades por lo que son, y luego actuar con rapidez, mientras la energía asociada esté a su favor. No basta con tener pensamientos positivos. Cuando aparezca una oportunidad, usted debe tomar medidas.

Cuando Janet Switzer quiso vender su propio libro, *Instant Income* [Ingresos instantáneos], poco después de que *Los principios del éxito* fuera lanzado por primera vez, ella estableció la intención de lograr un acuerdo de publicación con un editor prominente de Nueva York, y luego pasó varios días escribiendo una propuesta elaborada sobre un libro, sabiendo con certeza que aparecería una oportunidad para emprender acción. En un lapso de dos semanas, Janet recibió una llamada del expresidente y CEO de Time Warner Book Group, quien se había retirado recientemente y abierto su propia agencia literaria. Un amigo le había mencionado el último proyecto de Janet, y él la había llamado porque quería representarla. Debido a que Janet estaba preparada con su propuesta del libro, tenía claro lo que quería, y había reconocido el golpe de suerte por lo que era, tomó medidas y rápidamente firmó como uno de los primeros clientes del CEO. En cuestión de semanas, Janet se estaba reuniendo en Nueva York con las compañías editoriales más grandes de Estados Unidos, y vendió su libro por un adelanto muy cuantioso tan solo unos días después.

Al principio, mientras usted empieza a crear intencionalmente su futuro, puede parecer que estas inspiraciones y oportunidades aparecen rápidamente y son abrumadoras en número. Tal vez usted no confíe en todas ellas, y es probable que sienta que están impactando seriamente su lista de tareas pendientes. Entonces, ¿cómo puede distinguir las ideas verdaderamente inspiradas, priorizarlas y luego conseguirlas en su totalidad si se supone que usted debe tomar medidas *inmediatas*? ¿Cómo puede discernir cuáles acciones son las más importantes y cuáles puede dejar para más tarde?

Una manera de hacer esto es utilizar un ejercicio llamado *toma somática de decisiones*, a veces conocido también como la *prueba de equilibrio*. Se basa en la idea de que nuestros cuerpos saben instintivamente lo que es correcto para nosotros, y puede ayudarnos por lo tanto a decidir, teniendo en cuenta nuestras diferentes opciones. Para iniciar el proceso, párese con los pies juntos y los brazos relajados a los lados. Cierre los ojos y pregúntele simplemente a su cuerpo: «¿Qué es una respuesta SÍ?». Espere hasta que su cuerpo se incline automáticamente hacia adelante o hacia atrás. A continuación, pregúntele a su cuerpo: «¿Qué es una respuesta NO?». Si usted se inclina en la dirección opuesta, habrá calibrado correctamente las respuestas de su cuerpo. Cuando haya determinado qué dirección quiere decir «sí» para usted —y qué dirección quiere decir «no»—, puede empezar a comprobar la exactitud de la calibración haciéndole a su cuerpo algunas preguntas estándar cuyas respuestas usted ya conoce, como por ejemplo: *¿Mi nombre es Jack? ¿Vivo en Dallas, Texas? ¿Estoy vistiendo una camisa azul?*

Una vez que haya determinado eso, puede confiar en las respuestas que esté recibiendo, y empezar a hacerle preguntas a su cuerpo sobre las ideas inspiradas que ha recibido. *¿Debería invitar a Jonathan como socio en mi negocio? ¿Debería casarme con Doug? ¿Debería comprar el bote del que Marcus me habló hoy?*

Otra forma de discernir entre las muchas ideas inspiradas que reciba es simplemente ver cuáles siguen llegando para usted. Cuando se me ocurrió por primera vez la idea de conformar el Consejo de liderazgo transformacional, no tomé medidas de inmediato. De hecho, pasaron varios meses antes de que pudiera tomar las medidas necesarias. Pero la idea seguía acudiendo a mi mente en los momentos extraños, adornada con ideas específicas sobre a quiénes invitar como miembros, cuáles debían ser los objetivos de la organización, dónde nos encontraríamos para las reuniones anuales y así sucesivamente. No podía sacarme esos pensamientos de mi mente. Lo mismo ocurrió con el primer libro *Sopa de pollo para el alma*. Recibí tantos mensajes que sabía que *simplemente tenía que tomar una decisión sobre la idea*.

TERCER PASO: RECIBA LO QUE QUIERE AL CONVERTIRSE EN UNA CORRESPONDENCIA VIBRACIONAL DE ESO

¿Recuerda que dije que todo en la Tierra vibra a una frecuencia específica? Con el fin de recibir lo que busca, debe convertirse en una «correspondencia vibracional» con aquello que quiere atraer a su vida. Usted es como una estación de radio que transmite en una frecuencia específica. Si quiere oír jazz, tiene que sintonizar su dial en una emisora que transmita jazz, no en otra que transmita *heavy metal*. Si desea más abundancia y prosperidad en su vida, tiene que sintonizar la frecuencia de sus pensamientos y sentimientos con unos de abundancia y prosperidad.

La manera más fácil de convertirse en una *correspondencia vibracional* es centrarse en la creación de emociones positivas de amor, alegría, aprecio y gratitud durante todo el día. También puede *practicar al sentir las emociones que experimentaría* si ya tuviera lo que quería. También puede crear estas emociones a través de los pensamientos que tiene. De hecho, sus pensamientos están creando sentimientos todo el tiempo, así que es importante que se dé cuenta cuando sus emociones se tornen negativas, procurando reemplazarlas con lo que Esther y Jerry Hicks —los autores de *La ley de la atracción*— llaman un «pensamiento de bienestar mejorado».★

Por ejemplo, pensar que no tiene suficiente dinero para pagar su hipoteca creará sentimientos negativos de miedo y desesperanza, e incluso de culpa y vergüenza por no ser capaz de mantener a su familia. En lugar de desperdiciar energía en estos pensamientos negativos, cambie su forma de pensar a otros

---

★*La ley de atracción: conceptos básicos de las enseñanzas de Abraham*, de Esther y Jerry Hicks (Carlsbad, CA: Hay House, 2008).

pensamientos positivos como: *Voy a encontrar una manera*, o visualizándose a sí mismo pagando sin problemas la hipoteca a tiempo.

Al principio, este proceso puede parecerle extraño, pero lo cierto es que, con el tiempo, puede aprender a elegir solo pensamientos edificantes, inspiradores, motivadores y empoderadores. Es simplemente un hábito que, con intención y disciplina, se puede desarrollar.

Utilice afirmaciones para crear una correspondencia vibracional

Otra manera de ponerse en alineación vibratoria con lo que desea es utilizar afirmaciones, algo que discuto con gran detalle en el principio 10: «Quite el freno». Una afirmación es una declaración de su meta o deseo, efectuada en tiempo presente. Son declaraciones que puede escribir, y luego repetir con regularidad, para bombardear su mente subconsciente con los pensamientos, imágenes y sentimientos que estaría experimentando si ya hubiera completado su objetivo.

Las afirmaciones suenan así: *Me alegra mucho y agradezco vivir en una casa de cuatro mil pies cuadrados frente al mar en la playa Ka'anapali. O Estoy muy feliz y agradecida por estar depositando sin esfuerzo diez mil dólares al mes en mi cuenta bancaria.*

Cuando usted utiliza afirmaciones para visualizar sus metas como si ya las hubiera completado, manténgase a sí mismo en ese estado exacerbado de alegría que se requiere para mantener una correspondencia vibracional con aquello que desea. Por otra parte, el resentimiento derivado de que usted no tiene lo que quiere, lo mantendrá alejado de la alineación vibratoria. Es simplemente imposible recibir o permitir lo que usted quiere cuando está amargado, culpa, juzga o se siente culpable. Esos sentimientos alejan lo que usted quiere.

---

*Si la única oración que usted dice en toda
su vida es gracias, sería suficiente.*

MEISTER ECKHART
Teólogo y filósofo alemán

Cree una correspondencia vibracional por medio del aprecio y la gratitud

Los dos sentimientos más poderosos para expresar rápidamente sus metas son el *aprecio* y la *gratitud*. Piense en ello. Si usted tuviera aquello que está deseando, sentiría aprecio y gratitud por haberlo recibido. Así que el aprecio no solo es una gran sensación en la cual centrarse, sino que la gratitud es también una actitud mental poderosa para atraer más de aquello que usted quiere. Puede adquirir el hábito del aprecio convirtiéndolo en una disciplina diaria. Saque de cinco a diez minutos al día para centrarse en el aprecio. Haga una lista en su diario de todas las cosas por las que está agradecido; fue así como empecé.

También puede practicar el aprecio y la gratitud a través de la meditación.

Otra técnica adicional es un ejercicio que Esther y Jerry Hicks llaman el «Alboroto de aprecio», en que usted solo tiene que mirar a su alrededor y observar con cuidado algo que le agrade. Mantenga su atención en eso mientras piensa en lo maravilloso, hermoso o útil que es. Si se trata de un artículo que tiene, agradezca el hecho de que ya está en su vida. Siga observándolo hasta que sienta que su aprecio se expanda. Al hacer esto, le estará diciendo al universo: «Dame más de esto, por favor». Con el tiempo, elija otro objeto para apreciarlo, luego otro y otro.

En mis talleres más extensos, envío a las personas fuera de la sala de entrenamiento para que hagan un alboroto silencioso de aprecio, y les doy instrucciones para que se concentren en todas las cosas del entorno que les están prestando un servicio a ellos. Les digo que sientan aprecio no solo por la alfombra —lo cual hace que la habitación sea más atractiva, que el sonido sea más agradable y que caminar por el piso sea más cómodo—, sino también que aprecien al empleado del hotel que aspiró la alfombra, a las personas que la hicieron, a las que la instalaron, a las que hicieron las tinturas, a las ovejas que dieron su lana, a los productores de ganado ovino que esquilaron las ovejas, y así sucesivamente. Las personas siempre vuelven de ese ejercicio con una sonrisa en su cara y alegría en su corazón, sintiéndose mucho más felices que cuando salieron del recinto.

Es posible que usted quiera tomar ahora un breve descanso de la lectura de este libro y hacer un alboroto de aprecio en cualquier lugar. Observe cómo le hace sentir.

La clave aquí es desarrollar una práctica de aprecio y empezar a buscar continuamente lo que puede apreciar en su vida. Esto se aplica también para apreciar los aspectos positivos de todas las personas que usted conozca. A medida que aprenda a concentrarse en lo que tienen de bueno (y no en lo que tienen de malo), se sorprenderá de cómo cambiará su relación con ellos.

Apreciar y estar en un estado de gratitud le confiere poder al viejo refrán que dice: *Aquello en lo que piensas y agradeces, es lo que provocas*. Cuando participé en el programa *Oprah Winfrey Show* con varios maestros que aparecieron en la película *El secreto*, había una pareja en la primera fila de la audiencia que señaló que antes de ver *El secreto,* no habían sido felices en su relación por un tiempo muy largo. La mujer dijo que después de ver la película, decidió centrarse en los aspectos positivos de su marido en lugar de todos sus defectos y cosas que la irritaban. También comenzó a escribir notas acerca de lo que apreciaba de él, y a dejarlas sobre la mesa de la cocina donde él las vería por la mañana. Algunos días ella le dejaba incluso un billete de cinco dólares con una nota que decía: «Te amo. Esto es para tu primera taza de café en Starbucks y para que comiences bien tu día». Ella dijo que en el transcurso de unas pocas semanas, el amor y el romance habían regresado a su relación. Se podía decir que eso era cierto por la forma en que estaban tomados de la mano, mientras permanecían sentados el uno al lado del otro, sonriendo como novios adolescentes.

La atención a lo que es, solo crea más de lo que es. Con el fin de efectuar un cambio verdadero y positivo en su experiencia, usted debe pasar por alto cómo son las cosas —así como la forma en que los demás lo ven a usted—, y prestar una mayor atención a la manera en que usted prefiere que sean las cosas. Con la práctica, usted cambiará su punto de atracción y experimentará un cambio sustancial en su experiencia de vida.

ESTHER Y JERRY HICKS
Coautores de *La ley de atracción*

PRACTIQUE Y CAMBIARÁ SU PUNTO DE ATRACCIÓN

Como ya dije, hay muchos principios y prácticas relativas a la implementación de un enfoque consciente para utilizar la ley de la atracción a lo largo de este libro. Sin embargo, si desea explorar la ley de la atracción con mayor profundidad, recomiendo que empiece con los siguientes cuatro libros. Hay una lista mucho más extensa en la sección «Lecturas recomendadas y recursos adicionales para el éxito» en www.TheSuccessPrinciples. com/resources.

- *Jack Canfield, La clave para vivir la ley de la atracción*, de Jack Canfield y D .D. Watkins (Madrid: Aguilar, 2009)
- *La ley de atracción*, de Esther y Jerry Hicks (Carlsbad, CA: Hay House, 2008)
- *El secreto*, de Rhonda Byrne (Barcelona: Urano, 2007)
- *Life Lessons for mastering the Law of Attraction* [Lecciones de vida para dominar la ley de atracción], de Jack Canfield, Mark Victor Hansen, Jeanna Gabellini y Eva Gregory (Deerfield Beach, FL: Health Communications Inc., 2008)

Y si no ha visto la película *El secreto*, le recomiendo que la vea. Aunque su formato documental está lejos de ser el de una superproducción de Hollywood, es la manera más fácil que conozco de obtener una visión rápida y de gran alcance de la ley de la atracción.

Una vez descubra su poder, usted querrá hacer de la ley de la atracción una parte habitual de su vida, y una actitud mental con la que viva todos los días.

PRINCIPIO

LIBERE EL PODER DE FIJARSE METAS

Si desea ser feliz, fíjese una meta que guíe sus pensamientos,
libere su energía y aliente sus esperanzas.

ANDREW CARNEGIE
El hombre más rico de Estados Unidos a comienzos del Siglo XX

Una vez que conozca su propósito en la vida, defina su visión y tenga una idea clara de sus verdaderos deseos y necesidades, debe convertirlos en metas y objetivos específicos y mensurables y luego actuar para alcanzarlos con la certeza de que los logrará.

Los expertos en la ciencia del éxito saben que el cerebro es un órgano buscador de metas. Cualquiera que sea la meta que le presente a su subconsciente, este trabajará día y noche para alcanzarla.

EL ASOMBROSO PODER DE FIJAR METAS

Por lo que puedo recordar, los entrenadores han citado un estudio sobre el establecimiento de metas realizado en Yale, en el que solo el tres por ciento de la clase que se graduó había escrito metas específicas para su futuro. Veinte años después, se encontró que ese tres por ciento ganaba la asombrosa cantidad de diez veces más que el grupo que no tenía metas claras. El problema es que este «estudio» resulta ser simplemente un mito urbano, pues las revisiones minuciosas de la literatura investigativa disponible realizadas por la doctora Gail Matthews y el doctor Stephen Kraus, ¡revelaron que dicho estudio no se había hecho nunca!★

★La doctora Gail Matthews es profesora de psicología en la Universidad Dominicana, y el doctor Stephen Kraus es un psicólogo social de la Universidad de Harvard.

Sin embargo, como resultado de este hallazgo, la doctora Matthews decidió realizar un estudio que se centrara en la manera en que la consecución de objetivos está influenciada por el hecho de escribir nuestras metas, de comprometernos con acciones dirigidas a una meta, y de ser responsables por esas acciones.

Un total de doscientos sesenta y siete participantes entre los veintitrés y los setenta y dos años de edad, fueron reclutados en Estados Unidos, Europa, Australia y Asia, incluyendo empresarios, educadores, profesionales de la salud, artistas, abogados, banqueros, comerciantes, proveedores de servicios humanos, gerentes, subdirectores y directores de organizaciones sin fines de lucro. Los participantes fueron asignados al azar a uno de cinco grupos.

Al grupo 1 solo se le pidió pensar profundamente acerca de sus metas —qué querían lograr en las próximas cuatro semanas— pero que no las escribieran.

Se les pidió a los grupos 2, 3, 4 y 5 escribir sus metas. Se le pidió al grupo 3 que elaborara también una lista de compromisos para actuar. Se le pidió al grupo 4 redactar una lista de compromisos para actuar y luego enviar su lista de metas y compromisos a un amigo servicial. Se le pidió al grupo 5 que hiciera todo lo anterior, y le entregara semanalmente un informe con el progreso a un amigo

Al final de las cuatro semanas, se les pidió a los participantes que calificaran su progreso y el grado en que habían logrado sus metas. Los participantes del grupo 1 lograron solo el cuarenta y tres por ciento de sus metas, mientras que los participantes del grupo 5 lograron el setenta y seis por ciento de las suyas. Eso es un aumento del treinta y tres por ciento con respecto al grupo 1. Los resultados completos se resumen en la siguiente tabla.

	Grupo 1	Grupo 2–3	Grupo 4	Grupo 5
Piensa en las metas	✓	✓	✓	✓
Escribe las metas		✓	✓	✓
Comparta con un amigo			✓	✓
Informe de **progreso semanal** a un amigo				✓
Porcentaje de éxito	**43%**	**56%**	**64%**	**76%**

Este estudio proporciona evidencia empírica acerca de la importancia y eficacia de los tres principios esenciales del éxito: (1) escribir sus metas; (2) hacer una declaración pública de sus metas; y (3) rendirle cuentas a otra persona, como por ejemplo un *coach,* un socio responsable o un grupo de mentes maestras para el logro de sus metas.

Además, considere esto: De acuerdo con un estudio realizado por David Kohl, profesor emérito en la Universidad Virginia Tech, el ochenta por ciento de los estadounidenses informa que no tienen metas. Aproximadamente un dieciséis por ciento dice que sí las tienen, pero que no las escriben. Menos del cuatro por ciento saca tiempo para escribir sus metas, y menos del uno por ciento las revisa con frecuencia. Este pequeño porcentaje de estadounidenses que escriben sus metas y las revisan con frecuencia, gana nueve veces más a lo largo de su vida que aquellos que no establecen metas. Este estudio por sí solo debería motivarlo a usted para escribir sus metas.

¿CUÁNTO, PARA CUÁNDO?

Para asegurarse de que una meta libere el poder de su subconsciente, esta debe cumplir dos criterios: *cuánto* (cualquier cantidad mensurable, páginas, libras, dólares, metros o puntos) y *para cuándo* (una fecha y hora específicas). Deberá estar enunciada de manera que usted y cualquier otra persona puedan medir. *«Perderé 10 libras»* no es un enunciado tan potente como «el 30 de junio, *a las 5:00 p.m., pesaré 135 libras»*. La segunda es más clara, porque cualquiera puede llegar el 30 de junio a las cinco de la tarde y ver lo que marca la aguja de la balanza. Será 135 libras más o menos.

Procure que todos los aspectos de la meta sean los más específicos posible: incluya la marca, el modelo, el color, el año y las características... el tamaño, el peso, la configuración y la forma, así como cualquier otro detalle. Recuerde que las metas vagas producen resultados vagos.

UNA META O UNA BUENA IDEA

Cuando no hay criterios de medición solo se trata de algo que se desea, se quiere, una preferencia, *una buena idea*. Para comprometer a su subconsciente, la meta o el objetivo deben ser mensurables. Los siguientes son algunos ejemplos para mayor claridad:

BUENA IDEA	META U OBJETIVO
Quisiera tener una linda casa frente al océano.	El 30 de abril de 2017 a medio día tendré una casa de 4.000 pies cuadrados sobre la carretera de la costa del Pacífico en Malibú, California.
Quiero perder peso.	El 1ro de enero de 2017, a las 5:00 p.m. pesaré 185 libras.

BUENA IDEA	META U OBJETIVO
Tengo que tratar mejor a mis empleados.	El próximo viernes, a las cinco de la tarde, agradeceré al menos a seis empleados su contribución al departamento.

ESCRÍBALO EN DETALLE

Una de las mejores formas de aclarar y especificar las metas es escribirlas en detalle, como si estuviera escribiendo las especificaciones para una orden de trabajo. Considere que se trata de una solicitud a Dios, la Fuente, la conciencia universal o el campo cuántico. Incluya todos los detalles posibles.

Si hay cierta casa que desee comprar, describa todas sus características en la forma más detallada, la ubicación, el paisaje, los muebles, los objetos de arte, el sistema de sonido y la distribución de los espacios. Si hay una fotografía de la casa disponible, consiga una copia. Si se trata de un sueño ideal, tómese el tiempo de cerrar los ojos e incluir todos los detalles. Luego fije una fecha para la cual espera haberla comprado.

Cuando lo haya escrito todo, su subconsciente sabrá en qué debe trabajar. Sabrá qué oportunidades aprovechar para ayudarle a lograr su meta.

Cuando establezca sus metas, asegúrese de incluir algunas muy grandes que le exijan el máximo y le requieran crecer para lograrlas. Conviene tener algunas metas que nos hagan sentir un poco incómodos. ¿Por qué? Porque el objetivo final, además de lograr las metas materiales, es convertirnos en *expertos* de la vida y, para hacerlo, tenemos que aprender nuevas destrezas, ampliar nuestra visión de lo que es posible, establecer nuevas relaciones y aprender a superar los miedos, los imprevistos y los obstáculos.

CREE UNA META NOVEDOSA

Además de convertir cada aspecto de su visión en una meta mensurable, al igual que todas las metas bimestrales, semanales y diarias que normalmente se fija, le recomiendo también establecer lo que llamo una meta novedosa, que representa un salto cuántico para usted y su profesión. La mayoría de las metas representan mejoras incrementales en su vida. Son como jugadas que le permiten avanzar cuatro yardas en un partido de fútbol americano. Pero ¿qué ocurre si como primera jugada del partido lanza un pase de cincuenta yardas? Eso equivaldría a un salto cuántico en

MIRE, SEÑORA, USTED FUE LA QUE PIDIÓ UN ACTOR DE CINE FAMOSO, CON CABELLO OSCURO, NARIZ BIEN DEFINIDA Y OJOS HUNDIDOS...

su progreso. Así como hay jugadas de fútbol que por sí solas representan un gran avance hacia la meta, hay jugadas en la vida que tienen el mismo resultado. Incluyen cosas como perder sesenta libras, escribir un libro, publicar un artículo, participar en un programa de *Oprah,* ganar una medalla de oro en los Juegos Olímpicos, crear un sitio web de éxito, obtener una maestría o un doctorado, obtener una licencia profesional, ser elegido presidente del sindicato o de la asociación de profesionales de su especialidad, o ser el presentador de su propio programa de radio. El logro de una de esas metas lo cambiaría todo.

¿No valdría la pena esforzarse apasionadamente por lograrlo? ¿No debería prestarle un poco de atención cada día hasta lograrlo?

Si fuera un profesional en ventas independiente, por ejemplo, y supiera que podría obtener un mejor territorio, una bonificación sustancial sobre su comisión, tal vez hasta un ascenso al llegar a un determinado número de clientes, ¿no se esforzaría día y noche por lograr esa meta?

Si fuera una mamá que permaneciera en casa y cuyo estilo de vida y situación económica pudieran cambiar radicalmente con un ingreso adicional de 1.000 o 2.000 dólares por mes participando en una empresa de mercadeo en la red, ¿no aprovecharía cualquier oportunidad para lograr esa meta?

Eso es lo que quiero decir por una meta novedosa. Algo que le cambie la vida, que le brinde nuevas oportunidades, que lo ponga en contacto con las personas correctas, y que eleve el nivel de todas sus actividades, relaciones o grupos sociales en los que participa.

¿Cuál podría ser una de estas metas novedosas para usted? Para Mark Victor Hansen y para mí una meta novedosa fue escribir un libro que llegara a la lista de *best sellers* como *Sopa de pollo para el alma*; nos llevó de ser conocidos en un par de campos de actividad estrechos a obtener reconocimiento internacional. A una mayor demanda para nuestros programas de audio, charlas y seminarios. Los ingresos adicionales que obtuvimos nos permitieron mejorar nuestro estilo de vida, asegurar nuestra jubilación, contratar a más personal, emprender más proyectos y tener mayor impacto en el mundo.

LEA SUS METAS TRES VECES AL DÍA

Una vez que haya escrito todas sus metas, tanto las grandes como las pequeñas, el siguiente paso en su camino hacia el éxito consiste en activar los poderes creativos de su subconsciente revisando su lista dos o tres veces por día. Tómese el tiempo para leer su lista de metas. Léala (en voz alta, con convencimiento y entusiasmo, si está en un lugar adecuado) meta por meta. Cierre los ojos e imagine cada meta como si ya la hubiera logrado. Tómese unos segundos para sentir lo que sentiría si ya la hubiera alcanzado.

Al practicar diariamente esta disciplina de éxito activará el poder de sus deseos. Aumenta lo que los psicólogos llaman la «tensión estructural» en su cerebro. Su cerebro desea cerrar brechas entre la realidad actual y la visión de su meta. Al repetir y visualizar constantemente las metas que desea alcanzar como si ya las hubiera logrado, aumentará esa tensión estructural. Esto, a su vez, incrementará su motivación, estimulará su creatividad e incrementará su conciencia de los recursos que pueden ayudarle a alcanzar la meta.

Asegúrese de repasar sus metas al menos dos veces al día, en la mañana, al despertarse, y de nuevo en la noche, antes de irse a dormir. Escribo cada una de mis metas en una ficha de 3 × 5 pulgadas. Mantengo las fichas cerca de mi cama y las repaso una por una en la mañana y en la noche. Cuando viajo, las llevo conmigo.

Escriba la lista de sus metas en su agenda o calendario. También puede crear un ahorrador de pantalla, *pop-up,* en su computadora con la lista de sus metas. El objetivo es tenerlas siempre presentes.

Cuando el deportista Bruce Jenner, ganador de la medalla olímpica del decatlón, preguntó a un grupo de aspirantes a participar en los Juegos Olímpicos que colmaba un auditorio, si tenían una lista de metas escritas, todos levantaron la mano. Cuando les preguntó cuántos de ellos tenían la lista con ellos en ese momento, solo uno levantó la mano. Era Dan O'Brien. Y fue Dan O'Brien quien ganó la medalla de oro en los Juegos Olímpicos de Atlanta de 1996. No hay que desestimar el poder de fijar metas y repasarlas constantemente.

CREE UN LIBRO DE METAS

Otra poderosa forma de acelerar el logro de sus metas es crear un «Libro de metas». Compre un cuaderno de tres anillos, un álbum de recortes o un diario. Haga una página para cada una de sus metas. Escriba una meta en la parte superior de la página y luego ilústrela con imágenes, palabras y frases recortadas de revistas, catálogos y folletos de turismo para mostrar su meta ya lograda. A medida que van surgiendo nuevas metas y deseos, solo agréguelos a su lista y a su libro de metas. Repase cada día las páginas de su libro de metas.

LLEVE SU META MÁS IMPORTANTE EN SU BILLETERA

Cuando empecé a trabajar para el señor W. Clement Stone, me enseñó a escribir mi meta más importante en el reverso de mi tarjeta de presentación comercial y llevarla en mi billetera todo el tiempo. Cada vez que la abriera recordaría la más importante de mis metas.

Cuando conocí a Mark Victor Hansen descubrí que él también usaba la misma técnica. Cuando terminamos el primer libro de *Sopa de pollo para el alma,* escribimos: «Me alegra que para el 30 de diciembre de 1994 hayamos vendido ya un millón y medio de ejemplares de *Sopa de pollo para el alma.* Luego, cada uno firmó la tarjeta del otro y las guardamos en nuestras billeteras. Todavía tengo la mía en un marco detrás de mi escritorio.

Aunque nuestro editor se burló de nosotros y dijo que estábamos locos, vendimos 1.300.000 ejemplares del libro para la fecha que nos habíamos fijado. Alguien puede decir: «Bueno, fallaron la meta por 200.000 ejemplares». Tal vez, pero eso no es mucho... y el libro siguió vendiéndose muy bien hasta alcanzar ventas de 10.000.000 de ejemplares en más de cuarenta y siete idiomas en todo el mundo. Les aseguro... que puedo sentirme satisfecho con ese tipo de «fracaso».

GÍRESE UN CHEQUE

Hacia 1990, cuando Jim Carrey era un joven comediante canadiense que luchaba por surgir y abrirse camino en Los Ángeles, condujo su viejo Toyota colina arriba, hasta Mulholland Drive. Mientras estaba allí sentado contemplando la ciudad a sus pies y soñando con su futuro, se giró un cheque por 10 millones de dólares fechado el Día de Acción de Gracias de 1995 y agregó la siguiente nota «por servicios de actuación prestados» y, desde ese día, lo llevó en su billetera. El resto, como dicen, es historia. El optimismo y la tenacidad de Carrey al fin dieron fruto y, para 1995, después del enorme éxito de taquilla de su película *Ace Ventura: Pet Detective* [Ace Ventura: detective de mascotas], *The Mask* [La máscara] y *Dumb & Dumber* [Tonto y más tonto], su precio de contratación había aumentado a 20 millones de dólares por película. Cuando murió el padre de Carrey en 1994, puso el cheque por diez millones de dólares dentro del ataúd como un tributo al hombre que había iniciado y alimentado sus sueños de convertirse en estrella.

UNA META NO BASTA

Si está aburrido con su vida, si no se levanta todas las mañanas con un deseo ferviente de hacer cosas, no tiene suficientes metas.

LOU HOLTZ
El único entrenador en la historia de la NCAA que llevó a seis
equipos universitarios distintos a los juegos de postemporada
y ganó un campeonato nacional y honores como «entrenador
del año», y actualmente es comentarista para ESPN

Lou Holtz, el legendario entrenador de fútbol de la Universidad de Notre Dame, es también legendario por establecer metas. Su fe en la efectividad de establecer metas proviene de una lección que aprendió en 1966 cuando tenía apenas veintiocho años y acababa de ser contratado como entrenador asistente en la Universidad de South Carolina. Su esposa, Beth, tenía ocho meses de embarazo de su tercer hijo y Lou había gastado hasta el último centavo en la cuota inicial de una casa. Un mes más tarde, el entrenador en jefe que había contratado a Lou renunció y Lou se quedó sin trabajo.

En un intento por animarlo, su esposa le regaló un libro, *La magia de pensar en grande*, por David Schwartz. El libro decía que uno debía escribir todas las metas que quisiera lograr en la vida. Lou se sentó a la mesa del comedor, dio rienda suelta a su imaginación y, en menos de lo que pensaba, había elaborado una lista con 107 metas que quería lograr antes de morir. Abarcaban todas las áreas de su vida, e incluían recibir una invitación a cenar en la Casa Blanca, aparecer en el programa *The Tonight Show* con Johnny Carson, conocer al Papa, ser entrenador de Notre Dame, llevar su equipo al campeonato nacional y lograr un hoyo con un solo tiro en golf. Hasta el momento, Lou ha cumplido 102 de estas metas, incluyendo el hoyo en uno, pero no una vez ¡sino dos!

Tómese el tiempo de hacer una lista de 101 metas que desee lograr en su vida. Anótelas con lujo de detalles, dónde, cuándo, cuánto, qué modelo, qué tamaño, etc., póngalas en fichas de 3 x 5 pulgadas, en una página de metas o en un libro de metas. Cada vez que logre una de sus metas, táchela y escriba a un lado la palabra *victoria*. Yo hice una lista de las 109 metas importantes que quería lograr antes de morir y ya he logrado sesenta y ocho de ellas en solo veinticuatro años, como viajar al África, volar en planeador, aprender a esquiar, asistir a los Juegos Olímpicos de verano, escribir un libro para niños y aparecer en una película.★

CONSIDERACIONES, TEMORES Y OBSTÁCULOS

Es importante tener en cuenta que, tan pronto como se fija una meta, ocurrirán tres cosas que detienen a la mayoría de las personas —pero que no lo detendrán a usted, si sabe que son parte del proceso, y las podrá tratar entonces como lo que son— cosas que hay que saber manejar, en lugar de permitir que lo bloqueen.

Estos tres obstáculos para alcanzar el éxito son: las *consideraciones,* los *temores* y los *obstáculos.*

Piénselo bien. Tan pronto como diga que quiere duplicar sus ingresos para el año entrante, empezarán a surgir consideraciones como: *Tendré que trabajar dos veces más* o *No tendré tiempo para mi familia* o *Mi mujer me va a matar.* Es posible que llegue a pensar: *He llegado al límite de mi territorio. No veo cómo podré lograr que los compradores de mi ruta actual me compren más productos.* Si dice que va a correr el maratón, es posible que una voz en su interior le diga:

★Puede leer mi «Lista de 101 metas» en www.JackCanfield.com/101Goals.

Podrías lesionarte o *Tendrás que levantarte dos horas más temprano cada mañana.*
Inclusive le puede sugerir que ya está muy viejo para empezar a correr. Estos pensamientos son lo que se conocen como *consideraciones.* Son todas las razones por las cuales no debe intentar alcanzar esa meta, todas las razones por las cuales resulta imposible lograrla.

Sin embargo, conviene sacar esas consideraciones a la superficie. Son la forma como usted ha venido bloqueándose subconscientemente a todo lo largo de su vida. Ahora que las ha traído a su conciencia, las podrá manejar, confrontar y superar.

Los *temores,* por otra parte, son sentimientos. Es posible que experimente temor al rechazo, temor al fracaso, temor de hacer el ridículo. Tal vez sienta temor de sufrir una lesión física o emocional. Tal vez lo asuste que pueda perder algún dinero que ya tiene ahorrado. Esos temores no son inusuales. Son solo parte del proceso. Saber eso por adelantado le ayuda a atravesarlos.

Por último, se dará cuenta de los *obstáculos.* Son circunstancias puramente externas, mucho más allá de simples pensamientos o sentimientos internos. Un obstáculo puede ser que nadie quiere colaborar en su proyecto. Un obstáculo puede ser que no tenga el dinero que necesita para avanzar. Tal vez necesita otros inversionistas. Los obstáculos pueden ser que su gobierno estatal o nacional tiene normas o leyes que prohíben lo que usted quiere hacer. Tal vez necesita presentar una petición al gobierno para cambiar las normas.

Stu Lichtman, experto en reestructuración de negocios, se hizo cargo de una muy conocida empresa de calzado en Maine que estaba en tan mala situación financiera que prácticamente estaba condenada a salir del mercado. El negocio tenía deudas de millones de dólares con sus acreedores y le faltaban dos millones para pagarles. Como parte de la reestructuración propuesta, Stu negoció la venta de una planta no utilizada cerca de la frontera con Canadá que le reportaría a la compañía la suma de 600.000 dólares. Sin embargo, el Estado de Maine tenía el derecho de retención sobre la planta, por lo que podría reclamar todas las utilidades de la venta. De manera que Stu fue a hablar con el gobernador de Maine para exponerle el dilema de la compañía. Le dijo: «Podríamos hacer dos cosas, declararnos en quiebra, en cuyo caso cerca de mil residentes de Maine quedarían muy pronto sin trabajo y entrarían a engrosar las filas de los que reciben subsidio por desempleo, lo que le costaría al gobierno millones de dólares; o la compañía y el gobierno podrían adoptar conjuntamente el plan de Stu para mantener la empresa a flote», contribuyendo al buen funcionamiento de la economía del estado al mantener a cerca de mil personas en sus puestos y darle un vuelco a la compañía en preparación para su adquisición por otra empresa. Sin embargo, la única forma de lograr esa meta era —ya lo adivinó— superar el *obstáculo* del derecho de retención estatal sobre la planta. En vez de desanimarse por ese gravamen, Stu decidió hablar con la persona que podía eliminar el obstáculo. Al final, el gobernador decidió cancelar el gravamen.

Claro está, que tal vez no encuentre obstáculos que exijan hablar con un gobernador, aunque también es cierto que, dependiendo de qué tan grande sea su meta, ¡es posible que tenga que hacerlo!

Los obstáculos son solo eso, obstáculos que el mundo nos arroja; llueve cuando intentamos organizar un concierto al aire libre, su esposa no quiere trasladarse a Kentucky o usted no tiene el apoyo financiero que requiere y así sucesivamente. Los obstáculos son solo circunstancias de la vida real que hay que resolver para poder avanzar. Son simplemente las cosas con las cuales tendría que lidiar.

Por desdicha, cuando se presentan estas consideraciones, temores y obstáculos, muchos los ven como señales de pare. Se dicen: «Por lo que estoy pensando, sintiendo y descubriendo, creo que desistiré de alcanzar esta meta después de todo». Pero le estoy diciendo que las consideraciones, temores y obstáculos no deben verse como señales de pare, sino como parte normal del proceso, cosas que siempre encontrará. Cuando remodela su cocina, acepta el polvo, el desorden y la molestia de la obra como parte del precio que hay que pagar. Simplemente aprende a manejar la situación. Lo mismo ocurre con las consideraciones, los temores y los obstáculos. Se aprende a manejarlos.

De hecho, se supone que deben aparecer. Si no lo hicieran, significaría que no se ha fijado una meta lo suficientemente grande como para que le ayude a progresar y a crecer. Significa que no tiene verdadero potencial de autodesarrollo.

Yo siempre tomo las consideraciones, temores y obstáculos cuando aparecen, como algo positivo porque, con mucha frecuencia, son precisamente las cosas que no me habían dejado avanzar en la vida. Una vez que reconozca esos pensamientos subconscientes, esos sentimientos y obstáculos, los puedo sacar del subconsciente y darme cuenta de que existen, puedo enfrentarlos, procesarlos y manejarlos. Cuando lo hago, me siento mejor preparado para el siguiente proyecto que piense emprender.

LA MAESTRÍA ES LA META

*Debemos fijar una meta lo suficientemente grande como
para que en el proceso de lograrla nos convirtamos
en alguien en quien valga la pena convertirse.*

JIM ROHN
Millonario por mérito propio, *coach* de éxito y filósofo

Claro está que la última ventaja de superar esas consideraciones, temores y obstáculos no es la de las recompensas materiales que se disfruten, sino el desarrollo personal que se logra en el proceso. El dinero, los autos, las casas, los botes, el cónyuge atractivo, el poder y la fama pueden todos desaparecer en un abrir y cerrar de ojos, pero lo que nunca le podrán quitar es aquello en lo que usted se ha convertido en el proceso de alcanzar su meta.

Alcanzar una meta ambiciosa lo obliga, necesariamente, a crecer como persona. Tendrá que desarrollar nuevas destrezas, aptitudes y capacidades. Tendrá que esforzarse al máximo, dar lo mejor de sí y, al hacerlo, dará lo mejor de sí para siempre.

El 20 de octubre de 1991, un devastador incendio arrasó las lomas del hermoso paisaje de Oakland y Berkeley en California, incendiando un edificio cada once segundos durante más de diez horas y destruyendo por completo 3.700 casas de familia y apartamentos. Un amigo mío, también escritor, perdió todas sus posesiones, incluyendo la totalidad de su biblioteca, sus archivos repletos de investigaciones y el manuscrito prácticamente terminado del libro que estaba escribiendo. Aunque, sin lugar a dudas, quedó devastado por un corto período de tiempo, pronto se dio cuenta de que aunque todo lo que tenía se había perdido en el incendio, la persona que él tenía dentro, todo lo que había aprendido, todas sus capacidades y la confianza en sí mismo que había desarrollado durante el proceso de escribir y promocionar sus libros, seguía allí y ningún incendio la podía arrasar.

Puede perder cosas materiales pero nunca podrá perder su *maestría,* lo que se ha aprendido, la persona en la que se ha convertido en el proceso de lograr sus metas.

Creo que parte de lo que hemos venido a hacer a esta tierra es convertirnos en maestros en muchas destrezas. Cristo fue un maestro espiritual que convirtió el agua en vino, que curó a las gentes, que caminó sobre el agua y que calmó tormentas. Él dijo que también usted y yo podríamos hacer todas esas cosas *y aun más.* Definitivamente tenemos ese potencial.

Aún hoy, en la plaza de una pequeña ciudad alemana, hay una estatua de Cristo cuyas manos fueron destruidas durante el intenso bombardeo

de la Segunda Guerra Mundial. Aunque los habitantes de la ciudad habían
podido restaurar la estatua hace décadas, aprendieron esta lección aun más
importante, colocaron una placa bajo la estatua que dice: «Cristo no tiene
más manos que las tuyas». Dios necesita nuestras manos para completar
sus obras en la tierra. Pero para convertirnos en maestros y hacer este gran
trabajo, todos tenemos que estar dispuestos a enfrentar las consideraciones,
los temores y los obstáculos.

EL PODER DE UNA META

Las cosas no ocurren; las cosas fueron hechas para que ocurran.

JOHN F. KENNEDY
35º presidente de Estados Unidos de América

Mientras estaba realizando un taller en Chennai, India, tuve la gran fortuna
de conocer a CK y a Veena Kumaravel. Su historia ilustra el impresionante
poder de comprometerse con una meta.

Cuando los hijos de CK y los de Veena comenzaron a asistir a la escuela,
Veena decidió que quería hacer algo para ganar sesenta mil rupias (1.300
dólares) al mes. Veena podría haber conseguido fácilmente un empleo o
permanecido en su hogar como ama de casa, pero ella se mantuvo firme en
su deseo de ser trabajadora independiente. Sabía que quería ser su propio
jefe, pero no había identificado todavía lo que quería hacer.

Una de las técnicas que enseño y que le puede ayudar a decidir qué hacer
con su vida, es pensar en aquello que lo irrita o frustra, y luego ver si puede
crear la forma de subsistir así. Si algo le molesta, lo más probable es que también esté molestando a otras personas. Simplemente le sugerí a Veena que
siguiera la vieja regla empresarial: «Encuentre una necesidad y satisfágala».

Veena se dio cuenta de que se sentía irritada desde hacía mucho tiempo
por la falta de salones de belleza asequibles y de buena calidad en la ciudad
donde vivía. Los salones atractivos solo estaban en los hoteles hindúes de
cinco estrellas, por lo que eran caros e intimidantes para la mayoría de la
población. En el otro extremo del espectro estaban los salones de belleza
y peluquerías normales con unos estándares de higiene que estaban muy
por debajo del promedio. Veena y CK no tardaron en comprender que a
Chennai le hacía falta un salón de belleza de calidad y centrado en el valor,
que pudiera atender tanto a hombres como a mujeres.

Después de tomar la decisión de abrir un salón de ese tipo, el siguiente
reto fue encontrar personal calificado y administradores. Veena no era

esteticista, peluquera ni artista de maquillaje y CK sabía aun menos sobre esa industria. Así que resolvieron ese primer desafío contratando al administrador del salón de belleza del Taj —el principal hotel de cinco estrellas en la India— quien luego contrató al resto del personal.

Su próximo reto —por lo general, el más importante al que se enfrentan todos los empresarios de primera generación—, fue encontrar el dinero para comenzar. CK acudió rápidamente a lo que él llama la familia, los amigos y los tontos, y logró reunir el dinero suficiente para abrir su primer Naturals Unisex Salon y Spa en la calle Khader Nawaz Khan en Chennai. Con el tiempo, lograron la meta inicial de Veena de obtener una renta mensual de sesenta mil rupias, y abrieron incluso un segundo salón. Sin embargo, decidieron pensar en términos aun más grandes.

Si abrían cuatro salones más, concluyó Veena, podrían convertir a Naturals en una cadena de salones. No obstante, cada uno de los banqueros con los que se reunieron les dijeron que no.

Siguiendo el ejemplo de *Los principios del éxito* —el cual enseñaba que «no» significa: «¡el siguiente!»—, solicitaron el préstamo una y otra vez, hasta que el quincuagésimo cuarto banquero —impresionado por ese equipo de marido y mujer totalmente entregados a hacer negocios juntos—, aceptó su solicitud de un préstamo por 130.000 dólares.

Tras la apertura de los nuevos salones, la marca Naturals se hizo visible y creció. Ese éxito inspiró a Veena y a CK para convertir su negocio en una franquicia. Entonces publicaron anuncios en dos grandes periódicos, esperando quinientas solicitudes o más. Cuando solo 334 personas respondieron —y solo treinta y dos completaron el papeleo preliminar—, Veena y CK no pudieron dar con nadie que tuviera serias intenciones de convertirse en un franquiciado. En ese momento, los salones de belleza se consideraban un tabú y, lo que es más, Naturals no era una marca multinacional grande.

¿Su solución para el desafío? Encontrar franquiciados potenciales que coinvertieran y se asociaran con Veena y CK en cada salón, ofreciendo un nivel de confianza a los franquiciados que operarían el salón.

Pronto, la cadena Naturals se duplicó casi a trece locales luego de aplicar esa fórmula ganadora de conseguir más franquiciados. Para el año 2009, la cadena tenía cincuenta y cuatro salones. Y para el año 2014, tenían 376 salones Naturals en toda la India. Veena y CK también negociaron un acuerdo para abrir salones en 250 tiendas de barrio EasyDay, y están próximos a abrir cincuenta salones en la región del Golfo, donde viven y trabajan millones de indios.

Lo que le da a CK y a Veena la mayor satisfacción es que ellos han formado 184 empresarias exitosas, el ochenta por ciento de las cuales comenzó como amas de casa que permanecían en sus hogares. Más importante aun, han creado 6.400 puestos de trabajo.* CK me dijo que su objetivo es borrar el término ama de casa del diccionario y crear mil empresarias exitosas, tres mil salones y cincuenta mil puestos de trabajo para el 31 de diciembre de 2017.

---

*Durante uno de mis viajes a Chennai, los Kumaravel me invitaron a asistir a la apertura de uno de sus nuevos salones spa. ¡Qué experiencia! El salón estaba limpio y bien iluminado, era muy acogedor —al igual que todo el personal—, y el nivel de energía positiva era inconfundible. Pero lo que más me conmovió profundamente fue que varios de los empleados tenían retos visuales. Los Kumaravel habían descubierto que, debido a su elevado sentido del tacto, estos hombres y mujeres jóvenes eran los mejores terapeutas de reflexología y masajistas de pies. Y actualmente emplean un gran número de esos hombres y mujeres jóvenes, quienes de otra manera estarían relegados a una vida de pobreza y abandono. Lea más sobre la historia de Veena y CK en www. TheSuccessPrinciples.com/stories.

DIVIDA LOS TRABAJOS
EN SEGMENTOS

El secreto de avanzar es comenzar. El secreto de comenzar
es dividir las tareas complejas y abrumadoras en tareas
pequeñas, manejables y empezar por la primera.

MARK TWAIN
Célebre autor y humorista estadounidense

A veces, nuestras principales metas parecen abrumadoras. Rara vez las consideramos como una serie de pequeñas tareas fáciles de lograr pero, en realidad, separar una meta ambiciosa en tareas más pequeñas —y cumplir cada una de ellas a la vez— es exactamente la forma de lograr cualquier meta ambiciosa. Por lo tanto, una vez que haya decidido lo que realmente quiere y haya fijado metas mensurables, con fechas límite específicas, lo siguiente consiste en determinar todos los pasos de acción individuales que debe dar para cumplir su meta.

CÓMO SEPARARLA EN PARTES

Hay varias formas de definir los pasos que se requieren para lograr cualquier meta. Una de ellas es consultar personas que ya hayan hecho lo que usted quiere hacer y preguntarles qué medidas adoptaron para lograrlo. Con base en su experiencia, podrán indicar todos los pasos que se requieren y advertirle acerca de posibles trampas u obstáculos que deban evitar. Otra forma es comprar un libro o manual que explique el proceso paso a paso. Otra más es comenzar por el final y recordar el pasado. Para hacer eso, solo cierre los ojos e imagine que ya es el futuro y que ya ha logrado su meta. Luego piense en el pasado y vea lo que tuvo que hacer para llegar a donde se encuentra ahora. ¿Qué fue lo último que hizo? Y luego piense lo que hizo antes de eso y antes de eso otro hasta que llegue a lo primero que hizo cuando empezó.

Recuerde que es normal no saber cómo hacer algo. Es bueno pedir orientación y consejo a quienes sí lo saben. Unas veces puede tener este consejo gratis, otras tendrá que pagar por él. Acostúmbrese a preguntar: «¿Puede decirme cómo...?» o «¿qué tendría que hacer para...?» y «¿cómo hizo usted...?». Siga investigando y preguntando hasta que pueda elaborar un plan de acción realista que lo lleve de donde está a donde quiere ir.

¿Qué tendrá que hacer? ¿Cuánto dinero tendrá que ahorrar o conseguir? ¿Qué nuevas destrezas debe aprender? ¿Qué recursos tendrá que movilizar? ¿A quién tendrá que conseguir para que colabore en el logro de su visión? ¿A quién tendrá que pedirle ayuda? ¿Qué nuevas disciplinas o hábitos tendrá que desarrollar e incluir en su vida diaria?

Una técnica valiosa para elaborar un plan de acción que le permita alcanzar sus metas es lo que se llama el mapa mental.

USE UN MAPA MENTAL

La elaboración de un mapa mental es un proceso sencillo pero potente para crear una detallada lista de cosas que hacer a fin de alcanzar su meta. Le permite determinar la información que debe recopilar, las personas con las que debe hablar, las pequeñas medidas que debe tomar, cuánto dinero tendrá que ganar u obtener, cuáles serán las fechas límite que deba cumplir, y así sucesivamente, para cada una y todas sus metas.

Cuando empecé a crear mi primer álbum de grabaciones de audio para propósitos educativos —una de las metas extraordinarias que me permitió obtener ganancias excepcionales para mí y mi negocio— utilicé el mapa mental para ayudar a dividir en segmentos la gran meta que me había propuesto y determinar las distintas que tendría que realizar para por último producir el álbum.*

El mapa mental original que creé para mi álbum de grabaciones de audio está en la página 99. Para hacer un mapa mental con sus propias metas, siga estos pasos como se muestra en el ejemplo:

1. **Círculo central:** En el círculo central, anote el nombre de su meta propuesta, en este caso: *Crear un programa educativo de audio.*

---

*Para educarse mejor sobre el mapa mental, vea *El libro de los mapas mentales,* de Tony Buzan y Barry Buzan (Barcelona: Urano, 1996).

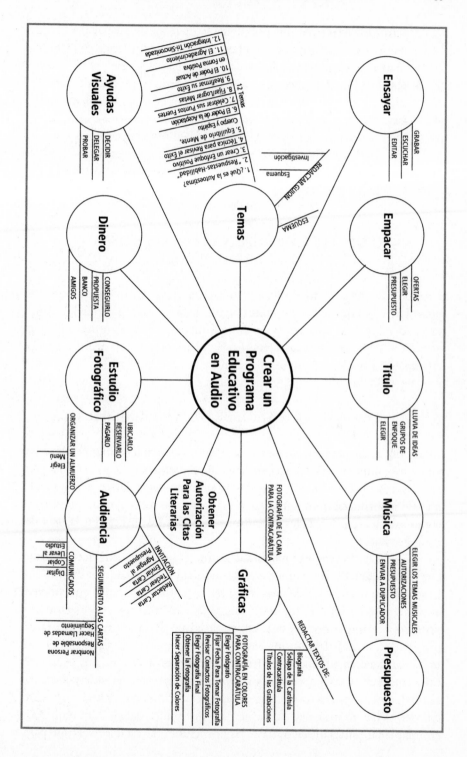

Crear un Programa Educativo en Audio

Ensayar
GRABAR
ESCUCHAR
EDITAR

Empacar
OFERTAS
ELEGIR
PRESUPUESTO

Título
LLUVIA DE IDEAS
GRUPOS DE ENFOQUE
ELEGIR

Música
ELEGIR LOS TEMAS MUSICALES
AUTORIZACIONES
PRESUPUESTO
ENVIAR A DUPLICADOR

Presupuesto

Gráficas
FOTOGRAFÍA EN COLORES PARA CONTRACARÁTULA
Elegir Fotógrafo
Fijar Fecha Para Tomar Fotografía
Revisar Contactos Fotográficos
Elegir Fotografía Final
Obtener la Fotografía
Hacer Separación de Colores

REDACTAR TEXTOS DE:
Biografía
Solapa de la Carátula
Contracarátula
Títulos de las Grabaciones

FOTOGRAFÍA DE LA CARA PARA LA CONTRACARÁTULA

Obtener Autorización Para las Citas Literarias

Audiencia
COMUNICADOS
Digitar
Copiar
Llevar al Estudio
INVITACIÓN
Redactar Carta
Enviar Carta
Agregar al Presupuesto
SEGUIMIENTO A LAS CARTAS
Nombrar Persona Responsable de Seguimiento
Hacer Llamadas de Seguimiento

Estudio Fotográfico
ORGANIZAR UN ALMUERZO
Elegir Menú
UBICARLO
RESERVARLO
PAGARLO

Dinero
CONSEGUIRLO
PROPUESTA
BANCO
AMIGOS

Temas
ESQUEMA
REDACTAR GUION
Esquema
Investigación

12 Temas
1. ¿Qué es la Autoestima?
2. "Respuestas-Habilidad"
3. Crear un Enfoque Positivo
4. Técnica para Revisar el Éxito
5. Equilibrio de Mente, Cuerpo y Espíritu
6. El Poder de la Aceptación
7. Celebrar sus Puntos Fuertes
8. Fijar/Lograr Metas
9. Reafirmar su Éxito
10. El Poder de Actuar en Forma Positiva
11. El Agradecimiento
12. Integración Tri-Sincronizada

Ayudas Visuales
DECIDIR
DELEGAR
PROBAR

2. **Círculos externos:** Luego, divida la meta en las principales categorías de las tareas que requiere completar para lograr la meta mayor, en este caso: *Título, estudio, temas, audiencia,* etc.
3. **Radios:** Pinte entonces los radios de la rueda que radian de cada minicírculo y rotule cada uno de ellos (por ejemplo, *escribir copia, foto a colores para la contracarátula* y *organizar un almuerzo*). En una línea aparte, conectada al minicírculo, anote todas las cosas que hay que hacer. Divida cada uno de los radios más detallados con acciones que le ayuden a crear una lista maestra de las cosas que se deben hacer.

LUEGO, ELABORE UNA LISTA DE COSAS PARA HACER DIARIAMENTE

Cuando haya terminado el mapa mental para su meta, convierta todos los puntos de cosas que hacer en puntos de una lista diaria de actividades, comprometiéndose con una fecha de cumplimiento para cada punto. Hecho esto, programe las actividades en el orden adecuado en su agenda y haga cuanto esté a su alcance por seguir la programación prevista.

HAGA LO QUE SE DEBE HACER PRIMERO

El objetivo es mantenerse dentro de la programación y terminar primero las tareas más importantes. En su excelente libro, *¡Tráguese ese sapo! 21 estrategias para tomar decisiones rápidas y mejorar la eficacia profesional,* Brian Tracy revela no solo la forma de dominar la tendencia a dejarlo todo para después, sino cómo establecer prioridades y ocuparse de todos los puntos en la lista de cosas por hacer.

Con su exclusivo sistema, Brian aconseja a quienes establecen metas que identifiquen de una a cinco cosas que deban hacer cualquier día y elijan la que, desde todo punto de vista, deba hacerse primero. Será el equivalente al más grande y más feo de todos los sapos. Lo más sencillo es comerlo primero y terminar de una vez. Les sugiere que se encarguen de esa tarea primero, en otras palabras, que empiecen por comerse ese sapo, así las demás cosas que tengan que hacer les resultarán más fáciles. Es una excelente estrategia. Por desdicha, casi todos dejamos el sapo más grande y feo para el final, con la esperanza de que desaparezca o que, de alguna forma, se convierta en algo más fácil de hacer, cosa que nunca ocurre. Sin embargo, cumplir la tarea más difícil durante las primeras horas establece el tono para el resto del día. Nos anima y aumenta nuestra confianza, dos factores que contribuyen a que avancemos cada vez más rápido hacia la meta.

PROGRAME SU DÍA DESDE LA NOCHE ANTERIOR

Uno de los instrumentos más poderosos de quienes logran grandes cosas dividiéndolas en pequeños segmentos, de modo que controlen sus vidas y aumenten su productividad, es programar cada día desde la noche anterior. Son dos las razones por las cuales esta es una estrategia tan poderosa para el éxito:

1. Si programa su día desde la noche anterior —elaborando una lista de cosas para hacer y dedicando unos minutos a visualizar exactamente cómo quiere que se desarrolle el día— su subconsciente trabajará en esas actividades toda la noche. Pensará en formas creativas de resolver cualquier problema, superar cualquier obstáculo y lograr los resultados deseados. Y si podemos creer en algunas de las más novedosas teorías de la física cuántica, emitirá ondas de energía que atraerán hacia usted a las personas y los recursos que necesita para alcanzar sus metas.★

2. Al elaborar la lista de cosas para hacer desde la noche anterior, podrá empezar su día sin demora. Sabrá exactamente lo que va a hacer y el orden en el que lo hará, de forma que ya tendrá listos los materiales que pueda necesitar. Si debe hacer cinco llamadas telefónicas, ya las tendrá anotadas en el orden en que piensa hacerlas, con los números de teléfono al lado del nombre de la persona a quien va a llamar y todos los materiales de apoyo a la mano. Para la mitad de la mañana, ya estará muy adelantado en sus tareas en relación con la mayoría de las personas que pierden la primera media hora del día despejando su escritorio, elaborando listas, encontrando los documentos que requieren; en otras palabras, *preparándose apenas* para empezar a trabajar.

★Ver *Las siete leyes espirituales del éxito: una guía práctica para la realización de tus sueños,* de Deepak Chopra (San Rafael, CA: Amber-Allen, 1995); *The Spontaneous Fulfillment of All Desire: Harnessing the Infinite Power of Coincidence* [El cumplimiento espontáneo de todo deseo: cómo controlar el infinito poder de la coincidencia], de Chopra (Nueva York: Harmony Books, 2003); *The Power of Intention: Learning to Co-Create Your World Way* [El poder de la intención: aprender a co-crear nuestro mundo a nuestra manera] (Carlsbad, CA: Hay House, 2004): y *The 11th Element: The Key to Unlocking Your Master Blueprint for Wealth and Success* [El 11º elemento: la clave para descifrar el plan maestro para lograr éxito y fortuna] (Hoboken, NJ: John Wiley & Sons, 2003); *El secreto,* de Rhonda Bryne (Barcelona: Urano, 2006); y *Pedid que ya se os ha dado,* de Esther y Jerry Hicks (Carlsbad, CA: Hay House, 2005).

APLIQUE EL SISTEMA DE ENFOQUE
DE LOS QUE LOGRAN EL ÉXITO

Una herramienta valiosa que lo mantendrá enfocado en el logro de todas sus metas en las siete áreas que describimos dentro de su visión (ver las páginas 39–40) es el sistema de enfoque de los que logran el éxito, desarrollado por Les Hewitt del «Programa de entrenamiento para personas exitosas». Es un formulario de metas y pasos que puede utilizar para elaborar su plan y responder usted mismo por trece semanas. Puede obtener un ejemplar del formulario y las instrucciones para su uso, sin costo alguno, en el sitio web www.TheSuccessPrinciples.com/resources.

EL ÉXITO DEJA PISTAS

Hace mucho tiempo, me di cuenta de que el éxito deja pistas y que las personas que obtienen resultados excepcionales hacen cosas específicas para crear esos resultados. Yo creía que si duplicaba con exactitud las acciones de los demás, podría reproducir la misma calidad de los resultados que ellos obtenían.

ANTHONY ROBBINS
Autor de *Poder sin límites*

Una de las maravillas de vivir en nuestro mundo actual de abundancia y oportunidad es que ya alguien ha hecho casi todo lo que queremos hacer, ya se trate de perder peso, correr una maratón, iniciar un negocio, lograr independencia económica, ganarle la batalla al cáncer de seno o ser el anfitrión o la anfitriona de la cena perfecta. Ya alguien lo ha hecho y *ha dejado pistas* en forma de libros, manuales, grabaciones y programas de video, cursos universitarios, cursos en la Internet, seminarios y talleres.

¿QUIÉN HA HECHO YA LO QUE USTED QUIERE HACER?

Si quiere jubilarse como millonario, por ejemplo, hay cientos de libros, desde *The Automatic Millionaire* [Hágase millonario automáticamente] hasta *The One Minute Millionaire* [Millonario en un minuto], y talleres que van desde el de Harv Eker, «Millionaire Mind» [La mente del millonario] hasta el de Marshall Thurber y D. C. Cordova «Money and You» [El dinero y usted].★ Si quiere tener una mejor relación con su cónyuge, puede leer el libro

---

★ Puede acceder también a una serie de recursos extensa y constantemente actualizada en www. thesuccessprinciples.com.

Los hombres son de Marte, las mujeres son de Venus, de John Gray; asistir a un taller de parejas; o tomar el seminario Conscious Loving an Living Essentials [Amor consciente y lo esencial para vivir], de Gay y Katie Hendricks.

Hay libros y cursos sobre cómo hacer prácticamente cualquier cosa. Es más, basta levantar el teléfono para comunicarse con personas que ya han tenido éxito haciendo lo que usted quiere hacer y están disponibles como maestros, facilitadores, mentores, asesores, entrenadores y consultores.

Estas son tres maneras en que puede empezar a buscar pistas: (1) Busque un maestro, un *coach*, un mentor; un manual, un libro, un programa de audio o un recurso de la Internet para ayudarle a alcanzar una de sus metas principales. (2) Busque a alguien que haya hecho lo que usted quiere hacer y pregúntele si puede hablarle para que le indique cómo debería proceder. (3) Pregúntele a alguien si puede observarlo por un día y ver cómo trabaja. También puede ofrecerse para ser voluntario, asistente o pasante de alguien de quien usted pueda aprender.

POR QUÉ NADIE BUSCA LAS PISTAS

Cuando me preparaba para aparecer en un programa de noticias matutinas en Dallas, pregunté a la artista encargada del maquillaje en ese canal cuáles eran sus metas a largo plazo. Me dijo que siempre había pensado en abrir su propio salón de belleza, así que le pregunté qué estaba haciendo para lograrlo.

—Nada —me respondió—, porque no sé cómo hacerlo.

Le sugerí que invitara a la dueña de un salón de belleza a almorzar y le preguntara cómo había iniciado su negocio.

—¿Puedo hacer eso? —exclamó la maquilladora.

Naturalmente. De hecho, es probable que haya pensado en consultar a un experto para que la asesore pero que haya desistido de hacerlo por pensar cosas como: *¿Por qué habría de querer alguien tomarse el tiempo para contarme qué hizo? ¿Por qué habría de enseñarme y crear su propia competencia?* Rechace esos pensamientos. Se dará cuenta de que a la mayoría le encanta hablar de la forma como inició su negocio y logró sus metas. Pero, por desdicha, al igual que la maquilladora de ese canal en Dallas, casi nunca aprovechamos los recursos que tenemos a nuestra disposición. ¿Por qué?

- Nunca se nos ocurre. No vemos que nadie esté aprovechándose de esos recursos, así que tampoco lo hacemos. Nuestros padres no lo hicieron, nuestros amigos no lo hacen, nadie en donde trabajamos lo hace.

- Nos quita tiempo. Tenemos que atravesar todo el tráfico de la ciudad en el automóvil para llegar a una reunión. Tenemos que separarnos del televisor, de la familia o de los amigos.
- Pedir consejo o información a los demás nos enfrenta al temor de ser rechazados. Nos da miedo correr el riesgo.
- Conectar dos puntos de manera novedosa representaría un cambio y este —aunque sea para nuestro bien— es incómodo. ¿Quién quiere incomodarse?
- Conectar los puntos significa esforzarse y trabajar duro y, francamente, muchos no están dispuestos a tanto.

QUITE EL FRENO

Todo lo que usted desea está justo fuera de su zona de confort.

ROBERT ALLEN
Coautor de *Millonario en un minuto*

¿Alguna vez ha estado conduciendo su automóvil y súbitamente se ha dado cuenta de que no quitó el freno de emergencia? ¿Hundió más el acelerador para superar la acción del freno? No, claro que no. Simplemente quitó el freno... y, sin ningún esfuerzo, comenzó a avanzar más rápido.

Muchos van por la vida con el freno de emergencia psicológico puesto. Se aferran a las imágenes negativas que tienen de ellos mismos o sufren los efectos mentales y emocionales de duras experiencias que aún no han podido superar. Permanecen dentro de una zona de confort que ellos mismos se han creado. Tienen ideas erróneas sobre la realidad o sentimientos de culpa y falta de confianza en sí mismos. Además, cuando intentan alcanzar sus metas —por mucho que se esfuercen— las imágenes negativas y las zonas de confort preprogramadas siempre terminan anulando sus buenas intenciones.

Por otra parte, quienes triunfan en la vida han descubierto que en lugar de utilizar una mayor fuerza de voluntad como el motor para impulsar su éxito, es mucho más fácil «quitar el freno,» liberarse de sus creencias limitantes, cambiar su autoimagen y liberarse de emociones negativas como el temor, el resentimiento, la ira, la culpa y la vergüenza.

SALGA DE SU ZONA DE CONFORT

Considere su zona de confort como una prisión en la que vive; una prisión que, en gran medida, usted mismo se ha creado. Consiste en una serie de *no puedo, debo, no debo* y otros conceptos infundados, producto de los pensamientos y decisiones negativas que ha acumulado y fomentado a lo largo de la vida.

Tal vez haya sido inclusive *entrenado* a autolimitarse.

NO SEA TAN TONTO COMO UN ELEFANTE

A un elefante bebé lo entrenan desde que nace a permanecer confinado en un espacio muy pequeño. Su entrenador lo amarra de una pata con un lazo a una estaca enterrada profundamente en el suelo. Así, el bebé elefante queda confinado a un área determinada por la longitud del lazo, la zona de confort del elefante. Aunque inicialmente el bebé elefante intenta romper el lazo, este es demasiado fuerte por lo que al fin aprende que no lo puede romper. Aprende a permanecer dentro del área definida por la longitud del lazo.

Cuando el elefante crece hasta convertirse en un coloso de cinco toneladas que fácilmente podría reventar el lazo, ni siquiera lo intenta, porque de pequeño aprendió que no lo podía romper. Así, el elefante más grande puede permanecer confinado por el lazo más delgado que uno pueda imaginar.

Tal vez eso lo describa también a usted, aún atrapado dentro de una zona de confort por algo tan insignificante y débil como el delgado lazo y la estaca que controlan al elefante, excepto que su lazo está hecho de conceptos e imágenes limitantes que usted recibió y asimiló desde joven. Si esa situación lo describe, las buenas noticias son que puede cambiar su zona de confort. ¿Cómo? Hay tres formas de hacerlo:

1. Puede utilizar afirmaciones y autoargumentos positivos para reafirmar que ya tiene lo que quiere, ya está haciendo lo que desea y ya es lo que quiere ser.
2. Puede crear nuevas imágenes internas poderosas y atractivas en cuanto a tener, hacer y ser lo que quiere.
3. Puede utilizar la revolucionaria técnica llamada «Tapping» (técnica de liberación emocional basada en la digitopuntura).
4. Puede, sencillamente, cambiar su comportamiento.

Todos estos cuatro enfoques harán que cambie su antigua zona de confort.

¡DEJE DE REVIVIR UNA Y OTRA VEZ LA MISMA EXPERIENCIA!

Un concepto importante que entienden quienes alcanzan el éxito es que uno nunca queda *estancado*. Lo que sucede es que, si se sigue pensando lo mismo, creyendo lo mismo, diciendo lo mismo y haciendo lo mismo, se revive una y otra vez la misma experiencia.

Con demasiada frecuencia, nos quedamos estancados en un interminable círculo vicioso de comportamientos reiterativos, que nos mantienen
atrapados en una constante espiral descendente. Nuestros pensamientos
limitantes crean imágenes mentales que controlan nuestro comportamiento y esto, a su vez, refuerza los pensamientos limitantes. Imagine
pensar que va a olvidar sus líneas cuando tenga que hacer una presentación en su trabajo. Ese pensamiento estimula la imagen de verse olvi-
dando uno de los puntos clave de su presentación. Esa imagen crea una
experiencia de temor, el miedo nubla su mente, le hace olvidar uno de sus
puntos clave y esto refuerza su diálogo interno que le dice que no es capaz
de hablar en público. *¿Lo ven?, sabía que iba a olvidar lo que debía decir. No
puedo hablar en público.*

Mientras siga quejándose de sus circunstancias actuales, su mente se
centrará en ellas. Al hablar, pensar y escribir constantemente acerca de
cómo están las cosas, refuerza esas vías neurales de su cerebro que lo llevaron a donde se encuentra ahora. Y está enviando constantemente esas mismas vibraciones que seguirán atrayendo a las mismas personas y las mismas
circunstancias que usted ya ha creado.

Para cambiar este ciclo, debe proponerse, en cambio, pensar, hablar y
escribir acerca de la realidad que desea crear. Debe inundar su inconsciente
de pensamientos e imágenes de esta nueva realidad.

Los problemas importantes que enfrentamos no podrán resolverse
con ideas del mismo nivel de las que los originaron.

ALBERT EINSTEIN
Ganador del Premio Nobel de Física

¿CUÁL ES SU TEMPERATURA FINANCIERA?

Su zona de confort funciona como el termostato en su casa. Cuando la temperatura de la habitación llega al límite del rango térmico que usted ha fijado, el termostato envía una señal eléctrica a la unidad de calefacción o de aire acondicionado para que se encienda o se apague. A medida que empieza a cambiar la temperatura ambiental, la señal eléctrica sigue respondiendo a los cambios y mantiene el rango de temperatura dentro de los límites deseados.

De igual forma, usted tiene un termostato psicológico interno que gradúa su nivel de desempeño en el mundo. En lugar de señales eléctricas, el regulador interno que determina su desempeño utiliza señales de incomodidad para mantenerlo dentro de su zona de confort. Cuando su comportamiento o su desempeño se van aproximando al límite de esa zona, usted empieza a sentirse incómodo. Si esa incomodidad supera los parámetros de la autoimagen que tiene en su inconsciente, su cuerpo enviará señales de tensión mental e incomodidad física a su organismo. Para evitar ese malestar, usted se retrae inconscientemente a su zona de confort.

Mi padrastro, que era gerente regional de ventas de NCR, observó que cada uno de sus vendedores tenía su propia autoimagen de vendedor. Se consideraban vendedores de 2.000 o 3.000 dólares mensuales.

Si la autoimagen de un vendedor era la de una persona que ganaba 3.000 dólares mensuales en comisiones, sin importar si apenas hubiera comenzado el mes al alcanzar esa cifra, disminuía el esfuerzo por el resto de ese período.

Pero, si el mes estaba por terminar y solo había ganado 1.500 en comisiones, se esforzaba hasta dieciséis horas diarias, incluyendo los fines de semana, para cumplir su cuota de ventas, y hacía cuanto estuviera a su alcance por alcanzar el nivel de 3.000 dólares para ese mes.

En cualquier circunstancia, una persona con una autoimagen de 36.000 dólares siempre produciría un ingreso de 36.000. Cualquier cifra superior la haría sentir incómoda.

Recuerdo un año en el que mi padrastro estaba vendiendo registradoras la noche de Año Nuevo. Estuvo fuera de la casa hasta mucho después de medianoche, empeñado en vender dos registradoras más a fin de clasificar para el viaje anual a Hawái que se concedía a los vendedores que cumplieran su cuota anual. Había ganado ese viaje varios años seguidos y su autoimagen no le permitía perderlo ese año. Vendió las registradoras e hizo el viaje. Cualquier otro resultado habría estado fuera de su zona de control.

Imagine la misma situación en relación con su cuenta de ahorros. Hay personas que están tranquilas mientras tengan 2.000 dólares en la cuenta de ahorros. Otras se sienten incómodas si tienen una cifra menor al equivalente a ocho meses de ingresos. Otros se sienten tranquilos sin ahorros y con una deuda de 25.000 dólares en su tarjeta de crédito.

Si la persona que necesita ocho meses de ingresos en su cuenta de ahorros para sentirse cómoda tiene un gasto médico inesperado de 16.000 dólares, reduciría sus gastos, trabajaría horas extras, haría una venta de garaje, lo que fuera, para volver a tener el nivel anterior de ahorros. De igual forma, si heredara dinero de un momento a otro, probablemente gastaría apenas lo que le permitiera permanecer dentro de esa zona de confort de ahorro.

Habrá escuchado sin duda que muchas personas que se ganan la lotería pierden, gastan, dilapidan o regalan todo el dinero que acaban de recibir en el término de unos pocos años. De hecho, el ochenta por ciento de los ganadores de lotería en Estados Unidos ¡se declaran en quiebra en el término de cinco años! Esto se debe a que no pudieron desarrollar la forma de pensar de un millonario. Como resultado, recrean inconscientemente la realidad que se conforma a su antigua manera de pensar. Se sienten incómodos con tanto dinero, por lo que encuentran la forma de regresar a su antigua y familiar zona de confort.

Tenemos una zona de confort similar para el tipo de restaurante al que vamos, los hoteles en donde nos alojamos, el tipo de automóvil que conducimos, el tipo de casa donde vivimos, la ropa que usamos, las vacaciones que tomamos y las personas con que nos asociamos.

Si alguna vez ha caminado por la 5ª Avenida de Nueva York o por Rodeo Drive en Beverly Hills, probablemente habrá tenido la experiencia de entrar en una tienda y sentir de inmediato que no pertenece allí. El almacén es demasiado sofisticado para usted. Se siente desubicado. Eso es el efecto de su zona de confort.

CAMBIE SU COMPORTAMIENTO

Cuando me mudé a Los Ángeles, mi nuevo jefe me llevó de compras a una elegante tienda de ropa para hombres en Westwood. Lo máximo que había pagado hasta entonces por una camisa de vestir era 35 dólares en Nordstrom. La camisa más barata en esa tienda costaba ¡95 dólares! Me sentí abrumado y comencé a sudar frío. Mientras mi jefe compró muchas cosas ese día, yo solo compré una camisa de diseño italiano por 95 dólares. Estaba tan lejos de mi zona de confort que prácticamente no podía respirar. A la semana siguiente, me puse la camisa por primera vez y quedé sorprendido al ver lo bien que me quedaba, lo cómoda que era y cómo mejoraba mi imagen. A los quince días, después de haberla usado una vez por semana, me enamoré de ella. Al cabo de un mes, compré otra. Al término de un año, solo usaba esas camisas. Poco a poco, mi zona de confort había cambiado porque me había habituado a algo mejor, aunque costara más. Hoy día suelo pagar 300 dólares por camisas hechas a mi medida.

Cuando entré a formar parte del Million Dollar Forum y de Income Builders International —dos organizaciones dedicadas a enseñar la forma de hacerse millonario— todas las sesiones de capacitación se realizaban en el Hotel Ritz-Carlton en Laguna Beach, California, el Hotel Milton de la Isla Grande en Hawái y otros de los hoteles y centros vacacionales más lujosos. El objetivo era lograr que los participantes se acostumbraran a recibir tratamiento de primera clase. Era parte de la estrategia para ampliar sus zonas de confort, para que cambiaran la que ellos pensaban que era su imagen. Cada sesión de entrenamiento concluía con una cena bailable en la que se requería ir vestido formalmente. Para muchos participantes era la primera vez que asistían a un evento formal, otra forma más de ampliar su zona de confort.

CAMBIE SU DIÁLOGO INTERIOR CON AFIRMACIONES

Siempre he creído en la magia. Cuando todavía no hacía nada en esta ciudad, subía todas las noches a Mulholland Drive, me sentaba allí y miraba la ciudad, extendía los brazos y decía: «Todos quieren trabajar conmigo. Soy un actor excelente. Tengo toda clase de ofertas para trabajar en magníficas películas». Repetía simplemente estas frases una y otra vez, convenciéndome, literalmente, de que me esperaban un par de películas. Conducía mi automóvil, montaña abajo listo para convertirme en el dueño del mundo mientras me decía: «Me esperan las ofertas para trabajar en películas. Solo que aún no las escucho». Eran como afirmaciones de hechos cumplidos, antídotos para todo lo que proviene de mi trasfondo familiar. *

JIM CARREY
Actor

---

* Tomado de una entrevista en *Movieline*. Julio de 1994.

Una forma de ampliar su zona de confort es bombardear su subconsciente con pensamientos e imágenes —de una jugosa cuenta bancaria, una figura esbelta y sana, un trabajo emocionante, amigos interesantes, vacaciones memorables— de todas sus metas, como si ya las hubiera logrado. La técnica que se utiliza para hacerlo se conoce como *afirmaciones*. Una afirmación es un enunciado que describe una meta ya cumplida, como: «Estoy disfrutando el atardecer desde el balcón de mi hermoso condominio en la playa en la costa de Ka'anapali en Maui» o «Estoy celebrando la tranquilidad y la vitalidad de haber alcanzado el peso ideal de 135 libras».

LAS NUEVE NORMAS PARA CREAR AFIRMACIONES EFECTIVAS

Para que sus afirmaciones sean efectivas, deben elaborarse según estas nueve normas:

1. **Comience con la palabra *soy*.** *Soy* es una de las palabras más poderosas del idioma. El subconsciente toma cualquier frase que empiece con la palabra *soy* y la interpreta como una orden, una instrucción que debe cumplirse.

2. **Use el tiempo presente.** Describa lo que desea como si ya lo tuviera, como si ya lo hubiera logrado.

   La forma equivocada: Conseguiré un nuevo Porsche Carrera 911 rojo.
   La forma correcta: Estoy disfrutando mientas conduzco mi nuevo Porsche Carrera 911 rojo.

3. **Enúncielo positivamente. Afirme lo que desea, no lo que no desea.** Enuncie sus afirmaciones positivamente. El inconsciente no escucha la palabra *no*. Esto significa que si escucha el enunciado: «No golpees la puerta», lo que en realidad capta es: «Golpea la puerta». El inconsciente piensa en imágenes, de modo que las palabras «No golpees la puerta» evocan la imagen de la puerta que se golpea. La frase «Ya no tengo miedo a montar en avión» evoca la imagen de tener miedo a montar en avión, mientras que la frase «Disfruto la emoción de volar» evoca una imagen de placer.

   La forma equivocada: Ya no me da miedo volar.
   La forma correcta: Disfruto la emoción de volar.

4. **Mantenga el enunciado corto.** Piense en su afirmación como si fuera una frase publicitaria. Actúe como si cada palabra costara 1.000 dólares. Tiene que ser lo suficientemente corto y fácil de recordar para no olvidarlo.

5. **Hágalo específico.** Los enunciados vagos producen estados vagos.

> *La forma equivocada:* Conduzco mi nuevo carro rojo.
> *La forma correcta:*   Estoy conduciendo mi nuevo Porsche 911 deportivo rojo.

6. **Incluya una palabra de acción que termine en *endo* o *ando*.** El verbo activo añade el efecto al evocar una imagen de algo que está ocurriendo ahora.

> *La forma equivocada:* Me expreso en forma abierta y franca.
> *La forma correcta:*   Me estoy expresando en forma abierta y franca, seguro de mí mismo.

7. **Incluya al menos un sentimiento dinámico o una palabra relacionada con los sentimientos.** Incluya una situación emocional que quisiera experimentar como si ya hubiera alcanzado esa meta. Algunas palabras utilizadas comúnmente son: *disfrutar, feliz, alegre, celebrando, orgulloso, tranquilo, sosegado, encantado, entusiasta, amoroso, seguro, sereno y triunfante.*

> *La forma equivocada:* Mantengo mi peso corporal perfecto de 178 libras.
> *La forma correcta:*   ¡Me siento ágil y en excelente forma con un peso de 178 libras!

Fíjese que la última suena como una cuña publicitaria. Al subconsciente le encanta el ritmo de la rima.

8. **Haga afirmaciones relacionadas con usted, no con los demás.** Cuando elabore sus afirmaciones, hágalas de modo que describan su comportamiento, no el de los demás.

La forma equivocada: Veo a Juan arreglando su habitación.

La forma correcta: Le estoy comunicando a Juan con claridad lo que necesito y quiero.

9. **Agregue** *o algo aún mejor.* Cuando esté afirmando la forma de alcanzar una situación específica (un trabajo, una oportunidad, unas vacaciones), cosas materiales (una casa, un automóvil, un bote), o una relación (esposo, esposa, hijo), agregue siempre «o algo (alguien) mejor». A veces los criterios de lo que queremos provienen de nuestro ego o de nuestra experiencia limitada. A veces hay alguien o algo mejor disponible para nosotros, entonces, conviene que las afirmaciones que hagamos incluyan esta frase cuando resulte adecuada.

Por ejemplo: Estoy disfrutando de mi vida en mi hermosa casa de la playa en la costa Ka'anapali de Maui, o en otro lugar aún mejor.

CÓMO UTILIZAR LA AFIRMACIÓN Y LA VISUALIZACIÓN

1. Repase sus afirmaciones de una a tres veces por día. Los mejores momentos son a primera hora de la mañana, a mediodía para volver a centrar su enfoque y en la noche, poco antes de irse a la cama.
2. De ser apropiado, lea cada una de las afirmaciones en voz alta.
3. Cierre los ojos y visualícese, como lo describe su afirmación. Véalo todo como si estuviera observando la escena desde su propio interior. En otras palabras, no se vea usted en la escena; contémplela como si fuera usted quien realmente la estuviera viviendo.
4. Escuche cualquier sonido que podría oír cuando haya tenido éxito en lograr lo que su afirmación describe, el ruido de las olas, el entusiasmo de la multitud, las notas del himno nacional. Incluya otras personas importantes para usted que lo estén felicitando diciéndole lo contentos que están por su éxito.
5. Experimente las sensaciones que tendrá al alcanzar ese éxito. Entre más fuertes sean, más poderoso será el proceso. (Si tiene problemas para crear esas sensaciones, puede afirmar: «Disfruto el proceso de crear con dificultad sensaciones de poder mientras trabajo con eficiencia en el proceso de hacer afirmaciones»).

6. Repita su afirmación de nuevo y luego repita todo el proceso con la siguiente afirmación.

OTRAS FORMAS DE UTILIZAR LAS AFIRMACIONES

1. Coloque tarjetas de 3 × 5 pulgadas con sus afirmaciones en distintos sitios de su hogar.
2. Coloque fotos de las cosas que quiere lograr en distintos sitios de su casa o de su habitación. Puede incluirse en la foto.
3. Repita sus afirmaciones durante los «ratos de inactividad» como mientras espera haciendo una cola, mientras hace ejercicio o mientras conduce su automóvil. Puede repetirlas mentalmente o en voz alta.
4. Grabe sus afirmaciones y escúchelas mientras trabaja, mientras conduce o mientras concilia el sueño.
5. Pídale a uno de sus padres que haga una grabación de cosas alentadoras que le gustaría haber escuchado de ellos cuando estaba creciendo, o palabras de aliento y aprobación que le gustaría escuchar ahora.
6. Repita sus afirmaciones en primera persona («Soy...»), en segunda persona («Eres...»), y en tercera persona («Él/Ella es...») o («Su nombre es...»).
7. Escriba sus afirmaciones en el ahorrador de pantalla de su computadora para verlas cada vez que las utilice.

LAS AFIRMACIONES DAN RESULTADO

Aprendí por primera vez el poder de las afirmaciones cuando el señor W. Clement Stone me retó a fijarme una meta tan remota en relación con mis circunstancias que fuera totalmente asombroso para mí lograrla. Aunque pensé que el reto del señor Stone valía la pena, solo lo puse realmente en práctica varios años después, cuando decidí pasar de ganar 25.000 dólares al año a tener un ingreso anual de 100.000 o más.

Lo primero que hice fue grabar una afirmación copiada de una que había visto escrita por Florence Scovell Shinn. Mi afirmación era:

Dios es mi fuente infinita y me llegan sin demora y fácilmente grandes sumas de dinero, por la gracia de Dios, para el mayor beneficio de todos los interesados. Estoy ganando, ahorrando e invirtiendo, feliz y sin dificultad 100.000 dólares al año.

Luego, hice una copia de un billete de cien mil, y lo pegué al techo encima de mi cama. Al despertarme, veía el billete, cerraba los ojos, repetía mi afirmación y visualizaba lo que disfrutaría si viviera como una persona que gana 100.000 dólares al año. Imaginaba la casa en la que viviría, los muebles, las obras de arte que poseería, el automóvil que conduciría y las vacaciones que tomaría. También creaba las sensaciones que experimentaría una vez que hubiera alcanzado ese estilo de vida.

Pronto, desperté una mañana con mi primera idea de 100.000 dólares. Se me ocurrió que podría vender 400.000 ejemplares de mi libro, *100 Ways to Enhance Self-Concept in the Classroom* [100 formas de mejorar el concepto de sí mismo en el aula de clase], sobre el que recibía regalías de 0,25 dólares por ejemplar, y recibiría un ingreso de 100.000 dólares. A mis visualizaciones matutinas agregué la imagen de mi libro volando de los estantes de la librería y a mi editor girándome un cheque por 100.000 dólares. No pasó mucho tiempo cuando un periodista independiente me contactó y escribió un artículo sobre mi trabajo para el *National Enquirer*. Como resultado, se vendieron miles de ejemplares adicionales de mi libro ese mes.

Casi todos los días se me ocurrían más y más ideas para ganar dinero. Por ejemplo, saqué pequeños anuncios y vendí el libro por mi cuenta, ganando tres dólares por ejemplar en vez de 0,25. Inicié un sistema de ventas por catálogo ofreciendo otros libros sobre autoestima y gané aún más dinero de los mismos compradores. La Universidad de Massachusetts vio mi catálogo y me invitó a vender libros durante una conferencia de un fin de semana, lo que me ayudó a generar más de 2.000 dólares en dos días y me introdujo a otra estrategia para ganar 100.000 al año.

Mientras visualizaba las grandes ventas de mi libro se me ocurrió la idea de generar más ingresos con mis talleres y seminarios. Cuando le pregunté a un amigo que tenía un trabajo similar, me informó que él *iya* estaba cobrando más del doble de lo que me pagaban a mí! Con esas palabras de aliento, tripliqué de inmediato mis tarifas y descubrí que los colegios que me contrataban para que dictara conferencias tenían presupuestos aun más altos que lo que yo pedía.

Mi afirmación estaba dando resultado en grande. Pero si no me hubiera fijado la meta de ganar 100.000 dólares y no estuviera dedicado a afirmar y visualizar ese objetivo, nunca habría subido mi tarifa como orador, nunca habría iniciado la librería de pedidos por correo, nunca habría asistido a una conferencia importante y nunca me habrían entrevistado para una publicación de alta circulación.

Como resultado, ese año se dispararon mis ingresos, pasando de 25.000 dólares ¡a más de 92.000!

Claro está que me faltaron 8.000 dólares para cumplir mi meta pero puedo asegurarles que eso no me deprimió. Por el contrario, estaba en éxtasis. Con el poder de la visualización y las afirmaciones así como mi disposición para actuar tan pronto como se me ocurría una «idea inspirada», había cuadruplicado prácticamente mis ingresos en menos de un año.

Después de nuestro año de 92.000 dólares mi esposa me preguntó: «Si las afirmaciones funcionaron para 100.000 dólares, ¿crees que funcionarían también para un millón?». El uso de las afirmaciones y la visualización siguió logrando el objetivo y desde ese entonces, mis ingresos anuales han sido de un millón de dólares o más.

NO ESPERE TREINTA AÑOS PARA UTILIZAR ESTA ESTRATEGIA

Joe Newberry me oyó contar esta historia en un desayuno de redes de negocios en la década de 1980. Pero no logró ponerle límites a su propia factura de cien mil dólares sino hasta treinta años después.

Era junio y él estaba buscando la manera de aumentar sus ingresos. Cuando me vio contar de nuevo esa historia en la película *El secreto*, corrió a su casa para poner su propia factura de cien mil dólares sobre su cama, donde la vería cada mañana al despertar. En septiembre, la gente llamó para contratarlo como consultor. Poco después, estaba representando a dos sellos disqueros y negociando acuerdos para los principales artistas.

Y en enero, viajó a Nueva York para hacerle propuestas de venta a Barnes & Noble —tal como lo estaban haciendo docenas de otros representantes de ventas ese día—, y les propuso que hicieran un pedido de los trabajos discográficos que él representaba. Después de charlar agradablemente con la compradora de Barnes & Noble acerca de sus hijos y su familia, Joe observó con asombro mientras ella sacaba la documentación necesaria y le hacía un pedido en el acto.

Sin embargo, no era el pedido modesto que él había esperado.

Mientras se dirigía hacia el ascensor y miraba los papeles que tenía en la mano, calculó rápidamente su comisión en el mayor pedido que hubiera hecho ella. Contando hasta el último centavo, ¡acababa de ganar cien mil dólares!

VISUALICE LO QUE QUIERE Y OBTENGA LO QUE VE

La imaginación lo es todo.
Es el avance de los próximos estrenos de la vida.

ALBERT EINSTEIN
Ganador del Premio Nobel de Física

La visualización —o el acto de crear imágenes mentales atractivas y reales— puede ser el más subutilizado de los instrumentos con los que usted cuenta para alcanzar el éxito porque es algo que acelera de tres poderosas formas el logro de cualquier meta.

1. La visualización activa el poder creativo del subconsciente.
2. La visualización hace que su cerebro adquiera un mayor enfoque al programar su *sistema de activación reticular* (SAR) para detectar los recursos disponibles que, aunque siempre han estado ahí, han pasado inadvertidos.
3. La visualización, a través de la ley de la atracción, magnetiza y atrae hacia usted las personas, los recursos y las oportunidades que necesita para alcanzar su meta.★

Los investigadores han podido constatar que al realizar cualquier tarea en la vida real, el cerebro utiliza procesos idénticos a los que usaría si solo estuviera visualizando en forma muy real la actividad. En otras palabras, el cerebro no detecta ninguna diferencia entre visualizar algo o realmente hacerlo.

Este principio se aplica también a aprender cualquier cosa nueva. Los investigadores de la Universidad de Harvard han visto que los estudiantes que han visualizado de antemano lo que van a hacer se desempeñan con

---

★La ley de la atracción estipula básicamente que cualquier cosa en la que usted piense, comente, fantasee y sienta fuertemente, la atraerá a su vida.

una precisión cercana al cien por ciento, mientras que los que no lo visualizan logran una precisión de solo el cincuenta y cinco por ciento.

La visualización complementa el nivel de logro del cerebro. Y aunque a ninguno nos enseñaron esto en la escuela, desde los años ochenta, los psicólogos del deporte y los expertos en máximo rendimiento han venido popularizando el poder de la visualización. Ahora, casi todos los deportistas olímpicos y los atletas profesionales lo utilizan.

Jack Nicklaus, el legendario golfista, campeón de más de setenta y siete torneos, con más de 5,7 millones de dólares en premios, dijo en una oportunidad: «Nunca doy un golpe, ni siquiera cuando practico, sin antes tener una imagen muy clara y nítida de ese golpe en mi mente. Es como una película en colores. Primero, "Veo" a donde quiero que llegue la bola, la veo clara y blanca, reposando sobre la hierba verde y brillante. La escena cambia entonces rápidamente, y "veo" la bola que llega allí: veo su ruta, su trayectoria y su forma; veo, inclusive, cómo se comporta al caer. Luego la imagen se desvanece por un segundo y en la próxima escena aparezco yo realizando el swing que hará que las imágenes previas se conviertan en realidad».

CÓMO FUNCIONA LA VISUALIZACIÓN PARA MEJORAR EL DESEMPEÑO

Al visualizar sus metas como si ya las hubiera cumplido, día tras día, todos los días, se va creando un conflicto (tensión estructural) en su subconsciente entre lo que visualiza y lo que realmente tiene. Su subconsciente intenta resolver ese conflicto convirtiendo su realidad actual en una visión nueva y más excitante.

Cuando, con el tiempo, se intensifica este conflicto, a través de la visualización constante, suceden en realidad tres cosas:

1. Se programa el SAR del cerebro para que empiece a traer a su conciencia cualquier cosa que le pueda ayudar a lograr sus metas.
2. Se activa su subconsciente para que cree soluciones que le permitan alcanzar las metas que desea. Comenzará a despertarse cada mañana con ideas nuevas. Se encontrará desarrollando sus ideas bajo la ducha, mientras da largas caminatas y mientras conduce su automóvil camino al trabajo.
3. Se crean nuevos niveles de motivación. Comenzará a notar que, inesperadamente, va haciendo cosas que lo acercan a su meta. De buenas a primeras, es usted el que levanta la mano en clase, el que se ofrece como voluntario para realizar nuevos proyectos

en el trabajo, el que expresa su opinión en las reuniones de personal, el que pide directamente lo que quiere, el que ahorra dinero para lo que quiere lograr, el que cancela la deuda de su tarjeta de crédito o el que corre mayores riesgos.

Veamos más de cerca cómo funciona el SAR. En cualquier momento dado, fluyen a su cerebro unos once millones de bits de información, a la mayor parte de los cuales usted no puede prestar la atención que debiera. Por lo tanto, el SAR de su cerebro filtra la mayor parte y solo le permite ser consciente de aquellas señales que pueden ayudarle a sobrevivir y a lograr sus metas más importantes.

Entonces, ¿cómo sabe el SAR qué dejar pasar y qué filtrar? Deja entrar cualquier cosa que le ayude a lograr las metas que usted ha fijado, visualizado y afirmado *constantemente*. También deja entrar cualquier cosa que concuerde con sus creencias y con sus imágenes en cuanto se relacionan a usted, a los demás y al mundo.

El SAR es un instrumento poderoso, pero solo puede buscar formas de lograr las imágenes exactas que usted le ofrece. Su subconsciente creativo no piensa en palabras, solo puede pensar en imágenes. Entonces, ¿cómo contribuye esto a su esfuerzo por alcanzar el éxito y lograr la vida de sus sueños?

Cuando le presenta a su cerebro imágenes específicas, coloridas y atractivamente vívidas para que se manifieste, buscará y captará toda la información necesaria para que esas imágenes lleguen a ser una realidad para usted. Si le presenta a su mente un problema de 10.000 dólares, le presentará una solución de 10.000 dólares. Si le presenta un problema de un millón de dólares, le dará una solución de un millón.

Si le presenta a su cerebro imágenes de una linda casa, una esposa amorosa, una profesión excitante y unas vacaciones exóticas, se ocupará de lograr todo eso. Si, por el contrario, lo alimenta constantemente de imágenes negativas, atemorizantes y angustiosas, ¿puede adivinar lo que ocurrirá?, también las hará realidad.

EL PROCESO PARA VISUALIZAR SU FUTURO

El proceso de visualizar el éxito es muy sencillo. Basta con cerrar los ojos y ver sus metas como si ya las hubiera logrado.

Si uno de sus objetivos es poseer una linda casa al borde de un lago, cierre sus ojos y véase caminando exactamente por la casa que desea tener. Llénela de detalles. ¿Cómo es su fachada? ¿Cómo es el paisaje que la circunda?

¿Qué tipo de vista tiene? ¿Cómo se ven la sala, la cocina, la alcoba principal, el comedor, el cuarto de estar y el estudio? ¿Cómo está amueblada? Vaya de habitación en habitación y llénelas de detalles.

Elabore imágenes tan nítidas y brillantes como sea posible. Esto es igualmente válido para cualquier meta que se proponga, ya se trate de trabajo, diversión, familia, finanzas personales, relaciones o filantropía. Escriba cada una de sus metas y objetivos y repáselos, afírmelos y visualícelos día tras día.

Luego, cada mañana al levantarse y cada noche antes de irse a la cama, lea la lista de metas en voz alta haciendo una pausa después de cada una para cerrar los ojos y crear en su mente la imagen visual de esa meta ya cumplida. Continúe así con todas las metas de la lista hasta haberlas visualizado todas y cada una como si ya estuvieran cumplidas y plenamente realizadas. El proceso total puede tomarle de diez a quince minutos, dependiendo del número de metas que tenga. Si acostumbra meditar, visualice sus metas justo al terminar la meditación. Ese estado mental más profundo que ha alcanzado durante la meditación incrementará el impacto de sus visualizaciones.

CÓMO AGREGAR SONIDOS Y SENTIMIENTOS A SUS IMÁGENES

Para multiplicar muchas veces el efecto, agregue sonidos, aromas, sabores y sensaciones a sus imágenes. ¿Qué sonidos podría escuchar, qué aromas podría percibir, qué sabores podría estar saboreando y, lo que es más importante, qué emociones y sensaciones corporales estaría sintiendo si ya hubiera logrado su meta?

Si estuviera imaginando la casa de sus sueños en la playa, podría agregar el ruido de las olas golpeando contra la orilla frente a su casa, el ruido de los niños jugando en la arena y la voz de su esposa dándole las gracias por ser tan buen proveedor.

Agregue entonces el sentimiento de orgullo por ser propietario de ese lugar, su satisfacción por haber alcanzado su meta y sienta el sol sobre su cara mientras se encuentra sentado en la terraza del frente disfrutando la vista de un hermoso atardecer sobre el océano.

«No interrumpas a papá. Está visualizando un éxito sin precedentes en el mundo empresarial y, por extensión, una vida mejor para todos nosotros»

ALIMENTE SUS IMÁGENES CON EMOCIONES

Son, sin lugar a dudas, estas emociones las que impulsan y llevan su visión hacia adelante. Los investigadores saben que cuando una imagen o una escena están acompañadas de emociones intensas, quedan fijas para siempre en la memoria.

Puedo asegurar que recuerda exactamente dónde se encontraba cuando colapsó el World Trade Center, el 11 de septiembre de 2001. Su cerebro lo recuerda todo con lujo de detalles porque no solo filtró la información que usted necesitaba para sobrevivir en esos momentos de gran tensión, sino que las mismas imágenes fueron creadas con una emotividad intensa. Estas emociones intensas realmente estimulan el desarrollo de protuberancias espinosas dendríticas adicionales, las dendritas de las neuronas cerebrales que, en último término, crean más conexiones neurales y así fijan los recuerdos con una intensidad mucho mayor. Puede dar esa misma intensidad emocional a sus visualizaciones agregando música inspiradora, aromas de la vida real, profundos sentimientos de pasión, inclusive gritando sus afirmaciones a voz en cuello con entusiasmo exagerado. Entre más pasión, entusiasmo y energía pueda impartirles, más potente será el resultado final.

LA VISUALIZACIÓN DA RESULTADO

El medallista de oro olímpico, Peter Vidmar, describe su uso de la visualización en su exitosa búsqueda del oro:

> Para mantenernos enfocados en nuestra meta olímpica, comenzamos por terminar nuestras prácticas con la visualización de nuestro sueño. Nos veíamos compitiendo realmente en los Juegos Olímpicos y logrando nuestro sueño mediante la práctica de lo que pensábamos que sería el último escenario de las competencias de gimnasia.
>
> Yo decía: «Bien, Tim, imaginemos que son las pruebas finales del equipo masculino de gimnastas en los Juegos Olímpicos. El equipo de Estados Unidos está participando en la última competencia de la noche, la barra alta. Los dos últimos competidores de los Estados Unidos son Tim Daggett y Peter Vidman. Nuestro equipo está hombro a hombro con el de la República Popular de China, los actuales campeones mundiales, y debemos desempeñar nuestras rutinas a la perfección para ganar la medalla de oro del equipo olímpico».
>
> En ese punto cada uno estaría pensando: *Sí, correcto. Nunca vamos a estar empatados con ellos. Fueron los primeros en el campeonato mundial de Budapest, mientras que nuestro equipo ni siquiera ganó una medalla. Eso no va a suceder.*
>
> ¿Y qué pasaría si ocurriera? ¿Cómo nos sentiríamos?
>
> Cerrábamos los ojos y, en el gimnasio vacío, después de un largo día, visualizábamos un estadio olímpico con más de 13.000 espectadores en las graderías y 200 millones más viendo los juegos por televisión. Entonces practicábamos nuestras rutinas. En primer lugar yo era el maestro de ceremonias. Ponía mi mano contra mi boca en forma de megáfono y decía: «A continuación, de Estados Unidos de América, Tim Daggett», luego Tim haría su rutina como si se tratara del evento real.
>
> Y después Tim se retiraba hasta el rincón del gimnasio, colocaba sus manos alrededor de su boca a modo de megáfono y en su mejor voz de locutor decía: «Ahora, de Estados Unidos de América, Peter Vidmar».
>
> Luego era mi turno. En mi mente, tenía la oportunidad de realizar una rutina impecable para lograr que nuestro equipo ganara la medalla de oro. Si no lo lograba, perderíamos.
>
> Tim gritaba: «Luz verde», y yo miraba al juez supremo que, por lo general, era nuestro entrenador Mako. Levantaba mi mano y él, a su vez, levantaba su mano derecha. Luego me volteaba, le daba la cara a la barra, me agarraba y empezaba mi rutina.
>
> Bien, algo gracioso ocurrió el 31 de julio de 1984.

Eran las competencias finales del equipo de gimnasia masculino en los Juegos Olímpicos en el Pabellón Pauley del campus de la Universidad de California en Los Ángeles. El estadio estaba lleno, con 13.000 espectadores y la audiencia por televisión se calculaba en más de 200 millones de personas en el mundo entero. El equipo de Estados Unidos estaba en su último evento de la noche, la barra alta. Los dos últimos competidores por Estados Unidos eran coincidencialmente Tim Daggett y Peter Vidmar. Tal como lo habíamos visualizado, nuestro equipo estaba hombro a hombro con el equipo de la República Popular de China. Debíamos ejecutar las rutinas de la barra alta a la perfección para obtener la medalla de oro.

Miré al entrenador Mako, mi entrenador de los últimos doce años. Tan centrado como siempre, me dijo simplemente: «Bien, Peter, vamos. Sabes lo que tienes que hacer, lo has hecho mil veces, tal como lo haces todos los días en el gimnasio. Hagámoslo una vez más y nos vamos a casa. Estás listo».

Buena razón. Había previsto este momento y lo había visualizado cientos de veces. Estaba listo para realizar mi rutina. En lugar de verme realmente de pie en el estadio olímpico con los 13.000 espectadores en las graderías y 200 millones de televidentes, imaginé que estaba de nuevo en el gimnasio de UCLA al final del día, y que solo quedaban allí dos personas.

Cuando el maestro de ceremonias dijo: «De Estados Unidos de América, Peter Vidmar,» imaginé que era mi amigo Tim Daggett quien lo decía. Cuando se encendió la luz verde, para indicar que era el momento de iniciar la rutina, imaginé que no era en realidad una luz verde, sino Tim que gritaba: "¡Luz verde!" y cuando levanté la mano hacia el juez supremo de Alemania Oriental, en mi mente, la estaba levantando a mi entrenador, tal como lo había hecho todos los días al final de cientos de prácticas. En el gimnasio, siempre había visualizado que estaría en las finales de los Juegos Olímpicos. En las finales de los Olímpicos, me vi de nuevo en el gimnasio.

Di la vuelta, me paré frente a la barra, salté, me agarré de la barra y comencé la misma rutina que había visualizado y practicado día tras día en el gimnasio. Estaba repasando la memoria, volviendo a donde ya había estado cientos de veces. Rápidamente superé la peligrosa maniobra del doble giro libre que siempre había truncado mis posibilidades en los campeonatos mundiales. Realicé sin contratiempos el resto de mi rutina y terminé aterrizando limpiamente sobre los dos pies para esperar allí, ansioso, la calificación que me darían los jueces.

En un tono profundo, se escuchó por el parlante la voz del maestro de ceremonias: «El puntaje para Peter Vidman es 9,95». «¡Sí!», grité. «¡Lo logré!». El público gritaba entusiasmado mientras mis compañeros de equipo y yo celebrábamos nuestra victoria.

Treinta minutos más tarde, nos encontrábamos en la plataforma de las medallas olímpicas en el Estadio Olímpico con 13.000 espectadores en las graderías y más de 200 millones de televidentes observando, mientras nos colgaban oficialmente al cuello las medallas de oro. Tim, nuestros compañeros de equipo y yo, de pie en ese lugar, lucíamos orgullosos nuestras medallas de oro mientras sonaban las notas del himno nacional y la bandera de Estados Unidos era izada hasta lo más alto del estadio. Fue el momento que habíamos visualizado y practicado cientos de veces en el gimnasio. Solo que esta vez, era de verdad.

LA VISUALIZACIÓN LA AYUDÓ A CAMINAR DE NUEVO

La primera vez que Heather Walker O'Brien escuchó acerca del pensamiento afirmativo y la visualización positiva fue cuando me vio en la película *El Secreto*.

«Yo estaba pegada a la pantalla», me dijo, «cuando contaste la historia de cómo la visualización te había traído tanto éxito.

Heather estaba enganchada. Pero ¿cómo podía crear imágenes que fueran igualmente poderosas?, se preguntó.

Ella optó por combinar el principio de visualización con su experiencia en Hollywood, donde había trabajado con muchas de las estrellas más grandes, como Elizabeth Taylor, Tom Cruise, Drew Barrymore, Bruce Willis, Patrick Swayze y Demi Moore. Heather sabía que las personas en la industria del cine son maestros en crear imágenes irresistibles que te envían a otro mundo. De hecho, Heather ya había visto impresionantes imágenes visuales titilar en la pantalla y conducir a los espectadores a viajes emocionales que literalmente cambiaban su manera de ver la vida.

Ella decidió crear sus propias imágenes en movimiento —las llamó «películas mentales»—, mediante el pensamiento afirmativo en lugar de las partituras musicales. A lo largo de los años, estas películas han sido muy eficaces para ayudar a Heather a superar los obstáculos. Al mismo tiempo, ella había creado también un mantra que repetía en los momentos difíciles: «No te rindas, ¡levántate!».

Heather, irónicamente, no sabía que su mantra y sus «películas mentales», serían literalmente fundamentales para su propia supervivencia. En julio de 2011, mientras planeaba alegremente los detalles de su próxima boda, Heather consiguió un cargo ejecutivo con un minorista que vendía productos de lujo, supervisando un equipo de treinta consultores cosméticos, cincuenta vendedores y millones de dólares en productos. Cuando llevaba escasamente un mes en su nuevo trabajo, Heather tropezó con una caja de cartón llena de basura que alguien había dejado por descuido en el corredor de una bodega. Al caer violentamente hacia adelante, Heather se golpeó la parte frontal de la cabeza primero contra un pesado estante metálico que la dejó inconsciente y luego una vez más al caer de bruces sobre el piso de cemento.

Su prometido, TW, la llevó a toda prisa al hospital tan pronto le avisaron. Y, mientras Heather despertaba en la unidad de cuidados intensivos del hospital, supo que le había ocurrido algo grave. Toda la habitación estaba girando y estremeciéndose como una atracción de feria. Heather sentía como si le estuvieran aplastando la cabeza en un torno de banco, y que un zumbido le perforaba los oídos. Apenas podía ver formas y objetos, y la luz de la habitación cegaba. También se sentía rodeada de sonidos atronadores, como si alguien hubiese subido el volumen al máximo en sus oídos. Mientras se esforzaba por sentarse y encontrarle un sentido a todo eso, hizo un descubrimiento aterrador… no podía mover las piernas.

Heather se enteró más tarde de que había sufrido una lesión cerebral traumática y que los golpes en su cabeza afectarían el funcionamiento de todo su cuerpo a partir de ese día. No podía sentir las piernas, ni siquiera moverlas, a no ser que se las agarrara con correas especiales que parecían pesos de plomo. Ni siquiera podía sentarse porque el mareo y la desorientación la hacían sentirse enferma. Cuando trataba de hablar, sus palabras eran confusas y las arrastraba. No podía recordar detalles ni seguir una conversación.

Para empeorar las cosas, sus médicos no tenían esperanzas con respecto a su recuperación. Las personas que habían sufrido traumas similares, dijeron, estaban confinadas en hogares de ancianos y no podían levantarse de la cama. Y algunas caían simplemente en un coma y fallecían.

Fue entonces cuando Heather supo que la única persona responsable de lograr su recuperación sería ella misma.

De inmediato comenzó a desarrollar una nueva «película mental», esta vez centrada en su recuperación. El problema era que ella estaba tratando de utilizar su cerebro para curarse a sí misma, ¡cuando este órgano había recibido una herida tan grave! Sin embargo, y aunque se trataba de un gran reto, ella sabía que la visualización sería un elemento esencial en su recuperación.

Durante el mes siguiente, Heather trabajó duro en su terapia y en reproducir su «película mental». Quería irse a casa a como diera lugar, pero le advirtieron que, muy probablemente, nunca dejaría de sufrir por completo la amplia gama de síntomas que padecía. Con el tiempo, aún incapaz de caminar, de cuidar de sí misma, o de hacer cualquier cosa por su cuenta, Heather fue cuidada permanentemente por su prometido.

TW tenía que bañarla, vestirla, alimentarla, llevarla al baño, y administrarle su terapia y todos sus medicamentos, al mismo tiempo que trataba de llevar su negocio.

Y entonces, Heather sufrió otro golpe devastador.

Una semana después de haber sido dada de alta del hospital, mientras regresaban a su casa después de visitar al médico, ella y TW fueron golpeados por un conductor imprudente y discapacitado, provocándole a Heather una segunda lesión cerebral traumática después de que su bolsa de aire se desplegara y su cabeza chocara contra la ventanilla del pasajero. Teniendo en cuenta sus lesiones existentes, Heather tuvo suerte de salir con vida. Y, como si no fuera suficiente lidiar con semejante adversidad, TW también sufrió heridas de consideración; una fractura en el pie y una grave lesión en la espalda, las que más tarde requirieron varias cirugías.

Las siguientes semanas fueron algunos de los días más oscuros que habían afrontado en sus vidas. Sin embargo, Heather repitió continuamente su «película mental» y utilizó su mantra «No te rindas, levántate».

Un día, poco después del accidente automovilístico, TW le comentó una idea a Heather. Le dijo que tenía una inspiración para una nueva «película mental»: planear su boda y establecer oficialmente la fecha. En un primer momento, Heather se sintió horrorizada. ¡De hecho, le molestó que TW pudiera sugerir algo semejante!

—¿Arrastrarme adolorida por el pasillo en una silla de ruedas, tratando de decir palabras confusas, cuando es muy probable que perderé la pista de lo que esté diciendo? —exclamó—. De ninguna manera. Hacer de mí una tonta rematada no es lo que yo tenía en mente para nuestra boda.

Heather relató su historia…

Nunca olvidaré a TW, sosteniendo con cuidado los apoyabrazos de mi silla de ruedas, acercándome a él y mirándome directamente a los ojos, mientras decía, con su habitual tono jocoso: «Vas a ser la señora Walker, por lo que es importante que te levantes y logres caminar de nuevo rápidamente. Recorrerás ese pasillo por tus propios medios».

Yo, que siempre me sentía encantada de que me hiciera reír, pero comprendiendo la gravedad detrás de la broma, lo miré de nuevo a los ojos y —como si fuera mi corazón el que hubiera respondido— dije: «Lo creo».

Me concentré muchas veces al día en repetir una nueva «película mental»: la de mi boda en una playa en la que todos estaríamos descalzos, y en la cual me veía caminando por el pasillo hacia las olas que salpicaban suavemente, sintiendo la arena entre los dedos de mis pies y la brisa en mi cara, todo ello mientras mi mantra —*No te rindas, leván-tate*—, sonaba en el fondo.

Estoy orgullosa de decir que el 14 de abril de 2012 —siete meses después de sufrir mi segunda lesión cerebral—, TW y yo nos casamos en una hermosa ceremonia en la playa donde, efectivamente, caminé por el pasillo por mis propios medios... tal como lo había oído y visto miles de veces antes en mi «película mental».

Actualmente, Heather comparte su historia por medio de discursos, talleres y sesiones de *coaching* con clientes de todo el mundo. También publicó su historia en un libro reciente, titulado: *Do not Give Up, Get Up!* [¡No te rindas, levántate!]. Al límite de su perseverancia, Heather se recuperó a través del poder de la visualización.

¿QUÉ PASA SI NO VEO NADA AL VISUALIZAR?

Algunos son lo que los psicólogos llaman *visualizadores eidéticos*. Cuando cierran los ojos lo ven todo en imágenes brillantes, nítidas, tridimensionales y a todo color. Sin embargo, la mayoría somos visualizadores no eidéticos. Esto significa que realmente no *vemos* una imagen, solo la *pensamos*. Eso está muy bien. Seguirá teniendo la misma efectividad. Practique dos veces por día el ejercicio de visualización para imaginar sus metas como si ya las hubiera logrado y obtendrá los mismos beneficios que las personas que sostienen que realmente ven la imagen.

UTILICE IMÁGENES IMPRESAS COMO AYUDA

Si tiene problemas en visualizar sus metas, utilice pinturas, imágenes y símbolos que coleccione para mantener su conciencia y su subconsciente enfocados en sus metas. Por ejemplo, si una de sus metas es ser dueño de un nuevo Lexus LS 600, debe ir con su cámara fotográfica a la agencia Lexus de su localidad y pedir a un vendedor que le tome una fotografía sentado tras el volante del automóvil.

Si su meta es viajar a París, busque un póster de la Torre Eiffel, recorte una fotografía suya de cuerpo entero y ponga su imagen en la base de la Torre Eiffel, como si se tratara de una fotografía suya tomada en París. Hace varios años hice esto con una fotografía de la Casa de la Ópera, en Sydney, y en el término de un año me encontré allí en Australia, frente a ese lugar.

Si su meta es convertirse en millonario, puede girarse un cheque por un millón de dólares o hacer un extracto bancario donde su cuenta o su portafolio de acciones muestren un saldo de un millón de dólares.

Mark Victor Hansen y yo creamos una imitación de la lista de *best sellers* del *New York Times* con el original de *Sopa de pollo para el alma* en el primer lugar. En el término de quince meses, ese sueño se hizo realidad. Cuatro años después, logramos un récord en el *Libro Guinness* por tener siete libros simultáneamente en la lista de *best sellers* del *New York Times*.

UTILICE CARTELERAS DE METAS

Una vez que haya creado esas imágenes, puede colocarlas —una por página— en un cuaderno de tres anillos, para repasarlo todos los días. También puede hacer un tablero o un mapa del tesoro —un collage de todas las imágenes pegadas en una cartelera, en la pared o en la puerta del refrigerador— en algún lugar donde los pueda ver todos los días.

Cuando la NASA estaba desarrollando el proyecto de llevar un hombre a la luna, pusieron una enorme fotografía de la luna que cubría del piso al techo toda la pared del salón principal. Todos tenían muy clara la meta y la lograron idos años antes de la fecha prevista!

LAS CARTELERAS Y LOS ÁLBUMES DE METAS HICIERON REALIDAD SUS SUEÑOS

En 1995, John Assaraf elaboró una cartelera con su visión y la colgó en la pared de su estudio, en su casa. Cada vez que veía alguna cosa que deseaba o un viaje que quería hacer, conseguía una fotografía de ese deseo y la pegaba en la cartelera. Luego se visualizaba ya disfrutando del objeto que deseaba.

En mayo del año 2000, apenas unas semanas después de haberse mudado a su nueva casa en el sur de California, se encontraba sentado en su oficina una mañana cuando su hijo de cinco años, Keenan, entró y se sentó sobre un par de cajas que habían estado guardadas durante cuatro años. Keenan preguntó a su padre qué había en las cajas. Cuando John le dijo que esas cajas contenían las carteleras de sus visiones, Keenan le contestó: «¿Las qué de tus visiones?».

John abrió una de las cajas y le mostró a Keenan una de las carteleras con sus visiones. Viendo la primera, John sonrió; tenía imágenes de un auto mercedes deportivo, un reloj y otros artículos, todos los cuales ya había obtenido desde entonces.

Sin embargo, cuando sacó la segunda cartelera, comenzó a llorar. ¡Ahí estaba la fotografía de la casa que acababa de comprar, la casa donde ahora vivía! No una casa similar, sino ¡la *misma* casa! La casa de 7.000 pies cuadrados construida en un lote de seis acres, con paisajes espectaculares, con un área de 3.000 pies cuadrados con una habitación para huéspedes y una oficina, una cancha de tenis y 320 naranjos: Su nuevo hogar era justamente la casa que había visto en una fotografía que había recortado de la revista *Dream Homes* cuatro años antes.

LA MAGIA DE VISUALIZAR

Cree una visión de lo que quiera ser y luego viva en esa imagen como si ya fuera cierta.

ARNOLD SCHWARZENEGGER

Actor, culturista, productor de cine y exgobernador de California

Cuando Kabir Khan tenía seis años, encontró el llamado de su vida la noche en que vio a David Copperfield, el mejor mago del mundo, presentarse en la televisión. Durante varios días, lo único de lo que podía hablar Kabir era sobre el espectáculo de magia. Unas semanas después, sus padres le compraron un kit de magia con un dispositivo que hacía desaparecer monedas. Pasaba horas practicando en su habitación. Cuando cumplió once años, su madre le compró un juego completo de magia y comenzó a presentarse en fiestas de cumpleaños y en su escuela.

Con el paso de los años, sus metas se hicieron más ambiciosas. Añoraba entrenar con los mejores magos del mundo, todos los cuales vivían en Estados Unidos. Pero, ¿cómo podía viajar a este país? Su familia no tenía mucho dinero y esperaban que siguiera una carrera convencional. Así que después de la escuela secundaria, asistió a la universidad y estudió marketing. Pero también mantuvo vivo su sueño, presentándose con frecuencia en uno de los grandes hoteles de Kuala Lumpur.

Luego, al cumplir veinte años, recibió un ejemplar de *Los principios del éxito*.

Quedó atrapado desde la primera página, y cuando se enteró de que yo iría a Kuala Lumpur, supo que tenía que ir a verme.

En el entrenamiento, me oyó hablar acerca de escribir las metas, crear una cartelera con la visión, utilizar afirmaciones y asumir el cien por ciento de la responsabilidad de nuestras vidas. Kabir había leído todas estas cosas en *Los principios del éxito* pero, por alguna razón, no había logrado ponerlas en acción. ¡Y entonces se sumergió en ellas!

Uno de los principios que enseño es «Actúe como si...» Actúe como si ya estuviera en donde quiere estar. Esto significa pensar como, vestirse como, actuar como y sentirse como una persona que ya ha logrado su meta. Entonces, él se preguntó: *Si ya fuera un mago de fama mundial, ¿Cómo actuaría? ¿Qué ropa me pondría? ¿Adónde iría de compras?* Pensando que David Copperfield solo iba a las mejores tiendas, Kabir tomó el tren hasta el lujoso centro comercial, donde vio una tienda que vendía todo tipo de relojes hermosos.

Un reloj, fabricado por una compañía suiza llamada Fortis, le atrajo realmente. El empleado dijo que los astronautas rusos utilizaban ese reloj. Tan pronto se lo puso en la muñeca, se enamoró al sentirlo; era muy sólido y bien hecho. ¡Pero costaba tres mil dólares! Él no tenía esa suma de dinero.

Utilizando su teléfono celular, le tomó una foto al reloj, que aún tenía en su muñeca. Cuando llegó a casa, imprimió la foto y la pegó en su cartelera con la visión. Recordando mis instrucciones, se dio a la tarea de mirar diariamente la foto del Fortis en su muñeca.

Unos seis meses después de mi taller, ¡Kabir encontró un grupo dispuesto a pagarle sus estudios en una escuela de magia en Estados Unidos! Pero su alegría duró poco, porque después de pensarlo con más detenimiento, el grupo decidió que aún era demasiado joven. Le dijeron que debía terminar la universidad y luego hablar de nuevo con ellos. Kabir se sintió destrozado y humillado. Les había dicho a todos sus amigos que viajaría a Estados Unidos. ¿Qué les diría ahora?

Permaneció unos días en casa, sintiéndose horrible. Luego leyó en el periódico que yo estaba programado para dar otra charla en Kuala Lumpur al día siguiente. De inmediato se dirigió al hotel donde pensaba que me hospedaba yo y esperó seis horas en el vestíbulo, con su ejemplar de *Los principios del éxito* en mano y mirando con detenimiento a cada persona que entraba por la puerta. Finalmente, me vio entrar, se acercó a mí, levantó el libro y dijo: «Jack, necesito su ayuda». Al reconocerlo de mi visita anterior, lo invité a mi *suite* para hablar.

Cuando terminó de contarme su historia, le dije: «Lo has hecho bien, Kabir, pero tienes que redefinir tus objetivos. No digas: "Quiero estudiar magia en Estados Unidos". Di: "Estoy estudiando magia en Estados Unidos. Cambia tu cartelera con la visión para reflejar esto. Utiliza imágenes y frases que produzcan la sensación de que ya tienes lo que quieres».

Le recordé los principios 17 y 18: «¡Pida! ¡Pida! ¡Pida!» y «Rechace el rechazo». «Recuerda que hay un millón de personas por ahí. Si no obtienes tu sí, simplemente no le has pedido todavía a la persona adecuada».

Después de mi charla motivacional, Kabir empezó a pedir patrocinio a todas las personas que se le ocurrió: empresarios, líderes de la comunidad, ¡e incluso al primer ministro! Fue perseverante. Y con el fin de rendirme cuentas, me envió con frecuencia correos electrónicos con informes sobre su progreso. (¿Recuerda la investigación sobre la importancia de rendirle cuentas a otra persona? Consulte la página 83).

No mucho tiempo después, el señor Wong, un exitoso empresario chino, se ofreció a pagar el viaje de Kabir a Estados Unidos. Después de reunirse con su familia, el señor Wong le entregó a Kabir un cheque por 80.000 ringgit (23.000 dólares estadounidenses), ¡una suma que era veinte mil ringgit más que la cantidad que él había anotado en su cartelera con la visión! Con ese dinero, Kabir pudo viajar a Estados Unidos y asistir un año a una escuela de magia, obtuvo un certificado y tuvo un deseo aun más inquebrantable de convertirse en un mago mundialmente famoso; ¡en el David Copperfield malayo!

De vuelta en Kuala Lumpur, comenzó a presentarse a menudo por toda Malasia y, finalmente, a lo largo y ancho de Oriente Medio y Asia. Estaba tomando impulso firmemente hacia su meta, pero para llegar realmente lejos, él sabía que tendría que presentarse en Estados Unidos, específicamente en el Magic Castle de Hollywood, y en un club o en un hotel de Las Vegas.

Ahora bien, el Magic Castle es un lugar muy prestigioso para cualquier mago. Solo a los magos elegidos se les permite presentarse allí ante un público elitesco. Su experiencia con el señor Wong lo había convencido del poder de la visualización, por lo que le pidió a un amigo que hiciera una réplica de un artículo de prensa con el titular, MAGO MALASIO SE PRESENTA EN HOLLYWOOD. Incluyó una foto suya en el artículo y la primicia de que había sido invitado a presentarse en el Magic Castle de Hollywood, y también en Las Vegas.

Pegó el «artículo» en su cartelera con la visión y lo leía todos los días, haciendo hincapié en experimentar los mismos sentimientos de gratitud y alegría que sentiría si el artículo fuera real. Llegó un momento en que el simple hecho de pasar junto a su cartelera con la visión llenaba su corazón de alegría.

La foto del Fortis en su muñeca también seguía pegada a la cartelera con la visión, y Kabir también la incluyó en su visualización diaria. Había seguido ahorrando dinero para comprarlo, y cuando por fin tuvo la cantidad necesaria, decidió adquirirlo. Pero cuando entró a la tienda, su corazón se detuvo: ¡todos los relojes Fortis habían desaparecido! El vendedor le dijo que no se estaban vendiendo bien en Malasia, por lo que habían dejado de hacer más pedidos. Al ver su decepción, el hombre señaló: «Espere un segundo. Permítame mirar atrás». Volvió con una pila de relojes y comentó que los ofrecían en espectáculos privados y luego los dejaban en el mostrador. ¡Ahí estaba! ¡Su reloj! Lo cogió y se lo puso.

El empleado le dijo que, debido a que los relojes estaban descontinuados, le daría un gran descuento. ¡Y pagó apenas mil dólares por el reloj de sus sueños!

Luego, después de un año de visualizar y de hacer otras prácticas contenidas en *Los principios del éxito*, recibió una invitación para presentarse en el Magic Castle. Reservó igualmente varias presentaciones en algunos clubes nocturnos de Las Vegas. Lo único que le faltaba ahora eran fondos suficientes para viajar a Estados Unidos; su pago no cubriría todos sus gastos, así utilizara incluso el dinero que le habían descontado en la compra del reloj. Decidido a no dejar escapar esa oportunidad, se devanó los sesos para encontrar la forma de conseguir el dinero.

Fue entonces cuando tuvo una idea brillante. Llamó por teléfono al representante de ventas de Fortis para Singapur, quien se había enterado del entusiasmo de Kabir por un Fortis, y de su perseverancia para conseguirlo. De hecho, desde hacía mucho tiempo había considerado a Kabir un embajador no oficial de Fortis, después de haber inspirado a varias personas para comprar uno.

«Señor Michael», dijo Kabir, «¡está confirmado! ¡Voy a ser el primer mago de Malasia en presentarme en Hollywood y Las Vegas! Esto podría ser una gran oportunidad para Fortis. ¿Le gustaría patrocinar mi gira por EE.UU.?». El señor Michael se puso en contacto con los ejecutivos de Fortis en Suiza, ¡y lo llamó al día siguiente para decirle que habían decidido patrocinarlo! ¡Kabir viajaría a EE.UU.!

El viaje fue fantástico, y presentarse en el Magic Castle y en Las Vegas fue tan emocionante y satisfactorio como lo imaginó. Pero uno de los momentos más satisfactorios de todos sucedió incluso antes de partir de Malasia. Luego de buscar en línea, no pudo dar crédito a sus ojos cuando vio un artículo en Yahoo Noticias sobre su próximo viaje. Había estado leyendo su titular ficticio por varios meses y allí estaba, pero esta vez de verdad: MAGO MALAYO SE PRESENTA EN HOLLYWOOD. ¡Lo había logrado! Y rápidamente además: solo tenía veintiséis años.

El hecho de que fuera el primer mago malayo en ser invitado personalmente a presentarse en HOLLYWOOD y Las Vegas, además de su récord de veintiún espectáculos consecutivos en Hollywood, le valió un premio honorífico otorgado por el Libro de los Récords de Malasia.

Kabir sigue presentándose a nivel internacional y recientemente hizo incluso una presentación real para el jeque de Dubái, pero eso no es todo. Actualmente, el señor Wong y él son socios de negocios y tienen varios proyectos interesantes y lucrativos, incluyendo el icónico restaurante giratorio en la famosa Torre de Kuala Lumpur, ¡el sexto restaurante más alto del mundo!

Cuando Kabir aprendió magia, uno de sus trucos favoritos era hacer desaparecer dinero. Años más tarde, él le da crédito a *Los principios del éxito* por enseñarle otra clase de magia, ¡esa que hace aparecer el dinero y la fama, el éxito y la felicidad! Actualmente, Kabir le dice a su público: «La magia es creer que cualquier cosa puede suceder».

COMIENCE YA

Reserve tiempo cada día para visualizar una a una sus metas como si ya las hubiera logrado. Esta es una de las cosas más vitales que puede hacer para que sus sueños se conviertan en realidad. Algunos psicólogos sostienen que una hora de visualización equivalen a siete horas de esfuerzo físico. Eso es mucho decir, pero deja en claro un punto importante, la visualización es una de las herramientas más potentes de las que dispone para lograr el éxito. Asegúrese de usarla.

No tiene que dedicar toda una hora a visualizar sus logros futuros. Diez o quince minutos serán suficientes. Azim Jamal, un importante conferencista canadiense, recomienda lo que el llama: «La hora del poder», veinte minutos de visualización y meditación, veinte minutos de ejercicios y veinte minutos de lectura de libros inspiradores o de información. Imagine lo que sucedería en su vida si hiciera esto cada día.

ACTÚE COMO SI...

Tenga fe y actúe como si fuera imposible fracasar.

CHARLES F. KETTERING
Inventor con más de 140 patentes y doctorados
honorarios de cerca de treinta universidades

Una de las grandes estrategias para el éxito es actuar como si *uno ya fuera lo que quiere ser.* Esto significa pensar como, hablar como, vestirse como, actuar como y sentirse como la persona que ya ha logrado su meta. Actuar como si lo que se desea ya se hubiera logrado envía órdenes potentes al subconsciente para que encuentre formas creativas de alcanzar esas metas. Programa el *sistema de activación reticular* (SAR) de su cerebro para que comience a detectar cualquier cosa que pueda contribuir a su éxito y envía fuertes mensajes al universo de que esta meta final es algo que usted realmente desea.

COMIENCE A ACTUAR COMO SI...

La primera vez que observé este fenómeno fue en mi banco local. Había varios cajeros trabajando allí y observé que uno, en especial, estaba vestido formalmente y con corbata y, a diferencia de los otros dos que, aunque usaban corbata trabajaban en mangas de camisa, este joven tenía la apariencia de un ejecutivo.

Un año después me pude dar cuenta de que había sido ascendido; tenía su propio escritorio y allí atendía solicitudes de préstamo. Dos años después pasó a ser funcionario del departamento de préstamos y más tarde fue nombrado gerente de la sucursal. Le pregunté al respecto un día y me respondió que siempre había sabido que llegaría a ser gerente de una sucursal, por lo que analizó la forma como se vestían los gerentes y comenzó a vestirse igual. Estudió el trato que los gerentes daban a los clientes y comenzó a tratar a todos en la misma forma. Comenzó a actuar como si ya fuera el gerente de la sucursal mucho antes de llegar a serlo.

Para volar con la velocidad del pensamiento, para estar en
cualquier lugar, debe comenzar por saber que ya está allí.

RICHARD BACH
Autor de *Juan Sebastián Gaviota*

CÓMO CONVERTIRSE EN CONSULTOR INTERNACIONAL

A fines de los setenta conocí un director de seminarios que acababa de regresar de Australia. Decidí que yo también quería viajar y dictar conferencias en todo el mundo. Me pregunté qué tenía que hacer para convertirme en consultor internacional. Llamé a la oficina de pasaportes y pedí que me enviaran una solicitud. Compré un reloj que mostraba las zonas horarias internacionales. Imprimí tarjetas de negocios que decían *Consultor internacional*. Por último, decidí que Australia sería el lugar por donde me gustaría empezar, por lo que fui a una agencia de viajes y conseguí un enorme cartel turístico con fotografías de la Casa de la Ópera de Sydney, la Roca Ayers y una señal de carretera que indicaba un cruce de canguros. Todas las mañanas, mientras tomaba el desayuno, observaba el cartel que colgaba de mi refrigerador e imaginaba que me encontraba ya en Australia.

Un año después fui invitado a dirigir seminarios en Sydney y Brisbane. Tan pronto como comencé a actuar como si fuera un consultor internacional, el universo respondió tratándome como tal, la poderosa ley de la atracción se puso en acción.

La ley de la atracción sostiene simplemente que lo que usted piensa sobre algo se hará realidad. Entre mayor sea la vibración —los estados mentales y emocionales— de ya poseer algo, más rápido lo atraerá hacia usted. Esta es una ley inmutable del universo y esencial para acelerar su carrera hacia el éxito.

ACTUAR COMO SI... ESTUVIERA EN LA PGA

Fred Couples y Jim Nantz eran dos muchachos a quienes les encantaba el golf y tenían sueños muy ambiciosos. La meta de Fred era ganar algún día el Torneo Masters y la de Jim era trabajar algún día como locutor deportivo para la CBS. Cuando Fred y Jim eran compañeros de habitación en la

Universidad de Houston, solían representar la escena en donde el ganador del Torneo Masters es escoltado a Butler Cabin para recibir su chaqueta verde y es entrevistado por el locutor deportivo de la CBS. Catorce años después la escena que habían ensayado muchas veces en Taub Hall de la Universidad de Houston, se desarrolló en realidad ante los ojos del mundo que veían a Fred Couples ganar el Torneo Masters, ser llevado por los funcionarios del torneo a Butler Cabin para ser entrevistado ni más ni menos que por Jim Nantz, el locutor deportivo de la CBS. Cuando las cámaras dejaron de grabar, los dos se abrazaron con lágrimas en los ojos. Siempre habían sabido que Fred ganaría el Torneo Masters y que Jim sería quien cubriera el evento para la CBS, el sorprendente poder de actuar como si... con absoluta certeza.

EL CÓCTEL MILLONARIO

En mis seminarios Avance hacia el éxito, hacemos un ejercicio para jugar roles llamado «El cóctel millonario». Todos se paran y socializan entre sí como si estuvieran de verdad en un cóctel. Sin embargo, todos deben actuar como si ya hubieran logrado las metas financieras de sus vidas. Actúan como si ya tuvieran todo lo que desean —la casa de sus sueños, la casa de vacaciones que siempre anhelaron, el automóvil con el que siempre soñaron y la profesión que imaginaron— como si ya hubieran alcanzado todas las metas personales, profesionales y filantrópicas más importantes para ellos.

De pronto todos se muestran muy animados, llenos de energía y entusiasmo, muy extrovertidos. Aquellos que solo unos minutos antes parecían tímidos, se muestran seguros de sí mismos y se presentan a los demás. La energía y el nivel de volumen llegan al máximo dentro del salón. Se cuentan animadamente sus logros, se invitan unos a otros a visitar sus casas de recreo en Hawái y en las Bahamas y hablan animadamente de sus recientes safaris en África y de sus misiones filantrópicas en los países del Tercer Mundo.

Después de unos cinco minutos, detengo el ejercicio y les pido que compartan lo que sintieron. Dicen haberse sentido entusiastas, apasionados, positivos, cooperadores, generosos, alegres, seguros de sí mismos y satisfechos.

Luego les pido que tengan en cuenta que sus sentimientos internos, tanto emotivos como psicológicos, fueron distintos, aunque en realidad sus circunstancias externas no cambiaron. En verdad no se han convertido en millonarios en la vida real, *pero empezaron a sentirse como tales por el simple hecho de actuar como si lo fueran.*

LA FIESTA QUE PODRÍA CAMBIAR SU VIDA

En 1986, asistí a una fiesta que tuvo un profundo impactó en todos los que estuvimos allí. Era una fiesta tipo «venga como será en 1991» organizada en el *Queen Mary* en Long Beach, California. Los invitados debían imaginar lo que serían en 1991, dentro de cinco años.

Una vez en la fiesta, debíamos actuar como si realmente estuviéramos en 1991 y nuestra visión fuera ya una realidad. Debíamos vestir como si, hablar como si, y traer con nosotros los objetos que demostraran que, nuestros sueños ya se habían materializado, libros escritos, premios obtenidos, jugosos cheques recibidos. Debíamos pasar toda la noche ufanándonos de nuestros logros, celebrando nuestros éxitos y los de los demás, hablando de lo felices y satisfechos que estábamos y contando a todos lo que haríamos después. Debíamos desempeñar ese papel toda la noche.

Cuando llegamos, nos recibieron veinte hombres y mujeres que habían sido contratados para actuar como fervientes admiradores y *paparazzis*. Los flashes de las cámaras fotográficas centellaban, nuestros admiradores gritaban nuestros nombres y nos pedían autógrafos.

Yo asistí como exitoso autor, con varios comentarios de prensa sobre mi éxito literario que era el número uno en la lista de *best sellers* del *New York Times* para mostrarlos a todos. Un hombre que asistió como multimillonario, vestido como si estuviera en la playa —su visión era jubilarse— pasó toda la noche repartiendo billetes de lotería a todos los asistentes. Una mujer trajo una imitación de un número de la revista *Time* con su fotografía en la portada por haberse hecho merecedora de un premio internacional como promotora de los movimientos de paz.

Un hombre que deseaba jubilarse y dedicar el resto de su vida a trabajar como escultor vino con un delantal de cuero, un martillo, un cincel y gafas protectoras, con fotografías de las esculturas que había hecho. Otro caballero que deseaba convertirse en un exitoso inversionista en la bolsa de valores se dedicó la noche entera a contestar las llamadas de su teléfono celular, sin dejar de hablar animadamente y dando órdenes: «Compre 5.000 acciones» o «venda 10.000 acciones». En realidad había contratado a alguien para que lo llamara cada quince minutos durante la fiesta, ¡solo para poder actuar «como si ...»!

Una mujer, que acababa de iniciar su carrera como escritora y aún no había vendido ningún libro, llegó con supuestos ejemplares de los tres libros que había escrito. Dentro del ambiente de respaldo común a los sueños de los demás, todos le dijeron que la habían visto en los programas *Oprah* y *Today*. La mujer era Susan Jeffers, que después de esa noche trasformadora publicó diecisiete libros de éxito incluyendo un clásico éxito aclamado a nivel internacional: *Aunque tenga miedo hágalo igual*.

Además, como ya debe saberlo, si ha leído hasta aquí, lo mismo me ocurrió a mí. Terminé escribiendo, recopilando y editando más de doscientos libros, incluyendo once que llegaron a ocupar el primer lugar en la lista *best sellers* del *New York Times*. La fiesta, en la que por más de cuatro horas nos comportamos permanentemente como las personas que seríamos en el futuro, inundó nuestros subconscientes de poderosas imágenes de nuestras aspiraciones ya realizadas. Estas experiencias vívidas, plenas de emociones positivas, generadas por los eventos de la noche, fortalecieron la vía neural positiva de nuestros cerebros que en algunos casos forjaron y en otros profundizaron nuestras nuevas autoimágenes de personas de extraordinario éxito.

Pero lo más importante de todo fue que dio resultado. Todos los que asistieron a la fiesta han logrado realizar los sueños que representaron esa noche y muchos, muchos más.

Comprométase a organizar una fiesta tipo «venga como será» para su más estrecho círculo de amigos, su empresa, sus socios de negocios, sus compañeros de clase o su grupo de mentes maestras. Desde que este libro fue publicado por primera vez, muchas pequeñas empresas y grandes corporaciones han implementado una fiesta tipo «venga como será» en sus entrenamientos, conferencias y reuniones de ventas internas. ¿Por qué no implementar la suya? Piense en la energía creativa, la conciencia y el apoyo que esto podría generar.

La invitación podría ser como la de la siguiente página.

¡VENGA COMO LO QUE SERÁ... EN 2020!

Lo invitamos a acompañarnos en una celebración que llevará su imaginación al máximo y lo lanzará a su futuro como una catapulta.

Cuándo: _____

Dónde: _____

Ofrecida por: _____

Responda a: _____

Venga como la persona que será dentro de cinco años. Luzca sus mejores galas. Hable solo en presente toda la noche como si fuera ya el 2020, como si ya hubiera logrado su meta y todos sus sueños fueran realidad.

El momento de su llegada quedará registrado en un video. Traiga con usted los objetos que desee para mostrarles a todos lo que ha logrado durante esos años, como por ejemplo, sus libros que han estado en la lista de los más vendidos, las portadas de revistas donde usted ha aparecido, los premios que ha ganado y los recortes de periódico con las fotografías y los artículos acerca de sus logros. Durante toda la noche tendrá la oportunidad de aplaudir a los demás por sus éxitos y recibir felicitaciones.

LA HISTORIA DE SERGIO

Sergio Sedas Gersey es un profesor de robótica en el Tecnológico de Monterrey, México. Mientras asistía a mi entrenamiento Breakthrough to Success [Avance al éxito], Sergio fue a su primera fiesta tipo «venga como será». Esta es su historia:

En los dos primeros días del seminario, establecí algunas metas que quería lograr en mi vida:

- Ser un orador invitado a una conferencia TED
- Escribir un libro sobre «Aprendizaje basado en el contexto» (un nuevo modelo educativo que yo estaba desarrollando)
- Llevar a mi esposa a Grecia
- Tener una casa junto a un lago
- Abrir un museo tecnológico
- Desarrollar un programa nacional que ayude a los jóvenes a desarrollar confianza en sí mismos y un sentido de propósito

Todos ellos parecían sueños lejanos. Yo no tenía el dinero, el tiempo ni la experiencia. Y había tenido que cancelar incluso las últimas vacaciones que programé con mi familia.

De todos modos, mientras me preparaba para mi fiesta tipo «venga como será», sentí deseos de jugar al máximo. Mi esposa me ayudó a escoger algunas fotos para la réplica de un álbum fotográfico, el cual utilizaría para mostrarles mis logros a las personas: fotos de las islas griegas, de Roma, de una casa junto a un lago. Ella utilizó incluso Photoshop para poner mi foto en la parte superior del escenario de una conferencia TED. Yo ya estaba listo.

Me sentí un poco nervioso cuando llegué, pero me acerqué a un grupo de personas conocidas. Una de mis nuevas amigas estaba vestida como una entrenadora de los Juegos Olímpicos; dijo que estaba entrenando a una liga de menores que participaría en los juegos. Pronto fue mi turno. «¿Qué has estado haciendo? —me preguntaron—. Bueno —empecé a decir—, acabo de dar una charla en una conferencia TED y me publicaron mi libro, *Context-Based Learning* [Aprendizaje basado en el contexto]. Ah, y llevé a mi familia de vacaciones. Fuimos a Grecia y a Roma». Y les agradecí en caso de que fueran a visitarnos a nuestra casa del lago, que describí con claridad: Una casa principal, con otras dos adyacentes llenas de camas litera: una para niñas y otra para niños.

La fiesta se prolongó varias horas, por lo que compartí mis «logros de los últimos cinco años», con cerca de un centenar de personas. Finalmente llegó la hora de cenar, y poco a poco la gente empezó a salir del vestíbulo y a cruzar la línea hacia un salón de baile donde nos esperaba la cena. Yo no quería ir realmente. Me sentía cómodo en el futuro, pero temía regresar en el tiempo en el instante en que cruzara la línea. Pero ya era hora de irme. Sin embargo, cuando crucé la línea, me sentí confundido. ¿Qué era real? ¿Qué era mi imaginación? Ya no estaba seguro de nada.

Un año y medio después, fui invitado a hablar en una conferencia TEDx en Chennai, India. Mi tema era «El aprendizaje basado en el contexto: Aprende a través del entendimiento». Un par de meses más tarde, presenté un documento sobre «El aprendizaje basado en el contexto: Aprende a través del entendimiento» en una conferencia sobre innovación en la educación, y recibí el premio al mejor artículo.

Pero eso no es todo. Un amigo griego me invitó a abrir en México una organización sin fines de lucro, llamada Better Life Day [El mejor día de la vida]. Nuestra primera conferencia se llevaría a cabo en Atenas, en el mes de junio. Yo necesitaba ir a la capital griega para ver de qué se trataba. En el momento justo, recibí un dinero adicional, por lo que invité a mi esposa para que fuera conmigo.

Cuando estaba a punto de comprar los billetes aéreos, mi esposa sugirió: «¿Por qué no hacemos una escala en Roma y vamos a Santorini, la isla griega?».

¡UAO! Todo aquello de lo que yo había hablado en la fiesta tipo «venga como será» estaba ocurriendo.

Han pasado tres años desde entonces. Mi programa nacional para generar confianza en sí mismo y un sentido del propósito en los jóvenes, es también ya una realidad. Se enseña y se imparte en treinta y tres recintos en todo el país. Ahora soy orador y entrenador internacional. Y sí, al final de cada seminario celebramos una fiesta tipo «venga como será».

Siempre me alegra oír a los participantes en el seminario representar sus sueños y ser testigo a medida que estos se hacen realidad. Milton abrió su propio estudio de grabación de audio. Gris compró su rancho. Miguel comenzó su negocio de comida. Es realmente mágico.

Hace un par de semanas, tomé el álbum fotográfico que había hecho mi esposa para aquella primera fiesta tipo «venga como será». Mientras lo miraba, una imagen en particular se destacó. Era la imagen que mi esposa había hecho con una foto mía y en la que yo estaba en el escenario delante del logotipo de TED. ¡Es la viva imagen de una foto real que alguien me tomó mientras hablaba en la TEDx en la India!

ACTÚE COMO SI ESTUVIERA EN EL AULA

Trisha Jacobson, una profesora de salud en Conway, New Hampshire, decidió llevar a cabo un programa experimental de estudios durante dos semanas sobre *Los principios del éxito* con un grupo de sus estudiantes de octavo grado. Para el último día, planeó una fiesta tipo «venga como será», similar a las que había asistido ella en varios de mis entrenamientos. Esto fue lo que sucedió.

La llamé una fiesta tipo «venga como será cuando sea adulto», y animé a los niños a que asistieran bien vestidos y preparados para representar su vida adulta ideal y saludar a sus compañeros de clase como si no se hubieran visto desde el octavo grado.

Cuando empezó la fiesta el viernes por la mañana, un grupo de niños se reunió en el centro de la sala, sonriendo, batiendo palmas, abrazándose unos a otros como si no se hubieran visto en muchos años, y compartiendo historias agradables sobre sus trabajos, casas, autos y familias.

Mariah, una de las chicas populares, llevaba tacones altos y un traje brillante, así como un micrófono de plástico, y anunció que era una conocida cantante y compositora, y que acababa de llegar de una gira promocionando su nuevo álbum. Habló de su mansión, de su atractivo marido con quien se había casado recientemente y de su auto deportivo.

Jeff llevaba puesto el jersey de béisbol de la escuela y dijo que acababa de ser seleccionado por los Yanquis de Nueva York. Todavía estaba saliendo con su enamorada de la escuela secundaria, vislumbraba casarse en un futuro próximo. Habló de su apretada agenda de viajes, de su récord de promedio de bateo y del nuevo auto que iba a comprar.

Ian era comentarista deportivo en una estación de televisión local, estaba casado y tenía tres hijos, un perro y llevaba una vida apacible en New Hampshire.

Justin compró la granja de su familia y disfrutaba de una vida sencilla al lado de su familia.

Audrey, que todavía era la mejor amiga de Mariah, actualmente era su asistente personal y salía de gira con ella para encargarse de todos los detalles y organizar las cosas de su amiga.

Brian era un ingeniero de diseño aeronáutico que trabajaba desde su sofisticada oficina en casa, con una enorme pantalla de televisión de pared a pared, donde pasaba el tiempo libre jugando videojuegos con sus amigos. Había diseñado un aparato increíble y estaba próximo a abordar un avión con destino a la Estación Espacial Kennedy para presenciar el lanzamiento.

¡La energía en la sala era electrizante! Excepto en la esquina a la dere-cha… donde dos niños permanecían solitarios. Matt vestía camisa y cor-bata, y miraba su carpeta en silencio sentado en su pupitre. Emily estaba vestida con un traje azul marino que era un par de tallas más grandes que la suya. Estaba leyendo un libro en silencio.

Cuando me acerqué para hablar con Matt, me explicó que era conta-dor. Tenía una casa, una esposa, dos hijos, un perro y un buen auto. Te-nía un par de buenos amigos, le gustaba estar tranquilo y pasaba mucho tiempo trabajando con números, algo que disfrutaba realmente.

Emily estuvo reacia a compartir su historia conmigo en un princi-pio, pero luego me contó que su mamá le había prestado el vestido de negocios que llevaba puesto. Me dijo que tenía dificultades para actuar como si estuviera en el futuro, pero sabía que quería ser abogada al igual que su madre. También me comentó que quería mejorar en el hecho de conocer personas, ya que en la escuela se burlaban mucho de ella por ser tan tímida.

Matt, que estaba escuchando mi conversación con Emily, nos dijo que él también era bastante tímido y que se burlaban mucho de él por ser un *geek*.

En un momento de inspiración divina, les pregunté si querían que les presentara algunas personas que necesitaban sus servicios. Me mi-raron perplejos, pero se pusieron de pie y me siguieron hacia donde se habían reunido sus compañeros, mientras los demás seguían represen-tando sus papeles.

Me acerqué a Mariah, la prometedora estrella de rock, y a Jeff, la es-trella de béisbol. «¡Mariah, es tan agradable verte de nuevo!» —le dije—. Escuché tu disco: ¡es increíble! Estoy pensando que tal vez podrías nece-sitar un buen contador y un buen abogado ahora que eres tan exitosa. Te presento a mis amigos Matt y Emily. Él es contador y ella es abogada».

Jeff se acercó de inmediato, estrechó la mano de Matt, y le dijo: «Amigo, ¿puedes echar un vistazo a mi nuevo contrato?», mientras que Mariah le preguntaba a Emily acerca del oficio de abogada.

Se me puso la piel de gallina cuando vi lo que ocurrió los próximos minutos. Jeff y Mariah conectaron a Matt y a Emily con sus compañeros de clase, y promovieron sus servicios contables y legales con cualquier persona que ellos pensaban que los necesitara. El timbre sonó; los estu-diantes tomaron sus carpetas, me dieron las gracias por organizar una fiesta tan divertida, y se dirigieron a su próxima clase.

Yo estaba en shock… pero eso no fue nada comparado con lo que presencié el lunes siguiente. Mientras caminaba por el pasillo hacia el aula, oí que alguien me llamaba. Me di vuelta y vi a Mariah, a Emily y a

Audrey venir hacia mí, tomados del brazo con una gran sonrisa, como si hubieran sido amigos desde siempre.

Cuando entré al aula, Jeff estaba sentado cerca del pupitre de Matt, haciendo planes para que este ayudara a Jeff con su tarea de matemáticas después de la escuela.

Aunque yo había experimentado anteriormente el poder de la fiesta «venga como será» en varias ocasiones, nunca había anticipado el impacto que una actividad de este tipo podría tener en los jóvenes. En media hora literalmente, ellos hicieron conexiones, sus perspectivas cambiaron, la timidez fue superada, y descubrieron una apreciación de los dones y talentos únicos de cada uno.

El propósito de la fiesta «venga como será» es crear una experiencia cargada de emociones acerca de la forma en que serán las cosas cuando usted las haya logrado; cuando usted haya alcanzado sus sueños. Cuando usted pasa una noche llevando el estilo de vida que desea y merece, deja planos de gran alcance en su mente subconsciente, que luego lo apoyarán en la percepción de oportunidades, en la creación de soluciones de gran alcance, en atraer a las personas adecuadas, y en tomar las medidas necesarias para alcanzar sus sueños y metas.

Usted debe tener claro que una fiesta como esta no basta por sí misma para cambiar todo su futuro; tendrá que hacer otras cosas para que esto ocurra. Sin embargo, es una pieza más en un sistema global de estrategias poderosas de «actúe como si...», que le servirán de apoyo en la creación del futuro deseado.

SEA, HAGA Y TENGA TODO LO QUE QUIERA... COMENZANDO AHORA MISMO

A partir de ahora puede comenzar, desde ya, a actuar como si ya hubiera logrado cualquier meta que desee y esa experiencia externa de actuar como si... creará la experiencia interna —la forma de pensar del millonario, por así decirlo— que lo llevará a la manifestación real de esa experiencia.

Una vez que elija lo que quiere ser, lo que quiere hacer o lo que quiere tener, basta con que comience a actuar como si ya lo fuera, ya lo hiciera o ya lo tuviera. ¿Cómo se comportaría si ya fuera un estudiante que obtiene solo las más altas calificaciones, el mejor vendedor, un consultor muy bien remunerado, un potentado empresario, un atleta de clase mundial, un autor de libros en la lista de *best sellers*, un artista de fama internacional, un conferencista famoso o un celebre músico o actor? ¿Cómo pensaría, cómo actuaría, cómo hablaría, cuál sería su porte, su forma de vestir, su forma de tratar a los demás, cómo manejaría el dinero, cómo comería, cómo viviría, cómo viajaría, etc.?

Una vez que tenga una imagen clara de esa situación, comience a actuar como si estuviera en ella, ¡desde ya!

Quienes alcanzan el éxito irradian seguridad en sí mismos, piden lo que desean y dicen lo que no les gusta. Piensan que todo es posible, aceptan los riesgos y celebran sus éxitos. Ahorran parte de sus ingresos y comparten parte de su fortuna con los demás. Usted puede hacer todo esto desde ya, antes de volverse rico y alcanzar el éxito. Son cosas que no cuestan dinero, solo requieren voluntad. Tan pronto empiece a actuar como si... comenzará a atraer a las personas y las cosas que le ayudarán a lograr su meta en la vida real.

Recuerde que el orden correcto de las cosas es comenzar desde ya y *ser* la persona que usted quiere llegar a ser, luego *hacer* las cosas que le corresponden hacer a esa persona y pronto verá que *tendrá,* sin dificultad, todo lo que desea en la vida: salud, riqueza y relaciones gratificantes.

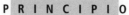

HÁGALO

*Es posible que las cosas lleguen a darse para quienes esperan, pero solo
serán aquellas cosas que hayan dejado quienes las ponen por obra.*

ABRAHAM LINCOLN
Decimosexto presidente de Estados Unidos

*Lo que pensemos, o lo que sepamos o lo que creamos es, en última
instancia, poco importante. Lo único que importa es lo que hagamos.*

JOHN RUSKIN
Escritor, crítico de arte y comentador inglés

El mundo no nos paga por lo que sabemos; nos paga por lo que hacemos.
Un axioma del éxito que nunca pierde validez es que: «El universo recompensa la acción». Sin embargo, a pesar de ser algo tan sencillo y cierto, es
sorprendente el número de personas que se pierde en el proceso de analizar,
planificar y organizar, cuando todo lo que hay que hacer es actuar.

Al hacer las cosas, se desencadenan toda clase de efectos que inevitablemente conducen al éxito. Demostramos a todos los que nos rodean que
nuestras intenciones son serias. Las personas se interesan y comienzan a
prestar más atención. Otras personas con metas similares se nos unen. A
través de la experiencia, comenzamos a aprender cosas que no se aprenden
escuchando a los demás ni leyendo muchos libros. Empezamos a recibir
retroalimentación de cómo hacer las cosas mejor, con más eficiencia y en
menos tiempo. Lo que antes parecía confuso empieza a ser más claro. Lo
que parecía difícil se hace más fácil. Empezamos a atraer a otros que respaldan y alientan nuestro esfuerzo. Una vez que nos decidimos a actuar nos
empiezan a ocurrir toda una serie de cosas buenas.

¡HABLAR ES BARATO!

A lo largo de muchos años de enseñar y entrenar en mi compañía y en mis seminarios, he podido ver que lo que aparentemente separa a las personas de éxito de las que fracasan, más que cualquier otra cosa, es que quienes logran sus objetivos en la vida son personas que actúan. Simplemente piensan y hacen lo que hay que hacer. Una vez que han desarrollado un plan, comienzan, lo ponen en obra. Aun si al comienzo lo que hacen no es perfecto, aprenden de sus errores y corrigen lo que sea necesario sin dejar de actuar, van adquiriendo cada vez más impulso hasta que, por último, logran el resultado que se habían fijado... o algo aun mejor que lo que se propusieron al comienzo.

Para tener éxito hay que hacer lo que hacen quienes lo logran y quienes lo alcanzan son personas muy orientadas a actuar. Una vez que haya podido crear una visión, fijar metas, dividalas en pequeños pasos, prevea los obstáculos y programe la forma de superarlos, visualice, reafirme el éxito y tenga fe en sí mismo y en sus sueños; ha llegado el momento de actuar. Matricúlese en el curso, obtenga la capacitación necesaria, haga esas llamadas de ventas, llame al agente de viajes, comience a escribir ese libro, empiece a ahorrar para la primera cuota de su casa, inscríbase en un club de salud, matricúlese en esas lecciones de piano o redacte esa propuesta.

NADA VA A OCURRIR A MENOS QUE ACTÚE

Si el barco que le trae su oportunidad no llega, salga nadando a encontrarlo.

JONATHAN WINTERS
Comediante, actor, escritor y artista ganador de un premio Grammy

Para demostrar en mis seminarios el poder de actuar, saco un billete de cien dólares y pregunto: «¿Quién quiere este billete de cien dólares?». Invariablemente, casi todos en el auditorio levantan la mano. Algunos la agitan vigorosamente hacia adelante y hacia atrás; otros llegan hasta a gritar: «Yo lo quiero» o «lo recibo» o «démelo». Pero me quedo tranquilo ahí, de pie, sosteniendo el billete, hasta que *lo entienden*. Al fin, alguno se levanta de su sitio, corre al frente del salón y me quita el billete de la mano.

Cuando esa persona vuelve a su puesto —con cien dólares más en el bolsillo gracias a sus esfuerzos— pregunto al auditorio: «¿Qué hizo esta persona que nadie más hizo? Se paró y actuó. Hizo lo que hay que hacer para obtener dinero. Es exactamente lo que deben hacer si quieren tener éxito en la vida. Hay que actuar y, en algunos casos, entre más pronto mejor». Luego pregunto: «¿Cuántos pensaron en pararse y venir a tomar el dinero pero no se decidieron?». Después les pido que recuerden qué pensaron que les impidió ponerse de pie.

Las respuestas suelen ser:

«No quería parecer tan ansioso por tenerlo».
«No estaba seguro de que realmente me lo fuera a dar».
«Estaba muy atrás en el salón».
«Otros lo necesitan más que yo».
«No quería parecer ambiciosa».
«Me dio miedo hacer algo mal y que me criticaran o se burlarán de mí».
«Esperaba más instrucciones».

Luego les digo que cualquier cosa que los haya detenido es lo que siempre hacen y lo que los detiene en sus vidas.

Hay una verdad universal y es que «la forma como haga algo es como lo hará todo». Si es cauteloso aquí, probablemente será cauteloso en cualquier parte. Si se reprime por temor a que lo consideren tonto, probablemente se reprime por ese mismo temor en todas partes. Debe identificar esos patrones y superarlos. Es hora de dejar de reprimirse e ir en busca del oro.

RUBÉN GONZÁLEZ FUE POR EL ORO EN LOS JUEGOS OLÍMPICOS

Desde que estaba en tercero de primaria, Rubén González quería ser atleta olímpico. Respetaba a los atletas olímpicos porque eran ejemplo de gente que creía, que estaba dispuesta a comprometerse con una meta, a enfrentarse al riesgo de la adversidad en su afán por alcanzarla, a fracasar y volver a intentar hasta lograrla.

Pero fue solo cuando llegó a la universidad y vio a Scott Hamilton competir en los juegos de Sarajevo en 1984, cuando tomó realmente la decisión de entrenarse para los Juegos Olímpicos. Rubén se dijo: *Si ese hombrecito puede hacerlo, ¡yo también! ¡Competiré en los próximos Juegos Olímpicos! Está decidido. Solo tengo que encontrar un deporte.*

Después de investigar un poco acerca de los deportes olímpicos, Rubén decidió que debía elegir uno que aprovechara sus puntos fuertes. Sabía que era un buen atleta, aunque no excelente. Su punto fuerte era la perseverancia. Nunca se daba por vencido en nada. De hecho, se había ganado el apodo de Bulldog en la secundaria. Pensó que debía encontrar un deporte tan duro, que implicara tantos huesos rotos que muchos se dieran por vencidos. Así, alcanzaría el primer lugar, ¡basado en la tasa de deserción! Finalmente se decidió por el luge.

Después, envió una carta a *Sports Illustrated* (eso fue antes de que existiera la Internet) y preguntó: «¿Adónde puedo ir a aprender luge?». Le respondieron: «A Lake Placid, en Nueva York, la sede de los Juegos Olímpicos en 1936 y 1980. Ahí está la pista». Rubén levantó el teléfono y llamó a Lake Placid.

—Soy un atleta de Houston y quiero aprender luge para competir en los Juegos Olímpicos dentro de cuatro años. ¿Podrían ayudarme?

La persona que atendió el teléfono le preguntó:

—¿Cuántos años tiene?

—Veintiuno.

—¿Veintiuno? Ya es muy viejo; llamó diez años tarde. A esa edad comenzamos a entrenarlos, cuando tienen diez años. Olvídelo.

Pero Rubén no se dio por vencido y comenzó a contarle a ese hombre la historia de su vida a fin de ganar tiempo hasta que se le ocurriera algo. En el curso de su narración, dijo que había nacido en Argentina.

De pronto, el hombre al otro lado de la línea se entusiasmó. —¿En Argentina? ¿Por qué no lo dijo antes? Si compite por Argentina, le ayudaremos.

El hecho era que el luge estaba a punto de ser eliminado de los Juegos Olímpicos por falta de suficientes países que compitieran en él a nivel internacional.

«Me preguntaba por qué olía tan mal aquí».

—Si compite por Argentina, y de alguna forma logramos que quede entre los cincuenta clasificados del mundo en los próximos cuatro años, que es lo que tendrá que lograr para llegar a los Juegos Olímpicos, tendríamos otro país para competir en luge y así fortaleceríamos este deporte. Si lo logra, estaría ayudando al equipo de Estados Unidos. Antes de que venga hasta Lake Placid, debe saber dos cosas. En primer lugar: si quiere lograrlo a su edad, y hacerlo en solo cuatro años, será un trabajo brutal. Nueve de cada diez personas se dan por vencidas. En segundo lugar: prepárese para romperse algunos huesos.

¡Excelente!, pensó Rubén, *esto coincide justo con mi plan. Yo no me doy por vencido. Cuanto más difícil sea, más fácil resultará para mí.*

Unos días después, Rubén González estaba caminando por la calle principal de Lake Placid, buscando el Centro de Entrenamiento Olímpico. Al día siguiente, se encontraba en una clase de principiantes con otros catorce aspirantes a los Juegos Olímpicos. El primer día fue horrible e inclusive pensó en renunciar pero, con la ayuda de un amigo, se comprometió una vez más con su sueño olímpico y, aunque todos los otros catorce aspirantes se retiraron antes de que terminara la temporada, Rubén completó el entrenamiento de verano.

Cuatro agotadores años después, Rubén González hizo realidad su sueño al marchar en la ceremonia inaugural de los Juegos Olímpicos de Calgary en 1988. Volvió de nuevo en Albertville en 1992 y en Salt Lake City para los Juegos de Invierno del 2000. Debido a que actuó de inmediato y con persistencia, Rubén González alcanzó su sueño y será para siempre el «tricampeón olímpico». Y como suelen hacer muchos atletas olímpicos, Rubén ha pasado a tener una exitosa carrera como conferencista motivacional.

QUIENES ALCANZAN EL ÉXITO ESTÁN ORIENTADOS A LA ACCIÓN

Casi todas las personas de éxito que conozco no toleran mucho el exceso de planificación o de análisis de un plan. Quieren actuar, comenzar de inmediato. No ven la hora de que empiece la competencia. Un buen ejemplo es Otis, el hijo de mi amigo Bob Kriegel. Cuando Otis vino a casa en el verano con su nueva novia, después de su primer año de universidad, ambos empezaron a buscar trabajo. Mientras Otis hacía llamadas y buscaba quién pudiera necesitarlo, su novia pasó las primeras semanas escribiendo una y otra vez su *curriculum vitae*. Para el segundo día, al final de la tarde, Otis ya tenía trabajo. Su novia seguía rescribiendo su *curriculum vitae*. Otis actuó. Pensó que si alguien le pedía su curriculum, lo haría después.

Es importante hacer planes, pero hay que mantenerlos en perspectiva. Hay quienes gastan toda la vida esperando el momento perfecto para hacer algo. Rara vez hay un momento «perfecto» para cualquier cosa. Lo importante es comenzar. Entrar al juego. Salir a la cancha. Así se irá recibiendo retroalimentación que ayudará a hacer las correcciones necesarias para alcanzar el éxito. Al empezar a actuar, el aprendizaje será mucho más rápido.

¡LISTOS, APUNTEN, FUEGO!

Creo que todos hemos oído la frase: «¡Listos, apunten, fuego!». El problema está en que muchos gastan la vida entera apuntando y nunca disparan. Siempre están alistándose, asegurándose de que todo esté perfecto. La forma más rápida de dar en el blanco es disparar, ver dónde golpeó la bala y luego ajustar la puntería según convenga. Si el tiro dio dos pulgadas por encima del blanco, hay que bajar un poquito la mira. Disparar de nuevo, ver dónde da el tiro. Seguir disparando y seguir ajustando la mira. En poco tiempo estaremos dando en el blanco. Esto se aplica a cualquier situación.

Cuando empezamos a vender el primer libro de *Sopa de pollo para el alma*, pensé que sería buena idea repartir extractos del libro sin costo alguno a los pequeños periódicos locales, a cambio de que sacaran un recuadro al final de la nota indicando que la historia estaba tomada de *Sopa de pollo para el alma,* que podía obtenerse en la librería más cercana o llamando a nuestro número gratuito. Era algo que nunca había hecho antes, por lo que no estaba seguro de si había una forma correcta de enviar una historia a un periódico o a una revista. Por consiguiente, sin más formalismos, envié una historia del libro titulada: «Recuerde que está educando hijos, no cultivando flores» que había escrito sobre mi vecino y su hijo, junto con una carta de presentación al editor de la revista *L.A. Parent.* La carta decía:

13 de diciembre de 1993

Jack Bierman
L.A. Parent

Apreciado Jack:
   Quisiera presentar este artículo para su publicación en *L.A. Parent.* He incluido una breve biografía. Quisiera que imprimiera la pequeña

nota que escribí sobre mi nuevo libro *Sopa de pollo para el alma*, junto con mi artículo. Si quisiera un ejemplar del libro ¡sería un placer enviárselo!

Gracias por su tiempo.

Cordialmente,
Jack Canfield

Semanas después recibí la siguiente respuesta:

Apreciado Jack:

Me molestó tu fax. ¿Cómo te atreves a decirme que incluya «la pequeña nota sobre tu libro»? ¿Cómo te atreves a pensar que estaría interesado en este trabajo no solicitado de procesamiento de palabras? Luego leí tu artículo. ¡Sobra decir que sacaré tu pequeña nota y algo más!

Me conmovió este análisis y no me cabe duda de que conmoverá a nuestros más de 200.000 lectores del área local de San Diego.

¿Se ha publicado en algún lugar dentro de mi área demográfica? De ser así, ¿dónde? Espero trabajar contigo en educar hijos, no cultivar flores.

Saludos,
Jack Bierman, Editor en Jefe

No sabía cómo presentar una carta de presentación a un editor. Había una forma de hacerlo, pero yo no la conocía. Sin embargo, actué. Después, Jack Bierman me llamó por teléfono y generosamente me enseñó la forma correcta de presentar un artículo a una revista. Me dio retroalimentación sobre cómo hacerlo mejor la próxima vez. Ya era parte del juego y estaba aprendiendo de mi experiencia. ¡Listo, fuego, apunte!

En un mes envié el mismo artículo a más de cincuenta publicaciones locales y regionales de todo Estados Unidos sobre el tema del arte de ser padres y la educación de los hijos. Treinta y cinco de estas revistas lo publicaron e hicieron la presentación de *Sopa de pollo para el alma* a más de seis millones de padres.

¡HÁGALO YA!

Mi mentor, el señor W. Clement Stone, repartía broches para la solapa que decían: «Hágalo ya». Si de pronto siente el impulso de hacer algo, hágalo ya. Ray Kroc, fundador de McDonald's, decía: «Son tres las claves del éxito: 1. Estar en el sitio correcto en el momento correcto. 2. Saber que uno está ahí. 3. Actuar».

El 24 de marzo de 1975, Chuck Wepner, un boxeador relativamente desconocido con un porcentaje de apuestas de treinta a uno, hizo lo que nadie creyó que pudiera hacer: resistió quince asaltos con el campeón mundial de peso pesado, Muhammad Ali. En el noveno asalto, alcanzó el mentón de Ali con su derecha derribándolo a la lona, lo que dejó escandalizados tanto a Ali como a sus fanáticos que presenciaban la pelea. Wepner estaba apenas a unos segundos de convertirse en campeón mundial de los pesos pesados. Sin embargo, Ali ganó el decimoquinto round y conservó su título.

A más de mil millas de distancia, un actor que luchaba por abrirse camino, llamado Sylvester Stallone, veía la pelea en su recién comprado televisor. Aunque, antes de ver la pelea entre Ali y Wepner, Stallone había considerado la idea de escribir un guion sobre un boxeador en mala situación y golpeado por la mala suerte, que lograba obtener un título, pensó que no era una trama factible. Sin embargo, después de ver a Wepner, a quien casi nadie conocía, peleando contra el boxeador más famoso de todos los tiempos, lo único que pensaba era: *necesito un lápiz.* Empezó a escribir esa misma noche y tres días más tarde había terminado el guion de *Rocky,* que luego ganó tres premios Oscar, incluyendo uno como la mejor película, lo que representó el lanzamiento de Stallone a su multimillonaria carrera en el cine.

***

La imaginación no significa nada sin acción.

CHARLIE CHAPLIN
Actor, comediante y cineasta

¡DAME UNA OPORTUNIDAD!

Una anécdota cuenta que un hombre va a la iglesia y ora: «Dios, necesito una oportunidad. Necesito ganar la lotería estatal. Cuento contigo, Dios». Sin ganar la lotería, el hombre regresa a la iglesia una semana después y ora de nuevo: «Dios, acerca de la lotería estatal... he sido bueno con mi esposa. He dejado de beber. He sido realmente bueno. Dame una oportunidad. Permite que gane la lotería».

Una semana después, sin haber ganado un peso, vuelve a pedir una vez más: «Dios, parece que no me estoy comunicando contigo acerca de este asunto de la lotería estatal. He estado utilizando autoconversación positiva, usando afirmaciones y visualizando el dinero. Dios, dame una oportunidad. Que me gane la lotería».

De pronto se abre el cielo, y mientras una luz blanca y una música angelical inundan la iglesia, se escucha una voz profunda que dice: «Hijo mío, ¡dame una oportunidad! ¡Compra un billete de lotería!».

FRACASE PARA AVANZAR

Nadie ha llegado a ser excelente o bueno, excepto
a través de muchos y grandes errores.

WILLIAM E. GLADSTONE
Ex primer ministro de Gran Bretaña

Muchas personas se abstienen de actuar por miedo al fracaso. Quienes logran el éxito, por otra parte, se dan cuenta de que el fracaso es parte importante del proceso de aprendizaje. Saben que el fracaso es solo una forma de aprender por el sistema de prueba y error. No solo hay que dejar de temerle al fracaso, sino que hay que estar dispuestos a fracasar, inclusive ansiosos de fracasar. Este fracaso instructivo es lo que llamo «el fracaso que nos hace avanzar». Comience, equivóquese, preste atención a la retroalimentación, corrija y siga adelante tras su meta. Cada experiencia le brindará información más útil que podrá poner en práctica la próxima vez.

Este principio tal vez se demuestre de forma más convincente en el campo de la iniciación de nuevos negocios. Por ejemplo, los capitalistas de riesgo saben que la mayoría de los negocios fracasan. Pero en la industria de capital de riesgo, se empieza a ver una nueva estadística. Si el empresario fundador tiene cincuenta y cinco años o más, el negocio tiene una probabilidad de setenta y tres por ciento o más de sobrevivir. Estos empresarios mayores ya han aprendido de sus errores. Tienen una mejor tasa de riesgo porque, después de toda una vida de estar aprendiendo de sus errores, han desarrollado una base de conocimientos, un conjunto de destrezas y una confianza en sí mismos que les permite superar los obstáculos para alcanzar el éxito.

Nunca podemos aprender menos; solo podemos aprender más.
La razón por la cual sé tantas cosas es que he cometido muchos errores.

BUCKMINSTER FULLER
Matemático y filósofo que nunca obtuvo un título universitario
pero recibió cuarenta y seis doctorados honorarios

Una de mis historias favoritas tiene que ver con un famoso científico investigador que hizo varios importantes descubrimientos médicos. Fue entrevistado por un reportero de un periódico que le preguntó cuál creía que fuera la razón de qué pudiera lograr tanto más que la persona promedio. En otras palabras, ¿qué lo hacía tan diferente de los demás?

Respondió que todo se lo debía a una lección que su madre le había enseñado cuando tenía apenas dos años de edad. Había estado tratando de sacar una botella de leche del refrigerador, se le resbaló de las manos y toda la leche se derramó en el piso de la cocina. Su madre, en lugar de reprenderlo, le dijo: «¡Qué lindo reguero hiciste! Pocas veces he visto un charco de leche de ese tamaño. Bueno, ya el daño está hecho. ¿Quieres acurrucarte y jugar con la leche antes de que limpiemos el piso?».

Y eso fue lo que hizo, naturalmente. Después de unos minutos, su madre continuó: «¿Sabes? Siempre que hagas un reguero así, al fin y al cabo tendrás que limpiarlo. Entonces, ¿cómo te gustaría hacerlo? Podemos usar una toalla, una esponja o un trapero. ¿Qué prefieres?».

Cuando terminaron de limpiar la leche, ella le dijo: «Lo que tenemos aquí es un experimento fracasado sobre cómo trasportar una botella de leche con dos manos pequeñitas. Vamos al patio de atrás, te voy a llenar la botella de agua y veremos si puedes descubrir la forma de llevarla de un lado a otro sin dejarla caer». Y eso hicieron.

¡Qué maravillosa lección!

El científico comentó entonces que fue en ese momento cuando supo que no debía tener miedo a equivocarse. Entendió, en cambió, que los *errores son solo oportunidades para aprender algo nuevo,* después de todo, de eso se tratan los experimentos científicos.

La botella de leche derramada lo llevó a toda una vida de experiencias de aprendizaje, ¡experiencias que se convirtieron en los bloques constructores de toda una vida de éxitos y descubrimientos médicos mundialmente reconocidos!

INCLÍNESE EN LA DIRECCIÓN CORRECTA

Un viaje de mil millas comienza con el primer paso.

ANTIGUO PROVERBIO CHINO

Con frecuencia, el éxito llega cuando uno se inclina hacia él —cuando uno se abre a las oportunidades y está dispuesto a hacer lo que sea necesario para obtenerlo— sin contrato, sin promesas de éxito, sin la menor expectativa. Simplemente se comienza, se inclina uno en esa dirección. Ve cómo se siente y sabe si desea continuar, en lugar de sentarse en la orilla a analizar, reflexionar y contemplar.

INCLINARSE HACIA LA META DA IMPULSO

Una de las ventajas más extraordinarias de inclinarse hacia algo es que uno empieza a adquirir impulso, esa energía invisible que nos atrae más oportunidades, más recursos y más personas que pueden ayudarnos y que llegan aparentemente en el momento justo en el que más nos podemos beneficiar de su ayuda.

Muchos de los más famosos «éxitos repentinos» en el cine, en el mundo empresarial, en los proyectos filantrópicos y otros, se han dado porque alguien respondió favorablemente a una pregunta: «¿Alguna vez ha pensado en…?» o «¿Podría convencerlo de...?» o «¿Quisiera darle un vistazo a...?». Estas personas se inclinaron hacia algo.

No se puede cruzar el océano limitándose a mirar el agua.

RABINDRANATH TAGORE
Legendario líder de los derechos humanos
Premio Nobel de Literatura en 1913

ESTÉ DISPUESTO A COMENZAR SIN VER LA TOTALIDAD DEL CAMINO

Suba el primer peldaño con fe. No tiene que ver toda la escalera. Solo dé el primer paso.

MARTIN LUTHER KING JR.
Legendario líder de los derechos humanos; receptor del Premio Nobel de la Paz

Claro está que el simple hecho de inclinarse hacia un proyecto o una oportunidad significa también que hay que estar dispuesto a comenzar sin ver necesariamente todo el camino desde el inicio. Debe estar dispuesto a inclinarse en esa dirección y ver cómo se va desplegando.

Con frecuencia tenemos un sueño y debido a que no podemos ver cómo lo vamos a lograr, nos da miedo comenzar, nos da miedo comprometernos porque el camino es incierto y el resultado no es seguro. Pero para inclinarse hacia algo se requiere estar dispuesto a explorar, a entrar en aguas desconocidas, confiando en que aparecerá un puerto.

Solo comience, luego continúe dando lo que parecen ser los próximos pasos lógicos y el viaje lo llevará por último a donde quiere ir, *o tal vez a un lugar incluso mejor.*

A VECES, NI SIQUIERA TIENE QUE TENER UN SUEÑO CLARO

Desde que tiene memoria, Jana Stanfield quiso ser cantante. No sabía a dónde la llevaría su sueño, pero sabía que tenía que descubrirlo. Se inclinó en esa dirección y tomó algunas lecciones de canto; después de un tiempo, consiguió un trabajo cantando los fines de semana en un club campestre. Se inclinó en esa dirección y a los veintiséis años, empacó sus maletas y se fue a Nashville, Tennessee, en busca de su sueño de convertirse en compositora y grabar discos con sus canciones.

Vivió y trabajó en Nashville por tres largos años y pudo ver cientos de artistas inteligentes, talentosos y merecedores, muchos más que los contratos disponibles para grabar discos. Jana empezó a ver la industria de la música como una habitación llena de máquinas tragamonedas que pagaban solo lo suficiente para mantenerlo a uno interesado en jugar. Un productor encuentra excelente tu trabajo, un artista considera tu canción para su próximo álbum y tal vez una compañía disquera dice que eres excelente, pero rara vez las máquinas tragamonedas te recompensan el esfuerzo con el premio gordo, el tan anhelado contrato para grabar un disco.

Después de varios años de trabajar en una compañía promotora de discos para conocer el negocio «desde adentro», Jana tuvo que enfrentar los hechos: no había garantías, podía seguir jugando en las máquinas tragamonedas para siempre y envejecer en Nashville.

Al fin tuvo que aceptar que insistir en obtener un contrato para grabar un disco era como golpearse la cabeza contra una pared. En ese momento no se dio cuenta de que, por lo general, cuando uno se inclina hacia algo, aparecen obstáculos en la vida que nos obligan a tomar un desvío, un camino que puede ser más adecuado para el propósito que realmente buscamos.

Por cada fracaso, hay un curso de acción alternativo.
Solo hay que encontrarlo. Al llegar a un obstáculo, tome un desvío.

MARY KAY ASH
Fundadora de Mary Kay Cosmetics

EN BUSCA DE SU MOTIVACIÓN SUBYACENTE

Jana había aprendido lo que muchas personas de éxito han aprendido también: que aun cuando no es posible avanzar, se puede voltear a la derecha o a la izquierda, pero hay que seguir moviéndose. Descubrió, a través de algunos cursos de desarrollo personal, que a veces, en la prisa por alcanzar los sueños, es posible quedar atrapados en la que pareciera ser la única forma de alcanzar ese sueño, en el caso de Jana, un contrato para grabar un disco.

Pero como Jana pronto aprendió, hay muchas formas de alcanzar la meta si se sabe realmente lo que se busca. Porque tras su deseo de lograr un contrato para grabar un disco se escondía la necesidad motivadora más profunda. La verdadera motivación de su sueño: utilizar su música para animar, inspirar y ofrecer esperanza a la gente.

Quiero combinar la música, la comedia, la narración de historias y la motivación con la misión para la que estoy aquí, escribió en su diario. *Soy artista y mi arte se está desplegando frente a mí. Ha desaparecido el obstáculo que me impedía avanzar en mi camino.*

Con la osadía que obtuvo gracias a esta nueva comprensión, Jana empezó a interpretar su música en cualquier lugar donde se lo permitieran. «Donde dos o más estén reunidos, llevaré mi guitarra», fue la frase que adoptó como su lema. Cantaba en casas de familias, frente a las puertas de los garajes, en las escuelas, en las iglesias, donde pudiera.

«NO ESTOY PERDIDA, ESTOY EXPLORANDO»

Pero Jana aún no podía definir la forma de combinar sus talentos para poder ayudar a las personas y obtener ingresos modestos. No había nadie que hiciera lo que ella quería hacer, combinar la música, la comedia, la narración y la motivación. Nadie había abierto esa carrera para poderla seguir, no había huellas sobre las cuales caminar. Estaba descubriendo un nuevo territorio. No sabía a dónde iba ni cuál sería el resultado, pero seguía inclinada en esa dirección.

SIGA INCLINÁNDOSE Y APARECERÁ EL CAMINO

Jana comenzó a laborar en todo tipo de trabajos —siempre inclinada hacia su fin— intentando descubrir la forma de convertir su pasión por su arte y su deseo de ayudar a las personas en algo que pudiera tomar forma real. *Estoy dispuesta a utilizar mis dones para hacer de este mundo un lugar mejor,* escribió en su diario. *No sé exactamente cómo usar mis talentos para lograrlo, pero ya le he dicho a Dios que estoy lista.*

Una vez más se inclinó hacia su fin. Jana golpeó las puertas de las iglesias diciendo: «Si me permiten venir a cantar durante el servicio, les daré la oportunidad de conocerme y de conocer la forma en la que puedo ser útil. Luego, al cabo de pocos meses, tal vez quieran que vuelva y dé un concierto en la tarde».

EL MOMENTO DECISIVO

Después de solo dos o tres canciones, los miembros de la iglesia se le acercaban y le preguntaban si tenía grabaciones de sus canciones. Había una canción, «If I Had Only Known» [Si solo hubiera sabido] que le pedían más que cualquier otra. Decían: «Pude observar que muchos lloraban mientras la escuchaban. Tuve una pérdida tan dolorosa que no puedo llorar aquí en la iglesia porque no sé si una vez que comience, pueda dejar de llorar. ¿Quisiera hacerme una copia de esta canción para que la pueda tener y oírla cuando esté sola y pueda realmente experimentar los sentimientos que usted me hace sentir?».

Jana dedicó mucho tiempo a grabar casetes y enviarlos a distintas personas, mientras que todos sus amigos le insistían en que grabara un álbum. «Tienes todas esas canciones que grabaste cuando tratabas de conseguir un contrato para un disco», le decían, «tómalas y conviértelas en un álbum».

Jana pensó: *No podré hacerlo. No sería un álbum de verdad, con un sello disquero. No contaría para nada. Solo sería una muestra del fracaso que he sido.* Pero sus amigos insistían y, a fin de cuentas, Jana se inclinó en esa dirección una vez más.

Pagó cien dólares a un ingeniero para que grabara diez de sus canciones a las que se refería jocosamente como «una recopilación de mis diez canciones más rechazadas». Hizo las carátulas en Kinko´s y reprodujo cien casetes, con los que, según recuerda ahora riendo, «tendría ganancias para toda la vida». Mientras iba de la sala de una casa de familia a otra y de una iglesita a otra, colocaba sus casetes sobre una mesa de jugar cartas y los vendía después de sus presentaciones.

Luego llegó el momento decisivo.

«Mi esposo me acompañó a una iglesia en Memphis», recuerda Jana. «No pensaron que la mesa de jugar cartas con mis CDs se viera bien dentro de la iglesia, por lo que la colocaron afuera, en el nuevo estacionamiento que acababan de construir. Estaba recién pavimentado y, con una temperatura de 95 grados, el asfalto estaba caliente, negro y pegajoso. Cuando, por fin salió el último automóvil, nos montamos al nuestro, encendimos el aire acondicionado y empezamos a contar nuestras ganancias».

Para sorpresa de Jana, había vendido 300 dólares en casetes, 50 más de lo que había ganado en toda la semana laborando por su cuenta en un trabajo que había aceptado en la televisión para equilibrar su presupuesto. Con los 300 dólares en la mano, Jana se dio cuenta, por primera vez, que *podía* ser su propio jefe, haciendo lo que más le gustaba hacer.

En la actualidad, la compañía de Jana Keynote Concerts* produce más de cincuenta conciertos motivadores al año para grupos en el mundo entero. Comenzó su propia empresa disquera, Relatively Famous Records, que produjo nueve de los CDs de Jana y ha vendido más de cien mil ejemplares. Las canciones de Jana han sido grabadas por Reba McEntire, Andy Williams, Suzy Bogguss, John Schneider y Megon McDonough. Estuvo en

---

*Puede obtener más información sobre el trabajo de Jana y sus CDs en www.janastanfield.com.

la presentación inaugural de Kenny Loggins e hizo un tour con la compositora Melody Beatty. Su música *heavy metal* ha aparecido en *Oprah, 20/20, Entertainment Tonight* y estaciones de radio de costa a costa así como en la película *8 Seconds* [8 segundos].

Jana Stanfield hizo realidad su sueño de convertirse en compositora y estrella disquera, todo porque se inclinó en la dirección correcta y confió en que el camino iría apareciendo. También usted puede llegar de donde está adonde quiere ir si solo confía en que al inclinarse en la dirección correcta, el camino se irá abriendo ante usted. A veces será como conducir en medio de la niebla, donde solo se puede ver a diez metros de distancia. Pero, si sigue avanzando, aparecerá un nuevo trecho de camino y, al fin, llegará a la meta.

Elija un área de su vida, su profesión, sus finanzas, sus relaciones, su salud y su estado físico, su recreación, sus acciones o sus contribuciones, en la que quisiera explorar, y solo inclínese en esa dirección.

¡COMIENCE AHORA!... ¡HÁGALO!

No existe el momento perfecto para comenzar. Si le interesa la astrología y desea contactar a su astrólogo acerca de una fecha propicia para contraer matrimonio, abrir su propio almacén, hacer el lanzamiento de una nueva línea de productos o comenzar a organizar un tour, muy bien, eso está muy bien. Es algo que puedo entender. Pero para todo lo demás, la mejor estrategia es solo lanzarse al agua y empezar. No siga posponiendo las cosas esperando a que pasen doce palomas sobre su casa en forma de cruz para empezar. Simplemente empiece.

¿Quiere ser orador? Excelente. Concrete una charla gratuita con un club de servicios local, un colegio o un grupo de la iglesia. El simple hecho de tener una fecha establecida, le producirá la presión que necesita para empezar a investigar y a escribir su conferencia. Si eso le exige demasiado esfuerzo, entre a los Toastmasters o tome una clase de oratoria.

¿Quiere ingresar al negocio de los restaurantes? Consiga un trabajo en un restaurante y comience a aprender del negocio. ¿Quiere ser *chef*? ¡Magnífico! Inscríbase en una escuela de cocina. Actúe y empiece ¡hoy mismo! No tiene que saberlo todo para empezar. Basta con que entre al juego. Aprenderá en la práctica.

Salte primero desde el risco y sus alas irán creciendo mientras cae.

RAY BRADBURY
Prolífico autor estadounidense de libros de ciencia ficción y fantasía

No me malinterprete. Soy un gran defensor de la educación, de la capacitación y del desarrollo de habilidades. Si necesita más preparación, obténgala ya. Inscríbase en esa clase o en ese seminario ahora mismo. Tal vez necesite un capacitador o un mentor para llegar a donde quiere. De ser así, busque uno. Si le da miedo, ¿qué importa? Aunque sienta miedo, hágalo de todas formas. La clave está en simplemente empezar. Deje de esperar hasta que esté *perfectamente* listo. Nunca lo estará.

Comencé mi carrera como profesor de historia en una escuela secundaria de Chicago. Estaba muy lejos de ser el profesor de historia ideal el primer día que empecé a enseñar. Tenía mucho camino por recorrer, mucho que aprender acerca de cómo controlar el aula de clase, cómo impartir una disciplina efectiva, cómo impedir que un estudiante mal intencionado me acorralara, cómo confrontar el comportamiento manipulador y cómo motivar a un estudiante no motivado. Pero por alguna parte debía empezar. Y fue en el proceso de enseñar en el que aprendí todas las demás cosas.

LA MAYOR PARTE DE LA VIDA ES CAPACITACIÓN EN LA PRÁCTICA

Algunas de las cosas más importantes que tenemos que saber solo se aprenden en el proceso de hacerlas. Hacemos algo y recibimos retroalimentación, acerca de lo que da resultado y lo que no. Si no hacemos nada por temor a equivocarnos, por temor a hacerlo de manera inaceptable o definitivamente mal, nunca obtendremos retroalimentación y, por lo tanto, nunca podremos mejorar.

Cuando comencé mi primer negocio, un centro de retiros y conferencias en Amherst, Massachussetts, que se llamaba New England Center for Personal and Organizacional Development [Centro de desarrollo personal y organizacional de New England], fui a un banco a solicitar un préstamo. En el primer banco al que fui me dijeron que tenía que tener un plan de negocios. Yo no sabía qué era eso, pero fui y compré un libro sobre cómo elaborar un plan de negocios. Redacté uno y lo llevé al banco. Me dijeron que mi plan tenía muchos errores. Les pregunté cuáles y me los señalaron.

Regresé y volví a escribir el plan, rellenando los espacios que había omitido, o que no eran claros o poco convincentes. Entonces volví al banco. Me dijeron que el plan era bueno, pero que no estaban dispuestos a concederme el préstamo. Les pregunté quién pensaban que podría estar dispuesto a financiar el plan. Me dieron los nombres de varios banqueros en el área que creían que podrían darme una respuesta favorable. Salí de nuevo en busca de un banco. En cada una de las instituciones que visite encontré retroalimentación hasta que por último elaboré un plan completo y mejoré mi presentación hasta el punto en que al fin logré el préstamo de 20.000 dólares que necesitábamos.

Cuando Marc Victor Hansen y yo sacamos el primer libro de *Sopa de pollo para el alma,* pensé que sería buena idea venderlo al por mayor a alguna de las importantes empresas de mercadeo, con la idea de que podrían dárselos o revendérselos a los miembros de su fuerza de ventas para motivarlos a tener fe en sus sueños, a enfrentar más riesgos y, por lo tanto, a tener más éxito como vendedores. Obtuve una lista de todas las empresas miembros de la Direct Marketing Association y comencé a llamar a los directores de ventas de las grandes compañías. En algunas oportunidades ni siquiera logré que el director atendiera mi llamada. En otras ocasiones me dijeron: «No nos interesa». ¡En varias oportunidades, de hecho, me colgaron el teléfono! Sin embargo al fin, cuando aprendí cómo saltar barreras para llegar a la persona adecuada, encargada de tomar las decisiones y de analizar debidamente los beneficios potenciales del libro, logré hacer varias ventas importantes. En algunas de las empresas, les gustó tanto que después me contrataron para dictar conferencias en sus convenciones nacionales.

¿Sentí algo de miedo al hacer estas llamadas en forma directa? Evidentemente. ¿Sabía lo que estaba haciendo cuando empecé? No lo sabía. Nunca había intentado vender grandes cantidades de libros a nadie. Tuve que aprender a medida que lo hacía. Sin embargo, el punto importante es que empecé a hacerlo. Me puse en contacto con las personas a quienes quería prestar un servicio; me enteré de sus sueños, sus aspiraciones y sus metas; y analicé la forma en que nuestro libro podría ayudarles a lograr sus objetivos. Todo se fue dando porque estuve dispuesto a correr un riesgo y a saltar al ring.

También usted tiene que comenzar —desde el punto en que se encuentre—, debe empezar a actuar para llegar a donde quiere estar.

AUNQUE SIENTA MIEDO, HÁGALO DE TODOS MODOS

Pasamos por aquí una sola vez. Podemos ir por la vida en puntas de pie y llegar a la muerte sin haber sufrido demasiados golpes, o podemos vivir una vida plena y completa alcanzando nuestras metas y haciendo realidad nuestros más ambiciosos sueños.

BOB PROCTOR
Millonario por mérito propio, celebridad de radio y televisión, capacitador
en el logro del éxito y destacado maestro en la película y el libro *El secreto*

A medida que avanza en su trayecto de donde está adonde quiere llegar, tendrá que enfrentarse a sus miedos. El miedo es algo natural. Siempre que empiece un nuevo proyecto, inicie una nueva empresa o se exponga, por lo general, sentirá miedo. Por desdicha, muchos permiten que el miedo los disuada de dar los pasos necesarios para alcanzar sus sueños. Por otra parte, las personas de éxito sienten miedo, al igual que cualquiera, pero no permiten que les impida hacer lo que quieren o *lo que tienen que hacer*. Saben que el miedo es algo que tiene que aceptarse, sentirse y considerarse como algo normal. Como lo sugiere la escritora Susan Jeffers, han aprendido a sentir el miedo y a hacerlo de todos modos.*

¿POR QUÉ SENTIMOS TANTO TEMOR?

Hace millones de años, el miedo era la forma como nuestro cuerpo nos indicaba que habíamos salido de nuestra zona de confort. Nos advertía un

---

*Pienso que *Aunque tenga miedo, siga adelante*, de Susan Jeffers es un libro de lectura obligatoria. Respaldo este libro diciendo: «¡Debería ser requerido para cada persona que sepa leer!». Susan ha sido amiga mía durante veinte años, su trabajo transformacional ha ayudado a millones de personas a seguir adelante para crear el éxito en sus vidas. Para obtener más información, visite la página www.TheSuccessPrinciples.com/resources.

posible peligro y nos daba la descarga de adrenalina que requeríamos para huir. Por desdicha, aunque esta era una respuesta útil en los días en los que los tigres de dientes de sable nos perseguían, ahora la mayoría de nuestras amenazas no representan riesgos tan grandes para la supervivencia.

En la actualidad el temor es más bien una señal de que debemos ser cautelosos y estar alerta. Podemos sentir temor, pero no por eso debemos dejar de avanzar. Piense en su miedo como si fuera un niño de dos años que no quiere ir al supermercado con usted. No dejaría que la mentalidad de un niño de dos años manejara su vida. Debido a que tiene que comprar alimentos, debe llevar al niño de dos años con usted. El miedo no es diferente. En otras palabras, hay que reconocer que existe pero no podemos dejar que nos impida realizar cosas importantes.

TIENE QUE ESTAR DISPUESTO A SENTIR MIEDO

Hay quienes hacen cualquier cosa por evitar la desagradable sensación del miedo. Si usted pertenece a ese grupo, corre un riesgo aun mayor de nunca lograr lo que desea en la vida. La mayoría de las cosas que valen la pena implican riesgos. La naturaleza de un riesgo es que las cosas no siempre funcionan. Las personas pierden sus inversiones, olvidan sus enfoques, se caen de las montañas, mueren en accidentes. Pero como lo dice tan sabiamente el antiguo refrán: «Quien nada arriesga, nada gana».

En 2009, Peter Douglas era un empresario y ranchero exitoso y autosuficiente, quien se describía a sí mismo como un «vaquero» que se había repuesto gracias a sus propios esfuerzos toda su vida. Como consecuencia de un error cometido por el anestesiólogo durante lo que se suponía que era una «cirugía rutinaria del hombro», Peter estuvo incapacitado para reponerse por sus propios medios. Despertó y descubrió que tenía los brazos totalmente paralizados.

Por primera vez en su vida, y sin poder usar sus manos, Peter se sintió impotente, lo que él describe como «la sensación que sientes cuando SABES que tienes que hacer algo, pero simplemente no puedes hacerlo». Después de varios años de rehabilitación, Peter tiene apenas una limitada motricidad en sus manos. Puede mover un poco los tríceps y los antebrazos; mueve los brazos con dificultad; pero, como lo describe, sus pulgares ya no son precisamente oponibles.

En los años que siguieron a su cirugía, no podía ir a ninguna parte sin la ayuda de su esposa o de otra persona. Y definitivamente, no le pasaba por mente el hecho de viajar solo. La idea de estar solo en un lugar extraño lo aterrorizaba. ¿Y qué si necesitaba ayuda? ¿Y si no podía abrir siquiera la puerta de la habitación?

¿Y si?

Entonces, un día decidió que ya era suficiente. Tras comprender que estaba dejando que el miedo a lo desconocido gobernara su vida y le dijera adónde ir, finalmente tomó la decisión de viajar por su cuenta. Pero a cada paso del camino, supo que tendría que enfrentar y experimentar el miedo de la próxima complicación, obstáculo o piedra que pudiera llevarlo a alzar las manos (al menos en teoría), y decir: «¡Ya basta! ¡Me iré a casa!». Sin embargo, estaba decidido a trabajar su miedo. Y lo que descubrió fue que, cuando se enfrentó a cada uno de ellos, apareció una solución. Esto es lo que Peter me dijo:

Miedo: Tenía miedo de hacer el papeleo del abordaje en el aeropuerto. No sabía si tendría fuerzas suficientes para pasar mi tarjeta de crédito en el quiosco de registro de entrada. *Solución:* Le pedí al personal de las aerolíneas que me ayudaran y estuvieron más que encantados de hacerlo.

Miedo: Me sentía nervioso por no poder abrocharme el cinturón de seguridad. No estaba seguro de tener suficiente fuerza en la mano para hacerlo. *Solución:* Los asistentes de vuelo fueron amables y serviciales, y me ayudaron con el cinturón de seguridad.

Miedo: No sabía qué hacer con las cosas que había en mi habitación de hotel. *Solución:* Cuando estuve en mi habitación, el capitán de botones me ayudó a desenvolver el jabón, organizar la sala, correr las cortinas, desdoblar las cobijas y desempacar mi maleta.

Miedo: No sabía cómo iba a vestirme por mis propios medios. No podía abotonarme ninguna de mis prendas. *Solución:* Mi esposa empacó todas mis camisas abotonadas, por lo que simplemente tuve que pasarlas por encima de mi cabeza. Mis pantalones tenían velcro, así que los pude sujetar por mi cuenta. Mis calcetines tenían lazos que yo podía agarrar y jalar. PERO… había dos botones de mi camisa que necesitaba abotonar. Una vez más, pedí ayuda. La primera vez que le pedí el favor a una empleada, ella se sorprendió. Pero ahora es increíble; si estoy varios días en el hotel, la empleada está pendiente de mí y no duda en ayudarme.

Miedo: Temía comer por mis propios medios. Todavía no puedo cortar la carne y tengo dificultades con la mayoría de los cubiertos. *Solución:* Llevé un tenedor especial que me permite comer sin ayuda de nadie. Y ahora que he viajado solo varias veces, no puedo decirte la cantidad de veces que las personas se han ofrecido para lavarme el tenedor y manipularlo con cuidado.

Lo que he aprendido es que tenemos todo a nuestro alrededor y necesitamos suprimir el miedo. Basta con mirar a las personas que están a tu izquierda y a tu derecha. ¿Son desconocidas? No importa. Hay personas increíbles en cada escala de mi viaje que no solo me ayudan, ¡sino que literalmente saltan ante la oportunidad de ayudar a otro ser humano!

La única manera de saber si usted puede hacer algo es HACERLO REALMENTE. Como dice Peter: «Se necesita un poco de confianza, pero la única manera que tendrás de averiguar si puedes viajar solo, es experimentar el miedo, dar el salto y confiar en que vas a estar bien». Peter aún siente cierta ansiedad cuando viaja por su cuenta, pero gran parte de su miedo ha desaparecido, siendo reemplazado por la gratitud por toda la ayuda que la gente le sigue brindando.

La razón por la que sé la historia de Peter es que después de enfrentar el hecho de que él nunca enlazaría ganado de nuevo, decidió que le gustaría seguir una carrera como orador y entrenador. Habiendo oído hablar de mí, y después de leer en *Los principios del éxito* que «el éxito deja pistas», decidió asistir a mi programa Capacite al capacitador. Desde entonces, ha escrito un libro titulado *Cowboy Leadership* [Liderazgo vaquero], y ha diseñado un discurso, un seminario y un taller basados en su «Filosofía de ensillar».*

EXPERIENCIAS DEFORMADAS POR LA FANTASÍA QUE PARECEN REALES

Otro aspecto importante que hay que recordar acerca del miedo es que, como humanos, también hemos evolucionado a una etapa en la que casi todos nuestros miedos son producto de nuestra imaginación. Nos asustamos con los resultados negativos imaginarios de una actividad que podríamos desarrollar o experimentar. Por suerte, dado que somos quienes elaboramos las fantasías, también podemos poner fin al miedo y entrar en un estado de lucidez y paz que nos permita enfrentar los hechos tal y como son en vez de rendirnos a nuestra imaginación. Podemos elegir ser sensatos. Los psicólogos han interpretado el temor con un acrónimo de la palabra *miedo* en inglés (fear):

Fantasías
Experiencias
Apariencia
Real

---

*Puede saber más sobre Peter Douglas y su labor en la página www.TheSuccessPrinciples.com/resources.

Para ayudarle a entender mejor la forma como permitimos que el miedo infundado entre en nuestras vidas, haga una lista de las cosas que teme *hacer.* No es una lista de cosas a las que les tenga miedo, como tener miedo a las arañas, sino de las cosas que le da miedo *hacer,* como sentir miedo a agarrar una araña con la mano. Por ejemplo, *me da miedo:*

- Pedirle un aumento a mi jefe
- Invitar a Mary a salir
- Lanzarme en picada desde un avión
- Dejar a mis hijos solos en casa con una niñera
- Dejar el trabajo que detesto
- Pedir a mis amigos que miren mi nueva oportunidad de negocios
- Delegar una parte de mi trabajo a otros

Ahora vuelva atrás y redacte de nuevo cada uno de sus miedos utilizando el siguiente formato:

Quiero _____, y yo mismo me asusto al imaginar que _____.

Las palabras clave son: *Yo mismo me asusto al imaginar.* Todos los miedos los creamos nosotros mismos al imaginar un resultado negativo en el futuro. Utilizando algunos de los mismos miedos antes enumerados, el nuevo formato se vería así:

- Quiero pedirle un aumento a mi jefe y yo mismo me asusto al imaginar que me dirá que no o que se disgustará porque se lo pida.
- Quiero invitar a Mary a salir y yo mismo me asusto al imaginar que me dirá que no o que me dará vergüenza pedírselo.
- Quiero dejar este trabajo que odio para hacer lo que toda la vida he soñado, y yo mismo me asusto al imaginar que quebraría y perdería mi casa.
- Quiero pedir a mis amigos que consideren entrar conmigo en mi nueva oportunidad de negocios de mercadeo en red, y yo mismo me asusto al imaginar que puedan pensar que solo me interesa ganar dinero a costa de ellos.
- Quiero delegar partes de mi trabajo a los demás, pero yo mismo me asusto al imaginar que no lo van a hacer tan bien como yo lo haría.

¿Se da cuenta que el miedo lo crea usted mismo?

CÓMO ELIMINAR EL MIEDO

He vivido muchos años y he tenido muchos problemas,
la mayoría de los cuales nunca ocurrieron.

MARK TWAIN
Célebre escritor y humorista estadounidense

Una forma de hacer *desaparecer* definitivamente el miedo es preguntarse qué es lo que imagina que lo asusta tanto y reemplazar esa imagen por su imagen opuesta, positiva.

Cuando volaba hacia Orlando, hace poco tiempo, para dictar una conferencia, pude observar que la mujer que iba sentada junto a mí se aferraba con tanta fuerza a los brazos de la silla que sus nudillos se estaban poniendo blancos. Me presenté, le dije que era un capacitador y que no había podido evitar observar sus manos. Le pregunté:

—¿Tiene miedo?

—Sí.

—¿Estaría dispuesta a cerrar los ojos y decirme qué imágenes o qué pensamientos pasan por su mente?

Después de cerrar los ojos, me respondió:

—No dejo de imaginar que el avión no despega de la pista y se estrella.

—Ya entiendo. Dígame, ¿cuál es el motivo de su viaje a Orlando?

—Voy a pasar cuatro días con mis nietos en Disney World.

—Magnífico. ¿Cuál es su atracción favorita en Disney World?

—El pequeño mundo.

—Maravilloso. ¿Puede imaginar que está en Disney World en una de las góndolas, con sus nietos, en el pequeño mundo?

—Sí.

—¿Puede notar las sonrisas y las expresiones de asombro de sus nietos al ver las marionetas y las figuras de los distintos países saltando y girando?

—Ah.

En ese punto comencé a cantar: «Qué pequeño es el mundo; que pequeño es el mundo...»

Su expresión se tranquilizó, su respiración se hizo más estable y sus manos soltaron los brazos de la silla.

En su mente, estaba en Disney World. Había reemplazado la imagen catastrófica del accidente aéreo por la imagen positiva que esperaba, lo que hizo que sus miedos desaparecieran de inmediato.

Puede utilizar esta misma técnica para disipar cualquier miedo que llegue a experimentar.

REEMPLAZAR LAS SENSACIONES FÍSICAS PRODUCIDAS POR EL MIEDO

Otra técnica que da resultado para aliviar el miedo es centrarse en las *sensaciones físicas* que se están experimentando, sensaciones que probablemente usted solo identifica como miedo. Luego, concéntrese en los sentimientos que le *gustaría* experimentar a cambio: valor, confianza en sí mismo, calma, felicidad.

Fije esas dos impresiones diferentes en su visión mental. Luego vaya lentamente de una a otra varias veces, deteniéndose unos quince segundos en cada una. Después de uno o dos minutos, el miedo se habrá disipado y se encontrará en un punto medio, neutro.

RECUERDE LAS OCASIONES EN LAS QUE LOGRÓ VENCER EL MIEDO

¿Alguna vez aprendió a lanzarse a la piscina desde un trampolín? De ser así, probablemente recuerde la primera vez que avanzó hasta el borde de la tabla y miró hacia abajo. El agua se veía mucho más profunda de lo que realmente era. Y considerando lo alto del trampolín y la altura a la que estaban sus ojos con relación al nivel de la tabla, es probable que la distancia le haya parecido *muy* grande.

Sintió miedo. Pero, ¿miró a su mamá o a su papá o al instructor y dijo: «Sabes, me da demasiado miedo hacer esto ahora. Creo que voy a asistir a unas sesiones de terapia acerca de esto para poder deshacerme de mi miedo, volveré y ensayaré de nuevo...»?

¡No!, no lo dijo.

Sintió miedo, de alguna parte sacó el valor y saltó al agua. Sintió miedo, pero lo hizo de todos modos.

Cuando salió a la superficie, probablemente nadó desesperado hasta el borde de la piscina y tomó unas bien merecidas bocanadas de aire. En algún lugar se produjo una pequeña descarga de adrenalina, la emoción de haber sobrevivido al riesgo, más la de saltar por el aire hasta caer en el agua. Es probable que al minuto lo haya hecho de nuevo y luego lo haya repetido una y otra vez, hasta convertirlo en algo realmente divertido. Muy pronto, el miedo había desaparecido por completo y estaba cayendo como bala de cañón para salpicar a todos sus amigos y tal vez estaba aprendiendo también a tirarse de espaldas dando una vuelta en el aire.

Si recuerda la experiencia de la primea vez que condujo un automóvil o la primera vez que besó a alguien en una cita, tiene el modelo para todo lo que le suceda en la vida. Las nuevas experiencias siempre nos darán un poco de miedo. Así se supone que debe ser. Así son las cosas. Pero cada vez que enfrentamos el miedo y seguimos adelante de todos modos, adquirimos mucha más confianza en nuestras capacidades.

REDUZCA EL NIVEL DE RIESGO

Anthony Robbins dice: «Si no puede, debe hacerlo y si debe hacerlo, puede». Estoy de acuerdo. Son justamente aquellas cosas a las que más tememos las que nos dan el mayor sentido de liberación y crecimiento.

Si un miedo es tan grande que lo paraliza, reduzca el grado de riesgo. Enfrente retos más pequeños y vaya avanzando poco a poco. Si comienza su primer trabajo en ventas, llame primero a los prospectos o a los clientes a quienes piense que puede ser más fácil venderles. Si está pidiendo dinero para su negocio, practique en las fuentes de préstamo de las que no quisiera tomar un préstamo, de cualquier forma. Si le asusta asumir nuevas responsabilidades en su trabajo, comience por pedir que le asignen esas partes del proyecto que a usted más le interesan. Si está aprendiendo un nuevo deporte, comience en los niveles más bajos. Domine esas habilidades que tiene que aprender, supere sus miedos y luego acepte retos mayores.

CUANDO SU MIEDO ES EN REALIDAD UNA FOBIA

Algunos miedos son tan fuertes que realmente lo pueden inmovilizar. Si tiene una fobia declarada, como fobia a los aviones o fobia a entrar en un ascensor, ello puede inhibir considerablemente su capacidad de alcanzar el éxito. Afortunadamente hay una solución sencilla para la mayoría de las fobias. La «cura de cinco minutos para las fobias», desarrollada por el doctor Roger Callahan, es fácil de aprender, y se la puede administrar uno mismo o también la puede administrar un profesional.

Aprendí esa técnica mágica en el libro y el video del doctor Callahan y la he utilizado con éxito en mis seminarios durante más de quince años.* El proceso utiliza un patrón simple pero preciso de dar pequeños golpes en distintos puntos del cuerpo mientras imaginan los objetos o la experiencia que estimula su reacción fóbica. Actúa de la misma manera que opera un

---

* Si tiene una fobia que lo detiene o le impide hacer algo, visite la página www.RogerCallahan. com para obtener una guía gratuita y otros materiales de autoayuda. También puede programar consultas privadas o encontrar un médico cerca de usted en www.TFTPractitioners.net.

virus en un programa de computadora, al interrumpir permanentemente el «programa» con la secuencia de eventos que se producen en el cerebro entre el momento de la percepción inicial de lo que le produce miedo (como ver una serpiente o abordar un avión) y la respuesta física (como transpiración, temblor, respiración superficial y debilidad en las rodillas).

En una oportunidad, en la que dirigía un seminario para vendedores de bienes raíces, una mujer confesó que tenía fobia a subir una escalera. De hecho, la había experimentado esa misma mañana, cuando le pidió al botones que le dijera cómo llegar al seminario y él le señaló la escalera que conducía al gran salón. Por fortuna, también había un gran ascensor, de manera que pudo llegar sin problema. De lo contrario, habría dado media vuelta y se habría ido a su casa. Admitió que nunca había subido al segundo piso de ninguna casa de las que había vendido. Se hacía la idea de que ya había estado allí, explicaba a los compradores potenciales lo que encontrarían en el segundo piso, basándose en lo que había leído en la hoja de registro de las características de la propiedad, y los dejaba que fueran a explorar solos el segundo piso.

Le administré la «cura de cinco minutos para las fobias» y luego llevé a las cien personas que asistían al seminario a la escalera que la había petrificado esa mañana. Sin vacilar, sin respiración entrecortada y sin hacer dramas, subió y bajó dos veces la escalera. Es así de fácil.

¡DÉ UN GRAN SALTO!

Vengan al borde, les dijo.
Ellos dijeron: nos da miedo.
Vengan al borde, les dijo.
Ellos vinieron.
Él los empujó, y ellos volaron...

GUILLAUME APOLLINAIRE
Poeta vanguardista francés

Todas las personas de éxito que conozco han estado dispuestas a correr el riesgo —a dar ese salto de fe— a pesar del miedo. A veces, estaban aterrorizadas pero sabían que, a menos que actuaran, perderían la oportunidad. Confiaron en su intuición y simplemente se arriesgaron.

*El progreso siempre implica riesgo; no se puede robar
la segunda base y tener un pie en la primera.*

FREDERICK WILCOX
Autor estadounidense

Mike Kelley vive en su propio paraíso y es propietario de varias compañías bajo el nombre común de Beach Activities of Maui. Con solo un año de preuniversitario como preparación (nunca fue a recoger su diploma), Mike dejó Las Vegas a la edad de diecinueve años y se fue a las islas de Hawái para terminar vendiendo loción bronceadora a la orilla de la piscina de un hotel de Maui. Con ese precario comienzo, Mike llegó a crear una compañía que cuenta con 175 empleados y más de cinco millones de dólares en ganancias anuales, que ofrece experiencias recreativas (navegación en Catamarán y excursiones de buceo con careta, *scuba diving*) a los turistas y servicios de conserjería y centro de negocios para muchos de los hoteles de la isla.

Mike atribuye gran parte de su éxito a que siempre estuvo dispuesto a dar el salto cuando fue necesario. Cuando Beach Activities of Maui intentaba ampliar sus actividades, había un importante hotel que él quería conseguir como cliente, pero un competidor tenía allí un contrato desde hacía más de quince años. Para mantener una ventaja competitiva, Mike siempre lee las publicaciones financieras y está atento a todo lo que ocurre en su segmento de negocios. Un día, leyó que este hotel estaba cambiando de gerente y que vendría un nuevo gerente que vivía en Copper Mountain, Colorado. Esto dejó pensando a Mike. Dada la dificultad de superar tantas barreras para conseguir una cita con un gerente general, tal vez debía tratar de contactarlo antes de que realmente viniera a Hawái. Mike le dio muchas vueltas en su mente pensando en la mejor forma de hacerlo. ¿Debía escribirle una carta? ¿Debía llamarlo por teléfono? Mientras pensaba en esas opciones, su amigo Doug le sugirió: «¿Por qué no tomas un avión y vas a verlo?».

Mike, siempre dispuesto a actuar sin demora, redactó rápidamente una carta de introducción y una propuesta, y a la noche siguiente, abordó un avión. Después de volar toda la noche, llegó a Colorado, alquiló un automóvil, condujo por dos horas hasta Copper Mountain y se presentó sin anunciarse en la oficina del nuevo gerente general. Le explicó quién era, lo felicitó por su nuevo ascenso, le dijo que esperaba verlo pronto en Maui y le pidió que le concediera unos momentos para hablarle de Beach Activities of Maui y lo que le podía ofrecer al hotel.

Mike no obtuvo el contrato en esa primera reunión, pero el hecho de que un muchacho joven tuviera la suficiente confianza en sí mismo y en sus servicios como para dar un salto de fe, montarse en un avión, volar hasta Denver y atravesar la mitad del estado de Colorado por carretera con la remota probabilidad de poder hablar con él, le causó tal impresión al gerente general que cuando por último llegó a Hawái, Mike consiguió el contrato que durante los siguientes quince años le ha reportado cientos de miles de dólares en utilidades netas.

DAR EL SALTO PUEDE TRANSFORMAR SU VIDA

La autoridad se da en un veinte por ciento, se toma en un ochenta por ciento... por consiguiente, ¡Tómela!

PETER UEBERROTH
Organizador de los Juegos Olímpicos de Verano de 1984
y comisionado de las Grandes Ligas de Béisbol, 1984–1988

El multimillonario John Demartini ha alcanzado un nivel de éxito sin precedentes, desde cualquier punto de vista. Es propietario de varias casas en Australia y pasaba más de sesenta días al año durante varios años recorriendo el mundo en su lujoso apartamento de tres millones de dólares a bordo del buque *World of ResidenSea* de 550 millones de dólares, residencia que compraron después de vender su apartamento en Trump Tower, en la ciudad de Nueva York.

Autor de cincuenta y cuatro programas de capacitación y trece libros, y maestro destacado de la película *El secreto*, John pasa el año viajando por el mundo, dictando conferencias y dirigiendo sus cursos sobre éxito financiero y dominio de la vida.

Sin embargo, John no comenzó como una persona rica y exitosa. A los siete años se le diagnosticó una discapacidad de aprendizaje y se le dijo que nunca aprendería a leer, escribir ni comunicarse normalmente. A los catorce años abandonó la escuela, dejó su hogar en Texas y se marchó a la costa de California. Cuando cumplió diecisiete años se encontraba en Hawái, haciendo surfing sobre las olas de la famosa Playa Norte de Oahu, donde por poco muere envenenado con estricnina. Su proceso de recuperación lo llevó a conocer al doctor Paul Bragg, un hombre de noventa y tres años, que cambió por completo la vida de John dándole una simple frase para repetir: «Soy un genio y aplico mi sabiduría».

Inspirado por el doctor Bragg, John fue a la universidad, se graduó en la Universidad de Houston y más tarde obtuvo un doctorado del Texas College of Chiropractic.

Cuando abrió su primer consultorio de quiropráctica en Houston, John comenzó en una oficina de apenas 970 pies cuadrados. En el término de nueve meses, estaba en una oficina dos veces más amplia y ofrecía clases gratis para los que quisieran aprender a llevar una vida sana. Cuando sus alumnos aumentaron, John estaba listo para ampliar de nuevo y fue entonces cuando dio el salto que cambió para siempre su profesión.

«Era un lunes», dice John. «La tienda de calzado que estaba al lado se había trasladado durante el fin de semana». *Sería un lugar perfecto para una sala de conferencias,* pensó John mientras, sin pensarlo dos veces, llamaba a la compañía encargada de arrendarlo.

Como nadie le devolvió la llamada, John concluyó que no lo alquilarían muy pronto; entonces, dio el salto.

«Llamé a un cerrajero para que viniera a abrir el lugar», dijo John. «Pensé que lo peor que me podía pasar era que me cobraran el alquiler».

Muy pronto convirtió ese espacio en una sala de conferencias y en unos pocos días estaba dando charlas gratis todas las noches. El local quedaba al lado de un cine, entonces, instaló un altoparlante para que quienes salían del cine pudieran escuchar sus conferencias mientras iban a buscar su automóvil. Cientos de personas comenzaron a asistir a las clases y, al fin, se convirtieron en pacientes.

La clientela de John creció rápidamente. Sin embargo, trascurrieron casi seis meses antes de que la persona encargada de administrar la propiedad viniera a investigar.

«Usted es muy osado», le dijo el administrador. «Me recuerda mi forma de actuar». De hecho, le impresionó tanto la osadía de John, que inclusive ¡le rebajó seis meses de alquiler! «Cualquiera que tenga el valor de hacer lo que usted ha hecho se lo merece», le dijo. Más adelante, el administrador invitó a John a su oficina donde le ofreció $250.000 al año para que trabajara con él. John rechazó la oferta porque tenía otros planes, pero fue una importante muestra de aprobación de su valiente actitud.

Dar el salto había ayudado a que John estableciera un negocio boyante que más tarde vendió para empezar un servicio de consultoría de tiempo completo con otros quiroprácticos.

«Dar ese salto me abrió una nueva oportunidad», dijo John. «Si no lo hubiera hecho... si hubiera sido cauteloso... no hubiera logrado el progreso que me dio la oportunidad de llevar la vida que llevo ahora».

¿Quiere permanecer seguro y llegar a ser bueno o
quiere arriesgarse y llegar a ser excelente?

JIMMY JOHNSON
Entrenador que llevó al equipo de fútbol americano Dallas Cowboys a
ganar dos campeonatos consecutivos del Super Bowl en 1992 y 1993

GRANDES PROPÓSITOS... BAJO NIVEL DE APEGO

Si quiere tener calma y tranquilidad toda su vida, debe tener miras muy
altas y un bajo nivel de apego. Se hace lo que se pueda por lograr los resultados que se desean y luego se deja de pensar en eso. A veces no conseguimos
los resultados deseados para la fecha prevista. Así es la vida. Hay que seguir
avanzando hacia la meta hasta alcanzarla. A veces el universo tiene otros
planes y generalmente son mejores que los que uno tenía. Por eso le recomiendo agregar la frase: «Esto o algo mejor», al final de sus afirmaciones.

Mientras estaba de vacaciones con mi familia en un crucero en Tahití
durante un verano, salí con mi hijo Christopher y mi hijastro Travis, ambos
de doce años en ese entonces, a hacer un tour guiado en bicicleta por la isla
de Bora Bora, con otras personas que venían en el crucero. Mi intención
para ese día era estrechar los lazos de amistad con mis dos hijos. El viento
era realmente fuerte y el recorrido difícil. En un momento dado, Stevie
Eller, que pedaleaba al lado de su nieto de once años, tuvo una fuerte caída
y se hizo una herida profunda en una pierna. Debido a que solo quedaban
unos pocos entre los que iban a la zaga del grupo, nos quedamos para ayudarle. No había casas ni almacenes y prácticamente no había tráfico en el
extremo más remoto de la isla, lo que significaba que no teníamos forma
de pedir ayuda, por lo que, después de intentar algunas medidas muy rudi-
mentarias de primero auxilios, decidimos continuar el camino todos juntos. Cansados por la lentitud, mis hijos se adelantaron y pasé las siguientes
horas pedaleando y caminando junto a mi nueva amiga hasta que, por último, llegamos a un hotel donde ella pidió un taxi y yo me encontré con mis
hijos que se habían detenido allí a nadar, y terminé con ellos el recorrido
alrededor de la isla. Esa noche Stevie y su marido Kart nos invitaron a cenar
con ellos y con su familia.

Dio la casualidad de que eran miembros del comité de nominaciones
para la Cumbre del Logro Internacional, patrocinada por la Academia de
Logros, cuya misión era «Inspirar a la juventud con nuevos sueños de logros
en un mundo de oportunidades ilimitadas», reuniendo más de doscientos
estudiantes y exalumnos universitarios de todo el mundo para interactuar

con líderes contemporáneos que han logrado objetivos difíciles o imposibles en el servicio a los demás. Después del rato que pasamos juntos, decidieron nombrarme miembro de la academia, candidato a recibir su premio de la «Placa de oro», y entrar a formar parte del grupo de personas que lo recibieron con anterioridad, como el expresidente Bill Clinton, Plácido Domingo, George Lucas, el alcalde de Nueva York Rudolph Giuliani, el senador de Estados Unidos John McCain, el exprimer ministro de Israel Shimon Peres y el arzobispo Desmond Tutu. Gracias a que mi nombramiento fue aceptado, tuve la oportunidad de asistir al evento anual de cuatro días con algunos de los más brillantes líderes del futuro y algunas de las personas de éxito más interesantes del mundo en 2004, y podré asistir a ese evento cada año por el resto de mi vida.

Si hubiera estado totalmente apegado al resultado original del plan que había previsto de pasar el día en compañía de mis hijos, y hubiera dejado a Stevie para que otros se ocuparan de ella, habría perdido una oportunidad aun mejor que, de forma imprevista, se me presentó en el camino. He aprendido, a través de los años, que siempre que aparentemente se cierra una puerta, otra se abre. La única condición es mantener una actitud positiva, estar alerta y atento para saberla encontrar. En lugar de disgustarse cuando las cosas no resultan como estaban previstas, hay que preguntarse siempre: «¿Qué posibilidad hay aquí?».

DISPÓNGASE A PAGAR EL PRECIO

Si la gente supiera cuánto tuve que esforzarme para lograr el grado de maestría que poseo, no les parecería tan maravilloso.

MIGUEL ÁNGEL
Escultor y pintor renacentista que estuvo cuatro años acostado
boca arriba pintando el techo de la Capilla Sixtina

Detrás de todo gran logro hay una historia de educación, capacitación, práctica, disciplina y sacrificio. Hay que estar dispuestos a pagar el precio.

Tal vez el precio es dedicarse a una única actividad o dejar pendiente todo lo demás que hay en la vida. Tal vez sea invertir todos los haberes o ahorros personales. Tal vez sea la disponibilidad a dejar a un lado la seguridad de la situación actual.

Sin embargo, aunque se requieren normalmente muchas cosas para alcanzar un resultado exitoso, la *voluntad* de hacer lo que se requiere agrega otra dimensión a la mezcla de factores que nos ayudan a perseverar ante retos abrumadores, problemas, dolor e incluso lesiones personales.

EL DOLOR ES SOLO TRANSITORIO... LOS BENEFICIOS SON PARA SIEMPRE

Recuerdo cuando, en los Juegos Olímpicos de Verano de 1976, la competencia gimnástica masculina captó la atención del mundo entero. Con el rugir de la multitud como música de fondo, Shun Fujimoto de Japón ejecutó un triple salto mortal perfecto, un giro y un desmonte impecable de los anillos para hacerse acreedor de la medalla de oro en gimnasia colectiva. Con su rostro contorsionado por el dolor y sus compañeros de equipo conteniendo el aliento, Fujimoto desempeñó una rutina casi impecable logrando un aterrizaje sorprendente y perfecto, sobre una rodilla derecha *fracturada*. Fue una extraordinaria muestra de valor y compromiso.

Al ser entrevistado después del triunfo, Fujimoto reveló que aunque se había lesionado la rodilla durante un ejercicio de manos libres, a medida que la competencia avanzaba fue evidente que la medalla de oro para el equipo se decidiría con la prueba de los anillos, en la que él se desempeñaba mejor. «El dolor me traspasaba como una lanza», dijo. «Se me salían las lágrimas. Pero ahora tengo la medalla de oro y ya no hay dolor».

¿Qué le dio a Fujimoto el extraordinario valor ante un dolor intolerable y un riesgo muy real de una lesión grave? Su voluntad de pagar el precio y probablemente una larga historia de esfuerzo día tras día en el camino a merecerse un lugar para competir en los Juegos Olímpicos.

¡PRACTICAR, PRACTICAR, PRACTICAR!

Cuando jugué con Michael Jordan en el equipo olímpico, había una enorme brecha entre su capacidad y la de los otros excelentes integrantes del equipo. Pero lo que más me impresionó fue que siempre era el primero en llegar a la cancha y el último en irse.

STEVE ALFORD
Ganador de la medalla de oro olímpica, jugador de la NBA y principal entrenador de básquetbol de la Universidad de Iowa

Antes de llegar a ser senador por el estado de New Jersey, Bill Bradley fue un sorprendente jugador de básquetbol. Un deportista all-American [destacadísimo] de la Universidad de Princeton, ganó una medalla de oro olímpica en 1964, jugó en los campeonatos de la NBA con los New York Knicks, ingresó al Salón de la Fama del Básquetbol. ¿Cómo hizo para tener tanto éxito en su deporte? Bien, en primer lugar, durante sus años de secundaria, practicó cuatro horas diarias, sin falta.

En sus memorias de 1996, *Time Present, Time Past* [Tiempo presente, tiempo pasado), Bradley hace el siguiente recuento de su rutina de entrenamiento de básquetbol impuesta por sí mismo: «Me quedaba a practicar después de que mis compañeros de equipo se iban. Mi rutina de práctica tenía que terminar con quince canastas seguidas desde cada uno de los cinco puntos de la cancha». Si perdía un lanzamiento, empezaba de nuevo desde el principio. Continuó con esa práctica todos sus años de universidad y toda su carrera profesional.

Desarrollaba esa sólida dedicación a la práctica cuando iba a los campamentos de verano de básquetbol patrocinados por «Easy», Ed Macauley de los St. Louis Hawks, donde aprendió la importancia de practicar: «Cuando uno no está practicando, otro lo está haciendo. Y cuando los dos se encuentran, dada una habilidad relativamente igual, ganará el que practicó». Bill tomó ese consejo a pecho. Las horas de duro trabajo dieron resultado. Bill Bradley anotó más de 3.000 puntos en cuatro años de básquetbol en la secundaria.

LOS ATLETAS OLÍMPICOS PAGAN EL PRECIO

Aprendí que la única forma de alcanzar algo en la vida es esforzarse por lograrlo. Ya se trate de un músico, un escritor, un atleta o un empresario, no hay otra forma de hacerlo. Si lo hace, triunfará; si no lo hace, no lo logrará.

BRUCE JENNER
Ganador de la medalla de oro olímpica en el decatlón

Según John Troup, en un artículo publicado en *USA Today:* «El atleta olímpico promedio entrena cuatro horas al día, al menos 310 días al año, durante seis años, antes de triunfar. Mejorar comienza con la práctica diaria. Para las 7:00 a.m. la mayoría de los atletas han hecho más de lo que muchos otros hacen en un día... dados iguales talentos, el atleta mejor entrenado generalmente puede superar al que no puso todo su empeño y, casi siempre, el que mostraba una mayor confianza, se esforzó en serio y por lo general tiene un mayor grado de confianza dentro del grupo al inicio de la competencia. Durante los cuatro años anteriores a los Juegos Olímpicos, Greg Louganis probablemente practicó cada uno de sus clavados 3.000 veces. Kim Zmeskal tal vez practicó cada uno de los movimientos de su rutina gimnástica al menos 20.000 veces y Janet Evans había completado más de 24.000 piscinas. El entrenamiento da resultado pero no es fácil ni simple. Los nadadores entrenan un promedio de diez millas por día a velocidades de cinco millas por hora en la piscina. Tal vez eso no parezca una gran velocidad, pero sus frecuencias cardiacas alcanzan 160 durante todo el tiempo que permanecen en la piscina. Intente subir las escaleras corriendo y luego compruebe su frecuencia cardiaca. Imagine, entonces, lo que es tener que hacer eso ¡durante cuatro horas! Quienes corren el maratón alcanzan un promedio de 160 millas por semana a diez millas por hora».★

★ *John Troup, USA Today,* 29 de julio de 1992.

Piense en el programa de entrenamiento de Michael Phelps, que tiene veintidós medallas y es el atleta olímpico más laureado de todos los tiempos. Él estaba por lo general en la piscina antes de las 6:30 a.m., donde nadaba un promedio de seis horas al día, lo que equivale a unas ocho millas diarias. Nadaba seis días a la semana, incluyendo los festivos. Además del tiempo que pasaba en la piscina, levantaba pesas para añadir velocidad explosiva a su régimen, dedicando una hora durante tres días a la semana a esa actividad, así como una hora por tres días a la semana para estirar sus músculos.

Aunque pocos de quienes lean este libro llegarán a ser atletas olímpicos o querrán serlo, usted puede alcanzar un nivel de clase mundial en cualquier cosa que haga si le dedica la disciplina necesaria para sobresalir en el oficio, arte o profesión que elija. Para ganar en cualquier deporte al que se dedique, tendrá que estar dispuesto a pagar el precio.

No es la voluntad lo que importa, todos la tienen.
Lo que importa es la voluntad de prepararse para ganar.

PAUL «BEAR» BRYANT
El entrenador de fútbol universitario con mayor número de triunfos, que logró 323 victorias, incluyendo seis campeonatos nacionales y trece títulos de la Southeastern Conference

PRACTIQUE COSAS ESPECÍFICAS DE MANERA CONGRUENTE

La práctica no es algo que haces una vez que estás bien.
Es algo que haces y que te hace bien.

MALCOLM GLADWELL
Autor de *Fueras de serie: La historia del éxito*

Mientras que muchos atletas, músicos, bailarines, cómicos y otras personas dotadas practican sus habilidades deportivas, sus modalidades de danza y otras rutinas de forma habitual, la doctora Christine Carter —socióloga del Greater Good Science Center [Centro para una mejor ciencia] de la Universidad de California en Berkeley—, afirma que los atletas de élite difieren en su manera de abordar su tiempo de práctica. No solo quienes tienen un mejor desempeño practican más que las personas de talento promedio, sino que pasan horas y horas en lo que ella denomina «práctica deliberada». En lugar de manotear simplemente el teclado de un piano porque es divertido, practican para lograr metas específicas, como interpretar por ejemplo una nueva pieza que esté fuera de su alcance. En un principio, prosigue la doctora Carter, también pueden poner en práctica una nueva frase, o incluso una sola medida una y otra vez.★

Aunque la práctica deliberada rara vez es placentera y suele ser difícil y aburrida, la disposición de un artista de élite para practicar de esta manera orientada hacia las metas es lo que distingue a los más altos exponentes en su campo de las personas que simplemente son buenas en algo. En otras palabras, ellos no solo practican por diversión; practican cosas específicas de forma continua durante un largo período de tiempo. Piense en esta cita de Geoffrey Colvin, autor de *El talento está sobrevalorado: Las auténticas claves del éxito personal*:† «La realidad de que la práctica deliberada es difícil, puede ser vista incluso como una buena noticia. Esto significa que la mayoría de las personas no lo hará. Así que su voluntad de hacerlo lo distinguirá a usted aún más».

Lo que es más, numerosos estudios actuales muestran que este compromiso con *la práctica hacia una meta específica* es lo que ayuda a los atletas de élite a superar la falta de talento innato o las deficiencias de sus cuerpos, ya que la práctica congruente puede ayudar a desarrollar mejores características físicas, tales como un tono perfecto, articulaciones más flexibles, octavas más altas ¡y otros atributos!

El legendario violinista Isaac Stern fue abordado en cierta ocasión por una mujer de edad mediana después de un concierto. Ella dijo emocionada: «¡Ah, daría mi vida por tocar como usted!». «Señora», repuso Stern sarcásticamente, «¡eso fue lo que hice!».

DECIDIDO A CONVERTIRSE EN ARTISTA A CUALQUIER COSTO

En los años setenta Wyland era el clásico artista muerto de hambre que le apostó todo a su sueño. Pintaba y se iba abriendo camino a codazos. Montaba exposiciones en su escuela secundaria y vendía pinturas originales por

---

★ http://www.positivelypositive.com/2013/09/15/a-new-theory-of-elite-performance.
† Recomiendo altamente leer *El talento está sobrevalorado*, de Geoffrey Colvin (Barcelona: Ediciones Gestión, 2000); *El pequeño libro del talento*, de Daniel Coyle (Barcelona: Conecta, 2013); y *Fueras de serie*, de Malcolm Gladwell (Madrid: Taurus, 2009) para obtener más información sobre el poder de la práctica deliberada.

solo treinta y cinco dólares, sabiendo que la única forma de surgir como artista era vendiendo sus pinturas por lo que le dieran y así ganar dinero suficiente para comprar los instrumentos necesarios para seguir pintando.

Entonces, un día, el que sería el momento decisivo para el joven artista, su madre le dijo: «El arte no es un trabajo, es una afición. Ahora sal y búscate un trabajo de verdad». Al día siguiente, lo llevó a la oficina de desempleados en Detroit y lo dejó allí. Pero, para desgracia de Wyland, fue despedido de tres trabajos diferentes en tres días consecutivos. No podía concentrarse en las aburridas rutinas de una fábrica: quería crear y pintar. Una semana después, armó un estudio en el sótano y trabajó día y noche para crear un portafolio que a fin de cuentas le ayudó a obtener una beca completa para la escuela de bellas artes en Detroit.

Wyland pintaba cada momento que tenía y logró vender algunas de sus obras; sin embargo, durante muchos años, solo obtuvo lo suficiente para sobrevivir. Pero, como estaba decidido a que el arte era todo lo que quería, siguió trabajando centrado en su oficio.

Un día, Wyland se dio cuenta de que tenía que ir donde otros artistas prosperaban y donde surgían nuevas ideas. Su destino fue la famosa colonia de arte de Laguna Beach en California y, con su sueño muy claro ante sus ojos, se mudó a un atiborrado y pequeño estudio en el que trabajó y vivió por varios años. Por fin, lo invitaron a participar en el festival de arte anual donde aprendió a hablar sobre su obra y a interactuar con los coleccionistas. Poco después, las galerías de Hawái lo descubrieron pero solían vender sus pinturas sin siquiera pagarle, con la excusa de que sus gastos de operación eran altos. Frustrado por terminar vendiendo pinturas a un alto precio solo para que el dinero desapareciera, Wyland se dio cuenta de que tenía que ser el dueño de sus propias galerías. En sus propias galerías podría controlar todos los aspectos de la venta de sus obras, desde cómo enmarcarlas y colgarlas hasta cómo se vendían y por quién. Ahora, treinta y seis años después de haber abierto su primera galería en Laguna Beach, realiza hasta 1.000 obras de arte al año (algunas de las cuales vende por 200.000 dólares), crea colaboraciones artísticas con la gente de Disney, es dueño de cuatro casas en Hawái, California y Florida y tiene la vida que siempre soñó.

Tal vez usted, al igual que Wyland, quiera convertir su afición en su profesión. Puede alcanzar un alto grado de éxito haciendo lo que le gusta si está dispuesto a pagar el precio. «Al comienzo, hay que sufrir un poco», dice Wyland, «cediendo ante todos los demás. Pero no hay nada mejor que lograr al fin el éxito en nuestros propios términos».

DISPOSICIÓN PARA HACER LO QUE SEA NECESARIO

Gordon Weiske encontró su pasión a una edad temprana. Cuando tenía seis años, sus padres lo llevaron a ver su primera película: *Encuentros cercanos del tercer tipo*. Dos horas después, supo que lo que quería hacer con su vida: hacer películas.

Gordon creció en Toronto, Canadá, y durante la escuela secundaria hizo algunos cortometrajes con amigos utilizando equipos antiguos, pero que le bastaron para rodar un demo que le valió ser aceptado en un prestigioso programa cinematográfico en una universidad canadiense. Le fue bien allí hasta su tercer año, cuando tomó una decisión que amenazó con descarrilarlo del camino hacia su sueño.

Con apenas tres salas de edición disponibles para que 150 estudiantes editaran sus películas, Gordon no pudo reservar una en muchas ocasiones.

Fue entonces cuando decidió tomar el asunto en sus propias manos, robándole una tarjeta de pase de seguridad a uno de sus profesores para poder entrar y trabajar desde la medianoche hasta las cinco de la mañana con el fin de terminar su película. Durante la primera semana todo salió bien. Cuando llegó la siguiente, invitó a dos de sus amigos a las salas de edición contiguas para que pudieran trabajar en sus proyectos de cine. Sin embargo, en la tercera semana, después de haber terminado los proyectos, decidieron celebrar en su refugio secreto con sus novias y alcohol. En el clímax de la fiesta, la policía del campus los sorprendió, y Gordon fue expulsado de la universidad.

Gordon se encontró de repente sin un grado y con una acusación pendiente por invasión de propiedad. Queriendo entrar todavía a la industria del cine, reunió la poca confianza que le quedaba y salió a tocar todas las puertas de los estudios en busca de un empleo. ¡De cualquiera! Aunque se ofreció a trabajar gratis, se encontró con la misma respuesta estereotipada de siempre: «*No nos llames, chico... ¡Nosotros te llamaremos!*». Pasaron dos semanas y su teléfono no sonó ni una vez. Luego comprendió. *Si quiero tener éxito en esta industria, tendré que destacarme de todos los demás y nunca aceptar un no por respuesta.*

En ese momento, Toronto no contaba todavía con grandes estudios, y la mayoría de las oficinas de producción estaban situadas en siderúrgicas viejas y sucias, que habían sido habilitadas como estudios de sonido. Esto es difícil de imaginar ahora, pero los lugares eran tan precarios que cada vez que llovía, la producción de una película se detenía debido a que el sonido replicaba las gotas de lluvia que caían a cántaros en los tejados de estaño.

Al ver tanta suciedad, Gordon volvió a visitar por segunda vez cada uno de los destartalados estudios y oficinas de producción que lo habían rechazado, esta vez armado con una botella de Windex y un rollo de toallas de papel, y pidió permiso para limpiar los baños. Algunos se rieron, pues no sabían si hablaba en serio o no, mientras que otros aceptaron complacidos y añadieron: «Pero, chico... ¡No te vamos a contratar todavía!».

Gordon hizo eso diariamente durante una semana, limpiando religiosamente el más sucio de los baños de aquellas oficinas, y que alguna vez había sido utilizado por trabajadores siderúrgicos. Gordon encontró mugre encima de la mugre, pero trabajó hasta dejar todo reluciente como porcelana. También se aseguró de dejar su número telefónico y su nombre, porque una cosa que había aprendido sobre el negocio del cine era la importancia de este nombre. De hecho, en el respaldo de cada puerta de baño, añadió el siguiente letrero a su *currículo* cinematográfico:

SANITARIO LIMPIADO POR GORDON.
BUSCANDO ENTRAR AL MUNDO DEL CINE.
¡TRABAJARÉ POR COMIDA!

A pesar de que su hoja de vida y su experiencia en el cine era poca, se aseguró de que su trabajo hablara por él haciendo que fueran los baños más limpios de la ciudad. Piense en eso. Qué lugar más ideal para colgar su hoja de vida y llamar la atención dedicada de alguien que está sentado en el inodoro sin nada más que hacer que leer lo que está colgado enfrente.

En esa época —algo que no sabía Gordon—, había un equipo de productores de Los Ángeles explorando Toronto para ver si la ciudad era una opción adecuada para Boston, el escenario de una película que estaban buscando rodar. Resultó que, en todas las oficinas de producción que visitaron, los productores vieron una hoja de vida en el interior del compartimento del inodoro. En realidad, eso se convirtió en un juego, pues ellos miraban en cada baño de las oficinas de producción para ver si la hoja de vida de Gordon estaba colgada allí.

Una noche sonó el teléfono de Gordon, y fue contratado por los productores de Los Ángeles durante dos semanas; trabajó sin problemas haciéndoles mandados a cambio de comida y dinero para gasolina. Cuando las dos semanas llegaron a su fin, lo llamaron a su habitación en el hotel y compartieron las buenas noticias con él. La película acababa de recibir luz verde y se llamaría *En busca del destino*. Una noticia aun mejor: los productores nombraron a Gordon como asistente personal de Matt Damon y Ben Affleck, que en ese momento eran dos actores relativamente desconocidos, pero que estaban a punto de convertirse en superestrellas.

Debido a su disposición para pagar un precio y hacer todo lo que fuera necesario, un mes luego de ser expulsado de la escuela de cine y de ver sus sueños destrozados, ¡Gordon terminó trabajando en una película ganadora de un Oscar que cambió su vida!

Tras el éxito de *En busca del destino*, Gordon pasó a trabajar en una larga lista de éxitos de taquilla de Hollywood para algunos de los grandes nombres de la industria, incluyendo a Steve Martin, Hugh Jackman, John Travolta, Charlize Theron, Gene Hackman, Michelle Pfeiffer, Helen Mirren , Forest Whitaker y Morgan Freeman.

En 2011, a Gordon le pidieron que se uniera al equipo de desarrollo de DreamWorks, y que trabajara junto a su héroe favorito, Steven Spielberg, el director de *Encuentros cercanos del tercer tipo*, la película que había inspirado originalmente su sueño. Actualmente, Gordon es el presidente de Canwood Entertainment, una empresa global de entretenimiento con sede en Toronto, Canadá.

¿Y la parte más dulce de la historia? Gordon no solo ha sido invitado muchas veces a hablarles a los graduandos de la universidad que lo expulsó, ¡sino que desestimaron todos los cargos por invasión de propiedad!

INVERTIR EL TIEMPO NECESARIO

El gran secreto de la vida es que no hay ningún secreto. Cualquiera que sea tu meta, puedes alcanzarla si estás dispuesto a trabajar.

OPRAH WINFREY
Presentadora de televisión, actriz, productora, autora y filántropa

Parte de pagar el precio es estar dispuesto a hacer lo que se requiere para llevar a término el trabajo, sin importar lo que haya que hacer, cualquiera que sea el tiempo que requiera, cualesquiera que sean los inconvenientes que surjan. Usted se responsabiliza de los resultados que pretende lograr. Sin excusas, solo un desempeño de clase mundial o unos resultados sobresalientes en los que se pueda contar. Considere lo siguiente:

- Ernest Hemingway reescribió treinta y nueve veces su obra *Adiós a las armas*. Esta dedicación a la excelencia lo llevaría más tarde a ganar los premios Pulitzer y Nobel de literatura.
- M. Scott Peck recibió solo 7.500 dólares de anticipo por *El camino personal*; sin embargo, estuvo dispuesto a pagar el precio por concretar su sueño. Durante el primer año, después de la publicación del libro, participó en mil entrevistas de radio para anunciar y promover su obra. Continuó haciendo un mínimo de una entrevista por día durante los siguientes trece años y mantuvo el libro en la

lista de *best sellers* del *New York Times* por más de 694 semanas (un tiempo récord) y vendió más de diez millones de ejemplares en más de veinte idiomas.

- Michael Crichton es el creador de la serie de televisión *ER* [Sala de emergencias] ganadora del premio Emmy. Sus libros han vendido más de doscientos millones de ejemplares en treinta idiomas y catorce de ellos se han convertido en películas, siete de las cuales han sido dirigidas por él mismo. Sus libros y películas incluyen *Jurassic Park, The Andrómeda Strain, Congo, Twister* y *Westworld*. Es el único que ha tenido a la vez el libro más vendido, la película más vista y el programa de televisión número uno en Estados Unidos. Con todo su talento natural, Michael todavía sostiene que «los libros no se escriben, se reescriben... Es una de las cosas más difíciles de aceptar, especialmente después de la séptima vez que se reescribe y aún no está totalmente terminado».

El talento cuesta menos que la sal de mesa. Lo que separa a la persona talentosa de la exitosa es una considerable cantidad de trabajo y esfuerzo.

STEPHEN KING
Autor de *best sellers,* con más de cincuenta libros publicados, muchos de
los cuales se han llevado al cine, como: *Carrie, Cujo* y *La milla verde*

LO IMPORTANTE ES ADQUIRIR IMPULSO

Cuando la NASA lanza un cohete de Cabo Cañaveral, este utiliza un alto porcentaje de su carga total de combustible solo para superar la fuerza de gravedad de la tierra. Una vez que lo ha logrado, puede virtualmente deslizarse por el espacio por el resto de su trayectoria. De igual forma, el atleta aficionado suele dedicarse a entrenar día tras día, año tras año, con disciplina espartana. Sin embargo, una vez que ha ganado una medalla de oro o un campeonato mundial, las ofertas para endosar productos, los contratos como vocero de empresas, los compromisos para dictar conferencias, los acuerdos para ventas de artículos al pormenor y otras oportunidades de negocios comienzan a llegar a raudales, permitiéndole desacelerar, hasta cierto punto y aprovechar, el impulso adquirido en el curso de su carrera.

Al igual que en cualquier negocio o profesión, una vez que se ha pagado el precio de establecerse como experto, como persona íntegra que entrega resultados de alta calidad a tiempo, se cosechan los beneficios de ese esfuerzo por el resto de la vida. Cuando empecé como orador, nadie me conocía. A medida que fui dando más y más conferencias y seminarios, que ofrecían los resultados que el cliente esperaba, mi reputación fue creciendo. Tenía un archivo lleno de entusiastas cartas testimoniales y una larga trayectoria de credibilidad que se fue acumulando a lo largo de muchos años de ofrecer conferencias y charlas gratis hasta que perfeccioné mi arte. Lo mismo ocurrió con los libros que escribí. Me tomó muchos años llegar a hacerlo bien.

Cuando se trabaja en mercadeo en red, al comienzo hay que invertir incontables horas, sin recibir lo que vale ese trabajo. Es posible que haya que trabajar meses enteros sin recibir un ingreso real pero, a fin de cuentas, el efecto multiplicador de la creciente línea descendente comienza a surtir efecto y, de pronto, uno se encuentra ganando mucho más dinero del que jamás imaginó.

Crear impulso es parte importante del proceso del éxito. De hecho, las personas de éxito saben que si se está dispuesto a pagar el precio al comienzo, se podrán cosechar los beneficios por el resto de la vida.

NECESIDAD DE PASAR POR EL PERÍODO DE INEPTITUD

El consultor de negocios Marshall Thurber sostiene que: «Cualquier cosa que valga la pena hacer bien, vale la pena hacerla mal al comienzo». ¿Recuerda cuando aprendió a conducir un automóvil, a montar en bicicleta, a interpretar un instrumento musical, o a practicar un deporte? Desde el principio sabía que al comienzo le iba a costar mucho trabajo. Supuso que su ineptitud era solo parte de lo que se necesitaba para aprender la nueva habilidad que deseaba adquirir.

No debe sorprenderle, por lo tanto, que esa ineptitud inicial se aplique a cualquier cosa que emprenda y que, por lo tanto, debe estar dispuesto a pasar por esa etapa de falta de experiencia a fin de convertirse en experto. Los niños se dan ese lujo. Pero, tristemente, cuando llegamos a la edad adulta, solemos sentir tanto miedo a equivocarnos que no nos permitimos ser ineptos y, por consiguiente, no aprendemos como lo hacen los niños. Tenemos demasiado temor a hacer las cosas mal.

Aprendí a esquiar cuando tenía más de cuarenta años y, al comienzo francamente, lo hacía bastante mal. Con el tiempo, después de tomar clases, fui mejorando.

Inclusive, la primera vez que besé una muchacha, me resultó bastante incómodo. Pero para adquirir una nueva destreza o mejorar en *cualquier cosa* que hagamos hay que estar dispuestos a seguir adelante aunque por un tiempo parezcamos tontos y nos sintamos estúpidos.

DETERMINE EL PRECIO QUE TENDRÁ QUE PAGAR

Claro está que si no sabe cuál es el precio, no podrá decidir si estará dispuesto a pagarlo. A veces, el primer paso consiste en investigar las etapas que se requerirán para alcanzar la meta que deseamos.

Por ejemplo, muchos —tal vez usted entre ellos— dicen que desean tener un yate. Sin embargo, ¿ha averiguado alguna vez cuánto dinero tendría que ganar para poder comprarlo... o cuánto le costaría mantener el yate en el puerto en su marina... o cuánto es el costo de su mantenimiento mensual, el combustible, el seguro y la licencia? Tal vez tenga que investigar qué costos tuvieron que pagar otros por lograr sueños similares a los suyos. Es posible que quiera elaborar una lista de varias personas que ya hayan hecho lo que usted quiere hacer y entrevistarse con ellas para saber qué sacrificios tuvieron que hacer para lograrlo.

Tal vez descubra que algunos de los costos son más altos de lo que está dispuesto a pagar. Quizás no quiera arriesgar su salud, sus relaciones o los ahorros de toda su vida por una determinada meta. Tendrá que sopesar todos los factores. Tal vez el trabajo de sus sueños no justifique poner en juego su matrimonio o sus hijos, o arriesgarse a perder la estabilidad de su vida. Solo usted puede decidir qué le conviene y qué precio *usted* está dispuesto a pagar. Tal vez, en último término, lo que desea no le convenga. Pero, si le conviene, investigue qué debe hacer y póngalo en marcha.

¡PIDA! ¡PIDA! ¡PIDA!

Tiene que pedir. En mi opinión, pedir es el secreto más potente
y más olvidado para alcanzar el éxito y la felicidad.

PERCY ROSS
Millonario por mérito propio y filántropo

La historia está llena de ejemplos de fortunas increíbles y asombrosos beneficios recibidos por el simple hecho de pedirlos. No obstante, por mucho que sorprenda, pedir —uno de los principios de éxito más potente de todos— sigue siendo un reto ante el que muchos se echan atrás. Sin embargo, si no le da miedo pedir cualquier cosa a cualquier persona, puede pasar este capítulo por alto. En cambio, si es como la mayoría, puede ser que se esté reprimiendo y esté dejando de pedir la información, la ayuda, el apoyo, el dinero y el tiempo que requiere para cumplir su visión y convertir en realidad sus sueños.

POR QUÉ DA MIEDO PEDIR

¿Por qué da tanto miedo pedir? Son muchas las cosas que la mayoría teme, como ser considerados indigentes, que los crean locos y parecer tontos. Sin embargo, el mayor temor es enfrentar el rechazo. Temen oír la palabra *no*.

Lo triste es que se están rechazando ellos mismos de antemano. Se están diciendo ellos mismos que no, antes de que otro haya tenido la oportunidad de hacerlo.

Cuando era estudiante de postgrado en la facultad de educación de la Universidad de Chicago, participé en un grupo de autodesarrollo con veinte personas más. Durante uno de los ejercicios, uno de los hombres pidió a una de las mujeres que le dijera si lo encontraba atractivo. Quedé sorprendido por la osadía de la pregunta y a la vez sentí vergüenza por quien la planteaba, temiendo la respuesta que pudiera recibir. El hecho fue que ella

le respondió que sí. Animado por su éxito, yo me atreví a preguntarle si *me*
encontraba atractivo. Después de ese pequeño ejercicio para aprender a «hacer preguntas osadas» varias de las mujeres nos dijeron que no podían creer
que a los hombres les diera tanto miedo invitar a una mujer a salir. Una de
ellas nos dijo: «Ustedes se dicen que no antes de darnos la oportunidad de
hacerlo. Atrévanse, es posible que digamos que sí».

No suponga que la respuesta va a ser no. Atrévase a pedir lo que necesite y lo que quiera. Si le dicen que no, no estará en situación peor que
cuando empezó. Si le dicen que sí, estará en una situación mucho mejor.
Solo por estar dispuesto a preguntar, puede obtener un aumento de sueldo,
una donación, una habitación con vista al mar, un descuento, una muestra
gratis, una cita para salir, una mejor asignación de trabajo, el pedido que
desea obtener, una fecha de entrega más conveniente, una prórroga, tiempo
libre o ayuda con el trabajo del hogar.

CÓMO PEDIR LO QUE SE DESEA

Hay una ciencia específica para pedir y obtener lo que se desea o se necesita en la vida, y Mark Victor Hansen y yo hemos escrito todo un libro al
respecto. Además, aunque le recomiendo que aprenda más leyendo nuestro
libro *El factor Aladino*, las siguientes son unas cuantas indicaciones rápidas
para empezar:

1. **Pida como si esperara recibir.** Pida con una expectativa positiva. Pida como si ya se lo hubieran dado. Es un trato hecho. Pida
   como si esperara un sí por respuesta.
2. **Suponga que puede.** No empiece con la suposición de que no
   lo va a obtener. Si va a suponer, suponga que *puede* conseguir una
   mejora. Suponga que *puede* lograr que le den la mesa al pie de
   la ventana. Suponga que *puede* devolver el artículo aunque haya
   perdido el recibo de compra. Suponga que *puede* obtener una
   beca, que *puede* obtener un aumento de sueldo, que *puede* conseguir los boletos aunque falten pocos días para el viaje o para la
   función de teatro. Nunca suponga en contra suya.
3. **Pídale a quien esté en capacidad de darle lo que usted**
   quiere. Califique a la persona. «¿Con quién tendría que hablar
   para conseguir...?». «¿Quién está autorizado para tomar una decisión acerca de...?». «¿Qué tendría que ocurrir para que pueda
   conseguir...?».

4. Sea claro y específico. En mis seminarios, suelo preguntar: «¿Quién desea tener más dinero?». Elijo a alguien que haya levantado la mano y le doy un dólar. Le digo: «Ahora tiene más dinero. ¿Está satisfecho?».

Por lo general, esa persona responde: «No, quiero más que esto».

Entonces, le doy un par de monedas y le pregunto: «¿Basta con eso?».

«No, quiero más que eso».

«Muy bien, ¿cuánto más quiere? Podríamos seguir jugando este juego de "más" por varios días y nunca llegar a lo que usted desea».

Por lo general, la persona me da una cifra específica y luego les hago ver lo importante que es ser concretos. Los pedidos vagos producen resultados vagos. Sus pedidos deben ser específicos. Cuando se trata de dinero, hay que pedir una suma determinada.

No diga: Deseo un aumento.
Diga: Deseo un aumento de 500 dólares al mes.

Cuando se trata del *momento* en que quiere que algo se haga, no diga «pronto» o «cuando le resulte más conveniente». Indique una fecha y hora específicas.

No diga: Quisiera pasar un tiempo contigo el fin de
            semana.
Diga: Quisiera que saliéramos a cenar y fuéramos al
            cine el sábado en la noche. ¿Te parece bien?

Cuando se trata de una solicitud relacionada con una conducta, sea específico. Diga exactamente qué quiere que la otra persona haga.

No diga: Quiero más ayuda en el trabajo de la casa.
Diga: Quiero que me ayudes a lavar los platos todas
            las noches después de la comida y que saques la
            basura los lunes, miércoles y viernes en la noche.

5. Pida en forma repetitiva. Uno de los más importantes principios del éxito es ser persistente, no darse por vencido. Siempre que esté pidiendo a otros que participen en el cumplimiento de sus metas, algunos dirán que no. Pueden tener otras prioridades, otros compromisos u otras razones para no participar. No es nada que tenga relación con usted.

Acostúmbrese a la idea de que va a encontrar muchos rechazos en su camino hacia el premio final. La clave está en no darse por vencido. Cuando alguien diga no, siga pidiendo. ¿Por qué? Porque cuando usted sigue pidiendo, aun a la misma persona, una y otra vez, es posible que en un momento dado obtenga un sí.

> Otro día
> Cuando esa persona esté de mejor humor
> Cuando usted tenga nuevos datos que mostrar
> Después de que usted haya probado su compromiso con ellos
> Cuando las circunstancias sean otras
> Cuando usted haya aprendido mejor cómo cerrar una venta
> Cuando la persona le tenga mayor confianza
> Cuando haya pagado sus cuotas vencidas
> Cuando haya mejorado la situación económica

Es posible que los niños entiendan mejor que cualquiera este principio del éxito. Piden lo mismo a la misma persona una, otra y otra vez sin vacilar. Al fin esa persona se rinde por cansancio.

En una oportunidad leí una historia en la revista *People* acerca de un hombre que le pidió a la misma mujer más de treinta veces que se casara con él. Sin importar cuántas veces le había dicho que no, se lo pedía una y otra vez, hasta que ¡ella dijo sí!

UNA ESTADÍSTICA QUE DICE MUCHO

Herbert True, especialista en mercadeo de la Universidad de Notre Dame, pudo determinar que:

- Cuarenta y cuatro por ciento de todos los vendedores se da por vencido después de la primera llamada.
- Veinticuatro por ciento se da por vencido después de la segunda llamada.
- Catorce por ciento se da por vencido después de la tercera llamada.
- Doce por ciento deja de intentar venderle algo a ese posible cliente después de la cuarta llamada.

Esto significa que noventa y cuatro por ciento de los vendedores se dan por vencidos a la cuarta llamada. Sin embargo, sesenta por ciento de todas las ventas se hacen *después* de la cuarta llamada. Esta reveladora estadística demuestra que noventa y cuatro por ciento de los vendedores no se dan la oportunidad con el sesenta por ciento de los posibles compradores.

Es posible que tenga la capacidad, ¡pero también tiene que tener la tenacidad! Para tener éxito tiene que ¡pedir!, ¡pedir!, ¡pedir!, ¡pedir!, ¡pedir!

PEDID Y SE OS DARÁ

Hace unos años, Sylvia Collins viajó desde Australia a Santa Bárbara para asistir a uno de mis seminarios de una semana y allí aprendió acerca del poder de pedir. Un año después me escribió la siguiente carta:

> Estoy vendiendo nuevos proyectos urbanísticos en la Costa de Oro y trabajo con un equipo de personas que se encuentran todas en la segunda década de la vida. Las destrezas que adquirí en sus seminarios me han ayudado en mi desempeño y me han permitido ¡formar parte activa de un equipo ganador! Debo contarle el impacto que ha tenido en esta oficina el elevar el nivel de autoestima y ¡no tener miedo a pedir!
>
> En una reciente reunión de personal, nos preguntaron qué querríamos hacer para nuestro día mensual del reforzamiento del trabajo en equipo. Pregunté a Michael, el director administrativo: «¿Cuál sería la meta que tendríamos que alcanzar para que nos lleve a una isla por una semana?».
>
> Todos los asistentes a la reunión quedaron en silencio con los ojos fijos en mí; era evidente que mi pregunta estaba fuera de la zona de confort de todos los que se encontraban alrededor de la mesa. Michael los miró a todos y luego me miró a mí y dijo: «Bueno, si llegan a... (y ahí fijó una meta financiera), ¡llevaré al equipo (éramos diez) al *Great Barrier Reef*!».
>
> Bueno, al mes siguiente alcanzamos la meta y nos fuimos para Lady Elliott Island por cuatro días —pasajes aéreos, alojamiento, alimentación y actividades, todo pagado por la compañía. Pasamos los cuatro días más sorprendentes: hicimos snorkel juntos, hicimos fogatas en la playa, nos hicimos bromas ¡y nos divertimos muchísimo!
>
> Después, Michael nos dio otra meta y dijo que nos llevaría a Fiji si la cumplíamos; y ¡la logramos en diciembre!

AL PEDIR, NADA TIENE QUE PERDER
Y SÍ MUCHO QUE GANAR

Para tener éxito, hay que correr riesgos, y uno de ellos es estar dispuesto a encontrarse con un rechazo. El siguiente es un correo electrónico que recibí de Donna Hutcherson, que me oyó hablar durante la convención de su compañía en Scotsdale, Arizona.

> Mi esposo, Dale, y yo tuvimos la oportunidad de escucharlo en la convención en Walsworth a principios de enero... Dale asistió como cónyuge... le impresionó especialmente lo que usted dijo acerca de que nada se pierde con preguntar o intentar. Después de oír su conferencia, se propuso lograr una de las metas de su vida (uno de los mayores deseos de su corazón), un puesto como principal entrenador de fútbol. Presentó su solicitud para cuatro vacantes dentro de mi territorio de ventas y, al día siguiente, lo llamaron de Sebring High School y le recomendaron que llenara la solicitud en la Internet. Lo hizo de inmediato y esa noche prácticamente no pudo dormir. Después de dos entrevistas, lo eligieron de entre sesenta y un aspirantes. Hoy, Dale aceptó el cargo como entrenador principal en Sebring High School de Sebring, Florida.
>
> Gracias por su visión e inspiración.

Un año más tarde recibí otro correo electrónico de Donna. Después de encargarse de un programa que tenía ya varias temporadas previas con un récord de un partido ganado y nueve perdidos (y la reputación de darse por vencidos), Dale llevó al equipo a un récord de triunfos (con cuatro partidos ganados, después de que los cuatro habían empezado con su equipo en desventaja, logrando las anotaciones del triunfo en los últimos tres minutos), un campeonato del condado y solo el tercer playoff en los setenta y ocho años de historia del colegio.

Además, lo nombraron Entrenador del Año del Condado y Personaje Deportivo del Año. Lo más importante es que cambió las vidas de muchos de los jugadores, miembros del personal y estudiantes con quienes trabajó.

¿ME DARÍA DINERO?

En 1997, Chad Pregracke, de veintiún años, emprendió solo la misión de limpiar el río Mississippi. Comenzó con un bote de veinte pies y sus dos manos.

Cuando Chad se dio cuenta de que necesitaría más que su bote de veinte pies —barcazas, camiones y equipo— pidió ayuda a los funcionarios estatales y locales, pero no obtuvo respuesta. Sin dejarse disuadir, Chad recurrió al directorio telefónico, buscó en las listas de empresas y llamó a Alcoa, «porque» relata, «comenzaba con A».

Armado solo de su apasionado compromiso con su sueño, Chad pidió hablar con el «jefe». Al cabo de un tiempo, Alcoa le dio 8.400 dólares. Más adelante, continuando aún con la A, llamó a Anheuser–Busch. Como se informó en la revista *Smithsonian,* Mary Alice Ramírez, directora de la oficina de ayuda comunitaria ambiental de Anheuser–Busch, recuerda así su primera conversación con Chad:

—¿Me daría algún dinero? —preguntó Chad.

—¿Quién es usted? —respondió la señora Ramírez.

—Quiero eliminar toda la basura del río Mississippi» —dijo Chad.

—¿Puede mostrarme una propuesta? —le preguntó la señora Ramírez.

—¿Qué es una propuesta? —le respondió Chad.

Al fin, la señora Ramírez invitó a Chad a reunirse con ella y le giró un cheque por 25.000 dólares para ampliar su Proyecto de Embellecimiento y Restauración del Río Mississippi.★

Más importante que saber cómo conseguir fondos era el evidente deseo de Chad de marcar una diferencia, su inagotable entusiasmo, su total dedicación al proyecto y su voluntad de pedir.

Chad, al fin, consiguió todo lo que necesitaba pidiéndolo. Ahora tiene una junta directiva compuesta por abogados, contadores y funcionarios empresariales. Tiene doce empleados en su equipo que trabajan tiempo completo y miles de voluntarios y ha recaudado millones de dólares en donaciones para apoyar el trabajo.

En el proceso, no solo ha limpiado miles de millas de las riveras de los ríos Mississippi y veintidós más —eliminando más de siete millones de toneladas de desechos— sino que ha creado conciencia de la importancia de restaurar y recuperar la belleza de todos los ríos y de que todos compartimos la responsabilidad de mantenerlos limpios.† En el 2013 fue nombrado Héroe del año por CNN.

EMPIECE A PEDIR HOY MISMO

Tómese el tiempo de hacer una lista de las cosas que quiere y que no pide en su casa, en su escuela o en el trabajo. Escriba frente a cada una lo que le

---

★ «Trash Talker», *Smithsonian,* abril de 2003, pp. 116–117.

† Para más información sobre el Proyecto de Embellecimiento y Restauración del Río Mississippi o sobre cómo participar en el programa, puede visitar www.TheSuccessPrinciples.com/resources.

impide pedirla. ¿Qué teme? Luego escriba lo que le cuesta no pedirla. A continuación escriba las ventajas que obtendría si la pidiera.

Tómese el tiempo para elaborar la lista de lo que tiene que pedir en cada una de las siete categorías siguientes que he enumerado en el principio 3 («Decida qué quiere»): finanzas, profesión, esparcimiento y recreación, salud, relaciones, proyectos, aficiones personales y contribuciones a la comunidad.

¿Tiene que pedir un aumento de sueldo, un préstamo, dinero para iniciar una empresa, retroalimentación sobre su desempeño, una recomendación, un endorso, tiempo libre para obtener más capacitación, alguien que cuide a sus hijos, un masaje, un abrazo, ayuda con un proyecto de voluntariado?

RECHACE EL RECHAZO

Insistimos una y otra vez, con más decisión, no con menos, porque
no vamos a permitir que el rechazo nos derrote. Solo logrará reforzar
nuestra determinación. No hay otra forma de alcanzar el éxito.

EARL G. GRAVES
Fundador y editor de la revista *Black Enterprise*

Para poder tener éxito es necesario aprender a manejar el rechazo. El rechazo es parte normal de la vida. Nos rechazan cuando no nos escogen para formar parte de un equipo, cuando no obtenemos el papel en una obra de teatro, cuando no nos eligen, cuando no entramos al preuniversitario ni a la escuela de postgrado que queríamos, cuando no conseguimos el trabajo o el ascenso que deseamos, cuando no cerramos la venta, cuando no obtenemos el aumento de sueldo que queremos, cuando no logramos la cita que solicitamos, cuando no nos aceptan la invitación que hacemos, cuando no nos dan el permiso que pedimos, cuando nos despiden. Somos rechazados cuando no nos aceptan un manuscrito, una propuesta, una idea para un nuevo producto, cuando ignoran nuestra solicitud para recaudar fondos, cuando nuestro concepto de diseño no se tiene en cuenta, cuando la solicitud para ingresar como miembro de una entidad o asociación es negada o cuando no aceptan nuestra oferta de matrimonio.

¡EL RECHAZO ES UN MITO!

Para superar el rechazo hay que ser conscientes de que este no es más que un mito. No existe. Es solo un concepto que está en la mente. Piénselo bien. Si invita a Patricia a cenar y ella le dice que no, no tenía con quien cenar antes de invitarla y no tiene a nadie con quien cenar después de haberla invitado. No está en peor situación; su situación sigue igual. Solo empeorará si usted entabla un diálogo consigo mismo y empieza a decirse otras cosas, como: «¿Lo ves?, mamá tenía razón. No le agradaré nunca a nadie. ¡Soy un gusano del universo!».

Si presenta una solicitud para ingresar a la escuela de postgrado de Harvard y no obtiene un cupo, no estaba en Harvard antes de presentar su solicitud y después de haberla presentado no está en Harvard. Una vez más, la situación no se alteró; permaneció igual. Realmente, no ha perdido nada. Y, véalo así, ha pasado su vida entera sin ir a Harvard, eso es algo que puede manejar.

Lo cierto es que no pierde nada con preguntar y, debido a que tal vez obtenga un beneficio, no dude en hacerlo.

UNOS SÍ, UNOS NO, QUÉ IMPORTA, ALGUIEN SERÁ

Cuando pida algo a alguien, recuerde lo siguiente: «Unos sí, unos no, qué importa, alguien será». Algunos dirán que sí, otros que no. ¡Qué importa! Alguien en algún sitio lo espera a usted y a sus ideas. Es solo un juego de números. Hay que seguir pidiendo hasta que alguien diga sí. El sí le está esperando. Como suele afirmar mi socio Mark Victor Hansen: «Lo que uno quiere lo quiere a uno». Solo hay que permanecer en el juego lo suficiente para que, al fin, obtenga un sí.

OCHENTA Y UN NO, NUEVE SÍ DIRECTOS

Debido a que había logrado un cambio tan dramático en su vida, una de las alumnas que tomó mi seminario sobre «Autoestima y máximo desempeño» trabajaba como voluntaria en las noches llamando gente para que se inscribiera en el próximo seminario que tenía programado en Saint Louis. Se comprometió a llamar a tres personas cada noche durante un mes. Muchas de sus llamadas terminaban en largas conversaciones con las personas que hacían miles de preguntas. Hizo en total noventa llamadas. Las primeras ochenta y un personas decidieron no asistir al seminario. Las siguientes nueve se inscribieron todas. Tuvo una relación de éxito de diez por ciento, que es muy buena para registros por teléfono, pero las nueve personas que se inscribieron correspondieron a las últimas nueve llamadas. ¿Qué habría pasado si se hubiera dado por vencida después de las primeras cincuenta llamadas y hubiera dicho: «Esto es inútil. Nadie se quiere inscribir»? Pero debido a que soñaba con poder compartir con otros la experiencia que había trasformado su vida, insistió, a pesar del gran número de rechazos, consciente de que se trataba, de hecho, de un juego de cifras. Y su compromiso de lograr resultados valió la pena, fue el contacto clave para ayudar a nueve personas a transformar sus vidas.

Si está comprometido con una causa que le inspire pasión y compromiso, aprenderá siempre de sus experiencias y mantendrá su rumbo hasta el final, y de un momento a otro logrará el resultado que desea.

Nunca abandone sus sueños... La perseverancia es lo más importante.
Si no tiene en lo más íntimo de su ser el deseo y la confianza de insistir
después de que le han dicho que desista, nunca lo logrará.

TAWNI O'DELL
Autor de *Caminos ocultos,* una selección del Club del Libro de Oprah

SOLO DIGA: «¡EL PRÓXIMO!».

Hágase la idea de que va a encontrar muchos rechazos en su trayectoria hacia sus metas. El secreto del éxito está en no darse por vencido. Cuando alguien le diga no, usted dirá: *«¡El próximo!»*. Siga pidiendo. Cuando el coronel Harlan Sanders salió de su casa con su olla a presión y su receta especial para preparar pollo frito al estilo sureño, recibió más 1.009 rechazos antes de encontrar a alguien que creyera en su sueño. Debido a que rechazó el rechazo más de 1.000 veces, hay ahora 18.875 restaurantes KFC en 118 países y territorios del mundo.

Si alguien le dice que no, pregunte a otra persona. ¡Recuerde que hay más de 6.000 millones de personas en este mundo! Alguien en algún lugar en algún momento dirá sí. No se quede estancado en su miedo o su resentimiento. Insista con el siguiente. Es un juego de números. Alguien lo espera para decirle que sí.

SOPA DE POLLO PARA EL ALMA

El éxito consiste en ir de fracaso en fracaso sin pérdida de entusiasmo.

WINSTON CHURCHILL
Ex primer ministro del Reino Unido

En el otoño de 1991, Mark Victor Hansen y yo iniciamos nuestro proceso de vender nuestro primer libro de la serie *Sopa de pollo para el alma* a un

editor. Viajamos a Nueva York con nuestro agente Jeff Herman, y nos re-
unimos con los principales editores que nos concedieron una cita. Todos
dijeron no estar interesados. «Las colecciones de historias cortas no se venden». «Las historias no son significativas». «El título nunca dará resultado».
Después de eso fuimos rechazados por otros veinte editores que habían
recibido el manuscrito por correo. Después de oír el rechazo de más de
treinta editores, nuestro agente nos devolvió el libro y dijo: «Lo siento, no lo
puedo vender». ¿Qué hicimos? Dijimos: *«¡El próximo!»*.

También sabíamos que teníamos que salirnos del límite. Después de
semanas de exprimirnos el cerebro, se nos ocurrió una idea que pensamos
que podría dar resultado. Imprimimos un formato de promesa de comprar
el libro cuando se publicara. Incluía un espacio para el nombre, la dirección
y la cantidad de libros que quien lo llenara se comprometía a comprar.

En el curso de varios meses, pedimos a todos los que asistían a nuestras
conferencias o seminarios que llenaran el formulario si deseaban comprar
un ejemplar del libro cuando se publicara. Con el tiempo obtuvimos promesas de comprar 20.000 libros.

En la primavera del año siguiente, Mark y yo asistimos a la convención
de la American Book Sellers Association en Anaheim, California, y fuimos
de kiosco en kiosco a hablar con cualquier editor que estuviera dispuesto a
escucharnos. Aun con copias de las promesas de compra ya firmadas para
demostrar que había mercado para el libro que llevábamos en mano, fuimos
rechazados una y otra vez; pero una y otra vez dijimos: *«¡El próximo!»*. Al
final de un larguísimo segundo día, entregamos una copia de las primeras
treinta historias publicadas en el libro a Peter Vegso y Gary Seidler, copre-
sidentes de Health Communications Inc., una empresa editorial que empezaba a surgir, especializada en libros sobre adicción y recuperación, quienes
aceptaron llevarse la copia y estudiarla. Más tarde esa misma semana, Gary
Seidler tomó el manuscrito, se lo llevó a la playa y lo leyó. Le encantó y decidió darnos una oportunidad. ¡Esos cientos de «El próximo» habían dado
resultado! Después de 140 rechazos ese primer libro vendió diez millones
de ejemplares y dio inicio a una serie de 250 libros que han llegado a la lista
de *best sellers* y han sido traducidos a cuarenta y tres idiomas con ventas de
500 millones de libros a nivel mundial.

Y ¿qué pasó con los formatos de promesa de compra? Cuando por último se publicó el libro, adjuntamos un anuncio a los formatos firmados
y los enviamos a la persona correspondiente a la dirección allí indicada
esperando recibir de vuelta un cheque. Prácticamente todos los que habían
prometido comprar el libro cumplieron su compromiso. De hecho un empresario de Canadá compró 1.700 ejemplares y se los regaló a cada uno de
sus clientes.

Este manuscrito suyo que acaba de recibir de vuelta de otro editor es un paquete
precioso. No lo considere rechazado. Dígase: «Lo he enviado al editor que puede
apreciar mi trabajo» y piense que solo le fue devuelto con una nota de «destinatario
no conocido en esta dirección». Solo siga buscando la dirección correcta.

BARBARA KINGSOLVER
Autora del libro *The Poisonwood Bible* [La Biblia envenenada]

155 RECHAZOS NO LO DETUVIERON

Cuando Rick Little, a los diecinueve años, quiso iniciar un programa en la secundaria para enseñar a los niños cómo manejar sus sentimientos, cómo tratar los conflictos, cómo tener una idea clara de sus metas y aprender destrezas de comunicación y valores que les ayudarían a llevar vidas más eficientes y plenas, escribió una propuesta y buscó respaldo en más de 155 fundaciones. Durmió en el asiento de atrás de su automóvil y comió mantequilla de maní con galletas durante casi todo un año. Pero nunca dio por vencido a su sueño. Al fin, la fundación Kellogg le dio 130.000 dólares (lo que representa cerca de 1.000 dólares por cada «no» que tuvo que soportar). Desde entonces, Rick y su equipo han recaudado más de 100 millones de dólares para poner en práctica el Programa Quest en treinta y seis idiomas en más de 30.000 escuelas de todo el mundo. Cada año, tres millones de niños aprenden importantes destrezas para la vida porque un muchacho de diecinueve años rechazó el rechazo e insistió hasta obtener un sí.

En 1989, Rick recibió una donación de 65.000.000 de dólares, la segunda más grande que se haya otorgado en Estados Unidos, para crear la International Youth Foundation (Fundación internacional de la juventud). ¿Qué hubiera pasado si Rick se hubiera dado por vencido después del centésimo rechazo y hubiera pensado: *Bueno, creo que simplemente esto no estaba destinado a hacerse?*. Qué gran pérdida hubiera sido esa para el mundo y para la mayor razón de ser de Rick.

LLAMÓ A 12.500 PUERTAS

Interpreto el rechazo como si alguien hiciera sonar una corneta en
mi oído para despertarme e invitarme a actuar, no a retirarme.

SYLVESTER STALLONE
Actor, escritor y director

Cuando el doctor Ignatius Piazza era un joven quiropráctico recién graduado, decidió que deseaba montar su consultorio en el área de la Bahía de Monterey en California. Cuando visitó la Asociación Local de Quiroprácticos para pedir ayuda, le aconsejaron que se estableciera en otro lugar. Le dijeron que allí no tendría éxito porque en esa área ya había demasiados quiroprácticos. Sin inmutarse, aplicó el principio de «¡El próximo!». Durante meses, fue de puerta en puerta desde la mañana hasta el atardecer, sin dejar de golpear en ninguna. Después de presentarse como un nuevo doctor en la ciudad, hacía unas pocas preguntas:

«¿Dónde debería montar mi consultorio?».

«¿En qué periódicos debo publicar avisos para llegar a sus vecinos?».

«¿Debo abrir temprano en la mañana o debo mantener el consultorio abierto hasta por la noche para los que trabajan de nueve a cinco?».

«¿Debo ponerle a mi clínica el nombre de Chiropractic West o la debo llamar Ignatius Piazza Chiropractic?».

Por último, preguntaba: «¿Cuando haga la inauguración, le gustaría recibir una invitación?». Si las personas decían que sí, anotaba sus nombres, sus direcciones y continuaba su camino... día tras día, mes tras mes. Cuando terminó, había llamado a más de 12.500 puertas y había hablado con más de 6.500 personas. Recibió muchos no. Encontró muchos lugares donde no había nadie con quien hablar. Hasta se quedó atrapado en la entrada de una casa —por un enorme pit bull— ¡durante toda una tarde! Pero también recibió suficientes sí como para atender en su consultorio a 233 pacientes nuevos durante el primer mes de práctica y recibir un ingreso récord de 72.000 dólares, en un área en la que «¡no necesitaban otro quiropráctico!».

Recuerde que para obtener lo que desea va a tener que pedir, pedir, pedir y decir: *el próximo, el próximo, el próximo,* ¡hasta que logre el sí (o los sí) que está buscando! Pedir es, fue y siempre será un juego de números. No lo tome como algo personal, porque no lo es.

ALGUNOS RECHAZOS FAMOSOS

*La niña, en mi concepto, no tiene una percepción o un
sentimiento especial que pudiera hacer que ese libro alcanzara
un nivel superior al de una mera «curiosidad».*

Tomado de una nota de rechazo para *El diario de Ana Frank*

Todos los que han llegado a la cima han tenido que soportar rechazos. Solo tiene que aceptar que no son nada personal. Considere lo siguiente:

- A Angie Everhart, que comenzó a modelar a los dieciséis años, la dueña de una agencia de modelaje, Eileen Ford, le dijo en una oportunidad, que nunca podría tener éxito como modelo. ¿Por qué no? «Las modelos pelirrojas no tienen demanda». Poco después, Everhart se convirtió en la primera pelirroja en la historia en aparecer en la cubierta de la revista *Glamour,* tuvo una excelente carrera como modelo y después actuó en veintisiete películas y numerosos programas de televisión.
- El novelista Stephen King casi comete un error multimillonario al tirar a la basura su manuscrito de *Carrie,* porque estaba cansado de los treinta rechazos que había recibido. «No nos interesa la ciencia ficción si se ocupa de utopías negativas», le dijeron. «Esos libros no se venden». Por suerte, su esposa sacó el manuscrito de la basura. Con el tiempo, *Carrie* fue publicada por otro editor, vendió más de cuatro millones de ejemplares y fue llevada al cine para convertirse en un éxito.
- En 1998, los cofundadores de Google, Sergey Brin y Larry Page, contactaron a Yahoo y sugirieron una fusión. Yahoo hubiera podido obtener la compañía por unas cuantas acciones, en cambio, sugirieron que los jóvenes fundadores de Google siguieran trabajando en su pequeño proyecto escolar y volvieran cuando hubieran madurado. En el término de cinco años, Google tenía una capitalización de mercado calculada en 20.000 mil millones de dólares. Al momento de escribir estas líneas, Forbes informó que Google había capitalizado 268.45 miles de millones de dólares en el mercado.
- Incluso el primer libro de Harry Potter, *Harry Potter y la piedra filosofal*, fue rechazado por doce editoriales antes de que una aceptara publicarlo. Debido a que no se dio por vencida, J. K. Rowling es ahora una de las personas más ricas de Inglaterra, con un patrimonio neto de mil millones de dólares aproximadamente.
- Steven Spielberg solicitó y fue rechazado dos veces por USC, la prestigiosa escuela de cine, y terminó en la Universidad Estatal de California en Long Beach. Más tarde pasó a producir y dirigir algunos de los mayores éxitos de taquilla de todos los tiempos: *E.T., Lincoln, Salvar al soldado Ryan, Parque jurásico, Tiburón, El color púrpura* y *En busca del arca perdida*, permitiéndole a Spielberg amasar un patrimonio neto de tres mil millones de dólares. Veintisiete años más tarde, después de que Spielberg se hiciera famoso, USC

le concedió un doctorado honorífico, y al cabo de dos años se convirtió en regente de esa universidad.

LA HISTORIA DE SUSAN

Dos veces en su vida, todo el futuro de Susan Mabet se vio cambiado por los generosos actos de personas que ni siquiera la conocían. El primero sucedió solo unos días después de su nacimiento. Su madre biológica hizo lo que pudo haber sido la única cosa que podría haber hecho por ella en ese momento; en lugar de abandonarla en un pastizal para que se muriera, la dejó en un mercado concurrido donde sabía que alguien la encontraría. Ese simple acto le salvó la vida.

Una mujer llamada Mónica la encontró. Era muy pobre y ya tenía ocho hijos a los cuales mantener, pero no pudo hacer oídos sordos a los gritos de Susan. La recogió y se preocupó por ella y durante varias semanas la llevó de nuevo al mercado con la esperanza de encontrar a su madre. En última instancia, sabía que nunca lo conseguiría. Y aunque era muy pobre, Mónica encontró una manera de hacer de Susan su novena hija.

Mientras que el amor de Monica salvó su vida y le dio la esperanza de que podía crecer y ser cualquier cosa que quisiera, también conocía de primera mano la realidad de crecer como una niña en la región de Masai Mara de Kenia. A la mayoría de las niñas las casaban con hombres mayores cuando aún estaban pequeñas. Quedaban embarazadas a una edad en que sus cuerpos jóvenes no estaban destinados a tener hijos, por lo que muchas no sobrevivían al parto.

Esas niñas no tenían tiempo para los estudios. Sus días consistían en caminar durante horas en busca de agua sucia para su familia, y cuando llegaban a casa, les esperaban nuevas tareas. El pequeño porcentaje de niñas en Kenia que tuvieron la suerte de recibir una educación eran casi unas pocas elegidas. Muy pocas podían escapar de ese círculo vicioso.

Sin embargo, desde una edad temprana, Susan supo que la educación era la única manera de dejar atrás una vida que la gran mayoría de las mujeres de su pueblo habían conocido durante generaciones. Y su única esperanza era la escuela secundaria de Kisaruni, el primer y único internado para niñas que había cerca de su aldea.

Ese primer año, la escuela recién construida y financiada por la Unstoppable Foundation [Fundación imparable], de Cynthia Kersey★, anunció que solo podría aceptar a cuarenta niñas de toda la región. Entonces,

---

★Para obtener más información sobre la Unstoppable Foundation [Fundación imparable], y apoyar su labor de educar a los niños en África, visite la página www.TheSuccessPrinciples.com/resources.

Susan estudió con ahínco en su escuela primaria, y como era una de las mejores estudiantes en todas las clases, confió en sí misma y esperó que la aceptaran. Solicitó un cupo en Kisaruni y esperó ansiosamente la respuesta. El día que terminó la escuela primaria, el corazón le latió con fuerza porque ella sabía que ese día recibiría la noticia que definiría su futuro. Cuando la maestra le dijo que no había sido aceptada, a Susan le pareció como una sentencia de muerte.

Una noche antes de que las puertas de Kisaruni se abrieran ese año, la joven Susan permaneció despierta, pues no podía dormir sabiendo que en algún lugar, cuarenta niñas estaban despiertas y esperando con entusiasmo su primer día escolar. Tal vez estaban preparando sus uniformes escolares rojos y negros, y deseosas de hacer nuevas amistades. Mientras tanto, ella había sido condenada a una vida de pobreza en su aldea.

Pero Susan no estaba dispuesta a olvidarse tan fácilmente de su sueño de tener una vida mejor. A la mañana siguiente, recorrió un camino polvoriento hacia Kisaruni, que estaba a varias millas de distancia. Cuando llegó a la escuela, pudo ver a las cuarenta niñas afortunadas, riendo y jugando con sus uniformes brillantes.

Cuando Susan entró, todas se dieron la vuelta para mirarla. La directora se acercó a ella y le preguntó qué la había llevado allá. Aunque Susan estaba asustada, se armó de valor y dijo que había sido rechazada por la escuela, pero que necesitaba oírlo personalmente porque simplemente no lo podía creer.

El director le explicó amablemente que solo tenían espacio para cuarenta niñas, lo que significaba cuarenta camas, cuarenta pupitres y cuarenta sillas. Por desgracia, Susan era la cuadragésima primera niña.

Ella trató de no llorar. Intentó ser valiente. Pero las lágrimas rodaron por sus mejillas polvorientas, por lo que no pudo imaginar cómo haría para regresar a su casa. Mientras se armaba de fuerzas para emprender el regreso, las cuarenta niñas empezaron a rodearla. Una chica gritó: «Por favor, no le digan que se vaya. Juntaremos nuestras camas». Otra señaló: «Compartiré mi pupitre con ella». Otra más gritó: «Compartiré mis libros con ella. Por favor, no le digan que se vaya». Las niñas la rodearon en lo que parecía ser un círculo protector, impidiéndole moverse. Susan se sorprendió.

La generosidad de las chicas en ese día le permitió a Susan asistir a la escuela ese mismo año. Y más tarde, cuando la Unstoppable Foundation y un generoso donante se enteraron de su valentía —de la manera en que se había negado a creer que no podía asistir a la escuela—, pagaron su cuota, haciendo posible que Susan continuara sus estudios y se convirtiera en la estudiante número cuarenta y uno de Kisaruni.

Deje que la historia de perseverancia de Susan frente al rechazo le inspire para que nunca se sienta excluido. Crea que tendrá éxito, haga todo lo que esté en su poder, y nunca se dé por vencido.

USE LA RETROALIMENTACIÓN EN BENEFICIO PROPIO

La retroalimentación es el desayuno de los campeones.

KEN BLANCHARD Y SPENCER JOHNSON
Coautores de *El nuevo mánager al minuto*

Una vez que empiece a actuar, comenzará a recibir retroalimentación acerca de si lo que está haciendo es lo correcto. Recibirá datos, consejos, ayudas, sugerencias, instrucciones e inclusive críticas que le ayudarán a calcular la eficacia de sus acciones y a seguir avanzando mientras aumenta cada vez más sus conocimientos, capacidades, actitudes y relaciones. Sin embargo, pedir retroalimentación es, en realidad, apenas la primera parte de la ecuación. Una vez que reciba la retroalimentación, debe estar dispuesto a responder a ella.

HAY DOS TIPOS DE RETROALIMENTACIÓN

Podrá encontrar dos clases de retroalimentación, negativa y positiva. Tendemos a preferir la positiva, es decir, resultados, dinero, elogios, un aumento de sueldo, un ascenso, clientes satisfechos, premios, felicidad, paz interior, intimidad, placer. Todo eso nos produce una sensación más agradable. Nos indica que vamos en la dirección correcta, que estamos haciendo las cosas como debe ser.

Casi no nos gusta la retroalimentación negativa, la ausencia de resultados, el poco o ningún dinero, las críticas, las evaluaciones desfavorables, el no ser tenidos en cuenta para un aumento de salario o un ascenso, las quejas, las insatisfacciones, el conflicto interior, la soledad, el dolor. No obstante, en la retroalimentación negativa hay tantos datos útiles como en la positiva. Nos indica que hemos equivocado el rumbo, que vamos en sentido contrario, que no estamos haciendo lo que deberíamos hacer. Esta es también información valiosa.

De hecho, es tan valiosa que uno de los proyectos más útiles que se pueden poner en práctica es el de cambiar el sentimiento que despierta en nosotros la retroalimentación negativa. Me gusta referirme a ella como información sobre «oportunidades para mejorar». El mundo me está diciendo qué y cómo puedo mejorar en lo que estoy haciendo. Es lo que me permitirá avanzar, corregir mi comportamiento para acercarme más a lo que me propongo lograr: más dinero, mayores ventas, un ascenso, una mejor relación, mejores calificaciones o un mayor éxito en atletismo.

Para alcanzar más rápidamente la meta, es necesario agradecer, recibir y aceptar la retroalimentación que nos den.

CALIENTE, FRÍO, CALIENTE, FRÍO

Hay muchas formas de responder a la retroalimentación, algunas de ellas funcionan (lo acercan más a los objetivos que desea alcanzar), otras no (le impiden avanzar o lo alejan aun más de sus metas).

Cuando dicto los cursos de capacitación sobre los principios del éxito, ilustro este punto pidiendo a un voluntario de la audiencia que vaya a la parte de atrás del salón y permanezca ahí de pie. El voluntario representa la meta que deseo alcanzar. Mi tarea consiste en atravesar el salón y llegar al sitio donde él se encuentra. Si lo logro, habré tenido éxito en alcanzar mi meta.

Le indico al voluntario que debe actuar como una máquina que genere retroalimentación constante. A cada paso que doy, él debe decir: «Caliente», si estoy avanzando en dirección a él, y «Frío», si me estoy desviando, aunque sea levemente, hacia cualquiera de los dos lados.

Entonces, empiezo a caminar muy despacio hacia donde él se encuentra. A cada paso que doy en la dirección correcta, el voluntario dice: «Caliente». Después de unos cuantos pasos, me desvío a propósito y el voluntario dice: «Frío». Inmediatamente corrijo mi curso. Después de otros pasos me desvío otra vez y vuelvo a corregir mi curso en respuesta a su retroalimentación de «frío». Después de un largo zigzagueo, al fin llego a la meta... y le doy un abrazo por ofrecerse como voluntario.

Pido a la audiencia que me diga cuál de las dos palabras repitió el voluntario con más frecuencia, «caliente» o «frío». La respuesta siempre es «frío». Y este es el punto interesante. Estuve fuera de rumbo más de lo que estuve en el rumbo correcto y sin embargo alcancé la meta... gracias a que actué constantemente adaptando mi orientación de acuerdo con la retroalimentación que recibía.

Lo mismo ocurre en la vida real. Todo lo que tenemos que hacer es empezar a actuar y luego responder a la retroalimentación. Si lo hacemos con la suficiente diligencia y por el tiempo necesario, en algún momento alcanzaremos las metas y haremos realidad nuestros sueños.

FORMAS DE RESPONDER A LA RETROALIMENTACIÓN QUE NO DAN RESULTADO

Aunque hay muchas formas de responder a la retroalimentación, algunas no dan resultado:

1. Darse por vencido y abandonar el empeño: Como parte del ejercicio del seminario, ya descrito, repito el proceso de avanzar hacia mi meta; sin embargo, en esta oportunidad cambio de rumbo a propósito, y mientras mi voluntario sigue repitiendo constantemente: «Frío», una y otra vez, yo comienzo a llorar. «No lo soporto más. La vida es demasiado dura. No puedo soportar esta crítica negativa. ¡Renuncio!».

¿Cuántas veces ha recibido usted o alguien que conoce retroalimentación negativa y simplemente se derrumba? Lo único que se logra con eso es quedar estancado.

Es más fácil no dejarse hundir por la retroalimentación negativa si se tiene presente que esta es solo información. Considérela como una guía para corregir el rumbo, no como una crítica. Piense en ella como si se tratara del sistema de piloto automático de un avión. Este sistema le indica constantemente al avión que va muy alto, muy bajo, muy a la derecha o muy a la izquierda. El avión corrige permanentemente el rumbo en respuesta a la retroalimentación que recibe. No pierde súbitamente el control ni deja de funcionar correctamente como consecuencia de la retroalimentación que recibe. Deje de considerar la retroalimentación como algo personal. Es solo información destinada a ayudarle a corregir el rumbo para alcanzar más pronto su meta.

2. Enfurecerse con la fuente de la retroalimentación: Una vez más, comienzo a caminar hacia el otro extremo del salón, mientras, a propósito, cambio de rumbo, lo que hace que el voluntario diga: «Frío», una y otra vez. Pero, en esta oportunidad, pongo una mano sobre mi cadera, proyecto el mentón hacia adelante, señalo con el dedo al voluntario y le grito: «¡Cretino!, ¡cretino!, ¡cretino!, ¡lo único que sabe hacer es criticarme! Es tan negativo. ¿Por qué no puede decir nada positivo?».

Piénselo. ¿Cuántas veces ha reaccionado con ira y hostilidad contra alguien que le esté dando retroalimentación realmente útil? Lo único que logra con esa actitud es aumentar la distancia entre las dos personas.

3. Ignorar la retroalimentación: Para mi tercera demostración, imagíneme tapándome los oídos con los dedos y avanzando decidido en la dirección contraria. El voluntario puede estar diciendo: «Frío, frío», pero yo no puedo oír nada porque tengo los oídos tapados con mis dedos.

No escuchar o ignorar la retroalimentación es otra respuesta que no funciona. Todos conocemos personas que se cierran a cualquier punto de vista excepto el suyo propio. Simplemente no les interesa lo que piensen los demás. No quieren saber nada de lo que otro quiera decirles. Lo triste es que la retroalimentación podría cambiar significativamente sus vidas, si solo se tomarán el trabajo de escuchar.

Por lo tanto, como puede ver, cuando alguien le dé retroalimentación, hay tres reacciones posibles que no dan resultado: (1) llorar, derrumbarse, hundirse y darse por vencido; (2) enfurecerse contra la persona que ofrece la retroalimentación, y (3) negarse a escuchar o ignorar la retroalimentación por completo.

Llorar y desanimarse es una reacción inútil. Puede aliviar, transitoriamente, cualquier tipo de emociones reprimidas que haya venido acumulando; sin embargo, este tipo de reacción lo sacará del juego. Simplemente lo inmoviliza. Tal vez interrumpa el flujo de retroalimentación «negativa» pero ¡no le aporta la información que necesita para alcanzar su meta! Es imposible ganar en el juego de la vida ¡si uno no está presente en el estadio!

Perder el control y enfurecerse con la persona que le da la retroalimentación ¡es igual de ineficaz! Solo logra que la fuente de esa valiosa retroalimentación contraataque o simplemente se vaya. ¿De qué servirá eso? Es posible que lo haga sentir transitoriamente mejor, pero no incrementa su probabilidad de éxito.

En mi seminario avanzado y en nuestro programa «Capacite al capacitador», cuando ya todos se conocen bastante bien, hago que todo el grupo se pongan de pie, vayan por ahí y pregunten lo siguiente a tantas personas como les sea posible: «¿Cómo cree que me esté limitando?». Después de hacer esto durante treinta minutos, todos vuelven a sus sitios y anotan lo que escucharon. Se podría pensar que es difícil escuchar esto durante treinta minutos, pero es una retroalimentación tan valiosa que, en realidad, los asistentes agradecen la oportunidad de darse cuenta de las creencias y los comportamientos que los limitan y reemplazarlos por creencias y comportamientos que los lleven al éxito. Después, todos desarrollan un plan de acción para superar su comportamiento limitante.

Recuerde que la retroalimentación es solo información. No hay que tomarla como algo personal. Solo hay que agradecerla y utilizarla. La respuesta más inteligente y productiva es decir: «Gracias por la retroalimentación, gracias por preocuparse lo suficiente como para tomarse el tiempo de decirme lo que ve y lo que siente. Se lo agradezco».

ESTÉ DISPUESTO A PEDIR RETROALIMENTACIÓN

Por lo general, nadie le dará retroalimentación espontáneamente. Todos temen una situación incómoda al mostrarle realmente cómo es usted. No quieren herir sus sentimientos, temen su reacción. No quieren arriesgarse a que usted no apruebe lo que hacen. Por consiguiente, para obtener retroalimentación franca y abierta, tendrá que pedirla... y hacer que la persona que se la dé no perciba ningún riesgo. En otras palabras, no dispare contra el emisario. Y no discuta con él. Simplemente diga: «Gracias».

Una pregunta importante que debe hacer a parientes, amigos y colegas es: «¿Cómo crees que me esté limitando?». Podría pensar que le resultará difícil escuchar las respuestas, pero por lo general, la información es tan valiosa que todos agradecen lo que les dicen. Armados con esta nueva retroalimentación, pueden elaborar un plan de acción para reemplazar sus creencias y comportamientos limitantes por otros más efectivos y productivos.

La mayoría de las personas tienen miedo de solicitar una retroalimentación correctiva, porque temen lo que van a escuchar. Pero es mejor saber la verdad que no saberla. Una vez que usted la sepa, podrá hacer algo al respecto. No podemos arreglar lo que no sabemos si se ha dañado o no. Usted no puede mejorar su vida, sus relaciones, su deporte ni su desempeño sin retroalimentación.

Cuando usted evita pedir retroalimentación, es el único que no conoce el secreto. La otra persona por lo general ya les ha dicho a su cónyuge, amigos, padres, socios de negocios y otros clientes potenciales aquello que no les gusta. Ellos deberían decírselo a usted, pero no están dispuestos a hacerlo por temor a su reacción. En consecuencia, usted está siendo privado de lo que necesita para mejorar su relación, su producto, su servicio, su enseñanza, su gestión o su crianza. Usted debe hacer dos cosas para remediar esto.

En primer lugar, debe pedir retroalimentación de manera intencional y activa. Pídasela a su pareja, a sus amigos, sus colegas, su jefe, sus empleados, sus clientes, sus padres, sus maestros, sus estudiantes y sus *coaches*.

En segundo lugar, debe sentirse agradecido por la retroalimentación. No se ponga a la defensiva. Diga simplemente: «¡Gracias por importarte lo suficiente como para compartir eso conmigo!». Recuerde: la retroalimentación es un regalo que le ayudará a ser más eficaz. Siéntase agradecido por ello.

¡Saque su cabeza de la arena y pida, pida y pida! A continuación, indague respecto a sí mismo para ver lo que le conviene, y ponga en práctica la retroalimentación útil. Tome todas las medidas necesarias para mejorar su situación, incluyendo el cambio de su propio comportamiento.

PROBABLEMENTE LA PREGUNTA MÁS VALIOSA QUE PODRÁ APRENDER A HACER EN SU VIDA

En 1980, un empresario multimillonario me enseñó a hacer una pregunta que radicalmente cambió la calidad de mi vida. Si lo único que obtiene de este libro es el uso congruente de esta pregunta en su vida tanto personal como de negocios, habrá valido la pena el dinero y el tiempo que invirtió en leerlo. ¿Cuál es, entonces, esta pregunta mágica que puede mejorar la calidad de todas las relaciones que usted establezca, todos los productos que elabore, todos los servicios que preste, todas las reuniones que organice, todas las clases que enseñe y todas y cada una de las transacciones que realice? Aquí la tiene:

En una escala de uno a diez, ¿cómo calificaría usted la calidad de nuestra relación (servicio/producto) durante las(los) últimas(os) (dos semanas/meses/trimestres/semestres/temporadas)?

Estas son variaciones de la misma pregunta que me han dado buen resultado a través de los años:

En una escala de uno a diez, ¿cómo calificaría usted la reunión a la que acaba de asistir? ¿Cómo me calificaría como director? ¿Como padre? ¿Como maestro? ¿Cómo calificaría esta clase? ¿Esta comida? ¿Los platos que preparo? ¿Cómo calificaría nuestra vida sexual? ¿Cómo calificaría este negocio? ¿Este libro?

Cualquier respuesta que obtenga una calificación menor de diez recibirá la siguiente pregunta de seguimiento:

¿Qué se requeriría para que la calificación fuera de diez?

De aquí es de donde viene la información importante. No basta con saber que alguien ha quedado insatisfecho. Conocer en detalle qué se requiere para su plena satisfacción ofrece la información necesaria para saber lo que hay que hacer a fin de desarrollar un producto, un servicio o una relación de éxito.

Adquiera el hábito de terminar todo proyecto, toda reunión, clase, capacitación, consulta e instalación con esas dos preguntas.

CONVIERTA ESTA COSTUMBRE
EN UN RITUAL SEMANAL

Todos los domingos en la noche le hago a mi esposa estas dos preguntas. La siguiente es la situación típica:

—¿Cómo calificarías la calidad de nuestra relación durante esta semana?

—Ocho.

—¿Qué se requiere para que sea diez?

—Venir a la cama al mismo tiempo conmigo, al menos, cuatro noches a la semana. Llegar a cenar a tiempo o llamarme para decirme que vas a llegar tarde. Detesto tener que sentarme a esperar y pensar qué habrá pasado. Dejar que termine el chiste que estoy contando sin interrumpir y encargarte de la historia porque piensas que lo puedes contar mejor que yo. Echar la ropa sucia al canasto en lugar de dejarla apilada en el piso.

Esta pregunta la hago también a mis colaboradores todos los viernes por la tarde. La siguiente es una de las respuestas que recibí un viernes:

—Seis.

—¡Cielos! ¿Qué se necesitaría para que fuera diez?

—Se suponía que íbamos a tener una reunión esta semana para analizar mi revisión trimestral, pero se pospuso por otros asuntos. Me hace sentir poco importante y tengo la impresión de que no se preocupa tanto por mí como por otras personas que trabajan aquí. Otra cosa que siento es que usted no me está aprovechando lo suficiente. Solo me delega las cosas más fáciles. Quiero más responsabilidad. Quiero que me tenga más confianza y me dé cosas más importantes que hacer. Este trabajo ha sido aburrido y poco interesante para mí. Necesito un reto más grande.

No fue fácil oír eso, pero era cierto y produjo dos resultados maravillosos. Me ayudó a delegarle «cosas más importantes» y así quitarme un poco de trabajo y tener más tiempo libre, además, pude tener una asistente más satisfecha capaz de prestar un mejor servicio tanto para mí como para la compañía.

VALE LA PENA PREGUNTAR

Cuando Mark Victor Hansen y yo decidimos recopilar historias para *Chicken Soup for the African American Soul* [Sopa de pollo para el alma afroamericana], le pedí a Lisa Nichols que escribiera el libro con nosotros. Lisa es la fundadora y CEO de Motivating the Teen Spirit [Motivemos al espíritu adolescente], y comenzó a empoderar a los adolescentes para que se enamoraran locamente de sí mismos. En los últimos años, Lisa ha ampliado

su misión para incluir personas de todas las edades, porque cree que todos merecemos enamorarnos de la persona que vemos cada mañana en el
espejo. Posteriormente, Lisa obtuvo un destacado papel en la película *El
secreto*, y es autora de varios libros, incluyendo *No Matter What* [No importa
qué], y *Unbreakable Spirit* [Espíritu inquebrantable].

Lisa y yo nos hicimos amigos cercanos mientras trabajábamos juntos
en dos libros. Ella me dijo que una de las mejores cosas de nuestra relación
es cuando se plantea: «En la escala de 1 a 10». Después de escuchar por
primera vez acerca de esta técnica, comenzó a utilizarla de inmediato con
su hijo Jelani, que tenía once años. Ella se había sentido muy culpable de
permanecer tanto tiempo separada de él debido a su trabajo. La primera vez
que le pidió que calificara su relación, Jelani le dio un 7. *Mmm*, pensó ella,
no es terrible, pero seguro que podría ser mejor. Ella le preguntó, luego de respirar
profundamente: «¿Qué haría falta para que fuera un 10?».

«Quiero verte más. Quiero viajar contigo», respondió.

Ella se tomó eso en serio de inmediato y se comprometió a encontrar
una manera de hacer que sucediera. En primer lugar, inscribió a su hijo
en una escuela privada, con la condición de que Jelani pudiera estudiar a
distancia mientras viajaba con ella. Los administradores de la escuela le
dijeron: «No hemos hecho eso nunca antes». Lisa respondió: «¡Me alegra
mucho que podamos contribuir a crear una nueva posibilidad!». La escuela
accedió a intentarlo y, durante los dos años siguientes, Jelani viajó con ella
cada vez que quiso. Ella le mostraba su calendario de viajes con seis meses
de antelación y él escogía un lugar al que quería ir. Con el paso del tiempo,
Jelani dijo: «Mamá, estoy listo para quedarme en casa». Habían manejado
esa parte concreta de mejorar su relación.

Cuando Jelani tenía diecisiete años, ella le hizo la pregunta de retroalimentación de 1 a 10 mientras estaban viendo películas en casa.

—Ay, mamá, ¿otra vez con eso? —señaló él.

Ella repitió la pregunta.

—Le pondría un 9 —respondió Jelani.

—¿Qué se necesita para hacer que pase de 9 a 10? —preguntó ella.

Jelani lo pensó un momento. Finalmente dijo:

—No se me ocurre nada. Pero no me parece apropiado decir que es 10;
eso haría que fuera perfecta.

—Está bien, y si no es perfecta, ¿qué falta para que sea un 10? —inter-
puso ella.

—Todo lo que puedo pensar es que estemos sentados en el sofá, viendo
películas contigo, tocándonos nuestros pies y cocinar contigo. Estamos
haciendo todo eso ahora, ¡pero todavía no me parece justo decir que es un
10! —replicó Jelani.

En ese momento, ella sintió que su corazón se henchía de amor. Lisa me dijo: «No me importa por cuántas etapas tenga que pasar, ante cuántos millones de personas hable, ni la cantidad de riqueza que genere, lo más importante para mí es la relación que tengo con mi hijo. Es algo que no tiene precio. Me diste una herramienta para monitorear las necesidades de mi hijo, sus deseos, lo que está obteniendo y lo que no. Y por eso, siempre te estaré agradecida».

CÓMO MOSTRARSE CUAL PERSONA BRILLANTE CON POCO ESFUERZO

Virginia Satir, autora del clásico libro sobre el arte de ser padres, *People-making: el arte de crear una familia*, fue probablemente la más famosa y exitosa terapeuta de familia que haya existido.

Durante su larga e ilustre carrera, fue contratada por el departamento de servicios sociales del Estado de Michigan para elaborar una propuesta sobre la forma de rediseñar y reestructurar ese departamento de modo que pudiera prestar un mejor servicio a sus clientes. En solo sesenta días, presentó un informe de 150 páginas, que fue considerado como el trabajo más sorprendente que se hubiera visto jamás. «¡Es brillante!», exclamaron. «¿De dónde sacó todas esas ideas?».

Ella respondió: «Ah, solo fui a donde todos los trabajadores sociales de su sistema y les pregunté qué hacía falta para que el sistema funcionara mejor».

PRESTE ATENCIÓN A LA RETROALIMENTACIÓN

Los humanos recibieron un pie izquierdo y uno derecho
para cometer un error primero a la izquierda, luego a la
derecha, de nuevo a la izquierda y luego repetirlos.

BUCKMINSTER FULLER
Ingeniero, inventor y filósofo

Ya sea que se pida o no, la retroalimentación llega en distintas maneras. Puede venir en forma verbal, de un colega. O se puede recibir en una carta del gobierno. Puede ser que el banco niegue un préstamo. O puede ser una oportunidad especial que se presente por alguna decisión que se tomó.

De cualquier forma que venga, es importante prestarle atención. Basta dar un paso... y escuchar. Dar otro paso y escuchar. Si lo que oye es «frío», dé un paso en la dirección que crea que puede ser la correcta... y escuche. Escuche también lo que otros le puedan estar diciendo desde afuera, pero no olvide escuchar también, en su interior, lo que le pueden estar diciendo sus sentimientos, su cuerpo y su intuición.

¿Están diciéndole su mente y cuerpo: «Estoy contento. Esto me gusta. ¿Es este el trabajo correcto para mí?» o «¿Estoy cansado, estoy emocionalmente exhausto, no me gusta esto tanto como pensé. Esa persona no me inspira confianza?».

Cualquiera que sea la retroalimentación que obtenga, no ignore las alertas amarillas. Nunca vaya en contra de sus instintos. Si algo no le parece correcto, probablemente no lo sea.

¿ES CORRECTA TODA LA RETROALIMENTACIÓN?

No toda la retroalimentación es útil ni correcta. Debe tener en cuenta la fuente de donde proviene. Alguna retroalimentación está contaminada por distorsiones psicológicas de la persona que la suministra. Por ejemplo, si su esposo ebrio le dice: «Eres una buena para nada», es probable que eso no sea retroalimentación verídica ni útil. Sin embargo, el hecho de que su esposo esté ebrio y disgustado, *si es una retroalimentación a la que hay prestar atención*.

DETECTE LOS PATRONES

Además, debe buscar patrones en la retroalimentación que obtiene. Como suele decir mi amigo Jack Rosenblum: «Si alguien dice que uno es un caballo, esa persona está loca. Si tres personas dicen que uno es un caballo, están tramando una conspiración. Si diez personas dicen que uno es un caballo, es hora de comprar una silla de montar».

El hecho es que si varias personas dicen lo mismo, probablemente haya una parte de verdad. ¿Por qué negarlo? Tal vez piense que, en último término, es usted quien tiene la razón, pero lo que debe preguntarse es: «¿Prefiero tener la razón o ser feliz? ¿Prefiero tener la razón a tener éxito?».

Tengo un amigo que prefiere ser feliz que tener éxito. Se enfurecía con todo el que tratara de darle retroalimentación. «No me hable así, jovencita». «Es mi negocio y lo manejo como quiero». «Me importa un pepino lo que usted piense». Era una persona de esas que «o lo hace a mi modo o se va».

No le interesaba la opinión de nadie y menos la retroalimentación. En el proceso, ahuyentó a su esposa, a sus dos hijas, a sus clientes y a todos sus empleados. Terminó con dos divorcios, unos hijos que no querían hablarle y dos negocios en quiebra. Pero él «siempre tenía la razón». Aunque así sea, *usted* no puede caer en esa trampa. Es un callejón sin salida.

¿Qué retroalimentación ha estado recibiendo de su familia, de sus amigos, de las personas del sexo opuesto, de sus compañeros de trabajo, de su jefe, de sus socios, de sus clientes, de sus vendedores y de su fuero interno, a la que deba prestar más atención? ¿Hay patrones detectables? Haga una lista y frente a cada punto, anote una medida que pueda adoptar para rectificar el rumbo.

QUÉ DEBE HACERSE EN CASO DE QUE LA RETROALIMENTACIÓN INDIQUE QUE SE HA FRACASADO

Cuando todos los indicadores muestren que ha habido una «experiencia de fracaso», hay varias cosas que se deben hacer para responder en forma adecuada y seguir avanzando:

1. Reconozca que hizo lo mejor que pudo con la percepción, el conocimiento y las destrezas que poseía en ese momento.

2. Reconozca que sobrevivió y que puede enfrentar plenamente todos y cualesquiera que sean los resultados y las consecuencias.

3. Anote todos sus conceptos internos, todas las lecciones que recibió y guárdelas en un archivo de su computadora o en un diario. No deje de mirarlo con frecuencia. Pregunte a otras personas involucradas —a su equipo, a sus empleados, a sus clientes y a otros— qué aprendieron. Después haga una lista titulada: «Formas de hacerlo mejor la próxima vez».

4. Asegúrese de agradecer a todos su retroalimentación y sus conceptos. Si alguien se muestra hostil al entregarle la retroalimentación, recuerde que es una expresión de su nivel de miedo, no una expresión de lo que piensen con relación a usted en cuanto a su nivel de incompetencia o falta de aprecio. Limítese a recibir la retroalimentación, use lo que sea aplicable y valioso para el futuro y deseche el resto.

5. Resuelva cualquier malentendido que se haya creado y envíe cualquier comunicación que se requiera para completar la experiencia, incluyendo cualquier disculpa o remordimiento que fuere necesario. No intente ocultar el fracaso.

6. Tómese el tiempo necesario para volver a repasar sus éxitos. Es importante recordar que tiene muchos más éxitos que fracasos. Son más las cosas que ha hecho bien que las que ha hecho mal.

7. Reconstituya su grupo de amistades. Propóngase pasar más tiempo con sus amigos, parientes y compañeros de trabajo que tengan una actitud positiva y que lo aprecien, que puedan reafirmar sus méritos y sus contribuciones.

8. Dé un nuevo enfoque a su visión. Incorpore las lecciones aprendidas, comprométase de nuevo con su plan original, o cree un plan de acción nuevo y póngalo en práctica. No se dé por vencido, avance hacia el logro de sus sueños. Serán muchos los errores que cometa en el trayecto. Sacúdase el polvo, monte de nuevo su caballo y siga su camino.

COMPROMÉTASE A UN
MEJORAMIENTO CONSTANTE

*Tenemos un deseo innato de aprender, mejorar y desarrollarnos
incesantemente. Queremos llegar a ser más de lo que ya somos. Cuando
cedemos a esta inclinación de mejorar en forma continua e incesante,
podemos llevar una vida de infinitos logros y satisfacciones.*

CHUCK GALLOZZI
Autor de *The 3 Thieves* y *4 Pillars of Happiness*
[Los tres ladrones y los cuatro pilares de la felicidad]

El término para mejoramiento constante e incesante en japonés es *kaizen*.
No solamente es una filosofía de operación para los negocios japoneses modernos, sino la antigua filosofía de los guerreros, por lo que se ha convertido
también en el mantra personal de millones de personas de éxito.

Quienes alcanzan grandes logros —ya sea en los negocios, en los
deportes o en las artes— están comprometidos con el mejoramiento continuo. Si se desea alcanzar mayor éxito, hay que aprender a preguntarse:
*¿Cómo puedo hacer esto mejor? ¿Cómo lo puedo hacer con más eficiencia? ¿Cómo
lo puedo hacer de manera más rentable? ¿Cómo puedo servir mejor a nuestros
clientes? ¿Cómo puedo ofrecer más valor a más personas? ¿Cómo lo puedo hacer
con más amor?*

EL RITMO DE CAMBIO ACELERADO
QUE ATURDE LA MENTE

En el mundo de hoy se requiere cierto grado de mejoramiento para mantenerse al día con el acelerado ritmo de cambio. Recibimos noticias de nuevas
tecnologías casi todos los meses. Se descubren nuevas técnicas de producción
con una frecuencia cada vez mayor. Aparecen nuevos términos en el lenguaje

corriente cada vez que se impone una nueva tendencia. Y lo que aprendemos sobre nosotros mismos, nuestra salud y sobre la capacidad del pensamiento humano sigue aumentando a un ritmo casi descontrolado.

Por consiguiente, es necesario mejorar para sobrevivir. Pero para progresar y crecer, como lo hacen las personas de éxito, se requiere un enfoque más orientado al mejoramiento.

MEJORAR PAULATINAMENTE

Siempre que se disponga a mejorar sus capacidades, cambiar su comportamiento o mejorar su vida familiar o su negocio, comience por incrementos pequeños y manejables que le darán una mejor oportunidad de alcanzar el éxito a largo plazo. Querer hacer demasiado en poco tiempo solo logrará abrumarlo (o abrumar a todos los que estén involucrados en la mejora), puede condenar el esfuerzo al fracaso, reforzando el concepto de que es difícil, si no imposible, alcanzar el éxito. Si se comienza con objetivos pequeños, fáciles de alcanzar, se fortalece la fe en la posibilidad de mejorar.

DECIDA QUÉ DEBE MEJORAR

En su trabajo, su meta puede ser que su compañía mejore la calidad de su producto o servicio, su programa de servicio al cliente, su mercadotecnia en línea o su publicidad. En cuanto a su vida profesional, tal vez desee mejorar sus conocimientos del manejo de la computadora, sus conocimientos de ventas o su capacidad de negociación. En el hogar, tal vez desee mejorar sus habilidades como padre, sus destrezas de comunicación, o sus habilidades culinarias. También podría centrarse en mejorar su salud y su estado físico, sus conocimientos de cómo invertir y manejar el dinero, o su habilidad musical. Tal vez quiera desarrollar un mayor nivel de paz interior a través de la meditación, el yoga y la oración. Cualquiera que sea su meta, decida lo que quiere mejorar y las medidas que tendrá que adoptar para lograrlo.

¿Se trata de aprender una nueva habilidad? Tal vez pueda encontrar lo que quiere aprender en una clase nocturna en la universidad de su comunidad. Si se trata de mejorar su servicio a la comunidad, tal vez pueda encontrar formas de dedicar una hora más por semana al trabajo voluntario.

Para no perder de vista esa mejoría constante, pregúntese cada día: «¿Cómo puedo (cómo podemos) mejorar hoy? ¿Qué puedo (qué podemos) hacer mejor? ¿Dónde puedo aprender una nueva habilidad o desarrollar una nueva destreza?». Si lo hace, habrá emprendido un camino vitalicio de mejoramiento que garantizará su éxito.

NO ES POSIBLE SALTAR NINGUNO DE LOS PASOS QUE CONDUCEN AL ÉXITO

Quien deja de mejorar deja de ser bueno.

OLIVER CROMWELL
Político y soldado británico (1599–1658)

Una de las realidades de la vida es que los grandes avances toman tiempo; no se logran de la noche a la mañana. Sin embargo, debido a que tantos productos y servicios hoy prometen la perfección de un día para otro, hemos llegado a esperar una recompensa instantánea, y nos desanimamos cuando no la obtenemos. No obstante, si se compromete a aprender algo nuevo cada día, a mejorar apenas un poco cada día, al fin —con el tiempo— alcanzará sus metas.

Convertirse en maestro toma tiempo. ¡Se requiere práctica, práctica, práctica! Hay que perfeccionar las capacidades a través de su uso y refinamiento constantes. Toma años alcanzar la profundidad y la amplitud de experiencia que caracteriza a un verdadero experto, visionario y sabio. Cada libro que lee, cada clase que toma, cada experiencia que tiene es otro bloque constructor en su vida profesional y personal.

No se estafe, no corra el riesgo de no encontrarse preparado cuando aparezca su gran oportunidad. Asegúrese de haber hecho sus deberes y haber perfeccionado su arte; por lo general un actor debe tener un largo y arduo período de preparación —clases de drama, representaciones en el teatro comunitario, piezas de teatro que se presentan fuera de Broadway, pequeños papeles secundarios en cine y programas de televisión, más clases de actuación, lecciones de manejo de voz, entrenamiento en acentos, lecciones de danza, entrenamiento en artes marciales, clases de equitación, papeles secundarios— hasta que, un día, están listos para el papel de sus sueños que los está esperando.

Los basquetbolistas famosos aprenden a lanzar con la mano no dominante, mejoran su lanzamiento de tiros libres y tiros de tres puntos. Los artistas experimentan con distintos medios. Los pilotos de aviación se capacitan para todo tipo de emergencias en un simulador de vuelo. Los médicos vuelven a estudiar para aprender nuevos procedimientos y obtienen certificaciones de estudios avanzados. Todos están involucrados en un proceso constante e interminable de mejoramiento.

Comprométase a continuar mejorando cada vez más, día tras día, en todos los aspectos. Si lo hace, tendrá ese sentimiento de creciente autoestima y confianza en sí mismo que proviene del automejoramiento y, en último término, del éxito que inevitablemente vendrá después.

Nunca cambiarás tu vida hasta que cambies algo que hagas diariamente. El secreto de tu éxito está en tu rutina diaria.

JOHN MAXWELL
Experto en liderazgo y autor de sesenta libros

EL PODER DE LA LIGERA VENTAJA

En su libro *La ligera ventaja*, Jeff Olson habla sobre el efecto combinado con el paso del tiempo de hacer simplemente un poco más o un poco menos de algo. Ya sea que haga un poco más cada día —veinte flexiones, veinte minutos de meditación, veinte minutos de aeróbicos, leer veinte páginas, una hora adicional de sueño, tomar suplementos—, o un poco menos cada día —una hora menos de televisión, una copa menos de vino, un café latte que valga menos de cuatro dólares o navegar una hora menos en la Internet—, esos pequeños cambios hacen una gran diferencia en los resultados con el paso del tiempo.

Piense en estos hechos sorprendentes. Si usted reemplazara un refresco azucarado por un vaso de agua en el almuerzo o durante su hora de descanso en la tarde todos los días por un año, terminaría tomando casi cuarenta litros de agua, evitaría consumir cerca de cincuenta mil calorías vacías (el equivalente de un ayuno de veintidós días, suponiendo que usted consumiera 2.200 calorías al día), y se ahorraría cerca de 500 dólares en gastos.

Si usted viera una hora menos de televisión al día, esas 365 horas sumarían nueve semanas laborales de cuarenta horas. Eso es como añadir dos meses de tiempo productivo a su vida cada año. En doce años, eso sería igual a tener dos años adicionales de tiempo de concentración. Ya sea que utilice ese tiempo para concentrarse en escribir libros, practicar su instrumento, mejorar su rendimiento deportivo, aprender un nuevo idioma, hacer más llamadas de ventas o mercadeo por la Internet, leer, hacer ejercicio, yoga, meditación o profundizar en sus relaciones, es algo que depende de usted. Pero imagine la diferencia que haría con el paso del tiempo.

LLEVE SU PUNTAJE DEL ÉXITO

Debe medir aquello de lo quisiera tener más.

CHARLES COONRADT
Fundador de *El trabajo como deporte*

¿Recuerda cuando estaba creciendo y sus padres lo medían cada tantos meses para ver cómo aumentaba su estatura, marcándola en una pared cerca de la puerta de la despensa? Era una representación visible que le permitía saber en qué punto estaba en relación con su estatura anterior y su meta futura (que por lo general era llegar a ser tan alto o tan alta como su madre o como su padre). Le permitía saber cómo estaba avanzando. Era un incentivo para comer bien y tomarse la leche a fin de seguir creciendo.

Bien, las personas que alcanzan el éxito toman el mismo tipo de medidas. Llevan el puntaje de los avances excitantes, de los comportamientos positivos, de las ganancias financieras... cualquiera que sea el factor que deseen incrementar.

En su novedoso libro *El trabajo como deporte*,★ Charles Coonradt dice que llevar el puntaje nos anima a crear más de los resultados positivos que estamos registrando. Es un método que refuerza en realidad el comportamiento que dio lugar a esos resultados en primer lugar.

Piénselo. Siempre querrá, por inclinación natural, mejorar su puntaje. Si lleva el puntaje de cinco cosas que le ayudarían a avanzar en el logro de sus metas, tanto personales como profesionales, imagine cuán motivado estaría cada vez que las cifras mejoraran a su favor.

★ *El trabajo como deporte* de Charles A. Coonradt (México: Trillas, 2000). También se recomiendan sus otros libros, *Scorekeeping for Success* [Cómo llevar el puntaje del éxito] y *Managing the Obvious: How to Get What You Want Using What You Know* [Cómo administrar lo obvio: cómo obtener lo que quiere utilizando lo que sabe].

MIDA LO QUE DESEA, NO LO QUE NO DESEA

Desde muy temprano en la vida aprendemos el valor de llevar la contabilidad de lo que vale. Contamos las veces que saltamos el lazo, el número de jacks que recogemos, el número de canicas que coleccionamos, el número de bases que robamos en las ligas infantiles de béisbol y el número de cajas de galletas de las niñas exploradoras que vendemos. Los promedios de bateo en béisbol nos indican el número de veces que golpeamos la pelota, no el número de veces que fallamos. Llevamos el puntaje, ante todo, de lo que es bueno porque eso es lo que queremos aumentar.

Cuando Mike Walsh, en High Performers Internacional, quería incrementar sus utilidades netas, llevaba la cuenta no solo del número de personas que se inscribían en su compañía, sino de cuántas llamadas en frío hacían sus empleados, cuantas citas personales concertaban y cuántas de esas citas terminaban en afiliaciones. Con base en ese sistema de llevar el puntaje, Mike pudo determinar un incremento del treinta y nueve por ciento en sus ingresos en solo seis meses.

CÓMO UTILIZAR CONTROLADORES CRÍTICOS PARA LLEVAR EL PUNTAJE EN LOS NEGOCIOS

Una vez que usted empiece a llevar la cuenta de aquello que más desea en su negocio, puede comenzar a desarrollar parámetros que sepa que aumentarán sus ingresos, beneficios y cuota de mercado. En cada negocio, hay una lista de verificación de las metas y objetivos específicos que, cuando se alcanzan, se superan y se mejoran, impulsarán continuamente el aumento en los ingresos y ganancias. Estos objetivos se llaman *controladores críticos*.

Si usted trabaja por ejemplo en el sector de los seguros o en la banca, sus controladores críticos pueden ser el número de ventas cruzadas por cliente o el número de generación de créditos. Para una empresa de capacitación, un controlador crítico importante sería el número de *opt-ins* [correos electrónicos recibidos] para su informe gratuito. Sean cuales sean sus controladores críticos, la clave es inspirar, motivar y empoderar a su equipo para identificar, rastrear, medir y alcanzar de manera continua esos parámetros, y ser incluso responsable de cumplir con los controladores críticos cada semana.

Una vez que llegue a ese nivel de llevar el puntaje, verá un progreso rápido en su empresa.★

YA NO ES ALGO RESERVADO ÚNICAMENTE A PROPIETARIOS DE NEGOCIOS

Cuando Tyler Williams entró a la liga juvenil de básquetbol su padre, Rick Williams, coautor de *Managing the Obvious* [Cómo administrar lo obvio] decidió contrarrestar el enfoque negativo de los deportes para jóvenes creando una «tarjeta de puntaje para padres» en la que llevaba el registro de lo que Tyler hacía bien, no de lo que hacía mal.

Llevaba la cuenta de siete cosas que su hijo podía hacer para contribuir al éxito del equipo, anotaciones, rebotes, ayudas, robos de balón, lanzamientos bloqueados, etc., y le adjudicaba a Tyler un punto cada vez que hacía una de esas jugadas positivas. Mientras que las estadísticas que llevaban los entrenadores se centraban principalmente en anotaciones y rebotes, las dos formas tradicionales de medida utilizadas para el básquetbol juvenil, el padre de Tyler le anotaba puntos por casi todas las jugadas positivas que hacía durante el juego.

No pasó mucho tiempo antes de que Tyler fuera corriendo durante los *recesos* para ver cómo iban sus puntos de contribución. Al llegar a casa después del juego, Tyler corría a su habitación, en donde tenía colgada en la pared una gráfica en la que marcaba su progreso. Con una simple gráfica, hecha por él mismo, Tyler podía ver en qué aspectos mejoraba. A medida que avanzaba la temporada, la línea de su gráfica subía constantemente. Sin una sola palabra dura ni de su entrenador ni de su padre, Tyler se había convertido en un mejor jugador de básquet y, además, disfrutaba el proceso.

CÓMO LLEVAR EL PUNTAJE EN SU HOGAR

Claro está que la práctica de llevar el puntaje no se limita a los negocios, los deportes y la escuela. Puede aplicarse también a su vida personal. En el número de mayo de 2000 de la revista *Fast Company,* Vinod Khosla, fundador y director ejecutivo de Sun Microsystems, dijo:

★Si usted está buscando aumentar rápidamente sus ingresos comerciales, Janet Switzer tiene varios programas que ayudan a los propietarios de negocios a establecer sistemas de generación de ingresos y controladores críticos para que su personal se mantenga enfocado en una actividad que aumente las ganancias y el crecimiento. Para obtener más información, visite la página www.JanetSwitzer.com.

Es muy bueno saber cómo recargar las baterías. Pero es aún más importante asegurarse de cargarlas. Yo llevo el registro de las veces que llego a casa a tiempo para cenar con mi familia; mi asistente me informa el número exacto de días que lo logro cada mes. Tengo cuatro hijos entre los siete y los once años. Poder estar un tiempo con ellos es lo que me mantiene activo.

Su empresa mide sus prioridades. Las personas también necesitan utilizar la métrica con sus propias prioridades. Paso unas cincuenta horas a la semana en el trabajo y podría fácilmente trabajar cien. Por lo tanto, siempre me aseguro de que, en último término, pueda llegar a casa a tiempo para cenar con mis hijos. Después, les ayudo a hacer sus deberes escolares y juego con ellos... Mi meta es estar en casa a tiempo para la cena, al menos, veinticinco noches al mes. Tener una meta establecida es clave. Conozco personas en mi negocio que tienen suerte si llegan a casa cinco noches al mes. No creo ser menos productivo que ellas.★

Decida lo que necesita para llevar el puntaje a fin de reflejar su visión y lograr sus metas, luego coloque sus puntajes donde estén fácilmente visibles tanto para usted como para las demás personas que intervienen en el juego.

★ «Don't Burn Out», *Fast Company,* mayo de 2000, p. 106.

PRACTIQUE LA PERSISTENCIA

Muchos se dan por vencidos cuando están a punto de lograr el éxito. Desisten en la línea de una yarda. Renuncian al último minuto del juego, cuando solo falta un pie de distancia para anotar un gol.

H. ROSS PEROT
Multimillonario norteamericano y excandidato a la presidencia de Estados Unidos

La persistencia es probablemente una cualidad específica y más común de quienes alcanzan grandes logros. Son personas que, sencillamente, se niegan a darse por vencidas. Entre más persista en su empeño, mayor será la posibilidad de que algo bueno le ocurra. No importa cuán difícil parezca. Entre más persevere más probabilidad tendrá de triunfar.

NO SIEMPRE SERÁ FÁCIL

Algunas veces tendrá que persistir ante grandes inconvenientes —obstáculos ocultos— que ni la más completa y previsiva programación podría predecir. Otras veces se encontrará con dififultades abrumadoras. En ocasiones, el universo pondrá a prueba el grado de compromiso que usted tenga con su meta. El trayecto puede ser difícil y puede exigirle negarse a renunciar mientras aprende nuevas lecciones, desarrolla nuevos aspectos de su personalidad y toma decisiones difíciles.

La historia ha demostrado que la mayoría de los campeones famosos generalmente encontraron obstáculos desalentadores antes de alcanzar el triunfo. Ganaron porque se negaron a dejarse desanimar por sus derrotas.

B.C. FORBES
Fundador de la revista *Forbes*

Hugh Panero, director ejecutivo de XM Satellite Radio es un ejemplo de compromiso y perseverancia sorprendentes en el sector corporativo. Después de dos años de reclutar inversionistas que incluyen desde la General Motors y Hughes Electronics hasta DIRECTV y Clear Channel Communications, el sueño de Panero de convertirse en el mayor servicio mundial de radio por suscripción estuvo a punto de fracasar en el último minuto, cuando los inversionistas amenazaron con retractarse, a menos que pudieran llegar a un acuerdo aceptable para la medianoche del 6 de junio de 2001. Después de exhaustivas negociaciones y un esfuerzo de diplomacia, Panero y su presidente de la junta directiva, Gary Parsons, lograron compromisos por 225 millones de dólares apenas unos minutos antes de la hora límite.

Menos de un año después, el lanzamiento de uno de los satélites XM con un valor de 200 millones de dólares fue abortado justo once segundos antes del lanzamiento, cuando un ingeniero leyó mal un mensaje en la pantalla de su computadora, lo que obligó a la compañía a esperar hasta la siguiente fecha disponible para el lanzamiento ¡dos meses más tarde!

Panero, sin embargo perseveró y, por último, fijó la fecha de la inauguración de los 101 canales de programación de XM Radio para el 12 de septiembre de 2001. Pero cuando los terroristas atacaron el World Trade Center en la mañana del 11 de septiembre —apenas un día antes de la inauguración programada— Panero se vio obligado a cancelar la fiesta para celebrar el lanzamiento del cohete y a retirar la publicidad de televisión sobre la inauguración de la XM que mostraba a una estrella de rap pasando en un cohete por encima de un conjunto de enormes rascacielos.

El equipo de Panero le recomendó posponer el lanzamiento de la compañía por un año más. Sin embargo, al final, Panero siguió fiel a su sueño e inauguró el servicio apenas dos semanas más tarde.

En la actualidad, superando todos los obstáculos y demoras, la mayoría de los cuales hacen que nuestras propias dificultades palidezcan por comparación, la compañía fusionada Sirius XM domina el negocio de radio por satélite con más de veintitrés millones de suscriptores que pagan mensualmente por disfrutar sesenta y dos canales de música más noventa y tres canales de los principales deportes, programas de opinión, comedias, programas infantiles y programas de entretenimiento, además de información sobre el tráfico y el estado del tiempo.★

★Ver www.sirusxm.com para más información.

CINCO AÑOS

El «no» es una palabra en el camino al «sí». No se rinda demasiado pronto.
Ni siquiera si sus parientes, amigos y colegas bien intencionados le indican
que debe buscar «un trabajo de verdad». Sus sueños son su verdadero trabajo.

JOYCE SPIZER
Autora de *Rejections of the Written Famous* [Rechazos de obras famosas]

Cuando Debbie Macomber decidió ir tras su sueño de convertirse en escritora, alquiló una máquina de escribir, la puso sobre la mesa de la cocina y empezó a teclear todas las mañanas, cuando los niños salían para la escuela. Por la tarde, cuando volvían a casa, retiraba la máquina de escribir y les preparaba la comida. Cuando se acostaban, volvía a poner la máquina de escribir sobre la mesa de la cocina y tecleaba un poco más. Debbie siguió esta rutina durante dos años y medio. La supermamá se había convertido en una escritora esforzada y disfrutaba cada minuto.

Sin embargo, una noche, su esposo, Wayne, se sentó con ella y le dijo:

—Lo siento, querida, pero no estás contribuyendo al ingreso del hogar. No podemos seguir así. No podemos sobrevivir solo con lo que yo gano.

Esa noche, con el corazón destrozado y la mente demasiado ocupada para poder conciliar el sueño, permaneció con la mirada fija en el techo de la alcoba sin luz. Debbie sabía que —con todas las responsabilidades del trabajo de la casa y de llevar a los niños a sus actividades deportivas, a la iglesia y a las reuniones de los niños exploradores— un trabajo de cuarenta horas semanales no le dejaría tiempo para escribir.

Intuyendo su desesperación, su esposo se despertó y le preguntó:

—¿Qué te pasa?

—Realmente creo que habría podido ser una buena escritora. Realmente lo creo.

Wayne permaneció en silencio por largo tiempo, luego se sentó, encendió la luz y le dijo:

—Está bien, mi amor, hazlo.

Así que Debbie regresó a su sueño y a su máquina de escribir sobre la mesa de la cocina, donde tecleó página tras página durante otros dos años y medio. Su familia renunció a las vacaciones, ahorró hasta el último centavo y todos se vistieron, durante ese tiempo, con ropa heredada de los parientes.

Pero, por último, el sacrificio y la persistencia dieron resultado. Después de cinco años de lucha, Debbie vendió su primer libro. Luego otro. Y otro más. Hasta ahora, Debbie ha publicado más de ciento cincuenta libros, muchos de los cuales han llegado a la lista de *best sellers* del *New York Times* y cuatro de los cuales han sido llevados al cine. Se han impreso más de ciento setenta millones de ejemplares de sus obras y cuenta con millones de leales admiradores.

¿Y Wayne? Todo ese sacrificio apoyando a su esposa, le reportó grandes beneficios. Pudo jubilarse a los cincuenta años y ahora dedica su tiempo a construir un avión en el sótano de su mansión de 7.000 pies cuadrados.

Los hijos de Debbie recibieron un regalo mucho más importante que unas cuantas vacaciones en campamentos de verano. Como adultos, ahora se dan cuenta de que lo que Debbie les dio fue mucho más importante, el permiso y el entusiasmo necesarios para ir tras sus propios sueños.

¿Qué podría lograr usted si siguiera los anhelos de su corazón, tuviera esa misma disciplina y nunca se diera por vencido?

NUNCA RENUNCIE A SUS ESPERANZAS NI A SUS SUEÑOS

La persistencia y la determinación por sí solas son omnipotentes.
El lema «siga adelante» ha resuelto y siempre resolverá
los problemas de la raza humana.

CALVIN COOLIDGE
Trigésimo presidente de Estados Unidos

Tenga esto en cuenta:

- El almirante Robert Peary intentó llegar al polo norte siete veces antes de lograrlo en el octavo intento.
- En sus veintiocho intentos por enviar cohetes al espacio, la NASA tuvo veinte fracasos.
- Oscar Hammerstein tuvo cinco piezas de teatro musicales que fueron un fracaso y, en conjunto, estuvieron menos de seis semanas en cartelera, todas antes de *Oklahoma!,* que alcanzó 269 semanas de representaciones ininterrumpidas y recaudó siete millones de dólares.
- Oprah Winfrey fue despedida como reportera de televisión a comienzos de su carrera porque «no la consideraron apta para la televisión».

- La carrera de Tawni O'Dell como escritora es una prueba de su perseverancia. Al cabo de trece años de esfuerzo, había escrito seis novelas inéditas y había acumulado 300 notas de rechazo. Por último publicó su primera novela *Caminos ocultos* en enero de 2000. Oprah Winfrey eligió su libro para el Oprah Book Club y la novela recién ungida alcanzó el primer puesto en la lista de *best sellers* del *New York Times,* donde permaneció por ocho semanas.

NUNCA, NUNCA, NUNCA DESISTA

Durante la Guerra de Vietnam, H. Ross Perot, el multimillonario tejano de las computadoras, decidió dar un regalo de Navidad a cada uno de los prisioneros de guerra estadounidenses que se encontraban en Vietnam. Según David Frost, que relata la historia, Perot hizo empacar y preparar para despachar miles de paquetes. Alquiló una flotilla de aviones Boeing 707 para llevar los regalos a Hanoi, pero la guerra estaba en su apogeo, y el gobierno de Hanoi indicó que se negaría a cooperar. No era posible realizar ninguna campaña caritativa, explicaron los oficiales, mientras los bombarderos estadounidenses devastaban todos los pueblos vietnamitas. Perot se ofreció a contratar firmas constructoras norteamericanas para ayudar a reconstruir lo que los estadounidenses habían arrasado. El gobierno, aun así, se negó a cooperar. Se aproximaba ya la Navidad y los paquetes aún no se habían enviado. Negándose a desistir, Perot emprendió el viaje con su flotilla alquilada y voló hasta Moscú donde, desde la oficina central de correos, sus asistentes enviaron, uno por uno los paquetes que llegaron intactos.* ¿Entiende ahora por qué este hombre se convirtió en la persona de éxito que llegó a ser? Sencillamente, se negó a desistir.

PERSISTA

¡Siempre es demasiado pronto para desistir!

NORMAN VINCENT PEALE
Escritor inspirador

---

*Adaptado del libro de *David Frost's Book of Millionaires, Multimillionaires, and Really Rich People* [El libro de David Frost de los millonarios, multimillonarios, y personas realmente ricas] (Nueva York: Random House, 1984).

En 1992, el guionista Craig Borten comenzó a escribir el guion de *Dallas Buyers Club*. Después de redactar diez guiones distintos para la película, pasó la mayor parte de la década de 1990 tratando de venderlo, pero nadie estaba dispuesto a financiar la producción del largometraje.

De acuerdo con una entrevista con Matthew McConaughey, que ganó un premio de la Academia al mejor actor por su papel protagónico como Ron Woodroof, un paciente con SIDA, la película fue rechazada ochenta y siete veces por clientes potenciales, antes de que McConaughey firmara por fin diecisiete años después.

En 1996, el guion fue vendido, con Dennis Hopper como director y Woody Harrelson como protagonista, pero la compañía que compró el guion se declaró en quiebra. Al año siguiente, Borten se asoció con la guionista Melisa Wallack para renovar el guion y vendérselo a Universal, esta vez con Marc Forster como director y Brad Pitt como estrella, pero Forster y Pitt nunca rodaron la película.

Años más tarde, después de conseguir la financiación, el director Gary Gillespie y el actor Ryan Gosling acordaron hacer la película, pero una vez más, la financiación se vino abajo. En consecuencia, Universal decidió que el guion «no estaba listo» y archivó la película durante otros nueve años.

Con el tiempo, y debido a una cláusula en su contrato del Gremio de escritores, Borten y Wallack lograron recuperar sus derechos sobre el guion. Y en 2009, casi veinte años después de que fuera concebido inicialmente, Robbie Brenner —un productor que había participado en el proyecto casi desde el principio—, convenció a Matthew McConaughey para que se involucrara.

Pero incluso después de que McConaughey perdiera cuarenta y siete libras para su papel, y con el rodaje programado para comenzar en tan solo diez semanas, los nuevos inversores se echaron atrás. Con los actores y el equipo asegurados y listos para seguir adelante, la producción prosiguió su curso e hicieron lo imposible: Con un simple presupuesto de cinco millones de dólares, rodaron toda la película, así como tomas de quince minutos con una cámara, en tan solo veinticinco días.

Dallas Buyers Club fue lanzada en 2013, siendo aclamada universalmente por la crítica y el público por igual, y el compromiso inquebrantable para hacer esta película finalmente dio sus frutos con creces. No solo fue nominada a la mejor película en los premios de la Academia, sino que Borten y Wallack recibieron nominaciones al mejor guion original en los Premios WGA de 2014 y en los Oscar, cosechando numerosos galardones, entre ellos al mejor actor para McConaughey y al mejor actor secundario para Jared Leto.

Para febrero de 2014, la película ya había recaudado más de cincuenta y cinco millones de dólares en todo el mundo.

PERO ÉL NO QUISO RENUNCIAR A SU SUEÑO

Por lo general, sobreestimamos lo que pensamos que podemos lograr en un
año, pero subestimamos burdamente lo que podemos lograr en una década.

ANTHONY ROBBINS
Orador motivacional y autor de *Despertando al gigante interior*

Darrell Hammond comenzó su carrera como actor en los años setenta mientras asistía a la Universidad de Florida. Fue un comienzo difícil, ya que con su «balbuceo» (a consecuencia de un abuso infantil extremado por parte de su madre), nunca fue seleccionado para un papel. Darrell perseveró hasta que finalmente un profesor de teatro le dio una oportunidad y —debido al éxito de Darrell en ese rol y en otros posteriores—, lo convenció para que siguiera una carrera en la actuación. Después de graduarse apenas con un promedio de 2,1, Darrell persiguió su sueño y se trasladó a Nueva York, pero durante los primeros años trabajó como mesero y se emborrachaba tanto que escasamente podía ir a las audiciones.

Con el tiempo, Darrell comenzó a beber menos y a estudiar actuación con ahínco en el prestigioso Herbert Berghof Studio, que había tenido alumnos como Robert De Niro, Matthew Broderick, Billy Crystal, Claire Danes, Whoopi Goldberg, Al Pacino y Barbra Streisand. Eso lo condujo a algunos papeles en obras de teatro off-Broadway, y en teatros regionales.

Cuando tenía veintiséis años, Darrell probó suerte en la comedia *stand-up*, se enamoró de ese género, y se fijó la meta de ser miembro del elenco de *Saturday Night Live*. Pero eso no sucedió de la noche a la mañana. Ni mucho menos. Después de no encontrar posibilidades en Nueva York, se trasladó de nuevo a la Florida e hizo trabajos de voz en off durante los próximos años. Pero nunca renunció a su meta, y se comprometió con un programa de superación que lo mantuvo a flote durante esos años. Se le ocurrió la idea de que si podía hacer una pequeña mejora en sus habilidades una vez por semana, serían cincuenta y dos mejoras al año.

Se centró en eso por espacio de cinco años, y luego regresó a la ciudad de Nueva York con la determinación de convertirse en un exitoso comediante para llamar la atención de los productores de *Saturday Night Live*.

Comenzar después de los treinta años es tarde en la comedia *stand-up*, y Darrell pensó que podría ser demasiado viejo para lograrlo, pero de todos modos decidió intentarlo, pues no quería renunciar a su sueño. Acostumbraba poner fotos de Harriet Tubman, Martin Luther King Jr., y Mahatma Gandhi en su pared en busca de inspiración. ¿La razón? Eran personas que probablemente no tenían ninguna prueba de que podían lograr lo que querían, pero de todos modos siguieron adelante.

Darrell continuó actuando en clubes en los alrededores de Nueva York por los próximos siete años, tiempo durante el cual tuvo dos audiciones fallidas para *Saturday Night Live*. Uno pensaría que después de siete años se habría dado por vencido. De hecho, la mayoría de las personas lo hacen. Pero Darrell perseveró y finalmente, después de siete largos años, su persistencia dio sus frutos. Una noche, durante su presentación en Carolines, hizo una breve imitación del presidente Bill Clinton. Sucedió que un productor de *Saturday Night Live* estaba entre el público esa noche y buscaba a alguien para el programa que pudiera hacer una buena imitación de Bill Clinton. En consecuencia, Darrell fue invitado a una audición para Lorne Michaels, el creador del programa *Saturday Night Live*. Darrell dijo que se había estado preparando para ese momento desde hacía doce años. Ahora estaba listo y consiguió el papel, cumpliendo finalmente su mayor sueño.

Darrell trabajó catorce años en el programa, actuando en más de doscientos episodios, y se hizo más conocido por sus imitaciones hilarantes de personajes famosos como Bill Clinton, Al Gore, Dick Cheney y Donald Trump, y de artistas como Sean Connery y Jack Nicholson. Desde que dejó el programa en 2009 a los cincuenta y tres años (el miembro del reparto de más edad en la historia del programa), ha hecho apariciones en Broadway y en numerosas películas y programas de televisión, incluyendo su propio especial, Comedy Central. Darrell ha tenido una carrera extraordinaria porque al principio se negó a darse por vencido.

CÓMO SUPERAR LOS OBSTÁCULOS

Por cada fracaso, hay un curso de acción alternativo. Solo hay
que encontrarlo. Al llegar a un obstáculo, tome un desvío.

MARY KAY ASH
Fundadora de Mary Kay Cosmetics

Cuando se encuentra un obstáculo o un bloqueo en el camino, hay que detenerse e imaginar tres alternativas para superarlo: saltándolo, rodeándolo o atravesándolo. Para cada obstáculo hay que desarrollar tres estrategias diferentes que permitan resolver cada obstáculo potencial. Hay muchas posibilidades, pero solo las encontrará si dedica suficiente tiempo a buscarlas.

Sus ideas deben ir siempre orientadas a encontrar la solución. Persevere hasta que la encuentre.

———————————

*Las dificultades son oportunidades para hacer las cosas mejor; son
los puntos de apoyo que nos conducen a adquirir mayor experiencia...
cuando se cierra una puerta, siempre hay otra que se abre, tiene
que ser así, por ley natural, tiene que haber un equilibrio.*

BRIAN ADAMS
Autor de *How to Succeed* [Cómo tener éxito]

APLIQUE LA REGLA DE CINCO

*El éxito es la suma de pequeños esfuerzos
repetidos día tras día.*

ROBERT COLLIER
Autor de libros *best sellers* y editor de *The Secret of the Ages*
[El secreto de los siglos]

Cuando Mark Victor Hansen y yo publicamos el primer libro de *Sopa de pollo para el alma,* estábamos tan ansiosos y tan dedicados a que nuestro proyecto llegara a ser un *best seller,* que pedimos a quince autores de libros en la lista de *best sellers,* desde John Gray (*Los hombres son de Marte, las mujeres son de Venus*), a Ken Blanchard (*El mánager al minuto*) y Scott Peck (*El camino menos recorrido*) que nos orientaran y nos aconsejaran. Recibimos toneladas de valiosa información acerca de qué hacer y cómo hacerlo. Luego, fuimos a ver al gurú en publicación y mercadeo de libros, Dan Poynter, que nos dio información aún más valiosa. Después, compramos y leímos la obra de John Kremer: *1001 Ways to Market Your Book* [1001 formas de vender su libro].

Después de todo eso, quedamos abrumados ante tantas posibilidades. A decir verdad, quedamos medio locos. No sabíamos por dónde empezar, además, ambos teníamos que ocuparnos de nuestro negocio de conferencias y seminarios.

CINCO FACTORES ESPECÍFICOS QUE LE AYUDAN A AVANZAR HACIA LA META

Buscamos la asesoría de Ron Scolastico, un excelente profesor, quien nos dijo: «Si van todos los días a un árbol muy grande y le dan cinco hachazos muy fuertes, al fin, por grande que sea el árbol, tendrá que caer». ¡Cuán simple y cuán cierto! De ahí, desarrollamos lo que hemos llamado la regla de cinco. Significa, simplemente, que cada día hacemos cinco cosas específicas que nos acercan a la meta.

Con el objetivo de llevar a *Sopa de pollo para el alma* al primer lugar en la lista de *best sellers* del *New York Times,* nos propusimos hacer cinco entrevistas de radio o enviar cinco ejemplares de comentarios sobre la obra a los editores para que la estudiaran o llamar a cinco compañías de mercadeo en red y pedirles que compraran el libro como elemento de motivación para su personal de ventas, u organizar un seminario para al menos cinco personas y vender el libro en la parte posterior del salón. Algunos días, solo enviábamos cinco ejemplares gratis del libro a las personas que aparecían en el *Celebrity Address Book* [Libro de direcciones de los famosos], gente como: Harrison Ford, Barbra Streisand, Paul McCartney y Steven Spielberg.

Llamamos a personas que pudieran escribir comentarios sobre el libro, redactamos comunicados de prensa, llamamos a los programas de opinión (a algunos de ellos a las 3:00 a.m.), regalamos ejemplares del mismo en nuestras conferencias, lo enviamos a los ministros de las iglesias para que lo utilizaran como fuente de datos para sus sermones, dictamos conferencias gratis sobre *Sopa de pollo para el alma* en las iglesias; firmamos libros en las librerías donde nos lo permitieron, pedimos a las empresas que hicieran compras masivas para distribuirlo a sus empleados, lo llevamos a las tiendas de las bases militares, pedimos a otros colegas conferencistas que lo vendieran en sus presentaciones, pedimos a las empresas organizadoras de seminarios que lo incluyeran en sus catálogos, compramos un directorio de catálogos y pedimos a todos los catálogos adecuados que incluyeran el libro. Visitamos tiendas de regalos y tiendas de tarjetas de saludo y les pedimos que vendieran nuestro libro, fuimos a gasolineras, panaderías y restaurantes a venderlo. Fue un gran esfuerzo —un mínimo de cinco cosas cada día todos los días, día tras día— durante más de dos años.

ESTA ES LA PRUEBA DE LO QUE UN ESFUERZO CONSTANTE PUEDE LOGRAR

¿Valió la pena? ¡Sí! Al fin y al cabo vendimos diez millones de ejemplares en cuarenta y tres idiomas.

¿Se dio eso de la noche a la mañana? ¡No! Pasó un año desde su publicación, ¡un año!, antes de que el libro llegara a la lista de *best sellers*. Pero fue un esfuerzo sostenido aplicando la regla de cinco durante dos años lo que nos llevó a alcanzar el éxito, una acción a la vez, un libro a la vez, un lector a la vez. Pero, poco a poco, con el tiempo, cada lector le contó a otro lector y, al fin, como una carta de cadena que progresa lentamente, se difundió la noticia y el libro se convirtió en un gran éxito, lo que la revista *Time* llamara «el fenómeno editorial de la década». No fue tanto un fenómeno editorial como un fenómeno de esfuerzo persistente, miles de actividades individuales que, sumadas, representaron un gran éxito.

En *Chicken Soup for the Gardener's Soul* [Sopa de pollo para el alma del jardinero], Jaroldeen Edwards describe el día en que su hija Carolyn la llevó al lago Arrowhead a ver una maravilla de la naturaleza, campos y más campos de narcisos que se extendían hasta donde alcanzaba la vista. Desde la cima de una montaña que descendía suavemente por muchas hectáreas a través de collados y valles entre los árboles y los arbustos, siguiendo las ondulaciones del terreno, hay ríos de narcisos florecidos, literalmente una alfombra de todos los tonos de amarillo desde el marfil más pálido hasta el amarillo limón más oscuro, hasta llegar a un fuerte naranja salmonado. Hay aparentemente más de un millón de bulbos de narciso sembrados en ese hermoso paraje de la naturaleza. Es un espectáculo que quita el aliento.

Mientras caminaban hacia el centro de ese mágico lugar, se encontraron de pronto ante un letrero que decía: «Respuestas a las preguntas que sé que se está haciendo». La primera respuesta era: «Una mujer, dos manos, dos pies y muy poco cerebro». La segunda era: «Uno a la vez». La tercera: «Comencé en 1958».

Una mujer había cambiado para siempre el mundo, durante un periodo de cuarenta años, sembrando un bulbo a la vez. Lo que podríamos lograr si hiciéramos un poquito —cinco cosas— cada día, durante los próximos cuarenta años, para lograr nuestra meta. Si escribiera cinco páginas por día, eso equivaldría a 73.000 páginas de texto, el equivalente a 243 libros de 300 páginas cada uno. Si ahorrara 5 dólares al día, equivaldría a 73.000 dólares, ¡suficiente para cuatro viajes alrededor del mundo! Si invirtiera 5 dólares por día con un interés compuesto de solo seis por ciento anual, al término de cuarenta años habría amasado una pequeña fortuna de unos 305.000 dólares.

La regla de cinco. Un principio muy potente, ¿no le parece?

PRINCIPIO

24

EXCEDA LAS EXPECTATIVAS

Nunca hay una multitud en el trayecto de esa milla adicional.

WAYNE DYER
Coautor de *How to Get What You Really, Really, Really Want*
[Cómo obtener lo que de veras, de veras, de veras, desea]

¿Es usted alguien que se propone de manera congruente recorrer esa milla adicional y exceder rutinariamente sus promesas? No es algo frecuente en estos días, pero es el distintivo de quienes logran grandes cosas, de quienes saben que superar las expectativas les ayuda a destacarse entre la multitud. Casi por la fuerza de la costumbre, las personas que alcanzan el éxito simplemente se exigen más. Como resultado, experimentan no solo mayores retribuciones financieras por sus esfuerzos adicionales, sino también una trasformación personal, adquieren mayor seguridad y confianza en sí mismas y ejercen una mayor influencia en quienes las rodean.

RECORRA ESA MILLA ADICIONAL

La empresa de tostadores de café Dillanos Coffee Roasters, con base en Seattle, tuesta y distribuye café en grano a todos los vendedores minoristas de café en casi todos los cincuenta estados de la Unión. El enunciado de la misión de Dillano es el siguiente: «Ayudar a la gente, hacer amigos y divertirse». La compañía tiene seis valores centrales que orientan todas sus actividades. La empresa está tan comprometida con esos valores que las veintiocho personas que conforman su personal lee la lista al unísono al final de cada reunión de empleados. El número dos en esta lista es «Brinde un nivel de servicio tipo "milla adicional", dando siempre al cliente más de lo que espera». Eso significa que tratan a cada uno de sus clientes como a uno de sus mejores amigos, alguien por quien se está dispuesto a recorrer esa milla adicional.

En 1997, uno de esos «amigos», Marty Cox, dueño de cuatro It's a Grind Coffee Houses en Long Beach, California, era apenas «un cliente que compraba cantidades promedio», pero Marty tenía grandes planes para el futuro. El fundador y director ejecutivo David Morris quería ayudar a su «amigo» a realizar el mayor de sus sueños. En aquel entonces, Dillanos despachaba su café en grano por el servicio de envíos privado UPS. Pero en 1977, UPS entró en huelga, lo que ponía en riesgo la fuente de ingresos de Marty. ¿Cómo hacer que el café en grano —la fuente de su negocio— pudiera llegarle a Marty de Seattle a Long Beach?

Dillanos consideró la opción de utilizar los servicios de la oficina de correos, pero la compañía tenía noticias extraoficiales de que tanto las oficinas postales como FedEx estaban sobrecargadas debido a la huelga de UPS y no quería correr el riesgo de que el café en grano llegara demasiado tarde. Entonces Morris alquiló un remolque y llevó él mismo su pedido de 800 libras de café hasta el negocio de Marty, por dos semanas consecutivas. David condujo diecisiete horas desde Seattle a Long Beach, entregó el suministro de una semana de café a Marty, regresó, consiguió más café, volvió a Long Beach a la siguiente semana y entregó de nuevo el pedido. Este tipo de compromiso de recorrer una milla adicional —literalmente 2.320 millas de ida y vuelta—, convirtió a Marty en un cliente fiel a largo plazo. ¿Y qué significó eso para Dillanos? En solo seis años, los cuatro negocios de Marty se convirtieron en 150 concesiones, con operaciones minoristas en nueve estados. Ahora Marty es el principal cliente de Dillanos. ¡Vale la pena recorrer esa milla adicional!

Como resultado de recorrer la milla adicional para todos sus clientes, Dillanos ha pasado de ser una sola empresa tostadora de veinticinco libras en un espacio de 1.600 pies cuadrados, que tostaba 200 libras de granos de café por mes en 1992, a una instalación de 45.000 pies cuadrados con 68 empleados capaces de despachar mucho más de 3.2 millones de libras de café en grano al año, con ventas anuales de más de 10 millones de dólares y una tasa de crecimiento que permite prever una duplicación cada tres años.

Y en 2011, Dillanos fue nombrado Tostador Maestro del Año por *Roast Magazine*.

¿POR QUÉ RECORRER ESA MILLA ADICIONAL?

Si estás dispuesto a hacer más de lo que te pagan por hacer,
finalmente te pagarán por hacer más de lo que haces.

FUENTE DESCONOCIDA

¿Qué se gana? Cuando uno da más de lo que se espera, lo más probable es que a cambio obtenga ascensos, aumentos de sueldo, bonificaciones y beneficios adicionales. No tendrá que preocuparse por la seguridad en el trabajo. Será siempre la primera persona a la que contraten y la última que despidan. Su negocio será más productivo y atraerá una clientela fiel de por vida. Comprobará además que, como resultado, obtendrá más satisfacciones.

Pero debe empezar ahora mismo para comenzar a recibir las recompensas.

DÉ ALGO MÁS DE LO QUE SE ESPERA

Si realmente quiere sobresalir en su profesión u oficio —convertirse realmente en una persona de éxito sin precedentes en su escuela, en su negocio o en su vida— dé más de lo que se le pida, dé siempre algo adicional, algo que nadie espera. Un negocio que recorra esa milla adicional se gana el respeto, la lealtad y las recomendaciones de sus clientes.

Si solo tiene en cuenta sus necesidades, puede pensar que dar más de lo que se espera no es justo. ¿Por qué habría de hacer ese esfuerzo adicional sin ninguna compensación ni reconocimiento? Debe confiar en que, al fin y al cabo, esa actitud se notará; de modo que recibirá la compensación y el reconocimiento que merece. En algún momento, la crema, como dice el viejo refrán, con el tiempo sube siempre a la superficie. Lo mismo ocurrirá con usted y su compañía. Ganará una reputación impecable y ese es uno de los puntos más valiosos que puede tener.

A continuación incluyo otros ejemplos de dar más de lo que se espera:

- Un cliente paga por un cuadro al óleo y usted se lo enmarca sin costo adicional.
- Vende a un cliente un automóvil y se lo entrega con el tanque lleno de gasolina.
- Vende a alguien una casa y cuando esa persona se traslada encuentra una botella de champaña y un certificado de regalo de 100 dólares para un restaurante gourmet de la localidad.
- Como empleado, no solo hace todo lo que se espera de usted en su trabajo, sino que labora en su día libre cuando otro de sus compañeros falta por enfermedad, acepta nuevas responsabilidades sin exigir aumento de sueldo, se ofrece a capacitar a un nuevo empleado, prevée los problemas y los evita antes de que ocurran, se ocupa de que se haga lo que hay que hacer y hace las cosas sin esperar a que se las pidan; además, está siempre alerta para ver en

qué otra forma puede contribuir y ser útil. En lugar de pensar únicamente en cómo hacer para ganar más, se centra en lo que puede hacer para dar más.

¿Qué puede hacer para recorrer esa milla adicional y ofrecerle más valor a su jefe, más servicio a sus clientes o más valor a sus estudiantes? Una forma de hacerlo es sorprender a los demás dándoles más de lo que esperan.

Conozco a un vendedor de automóviles en Los Ángeles que ofrece a todos sus clientes servicio gratis de lavado de automóvil todos los sábados en su agencia. Nadie lo espera y a todos les encanta. Así llegan muchos otros clientes remitidos por quienes ya lo conocen, porque no dejan de hablar de lo satisfechos que están con su servicio.

EL HOTEL FOUR SEASONS SIEMPRE RECORRE ESA MILLA ADICIONAL

El nombre *Four Seasons* se ha convertido ya en sinónimo de servicio hasta en el menor detalle. Esta cadena hotelera siempre recorre la milla adicional. Si pide indicaciones a cualquiera de los miembros de su personal, para llegar a algún lugar, nunca le explicarán por dónde debe ir, lo llevarán. Tratan a todos los huéspedes como miembros de la realeza.

Dan Sullivan cuenta de un hombre que estaba pensando llevar a su hija a San Francisco un fin de semana y se dio cuenta de que no podría hacerle las trenzas como se las hacía su mamá. Cuando llamó al hotel Four Seasons para saber si habría allí una persona que pudiera ayudarle, le dijeron que había una mujer en el personal ya asignada para ese trabajo. Era algo que el gerente había previsto que algún día se podría necesitar, de modo que el hotel estaba preparado para ofrecer ese servicio. Eso es recorrer la milla adicional.

Otra cadena hotelera conocida por su extraordinario servicio es Ritz–Carlton. Cuando llegué a mi habitación durante mi última estadía en ese hotel en Chicago, encontré un termo de sopa de pollo con fideos esperándome sobre el escritorio. Había al pie un pequeño letrero que decía: «Sopa de pollo para el cuerpo de Jack Canfield». Venía con una maravillosa tarjeta del gerente en la que me decía cuánto habían disfrutado él y su personal los libros *Sopa de pollo*.

NORDSTROM RECORRE ESA MILLA ADICIONAL

Nordstrom es otra cadena de tiendas reconocida por recorrer esa milla adicional. El personal de Nordstrom siempre ha ofrecido un servicio extraordinario. Sus vendedores son famosos por llegar hasta el punto de llevarle al cliente la mercancía cuando salen del trabajo para ir a su casa.

Nordstrom tiene también la política de que sus clientes pueden devolver cualquier cosa en cualquier momento. ¿Abusan los clientes de esa política? ¡Claro que sí! Pero gracias a ella, Nordstrom tiene una extraordinaria reputación de alta calidad de servicio al cliente. Es parte de la bien cuidada imagen del nombre de la compañía. Como resultado, Nordstrom es muy rentable.

Comprométase, a partir de hoy, a llegar a ser de clase mundial, como la cadena de hoteles Four Seasons, Ritz–Carlton y la tienda Nordstrom, recorriendo esa milla adicional y superando las expectativas.

SEGUNDA PARTE

Transfórmese para el éxito

La mayor revolución de nuestra generación es el descubrimiento de que los seres humanos, al cambiar sus actitudes mentales internas, pueden cambiar el aspecto externo de sus vidas.

WILLIAM JAMES
Psicólogo de Harvard

SÁLGASE DEL CLUB DE LOS «PESIMISTAS»... Y RODÉESE DE PERSONAS DE ÉXITO

Usted es el promedio de las cinco personas con las que pasa la mayor parte de su tiempo.

JIM ROHN
Millonario por mérito propio y exitoso escritor

Cuando Tim Ferriss, autor *best seller* de *La semana laboral de 4 horas*, tenía doce años, una persona no identificada dejó esta frase de Jim Rohn en su contestador. Cambió su vida para siempre. Por muchos días no pudo sacarse esa idea de su cabeza. Apenas a los doce años, Tim se dio cuenta de que los niños con los que estaba no eran los que quería que influyeran en su futuro. Fue entonces adonde su mamá y su papá y les pidió que lo enviaran a un colegio privado. Cuatro años en St. Paul School lo iniciaron en el camino que lo condujo a un año de pregrado en Japón, estudiando judo y meditación Zen; cuatro años en la Universidad de Princeton, donde se convirtió en un luchador all–American; a un campeonato nacional de kickboxing y, al fin, al inicio de su propia empresa a la edad de veintitrés años. Tim sabía lo que todos los padres saben por intuición, que nos convertimos en seres similares a las personas con las que pasamos la mayoría del tiempo.

¿Cuál, si no, sería entonces la razón por la que los padres dicen a sus hijos que no les gusta que anden con «esos muchachos»?, porque sabemos que los niños (¡y los adultos!) se convierten en personas iguales a aquellas con las que pasan la mayor parte del tiempo. Por eso es tan importante estar con personas a quienes nos queramos parecer. Si quiere tener más éxito, tiene que empezar a rodearse de gente más exitosa.

Hay muchos sitios donde encontrar gente de éxito. Entre a una asociación de profesionales. Asista a conferencias relacionadas con su profesión. Hágase miembro de la Cámara de Comercio. Compre una acción de un club campestre. Inscríbase como miembro de la Young Presidents Organization [Organización de presidentes jóvenes] o de la Young Entrepreneurs Association [Asociación de empresarios jóvenes]. Ofrézcase como voluntario para puestos de liderazgo. Hágase miembro de grupos cívicos como los Kiwanis, Optimists International y Rotary International. Ofrézcase como voluntario para servir junto con otros líderes en su iglesia, templo o mezquita. Asista a conferencias, simposios, cursos, seminarios, clínicas, campamentos y retiros dictados por aquellos que ya han logrado lo que usted quiere lograr. Viaje en primera clase o en clase ejecutiva siempre que le sea posible.

UNO SE ASEMEJA A LAS PERSONAS CON LAS QUE PASA LA MAYOR PARTE DEL TIEMPO

Esté dispuesto a pagar cualquier precio por permanecer en presencia de gente extraordinaria.

MIKE MURDOCK
Autor de *Secretos del liderazgo de Jesús*

John Assaraf es un exitoso empresario que aparentemente lo ha hecho todo, incluyendo viajar por el mundo durante un año cuando estaba en la segunda década de su vida, ser el propietario y director de una empresa de concesiones cuyos ingresos anuales por bienes raíces superaron los 3.000 millones de dólares, y ayudar a desarrollar al pionero de los tours virtuales de la Internet, Bamboo.com (ahora IPEX), llevándolo de un equipo inicial de seis personas a uno de 1.500 en espacio de apenas un año, con millones en ventas mensuales; y llevar a término una exitosa propuesta inicial para una licitación pública en NASDAQ, después de solo nueve meses.

John era un niño de la calle que se había visto enredado en el mundo de las drogas y las pandillas. Cuando obtuvo un trabajo en un gimnasio en un centro de una comunidad judía al frente de su apartamento en Montreal, su vida cambió gracias al poderoso principio de que uno llega a parecerse a las personas con las que pasa la mayor parte del tiempo. Además de ganar 1,65 dólares por hora, tuvo acceso al club de salud masculino. John cuenta que se inició en el aprendizaje de los negocios en el sauna para hombres. Todas las noches después del trabajo, de 9:15 a 10:00 p.m., se le podía encontrar en el sauna lleno de vapor, escuchando los relatos de los triunfos y fracasos de exitosos hombres de negocios.

Muchos de esos hombres de éxito eran inmigrantes que habían llegado a Canadá en busca de fortuna y John quedaba fascinado tanto por sus derrotas como por sus logros. Las historias de lo que había salido mal en sus negocios, en sus familias y en su salud le servían de inspiración, porque su propia familia experimentaba enormes retos y dificultades. Por eso John pudo darse cuenta que era normal que esas situaciones se presentaran, ya que otras familias habían pasado también por crisis similares y habían podido llegar a la cima.

Esas personas de éxito le enseñaron a no abandonar nunca sus sueños. «No importa cuál sea el fracaso», le dijeron, «intenta de otra forma; intenta superarlo saltándolo, rodeándolo o atravesándolo, pero nunca te rindas. Siempre hay una forma».

John aprendió también de esos hombres de éxito que no importa el origen, la raza ni el color, tampoco la edad ni si uno proviene de una familia rica o pobre. La mayoría de los hombres que iban a ese sauna no hablaban un inglés perfecto; unos eran solteros, otros divorciados; algunos estaban felizmente casados, otros no; algunos tenían buena salud, otros se encontraban en un estado de salud lamentable; algunos tenían títulos universitarios, otros no; algunos ni siquiera habían ido a la secundaria. Por primera vez, John se dio cuenta de que el éxito no está reservado únicamente a los que nacen en familias ricas, sin retos que enfrentar, a quienes se les han dado todas las posibilidades. Se dio cuenta de que, sin importar el tipo de vida que se tenga, existe siempre la posibilidad de lograr una vida de éxito. Estaba en presencia de hombres de los más diversos campos de actividad, y los más diversos orígenes, que lo habían logrado y compartían libremente sus conocimientos y experiencias con él.

Todas las noches, John asistía a su propia escuela de negocios privada, en un sauna de un centro de la comunidad judía. También usted debe rodearse de personas que lo han logrado; tiene que frecuentar gente que tenga una actitud positiva, una visión de la vida orientada a las soluciones, personas que sepan que pueden lograr cualquier cosa que se propongan.

La confianza es contagiosa. También lo es la falta de confianza.

VINCE LOMBARDI
Principal entrenador de los Green Bay Packers que llevó a su equipo a ganar seis títulos de división, cinco campeonatos de la NFL y dos Super Bowls

RENUNCIE AL CLUB DE LOS PESIMISTAS

Hay dos tipos de personas, anclas y motores. Hay que alejarse de las anclas y unirse con los motores porque estos van a algún lugar y se divierten más. Las anclas solo lo halarán hacia abajo.

WYLAND
Pintor de marinas de fama mundial

Cuando fui profesor de historia de primer año en la escuela de secundaria de Chicago, muy pronto dejé de ir a la sala de profesores que al poco tiempo había bautizado «el Club de los pesimistas». Peor que la constante y espesa nube de humo de cigarrillo que lo inundaba, era la nube de negatividad emocional. «¿Pueden creer lo que quieren que hagamos ahora?». «Este año me volvió a tocar ese muchacho Simmons en matemáticas. Es el terror en persona». «No hay forma de enseñar a estos muchachos. Están totalmente fuera de control».

Era un torrente constante de juicios negativos, críticas, culpas y quejas. Poco después, descubrí un grupo de maestros dedicados, que se reunían en la biblioteca y comían juntos en dos mesas en el comedor de profesores. Eran personas positivas y creían que podían superar y manejar cualquier cosa a la que se enfrentaran. Puse en práctica todas las nuevas ideas que me dieron así como unas cuantas que había obtenido de mis clases de fin de semana en la Universidad de Chicago. Como resultado, los estudiantes me eligieron como maestro del año cuando apenas completaba mi primer año de enseñar allí.

SEA SELECTIVO

No gasto mi tiempo con nadie con quien no quiera estar. Punto. Para mí, eso es una bendición y me permite ser siempre positivo. Paso mi tiempo con gente feliz, que esté mejorando, que quiera aprender, gente a quien no le importe decir lo siento o gracias... y que disfrute la vida.

JOHN ASSARAF
Autor de *The Street Kid's Guide to Having It All*
[La guía del niño de la calle para tenerlo todo]

Me gustaría que hiciera un valioso ejercicio que mi mentor W. Clement Stone hizo conmigo. Haga una lista de todas las personas con las que pasa su tiempo normalmente, los miembros de su familia, sus compañeros de trabajo, sus vecinos, sus amigos, las personas de su organización cívica, los demás miembros de su grupo religioso, etc.

Una vez que la haya hecho, repásela y coloque un signo negativo (−) al lado de las personas que son negativas y tóxicas, y un signo positivo (+) al lado de aquellas que son positivas y afectuosas. Al decidir acerca de cada una de ellas podrá ver que comienza a surgir un patrón. Tal vez el lugar donde trabaja esté totalmente lleno de personalidades tóxicas. Tal vez sean sus amigos que critican todo lo que hace. O quizás sean algunos miembros de su familia que constantemente lo menosprecian debilitando su autoestima y su confianza en sí mismo.

Quisiera que hiciera lo que el Sr. Stone me hizo hacer, que dejara de estar con aquellos junto a cuyos nombres colocó el signo de menos. Si eso resulta imposible (y, recuerde, no hay nada imposible; siempre es cuestión de elección), reduzca considerablemente el tiempo que pasa con esas personas. Tiene que liberarse de la influencia negativa de los demás.

¿Hay personas en su vida que siempre se están quejando y culpando a otros por sus circunstancias? ¿Hay personas que siempre están juzgando a los demás, difundiendo comentarios negativos y hablando de lo mal que está todo? Deje de frecuentarlas también.

¿Hay personas en su vida que, solo con llamar por teléfono, pueden causarle tensión, estrés y trastornar todo su día? ¿Hay ladrones de sueños que le dicen que sus sueños no son posibles e intentan disuadirlo de creer que vale la pena avanzar hacia sus metas? ¿Tiene amigos que se empeñan en hacerlo descender de nuevo al nivel donde ellos se encuentran? De ser así, ¡es hora de buscar nuevos amigos!

EVITE LAS PERSONAS TÓXICAS

Rodéate únicamente de personas que te levanten a lo más alto.

OPRAH WINFREY
Multimillonaria presentadora de entrevistas, actriz,
fundadora de la Cadena OWN

Hasta que llegue al punto de su autodesarrollo, donde ya no permita que los demás lo afecten con su negatividad, tiene que evitar a toda costa a las personas tóxicas. Será mucho mejor para usted estar solo por algún tiempo que estar acompañado por personas que le impiden avanzar por su mentalidad de víctimas y sus normas mediocres.

Haga un esfuerzo consciente por rodearse de personas positivas, que le aporten algo y que lo ayuden a llegar más alto, personas que tengan fe en usted y lo animen a perseguir sus sueños, que aplaudan sus victorias. Rodéese de personas visionarias, idealistas, que piensen en las posibilidades.

RODÉESE DE GENTE DE ÉXITO

Uno de los clientes que me contrató para enseñar estos principios de éxito a sus vendedores es uno de los principales fabricantes de lentes ópticos. Mientras conversaba con los vendedores antes del evento, pregunté a cada uno que iba conociendo si sabía quiénes eran los cinco mejores vendedores de la compañía. La mayoría respondieron que sí y rápidamente enumeraron sus nombres. Esa noche, pedí a las 300 personas presentes en el auditorio que levantaran la mano si conocían los nombres de los cinco mejores vendedores. Prácticamente todos lo hicieron. Luego les pedí que levantaran la mano de nuevo si alguna vez se habían acercado a cualquiera de esas cinco personas a pedirles que compartieran con ellos sus secretos del éxito. Nadie lo hizo.

¡Piénselo! Todos sabían quiénes eran los mejores vendedores de la compañía, pero debido a un miedo infundado al rechazo, nadie había pedido a esos líderes en ventas que compartieran sus secretos.

Para tener éxito, debe empezar a tratar a personas que lo hayan logrado. Tiene que pedirles que compartan sus estrategias para el éxito con usted. Luego ensáyelas para ver si le sirven. Ensaye lo que ellos hacen, lea lo que leen, piense como piensan, etc. Si estas nuevas formas de pensar y comportarse funcionan, adóptelas. De lo contrario olvídelas y siga buscando y ensayando.

RECONOZCA SU PASADO POSITIVO

Miro mi vida y la veo como el trabajo de un buen
día, ya todo está hecho y estoy satisfecha.

GRANDMA MOSES
Pintora folklórica estadounidense que vivió 101 años

Casi todos en nuestra cultura recuerdan más sus fracasos que sus éxitos. Esto se debe al método utilizado en la crianza, la educación y el manejo de los hijos, tan generalizado en nuestra sociedad. De niños, nuestros padres nos dejaban tranquilos cuando estábamos jugando o éramos dóciles y nos golpeaban cuando hacíamos demasiado ruido, cuando los incomodábamos o cuando nos metíamos en problemas. Es probable que recibiéramos un comentario automático de «bien hecho» cuando obteníamos una A como calificación, y que nos dieran un sermón interminable si llegábamos a obtener una C, una D o (Dios no lo quisiera) una F en la escuela; la mayoría de los maestros marcaban nuestras respuestas equivocadas con una X en lugar de marcar las correctas con un signo de admiración o una estrella. En deportes, nos gritaban cuando dejábamos caer el balón de fútbol o la pelota de béisbol. Casi siempre se producía más intensidad emocional como resultado de nuestros errores, fallas y fracasos que como resultado de nuestros éxitos.

Dado que el cerebro recuerda más fácilmente los eventos acompañados de emociones fuertes, la mayoría de las personas subestiman y desprecian los éxitos que han alcanzado en relación con el número de fracasos que han tenido. Una de las formas de contrarrestar este fenómeno es centrarnos conscientemente en nuestros éxitos y celebrarlos.

Entre los ejercicios que aplico en mis seminarios corporativos hay uno en el que hago que los participantes compartan un éxito que hayan logrado la semana anterior. Siempre me sorprende ver cuán difícil es para muchos. Varios piensan que no han tenido ninguno. Pueden recordar sin dificultad diez situaciones en las que hicieron las cosas mal durante los últimos siete días pero les cuesta mucho más trabajo hablar de los diez triunfos que obtuvieron.

La triste realidad es que todos tenemos más triunfos que derrotas. Lo que pasa es que colocamos la barra demasiado alta para medir lo que considerarmos un éxito. Uno de los participantes en el programa GOALS (Gaining Opportunities and Life Skills [Cómo ganar oportunidades y destrezas para la vida]) que desarrollé para ayudar a las personas a salir de las filas de desempleados que reciben dinero de bienestar social en California,★ realmente dijo que no había tenido *ningún* éxito. Cuando le pregunté acerca de su acento, nos contó que había salido de Irán en 1979, cuando el Sha fue derrocado. Se fue con toda su familia para Alemania, donde aprendió alemán y se convirtió en mecánico de automóviles. Más recientemente, emigró con toda su familia a Estados Unidos, aprendió inglés y ahora asistía a un programa para aprender soldadura, ¡pero no creía haber tenido ningún éxito!

Cuando el grupo le preguntó qué consideraba éxito, respondió que tener una casa en Beverly Hills y conducir un Cadillac. En su mente, nada menos que eso podría considerarse un logro. Poco a poco, con algo de entrenamiento, comenzó a darse cuenta de que había tenido muchas experiencias exitosas cada semana. Las cosas simples, como llegar al trabajo a tiempo, entrar al programa GOALS, aprender inglés, ganar lo suficiente como para sostener a su familia y haberle comprado a su hija su primera bicicleta, constituían éxitos.

LA TEORÍA DE LA FICHA DE PÓQUER DE LA AUTOESTIMA Y EL ÉXITO

¿Por qué enfatizo tanto la importancia de reconocer los éxitos alcanzados en el pasado? Lo hago porque son muy importantes debido al impacto en su autoestima. Imagine, por un momento, que su autoestima es como una pila de fichas de póquer. Luego piense que usted y yo jugamos una partida de póquer y que usted tiene diez fichas mientras yo tengo 200. ¿Quién cree que va a jugar de manera más conservadora en esta partida de póquer? Correcto, usted. Si pierde dos apuestas de cinco fichas, quedará fuera del juego. Yo puedo perder cinco fichas cuarenta veces antes de quedar fuera, por lo que me arriesgaré más debido a que puedo darme el lujo de asumir

---

★Hasta el momento, 810.000 personas se han graduado del programa GOALS (METAS), que desarrollamos para el Estado de California con el fin de ayudar a las personas para dejar de recibir asistencia social. Para obtener más información, visite la página www.TheSuccessPrinciples.com/resources.

las pérdidas. Lo mismo se aplica a su nivel de autoestima. Entre más autoestima tenga, más riesgos estará dispuesto a correr.

La investigación ha demostrado una y otra vez que cuanto más reconozcamos los éxitos del pasado, más confianza tendremos para iniciar nuevas empresas y llevarlas a cabo con éxito. Sabrá que, aunque fracase, eso no lo destruirá porque su autoestima es alta. Y cuanto mayor sea el riesgo que corra, más ganará en la vida. Entre más intentos haga, más oportunidades tendrá de ganar.

Saber que ha tenido éxitos en el pasado le dará confianza en sí mismo y podrá tener más éxitos en el futuro. Entonces veamos algunas formas sencillas pero muy efectivas de reforzar y mantener un alto nivel de confianza y autoestima.

EMPIECE CON NUEVE ÉXITOS IMPORTANTES

La siguiente es una forma sencilla de iniciar un inventario de sus principales éxitos. (Considere también hacer este ejercicio con su cónyuge o con toda su familia.) Comience por dividir su vida en tres períodos de tiempo iguales, por ejemplo, si tiene cuarenta y cinco años, sus tres períodos serían desde el nacimiento hasta los quince años, de los dieciséis a los treinta y de los treinta y uno a los cuarenta y cinco. Luego haga una lista de tres éxitos que haya alcanzado durante cada período. Para ayudarle a comenzar, he enumerado a continuación mis propios éxitos:

Primer tercio: Del nacimiento a los veintitrés años

1. Fui elegido jefe de patrulla de los niños exploradores.
2. Atrapé el pase que llevó al gol ganador para el juego del campeonato.
3. Fui aceptado en la Universidad de Harvard.

Segundo tercio: De los veinticuatro a los cuarenta y siete años

1. Obtuve mi título de maestría en educación en la Universidad de Massachussets.
2. Publiqué mi primer libro.
3. Fundé el Centro de Nueva Inglaterra para Desarrollo Personal y Organizacional.

Último tercio: De los cuarenta y siete a los setenta años

1. Fundé los seminarios de autoestima.

2. *Sopa de pollo para el alma* llegó al puesto No. 1 en la lista de *best sellers* del *New York Times.*

3. Logré la meta de haber dictado conferencias en los cincuenta estados.

¿PUEDE ENUMERAR CIEN ÉXITOS?

Para convencerse realmente de que es una persona de éxito capaz de seguir logrando grandes cosas, realice el siguiente paso de este ejercicio elaborando una lista de cien o más éxitos que haya alcanzado durante su vida.

Mi experiencia es que suele ser fácil enumerar los primeros treinta o un poco más, luego se va haciendo más difícil. Para llegar a cien, tendrá que incluir cosas como aprender a montar bicicleta, cantar un solo en la iglesia, obtener su primer empleo de vacaciones, la primera vez que anotó una carrera en la liga infantil de béisbol, cuando ingresó al grupo de porristas, cuando obtuvo su licencia para conducir, cuando escribió un artículo para el periódico de la escuela, cuando obtuvo una A en la clase de historia del señor Simmons, cuando pudo sobrevivir al entrenamiento básico, cuando aprendió a hacer *surfing,* cuando ganó una medalla en la feria del condado, cuando modificó su primer automóvil, cuando se casó, cuando tuvo su primer hijo, y cuando dirigió una campaña de recolección de fondos para la escuela de su hijo. Son todas cosas a las que probablemente no les daría mayor importancia, pero deben ser tenidas en cuenta como éxitos a lo largo de la trayectoria de su vida. Según su edad, tal vez tenga que recurrir incluso a incluir «aprobé el quinto año de primaria, aprobé el segundo grado, aprobé el tercer grado» eso está bien. El objetivo es simplemente llegar a cien.

CREE UN REGISTRO DE TRIUNFOS

Otra forma muy efectiva de seguir agregando fichas de póquer a la pila es llevar un registro de sus éxitos cada día. Puede ser tan simple como una lista continua en un cuaderno de espiral, o un documento hecho en su computadora, o puede ser tan elaborado como un diario encuadernado en cuero. Al recordar y anotar sus éxitos de cada día, los registrará en su memoria remota, lo que mejorará su autoestima y reforzará su confianza en sí mismo. Después, si necesita reafirmar esa confianza, podrá releer lo que ha escrito.

Peter Thigpen, que fuera vicepresidente de Levi Strauss & Co., llevaba este tipo de registro de triunfos y lo mantenía en su escritorio; cada vez que lograba un triunfo o una victoria, lo anotaba. Y cuando tenía que hacer algo aterrador, como negociar un préstamo multimillonario con un banco, o pronunciar una conferencia ante la junta directiva, leía su registro de triunfos para reforzar su seguridad en sí mismo. Su lista incluía anotaciones como: *Abrí China como mercado, logré que mi hijo adolescente arreglara su habitación y logré que la junta aprobara el nuevo plan de expansión.*

Muchas personas, cuando están a punto de hacer algo que los atemoriza, tienden a centrarse en las veces que han intentado hacerlo antes y no lo han logrado, lo que debilita su confianza y alimenta su temor de fallar de nuevo. En cambio, llevar y repasar el registro de éxitos lo mantendrá centrado en sus triunfos.

Inicie su propio registro de éxitos, tan pronto como le sea posible. Si lo desea, puede hacerlo más artístico, como si se tratara de un álbum de recortes, fotografías, certificados, memorandos y otros recordatorios de las veces que ha triunfado.

Si muchos de sus triunfos aparecen en la Internet —por ejemplo, si usted es un atleta, artista, autor o empresario que aparece en las noticias en línea, en galerías de fotos, entrevistas o reseñas de libros—, puede hacer un álbum digital de recortes utilizando una herramienta en línea llamada Pinterest. Esta le permite recopilar enlaces o «separe» las fotos, citas y contenidos escritos que aparezcan en cualquier lugar en la Internet.

Basta con iniciar una cuenta en www.Pinterest.com y comenzar a «pegar» las cosas que encuentre en línea, donde comenten, describan o registren visualmente sus triunfos, tales como artículos de noticias, blogs, páginas web o fotografías. Reúna y organice estos pines en su tablero de Pinterest, el cual será creado y controlado por usted. Si desea, puede compartir su registro de triunfos con amigos y familiares, o con otros usuarios de Pinterest que quieran seguir su tablero. Y si usted es dueño de un negocio y desea utilizar algunos de sus «triunfos» para efectos de promoción o de relaciones públicas, simplemente comparta todo su tablero de Pinterest o un subconjunto de logros, reuniéndolos por asuntos o temas.

TENGA LOS SÍMBOLOS DE SUS ÉXITOS A LA VISTA

Los investigadores han descubierto que lo que se ve en el entorno tiene un impacto psicológico en el estado de ánimo, la actitud y el comportamiento. Su entorno influye significativamente en usted. Pero hay otro hecho aún más importante. Usted tiene control total sobre su entorno inmediato. Es usted quien elige los cuadros que cuelga en las paredes de su habitación o en su oficina. Los recuerdos que pega en la puerta del refrigerador o en la puerta de su casillero y los que mantiene sobre su escritorio o en su estación de trabajo.

Otra técnica muy útil que le ayudará a incrementar su autoestima y lo motivará a alcanzar mayores éxitos en el futuro es la práctica de mantener a su alrededor los premios, las fotografías y otros objetos que le recuerden sus triunfos. Tal vez sean las medallas que le otorgaron cuando estuvo en el ejército, la fotografía del gol que anotó, una fotografía de usted en la Gran Muralla China, la fotografía del día de su boda, un trofeo, una copia enmarcada de un poema que publicó en el periódico local, una carta de agradecimiento, su título universitario y su galardón de niño explorador águila o la medalla de oro de mejor niña exploradora.

Tenga un estante, o un lugar especial en la parte superior de su armario, o en la puerta del refrigerador, un «muro de la victoria» en algún lugar de la casa por el que pase a diario y llénelo con todos sus símbolos de éxito. Limpie ese cajón especial, esas cajas del armario, sus archivos y luego enmarque, lamine, pula y exhiba esos símbolos de su éxito para verlos todos los días. Tendrán un poderoso efecto en su subconsciente. Programarán, de forma muy sutil, el concepto que tiene de usted mismo como ipersona que triunfa y alcanza un éxito tras otro en la vida! Trasmitirá también ese mensaje a los demás. Aumentará su confianza en sí mismo y la confianza de los demás en usted.

Es también una buena técnica para practicarla con sus hijos. Exhiba orgullosamente sus símbolos de éxito, trabajos, premios, obras de arte, sus fotografías en uniforme de béisbol o tocando el violín, fotografías de sus momentos felices, sus trofeos, medallas y otros galardones. Si hay niños pequeños en su casa, enmarque sus mejores dibujos y cuélguelos en las paredes de la cocina, en sus habitaciones y en los corredores de la casa. Cuando vean estos objetos enmarcados y colgados en la pared, aumentará su autoestima.

EL EJERCICIO DEL ESPEJO

Somos imanes vivientes. Lo que atraemos a nuestras vidas concuerda con nuestros pensamientos dominantes.

BRIAN TRACY
Una de las principales autoridades en el desarrollo del
potencial humano y la efectividad personal

Así como reconoce sus grandes éxitos, tiene que reconocer también sus pequeños triunfos de cada día. El ejercicio del espejo se basa en el principio de que todos necesitamos reconocimiento, pero el más importante de todos es el propio.

El ejercicio del espejo es una forma de acariciar positivamente al niño interior —el cual reside en su subconsciente— y ofrecerle el reconocimiento que requiere para ir tras nuevos logros; esto, a la vez, contribuye a cambiar los conceptos negativos que pueda tener en cuanto al elogio y los logros, ayudándole a asumir una actitud sensible al triunfo. Practique este ejercicio por un mínimo de tres meses. Después podrá decidir si desea continuar. Conozco personas muy exitosas que lo practican todas las noches desde hace muchos años.

Justo antes de irse a la cama, párese frente al espejo y agradézcase lo que ha logrado durante el día. Comience mirando fijamente a los ojos, por unos pocos segundos, a la persona del espejo, el reflejo de su propia imagen. Luego diríjase a usted por su nombre y comience a elogiarse *en voz alta* por lo siguiente:

- Cualquier logro: comercial, financiero, educativo, personal, físico, espiritual o emocional.
- Cualquier disciplina personal que haya practicado: dieta, ejercicios, lectura, meditación, oración.
- Cualquier tentación a la que no haya cedido: comer postre, decir mentiras, ver demasiada televisión, permanecer despierto hasta muy tarde, beber demasiado.

Mantenga el contacto visual con usted mismo durante todo el ejercicio. Cuando termine de felicitarse, complete el ejercicio mirándose siempre fijamente a los ojos y diciéndose «te quiero». Luego, permanezca allí por unos segundos más para sentir realmente el impacto de esta experiencia, como si fuera la persona del espejo que acaba de oír todos esos elogios. La clave importante durante la última parte del ejercicio es no retirarse del espejo con la sensación de haber hecho el ridículo o pensando que usted o el ejercicio son tontos o bobos.

El siguiente es un ejemplo de cómo podría lucir su ejercicio:

Jack, hoy quiero elogiarte por lo siguiente: en primer lugar, deseo elogiarte porque anoche te fuiste a la cama a tiempo sin quedarte levantado hasta tarde mirando televisión, de modo que te levantaste temprano esta mañana y tuviste una conversación realmente buena con Inga. Luego meditaste durante veinte minutos e hiciste ejercicios durante treinta minutos antes de ducharte. Tomaste un desayuno saludable, bajo en grasas y carbohidratos. Llegaste a tiempo al trabajo y moderaste una muy buena reunión de personal con tu equipo de apoyo. Hiciste un buen trabajo ayudándoles a todos a escuchar los sentimientos y las ideas de cada uno. Además, animaste a los que permanecían callados a que se expresaran.

Veamos... ah, luego tomaste un almuerzo realmente saludable —sopa y ensalada— y no comiste el postre que te ofrecieron. Tomaste los diez vasos de agua que te comprometiste a ingerir cada día. Y luego... veamos... terminaste de revisar el nuevo manual de personal y adelantaste mucho en la planeación del programa de capacitación de verano. Anotaste la información en tu registro de enfoque en los éxitos del día antes de salir de la oficina. Ah, agradeciste a tu asistente Verónica su trabajo del día. Fue maravilloso ver cómo se le iluminó la cara.

Y cuando llegaste a casa, te llamó Oran y hablaste con tu nieto por Skype. Fue algo especial. Ahora te vas a la cama temprano de nuevo, sin quedarte toda la noche navegando en la Internet. Estuviste muy bien hoy.

Ah, otra cosa Jack, ¡te amo!

No es inusual experimentar una serie de reacciones las primeras veces que se practica este ejercicio. Puede sentirse tonto, avergonzado, puede llegar a sentir deseos de llorar (o puede realmente ponerse a llorar), o puede sentirse incómodo. Ocasionalmente, las personas han reportado tener una reacción en la piel, sentir oleadas de calor y comenzar a transpirar, o sentirse algo mareado. Todas estas son reacciones normales, puesto que se trata de algo muy extraño a lo que no estamos acostumbrados. Normalmente no nos elogiamos. De hecho, nos han condicionado a lo contrario: *No te alabes. No seas pretencioso. No seas engreído. El orgullo es pecado.* A medida que empezamos a actuar con una actitud más positiva y amable hacia nosotros mismos, es natural que experimentemos reacciones físicas y emocionales en cuanto nos liberamos de las antiguas heridas resultantes de los métodos de crianza negativos utilizados por nuestros padres, así como de las expectativas poco realistas y de las autocríticas. Si experimenta cualquiera de estas reacciones —no todos lo hacen— no deje que eso lo detenga. Son transitorias y desaparecerán después de unos días de practicar el ejercicio.

Al empezar a hacerlo, habían pasado apenas cuarenta días cuando noté que todo mi autodiálogo interno negativo había desaparecido para ser reemplazado por el enfoque diario positivo del ejercicio del espejo. Solía menospreciarme por no recordar dónde dejaba las llaves del automóvil o mis gafas. Esa voz crítica simplemente desapareció. Lo mismo puede ocurrirle a usted, pero solo si se toma el tiempo de practicar realmente el ejercicio.

Recuerde: si ya se ha acostado y cae en cuenta de que no ha hecho el ejercicio del espejo, levántese y hágalo. Verse en el espejo es parte crítica del ejercicio. Un consejo más para terminar: asegúrese de contarles a todos: su esposa, sus hijos, sus compañeros de habitación o sus padres, de antemano, que estará practicando este ejercicio cada noche durante los próximos tres meses o más. Lo último que querría sería que alguno entrara y pudiera pensar ¡que se ha vuelto loco! De hecho, usted estará entrenando su mente de modo poderoso para centrarse en lo positivo, mientras crea su pila de fichas de póquer.

RECOMPENSE AL NIÑO QUE HAY EN USTED

Todos llevamos dentro tres estados de ego totalmente distintos que funcionan al unísono para conformar nuestra personalidad única. Tenemos un ego paternal, un ego adulto y un ego infantil que se comportan de forma muy similar a como lo hacen los padres, los adultos y los niños en la vida real.

Su estado de ego adulto es su parte racional. Reúne datos y toma decisiones lógicas carentes de emoción. Programa su horario, reconcilia su chequera, calcula sus impuestos y determina el momento de rotar las llantas de su automóvil.

Su ego paternal le dice que se amarre los zapatos, que se cepille los dientes, que coma sus vegetales, que haga sus deberes escolares, que haga ejercicio, que cumpla sus fechas de entrega y que termine sus proyectos. Tiene dos caras. El lado negativo se muestra como su crítico interno, esa parte que lo juzga cuando no vive según las normas que él le impone. El lado positivo se muestra como la parte que lo mima, que se asegura de que esté protegido, cuidado, y de que tenga todo lo que necesita. Es además la parte que lo valida, lo aprecia y lo elogia cuando hace las cosas bien.

Por otra parte, su ego infantil hace lo que hacen todos los niños: lloriquea, busca atención, ansía que lo abracen y arma una pataleta si no se satisfacen sus necesidades. A medida que avanzamos por la vida, es como si tuviéramos un niño de tres años prendido a nosotros, preguntando constantemente: *¿Por qué estamos sentados ante este escritorio? ¿Por qué no estamos divirtiéndonos más? ¿Por qué estoy todavía despierto a las tres de la mañana? ¿Por qué estoy leyendo este aburrido informe?*

Como padre de este «niño interior», uno de sus más importantes deberes es mantenerlo interesado y recompensarlo por comportarse bien mientras usted termina lo que tiene que hacer.

Si tuviera un niño de tres años en la vida real, le diría: «Mami tiene que acabar esta propuesta en los próximos veinte minutos. Pero una vez que mami termine vamos a comprar un helado o a jugar un videojuego». Su niño de tres años en la vida real probablemente respondería: «Bueno, me portaré bien, porque me darás algo bueno después».

No es de sorprender que su niño interior no sea distinto. Cuando le pide que se porte bien y que le permita terminar su trabajo, quedarse hasta tarde, etc., se comportará bien siempre que sepa que tendrá una recompensar al final por comportarse. En algún momento, tiene que saber que podrá leer una novela, ir al cine, jugar con un amigo, oír música, salir a bailar, hacer lo que quiera, salir a comer, recibir un nuevo «juguete», o irse de vacaciones.

Gran parte del proceso de alcanzar el éxito en su vida tiene que ver con recompensarse cuando lo alcanza. En realidad, recompensarse por sus éxitos es algo que mantiene contento a su niño interior y hace que obedezca la próxima vez que deba comportarse mientras usted tiene que trabajar. Sabe que puede confiar que, en algún momento, usted cumplirá sus promesas. Si no lo hace, al igual que lo haría un niño de verdad, comenzará a sabotear sus esfuerzos haciendo cosas como enfermarse, sufrir accidentes o cometer errores que pueden costarle un ascenso o incluso su trabajo, de modo que se ve *obligado* a tomarse un descanso. Eso solo lo alejará más del éxito que realmente desea.

UNA SENSACIÓN DE PLENITUD

Otra razón para celebrar sus éxitos es que no se sentirá pleno hasta que no haya recibido reconocimiento. Esto le da una sensación de logro y de que recibe el crédito que merece. Si dedica semanas a elaborar un informe y su jefe no se lo reconoce, se siente vacío. Si le envía a alguien un regalo y no recibe respuesta, se tiene esa sensación de que algo falta, de que hay algo incompleto que está ocupando unidades de atención en su interior. Su mente necesita completar el ciclo, liberando así espacio que podría utilizarse mejor enfocado en sus objetivos.

Claro está que, aun más importante que ese sentimiento de plenitud, el simple y placentero acto de agradecer y recompensar nuestros éxitos hace que el subconsciente diga: *Oye, el éxito es maravilloso. Siempre que tenemos éxito, podemos hacer algo divertido. Jack nos va a comprar algo que queremos y nos va a llevar a algún sitio divertido. Tengamos más éxitos para que Jack nos pueda llevar a jugar.*

Recompensarse por sus logros es algo que refuerza poderosamente el deseo de su subconsciente de trabajar más por usted. Es, sencillamente, la base de la naturaleza humana.

NO PIERDA DE VISTA EL PREMIO

Es fácil ser negativo y no estar motivado, pero se necesita
esfuerzo para ser positivo y sentirse motivado.
A pesar de que no haya un botón de apagado para esas cintas
incesantes, usted puede hacer cosas para bajar el volumen
y cambiar su enfoque negativo a positivo.

DONNA CARDILLO, R.N.
Oradora, empresaria, humorista y maestra de motivación

Quienes alcanzan el éxito mantienen un enfoque positivo en la vida sin importar lo que suceda a su alrededor. Mantienen su atención en los éxitos que han logrado más que en los fracasos que han tenido en el pasado y se concentran en los pasos que deberán dar para acortar la distancia que los separa de sus metas, más que en las demás distracciones que la vida les presenta. Son siempre proactivos en la búsqueda de los objetivos que han elegido.

LOS CUARENTA Y CINCO MINUTOS MÁS IMPORTANTES DEL DÍA

Una parte importante de cualquier régimen orientado a centrarse en los propósitos es que debe reservar un tiempo al final del día —justo antes de irse a la cama— para reconocer sus éxitos, para repasar las metas, concentrarse en los éxitos del futuro y hacer planes específicos para lo que se quiere lograr al día siguiente.

¿Por qué sugiero que se haga *al final* del día? Porque lo que uno lea, escuche, diga y experimente durante los últimos cuarenta y cinco minutos del día influye, en gran medida en el sueño y en la forma como se desarrolle su día siguiente. Durante la noche, su inconsciente repite y procesa este insumo con una frecuencia hasta seis veces mayor que cualquier otra experiencia que haya tenido en el curso del día. Esa es la razón por la cual estudiar intensamente la noche anterior a un examen puede dar resultado y la explicación de por qué ver una película de terror antes de dormir hace que tengamos pesadillas. También es la razón de la importancia de leer historias adecuadas a los niños en las noches, no solo con el propósito de hacerlos dormir, sino porque los mensajes, las lecciones y la moraleja, repetidas una y otra vez entran a formar parte de la conciencia del niño.

Al quedarse dormido, se entra en un estado de conciencia de ondas cerebrales alfa, un estado en el que la mente es sugestionable en exceso. Si se queda dormido mientras ve el noticiero de las once de la noche, eso será lo que estará imprimiendo su conciencia: guerra, crímenes, accidentes de tránsito, violaciones, robos, asesinatos, guerras de pandillas, francotiradores que disparan desde un vehículo en movimiento, secuestros y escándalos en la sala de juntas.

Piense cuánto mejor sería leer una autobiografía inspiradora o un libro de autodesarrollo. Imagine el poder de meditar, escuchar un programa de audio de autoayuda o tomarse el tiempo de programar bien las actividades del día siguiente antes de conciliar el sueño.

Además, incluyo aquí algunos ejercicios que le ayudarán a seguir avanzando centrado en su meta al final del día.

LA REVISIÓN DE LA NOCHE

Este es un ejercicio de gran alcance para ayudarle a establecer con mayor rapidez un nuevo comportamiento positivo (como la puntualidad), un hábito (como escuchar más), o una cualidad (como la paciencia o la atención plena). Usted se sorprenderá de la rapidez con que esta técnica puede conducir a un cambio permanente.

Siéntese con los ojos cerrados, respire profundo y dese *una* de las siguientes órdenes:

- Muéstrame en qué habría podido ser más efectivo hoy.
- Muéstrame cuándo podría haber hecho las cosas más a conciencia hoy.
- Muéstrame cómo hubiera podido ser un mejor (incluya aquí su profesión: gerente, maestro, etc.) hoy.
- Muéstrame cuándo pude haber mostrado más amor hoy.
- Muéstrame dónde habría podido ser más positivo hoy.

- Muéstrame dónde podría haber sido más (incluya aquí cualquier característica) hoy.

Mientras permanece sentado, tranquilo, en un estado de receptividad, irá viendo varios eventos del día en su mente. Limítese a observarlos sin ninguna clase de juicio ni autocrítica. Cuando no aparezcan más eventos en su mente, tome cada uno de los incidentes y repítalo mentalmente *en la forma en que hubiera preferido hacerlo* si hubiera estado más consciente y dispuesto en ese momento. Así se creará una imagen en su subconsciente que le ayudará a tener el comportamiento deseado la próxima vez que se encuentre en una situación similar.

CREE SU DÍA IDEAL

Otra poderosa herramienta para mantenerse centrado en crear su vida tal como la desea es tomarse unos minutos después de haber programado el horario del día siguiente y visualizar todo el día tal como usted desea que se desarrolle. Visualice a todo el mundo llegando a tiempo, a la hora que usted les indicó. Visualice que todas las reuniones comienzan y terminan a tiempo y que todas sus prioridades han sido atendidas, todos sus encargos se han cumplido sin problema, todas las ventas se han hecho, etc., véase desempeñándose en la mejor forma en cada una de las situaciones en las que se encontrará al día siguiente. Así, le dará trabajo para toda la noche a su subconsciente, que se encargará de crear las formas de que todo suceda como usted lo ha previsto.

Ahora también sabemos que cada pensamiento que usted tiene se emite al universo en lo que mi amigo y *coach* de éxito Robert Scheinfeld llama la «interiornet». Así que cuando usted está visualizando su día ideal, también está enviando su intención a las demás personas involucradas a través de lo que los físicos llaman el campo cuántico.

Desarrolle el hábito de visualizar su día siguiente ideal la noche anterior. Esto representará una enorme diferencia en su vida.

ORDENE SUS DESÓRDENES Y CONCLUYA LO INCONCLUSO

Si un escritorio desordenado es signo de una mente desordenada,
¿qué significa un escritorio ordenado?

LAURENCE J. PETER
Educador y autor estadounidense

DECIDA

CONCLUYA

PLANIFIQUE

EL CICLO DE CONCLUIR

TERMINE

COMIENCE

CONTINÚE

Observe el diagrama que aparece arriba. Se conoce como el «ciclo de concluir». Cada uno de estos pasos —decida, planifique, comience, continúe, termine y concluya— es necesario para tener éxito en cualquier cosa, para obtener un resultado deseado, para terminar. Sin embargo, ¿cuántos de nosotros nunca *concluimos* nada? Llegamos hasta la etapa final, pero dejamos lo último sin hacer.

¿Hay áreas de su vida en las que haya dejado proyectos inconclusos o no haya logrado un cierre con las personas? Cuando no se concluyen las cosas del pasado, no puede haber libertad para abarcar plenamente el presente.

NO CONCLUIR LE ROBA VALIOSAS UNIDADES DE ATENCIÓN

Cuando inicia un proyecto o llega a un acuerdo o cuando identifica un cambio que hay que hacer, eso entra en su banco de memoria actual y ocupa lo que llamo una «unidad de atención». Solo podemos prestar atención a un determinado número de cosas a la vez y cada promesa, cada acuerdo, cada punto de su lista de cosas por hacer deja menos unidades de atención libres para dedicarlas a concluir las tareas actuales y atraer nuevas oportunidades y abundancia a su vida.

Entonces, ¿por qué las personas no concluyen? Por lo general, las cosas que quedan inconclusas representan áreas de nuestra vida en las que no tenemos conceptos claros o en las que hay bloqueos psicológicos y emocionales.

Por ejemplo, puede tener muchas solicitudes, proyectos, deberes y otras cosas sobre su escritorio a los que realmente quiere decir que no, pero teme que lo perciban como una mala persona. Por consiguiente, demora dar su respuesta para evitar decir que no. Entre tanto, las notas autoadhesivas y los cerros de papel se van apilando y distraen su atención. También puede haber circunstancias en las que debe tomar decisiones difíciles o incómodas. Entonces, en lugar de enfrentarse a la incomodidad, permite que la pila de asuntos inconclusos siga creciendo.

Algunos de esos asuntos son resultado de la falta de sistemas, conocimientos o experiencia adecuada para manejarlos. Otros aspectos inconclusos se acumulan por nuestros malos hábitos de trabajo.

ADQUIERA CONCIENCIA DE LA IMPORTANCIA DE CONCLUIR

Pregúntese constantemente: *¿Qué se requiere para concluir realmente esta tarea?* Entonces podrá empezar a dar conscientemente el próximo paso para archivar los documentos ya tramitados, enviar los formularios que deben enviarse o presentarle a su jefe un informe indicándole que el proyecto está completo. Lo cierto es que veinte cosas *terminadas* son más poderosas que cincuenta cosas por concluir. Por ejemplo, un libro terminado, que puede salir publicado e influir en el mundo es mejor que trece libros que tiene en proceso de terminar. En vez de iniciar quince proyectos que terminan inconclusos y ocupan espacio en su casa, es mejor iniciar solo tres y terminarlos.

LAS CUATRO ALTERNATIVAS PARA CONCLUIR

Una forma de ocuparse de las cosas por hacer es algo que hemos visto en los cursos de gestión del tiempo: hágalo, deléguelo, pospóngalo o deséchelo. Cuando tome en la mano un papel piense en ese mismo instante si alguna vez hará algo con él. De no ser así, deséchelo. Si puede hacer en diez minutos lo que haya que hacer con él, hágalo de inmediato. Si aun quiere ocuparse de eso personalmente, pero sabe que le tomará más tiempo, pospóngalo archivándolo en una carpeta de cosas para atender después. Si es algo que no puede hacer personalmente o de lo que no se quiera ocupar, deléguelo a alguien en quien confíe para que lo lleve a cabo. Asegúrese de que la persona le presente un informe cuando haya terminado el proceso para que sepa qué se ha hecho.

ABRIR ESPACIO PARA ALGO NUEVO

Además de los aspectos incompletos en el terreno profesional, la mayoría de los hogares también están abrumados bajo el peso de un exceso de desorden, demasiados papeles, ropa totalmente desgastada, juguetes que nunca se utilizan, efectos personales que han quedado olvidados y cosas obsoletas, rotas e innecesarias. En Estados Unidos, toda la industria de almacenamiento en pequeña escala ha surgido en respuesta a las necesidades de los propietarios de hogares y pequeños negocios de encontrar dónde guardar todo aquello que no encuentran dónde acomodar en sus casas u oficinas.

Pero, ¿realmente necesitamos todo eso? Claro que no.

Una de las formas de liberar unidades de atención es despejar su vida y su ambiente laboral de la carga mental de ese desorden. Cuando desechamos lo viejo, abrimos campo para lo nuevo.

Por ejemplo, eche una mirada al clóset donde guarda su ropa. Si tiene uno de esos clósets a los que ya no les cabe una sola cosa más —donde sacar un vestido o una camisa es una lucha— tal vez sea esa la razón por la cual no tiene más ropa nueva. No hay dónde ponerla. Si hay algo que no haya utilizado en los últimos seis meses y no es un artículo de temporada o algo que se utilice solo en ocasiones especiales, como un vestido de fiesta o un esmoquin, deséchelo.

Si hay *cualquier* cosa nueva que desee en su vida, tiene que abrirle campo. Quiero decir abrirle campo tanto psicológica como físicamente.

Si desea un nuevo hombre en su vida, tiene que dejar ir (perdonar y olvidar) al último hombre con el que dejó de salir hace cinco años. Porque de no hacerlo, cuando un nuevo hombre la conozca, el mensaje tácito que recibirá es: «Esta mujer tiene vínculos afectivos con otra persona. No la ha dejado ir».

Una mujer que participó en uno de mis seminarios reconoció que mantuvo montones de libros y revistas en su cama durante años, y que terminaron por cubrir más de la mitad del espacio disponible para dormir. Cuando mencionó que también había sufrido terriblemente por una relación sentimental que había llegado a su fin, me pareció inmediatamente obvio que cubrir la mitad de su cama con montones de materiales de lectura era su manera inconsciente de asegurarse de que no hubiera espacio para un hombre que pudiera tener un interés romántico en ella.

Esa mujer no solo había fracasado en consumar el pasado, sino que la parte de ella que temía ser lastimada de nuevo se estaba asegurando por completo de evitar también un futuro no deseado y similar al que había tenido. Después de ayudarla a ver la conexión entre esa barrera autoimpuesta y la falta de romance en su vida, ella utilizó el EFT Tapping para liberar su miedo de ser lastimada (vea la página 281), sacó el desorden de su cama, e hizo que su dormitorio fuera de nuevo acogedor y agradable. En cuestión de meses, conoció a un hombre maravilloso que se ha convertido en el amor de su vida.★

Mi buen amigo Martin Rutte, me dijo una vez que siempre que desea iniciar un nuevo negocio, limpia completamente su oficina, su casa, su automóvil y su garaje. Cada vez que lo hace, empieza a recibir llamadas y cartas de personas que quieren trabajar con él. A otros, la limpieza de primavera les ayuda a despejar los problemas, los retos, las oportunidades y las relaciones.

Cuando no desechamos lo inservible y los objetos que ya no necesitamos, es como si no confiáramos en nuestra capacidad de manifestar la abundancia necesaria en nuestras vidas para obtener otros nuevos. Sin embargo, los aspectos inconclusos como estos impiden que esa abundancia se manifieste. Tenemos que completar el pasado para que el presente se nos muestre en mayor plenitud.

★Por cierto, si usted está buscando atraer una relación sana y plena a su vida, es importante terminar con sus relaciones pasadas, tanto psicológica como energéticamente. *El secreto del amor: encuentra a tu alma gemela gracias a la ley de la atracción* (Barcelona: Planeta, 2009), de Arielle Ford, es un excelente recurso que contiene muchos ejercicios para deshacerse y terminar con sus relaciones pasadas.

VEINTICINCO FORMAS DE CONCLUIR
ANTES DE SEGUIR ADELANTE

¿Cuántas cosas debe concluir, desechar o delegar antes de seguir adelante o de introducir una nueva actividad, más abundancia, nuevas relaciones y emoción en su vida? Use la lista de verificación que he incluido aquí para activar sus ideas, elabore una lista suya y luego escriba la forma cómo terminará cada tarea.

Una vez que tenga la lista, elija cuatro aspectos y empiece a concluirlos. Elija los que le permitirían liberar más tiempo, más energía o más espacio, ya sea mental o físico.

Como mínimo, le recomiendo que despeje un aspecto inconcluso importante cada tres meses. Si realmente quiere acelerar el proceso, programe un «fin de semana para concluir» y dedique dos días enteros al mayor número posible de las cosas que aparecen en la siguiente lista:

1. Actividades de negocios del pasado
2. Promesas no cumplidas no reconocidas o no renegociadas
3. Deudas no pagadas o compromisos financieros (dinero adeudado a otros o a usted)
4. Clósets atiborrados de ropa que nunca usa
5. Un garaje desordenado lleno de cosas viejas
6. Registros de impuestos mal guardados o desorganizados
7. Chequeras sin conciliar o cuentas que deben cerrarse
8. «Gavetas llenas de basura», de objetos inservibles
9. Herramientas que faltan o rotas
10. Un desván lleno de cosas que nunca se usan
11. La cajuela o el asiento trasero del automóvil llenos de basura
12. Mantenimiento incompleto del automóvil
13. Un sótano desorganizado lleno de objetos desechados
14. Alacenas repletas de proyectos terminados o no realizados
15. Papeles y documentos por archivar
16. Archivos de computador sin un programa de respaldo o datos que deben convertirse para archivar
17. El escritorio lleno de papeles y objetos en desorden
18. Fotografías familiares que nunca ha puesto en un álbum
19. Ropa para remendar, planchar u otros artículos que deben repararse o desecharse
20. Mantenimiento del hogar pospuesto
21. Relaciones personales con pedidos no expresados, resentimientos o agradecimientos

22. Personas que tiene que perdonar
23. Tiempo que no ha dedicado a otras personas a las que se ha propuesto frecuentar
24. Proyectos inconclusos o proyectos entregados sin cierre o sin retroalimentación
25. Agradecimientos que deben darse o reclamarse

¿QUÉ LO IRRITA?

Al igual que las cosas inconclusas, lo que nos irrita es igualmente nocivo para el éxito, porque también ocupa unidades de atención. Tal vez se trate de un botón que falta en su vestido favorito lo que le impide usarlo para una reunión importante o la malla rota de la puerta del patio que deja entrar insectos molestos. Lo mejor que se puede hacer para avanzar y llegar sin demora al camino que lleva al éxito es arreglar, reemplazar, reparar o descartar esos aspectos irritantes y molestos que no puede sacar de su mente.

Talane Miedaner, autor de *Coaching para el éxito,* recomienda recorrer cada habitación de su casa, su garaje y de toda su propiedad, haciendo una lista de todas las cosas que lo irritan, le disgustan y lo preocupan; y luego hacer los arreglos necesarios para resolverlas una a una. Claro está que, tal vez ninguna de esas cosas sea urgente para su vida de negocios ni ponga en riesgo la vida de su familia. Pero cada vez que las vea y quisiera que fueran distintas, serán cosas que le roben energía. Están restándole energía a su vida en forma imperceptible, en vez de ayudar a energizarla. Están «expirándolo» a usted en vez de «inspirarlo». Otro impacto psicológico negativo de no manejar esos asuntos incompletos y tolerar esas cosas que le irritan a usted, es que crea un estado de resignación en usted que afecta su creencia en su capacidad para alcanzar sus metas más grandes. Subconscientemente, su mente está pensando: *Si no puedo encontrar una grapadora cuando quiero y mi sistema de archivo es disfuncional, ¿qué me hace pensar que puedo abrir mi propia empresa o ser millonario?*

CONSIDERE LA POSIBILIDAD DE CONTRATAR A UN ORGANIZADOR PROFESIONAL PARA EMPEZAR

La misión de la Asociación Nacional de Organizadores Profesionales (NAPO, por sus siglas en inglés) es ayudar a despejar su vida y elaborar sistemas que garanticen que las cosas permanezcan ordenadas. Es posible que necesite a alguien que, con ojos desinteresados, y libres de afecto, pueda ver más allá de sus lazos afectivos y de familiaridad, más allá de sus miedos, con una imparcialidad que usted no puede lograr. Además, los miembros de esta organización son expertos en la forma de manejar las cosas de manera fácil y eficiente. Esa es su profesión.★

Por el precio de varios almuerzos de negocios, puede contratar a un organizador de su área para un día de trabajo. Adicionalmente, puede contratar a personas que limpien su hogar y se encarguen de esos pequeños detalles irritantes, de los trabajos de mantenimiento y de otras tareas que no quiere o no puede hacer.

Si sus finanzas no le permiten contratar a un organizador profesional, pida ayuda a un amigo. Contrate al hijo adolescente de un vecino o a la señora que permanece en su hogar y vive a dos cuadras de su casa. También puede leer uno de los muchos libros acerca de cómo hacer las cosas y encargarse usted mismo del trabajo.† Recuerde que no tiene que hacerlo todo a la vez. Elija una cosa cada vez. Organizar y terminar las cosas inconclusas es algo tan importante para su éxito futuro, que prácticamente no hay excusa para soportar la desorganización en su vida.

★Podrá encontrar organizadores en su área visitando el sitio web de NAPO en www.napo.net y haciendo clic en «Find and Organizer» («Encuentre un organizador»). También los siguientes sitios web pueden ayudarle a encontrar organizadores profesionales cerca de usted, como: www.organizersincanada.com y www.organizerswebring.com que incluye listas para siete países. Martha Ringer es la guía de productividad que me ha ayudado a organizar mi escritorio y el flujo de mi trabajo. En dos días, mi oficina parecía un lugar totalmente nuevo y mi flujo de trabajo es ahora limpio y eficiente. La puede encontrar en www.martharinger.com. Lea más sobre en la página www.TheSuccessPrinciples.com/resources.

† Recomiendo mis favoritos en la página www.TheSuccessPrinciples.com/resources.

CONCLUYA EL PASADO PARA ABRIRSE AL FUTURO

Nadie puede cambiar el ayer, pero todos podemos cambiar el mañana.

COLIN POWELL
Secretario de Estado de los Estados Unidos de América bajo
la administración del presidente George W. Bush

¿Le parece familiar? Algunos van por la vida como si arrastraran una pesada ancla que los retiene. Si pudieran liberarse, podrían avanzar más rápido y alcanzar más fácilmente el éxito. Tal vez ese sea su caso, aferrado a heridas del pasado, a pasados inconclusos, a iras o temores antiguos. Sin embargo, soltar esas amarras puede ser el paso final que requiere para concluir su pasado y abrirse al futuro.

He conocido personas que han perdonado a sus padres y después en unos pocos meses han duplicado sus ingresos así como su productividad y su capacidad de logro. Conozco otros que han perdonado a sus agresores por daños recibidos en el pasado y se han aliviado de dolencias físicas reales.

La verdad es que... tenemos que soltar el pasado para abrirnos al futuro. Uno de los métodos que utilizo para lograrlo es lo que llamo el «Proceso de la verdad total».

EL PROCESO DE LA VERDAD TOTAL Y LA CARTA DE LA VERDAD TOTAL

El proceso de la verdad total y la carta de la verdad total son herramientas para ayudar a liberar sentimientos negativos del pasado y recuperar el estado natural de amor y alegría en el presente.★

★ Les agradezco a John Gray y a Barbara DeAngelis, que me enseñaron este proceso.

La razón por la que llamo a esto proceso de verdad *total* es que con frecuencia, cuando estamos molestos, no comunicamos la *totalidad* de nuestros verdaderos sentimientos a la persona con la que estamos disgustados. Nos quedamos estancados al nivel de la ira o el dolor y rara vez superamos ese escollo para alcanzar un estado emocional de conclusión. Como resultado, puede resultar difícil sentirse unido —o inclusive tranquilo— con la otra persona después de una confrontación que implique ira o dolor.

El proceso de verdad total nos ayuda a expresar nuestros verdaderos sentimientos para poder recobrar el cariño, la proximidad y la cooperación que son parte de nuestro estado natural.

El proceso tiene como propósito no permitir que desechemos ni abandonemos los sentimientos negativos en relación con otra persona, sino que nos permitamos superar los sentimientos negativos y liberarlos para recobrar el estado de amor y aceptación que es nuestra forma natural de ser, y de donde pueden fluir la felicidad y la creatividad.

Las etapas de la verdad total

El proceso de la verdad total puede realizarse ya sea verbalmente o por escrito. Cualquiera que sea el método que elija, el objetivo es expresar la ira, el dolor y el miedo, para avanzar hacia el entendimiento, el perdón y el amor.

Si participa verbalmente —siempre con el permiso del otro— comience por expresar su ira y luego avance por cada fase hasta la etapa final de amor, compasión, perdón y agradecimiento. Puede utilizar las siguientes ayudas para no perder el enfoque a medida que pasa de una etapa a otra. Para que el proceso tenga éxito, hay que dedicarle el mismo tiempo a cada una de las seis etapas.

1. Ira y resentimiento

Siento ira porque...	Estoy cansado(a) de...
Detesto cuando...	Me molesta que...

2. Dolor

Me dolió cuando...	Me duele que...
Me da tristeza cuando...	Me decepciona que...

3. Miedo

Me dio miedo que...	Me da miedo cuando tu...
Me da miedo cuando...	Temo que yo...

4. Remordimiento, pesar y responsabilidad

Siento que...	Me da lástima con...
Por favor perdóname por...	No quise...

5. Deseos

Todo lo que quiero (quería)...   Quiero (quería)...

Quiero que tu...   Me merezco...

6. Amor, comprensión, perdón y agradecimiento

Entiendo que...   Te perdono que...

Te agradezco...   Gracias por...

Te quiero mucho por...

Si expresarlo verbalmente lo hace sentir incómodo, o si la otra persona no puede o no quiere participar, escriba sus sentimientos utilizando la carta de la verdad total para expresar sus verdaderos sentimientos.

La carta de la verdad total

Siga estos pasos al escribir la carta de la verdad total:

1. Escriba una carta a la persona que lo ha disgustado, en la que partes relativamente iguales de la misma expresen cada uno de los sentimientos en el proceso de la verdad total.

2. Si la otra parte no es alguien que esté dispuesta a cooperar en este proceso, tal vez prefiera tirar la carta a la basura una vez que la haya escrito. Recuerde que el propósito principal es *liberarse* de sentimientos no expresados, no cambiar a la otra persona.

3. Si la persona con la cual está molesto está dispuesta a participar, haga que le envíe también a usted una carta de la verdad total. Luego, intercambien cartas. Ambos deben estar presentes al leer las cartas. Luego analicen la experiencia. Evite intentar defender su posición. Esfuércese por entender el origen de los argumentos de la otra persona.

Con un poco de práctica, podrá ver que completa las seis etapas del proceso de forma rápida y menos formal, pero en momentos de gran dificultad; convendrá que utilice los seis pasos a manera de guía.

PERDONE Y SIGA AVANZANDO

Mientras no perdone lo que sea a quien quiera que sea, eso ocupará
un espacio en su mente que podría utilizar para algo más.

ISABELLE HOLLAND
Autora de veintiocho libros y ganadora de varios premios

Aunque pueda parecer poco usual hablar de perdón en un libro sobre cómo alcanzar un mayor éxito, lo cierto es que la ira, el resentimiento y el deseo de venganza pueden restar energía valiosa que *podría* invertirse en hacer lo necesario para alcanzar una meta positiva.

A la luz de la ley de la atracción ya hemos dicho que uno atrae más de los mismos sentimientos que experimenta. Tener una actitud negativa, estar disgustado y no perdonar las heridas del pasado solo garantiza que atraerá más de esos mismos sentimientos a su vida.

PERDONE Y ESFUÉRCESE POR VOLVER AL PRESENTE

En el mundo de los negocios, en la vida de familia y en las relaciones personales, también nosotros tenemos que venir de un lugar de amor y perdón, tiene que soltarse del pasado para poder avanzar. Tiene que perdonar a un socio de negocios que le mintió y lo perjudicó en el aspecto financiero. Tiene que perdonar a un compañero de trabajo que se adjudicó el crédito del trabajo que usted hizo o habló mal de usted a sus espaldas. Tiene que perdonar a un excónyuge que lo engañó, y luego se portó mal durante el divorcio. No necesariamente tiene que aceptar lo que hizo ni volver a confiar en él, pero sí tiene que asimilar las lecciones que le hayan quedado, perdonar y seguir adelante.

Cuando perdona, se vuelve a ubicar en el presente, donde le pueden ocurrir cosas buenas y donde puede actuar para crear ganancias futuras para usted, para su equipo, para su compañía, y para su familia. Si permanece atado al pasado, estará desperdiciando valiosa energía y perdiendo la fuerza que requiere para seguir forjando lo que desea lograr.

SIN EMBARGO, ES MUY DIFÍCIL SOLTARSE

Sé lo difícil que puede ser perdonar y soltarse. He sido secuestrado y atacado por un extraño, he sido físicamente maltratado por un padre alcohólico, he sido víctima del racismo al revés, he tenido empleados que me han estafado llevándose grandes sumas de dinero; me han demandado y procesado por aspectos descaradamente frívolos, y se han aprovechado de mí en varias transacciones de negocios.

Pero, después de cada experiencia, apliqué el método de procesar la situación y perdonar a la otra parte porque sabía que, de no hacerlo, esos resentimientos me roerían y me impedirían centrar toda mi atención en la vida futura que deseaba crear.

Además, con cada experiencia aprendí cómo evitar que me ocurriera de nuevo. Aprendí a confiar más en mi intuición. Aprendí cómo protegerme mejor a mí mismo, así como a mi familia y a mi patrimonio tan arduamente logrado. Y cada vez, al liberarme, al final de la experiencia, me sentí más liviano, más libre y más fuerte, con más energía para centrarme en las tareas más importantes que tenía entre manos. Se acabó el autodiálogo negativo. Se acabaron las recriminaciones amargas.

Sentir resentimiento es como tomar veneno y esperar que mate a los enemigos.

NELSON MANDELA
Premio Nobel de la Paz

Cualesquiera que sean sus heridas, debe saber que muchos otros las han sufrido también.

Pero debe saber igualmente que *lo que puede herirlo aun más* es guardar resentimiento, cultivar el rencor y revivir el mismo odio una y otra vez. El término *perdón* significa realmente *soltarlo, por su bien,* no por el bien de los demás.

He tenido personas en mis seminarios que, cuando al fin han logrado perdonar *de verdad* a alguien, se alivian en minutos de las jaquecas que habían venido padeciendo desde hacía mucho tiempo, se mejoran inmediatamente de sus problemas de estreñimiento y colitis, se liberan del dolor de la artritis, mejoran su agudeza visual y experimentan de inmediato toda una serie de beneficios físicos adicionales. Un hombre perdió realmente seis libras en los dos días siguientes ¡sin cambiar sus hábitos alimenticios! También he visto personas que llegan a lograr milagros en sus profesiones y en sus vidas de negocios. Puede creerme, realmente vale la pena el esfuerzo.

LOS PASOS PARA PERDONAR

Los siguientes pasos son *todos* parte integral del perdón:

1. Admita su ira y su resentimiento.
2. Reconozca el dolor y las heridas que causó.
3. Reconozca los temores y las dudas que creó.
4. Acepte su responsabilidad en permitir que se haya dado o que siga vigente esta situación.
5. Reconozca lo que quería y no obtuvo, luego póngase en el lugar del otro e intente entender de dónde venía en ese momento y qué necesidad trataba de satisfacer —por poco elegantes que hayan sido sus métodos— con su comportamiento.
6. Olvide y perdone a esa persona.

Si está prestando atención, habrá observado que estos pasos comprenden las mismas seis etapas del proceso de la verdad total.

HAGA UNA LISTA

Haga una lista con cualquier persona que usted piense que lo haya herido y de cómo lo hirió:

_____ me hirió al _____.

Luego, de una en una, durante los días que sea necesario, practique el proceso de la verdad total con cada una de esas personas. Lo puede hacer como un proceso escrito o verbal en el que pretende que está hablando con la persona, que se encontrará sentada en la silla vacía que tiene frente a usted. Asegúrese de tomarse el tiempo suficiente para pensar lo que pudiera haber estado ocurriendo en la vida de cada cual en el momento para que le haya hecho lo que le hizo. Es importante tomar en cuenta la siguiente verdad:

Recuerde que todos (usted también) procuramos siempre satisfacer las necesidades básicas, en la mejor forma posible, con la conciencia, el conocimiento, las destrezas y las herramientas de que dispongamos en el momento. Si esas personas hubieran podido hacer las cosas mejor, las habrían hecho. A medida que adquieren conciencia de la forma como su comportamiento puede afectar a otros, a medida que van aprendiendo a ser menos nocivos y más efectivos en la forma de satisfacer sus necesidades, se irán comportando de manera menos nociva.

Píenselo bien. Ningún padre despierta en la mañana y le dice a su cónyuge: «Acabo de inventar tres nuevas formas de hacerles daño a nuestros hijos». Los padres siempre procuran hacer cuanto puedan por ser buenos progenitores. Sin embargo, sus propias heridas psicológicas combinadas con su falta de conocimientos y destrezas para ejercer la función paternal, así como las presiones que tienen que soportar en sus vidas, suelen converger y crear comportamientos que terminan hiriéndonos. No fue una actitud personal en su contra. Habrían actuado igual con cualquier otra persona que hubiera ocupado el puesto que usted ocupaba en ese momento. Lo mismo se aplica para todos los demás... siempre.

SI ELLOS PUEDEN, USTED PODRÁ

En mi búsqueda de historias inspiradoras para los libros de *Sopa de pollo para el alma,* he leído muchas historias de perdón que me han permitido ver que los seres humanos pueden perdonar cualquier cosa, por trágica o brutal que sea.

En 1972, se otorgó el Premio Pulitzer por una fotografía de una joven vietnamita, con los brazos extendidos en actitud de terror y dolor, que corría desnuda gritando —después de que le habían arrancado la ropa— huyendo de su pueblo, que acababa de ser bombardeado con napalm durante la Guerra de Vietnam. Esa fotografía se reprodujo miles de veces alrededor del mundo y aún se encuentra en los libros de historia de la secundaria. Ese día, Phan Thi Kim Phuc sufrió quemaduras de tercer grado en más de la mitad de su cuerpo. Después de diecisiete cirugías y catorce meses de dolorosa rehabilitación, Kim sobrevivió milagrosamente. Superando su doloroso pasado mediante un proceso de perdón, es ahora ciudadana canadiense, embajadora de buena voluntad para la Organización de las Naciones Unidas para la Educación, la Ciencia y la Cultura (UNESCO) y fundadora de la Fundación Kim que ayuda a las víctimas de guerra inocentes. Todos los que la han conocido hablan de la sorprendente paz que irradia.★

En 1978, Simon Weston entró a formar parte de la Guardia Galesa en Gran Bretaña. Como parte del Destacamento de las Malvinas, se encontraba a bordo del buque *Sir Galahad* cuando este fue bombardeado por aviones argentinos. Su rostro quedó seriamente desfigurado y sufrió quemaduras en más del cuarenta y nueve por ciento de su cuerpo. Ha sido sometido a setenta operaciones desde ese día aciago y aún debe soportar otras más. Habría sido fácil para él convertirse en un amargado por el resto de

---

★Para mayor información sobre el trabajo de la Fundación Kim, visite el sitio Web www.kimfoundation.com.

su vida. En cambio sostiene: «Si dedicara mi vida entera a la recriminación y la amargura, me fallaría a mí mismo, a los cirujanos y a las enfermeras y a todos los demás, porque no estaría dando nada a cambio. El odio puede consumirnos y es un sentimiento inútil».

En lugar de ahogarse en un mar de amargura, Simon se ha convertido en escritor, orador motivador y cofundador y vicepresidente de Weston Spirit, una organización sin ánimo de lucro que ha trabajado con cientos de miles de jóvenes cuyos estilos de vida son el reflejo de la falta de aspiraciones en el Reino Unido.★

Al igual que Simon y Kim, también usted podrá trascender y triunfar.

ELIMINE LAS HERIDAS DEL PASADO

Por supuesto, muchas de estas heridas del pasado se almacenan en la mente e incluso en el cuerpo, afectando todas nuestras acciones y decisiones futuras. Para muchas personas en mis entrenamientos, superar su «pasado» se les hace difícil, doloroso —y más o menos hasta la última década—, muy difícil, sobre todo si han sido objeto de violencia, trauma o abuso temprano en sus vidas.

Sin embargo, durante los últimos diez años, he estado usando una manera poco conocida pero muy eficaz, libre de drogas y no invasiva, para reducir o eliminar este estrés postraumático con las personas con las que trabajo. También ayuda a reducir el dolor crónico, la ansiedad, las fobias y miedos, las creencias limitantes, además de muchas condiciones médicas relacionadas con el estrés. La técnica es tan poderosa que se ha utilizado con víctimas de genocidios en Ruanda y Bosnia, con víctimas de desastres en Haití, y es utilizada incluso por un entrenador de las Fuerzas Especiales Británicas en el Congo, y también con los soldados que regresan con trastorno de estrés postraumático del campo de batalla.

Se llama *Terapia Tapping*, y estimula la capacidad que tiene el cuerpo para liberar el dolor almacenado de cualquier tipo.† Y los resultados son poco menos que milagrosos.

★Para mayor información sobre el trabajo y la visión de Weston Spiritvisite mi página web de recursos enwww.TheSuccessPrinciples.com/resources.
†El doctor Roger Callahan, psicólogo pionero que desarrolló secuencias avanzadas de *tapping* para varias enfermedades, fundó un instituto que capacita a terapeutas profesionales, profesionales de la salud y de primeros auxilios, y a la gente común en todo el mundo, en la terapia del campo del pensamiento o en las técnicas Callahan R. La organización Callahan distribuye guías gratuitas en la página www.tapping therapy.com, y ofrece sesiones privadas e instrucciones de audio para eliminar fobias, ansiedad, miedo a volar, miedo a hablar en público, y más.

Durante miles de años, las culturas orientales han centrado sus métodos para la curación de afecciones médicas en el estímulo de «meridianos» o vías de energía en todo el cuerpo. Estas vías de energía envían impulsos eléctricos por todo el cuerpo para que todos los sistemas funcionen, pero —además de mover y almacenar energía—, se descubrió que también almacenan emociones. Algunos profesionales de la salud creen incluso que una enfermedad o dolor crónico en una zona específica del cuerpo es el resultado de un dolor emocional específico, almacenado en ese meridiano.

Hace treinta y cuatro años, el doctor Roger Callahan, psicólogo clínico y creador de la Terapia Tapping, descubrió que se podía estimular la liberación inmediata de estas emociones almacenadas tocando esos meridianos de una manera similar a la acupresión, mientras usted centra su mente

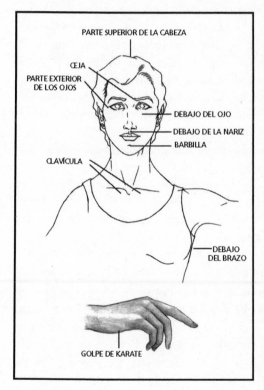

PARTE SUPERIOR DE LA CABEZA

CEJA

PARTE EXTERIOR
DE LOS OJOS

DEBAJO DEL OJO

DEBAJO DE LA NARIZ

BARBILLA

CLAVÍCULA

DEBAJO
DEL BRAZO

GOLPE DE KARATE

en una herida del pasado o en una tensión actual (fobia, miedo o ansiedad). Callahan llamó a su método «Terapia del Campo del Pensamiento» o TFT y, actualmente, el instituto del doctor Callahan entrena a terapeutas, profesionales de la salud y a gente común en el uso de la TFT, tanto en el ámbito clínico como en el hogar.

Otras personas, especialmente Gary Craig y Nick Ortner, han masificado la TFT como la técnica de liberación emocional (EFT)* y la terapia tapping del meridiano.

Mi libro *Tapping Into Ultimate Success* [El tapping hacia el éxito supremo],[†] describe cómo usar el *tapping* para

---

*La técnica de la libertad emocional fue creada por Gary Craig, en un intento por simplificar las secuencias del *tapping* para ser utilizadas por personas que no sean terapeutas. Puede obtener un resumen de la técnica en la página www.emofree.com y en el libro *La solución tapping,* de Nick Ortner (Barcelona: Grijalbo, 2014).
[†] *Tapping Into Ultimate Success: How to Overcome Any Obstacle and Skyrocket Your Success* [El tapping hacia el éxito supremo: Cómo superar cualquier obstáculo y disparar su éxito], de Jack Canfield y Pamela Bruner (Carlsbad, CA: Hay House, 2012).

liberarse de estas ansiedades, tensiones y heridas emocionales almacenadas, y se centra en ayudarle a aplicar mejor los principios de *este* libro, *Los principios del éxito*, al remover cualquier tipo de creencias limitantes, temores y obstáculos internos que surgen cuando usted intenta aplicar cualquiera de los principios.

La primera parte del protocolo del *tapping* es cerrar los ojos, centrarse en el miedo, la ansiedad, la emoción, el dolor o la creencia que usted desea liberar, y luego determinar en una escala de 1 al 10 (siendo 10 la más alta), la intensidad del sentimiento o creencia.

En la gráfica, usted verá los nueve puntos del *tapping*. La secuencia básica del *tapping* —eliminar los temores y creencias negativas, y neutralizar los eventos negativos—, comienza entonces al golpearse suavemente y por diez veces el punto del «golpe de karate» en la base de la mano, con la firmeza suficiente para sentirlo, pero no lo bastante duro como para causarle un moretón. A medida que usted se golpea la mano, repita en voz alta la creencia, el dolor físico o la experiencia dolorosa con la que está lidiando mientras que –lo más importante—, se sintoniza con la *emoción* que le produce esa creencia o herida. Siga su declaración sobre la creencia o herida afirmando: *Me amo y me acepto profunda y completamente.* Por ejemplo:

Aunque tengo miedo de pedir un aumento, me amo y me acepto profunda y completamente.

O:

Aunque creo que no merezco tener éxito, me amo y me acepto profunda y completamente.

Una vez que se haya golpeado diez veces el punto del «golpe de karate», comience la secuencia del *tapping* EFT que aparece a continuación, mientras se sigue centrando en el dolor, la creencia limitante, la emoción, el estrés, el dolor o la fuente de ansiedad del pasado. Golpee con firmeza en cada punto de cinco a siete veces. Acompañe cada punto de *tapping* con una declaración que lo mantenga enfocado en la emoción. Hágalo así:

1. **Parte superior de la cabeza:** *Tengo miedo de pedir un aumento.*
2. **Ceja:** *Tengo miedo de pedir un aumento.*
3. **Parte exterior de los ojos:** *Me temo que él me dirá que no, y me sentiré avergonzado.*
4. **Debajo de los ojos:** *Me sentiré abochornado.*
5. **Debajo de la nariz:** *Me sentiré muy avergonzado si él me dice que no.*

6. Barbilla: *Me sentiré mortificado si me dice que no.*
7. Clavícula: *Tengo miedo de pedir un aumento.*
8. Debajo del brazo: *Me sentiré muy avergonzado.*

Las palabras exactas que usted diga no son importantes; lo que importa es que esté sintonizado continuamente con su emoción. Además, puede golpearse en la ceja, debajo de los ojos, la clavícula y en los puntos debajo de los dos brazos. Haga de nuevo la secuencia repitiendo su frase una y otra vez hasta que sienta que la intensidad ha bajado a 1 o esté desapareciendo por completo.

La terapia *tapping* también funciona milagrosamente para todo tipo de fobias severas. La actriz y presentadora de televisión Kelly Ripa temía mucho volar como consecuencia del trauma de ver los aviones chocar contra el World Trade Center el 11 de septiembre de 2001. Cuando sus productores quisieron grabar el programa *Live with Regis and Kelly* desde Disneylandia en California, ella supo que necesitaba superar su miedo a volar con el fin de poder viajar. Luego de trabajar con el doctor Callahan, que la trató con la terapia tapping por vía telefónica en Nueva York, ella logró sentirse cómoda en el avión y hacer el vuelo cinco horas. Kelly estaba tan encantada que invitó al doctor Callahan a su programa de televisión para que tratara a los visitantes del parque de diversiones por su miedo a las montañas rusas. Diecisiete personas montaron en una gigantesca montaña rusa momentos más tarde, ¡y la mayoría dijeron que querían hacerlo de nuevo!

He utilizado el *tapping* para ayudar a las personas que asisten a mis seminarios a superar el miedo a volar, el miedo a hablar en público, el miedo a cantar delante de los demás, el miedo a las alturas, la claustrofobia y el miedo a ahogarse. Esto es lo que Sharon Worsley, una de mis estudiantes de Capacite al capacitador, publicó en la Internet:

Después de haber sido nadadora cuando era más joven, tuve dos experiencias traumáticas en las que casi me ahogo cuando tenía doce y quince años. Por el resto de mi vida, no fui capaz de volver a meterme al agua. De hecho, si tuviera que hablar con usted acerca de la natación, empezaría a sentir una reacción física en la que alzaría mi cabeza como si me estuviera esforzando para no hundirme en una piscina imaginaria. Era algo muy debilitante, pues me estaba perdiendo la oportunidad de divertirme con mis amigos cuando viajábamos, mientras ellos disfrutaban de la piscina o del mar, y yo permanecía mirándolos sentada. Además, no me gustaba esa sensación de impotencia.

Pues bien, todo eso cambió en una cálida noche en junio de 2010. Era la última del programa inaugural Capacite al capacitador, de Jack

Canfield, en el que participé. Estaba viendo a mis compañeros disfrutar de la espectacular piscina en el Fairmont Scottsdale Princess mientras yo estaba afuera.

Un amigo se las arregló para convencerme de que me metiera a la piscina, pero yo no podía meterme en el agua más arriba de mis caderas, pues me sentía muy ansiosa. Jack se enteró de eso y se acercó para ver si me podía ayudar.

Entonces ocurrió un milagro que parecía imposible. Pocos minutos después de que Jack utilizara el método del *tapping* conmigo, no solo me metí más profundamente en el agua, sino que pronto comencé a nadar, a flotar de espaldas sin ayuda de nadie, algo que creía que nunca ocurriría de nuevo. He estado nadando desde entonces y ya no tengo ninguna vacilación ni miedo.

Por lo tanto, y como puede ver, con el asombroso poder de esta técnica simple, ya no hay ninguna razón para dejar que el miedo, las creencias limitantes, o las heridas y traumas del pasado le impidan lograr cualquier cosa que usted desee.

30

ENFRENTE LO QUE NO FUNCIONE

Los hechos no dejan de existir por ignorarlos.

ALDOUS HUXLEY
Escritor visionario

Nuestras vidas solo mejoran cuando nos arriesgamos.
El primero y más difícil de todos los riesgos que podemos
asumir es ser francos con nosotros mismos.

WALTER ANDERSON
Editor de la revista *Parade* durante veinte años

Para tener más éxito hay que salir de la negación y enfrentar lo que no esté funcionando en su vida. ¿Defiende o ignora el grado de hostilidad y toxicidad en su entorno laboral? ¿Inventa excusas para su mal matrimonio? ¿Niega su falta de energía, su exceso de peso, su mala salud o el bajo nivel de su estado físico? ¿Se niega a aceptar que las ventas han mostrado una tendencia congruente a la baja durante los últimos tres meses? ¿Pospone el tener que enfrentarse a un empleado cuyo rendimiento está por debajo de la norma? Las personas de éxito enfrentan con franqueza esas circunstancias, hacen caso a las señales de alerta y toman las medidas necesarias, por incómodas o desafiantes que sean.

RECUERDE LAS ALERTAS AMARILLAS

¿Recuerda las «alertas amarillas» a las que me referí cuando hablé de la ecuación $E + R = D$, en el principio 1. Las alertas amarillas son esas pequeñas señales que nos indican que algo anda mal. Su hijo adolescente vuelve a llegar tarde de la escuela. Aparecen notas extrañas en la correspondencia de la compañía. Un amigo o un vecino hacen un comentario inusual. A veces decidimos reconocer esas alertas y hacer algo al respecto, pero la mayoría de las veces nos limitamos a ignorarlas. Pretendemos no darnos cuenta de que algo no está bien.

¿Por qué? Hacerle frente a las cosas que no funcionan en la vida generalmente significa que hay que tomar una determinación que nos resulta incómoda. Significa que hay que ejercer más autodisciplina, confrontar a alguien, arriesgarnos a que nos consideren desagradables, pedir lo que deseamos, exigir respeto, en lugar de conformarnos con una relación abusiva o tal vez, inclusive, renunciar al empleo o al cargo. Sin embargo, por no querer hacer esas cosas desagradables, es frecuente que terminemos tolerando una situación que no funciona.

¿CUÁLES SON LAS CARACTERÍSTICAS DE UNA ACTITUD DE NEGACIÓN?

Aunque las situaciones difíciles de nuestras vidas pueden ser incómodas, molestas y dolorosas, solemos soportarlas o lo que es peor, ocultarlas tras mitos, conceptos trillados y lugares comunes. Ni siquiera somos conscientes de nuestra actitud de negación. Decimos cosas como:

Así son los jóvenes.
No se puede controlar a los adolescentes hoy.
Es solo su forma de desahogar sus frustraciones.
No tiene nada que ver conmigo.
Eso no me incumbe.
No me corresponde decir nada.
No hay que revolver el avispero.
No puedo hacer nada al respecto.
La ropa sucia se lava en casa.
Una deuda así en la tarjeta de crédito es normal.
Perderé mi puesto si digo algo.
Las amigas de la iglesia de mi mamá la cuidan.
Menos mal que es solo marihuana.
Es solo la edad por la que está pasando.
Las tomo porque las necesito para que me ayuden a relajarme.
Tengo que trabajar todo este tiempo para poder progresar.
Tendremos que esperar a que todo pase.
Estoy segura que devolverá el préstamo.

Ocasionalmente, inventamos *razones* para explicar por qué algo que *no funciona* lo hace, sin darnos cuenta de que entre más pronto reconozcamos la mala situación, la solución puede ser muchas veces menos dolorosa para resolver. Sería menos costoso, las circunstancias podrían ser más benéficas, los problemas serían más fáciles de solucionar, podríamos ser francos con todas las personas involucradas, nos sentiríamos mejor con nosotros mismos y, sin lugar a dudas, nuestra integridad saldría ganando. Pero para eso tenemos que superar nuestra actitud de negación.

Por otra parte, las personas de éxito están más dispuestas a determinar la razón por la que las cosas no funcionan y resolverlas que a defender su posición o continuar en su ignorancia.

En los negocios, enfrentan la dura realidad en cifras reales en lugar de recalcular los números para presentar una imagen satisfactoria a los accionistas. Averiguan el motivo por el cual alguien deja de utilizar un producto o servicio, por qué una campaña publicitaria no dio resultado o por qué los gastos son inusualmente altos. Son racionales y se mantienen en contacto con la realidad. Están dispuestos a ver las cosas tal como *son* y manejarlas en vez de ocultarlas y negarlas.

Continuar haciendo lo que no funciona no resolverá nada.

CHARLES J. GIVENS
Estratega e inversionista en bienes raíces y autor de
Wealth Without Risk [Fortuna sin riesgo]

SEPA CUÁNDO INSISTIR, SEPA CUÁNDO DESISTIR

La capacidad de salir del estado de negación depende, en gran medida, del grado en el que sepamos reconocer las malas situaciones y decidir hacer algo al respecto. No deja de sorprenderme cuán difícil es para la mayoría reconocer y decidir, aun cuando se trate de problemas como alcoholismo y drogadicción. Son muchos los adictos cuyos matrimonios fracasan, cuyos negocios quiebran. Pierden sus casas y terminan en la calle, antes de darse cuenta de que lo que no funciona es su adicción.

Por dicha, la mayoría de nuestros problemas son menos graves que los de las drogas, pero eso no hace que reconocerlos o tomar una decisión al respecto sea más fácil. Considere, por ejemplo, su trabajo. ¿Se está negando lo que realmente le gustaría estar haciendo? Lo que es peor, ¿comenta con frecuencia cuán satisfecho y contento se encuentra cuando en realidad no es cierto? ¿Está viviendo una mentira?

Los adictos al trabajo son un ejemplo perfecto de esta negación. Un horario que nos mantiene bajo constante presión no puede dar resultado por mucho tiempo para nadie; sin embargo, la mayoría de los adictos al trabajo lo defienden con comentarios como: «gano mucho dinero», «así sostengo a mi familia», «es la forma de progresar» y «tengo que hacerlo para competir en la oficina». Ya hemos analizado el hecho de que defender una mala situación es, en realidad, solo una forma de negación.

LA NEGACIÓN SE BASA EN EL MIEDO

Es frecuente que la negación se deba al concepto de que, si dejamos de negar el problema y hacemos algo al respecto, sucederá algo peor. En otras palabras, nos *da miedo* enfrentar la verdad.

Muchos terapeutas pueden decirle que, a pesar de tener pruebas más que suficientes de que el cónyuge tiene una relación extramarital, muchos pacientes se abstienen de enfrentarse al problema. No quieren aceptar la posibilidad de que su matrimonio haya terminado. No quieren lidiar con el estrés emocional y la incomodidad física de un divorcio. No quieren hacer frente a dificultades financieras ni a la posibilidad de tener que mudarse o conseguir otro trabajo.

¿Cuáles son algunas de las situaciones a las que *usted teme* enfrentarse?

- Su hija adolescente que fuma o consume drogas.
- Un supervisor que sale temprano pero le deja a usted todos sus proyectos atrasados.
- Un socio de negocios que no participa plenamente o que gasta demasiado.
- Los pagos o gastos de su casa que se están tornando inmanejables.
- Sus padres ancianos que necesitan atención las veinticuatro horas.
- Su salud que se está convirtiendo en un problema por una mala dieta o falta de ejercicio.
- Un cónyuge que se aísla, es introvertido, le falta el respeto, es abusivo o supercrítico.
- La falta de tiempo para dedicarlo a usted o a sus hijos.

Aunque muchas de las situaciones aquí descritas requieren cambios drásticos en su vida, su trabajo y sus relaciones con los demás, recuerde que la solución a esos problemas no es siempre renunciar a su empleo, divorciarse, despedir a un empleado o castigar a su hija adolescente. Puede ser mucho más productivo optar por alternativas menos drásticas como hablar con su jefe, buscar asesoría matrimonial, establecer límites para sus hijos adolescentes, recortar sus gastos y buscar ayuda profesional competente. Claro está que esas soluciones menos drásticas siguen exigiendo que enfrente sus miedos y actúe.

Sin embargo, *en primer lugar,* deberá enfrentarse a lo que no funciona.

Las buenas noticias son que entre más se decida a enfrentar las situaciones incómodas, más fácil le resultará. Una vez que se enfrente a algo que no funciona, la próxima vez que tenga el menor indicio de que algo no anda bien, es probable que se decida a actuar de inmediato. Y mientras más rápido tome medidas, más fácil solucionará esto.

¿Recuerda el viejo dicho: «Más vale prevenir que curar»? Es muy cierto.

HÁGALO YA

Haga una lista de lo que no funciona en su vida. Empiece con las siete áreas principales para las que normalmente establecería metas: el área financiera, su profesión o negocio, su tiempo libre o el que dedica a su familia, a su apariencia personal, a sus relaciones, a su desarrollo personal y por último, a marcar la diferencia. Pregunte a sus empleados, a su familia, a sus amigos, a su clase, a su grupo, a su entrenador y a su equipo qué piensan ellos que no esté funcionando.

Pregunte: *¿Qué no funciona? ¿Cómo podemos mejorarlo? ¿Qué puedo pedir? ¿Qué necesitan de mí? ¿Cómo les puedo (podemos) ayudar? ¿Qué tengo (tenemos) que hacer? ¿Qué medidas puedo (podemos) adoptar en cada una de estas situaciones para que funcionen como yo (nosotros) quisiera (quisiéramos)?*

¿Necesita hablar con alguien? ¿Necesita llamar a alguien de mantenimiento? ¿Debe pedir ayuda a alguien? ¿Debe aprender una nueva habilidad? ¿Debe encontrar un nuevo recurso? ¿Debe leer un libro? ¿Debe llamar a un experto? ¿Debe hacer un plan para solucionarlo?

Elija una acción que pueda hacer y póngala en práctica. Luego elija otra acción, y otra más, hasta que la situación quede resuelta.

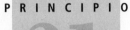

ACEPTE EL CAMBIO

*El cambio es una ley de la vida. Todos los que miran únicamente
al pasado o al presente, sin duda, se perderán del futuro.*

JOHN F. KENNEDY
Trigésimo quinto presidente de Estados Unidos

El cambio es inevitable. Por ejemplo, en este mismo momento, las células
de su cuerpo están cambiando. El mundo está cambiando. La economía, la
tecnología, la forma como hacemos negocios, inclusive la manera como nos
comunicamos está cambiando. Y aunque podemos resistirnos al cambio y
ser potencialmente arrastrados por él, podemos decidir también cooperar,
adaptarnos y beneficiarnos de él.

CRECER O MORIR

En 1910, Florists' Telegraph Delivery —actualmente llamada FTD— fue
fundada por quince floristas estadounidenses que comenzaron a utilizar
el telégrafo para intercambiar pedidos y entregar flores a los seres queridos de sus clientes a miles de millas de distancia. Quedaban atrás los días
en los que una hija o una hermana iba a la floristería local y ordenaba
un pequeño ramo de flores. Los miembros de la familia se trasladaban a
ciudades muy distantes de sus hogares. Así, FTD prosperó al identificar
esa tendencia y combinarla con el uso del telégrafo, lo que representó un
cambio en la forma de comunicarse.

Más o menos al mismo tiempo, la industria ferroviaria de Estados Unidos comenzó a ver que el automóvil y el avión se establecían como nuevas
tecnologías diseñadas para transportar pasajeros, mercancías y bienes de
un lugar a otro. Sin embargo, a diferencia de otras industrias que aceptaron sin demora esas nuevas máquinas, la industria ferroviaria se resistió,

convencida de que estaban en el negocio de los trenes, no en el negocio de transportar bienes y pasajeros. No se dieron cuenta de lo que enfrentaban. No crecieron. Aunque el enfoque comercial de los ferrocarriles hubiera podido cambiar hacia la industria automotriz o la aeronáutica, no lo hizo y, como resultado, prácticamente se extinguió.

¿EN QUÉ ASPECTOS NECESITA CRECER?

Cuando se produce el cambio, se puede cooperar con él y aprender a beneficiarse del mismo o se puede resistir y al fin ser arrasado por él. De usted depende.

Cuando acepta el cambio en modo receptivo, como parte inevitable de la vida, y busca formas de ponerlo en práctica para mejorar y facilitar su vida, haciéndola más plena, todo será mucho mejor. Lo experimentará como la oportunidad de crecer y adquirir nuevas experiencias.

Hace unos años, me contrataron como consultor para el Comando de Sistemas Marítimos de la Armada en Washington, D.C. Acababan de anunciar que trasladarían todo el comando a San Diego, California, lo que significaba que se perderían muchos puestos de trabajo de civiles. Mi responsabilidad consistía en organizar un seminario para todo el personal no militar, que no iría a California. Y aunque el Comando de Sistemas Marítimos de la Armada había ofrecido empleos y transferencias a San Diego (incluyendo el reembolso de todos los gastos de traslado) o ayuda para encontrar un nuevo trabajo en el área de Washington, D.C., a todos los empleados, muchos habían quedado prácticamente paralizados por el temor y el resentimiento.

Aunque para casi todos ese cambio representaba el mayor desastre de sus vidas, los animé a considerarlo como una oportunidad —como algo nuevo—, les enseñé acerca de la ecuación E + R = D y cómo aunque el trasladarse a San Diego (E) era inevitable, su resultado —ya fuera que tuvieran éxito o no— después (D) dependía totalmente de su respuesta (R) a la situación: «Es posible que encuentren un empleo con más potencial de desarrollo en Washington D.C.», les dije, «o que inclusive encuentren un empleo mejor remunerado. O tal vez quieran trasladarse a California, donde el clima es cálido la mayor parte del año y donde les esperan nuevos amigos y nuevas aventuras».

Poco a poco, comenzaron a dejar el pánico y el miedo y a darse cuenta de que, en realidad, las cosas podrían funcionar, inclusive representar un cambio positivo, si solo lo aceptaban como una oportunidad para crear algo nuevo y mejor.

CÓMO ACEPTAR EL CAMBIO

Debe darse cuenta de que hay dos tipos —*el cambio cíclico* y *el cambio estructural*— y saber que no puede controlar ninguno de los dos.

El cambio cíclico, como el que vemos en la bolsa de valores, se produce varias veces al año. Las cotizaciones suben y bajan. Hay alzas y correcciones del mercado. Vemos cambios estacionales en el clima, aumentos en los gastos de las épocas festivas, un incremento en el número de personas que viajan en el verano, etc. Son cambios cíclicos y, francamente, la mayoría se aceptan como parte normal de la vida.

Sin embargo, hay también cambios estructurales, como cuando se inventó la computadora y se creó la Internet, y estas dos tecnologías cambiaron radicalmente nuestra forma de vida, nuestro trabajo, la forma de acceder a las noticias y la manera de comprar. Los cambios estructurales son aquellos que no nos permiten volver a hacer las cosas como antes. Son los tipos de cambios que nos pueden arrastrar si los resistimos.

Como los empleados del Comando de Sistemas Marítimos de la Armada, los floristas de FTD o la industria ferroviaria, ¿*aceptará* estos cambios estructurales y los utilizará para mejorar su vida o los resistirá?

Procure recordar la última vez que experimentó un cambio y se resistió a él. Tal vez fue una mudanza a una nueva casa, un traslado a un lugar de trabajo diferente, un cambio de proveedores, un cambio de tecnología en su empresa, un cambio en la administración, o inclusive el hecho de que su hija adolescente se fuera de la casa a estudiar en la universidad, un cambio que usted se haya visto obligado a enfrentar y que hubiera considerado como lo peor que le pudo haber ocurrido en el mundo.

¿Qué ocurrió cuando se rindió ante el cambio? ¿Mejoró realmente su vida? ¿Puede ver ese cambio ahora, en retrospectiva, y decir: «Me alegra que haya ocurrido porque me aportó, a fin de cuentas, muchos beneficios»?

Si en cada ocasión puede recordar que ha enfrentado ya otros cambios en el pasado y que, en gran medida, han representado un progreso, podrá recibir cada nuevo cambio con entusiasmo y expectativa, como debe ser. Para que le resulte más fácil aceptar cualquier cambio, pregúntese lo siguiente:

¿Qué está cambiando en mi vida a lo que yo me esté resistiendo?
¿Por qué me resisto a ese cambio?
¿Qué me asusta de este cambio?
¿Qué temo que me pueda ocurrir?
¿Qué ventajas obtengo si dejo las cosas como están?
¿Qué costos voy a pagar por seguir con las cosas como están?

¿Qué ventajas me puede reportar este cambio?
¿Qué podría hacer para cooperar con este cambio?
¿Cuál es el siguiente paso que debo dar para cooperar con este cambio?
¿Cuándo lo voy a dar?

TRANSFORME SU CRÍTICO INTERNO EN UN ASESOR INTERIOR

Un hombre es literalmente lo que piensa.

JAMES ALLEN
Autor de *Como un hombre piensa, así es su vida*

Los investigadores indican que la persona promedio —¡ese es usted!— sostiene un diálogo interno consigo misma unas 50.000 veces por día. Desafortunadamente, gran parte de ese diálogo interno se relaciona con usted y, según los investigadores en psicología, es negativo en un ochenta por ciento, cosas como: *No he debido decir eso... No les gusto... Nunca podré sacar esto adelante... No me gusta mi peinado hoy... Ese otro equipo nos va a matar... No sé bailar... Nunca voy a aprender a patinar bien... No soy orador... Nunca podré adelgazar... Parece que ni siquiera logro organizarme... Siempre llego tarde.*

Utilice sus limitaciones como disculpa y no le quepa duda que las tendrá.

RICHARD BACH
Autor de *Juan Sebastián Gaviota*

Por los trabajos de investigación también sabemos que estos pensamientos tienen un potente efecto en nosotros. Afectan nuestra actitud, nuestra motivación, nuestra fisiología para actuar y aun nuestra bioquímica. Nuestros pensamientos negativos controlan la forma como nos comportamos. Nos hacen tartamudear, derramar las cosas, olvidar nuestras líneas del guion, transpirar profusamente, respirar de forma agitada, sentir miedo y, en situaciones extremas, pueden llegar a paralizarnos y matarnos.

SE PREOCUPÓ HASTA MORIR

Hace muchos años, *Readers Digest* publicó la historia verdadera de Nick Sitzman: un hombre joven, fuerte, saludable y ambicioso que trabajaba en los ferrocarriles. Era conocido como un trabajador diligente y tenía una esposa amorosa, dos hijos y muchos amigos.

Un día, a mitad del verano, se le informó al personal del ferrocarril que podrían salir del trabajo una hora antes como homenaje al capataz, que estaba cumpliendo años. Mientras verificaba por última vez uno de los vagones del ferrocarril, Nick se quedó accidentalmente encerrado en el vagón refrigerador. Cuando se dio cuenta de que sus compañeros de trabajo se habían ido, Nick entró en pánico.

Golpeó y gritó hasta que le sangraron los puños y quedó ronco, pero nadie lo escuchó. Con su conocimiento de «cifras y estadísticas» predijo que la temperatura sería de cero grados. Nick pensó: *Si no puedo salir, moriré congelado aquí dentro.* Deseando que su esposa y su familia se enteraran exactamente de lo que le había ocurrido, Nick encontró un cuchillo y comenzó a tallar palabras en el piso de madera. Escribió: «Hace tanto frío, que mi cuerpo se está entumeciendo. Si solo pudiera quedarme dormido. Estas pueden ser mis últimas palabras».

A la mañana siguiente, la cuadrilla abrió las pesadas puertas del vagón refrigerador y encontró a Nick allí, muerto. Una autopsia reveló que cada indicación de su cuerpo reveló que había muerto al congelarse. No obstante, la unidad de refrigeración del vagón estaba fuera de servicio y la temperatura era de 55° F. Nick murió *por el poder de sus pensamientos.*★

También usted, si no se cuida, puede matarse con sus pensamientos limitantes, no de una vez, como Nick Sitzman, sino poco a poco, día tras día, hasta que haya anulado su capacidad natural de alcanzar sus sueños.

SUS PENSAMIENTOS NEGATIVOS
AFECTAN SU ORGANISMO

Sabemos también, por las pruebas de polígrafo (detector de mentiras) que el organismo reacciona a los pensamientos con cambios en la temperatura, la frecuencia cardiaca, la presión sanguínea, la frecuencia respiratoria, el ritmo de la respiración, la tensión muscular y el grado de sudoración de las palmas de las manos. Cuando uno está conectado a un detector de mentiras y le

---

★Tomado de *The Speaker's Sourcebook* [Libro de referencias del orador], de Glen Van Ekeren (Englewood Cliffs, NJ: Prentice-Hall, 1988).

hacen preguntas como: «¿Tomó usted el dinero?», las manos se enfrían, la frecuencia cardiaca aumenta, la presión arterial puede subir, la respiración se hace más rápida, los músculos se tensan y las manos sudan si realmente tomó el dinero y está mintiendo al respecto. Esos cambios fisiológicos no solo se producen al mentir, sino también como reacción a cualquier cosa que uno piense. Cada célula del organismo se ve afectada por los pensamientos que tengamos.

Los pensamientos negativos tienen un efecto nocivo en su organismo, lo debilitan, lo hacen sudar y hacen que se ponga tenso. Los pensamientos positivos tienen un efecto beneficioso en el organismo, lo calman, lo centran y le permiten mantenerse alerta. Los pensamientos positivos hacen que el cerebro libere más endorfinas que disminuyen el dolor e intensifican la sensación de placer.

PISOTEE ESAS HORMIGAS

El psiquiatra Daniel G. Amen ha dado el nombre de «Automatic Negative Thoughts» [«Pensamientos automáticos negativos»] ANTs [«hormigas» en inglés] a los pensamientos limitantes que escuchamos en nuestra mente. Al igual que las hormigas en un almuerzo campestre, esos pensamientos automáticos negativos pueden arruinar su experiencia de la vida. El doctor Amen recomienda aprender a pisotear esas «HORMIGAS».* En primer lugar, tiene que ser consciente de que esos pensamientos negativos están ahí, luego liberarse de ellos y enfrentarlos pisoteándolos. Por último, tiene que reemplazarlos con pensamientos más positivos y convincentes.

No crea todo lo que oiga, aunque sea en su propia mente.

EL DOCTOR DANIEL G. AMEN
Neurocientífico clínico, psiquiatra y especialista en trastornos de déficit de atención

La clave para manejar cualquier tipo de pensamientos negativos es ser consciente de que, en último término, es usted quien decide dar cabida o prestar atención a cualquier pensamiento. Por el simple hecho de que usted lo piense —o lo escuche— no quiere decir que sea cierto.

---

*Ver, *Cambie su cerebro, cambie su vida* de Daniel G. Amen, M.D. (Málaga: Sirio, 2011) para una enriquecedora visión de cómo utilizar estrategias compatibles con el cerebro para superar la ansiedad, la depresión, las obsesiones, la ira y la impulsividad, factores que pueden representar grandes obstáculos que bloquean su progreso hacia la obtención de la vida que desea. Las siguientes páginas, sobre cómo pisotear las hormigas (ANTs), se basan en gran parte en los conceptos del doctor Amen.

Debe preguntarse constantemente: *¿Este pensamiento me ayuda o me hace daño? ¿Me acerca o no a donde quiero llegar? ¿Me motiva a actuar o me bloquea por temor y falta de confianza en mí mismo?* Debe aprender a cuestionar y a refutar los pensamientos que no le sirvan para incrementar su éxito y su felicidad.

Mi amigo Doug Bench, autor de «Mastery of Advanced Achievement Home Study Course» [«Maestría en logro avanzado, curso para autocapacitación en el hogar»],★ recomienda anotar cada pensamiento negativo que nos viene a la mente o que expresemos en voz alta y cada pensamiento negativo que escuchemos a los demás ¡durante tres días completos! (Debe asegurarse de que de esos días dos sean hábiles y uno sea festivo.)

Pida a su cónyuge, socio, hijos, compañeros de habitación, compañeros de trabajo, que estén atentos y le cobren una multa de un dólar por cada vez que lo oigan expresar una idea negativa. En un taller al que asistí hace poco, debíamos poner dos dólares en un recipiente cada vez que dijéramos algo que constituyera una acusación, una justificación o una autonegación. Fue sorprendente ver con qué rapidez se llenó el recipiente. Sin embargo, a medida que trascurrieron los cuatro días, los comentarios negativos automáticos fueron disminuyendo cada vez más cuando todos nos fuimos haciendo conscientes de ellos.

DISTINTOS TIPOS DE PENSAMIENTOS NEGATIVOS

Conviene entender cuáles son los distintos tipos de pensamientos negativos que pueden atacarlo. Cuando reconozca esas pensamientos negativos, percátese de que son pensamientos irracionales que tienen que ser desafiados y reemplazados. Los siguientes son algunos de los tipos más frecuentes de pensamientos negativos y la forma de pisotearlas.

Pensamientos tipo siempre o nunca

En realidad, muy pocas cosas pueden considerarse como siempre o nunca. Si pensamos que algo siempre va a pasar o que nunca vamos a tener lo que queremos, nos habremos dado por vencidos antes de empezar. Cuando se utilizan palabras que expresen todo o nada como: *siempre, nunca, todos, nadie, cada vez y todo,* por lo general, no se tiene razón. Los siguientes son algunos ejemplos de pensamientos tipo siempre o nunca:

★Obtenga más información acerca del fascinante trabajo de Doug en la aplicación de los últimos conocimientos de la neurociencia y las investigaciones sobre el cerebro relacionadas con el logro de los más altos niveles de éxito en: TheSuccessPrinciples.com/resources.

Nunca obtendré un aumento.   *Nunca me dan una oportunidad.*
Todos se aprovechan de mí.   *Nadie me da una mano.*
Mi jefe nunca me oye.   *Cada vez que me arriesgo, me aplastan.*
Nunca tengo tiempo para mí.   *A nadie le importa si vivo o muero.*
Siempre se burlan de mí.

Cuando se dé cuenta de que está pensando en forma negativa, cambie esos pensamientos por lo que realmente es cierto. Reemplace: *Siempre te aprovechas de mí* por *Me enfurezco cuando te aprovechas de mí, pero sé que en otras ocasiones has sido justo conmigo y que no te volverás a aprovechar más de mí.*

Centrarse en lo negativo

Hay quienes solo se fijan en lo malo y nunca en lo bueno de una situación. Cuando dirigía cursos de capacitación para maestros de secundaria, pude observar que la mayoría de los profesores que conocía correspondían al patrón de quienes se centran en lo negativo. Si en una de sus clases treinta niños entendían y cuatro no, se centraban en los cuatro que no habían entendido y se sentían muy mal, en lugar de pensar en los veintiséis que sí entendieron.

Aprenda a ver las cosas desde el punto de vista positivo. No solo le servirá para sentirse mejor, sino que esto se convertirá en un componente crítico para forjarse el éxito que desea alcanzar. Hace poco, un amigo me dijo que había visto en televisión una entrevista con un multimillonario que describió el momento crucial de su carrera como la mañana en la que pidió a cada uno de los miembros de su personal que le hablaran de una cosa buena que le hubiera ocurrido la semana anterior. Al principio, lo único que obtuvo de ellos fue más quejas, problemas y dificultades. Por último, uno de los empleados comentó que el conductor del vehículo de UPS que entregaba los paquetes en su oficina le había dicho que había presentado una solicitud para ingresar a la universidad y que iba a volver a estudiar para sacar su título y comentó que el compromiso de ese hombre para seguir estudiando y hacer realidad el sueño de su vida, le había servido de inspiración. Poco a poco, todos los empleados, uno tras otro fueron recordando cosas positivas que decir. Muy pronto eso se convirtió en parte de todas las reuniones. Por último, llegó un momento en que era necesario concluirlas antes de que se contaran todas las experiencias positivas. Todo el enfoque de la actitud de la empresa dejó de centrarse en lo negativo para ver lo positivo y, a partir de ese momento, el negocio creció en forma exponencial.

Aprenda el juego de la apreciación. Busque cosas que apreciar en todas las situaciones. Un potente ejercicio para accionar el músculo del agradecimiento es tomarse siete minutos cada mañana para anotar todas las cosas por las que está agradecido. Le recomiendo convertir esto en un ritual diario para el resto de su vida. Cuando se empeñe por buscar lo positivo, se convertirá en una persona más agradecida y optimista, que es justamente lo que se requiere para crear la vida de sus sueños. Busque lo bueno.

Recientemente mi esposa tuvo un accidente automovilístico. Atravesó una intersección en la que no había semáforo por una falla eléctrica; y chocó con otro automóvil que se atravesó por su carril. Se habría podido dejar abrumar por una multitud de *pensamientos negativos automáticos: ¿Qué me pasa? Debí haber prestado más atención. No debía estar conduciendo, pues no había electricidad.* Ella, en cambio, se centró en lo positivo: *Que suerte estar viva y relativamente ilesa. El otro conductor también está vivo. Gracias a Dios tengo un carro muy seguro. Afortunadamente la policía llegó muy rápido. Es sorprendente cuántas personas estuvieron dispuestas a ayudar. Esta fue, en realidad, una llamada de advertencia.*

Predicciones catastróficas

En las predicciones catastróficas se imagina la peor de las situaciones y se actúa como si fuera cierta. Esto puede incluir predecir que su cliente no estará interesado en su producto, que la persona que a usted le gusta no aceptará su invitación a salir, que su jefe no le dará el aumento, que el avión en el que viaja se estrellará. Reemplace el: «Probablemente se reirá de mí si le pido que salgamos» por «No sé qué hará. Tal vez diga que sí».

Leer la mente

Usted está leyendo la mente cuando cree que sabe lo que otra persona está pensando aunque no se lo haya dicho. Se da cuenta que está leyendo la mente cuando piensa cosas como: *Está furioso conmigo... Ella no me quiere... Me va a decir que no... Me va a despedir.* Reemplace este hábito de leer la mente por la verdad: *No sabré lo que pueda estar pensando a menos que se lo pregunte. Tal vez solo tenga un mal día.*

Recuerde que a menos que sea psíquico, no puede leer la mente de todos. No puede ni siquiera saber qué están pensando a menos que se lo digan o que usted se lo pregunte. Compruebe sus suposiciones preguntando: «Imagino que puede estar disgustado conmigo. ¿Lo está?». Yo uso la frase: «En caso de duda, ¡confírmelo!,» para controlar esa tendencia.

Enredarse en sus propios sentimientos de culpa

Los sentimientos de culpa se producen cuando uno piensa en términos como: *debería, debo, debía o tengo que.* Los siguientes son algunos ejemplos: *Debo dedicar más tiempo a estudiar para mi examen de la licencia de abogados... Debo dedicar más tiempo a estar en casa con mis hijos... Debo hacer más ejercicio.* Tan pronto como creemos que deberíamos hacer algo, creamos una barrera interna que nos impide realmente hacerlo.

Hoy no me maltrataré con ningún debería.

LEYENDA EN UN AFICHE

Tendrá más éxito si reemplaza estas expresiones de culpa con frases como: *Quiero... Contribuye al logro de mis metas de... Convendría... Me conviene...* La culpa nunca es productiva. Es una barrera en el trayecto hacia el cumplimiento de sus metas. Por consiguiente, elimine esta barrera emocional en el camino al éxito.

Etiquetamiento

El etiquetamiento es ponerle un calificativo negativo a alguien, o a sí mismo. Es una forma de taquigrafía que impide diferenciar con claridad lo que sería útil para mejorar su efectividad. Algunos ejemplos de etiquetamientos negativos son: *tonta, idiota, arrogante e irresponsable.* Cuando usa un etiquetamiento como estos, está clasificándose o clasificando a otra persona en la categoría de todos los tontos o idiotas que ha conocido y eso hace que resulte más difícil el tratar a esa persona o manejar esa situación teniendo en cuenta el carácter único de esa persona o de esa situación como tales. Contrarreste el pensamiento acerca de que: *Soy estúpido,* con el de: *Lo que acabo de hacer estuvo lejos de ser brillante, pero no por eso dejo de ser inteligente.*

Todo significado es obra de uno mismo.

VIRGINIA SATIR
Famosa psicoterapeuta conocida por sus contribuciones en
los campos de terapia de familia y autoestima

Personalizar

Se personaliza al darle a un evento neutro un significado personal. *Kevin no me ha llamado aún. Debe estar disgustado conmigo.* O: *Perdimos la cuenta de los Vanderbilt. Debió ser por mi culpa. He debido dedicar más tiempo a esa propuesta.* Lo cierto es que hay muchas otras explicaciones posibles para la forma cómo actúen los demás. Por ejemplo, es posible que Kevin no la haya llamado porque esté enfermo o porque no esté en la ciudad, o porque esté demasiado ocupado con sus propias prioridades. Nunca sabemos por qué hacen lo que hacen los demás.

HÁBLESE COMO A UN TRIUNFADOR

*Hoy está donde lo han traído sus pensamientos; mañana
estará donde sus pensamientos lo lleven.*

JAMES ALLEN
Autor de *Como un hombre piensa, así es su vida*

Entonces, ¿qué ocurriría si pudiera aprender a siempre hablar a usted mismo como a un triunfador y no como a un perdedor? ¿Qué ocurriría si pudiera cambiar su autodiálogo negativo por uno positivo? ¿Qué ocurriría si pudiera silenciar sus pensamientos de carencias y limitaciones, y reemplazarlos por otros de posibilidad ilimitada? ¿Qué ocurriría si pudiera cambiar su lenguaje y su concepto de víctima en su mente por otros de potencialidad? ¿Qué ocurriría si lograra convertir su crítico interior, que lo juzga por cada cosa que hace, en un asesor que lo apoye y lo impulse a confiar en sí mismo cuando se enfrenta a nuevas situaciones y riesgos? Bien... todo eso es posible con un poco de conciencia, enfoque e intención.

CÓMO TRANSFORMAR SU CRÍTICO INTERIOR EN UN ASESOR INTERNO

Uno de los ejercicios más poderosos para reentrenar a su crítico interior es enseñarle a que diga *toda* la verdad (vea el principio 29 «Concluya el pasado para abrirse al futuro»). Tal como lo disciplinaban sus padres por su propio bien, su crítico interior, al criticarlo, realmente se preocupa porque usted haga lo que más le conviene. Quiere que mejore porque desea que obtenga el beneficio de un mejor comportamiento. El problema es que solo le dice parte de la verdad.

Cuando era pequeño, sus padres pueden haberle gritado y pueden haberlo enviado a su habitación por haber hecho algo tonto como atravesar la calle cuando venía un automóvil. Su comunicación real fue: «Te amo. No quiero que te atropelle un automóvil. Quiero que te quedes por aquí para poder disfrutar viéndote crecer y convertirte en un adulto sano». Pero le dieron solamente la mitad del mensaje: «¿Qué te pasa? ¿No tienes cerebro? Deberías saber que uno no atraviesa la calle cuando vienen automóviles. No podrás salir de casa durante la próxima hora. Ve a tu habitación y piensa en lo que acabas de hacer». En su temor de perderlo, solo expresaron su ira. Pero tras esa ira hay otras tres capas del mensaje que nunca entregaron: temor, pedidos específicos y amor. El mensaje completo habría sido algo así:

Ira:	Estoy disgustada contigo por atravesar la calle sin mirar para ver si venían automóviles.
Temor:	Me da miedo que puedas resultar herido o que puedas morir.
Solicitud:	Quiero que prestes más atención cuando estés jugando en la calle. Detente y mira hacia ambos lados antes de atravesar.
Amor:	Te quiero tanto: no sé qué haría si no te tuviera. Eres tan valioso para mí. Quiero que estés seguro y sano. Mereces divertirte y estar siempre seguro para disfrutar de la vida a plenitud. ¿Lo entiendes?

¡Qué mensaje tan distinto! Hay que saber entrenar al crítico interno para que nos hable en la misma forma. Puede practicar esto escribiéndolo o como un ejercicio verbal en el que usted habla consigo mismo en voz alta. Por lo general, me imagino hablándole a un clon mío que está sentado en una silla frente a mí.

Haga una lista de las cosas que quiere decir cuando se está juzgando. Incluya todas las cosas que se dice que *debe* hacer y que usted no hace. Una lista típica podría ser algo así:

No haces suficiente ejercicio.
Estás engordando demasiado.
Eres un gordo inactivo, ¡un verdadero montón de grasa!
Bebes demasiado alcohol y comes demasiados dulces.
Debes reducir los carbohidratos.
Debes mirar menos televisión e irte a la cama más temprano.
Si te levantaras temprano tendrías más tiempo para hacer ejercicio.
¡Eres perezoso! ¿Por qué no terminas lo que empiezas?

Cuando tenga su lista, practique cómo comunicar la misma información utilizando el mismo proceso de cuatro pasos que he indicado: (1) ira, (2) miedo, (3) solicitudes y (4) amor. Dedique un mínimo de un minuto a cada paso. Asegúrese de ser muy específico en la etapa de las solicitudes. Dedique por lo menos el mínimo de un minuto en cada paso. Diga exactamente lo que quiere decir. «Quiero que comas mejor», es una frase muy vaga. Sea más específico, por ejemplo: «Quiero que comas al menos cuatro porciones de vegetales todos los días. Quiero que comas menos papas fritas y menos postres. Quiero que comas huevos y algún tipo de fruta en el desayuno todos los días. Quiero que comas granos enteros como trigo integral y arroz integral en lugar de harina de trigo». Entre más específico sea en la forma de expresarse, más efectivo será el ejercicio. Si lo hace en voz alta, cosa que recomiendo, *hágalo con toda la emoción y la pasión posibles*.

El siguiente es un ejemplo de lo que podría decir utilizando la lista de juicios ya indicada:

Ira:	Estoy disgustado contigo por no cuidarte mejor. ¡Eres un perezoso! Bebes demasiado y comes demasiado. ¡No tienes autodisciplina! No haces más que sentarte a mirar televisión. La ropa ya no te queda y no te ves bien.
Miedo:	Si no cambias, tengo miedo de que sigas engordando hasta que esto se convierta en un verdadero riesgo para tu salud. Temo que tu colesterol vaya a llegar a un nivel tan alto que tal vez sufras un infarto. Me da miedo que puedas volverte diabético. Me da miedo que nunca vayas a cambiar y entonces vayas a morir joven y nunca vayas a alcanzar tus sueños. Me da miedo que si no comes mejor y empiezas a cuidarte más, nadie se vaya a sentir atraído hacia ti. Puedes terminar viviendo solo por el resto de tu vida.
Solicitud:	Quiero que entres a un gimnasio y que vayas al menos tres veces por semana. Quiero que salgas a caminar durante veinte minutos los otros cuatro días. Quiero que disminuyas el tiempo que ves televisión y lo dediques a hacer ejercicio. Quiero que dejes de comer alimentos fritos y empieces a comer más fruta fresca y verduras. Quiero que dejes de tomar bebidas gaseosas y que tomes más agua. Quiero que limites tu consumo de alcohol a los viernes y los sábados en la noche.
Amor:	Te amo. Quiero estar contigo por mucho tiempo. Quiero que tengas una maravillosa relación con tu pareja. Mereces lucir bien con tu ropa y sentirte bien con respecto a ti mismo. Mereces que todos tus sueños se conviertan en realidad. Quiero que te sientas vivo, con ánimo; no cansado y letárgico todo el tiempo. Mereces vivir una vida plena y disfrutar cada momento. Mereces ser absolutamente feliz.

Siempre que escuche que una parte de usted está juzgándolo, solo respóndale: «Gracias por preocuparte ¿De qué tienes miedo?... ¿Qué quieres que haga específicamente? ... ¿En qué me beneficiaría eso? ... Gracias».

La primera vez que ensayé este proceso de convertir el crítico interno en un asesor interior, mi vida cambió. Después de renunciar a mi trabajo en otra empresa de capacitación, había venido trabajando como consultor y orador profesional, pero lo que realmente quería era empezar mi propia empresa de capacitación, capacitar a otros capacitadores, abrir oficinas en otras ciudades y distinguirme a nivel mundial. Pero eso parecía un compromiso tan abrumador que temía fracasar. Lo que era peor, me había estado recriminando constantemente por no tener la valentía de dar el salto.

Después de terminar el ejercicio de convertir el crítico interno en un asesor interior, algo cambió. Dejé de culparme y me di cuenta de todo lo que estaba perdiendo al no decidirme a dar el salto. Me dije claramente lo que tenía que hacer y al día siguiente hice el esquema de un plan de negocios para la nueva compañía; le pedí a mi suegra un préstamo de 10.000 dólares, le pedí a un amigo que fuera mi socio de negocios, programé una reunión para redactar los estatutos constitutivos y comencé a diseñar el membrete. Menos de tres meses después, llevé a cabo mi primera capacitación de fin de semana en Saint Louis para más de 200 personas. Antes de un año, tenía oficinas en Los Ángeles, Saint Louis, Filadelfia, San Diego y San Francisco. Desde entonces, más de 50.000 personas han asistido a mis programas de capacitación de fin de semana y de semana completa.

Al convertir mi crítico interno en asesor interior pude dejar de sentirme fracasado y comenzar a desarrollar las actividades que convirtieron mi sueño en realidad. Pude pasar de ser alguien que utilizaba toda su energía en su contra a convertirme en una persona que utilizaba su energía para crear lo que realmente deseaba.

No permita que la aparente simplicidad de esta técnica lo confunda. Es muy potente. Pero como todo lo demás que presento en este libro, para poder obtener todos sus beneficios tiene que ponerla en práctica. Solo usted puede hacerlo. Tómese veinte minutos ahora para hacer el ejercicio de convertir su crítico interno en un asesor interior. Póngase completa e incondicionalmente de su parte; trabaje con usted mismo para lograr el mayor beneficio de sus sueños y aspiraciones.

CÓMO SILENCIAR AL CRÍTICO DE SU DESEMPEÑO

¿Alguna vez ha dictado una clase, dado una conferencia, hecho una presentación de ventas, competido en un evento atlético, actuado en una obra de teatro, dado un concierto o realizado cualquier tipo de trabajo para luego encontrarse camino a casa escuchando esa voz en su interior que le dice cómo lo hizo de mal, lo que debía haber hecho de otra forma, cómo podría haberlo hecho mejor? Estoy seguro de que sí. Además, si ha estado escuchando esa voz por mucho tiempo, puede haber debilitado su confianza en usted mismo, tal vez haya reducido su autoestima y esto puede haber llegado a desmoralizarlo y hasta a paralizarlo. Incluyo aquí otro método sencillo aunque potente para reorientar la comunicación a fin de que deje de ser un juicio y una crítica para convertirse en una corrección y un apoyo.

Sin olvidar que la motivación subyacente más profunda de su crítico interior es la de ayudarle a hacer mejor lo que hace, dígale que deje de criticarlo y de culparlo o de lo contrario dejará de prestarle atención. Dígale a esa voz interior que no está dispuesto a escuchar más asesinatos de carácter, epítetos o recriminaciones, solo medidas específicas que pueda tomar para hacerlo mejor *la próxima vez.* Así eliminará los insultos denigrantes y centrará la conversación en las «oportunidades para mejorar» para la próxima ocasión. Ahora el crítico interno se convertirá en el asesor interior que se limita a señalarle cómo mejorar los resultados en el futuro. El pasado ya pasó, no hay nada que pueda hacer para cambiarlo. Solo puede aprender de él y mejorar su desempeño *la próxima vez.*

El siguiente es un ejemplo de lo que podría ser esta conversación, tomada de mi propia vida. Las iniciales *CI* indican que quien habla es el crítico interno, el asesor interior.

CI: No lo puedo creer. ¿En qué pensabas? Intentaste incluir demasiada información en ese seminario. Hablaste demasiado rápido y aceleraste al final. ¡No había forma de que las personas pudieran asimilar toda esa información! Después de todos estos años de organizar seminarios, ¡cualquiera diría que sabrías cómo hacerlo!

Yo: Espera un momento. No voy a escuchar tus críticas. Trabajé muy duro todo el día para darles a esas personas la mejor experiencia que pude crear en ese momento. Ahora que ya lo hice, estoy seguro de que hay formas de mejorarlo la próxima vez. Si tienes cosas *específicas* que quieras que cambie para *la próxima vez,* dímelas. Eso es todo lo que me interesa oírte decir. No me interesan tus juicios, solo tus ideas sobre cómo mejorar en el futuro.

CI: Muy bien. La próxima vez elige tres o cuatro puntos centrales importantes en qué enfocarse y trasmítelos con toda claridad utilizando ejemplos, sentido del humor y más ejercicios interpersonales para que los participantes puedan realmente asimilar el material. No puedes pretender enseñarles todo lo que tú sabes en un solo día.

Yo: Tienes razón. ¿Algo más?

CI: Sí. Asegúrate de incluir más juegos de aprendizaje interactivo
       en la tarde, cuando el nivel de energía es más bajo. Esto
       garantizará que todos se mantengan alerta y despiertos.

Yo: Muy bien. ¿Algo más?

CI: Sí. Creo que sería mejor tener un receso de diez minutos
       cada hora en lugar de uno de veinte minutos cada dos horas.
       Así, se mantendrá un nivel de energía más alto y se tendrá
       más tiempo para que las personas puedan asimilar lo que
       están aprendiendo.

Yo: Buena idea. ¿Algo más?

CI: Sí. Asegúrate de integrar algunas actividades físicas durante
       el día para mantener más interesados a los que se dedican a la
       quinestesia.

Yo: ¿Algo más?

CI: Sí. Asegúrate de repartir la próxima vez dos copias de la hoja
       de enfoque de quienes logran el éxito, una para que escriban
       en ella durante el seminario y otra para que la utilicen como
       original para fotocopiar cuando termine el seminario. De
       otra forma, no la podrán utilizar. Además, puedes poner una
       copia en tu sitio web que se pueda imprimir para duplicarla.

Yo: Buena idea. ¿Algo más?

CI: No. Creo que eso es todo.

Yo: Muy bien. He tomado nota de todo eso. Definitivamente
       voy a incluir esas cosas en mi próximo seminario. Muchas
       gracias.

CI: De nada.

Como podrá observar en este ejemplo, hay muchas cosas que su asesor
interior detecta sobre cómo mejorar su desempeño en situaciones futuras.
El problema —¡hasta ahora!— era que la información había sido presentada
en forma de juicio. Una vez que el tono de la conversación deja de ser emotivo y se analizan con calma las oportunidades para mejorar, la experiencia
deja de ser negativa para volverse positiva.

Y esta es una indicación valiosa. Debido a que la investigación sobre la memoria indica que una nueva idea tiene una duración de apenas
cuarenta segundos en la memoria a corto plazo y luego desaparece, es
importante anotar estas ideas en un archivo que pueda revisar antes de
su siguiente actividad. De lo contrario, podrá perder las ventajas de esta
valiosa retroalimentación.

UTILICE EL *TAPPING* EFT PARA
TRANSFORMAR A SU CRÍTICO INTERIOR

Otra manera poderosa para transformar a su crítico interior en un *coach* interior es utilizar la técnica del *tapping* descrita en mi libro *Tapping into Ultimate Success* [El tapping hacia el éxito supremo]. Este protocolo específico de *tapping* está diseñado para transformar a su crítico interior en un aliado que lo apoye mediante la redefinición de su papel.★

★Vea las páginas 121-26 de *Tapping into Ultimate Success: How to Overcome Any Obstacle and Skyrocket Your Results* [El tapping hacia el éxito supremo: cómo superar cualquier obstáculo y disparar sus resultados], de Jack Canfield y Pamela Bruner (Carlsbad, CA: Hay House, 2012).

TRASCIENDA SUS CREENCIAS LIMITANTES

Su subconsciente no discute con usted. Acepta lo que su pensamiento consciente determina. Si usted dice: «No me puedo dar el lujo de tenerlo», su subconsciente trabaja en eso para convertirlo en realidad. Elija un pensamiento mejor. Diga: «Lo compraré. Lo acepto en mi mente».

EL DOCTOR JOSEPH MURPHY
Autor de *El poder de tu mente subconsciente*

Muchos tenemos creencias que limitan nuestro éxito, ya se trates estas acerca de nuestras capacidades, de lo que se requiere para alcanzar el éxito, de cómo debemos relacionarnos con los demás o inclusive de mitos comunes que la ciencia moderna o los estudios de hoy han desvirtuado desde hace tiempo. Avanzar más allá de sus creencias limitantes es el primer paso crítico para lograr más éxito. Puede aprender a identificar esas creencias que lo limitan y después reemplazarlas por otras positivas que refuercen su éxito.

USTED ES CAPAZ

Una de las creencias más limitantes, muy notoria en la actualidad, es la de que —por alguna razón— no somos capaces de lograr las metas que nos fijamos. A pesar de los mejores materiales educativos disponibles y de décadas de registros de conocimientos sobre cómo realizar cualquier tarea, de alguna forma decidimos decir en cambio: *No lo puedo hacer. No sé cómo hacerlo. No tengo quien me enseñe. No tengo la inteligencia necesaria.* Y así, sucesivamente.

¿De dónde viene todo eso? Para la mayoría, proviene de la programación de la primera infancia. Conscientes o no, nuestros padres, abuelos y demás adultos que nos sirvieron de ejemplos de comportamiento nos dijeron: *No, no cariño. Eso es demasiado para ti. Déjame que yo lo haga. Tal vez el año entrante puedas volver a intentarlo.*

Ese sentido de incapacidad nos acompaña hasta la vida adulta y se ve entonces reforzado por errores en el trabajo y otros «fracasos». Pero qué pasa si, en cambio, uno decide decir: *Puedo. Soy capaz. Otros lo han logrado. Si no tengo el conocimiento, hay alguien que me lo puede enseñar.*

Es uno quien cambia para alcanzar la competencia y la maestría. El cambio de forma de pensar puede representar la diferencia entre toda una vida de «podría haber» y la capacidad de lograr lo que realmente se desea en la vida.

USTED ES CAPAZ DE AMAR Y MERECE SER AMADO

Del mismo modo, muchos no creen ser capaces de superar los retos que les presenta la vida ni piensan que merezcan ser amados; sin embargo, estas dos creencias son los dos principales pilares de la autoestima. Creer que se es *capaz de hacer frente a cualquier cosa que la vida* nos depare significa que no se tiene miedo a nada. Píenselo bien. ¿No ha enfrentado todo lo que le ha ocurrido? ¿Cosas mucho más difíciles de lo que pensó? ¿La muerte de un ser querido?, ¿el divorcio?, ¿la quiebra? ¿Perder un amigo? ¿Perder su trabajo, su dinero, su reputación, su juventud? Fueron cosas muy difíciles, pero las enfrentó. Y también podrá enfrentar cualquier cosa que le ocurra. Cuando comprenda que es así, su confianza alcanzará niveles insospechados.

Creer que merece ser amado significa que usted piensa: *Merezco que me traten bien, con respeto y dignidad. Merezco que alguien me aprecie y me admire. Merezco una relación íntima satisfactoria. No me conformaré con menos de lo que merezco. Haré lo que sea necesario para lograr eso.*

PUEDE SUPERAR CUALQUIER CREENCIA LIMITANTE

Sufrimos de otras creencias limitantes también. ¿Algunas de estas le parecen familiares?

No soy lo suficientemente (inteligente, atractiva, rica, vieja o joven).
No merezco ser amado.
No soy digna.
No soy confiable.
La vida es dura.
Nunca me elegirían para dirigir el nuevo proyecto.

Aunque no me gusta este trabajo, necesito la seguridad económica.

Nada de lo que hago sale bien.

Es imposible hacer fortuna con esta profesión.

Ya no quedan buenos hombres en esta ciudad.

CÓMO SUPERAR CUALQUIER CREENCIA LIMITANTE

El siguiente es un proceso simple pero poderoso de cuatro pasos fáciles de seguir para cambiar cualquier concepto limitante en una creencia que nos impulse a desarrollar poder.

1. Identifique una creencia limitante que desee cambiar. Comience por hacer una lista de cualquier creencia que tenga que lo pueda estar limitando. Una forma divertida de hacerlo es invitar a dos o tres amigos que también quisieran acelerar su desarrollo a que lo acompañen a desarrollar una técnica grupal como una lluvia de ideas en cuanto a los puntos que deben incluir en la lista de todo lo que escucharon de sus padres, sus tutores, sus maestros, sus entrenadores —inclusive de instructores religiosos bien intencionados, como las monjas de una escuela católica— durante la infancia y la adolescencia que, de alguna forma, los siga limitando. Los siguientes son algunos de los conceptos limitantes más comunes que surgen de esa experiencia.

> El dinero no se da en los árboles.
>> *Nunca podré ser rico.*
> ¿No puedes hacer nada bien?
>> *No puedo hacer nada bien, entonces ¿para qué intentarlo?*
> Los niños deben ser vistos y no oídos.
>> *Tengo que permanecer callado si quiero que me amen.*
> Cómete todo lo que tienes en el plato. Los niños de la China están muriéndose de hambre.
>> *Debo comerme todo lo que hay en el plato, aunque no tenga hambre.*
> Los niños no lloran.
>> *No es correcto expresar mis sentimientos, sobre todo mis tristezas.*
> Compórtate como una dama.
>> *No está bien ser alegre (decir cosas graciosas, ser sensual, espontánea).*
> Solo piensas en ti y en nadie más.
>> *No es correcto pensar en mis propias necesidades.*
> No eres lo suficientemente inteligente como para ir a la universidad.

Soy tonto. No tengo lo que se necesita para ir a la universidad.
Si no eres virgen, nadie querrá casarse contigo.
Soy mercancía imperfecta y nadie me va a querer.
Las personas no se interesan en tus problemas.
Debo ocultar lo que realmente me sucede.
A nadie le interesa tu opinión.
Lo que yo piense no importa.

Cuando termine de hacer la lista, elija la creencia que —en su concepto— lo esté limitando aún y realice los tres siguientes pasos de este proceso.

2. Determine la forma en que esa creencia lo limita.
3. Decida cómo quiere ser, actuar o sentir.
4. Cree una frase contraria que lo reafirme o le permita ser, actuar o sentir de esta nueva forma.

Por ejemplo:

1. Mi creencia negativa limitante es que: *Tengo que hacerlo todo solo. No es bueno pedir ayuda. Es signo de debilidad.*
2. La forma como me limita es que *no pido ayuda y termino incumpliendo los plazos, trasnochándome y sin sacar tiempo suficiente para mí.*
3. Lo que quiero *es sentir que no importa pedir ayuda. No me hace más débil. Se requiere valor para pedir ayuda. Quiero ayuda cuando la necesite. Quiero delegar algunas de las cosas que no me gusta hacer, que no son la mejor forma de usar mi tiempo, y dárselas a otros.*
4. Mi frase contraria dice que *no tiene nada de malo pedir ayuda. Merezco recibir todo el apoyo que necesito.*

Estos son otros ejemplos de frases para lograr el cambio:

Concepto negativo: No es correcto pensar en mis propias necesidades.

Concepto contrario: Mis necesidades son tan importantes como las de cualquier persona.

Concepto negativo: Si expreso mis verdaderos sentimientos, pensarán que soy débil y se aprovecharán de mí.

Concepto contrario: Mientras más exprese mis verdaderos sentimientos, más me querrán, me respetarán y me apoyarán.

Concepto negativo: No puedo hacer nada bien, entonces ¿para qué intentarlo?

Concepto contrario: Puedo hacer bien muchas cosas, y cada vez que intento algo nuevo aprendo y lo hago mejor.

Una vez que haya creado una nueva creencia —su concepto contrario— tendrá que fijarlo en su subconsciente mediante una repetición constante, repasándolo varias veces al día al menos durante treinta días. Use las técnicas de afirmación que analizamos en el principio 10: «Quite el freno».

Como lo señala Claude Bristol en su excelente libro *El poder mágico de la voluntad*: «Esta fuerza sutil de la sugerencia repetitiva trasciende nuestra razón. Actúa directamente en nuestras emociones, en nuestros sentimientos y penetra, por último, en lo más profundo de nuestro subconsciente. Es esta sugerencia repetida la que nos hace creer».

DESARROLLE CUATRO NUEVOS HÁBITOS DE ÉXITO AL AÑO

*Quien desee llegar al primer nivel en los negocios debe
ser consciente del poder y la fuerza de los hábitos. Debe
romper rápidamente los hábitos que lo pueden perjudicar y
apresurarse a adquirir las costumbres que puedan convertirse
en los hábitos que le ayuden a lograr el éxito que desea.*

J. PAUL GETTY
Fundador de Getty Oil Company, filántropo y ampliamente
reconocido, a fines de los años cincuenta, como el hombre
más rico del mundo

Los psicólogos nos dicen que hasta el noventa por ciento de nuestro comportamiento proviene de hábitos. ¡Noventa por ciento! Desde el momento en el que nos levantamos en la mañana hasta el momento en que nos acostamos, hay cientos de cosas que hacemos de la misma forma todos los días. Estas incluyen la forma de ducharnos, vestirnos, tomar el desayuno, leer el periódico, cepillarnos los dientes, conducir el automóvil para ir al trabajo, organizar el escritorio, hacer las compras en el supermercado y limpiar la casa. Con los años, hemos desarrollado una serie de hábitos firmemente arraigados que determinan la eficiencia con que nos desempeñemos en cada área de la vida, desde el trabajo hasta los ingresos pasando por la salud y las relaciones.

Las buenas noticias son que los hábitos liberan nuestra mente mientras nuestro cuerpo funciona con el piloto automático. Esto nos permite programar el día mientras nos duchamos y hablar con personas que nos acompañan en el auto mientras conducimos hacia el trabajo. Las malas noticias son que podemos convertirnos en prisioneros de estos patrones de comportamiento autoderrotistas que inhiben nuestro desarrollo y limitan nuestro éxito.

Cualesquiera hábitos que haya establecido hasta el momento son los que producen su nivel actual de resultados. Es muy probable que si desea alcanzar mayores niveles de éxito, tenga que romper algunos de esos hábitos (no devolver las llamadas telefónicas, quedarse viendo televisión hasta altas horas de la noche, hacer comentarios sarcásticos, ingerir comidas rápidas todos los días, fumar, llegar tarde a las citas, gastar más dinero del que gana) y remplazarlos por otros más productivos (devolver las llamadas telefónicas en el término de veinticuatro horas, dormir ocho horas cada noche, leer durante una hora al día, hacer ejercicio cuatro veces a la semana, comer una dieta sana, ser puntual y ahorrar el diez por ciento de sus ingresos).

LOS HÁBITOS, BUENOS O MALOS, SIEMPRE PRODUCEN RESULTADOS

Alcanzar el éxito es cuestión de entender y practicar religiosamente hábitos sencillos y específicos que siempre conducen a lograrlo.

ROBERT J. RINGER
Autor de *Los 10 hábitos que lo llevarán al éxito*

Sus hábitos determinan sus resultados. Quienes alcanzan el éxito no llegan a la cima sin esfuerzo. Llegar allí requiere una acción bien orientada, autodisciplina y gran cantidad de energía día tras día para hacer que las cosas sucedan. Los hábitos que desarrolle a partir de ahora determinarán, en último término, la forma cómo se desarrolle en su futuro.

Uno de los problemas de quienes desarrollan malos hábitos es que sus efectos solo se manifiestan mucho más tarde en sus vidas. Cuando se desarrolla un mal hábito crónico, la vida al fin le hará ver las consecuencias. Tal vez no le agraden, pero de todas formas la vida se las mostrará. Lo cierto es que, si continúa actuando de cierta forma, siempre obtendrá un resultado predecible. Los hábitos negativos traen consecuencias negativas. Los hábitos positivos traen consecuencias positivas.

COMIENCE A DESARROLLAR MEJORES HÁBITOS DESDE YA

Hay dos pasos que puede dar para cambiar sus hábitos: el *primero* es hacer una lista de los hábitos que lo mantienen improductivo o que pueden tener un impacto negativo en su futuro. Pida a los demás que lo ayuden a identificar objetivamente los que consideren que pueden ser sus hábitos limitantes. Busque patrones. Revise además la siguiente lista de los hábitos más comunes que impiden alcanzar el éxito:

- Procrastinar
- Esperar hasta el último minuto para pagar las cuentas
- No entregar documentos y servicios en el tiempo previsto
- Dejar que las cuentas por cobrar se venzan
- Llegar tarde a las reuniones y compromisos
- Olvidar el nombre de una persona que le presentaron hace apenas unos segundos
- Hablar mientras la otra persona está hablando, en vez de escuchar
- Contestar el teléfono durante el tiempo dedicado a la familia o al cónyuge
- Manejar la correspondencia más de una vez
- Trabajar hasta tarde
- Preferir el trabajo a dedicarles tiempo a sus hijos
- Consumir comidas rápidas más de dos días por semana

Cuando haya identificado sus hábitos negativos, el *segundo paso* consiste en elegir un hábito más adecuado, más productivo para alcanzar el éxito, y desarrollar un sistema que le ayude a reforzarlo.

Por ejemplo, si su meta es ir al gimnasio todas las mañanas, un sistema que puede funcionar es acostarse una hora más temprano y poner el despertador un poco antes. Si trabaja en ventas, puede desarrollar una lista de verificación de actividades para que todos los prospectos reciban la misma serie de comunicaciones.

Tal vez desee desarrollar el hábito de terminar su trabajo los viernes en la tarde para poder dedicar los fines de semana a su esposa y sus hijos. Es un hábito excelente *pero, ¿qué hará específicamente para adquirirlo?* ¿Qué actividades desarrollará? ¿Cómo se mantendrá motivado? ¿Elaborará una lista de verificación de lo que debe tener listo para el viernes en la tarde y así llevar el control? ¿Dedicará menos tiempo a conversar con los compañeros de trabajo en la fuente de agua? ¿Enviará a sus clientes por correo electrónico los documentos prometidos mientras habla con ellos por teléfono? ¿Demorará menos en su hora de almuerzo?

¿QUÉ PODRÍA LOGRAR SI ADOPTARA
CUATRO HÁBITOS NUEVOS CADA AÑO?

Si utiliza estas estrategias para desarrollar solo cuatro nuevos hábitos por año, en cinco años tendrá veinte hábitos de éxito más que podrían reportarle todo el dinero que desea, las excelentes relaciones con las que sueña y un estado físico que le permita llevar una vida más sana, con más energía y más de todas las buenas oportunidades que espera.

Empiece por enumerar cuatro hábitos nuevos que quisiera establecer durante el próximo año. Trabaje en cada uno un trimestre. Si se esfuerza por desarrollar un hábito cada trece semanas, no se verá abrumado por una lista poco lógica de resoluciones de año nuevo... considerando, además, que la investigación demuestra que cuando se repite un comportamiento durante trece semanas —ya sea meditar durante veinte minutos cada día, usar hilo dental, revisar su lista de metas, o enviar una carta de agradecimiento a sus clientes— habrá adquirido ese hábito para toda la vida. Al agregar sistemáticamente un comportamiento a la vez, podrá mejorar en forma dramática su estilo de vida en general.

Las siguientes son dos recomendaciones para asegurarse de no abandonar su compromiso de practicar el nuevo hábito. Coloque letreros que le recuerden que debe cumplir su nuevo comportamiento. Cuando supe que aun la más mínima deshidratación puede disminuir hasta en un treinta por ciento la agudeza mental, decidí desarrollar el hábito que recomiendan todos los expertos en salud, beber diez vasos de ocho onzas de agua cada día. Puse un letrero que decía «¡Toma agua!», cerca del teléfono, en la puerta de la oficina, en el espejo del baño y en el refrigerador. Además, le dije a mi secretaria que me lo recordara cada hora.

Otra técnica útil es asociarse con alguien, llevar el puntaje (véase el principio 21) y ser muy estricto con el otro. Comprobar por lo menos una vez por semana para asegurarse de que ambos estén cumpliendo el propósito.

Tal vez la forma más eficaz de mantener un hábito es aplicar la «regla de cero excepciones» que se describe en el próximo capítulo.

EL NOVENTA Y NUEVE POR CIENTO NO SIRVE; EL CIEN POR CIENTO ES FÁCIL DE LOGRAR

Hay una diferencia entre la intención y el compromiso. Si algo nos interesa, lo hacemos solo cuando nos conviene. Si estamos comprometidos a algo, no aceptamos excusas, solo resultados.

KEN BLANCHARD
Primer director espiritual de Ken Blanchard Companies y coautor de más
de treinta libros, incluido el clásico *best seller El mánager al minuto*

En la vida real, los frutos de la victoria van a aquellos que se comprometen cien por ciento con el resultado, a quienes tienen una actitud de «cueste lo que cueste». Estos son quienes se empeñan al máximo, sin ahorrar esfuerzos, en lograr el resultado deseado, ya sea una medalla olímpica, el premio al mejor vendedor, la cena perfecta, una A en microbiología o la casa de sus sueños.

Se trata de un concepto muy simple; sin embargo, se sorprendería de cuántas personas se despiertan cada mañana y luchan con ellas mismas para decidir si se mantienen o no fieles a sus compromisos, si practican sus disciplinas o si ponen en práctica sus planes de acción.

LA «REGLA DE CERO EXCEPCIONES»

Las personas de éxito aplican la «regla de cero excepciones» cuando se trata de seguir sus disciplinas diarias. Una vez que se establece un compromiso del cien por ciento para lograr algo, no hay excepciones. Es un trato en firme. No negociable. ¡Caso cerrado! Cambio y fuera.

Si me comprometo cien por ciento con la monogamia, por ejemplo, eso es todo. No tengo que pensarlo más. No hay excepciones, sean cuales fueren las circunstancias. Eso pone punto final a cualquier discusión, cierra esa puerta, no da lugar a ninguna otra posibilidad. No tengo que luchar con esa decisión día tras día. Ya está tomada. Se han lanzado los dados. Se han quemado todos los puentes. Así, la vida es más fácil, más sencilla y me mantengo centrado. Ahorro toneladas de energía que de otra forma gastaría debatiendo eternamente el tema una y otra vez, porque toda la energía que hubiera gastado en un conflicto interno la puede utilizar ahora para crear logros externos.

Si se compromete cien por ciento a hacer treinta minutos de ejercicio cada día, pase lo que pase, ya lo decidió. Simplemente lo hace. No importa si está viajando, si tiene una entrevista por televisión a las 7:00 a.m., si llueve, si se acostó tarde la noche anterior, si su agenda está llena o si simplemente no tiene ganas. Lo hace y eso es todo.

Es como cepillarse los dientes antes de acostarse. Siempre lo hace, pase lo que pase. Si ya está en la cama y recuerda que no lo ha hecho, se levanta para hacerlo. No importa cuán cansado esté ni qué tan tarde sea. Simplemente lo hace.

Ya sea que su disciplina consista en leer durante una hora, practicar el piano cinco días a la semana, hacer dos llamadas de ventas todos los días, aprender un nuevo idioma, practicar mecanografía, golpear doscientas pelotas de golf, hacer cincuenta abdominales, correr seis millas, meditar, orar, leer la Biblia, pasar sesenta minutos de calidad con sus hijos —o cualquier otra cosa que necesite hacer para lograr sus metas—, comprométase cien por ciento con aquellas disciplinas diarias que lo llevarán hasta allá.

SOLO EN LUNA LLENA

Mi mentor Sid Simon es un exitoso orador, entrenador, autor de libros que han llegado a la lista de *best sellers* y poeta, que divide su tiempo entre Hadley, Massachussets, en el verano y Sanibel, Florida, en el invierno. Cuando era estudiante de postgrado en la Universidad de Massachussets, Sid era el profesor más popular del departamento de educación.

Una de las principales prioridades de Sid es su salud y su buen estado físico. A los ochenta y siete años, monta regularmente en bicicleta, toma suplementos vitamínicos, sigue una dieta sana y ah, sí, se permite disfrutar un helado un día al mes, en luna llena.

Cuando asistí a la celebración de los setenta y cinco años de Sid, en la que se reunieron más de cien personas entre parientes, amigos y antiguos alumnos que vinieron de todas partes para celebrar esa fecha con él, el postre fue la clásica torta de cumpleaños con helado. Sin embargo, había un

© 1998 Randy Glasbergen.

GLASBERGEN

«Ordenaré pechuga de pollo hervida
sin piel, pero por favor, tráigame lasaña y
pan de ajo por equivocación».

problema: no era día de luna llena. Para convencerlo de que se permitiera esa indisciplina por una vez en la vida, en esa ocasión especial, cuatro personas que conocían el grado de compromiso de Sid con sus decisiones, entraron al comedor llevando una gigantesca luna de cartón forrada en papel de aluminio para que Sid pudiera contar con una luna llena virtual.

Pero a pesar de toda esa amorosa persuasión, Sid se mantuvo fiel a su compromiso y se negó a comer helado. Sabía que si cedía en ese momento, le sería mucho más fácil ceder la próxima vez que alguien le ofreciera helado. Sería más fácil racionalizar, justificar y dar explicaciones para no cumplir con su compromiso. Sid sabía que un compromiso del cien por ciento es más fácil de cumplir y no estaba dispuesto a socavar todos sus años de éxito para obtener la aprobación de los demás. Esa noche todos aprendimos mucho acerca de lo que es la verdadera autodisciplina.

UNA ÚLTIMA RAZÓN POR LA QUE EL CIEN POR CIENTO ES TAN IMPORTANTE

Este poderoso compromiso del cien por ciento es también un elemento crítico en otras áreas, por ejemplo, en el trabajo. Piense lo que significaría un compromiso de solo el noventa y nueve punto nueve por ciento en nivel de calidad en las siguientes situaciones de trabajo. Significaría:

- Dos aterrizajes peligrosos en el aeropuerto O'Hare Internacional cada día
- 16.000 envíos de correo perdidos cada hora
- 20.000 recetas de medicamentos mal surtidas cada año
- 500 operaciones quirúrgicas equivocadas cada semana
- 22.000 cheques deducidos de cuentas equivocadas cada hora
- ¡Su corazón falla en cuanto a dar 32.000 latidos al año!

¿Puede ver por qué el cien por ciento es un porcentaje tan importante? Piense cuánto mejoraría su vida y cuánto mejoraría el mundo si se comprometiera con la excelencia en un cien por ciento en todo lo que hace.

APRENDA MÁS PARA GANAR MÁS

Si ya terminé de aprender, estoy acabado.

JOHN WOODEN
Entrenador legendario de básquetbol de la UCLA, ganador
de diez campeonatos de la NCAA

Las personas que tienen más información tienen una enorme ventaja sobre quienes no la poseen. Y aunque pueda pensar que se requieren años para adquirir los conocimientos que necesitaría para llegar a ser una persona súper exitosa, lo cierto es que comportamientos sencillos como leer una hora cada día, convertir el tiempo que dedica a la televisión en tiempo de aprendizaje y asistir a clases y programas de capacitación pueden hacer que resulte sorprendentemente fácil incrementar sus conocimientos y aumentar considerablemente su nivel de éxito.

REDUZCA EL TIEMPO QUE DEDICA A LA TELEVISIÓN

La triste realidad es que el estadounidense promedio mira seis horas diarias de televisión. Si está dentro de esos seres *promedio,* para cuando cumpla sesenta años habrá desperdiciado quince años de su vida viendo televisión. ¡Eso equivale a la cuarta parte de su expectativa de vida! ¿Realmente quiere dedicar la cuarta parte de su vida a mirar a otras personas —a esas personas que trabajan en la televisión— que se están haciendo ricas y están haciendo realidad sus sueños, mientras usted vegeta en su sofá?

En mi primera reunión con mi mentor, el señor W. Clement Stone, me pidió que eliminara una hora de televisión al día. Luego me explicó que al reducir una hora de televisión por día aumentamos 365 horas cada año a nuestro tiempo para lograr cosas que sean más importantes para nosotros. Es más de nueve semanas adicionales de cuarenta horas: ¡dos meses de tiempo extra!

Le pregunté qué quería que hiciera con esa hora adicional. «Cualquier cosa productiva», me respondió. «Puede aprender otro idioma, puede mejorar su estado físico al máximo, puede dedicarle tiempo a su esposa o a sus hijos, puede aprender a tocar un instrumento musical, puede hacer más llamadas de ventas o volver a estudiar y obtener un título. Pero lo que le recomiendo es que lea durante una hora todos los días. Lea autobiografías inspiradoras de personas de éxito. Lea libros de psicología, de ventas, de finanzas y de salud. Estudie los principios para llevar una vida de éxito». Y eso fue lo que hice.

En mi vida he leído más de 3.000 libros, y eso ha hecho una gran diferencia en mi éxito.

LOS LÍDERES SON LECTORES

El doctor John Demartini, que llegó a ser millonario por mérito propio, elaboró una lista de todos los ganadores del Premio Nobel y de ahí hizo otra lista de los más famosos en cada campo: poesía, ciencia, religión o filosofía. Procedió entonces a leer sus obras y sus biografías. No es de sorprender que John sea además una de las personas más inteligentes, sabias y más exitosas financieramente que haya conocido. Leer da resultado.

«No podemos tocar con la mano un pote de pegamento, sin que se nos pegue algo de ese pegamento», dice John. «Tampoco podemos poner la mente y el corazón en las obras de esos maestros sin que se nos pegue algo de ellos. Si leemos acerca de personas inmortales, aumentamos la posibilidad de dejar un impacto inmortal. Para mí, el resultado ha sido maravilloso».

El difunto Jim Rohn, el más importante filósofo motivador de Norteamérica, sugiere también que se puede dedicar esa hora adicional al día a la lectura. Me enseñó que si leyéramos un libro por semana, en diez años habríamos leído 520 libros y en veinte años más de 1.000, suficiente para llegar a ocupar sin dificultad el primer puesto entre el uno por ciento de expertos en su campo. Agregue a estos los libros de los expertos en áreas relacionadas y tendría una ventaja que los demás simplemente no poseen.

APRENDA A LEER MÁS RÁPIDO PARA LEER MÁS

Si lee más despacio de lo que quisiera, considere la posibilidad de tomar un curso para aumentar no solo su velocidad de lectura, sino la rapidez con la que absorbe la información. El mejor recurso que he encontrado es el PhotoReading Course [Curso de fotolectura] desarrollado por Paul Scheele. Puede obtener mayor información sobre el curso en el sitio web en www.TheSuc-cessPrinciples.com.

UN SISTEMA SEMANAL PARA AUMENTAR SU INTELIGENCIA

Estudie la lista de lecturas que he incluido en el sitio web complementario para este libro en www.TheSuccessPrinciples.com/resources. La lectura de libros como estos le ayudará a alcanzar la maestría en las áreas de la vida que son más importantes para su felicidad y su plenitud. Contienen mucho de lo mejor en sabiduría, información, metodologías, sistemas, técnicas y secretos del éxito que se hayan registrado jamás. Si se compromete a leer un libro por semana, examine lo que ha leído y aplique al menos una cosa de lo que haya aprendido en cada libro, tendrá una enorme ventaja sobre los demás en su progreso hacia el logro de una vida extraordinaria.

Todos los libros de esta lista me han ayudado a alcanzar el alto nivel de éxito que ahora tengo. Muchos de ellos son clásicos e inmortales y deben constituir la base de su biblioteca de éxito personal. Otros contienen los descubrimientos más recientes en la psicología, la neurociencia, la física cuántica, la nutrición y la salud.

Si no puede darse el lujo de comprar sus libros propios, pídalos presta-dos a sus amigos o sáquelos de la biblioteca de su localidad.

ESTUDIE LAS VIDAS DE LOS GRANDES DE LA HISTORIA

Además de esta lista, algunos de los mejores libros son las biografías y las autobiografías de las personas famosas. Leyéndolas, podrá aprender cómo alcanzar la fama. El exalcalde de Nueva York, Rudolph Guiliani, escribe: «Las biografías de los políticos han estado desde hace mucho tiempo en mi lista de lecturas. La obra *Perfiles de coraje* de John F. Kennedy, me dejó una profunda impresión en mis años de adolescencia; me bebí las biografías de Lincoln y Washington con el mismo entusiasmo con que asimilé las de Ruth, Gehrig y DiMaggio».* Cuando hace poco escuché hablar a Rudy Guiliani en Santa Barbara, nos dijo que lo que había leído en biografías de Winston Churchill y la forma como gobernó a Inglaterra durante los bombardeos de la Segunda Guerra Mundial fue lo que le ayudó a dirigir

---

* Tomado de *Liderazgo*, de Rudolph W. Giuliani, con Ken Kurson (Barcelona: Plaza Janés, 2002).

a la ciudad de Nueva York después de los ataques terroristas del 11 de septiembre de 2001.

Si ve televisión, propóngase ver los programas de *Biography* [Biografía] de A&E Television Nertworks. Siempre me inspiran las vidas de las personas que aparecen en ese programa.

ASISTA A REUNIONES, CONFERENCIAS Y COLOQUIOS DE ÉXITO

Recuerdo la primera vez que asistí a una reunión de éxito. Había miles de personas dispuestas a aprender de muchos de los más grandes oradores, entrenadores y motivadores de nuestro tiempo. También usted puede tener acceso a esas poderosas experiencias de aprendizaje asistiendo a reuniones, conferencias y retiros, beneficiándose además del entusiasmo y la inspiración de los otros participantes y de las conexiones que se establecen en estos eventos. Manténgase atento a los anuncios de estas actividades que se publican en los periódicos de su localidad.

Otro gran recurso que se ha desarrollado entre los últimos cinco a diez años es una cantidad considerable de telecumbres y videocumbres disponibles en la Internet. Una telecumbre consta por lo general de ocho a veinticuatro expertos que hablan una hora cada uno, durante un día o más. Escriba simplemente la palabra telecumbre en su navegador web y la encontrará sobre un montón de temas.

DÉJESE ENSEÑAR

En actitud de humildad se aprende más. No puedo encontrar ninguna otra cosa de interés en la humildad, pero al menos, tiene esa.

JOHN DOONER
Presidente y director ejecutivo de Interpublic, el mayor
conglomerado publicitario del mundo

En la época en que estaba escribiendo este libro, estuve sentado cerca de Skip Barber durante un vuelo a Las Vegas. Skip entrena personas para conducir automóviles de alta velocidad en condiciones reales de competencia. Cuando le pregunté cuál era la característica que diferenciaba a sus mejores estudiantes, me respondió: «Los que entienden y se dejan enseñar. Son receptivos al aprendizaje. Los que no lo hacen, piensan que ya lo saben todo. No se les puede enseñar nada.

Para aprender y progresar en la vida, usted también debe dejarse enseñar. Tiene que abandonar esa actitud de que ya lo sabe todo y de que tiene que tener la razón para no quedar mal y ser receptivo al aprendizaje. Aprender a escuchar a los que se han ganado el derecho a hablar, a los que ya han hecho lo que usted quiere hacer.

Es mejor estar preparado para una oportunidad y no tener una, que tener una oportunidad y no estar preparado.

WHITNEY M. YOUNG JR.
Líder estadounidense de los derechos civiles, y receptor
de la Medalla Presidencial de la Libertad

ESTÉ LISTO PARA CUANDO LLEGUE LA OPORTUNIDAD

En su libro *Live Your Dreams* [Viva sus sueños], Les Brown relata la historia de cómo soñó siempre con convertirse en un popular *disc jockey* de Miami. «Cuando comencé», dice, «no tenía la menor idea de cómo lo iba a lograr, pero sabía que la vida me presentaría las oportunidades si estaba listo y en la posición correcta para aprovecharlas».

Les siguió de cerca a su profesor de teatro en la escuela secundaria, y aprendió tanto como pudo sobre lingüística. Juntos, trabajaron en la voz radial de Les. Pronto Les comenzó a desarrollar su propio estilo de locución al aire, de modo que cuando estaba en la escuela fingía que estaba trabajando en la radio. Buscó mentores que lo prepararan para la oportunidad de salir al aire. Al terminar la secundaria, aunque trabajaba con el departamento de sanidad de la ciudad, su persistencia lo llevó a conseguir un trabajo de mensajero en horas de la noche en una importante estación de radio de Miami.

Les aprovechó de inmediato la oportunidad para aprender aún más. Absorbió todo lo que pudo, permanecía cerca de los *disc jockey* e ingenieros y practicaba lo que aprendía en un improvisado estudio de cartón que se había fabricado en su habitación. Su micrófono era un cepillo para el pelo. Por último, una noche, un *disc jockey* no pudo terminar su programa y Les tuvo su oportunidad para salir al aire.

Cuando llegó la oportunidad, Les no solamente estaba preparado para trabajar en la radio, también se había preparado para ser uno de los *grandes* en ese campo. Su estilo, su ritmo al hablar, su diálogo y sus capacidades como locutor las había desarrollado con un arduo trabajo que lo recompensó en un instante. Les se convirtió en un éxito de inmediato y fue ascendido más tarde como reemplazo de *disc jockeys*... por último, se convirtió en *disc jockey* a tiempo completo, con su propio programa de radio.

¿QUÉ NECESITA PARA PREPARARSE?

Si es un experto industrial y considera que su negocio de consultoría progresaría grandemente después de dictar un seminario durante una convención nacional, ¿por qué no prepararse desde ya... redactando su material de orador, inscribiéndose en Toastmasters, elaborando el esquema de su charla y practicando su presentación, a fin de estar listo para hablar en público?

Si quiere obtener un ascenso en su trabajo, ¿por qué no le pregunta a su jefe qué necesita para lograrlo? Tal vez pueda volver a la universidad y sacar una maestría. O tal vez necesite un año de experiencia en contaduría. O tal vez deba aprender los últimos programas de software. Hágalo y cuando aparezca la próxima vacante para un ascenso, podrá decir: «!Estoy listo!».

¿Necesita aprender otro idioma? ¿Podría desarrollar destrezas avanzadas, mayores recursos o nuevos contactos? ¿Necesita mejorar su estado físico? ¿Debería ampliar sus conocimientos de negocios, de ventas o de técnicas de negociación? ¿Está aprendiendo algún nuevo conocimiento en el uso de la computadora como el manejo de PowerPoint, Keynote, software de diseño gráfico, PhotoShop o Excel? ¿Debe aprender a jugar golf para poder hacer negocios mientras se encuentra en el campo practicando este deporte? ¿Si tomara clases de baile con su esposa mejoraría su vida familiar y su matrimonio? ¿Está aprendiendo a navegar o a jugar tenis? ¿Necesita aprender a tocar un instrumento musical, o aprender a escribir mejor para llegar a donde quiere estar?

Cualquier cosa que requiera para estar listo, comience a hacerla ya, empiece por elaborar una lista de las diez cosas más importantes que podría hacer para estar preparado cuando llegue la oportunidad. Tome clases en su tiempo libre, lea libros, desarrolle nuevas capacidades. Vaya a las exposiciones industriales de su especialidad. Vístase como corresponde. Aprenda a lucir como un actor antes de entrar en escena.

Como nos lo enseña la historia de Les Brown, todo lo que se requiere es pasión, persistencia y el convencimiento de que algún día llegará la oportunidad. Comience a prepararse desde ya.

ASISTA A CURSOS DE CAPACITACIÓN PARA DESARROLLAR EL POTENCIAL HUMANO

Nada cambiará hasta que usted no lo haga.

FUENTE DESCONOCIDA

Imagine que de pronto descubre que va conduciendo con el freno de emergencia puesto. ¿Aceleraría más? ¡No! Solo quitaría el freno y de inmediato aumentaría la velocidad, sin ningún gasto de energía adicional.

Muchos vamos por la vida con el freno de emergencia puesto. Ya es hora de abandonar los conceptos limitantes, los bloqueos emocionales y los comportamientos autodestructores que le impiden avanzar.

Además de las técnicas que ya hemos analizado en los principios 10 («Quite el freno») 32 («Trasforme su crítico interno en un asesor interior»), y 33 («Trascienda sus creencias limitantes»), los dos métodos más eficaces para hacerlo son los cursos de capacitación en desarrollo personal y la terapia individual. Si tuviera que atribuir mi éxito a una sola cosa, diría que se debe a los cientos de seminarios de desarrollo personal a los que he asistido en los últimos cuarenta años. Todos —incluyéndome a mí— necesitamos influencias externas que nos ayuden a superar nuestros patrones habituales y nos lleven a crear nuevas formas de pensar y actuar.

INVIERTA EN LA EDUCACIÓN DE SU EQUIPO

Hace poco vi esta joya inolvidable en la Internet: El director financiero de una empresa le pregunta al director general: «¿Qué pasa si invertimos en el desarrollo de nuestras personas y luego nos dejan?». El director general responde: «¿Qué pasa si no lo hacemos y se quedan?».

Para mantener la competitividad en el mundo actual, usted debe centrarse no solo en su propio aprendizaje y desarrollo, sino también en el desarrollo de su equipo. Independientemente de que usted sea el ejecutivo de una gran corporación, el dueño de una empresa de tamaño mediano, un gerente regional de ventas, un pequeño empresario, un director de escuela o el líder de una red de mercadeo en línea, tiene que asegurarse de que todos en su organización estén aprendiendo y creciendo constantemente, o usted y su organización terminarán por quedarse atrás.

© 1996 Ted Goff

"Sí, pero ¿cómo se supone que lleguemos allá?"

En Japón, el trabajador promedio recibe muchos más días de entrenamiento en un año que los trabajadores de Estados Unidos. Esta puede ser una de las razones por las que los japoneses tienen un gran porcentaje en el mercado estadounidense de automóviles, cámaras y artículos electrónicos, incluyendo marcas tan populares como Toyota, Nissan, Mazda, Subaru, Lexus, Acura, Infiniti, Nikon, Fujifilm, Sony, Panasonic y Sharp.

Invierta en una biblioteca de libros, CD y DVD. Envíe a su personal a cursos de capacitación. Contrate a capacitadores para que hagan entrenamientos internos. Incluya capacitación tanto a nivel personal como profesional.

Dos recursos que han transformado a personas y grupos de trabajo —y en muchos casos, a compañías enteras—, son mi entrenamiento Avance hacia el éxito, que dura una semana, y el programa Capacite al capacitador. En el programa de capacitación en vivo, Avance hacia el éxito, miles de personas de todo el mundo han alcanzado sus metas más grandes convirtiéndose en autores de superventas, abriendo nuevos negocios, duplicando sus ingresos, triplicando su tiempo libre, financiando nuevas obras de caridad, convirtiéndose en los mejores vendedores y mucho más. Durante varios días, le ayudaré a tener claro lo que usted desea, a superar los obstáculos que lo han estado frenando y lo guiaré mientras redacta un plan paso a paso para llevar su vida al siguiente nivel. Visite la página www.CanfieldTrainings. com para obtener más información.

Mi programa profesional y en vivo Capacite al capacitador, diseñado para entrenadores, *coaches*, consejeros, educadores y otros, lo formará a usted como un entrenador del potencial humano que puede aplicar los ejercicios y las técnicas transformadoras de *Los principios del éxito* en su oficina, sala de clases, práctica de terapia o talleres. Lo equiparé con el conjunto de habilidades, contenidos, ejercicios, diseño de talleres, herramientas de capacitación y la mentalidad necesaria para obtener resultados con cualquier grupo o individuo. Usted puede asistir a las sesiones en directo o estudiar en la comodidad de su hogar u oficina. Visite la página www.Canfield Train the Trainer.com.

Por último, consulte la página «Lecturas sugeridas y recursos adicionales para el éxito» en nuestro sitio web www.TheSuccessPrinciples.com/resources. He enumerado las organizaciones y las fuentes de capacitación que personalmente me parecen más poderosas —y las más impactantes— en mi vida y en las de mi familia, personal, clientes y estudiantes. Visite los sitios web de estas organizaciones, llame y hable con estas compañías, asista a sus eventos para invitados, y luego tome la decisión de asistir a algunos que le parezcan bien para usted y su equipo.

COMPROMÉTASE CON EL APRENDIZAJE DE POR VIDA

Debe aceptar que el cúmulo de conocimientos e información disponible en el mundo crece a un ritmo abrumador. De hecho, se ha dicho que todo el conocimiento humano se ha duplicado en los últimos diez años. No espere que esa tendencia disminuya.

Es más alarmante aún el hecho de que la información que le permitirá alcanzar el éxito —estar a la vanguardia en su carrera y en su profesión— evoluciona al mismo ritmo. Es por eso que *tiene* que comprometerse a seguir aprendiendo y mejorando durante toda su vida para desarrollar su mente, incrementar sus capacidades y reforzar su potencial de asimilar y aplicar lo que aprende.

MANTÉNGASE MOTIVADO
CON LOS MAESTROS

---

*Alguien que haya alcanzado el éxito será consciente de la
responsabilidad que tiene en su automotivación. Comienza por él
mismo porque es él quien tiene la llave que pone en marcha su motor.*

KEMMONS WILSON
Fundador de los hoteles Holiday Inn

Somos en la actualidad muchos los que hemos sido acostumbrados —por
los medios de comunicación, por nuestros padres, por nuestras escuelas,
por nuestra cultura— a tener creencias limitantes tipo: «No es posible, no lo
merezco». Este condicionamiento temprano está a veces tan integrado que
se requiere una motivación externa continua para superar las décadas de
efectos negativos y adoptar otras actitudes y formas de pensar más orientadas hacia el éxito.

No basta con asistir a un taller de fin de semana. Tampoco basta leer
un libro ni ver un video de capacitación. Lo que hacen las personas que
realmente logran el éxito es escuchar diariamente programas de audio de
los más conocidos maestros de motivación del mundo mientras van en el
automóvil, están en el hogar y en la oficina, aunque sea solo durante quince
minutos cada día.

APRENDA PRÁCTICAMENTE CUALQUIER
COSA QUE QUIERA O NECESITE SABER

La persona promedio viaja en un vehículo treinta minutos para ir de su casa
al trabajo y volver. En cinco años, eso equivale a 1.250 horas de transporte,
¡tiempo suficiente para obtener el equivalente a una carrera universitaria!
Cualquiera que sea el medio de transporte que utilice, el automóvil, el

© 2004 de Randy Glasbergen.
www.glasbergen.com

—GLASBERGEN—

«Estuve escuchando unas grabaciones de motivación
mientras estabas en el trabajo y he decidido
que me voy a convertir en un gran danés.»

tren, su bicicleta o si solo sale a correr, aprovéchelo para escuchar un disco
compacto que pueda ofrecerle la ventaja que necesita para sobresalir en
prácticamente cualquier campo de su vida. Puede mantenerse motivado,
aprender un idioma, aprender técnicas de administración, estrategias de
ventas y mercadeo, métodos para comunicarse mejor, conceptos de salud
holística y más. Puede inclusive llegar a descubrir los secretos del éxito de
los más poderosos industriales del mundo, titanes de negocios, magnates de
bienes raíces y empresarios.

Entonces, ¿qué tan motivadores pueden ser los maestros en su vida?

HORAS Y HORAS DE ESCUCHA

Todo comenzó cuando un compañero de trabajo le pidió a Elaine Fosse
que le ayudara con una recaudación de fondos para el grupo de apoyo a la
familia Fort Lewis en Tacoma, Washington. Pero Elaine trabajaba tiempo
completo y estaba terminando su licenciatura, así que no tenía tiempo para
estar en la cocina y hacer algo para la próxima venta de pasteles del grupo.
Sin embargo, optó por preparar rápidamente y envasar los aderezos de ensalada caseros y de tonalidades brillantes, para los cuales había perfeccionado
la receta dos décadas antes. Luego de envasar un lote de salsas de frambuesa
en frascos reciclados y esterilizados, Elaine les puso una linda etiqueta y
cubrió los frascos con cinta de rafia.

Los pedidos comenzaron a llegar por montones casi de la noche a la
mañana. Durante los próximos dieciocho meses, Elaine ganó una gran

cantidad de dinero con la venta de su aderezo en otros bazares y ventas de pasteles.

Sabiendo que tenía un nicho de productos de gama alta que tenían un gran sabor, eran bajos en calorías —y además, libres de productos lácteos, soya, sal, gluten, conservantes y aditivos—, ella concluyó que su aderezo para ensaladas estaba listo para un mercado más amplio. De hecho, el sueño de iniciar su propio negocio comenzó a tomar forma. Pero antes de que Elaine diera el paso decisivo, quería tantear aún más el terreno vendiendo el aderezo en grandes mercados de agricultores en Bellevue, Washington, y en Cannon Beach, Oregón, que estaban a más de dos horas de su casa.

Tal vez pueda utilizar el tiempo que pase en la carretera obteniendo información sobre cómo hacer crecer y expandir mi negocio, pensó.

Mientras buscaba audiolibros, encontró *Los principios del éxito* en CD en un Barnes & Noble. Quedó enganchada después de escuchar el primer disco. Cada vez que salía de su casa para emprender el largo viaje, insertaba un disco en el reproductor, y para el momento en que llegaba al mercado, se sentía llena de energía.

Muy a menudo, sin embargo, el clima en Washington y Oregón hacía que el hecho de permanecer de pie bajo una carpa fuera casi una tortura, mientras caían lluvias torrenciales o las altas temperaturas de 101 grados calentaban el pavimento. La duda, el miedo y el cansancio a veces se apoderaban de ella. Pero también lo hicieron las lecciones que había aprendido en *Los principios del éxito;* lecciones como sentir miedo y hacerlo de todos modos. Visualizar. Actuar como si... Hacer un esfuerzo adicional.

En vez de darse por vencida, Elaine puso en práctica esos principios. Elaboró unos muestrarios hermosos. Instaló unos lindos letreros. Puso flores frescas en su puesto. Saludó a todos los clientes potenciales con una actitud positiva y una sonrisa. Y cada vez que pasaba por el mercado local de Whole Foods mientras iba al de Bellevue, se decía a sí misma: «Un día, mis productos estarán en esos estantes». A veces, entraba y recorría los pasillos, repitiendo en voz alta su afirmación positiva en vista de tanta competencia.

Aunque no sabía exactamente cómo hacer para que sus aderezos se vendieran en Whole Foods, Elaine sabía que no quería tener deudas, contratar a un agente, ni pagar por un espacio en las estanterías. Entonces expandió su línea, la cual incluía aderezos de mora, arándanos y moras silvestres, así como versiones orgánicas de cada sabor, mientras se centraba en el sueño de vender sus productos en Whole Foods.

Pronto, estaba negociando la distribución en más de una docena de tiendas y vio aumentar también sus ventas en línea. Y entonces sucedió; recibió un mensaje en el contestador: «Habla Denise, de la oficina

corporativa de Whole Foods en Bellevue. He oído que tienes un producto que nos interesa».

Funcionó. ¡Realmente funcionó!, pensó Elaine, *¡Todos esos principios valieron la pena!*

Cuando Whole Foods la invitó a «audicionar» sus aderezos, Elaine dispuso todo lo necesario para causar una buena impresión, y mientras le daba una muestra a Denise, le confió: «Ver mis aderezos en Whole Foods es mi meta, mi sueño».

Los ojos de Denise se abrieron como platos mientras degustaba el aderezo de Elaine. «¡Dios mío! ¿Y tienes *siete* sabores?».

Los aderezos de Elaine ahora se encuentran con orgullo en las estanterías de *todas* las tiendas Whole Foods de Washington y Oregón, y actualmente está negociando la distribución en California.

Obviamente, la motivación no es permanente. Pero tampoco lo es bañarse, aunque es algo que debes hacer con regularidad.

ZIG ZIGLAR
Orador motivacional, autor de *See You at the Top* [Nos vemos en la cumbre]

DÓNDE CONSEGUIR LOS MEJORES PROGRAMAS DE AUDIO MOTIVADORES

Encontrará mi lista de programas motivadores favoritos en audio en «Lecturas recomendadas y recursos adicionales», en en el sitio[10] web complementario

«Llegaré tarde a la oficina. ¡Venía escuchando mis grabaciones de motivación y de pronto me encontré conduciendo imás lejos y más rápido de lo que jamás habría podido imaginar!».

en www.TheSuccessPrinciples.com/resources, donde constantemente actualizamos la lista de programas de audio recomendados sobre el éxito, la creación de riqueza, la salud, las relaciones y mucho más.

También recomiendo cinco programas de audio que he producido para ayudarle a tener más éxito en todos los campos de su vida: *Maximum Confidence* [Confianza máxima], *Self-Esteem and Peak Performance* [Autoestima y desempeño máximo], *The Aladdin Factor* [El factor Aladino] y *The Success Principles: A 30-Day Journey from Where You Are to Where You Want to Be* [Los principios del éxito: una trayectoria de treinta días para ir de donde está a donde quiere llegar]. También se encuentran en www.jackcanfield.com.

38

ALIMENTE SU ÉXITO CON PASIÓN Y ENTUSIASMO

El entusiasmo es uno de los motores más potentes del éxito.
Cuando haga algo, póngale todo su empeño. Ponga en
ello toda su alma. Séllelo con su personalidad. Sea una
persona activa, muestre entusiasmo, fe, y logrará su objetivo.
Nunca se ha logrado nada importante sin entusiasmo.

RALPH WALDO EMERSON
Ensayista y poeta estadounidense

La pasión es algo que le brinda el entusiasmo continuo, el enfoque y la energía que requiere para alcanzar el éxito. Pero a diferencia de la motivación para sentirse bien que se deriva de fuerzas externas, la pasión es de una naturaleza más espiritual. Proviene del interior y puede canalizarse en sorprendentes hazañas de éxito.

LLENO DE PASIÓN

El término *entusiasmo* proviene del vocablo griego *entheos,* que significa «estar lleno de Dios». Cuando uno está lleno del espíritu, es naturalmente una persona inspirada y apasionada. A veces, la pasión se expresa en forma dinámica o enérgica, como la fuerza de un campeón en atletismo que «se dispara». Otras veces se manifiesta de forma más pacífica y calmada, como la pasión de la Madre Teresa por dedicarse a satisfacer las necesidades de los moribundos en Calcuta.

Sin duda conoce o ha conocido personas apasionadas por la vida y entusiastas por su trabajo. No ven la hora de levantarse en la mañana y comenzar sus actividades. Son entusiastas y están llenas de energía. Tienen grandes propósitos y un compromiso total con su misión. Este tipo de pasión se deriva del amor y la satisfacción que sienten por su trabajo. Proviene de hacer aquello para lo que nacieron. De seguir los impulsos de su corazón y dejar que la satisfacción que sienten les sirva de guía. El entusiasmo y la pasión son el resultado de amar lo que se hace. Si realmente quiere su trabajo, si lo disfruta, ya usted es un éxito.

SU ÉXITO ESTÁ GARANTIZADO

Mi hijo Kyle, mejor conocido como El Kool Kyle, es un artista hip-hop de Berkeley, California. Aunque ha estado luchando por lograr su estabilidad financiera durante los últimos dieciocho años, ya ha creado diez discos compactos, ha actuado en Woodstock '99; estuvo en la inauguración de KRS1 y Public Enemy; actuó con Joan Baez, Jurassic 5, Dilated Peoples y otros artistas reconocidos; reemplazó al *disc jockey* de una estación de radio, enseñó hip-hop en Richmond School en Richmond, California, y cofundó el sello disquero Baylando Records.*

Se empeñó en alcanzar su sueño y nunca renunció a su arte.

De modo que aunque nunca llegara a ganar una fortuna o a convertirse en una superestrella de rap fuera del perímetro de Bay Area, Kyle ya es un éxito. Porque cuando uno disfruta haciendo lo que ama con pasión y perseverancia, ya ha alcanzado el éxito.

PASIÓN POR LA ENSEÑANZA

Hobart Elementary School es la tercera escuela primaria más grande de Estados Unidos y se encuentra en un vecindario de Los Ángeles infestado de pandillas y drogas. Los estudiantes de quinto grado de la clase del profesor Rafe Esquith, todos con inglés como su segundo idioma, superaron por cincuenta puntos las habilidades de matemáticas y lectura de los demás estudiantes de la escuela. Su comprensión y dominio del inglés lo obtuvieron mediante la enseñanza y la representación de obras de Shakespeare. Hasta la fecha, los Hobart Shakespeareans han montado quince obras completas representadas ante enormes auditorios, desde la Casa Blanca hasta los sitios más pobres de la ciudad, entre sus más apasionados patrocinadores se encuentran los actores Sir Ian McKellen y Hal Holbrook.

---

*Obtenga más información sobre Kyle en la página www.TheSuccessPrinciples.com/resources.

Al entrar en el aula del profesor Rafe, se ve una gran bandera que dice: NO HAY ATAJOS, colgando sobre la pizarra. Alrededor, las «Paredes de la fama» exhiben banderolas de Stanford, Princeton, Yale y UCLA, donde muchos de sus estudiantes han cursado sus carreras. Funcionarios escolares de todas partes del mundo visitan su aula para presenciar los milagros educativos en acción. Rafe no solo recibió honores como Maestro Nacional del Año en Disney, sino que ha sido el único maestro de la historia en recibir la Medalla Nacional del Arte. La reina Isabel le confirió el más alto tributo otorgado a un ciudadano no británico: fue nombrado Miembro del Imperio Británico.

¿Qué ha impulsado a este dedicado y visionario maestro de una escuela pública a trabajar doce horas al día, seis días a la semana, cincuenta y dos semanas al año durante treinta y un años? La pasión y el entusiasmo. No hay nada que ame más que comunicar las maravillas de la literatura, el teatro, la música, las ciencias, las matemáticas y la simple diversión a cientos de niños. ¿Cuáles son los resultados? Infunde a sus estudiantes la alegría de aprender, refuerza su autoestima mientras mejora considerablemente sus rendimientos académicos. Según expresa Rafe: «Soy una persona muy normal que tomó la decisión adecuada. No permití que el fiasco educativo actual de la mediocridad y la uniformidad sistematizadas me convirtieran en el robot en el que se han convertido muchos maestros potencialmente buenos. Mantuve mi propio espíritu y mi pasión personal siempre viva en mi aula y como amante de Shakespeare he transmitido esa emoción a las ansiosas mentes jóvenes. En el vecindario de fracaso y desesperanza de mi escuela, el éxito y la excelencia se han convertido en la norma más que en la excepción de la regla. Y lo que es aún mejor, los chicos y yo la pasamos muy bien trabajando duro y alcanzando grandes metas. Es una vida maravillosa».*

CÓMO DESARROLLAR LA PASIÓN

¿Cómo desarrollar la pasión por las actividades relacionadas con las áreas más importantes de su vida?

Consideremos por un momento su profesión, el trabajo que ocupa la mayor parte de su semana. Una reciente encuesta Gallup realizada por

---

*Si desea leer una historia inspiracional de pasión y entusiasmo, obtenga un ejemplar de *There Are No Shortcuts* [No hay atajos], de Rafe Esquith (Nueva York: Anchor Books, 2004). Para un verdadero placer, vea la presentación TED-ED de Rafe, «Damas y caballeros, los Hobart Shakespeareanos» en YouTube. Otra maestra que opera milagros en los tugurios de la ciudad debido a su pasión por la enseñanza y por los niños es Marva Collins. Vea *Marva Collins' Way* [El método de Marva Collins], de Marva Collins y Civia Tamarkin (Nueva York: Jeremy Tarcher/ Putnam, 1982).

Mercer reveló que una tercera parte de los estadounidenses estarían más satisfechos en otro trabajo. Pregúntese: *¿Estoy haciendo lo que me gusta?*

De no ser así, y si tuviera la alternativa de hacer cualquier cosa que quisiera, ¿qué sería? Si piensa que no puede ganar dinero haciéndolo, imagine que acaba de ganarse la lotería. Después de comprar su costosa mansión, un Rolls Royce, todos los juguetes y los viajes que desee, ¿a qué dedicaría su tiempo? *¿Lo que hace ahora o algo diferente?*

Las personas de mayor éxito que he conocido tienen tanto amor por lo que hacen que, en realidad, lo harían gratis. Pero tienen éxito porque encontraron la forma de ganarse la vida haciendo lo que les encanta hacer.

Si no tiene la capacitación suficiente para hacer el trabajo que le encantaría hacer, tómese el tiempo de educarse para tenerla. Haga lo que sea necesario para prepararse, laborar medio tiempo en el trabajo de sus sueños o inclusive ofreciéndose como voluntario mientras continúa en su empleo actual.

Piense también en esos ratos en los que está fuera de la oficina, cuando se siente más alegre, más satisfecho, más interesado en lo que hace, más apreciado y más reconocido, más identificado consigo mismo y con los demás. ¿Qué ha estado haciendo en esos momentos? ¿Qué sentía? Esos eventos son indicadores de formas que le permitirían traer más pasión a su vida fuera del trabajo diario. Le indican cuáles serían las cosas a las que más le gustaría dedicarles tiempo.

CÓMO MANTENER LA PASIÓN Y EL ENTUSIASMO SIEMPRE VIVOS

La pasión es una excelente herramienta para el éxito y como tal merece ser una área a la que le preste su atención constantemente.

La pasión hace que los días vuelen. Le ayuda a hacer más en menos tiempo. Contribuye a que sus decisiones sean mejores. Los demás se sienten atraídos hacia usted. Quieren ser sus socios y compartir su éxito.

¿Cómo puede, entonces, mantener vivos la pasión y el entusiasmo día tras día? La respuesta más evidente es dedicando más tiempo a lo que le gusta hacer. Como ya lo he dicho en capítulos anteriores, esto incluye descubrir su verdadero propósito, decidir lo que realmente quiere hacer y tener, creer que lo puede lograr, crear deliberadamente la profesión de sus sueños, delegando hasta donde sea posible todo aquello que no sea su genio interno a otras personas y tomando las medidas concretas para avanzar hacia el logro de sus metas.

Otra clave para tener pasión y entusiasmo es reconectarse con el propósito original que lo llevó a hacer lo que hace. Al indagar bajo la superficie de aquellas cosas que se sienten más como obligaciones que como deseos, casi siempre se encuentra un propósito más profundo por el cual se siente una pasión. Tal vez no le agrade la idea de permanecer sentado en la sala de espera de un pediatra con su hijo, pero si lo analiza un poco más a fondo ¿no es su pasión el bienestar y la salud de su hijo? Pregúntese: *¿Cuál es la razón de fondo detrás de lo que estoy haciendo?* Si lo descubre será mucho más fácil sentir entusiasmo con lo que *tiene* que hacer.

Descubrirá que todas aquellas cosas que considera obligaciones son realmente decisiones que está tomando con miras a un propósito más importante, como sostener a su familia, crear seguridad para su futuro, permanecer en libertad o contribuir a su salud y a su longevidad. Cuando se convenza de que son decisiones que está tomando, se dará cuenta de que tiene una alternativa más, y es la de elegir su actitud. Aun si se encuentra atrapado en un ascensor con tres extraños, tiene una opción en cuanto a su actitud. Puede decidir actuar molesto por no poder realizar su trabajo o puede considerarlo como una oportunidad para conocer gente nueva. La alternativa es suya. ¿Por qué no ha de decidir hacerlo todo con alegría y entusiasmo?

Una última consideración. Al expresar pasión y entusiasmo se convertirá en un imán para los demás que se sentirán atraídos hacia su alto nivel de energía. Querrán jugar, trabajar con usted y respaldar sus sueños y sus metas. En consecuencia, con estos recursos adicionales, y con los medios que ofrecen, usted logrará hacer más cosas en menos tiempo.

TERCERA PARTE

Constituya su equipo de éxito

Solos podemos hacer muy poco;
unidos podemos hacer mucho.

HELEN KELLER
Escritora y conferencista estadounidense y defensora de los ciegos

39

CONCENTRE SU ATENCIÓN EN SU GENIO INTERNO

El éxito es la consecuencia de hacer lo que uno quiere hacer. No hay otra forma de lograrlo.

MALCOLM S. FORBES
Fundador y editor de la revista *Forbes*

Creo que hay en todos nosotros una genialidad interior, algo que nos encanta hacer, y que lo hacemos tan bien que prácticamente no creemos que debamos cobrar por hacerlo. Es algo que no nos cuesta trabajo y nos divierte. Si pudiéramos hacer dinero con esa actividad, la convertiríamos en nuestra forma de vida.

Las personas de éxito lo creen así también. Por eso utilizan en primer lugar su genio interno. Se centran en ello y todo lo demás lo delegan a las demás personas de su equipo.

Compare esto con otras personas que pasan la vida haciéndolo todo, aun aquellas cosas que no saben hacer bien y que otros podrían hacer a menor costo, mejor y más rápido. No encuentran el tiempo para centrarse en su genio interno porque no delegan ni siquiera las tareas más simples.

Al delegar las tareas que le disgustan —las cosas que detesta hacer o las que le cuestan tanto trabajo que termina posponiéndolas— tendrá más tiempo para concentrarse en lo que le encanta hacer. Dispondrá de tiempo para aumentar su productividad y disfrutará más de la vida.

Entonces, ¿por qué resulta tan difícil para la mayoría delegar las tareas de rutina y los proyectos no deseados? Les da miedo ceder el control o no están dispuestos a gastar dinero en pagar la ayuda. En el fondo la mayoría no quiere soltar las cosas.

Otros —posiblemente usted— han caído simplemente en el *hábito* de hacerlo todo solos. «Toma mucho tiempo explicarlo a alguien», se dicen. «Lo puedo hacer más rápido y mejor», ¿pero puede?

DELEGUE DEL TODO

Si es un profesional que gana 125 dólares por hora y le paga al hijo de un vecino unos diez dólares por hora para que corte el césped, se ahorra el esfuerzo de tener que hacerlo usted en el fin de semana y gana una hora extra en la que obtendría una ganancia de 115 dólares. Claro está que una hora no parece mucho; pero multiplíquela por al menos veinte fines de semana durante la primavera y el verano y descubrirá que ha ganado veinte horas al año a 115 dólares por hora, es decir, una ganancia adicional de 2.300 dólares.

Igualmente si es vendedor de bienes raíces, tiene que publicar propiedades, obtener información para las visitas múltiples, asistir a *open houses,* mostrar propiedades, dejar las llaves en cajas de seguridad, escribir ofertas y fijar citas. Si tiene suerte, con el tiempo cerrará un negocio.

Pero digamos que usted cierra el mayor número de negocios en su área.

¿Por qué habría de gastar su tiempo haciendo listas de propiedades, escribiendo los datos de posibles clientes, ubicando casillas de seguridad para las llaves, y tomando videos de las propiedades cuando puede tener un equipo de colegas y ayudantes que hagan todo eso por usted y disponer así de más tiempo para hacer más cierres? En lugar de hacer un cierre por semana podría hacer dos o tres, porque ha delegado lo que hace menos bien.

Una de las estrategias que utilizo y enseño es la delegación total. Significa simplemente que se delega una tarea una vez y en su totalidad, en lugar de delegarla cada vez que haya que hacerlo.

Cuando contraté al jardinero de mi hacienda en Santa Barbara, le dije: «Quiero que mi jardín se parezca lo más posible al del hotel Four Seasons Biltmore en Montecito, con el presupuesto que le estoy entregando». Cuando voy al Four Seasons no tengo que ver si los árboles están bien podados, o si los rociadores están funcionando. Alguien se ocupa de hacerlo. Bueno, ese es el lujo que quiero darme en mi hogar.

«Con ese como nuestro principio de operación», le dije, «aquí tiene el presupuesto. Encárguese de los jardines. Si no me gusta su trabajo, se lo haré saber. Si por segunda vez no me gusta, buscaré otra persona, ¿le parece un trato aceptable?».

Mi jardinero paisajista quedó realmente muy entusiasmado. Supo que nadie lo iba a microgerenciar y yo supe que no me tendría que preocupar más al respecto, y no lo hago. ¿Me comprende? Delegación total.

Cuando vino mi sobrina a quedarse con nosotros durante un año mientras asistía a la universidad de la comunidad hicimos otra delegación total, la compra de los comestibles. Le dijimos que podría usar la camioneta en forma ilimitada con la condición de que fuera al mercado todas las semanas. Le dimos la lista de los víveres básicos que siempre debía haber en la casa (huevos, mantequilla, leche, salsa de tomate, etc.) y su obligación era ver todas las semanas qué faltaba y reabastecer lo que se estuviera acabando. Además, mi esposa programaba las comidas y le informaba lo que necesitaba para preparar los platos principales (pescado, pollo, brócoli, aguacates, etc.). Delegamos esa tarea una sola vez y nos ahorró cientos de horas ese año que pudimos dedicar a escribir, a hacer ejercicio, a pasar tiempo en familia y a la recreación.

CONVIÉRTASE EN UN «ARTISTA EMBAUCADOR» HACIENDO LO QUE LE ENCANTA HACER

El mayor error que la gente comete en la vida es no intentar ganársela haciendo lo que más le gusta.

MALCOLM S. FORBES

El *coach* estratégico Dan Sullivan dijo una vez que todos los empresarios son en realidad artistas «embaucadores». Logran que los demás les paguen mientras ellos practican y mejoran en lo que realmente les gusta hacer.★

Piénselo bien.

A Ron Howard le encanta hacer películas. Le pagan mucho dinero por hacerlas. Cada vez que trabaja en una película, Ron aprende más acerca de la dirección, la producción y de todo lo relacionado con el cine. Tiene la oportunidad de practicar y pasar el rato con otros directores, al mismo tiempo que le pagan por eso.

Anthony Robbins es orador y capacitador. Le encanta dictar conferencias y dar capacitación. Ha organizado su vida de tal manera que le están pagando constantemente grandes sumas de dinero por hacer lo que le encanta.

O consideren al gran jugador de béisbol Miguel Cabrera de los Detroit Tigers. Le toma aproximadamente un segundo batear un jonrón, el tiempo que requiere la pelota para dar contra el bate, y gana 22.000.000 de dólares por cerca de cuarenta segundos de tiempo de bateo por año, de modo que se ha vuelto un verdadero experto en hacer que el bate y la pelota se

---

★Agradezco a Dan Sullivan sus numerosas ideas para este capítulo y el siguiente. Podrá aprender más acerca de sus novedosas ideas de capacitador en la página www.strategiccoach.com.

encuentren. Así es como se gana el dinero. Ahí es donde invierte todo su tiempo, practicando y preparándose para que el bate se encuentre con la pelota. Ha encontrado su genio interno y dedica la mayor parte de su tiempo a perfeccionarlo.

Claro que la mayoría de nosotros no podemos compararnos con Ron Howard, Anthony Robbins ni Miguel Cabrera, pero lo cierto es que podríamos aprender mucho de sus niveles de enfoque.

Muchos vendedores, por ejemplo, dedican más tiempo a administrar cuentas que a hablar por teléfono para hacer ventas, cuando *podrían* contratar a un administrador a medio tiempo (o compartir el costo de tener ese empleado con otro vendedor) para que hiciera ese tedioso trabajo que consume tiempo.

La mayoría de las ejecutivas dedican mucho tiempo al cuidado de sus hogares cuando fácilmente y por poco dinero podrían delegar esa tarea a una empresa de servicios de limpieza o a una empleada del hogar que trabaja a medio tiempo, liberando así más tiempo para ejercer su profesión o dedicar más tiempo a su familia.

Por desdicha, la mayoría de los empresarios dedican menos del treinta por ciento de su tiempo a centrarse en su genio interno y en sus capacidades únicas. De hecho, cuando crean un negocio, parece como si los empresarios hicieran todo a excepción de aquello para lo que crearon el negocio en primer lugar.

No permita que eso le ocurra a usted. Identifique su genio interno y luego delegue totalmente lo demás para tener el tiempo de centrarse en lo que en verdad le encanta hacer.

HAGA LO QUE DE VERDAD LE AGRADA PORQUE EL DINERO VENDRÁ

Empezar haciendo dinero es el mayor error de la vida. Haga lo que realmente sepa hacer y, si es lo suficientemente bueno, el dinero vendrá por añadidura.

GREER GARSON
Ganadora del premio Oscar como mejor actriz

Diana von Welanetz Wentworth es alguien que siempre se enfocó en su genio interno cada vez que seguía los impulsos de su corazón, y como resultado ha logrado un gran éxito. Su mayor placer en la vida ha sido la buena cocina y reunir personas alrededor de la mesa para compartir a un nivel profundo mientras disfruta la comida. Siempre buscó una conexión más intensa, a lo que ella llama: «un sentido de celebración alrededor de la mesa». Por lo tanto, inició su carrera escribiendo libros sobre cómo organizar una fiesta y prepararlo todo de antemano para poder participar y relacionarse más con los invitados.

Luego, en mayo de 1985 viajó a la Unión Soviética con un grupo de líderes, el movimiento de potencial humano, y pudo darse cuenta de que, en su mayoría eran personas solitarias. Aunque eran bien conocidos por sus libros y por el impacto que habían producido en el mundo no se conocían entre sí. Cuando regresó, se dio cuenta de que su propósito en la vida siempre había sido algo más afín con las relaciones entre las personas que con la comida. Había utilizado la comida como catalizador.

Comprender eso la llevó a crear Inside Edge, una organización que ofrecía reuniones semanales a la hora del desayuno en Beverly Hills, en el condado Orange y en San Diego, California, donde personas nacionalmente famosas por su visión se reunían para expresar sus conocimientos sobre el potencial humano, la espiritualidad, la conciencia y la paz mundial. Los oradores incluyeron personas como Mark Victor Hansen y yo, el experto motivador Anthony Robbins, el asesor de administración Ken Blanchard, el actor Dennis Weaver, el asesor Reverendo Leo Booth y los escritores Susan Jeffers y Dan Millman. Además de escuchar a un conferencista inspirador, los participantes intercambiaban ideas, se animaban unos a otros a tener sueños más ambiciosos y se respaldaban mutuamente sus proyectos. Dieciocho años después, el capítulo del condado de Orange sigue reuniéndose todas las semanas.★

Diana se ha convertido en escritora y coautora de numerosos libros, incluyendo *Sopa de pollo para el alma: recetario,* integrando una vez más su amor por la comida con su amor por dar a la gente la oportunidad de compartir sus ideas, su sabiduría y sus historias.

No preguntes lo que el mundo necesita. Pregúntate que te hace sentirte vivo y haz eso. Porque lo que el mundo necesita son personas que se sientan vivas.

HOWARD THURMAN
Autor, filósofo, teólogo y educador

★Para más información sobre Inside Edge, visite el sitio web www.The SuccessPrinciples.com/resources.

40

REDEFINA EL TIEMPO

*El mundo está entrando en un nuevo huso horario, y uno de los
ajustes más difíciles que la gente debe hacer es el de sus conceptos y
creencias fundamentales acerca de la administración del tiempo.*

DAN SULLIVAN
Fundador y presidente de The Strategic Coach

Las personas de mayor éxito que conozco han creado resultados superiores y, sin embargo, han sabido mantener el equilibrio de sus vidas entre el trabajo, la familia y la recreación. Para lograrlo, utilizan un exclusivo sistema de planificación que estructura el tiempo en tres tipos de días muy diferentes para tener el mayor rendimiento de sus esfuerzos y contar a la vez con una cantidad abundante de tiempo libre para dedicarla a sus intereses personales.

Dan Sullivan, presidente de The Strategic Coach, creó un gran sistema que utilizo, llamado «El sistema del tiempo empresarial»,★ el cual divide todo su tiempo en tres tipos de días: días de mejores resultados, días de refuerzo y días libres.

DÍAS DE ENFOQUE

Un día de enfoque es aquel en el que usted dedica por lo menos ochenta por ciento de su tiempo a trabajar en su genio interno, o en su área principal de experiencia, interactuando con personas o procesos que pueden recompensarlo al máximo por el tiempo que invierte. Para tener éxito debe programar más días de enfoque y responsabilizarse de producir resultados.

★ El sistema del tiempo empresarial, así como los días libres, los días de enfoque, y los días preparatorios son marcas registradas de The Strategic Coach, Inc. Todos los derechos reservados. Utilizado con permiso por escrito. Más información en la página www.TheSuccessPrinciples.com/resources.

«Me han informado, Wycliff, que realmente
piensa tener una vida fuera de la oficina».

En el capítulo anterior analizamos su ingenio interno, esa actividad que a usted le encanta y que hace tan bien que prácticamente la haría sin cobrar nada. No le cuesta ningún trabajo y le divierte mucho. Y si pudiera ganar dinero haciéndola, la convertiría en el trabajo de toda su vida. Su genio interno es su talento natural, ese campo en el que usted se destaca.

Los campos de mi genio interno son hablar en público, entrenar, organizar seminarios, ofrecer servicios de consejería, escribir y publicar. Son cosas que hago bien y sin esfuerzo, y cuando las hago con toda dedicación son las que me reportan las mayores ganancias. Para mí, un día de mejores resultados es uno en que dedico ochenta por ciento del tiempo a hablar en público y a organizar un seminario a cambio de honorarios, a escribir o publicar un libro (como este), a desarrollar un nuevo programa de audio o a prestar servicios de consejería a alguien para que alcance un alto nivel de éxito.

Para Janet Switzer, un día de enfoque consiste en consultar con los clientes sobre sus sistemas de generación de ingresos, desarrollar productos de reconocimiento, o dictar una conferencia a un grupo de consultores y propietarios de negocios sobre cómo lograr aumentar los ingresos.

Usted podría dedicar un día de enfoque a diseñar una nueva línea de ropa, a hacer ventas por teléfono, a concertar negociaciones, a producir un paquete de préstamo para enviarlo a un prestamista hipotecario, a pintar, a actuar o a escribir una propuesta de concesión para una organización sin fines de lucro. Usted querrá hacer lo que esté a su alcance para aumentar su número de días libres.

DÍAS PREPARATORIOS

Un día preparatorio es uno en el que usted prepara un plan para el día de enfoque o un día de descanso, ya sea aprendiendo una nueva habilidad, ubicando un nuevo recurso, capacitando a su equipo de apoyo o delegando tareas y proyectos a los demás o viajando a un lugar de trabajo. Los días de preparación garantizan que el día de mejores resultados sea lo más productivo posible.

Para mí, un día preparatorio podría ser uno que dedico a asistir a un seminario para mejorar mis técnicas de capacitador, a programar la forma de maximizar la venta de nuestros libros y grabaciones en la Internet, a ensayar una nueva presentación, a leer historias potenciales para un nuevo libro de antología o a delegar un proyecto a un miembro de mi equipo de apoyo. El suyo podría ser buscar un mentor, desarrollar una nueva presentación de ventas, escribir un folleto, preparar su estudio para una sesión de grabación, entrevistar a un nuevo candidato para un puesto, capacitar a un ayudante, asistir a una convención industrial o profesional, o escribir un manual para los empleados. La clave consiste en agrupar todas sus actividades del día preparatorio en el mismo día, para no debilitar sus días de enfoque ni sus días de descanso y reflexión.

DÍAS DE DESCANSO Y REFLEXIÓN

Un día de descanso y reflexión va de medianoche a medianoche e implica cualquier actividad que no se relacione con trabajo. Es un día totalmente libre de reuniones de negocios, de llamadas relacionadas con negocios, llamadas a celulares, correos electrónicos o lectura de documentos relacionados con el trabajo.

En un verdadero día de descanso y reflexión, usted no estará disponible para su personal, para sus clientes, sus estudiantes, ni para ningún tipo de contacto excepto en caso de *verdaderas* emergencias: lesión, muerte, inundación o incendio. Lo cierto es que la mayoría de las llamadas de emergencias no lo son en lo absoluto. Se tratan simplemente de empleados, compañeros de negocios y miembros de la familia que no tienen —o no se les ha dado— suficiente capacitación, responsabilidad o autoridad para manejar situaciones imprevistas que puedan presentarse. Hay que establecer límites claros, dejar de correr a rescatar a todo el mundo y confiar en que podrán manejar las cosas por sí mismos. Cuando haya enseñado a su jefe, a su personal y a sus compañeros de trabajo a no importunarlo en sus días de descanso y reflexión, se verán obligados a confiar más en ellos mismos. También los obligará a mejorar sus capacidades y su confianza en ellos mismos. Si es congruente en cuanto al manejo del tiempo, con el tiempo, todos captarán el mensaje. En último término esto es conveniente porque lo libera y le permite tener más días de descanso y reflexión *y* más días de enfoque.

DESCANSO Y REFLEXIÓN TAMBIÉN SIGNIFICA ALGUNOS DÍAS *SIN* LOS NIÑOS

Suele surgir con frecuencia el interrogante de qué hacer con los niños. Normalmente, debe haber algunos días sin los niños, como regla general. Si no puede pagar una persona que los cuide, pida a un pariente que se encargue de ellos. Hemos recurrido a las tías, a los tíos y a nuestras sobrinas. Si no pueden hacerlo o no quiere, llegue a un acuerdo con otros padres: ustedes se encargarán de sus niños durante un fin de semana y ellos de los suyos en otro. Y no se equivoquen y llamen a cada hora para ver cómo les está yendo. Despreocúpense, confíen y cuídense ustedes para variar.

LOS DÍAS DE DESCANSO Y REFLEXIÓN LE AYUDAN A TRABAJAR MÁS... Y MEJOR

El valor de contar con días periódicos de descanso y reflexión se refleja en que regresa al trabajo descansado y listo para reanudarlo con renovado rigor, entusiasmo y creatividad. Para llegar a ser verdaderamente exitoso, necesita estos descansos a fin de permitirse unos días lejos de su rutina normal, para así desarrollar mayor creatividad en la solución de problemas y la generación de ideas innovadoras.

Considero que la meta final de todo el mundo debería ser 130 a 150 días libres cada año. Si descansara todos los fines de semana —sin hacer ningún trabajo en absoluto— disfrutaría inmediatamente de 104 días de vacaciones. Y si encontrara la forma de incluir otros cuarenta y ocho días de descanso y reflexión, representados en fines de semana largos, épocas festivas, dos semanas de vacaciones y otras oportunidades, podría disfrutar fácilmente de 150 días de descanso y reflexión para renovar energías, rejuvenecerse y descansar sin computadoras portátiles, sin correos electrónicos, sin documentos y sin contacto con su personal, sus compañeros de trabajo ni su jefe.

Tal vez le tome algún tiempo alcanzar ese número de días, puede llevarle años, pero lo principal es trabajar constantemente para incrementar su número de días de descanso y reflexión cada año.

UTILICE SU TIEMPO DE VACACIONES

Según la Travel Industry Association of America, el tiempo promedio de vacaciones en 2012 fue de 4.3 días. Lo que es más alarmante, el Families and Work Institute informa que más de una cuarta parte de todos los empleados de Estados Unidos *ni siquiera hicieron uso* de su tiempo de vacaciones. Y una encuesta realizada por Harris Interactive encontró que cincuenta y siete por ciento de los estadounidenses tenían en 2011 un tiempo de vacaciones —de hasta dos semanas—, que no utilizaban. ¿Por qué? Por miedo a que al regresar no encontraran su puesto.

Compare esto con el concepto de los días de descanso y reflexión, que realmente ayudan a que estemos más descansados, a que seamos más productivos *y más valiosos para el empleador.* Jane Moyer, exgerente de ejemplos a seguir de Xerox Business Services y que ahora trabaja en Starbucks, resumió a la perfección el valor de los días de descanso y reflexión en la siguiente entrevista con la revista *Fast Company*:

> ... todos los años, en octubre, paso algún tiempo en Cape Cod. Alquilo una cabaña a dos cuadras del océano y me quedo allí una semana. La cabaña no tiene teléfono ni televisor. No utilizo el automóvil, no escucho radio y no leo periódicos. Durante los dos primeros días paso por un período de retraimiento, pero luego me acostumbro. Cocino, leo, camino por la playa. Es maravilloso. Camino a casa, cuando empiezo a pensar de nuevo en el trabajo, veo las cosas de otra manera. El trabajo parece menos pesado. Algo sorprendente ocurre al alejarme por un tiempo y es que comprendo mejor lo que tiene importancia y lo que no la tiene.★

★Tomado de *Fast Company,* mayo de 2000, página 101.

COMIENCE A PROGRAMAR

La clave para tener más días de descanso y reflexión y más días de enfoque es sentarse a programarlos. Al anotar cuántos días de enfoque, días preparatorios y días de descanso y reflexión puede tener cada mes, desde ahora, podrá esforzarse por aumentar los días de enfoque y contar con verdaderos días de descanso y reflexión de veinticuatro horas en su agenda, así como reducir el número de días preparatorios. Con ese tipo de programación, verá que puede lograr mejores resultados en el trabajo, disfrutar más su vida personal y experimentar un mejor equilibrio entre estos dos factores.

Los siguientes son algunos de los pasos que tal vez quiera dar para empezar a poner en práctica el «sistema de tiempo de resultados innovadores»:

1. Enumere los tres mejores días de enfoque que haya tenido. Anote los elementos que tengan en común. Esto le permitirá contar con valiosos indicios de cómo crear más días de mejores resultados perfectos. Prográmelos.

2. Reúnase con su jefe, su personal y sus compañeros de trabajo para analizar la forma de crear más días de enfoque, en los que pueda concentrar ochenta por ciento de su tiempo utilizando sus áreas de mayor capacidad para producir mayores resultados.

3. Reúnase con sus amigos o su familia y analice la forma de crear más días de descanso y reflexión verdaderos en sus vidas.

4. Programe al menos cuatro vacaciones —pueden ser de fin de semana o más largas— para el año entrante. Pueden ser unos días de campamento, un fin de semana en San Francisco disfrutando visitando lugares turísticos, un viaje a la región vinícola, un fin de semana en la playa, una salida de pesca o una semana para ir a visitar a unos amigos en un estado cercano, o puede incluir esas vacaciones con las que ha soñado toda la vida en California, Hawái, Florida, México, Europa o Asia. Si no las programa, nunca serán realidad, por lo que tómese el tiempo y elabore un plan.

5. Enumere los tres mejores días de descanso y reflexión que haya tenido y busque los elementos que tengan en común. Programe más de estos elementos para sus próximos días de descanso y reflexión.

A medida que el mundo se va tornando más complejo y va aumentando la presión, tendrá que estar cada vez más consciente y seguro de estructurar su tiempo de forma que aproveche al máximo sus talentos y maximice sus resultados y sus ingresos. Comience a controlar desde ya su tiempo y su vida. Recuerde que es usted quien tiene el control.

CONFORME UN SÓLIDO EQUIPO DE APOYO Y DELÉGUELE TAREAS

El ascenso al Everest no fue trabajo de un día, ni siquiera de esas pocas e inolvidables semanas durante las cuales ascendimos... se trata, de hecho, de una historia de esfuerzo sostenido y tenaz de muchas personas, durante mucho tiempo.

SIR JOHN HUNT
Escaló el Monte Everest en 1953

Todos los que alcanzan grandes logros cuentan con un sólido equipo de personas clave, consultores, vendedores y colaboradores que se encargan del grueso del trabajo mientras la persona en cuestión queda libre para crear nuevas fuentes de ingreso y nuevas oportunidades de éxito. Los mayores filántropos, atletas, personajes de la farándula, profesionales y otros han tenido también personas que gestionen sus proyectos y manejen las tareas de todos los días, permitiéndoles hacer más por los demás, perfeccionar su oficio, practicar su deporte, etc.

EL PROCESO DE ENFOQUE TOTAL

Para ayudar a terminar aquello a lo que debe dedicar su tiempo y las cosas que debe delegar a otros, haga el siguiente ejercicio. La meta es encontrar una, dos o tres actividades principales en las que pueda aprovechar mejor su genio interno, las que puedan reportarle más dinero y las que le puedan brindar el más alto nivel de placer.

1. Comience por enumerar todas las actividades en las que ocupa su tiempo... ya se relacionen con negocios, actividades personales o trabajo en organizaciones cívicas o de voluntariado. Anote cada

pequeña tarea como devolver llamadas telefónicas, archivar o sacar fotocopias.

2. Elija después una, dos o tres cosas de esta lista en las que usted sea principalmente brillante, para las que tenga talentos especiales y únicos, esas cosas que pocas personas aparte de usted pueden hacer con tanta perfección. Además, elija de esa lista tres de las actividades que generan la mayor cantidad de ingresos para usted o para su compañía. Cualesquiera en las que usted sea especialmente brillante y que generen la mayor cantidad de ingresos para usted o para su compañía son aquellas a las que querrá dedicar la mayor parte de su tiempo y energía.

3. Por último, elabore un plan para delegar todas las demás actividades a otras personas. Delegar requiere tiempo, capacitación y paciencia, pero con el paso del tiempo podrá continuar reduciendo la carga de tareas no esenciales en su lista hasta que haga cada vez menos de aquellas y más y más de las cosas que usted realmente hace bien. Así es como se crea una carrera brillante.

SELECCIONE «PERSONAS CLAVE» PARA SU EQUIPO

Si es dueño de un negocio —y recuerde que convertirse en empresario desde muy joven en la vida es uno de los distintivos de las personas más exitosas en la historia moderna— empiece a buscar los miembros clave del personal, o entrene a quienes ya son miembros de su personal en las tareas que identificó en la forma ya descrita. Si dirige un negocio de una sola persona, comience a buscar otra persona dinámica que lo apoye y que pueda hacerse cargo de sus proyectos, manejar sus programas, programar sus transacciones de ventas y encargarse por completo de otras tareas mientras usted se concentra en lo que sabe hacer mejor. Puede contratarlos como empleados o los puede conseguir por medio tiempo con contrato, a medida que su empresa crece. He visto también a muchos futuros empresarios de éxito que descubren un gerente administrativo de alto nivel meses antes del esperado éxito y su negocio ha florecido tremendamente una vez que han contratado a esa persona para trabajar en su empresa. Con frecuencia, usted encontrará que una vez que corra la voz, la persona adecuada ya estaba circulando en su universo y usted, simplemente, no lo sabía.

Si sus «negocios» son de carácter filantrópico o comunitario, hay «voluntarios» que puede contratar para ayudarle. Piense en los estudiantes universitarios que pueden trabajar solo por obtener créditos. En nuestra compañía utilizamos varios de ellos. O tal vez una fundación local pueda ofrecerle personal de apoyo para su proyecto. Solo podrá saberlo si pregunta.

Además, si usted es una mamá o un papá que permanece en casa, su «personal» más valioso será la señora que le hace la limpieza, la adolescente que viene a ayudarle y que vive a dos casas de la suya, la persona que cuida de sus hijos y otras que puedan ayudarle ocasionalmente para que usted pueda salir de su casa, ya sea sola o con su cónyuge. Además, una vecina o la persona que por lo general viene a cuidar a los niños puede hacer las compras de supermercado, llevar su automóvil a lavar, recoger los chicos en la escuela o recoger la ropa en la lavandería, por solo diez a doce dólares la hora. Si es madre soltera, esas personas serán más importantes para su éxito futuro y deberán elegirse con sumo cuidado.

LA RAZÓN POR LA QUE NECESITA ASESORES PERSONALES

Nuestro mundo se ha convertido en un lugar muy complejo. La simple tarea de llenar su declaración de impuestos, hacer planes para su jubilación, pagar a sus empleados —inclusive comprar una casa nueva— se ha convertido en un proceso más complicado que nunca. Por eso quienes alcanzan grandes logros tienen un eficiente equipo de personal asesor a quien pedirle ayuda, consejo y apoyo. De hecho, ese equipo es tan esencial que vale la pena comenzar a constituirlo lo más pronto posible en su trayectoria hacia el éxito.

Ya sea dueño de un negocio, o trabaje para alguien o permanezca en casa guiando a sus hijos, necesita asesores personales para responder preguntas, ayudarle a elaborar planes, asegurarse de que obtenga el máximo de los esfuerzos que realiza durante su vida y mucho más. Sus asesores personales pueden ayudarle con los retos y las oportunidades, ahorrándole tiempo, esfuerzo y, por lo general, dinero. Su equipo de asesores debe incluir a su banquero, sus abogados, un contador público certificado reconocido, un asesor en inversiones, su médico, un nutricionista, un entrenador personal y el líder de su organización religiosa.

Es más, si maneja un negocio, este principio adquiere un significado totalmente nuevo. Son demasiados los dueños de negocios que, por ejemplo, no tienen un contador. Manejan todo su negocio con un programa de computadora y nunca llaman a un experto para que verifique sus cifras. Nunca establecen relaciones con consultores externos que podrían colaborar y tener así más tiempo libre para hacer lo que saben hacer y ampliar su negocio.

Si es un adolescente o un estudiante universitario, su equipo podría estar conformado por sus padres, sus mejores amigos, su entrenador de fútbol, su consejero, las personas que tienen fe en usted. Con frecuencia, en el caso de los adolescentes, sus padres no forman parte realmente de su grupo de colaboradores inmediatos sino, más bien, parte del grupo enemigo. Es así como a veces nos ven los adolescentes, pero también es a veces lo que somos. Si sus padres son disfuncionales, alcohólicos, o abusadores, o si simplemente no están allí porque son adictos al trabajo o están divorciados, necesita un grupo de amigos y otros adultos que estén de su lado. Con frecuencia esas personas serán los padres de otros adolescentes de su vecindario.

Si usted es una madre que trabaja, su grupo de apoyo puede incluir una niñera o un programa de guardería. No solo tiene que investigar este personal a fondo, sino que también debe tener un respaldo, debe contar con un buen pediatra, también con un odontólogo, y con otras personas que puedan ayudarle a criar hijos sanos y felices a la vez que ejerce su profesión.

Los atletas tienen una serie de entrenadores, quiroprácticos, nutricionistas y consultores de desempeño. Tienen también como parte de su equipo de apoyo personas especializadas en diseño de dietas para su constitución física y para el deporte que practican. Encuentran asesores confiables, además establecen y mantienen esas relaciones por largo tiempo.

Una vez que determine quiénes serán los miembros de ese equipo de apoyo, podrá comenzar a establecer y fomentar esas relaciones. Asegúrese de que los miembros del equipo entiendan muy bien lo que espera de ellos *y de entender muy bien lo que ellos esperan de usted.* ¿Se trata de una relación remunerada? ¿Qué tipo de relación laboral es la mejor? ¿Cómo pueden tanto usted como la otra persona estar ahí cuando se necesitan mutuamente? ¿En qué forma pueden ayudarle los miembros de su equipo a progresar y a alcanzar el éxito?

Por último, ¿cómo puede mantenerse en contacto con ellos y cuál es la mejor forma de llevar esa relación? Le recomiendo que elabore un programa de reuniones mensuales, bimestrales o semestrales con cada uno de los miembros de su equipo.

CUANDO HAYA ELEGIDO LOS MIEMBROS DE SU EQUIPO, CONFÍE EN ELLOS

Si no tiene un ayudante, usted lo será.

RAYMOND AARON
Autor de *Double Your Income Doing What You Love*
[Duplique sus ingresos haciendo lo que le gusta]

Si ha elegido con cuidado podrá comenzar a delegar todo lo que le impida centrarse en su genio interno, aun los proyectos «personales».

Cuando Raymond Aaron vendió su casa y decidió trasladarse a un apartamento, delegó todo el proyecto a su asistente. Le dijo que le buscara un apartamento lujoso de una alcoba, cerca de su oficina, con servicio de gimnasio en el primer piso. «Encuéntrelo, negocie el alquiler y tráigame el contrato para firmarlo», le dijo. «Luego, contrate un servicio de mudanzas, obtenga un cheque de mi oficina para pagar la mudanza, empaque los objetos frágiles, supervise a las personas de la compañía de mudanzas y sígalos en su automóvil hasta mi nuevo hogar». Le encargó también que contratara de antemano un equipo de limpieza, que colocara los muebles ayudada por el personal de la empresa de mudanzas, que desempacara las cajas, colocara todo en su lugar y que lo llamara cuando todo el proceso hubiera terminado.

¿Dónde estaba Raymond mientras su asistente hacía la mudanza de su hogar? ¡De vacaciones en la Florida!

Aunque a veces tememos que las cosas no queden bien hechas si alguien las hace por nosotros, lo cierto es que hay personas a quienes les *encanta* hacer lo que uno detesta. Por lo general, lo hace mucho mejor de lo que uno *podría* hacerlo y a un costo sorprendentemente bajo.

En efecto, gracias a la tecnología moderna, esas personas no necesariamente tienen que vivir cerca para ayudarle. Numerosos sitios web de confianza, como Elance.com* y Freelancer.com,† lo conectarán con asistentes virtuales y profesionales independientes que le pueden ayudar con un proyecto o trabajo en curso. En lugar de trabajar en la oficina o el hogar, ellos lo hacen a distancia y se mantienen conectados con usted por medio de correos electrónicos, llamadas telefónicas, Skype u otros medios digitales.

¿Qué podrían hacer por usted un asistente virtual o un profesional independiente virtual? Escribir o editar informes, discursos, manuscritos o propuestas. Crear un anuncio comercial en la radio, grabar profesionalmente un anuncio de telemercadeo en audio, o subir un video a YouTube sobre sus productos o servicios. Hacer todo tipo de investigaciones. Corregir las fotografías de sus vacaciones con Adobe Photoshop, y luego

---

*Elance.com es el sitio web más conocido para conectarse con trabajadores virtuales y cuenta con más de tres millones de trabajadores independientes en 180 países. Elance ayuda incluso a gestionar el pago de servicios, por lo que si alguna vez se presenta un conflicto, usted tendrá un intermediario que le ayude.
†Freelancer.com es un sitio web que también le ayuda a externalizar sus trabajos por contrato a un precio muy bajo. Este sitio parece especializarse más en las áreas técnicas del desarrollo de sitios web, diseño web, programación informática, desarrollo de aplicaciones, ingreso de datos, mercadeo por la Internet y optimización de motores de búsqueda, así como redacción y diseño gráfico. Al momento de escribir estas líneas, este sitio ha realizado más de seis millones de proyectos para once millones de usuarios.

compilarlas en un álbum fotográfico de tapa dura en Shutterfly.com. Contestar su teléfono, manejar su correo electrónico, responder las consultas sobre sus productos, manejar sus medios sociales y muchas otras cosas. Adicionalmente, los sitios web de microtrabajo como Fiverr.com cuentan con profesionales que cobran apenas cinco dólares por cada proyecto, una suma que literalmente, cualquier persona puede permitirse. Ya no hay ninguna disculpa para que usted lo haga todo por sus propios medios.

PRINCIPIO

DIGA SIMPLEMENTE: ¡NO!

No se deje aterrorizar por lo que esperan los demás de usted.

SUE PATTON THOELE
Autora de *El coraje de ser tú misma*

Nuestro mundo es un lugar altamente competitivo y saturado de estímulos, por lo que se requiere más y más concentración cada día para no perder de vista la necesidad de cumplir las obligaciones diarias sin perder de vista las metas a largo plazo. Debido a los grandes avances en la tecnología de las comunicaciones, ahora somos más accesibles a un mayor número de personas. Completos desconocidos pueden llamarnos por teléfono, al celular, a través de mensajes instantáneos, por fax, por correo normal, por correo electrónico y redes sociales. Nos pueden localizar en casa, en el trabajo y por medio de nuestro teléfono inteligente. Si no estamos pueden dejar mensajes en el contestador automático o en el correo de voz. Si nos encuentran, pueden interrumpirnos con una llamada en espera.

Todos parecen necesitar una parte de nosotros. Los niños quieren que los llevemos a algún lugar o quieren tomar prestado el automóvil, los compañeros de trabajo quieren nuestra opinión sobre los proyectos en los que usted no tiene ninguna responsabilidad, su jefe quiere que trabaje horas extras para terminar el informe que necesita, su hermana quiere que usted se lleve a los niños por el fin de semana, la escuela de su hijo quiere que conduzca uno de los vehículos durante la próxima semana de excursión, su madre quiere que vaya a arreglarle la puerta de malla de la cocina, su mejor amiga quiere hablarle de su inminente divorcio, y una entidad de beneficencia local quiere que usted dirija el comité del almuerzo anual. Además, una interminable serie de vendedores telefónicos desea que se suscriba a un periódico tal, que contribuya a un refugio de flora y fauna silvestre cercano o que transfiera toda la deuda de sus tarjetas de crédito a su nueva tarjeta. Hasta sus mascotas están exigiendo más atención.

Sufrimos una sobrecarga de proyectos y productividad en el trabajo, aceptando más de lo que podemos cumplir sin recargarnos debido a un deseo inconsciente de querer causar una buena impresión en los demás, avanzar y mantenernos al nivel que los demás esperan de nosotros. Entretanto nuestras más importantes prioridades son desatendidas.

Para alcanzar sus metas y crear el estilo de vida que desea tendrá que volverse experto en decir que no a todas las personas y a todas las distracciones que de lo contrario lo devorarán. Las personas de éxito saben decir que no sin sentirse culpables. Para ellos, «No» es una frase completa.

NO SE LIMITE A DELEGAR, ¡ELIMINE!

Si quiere mejorar sus resultados y sus ingresos a la vez que aumentan sus días de descanso y reflexión tendrá que eliminar las actividades, solicitudes y otros factores que le quitan tiempo y le retribuyen poco.

Tendrá que estructurar su trabajo de manera que pueda dedicar su tiempo, esfuerzo, energía y recursos solo a los proyectos, oportunidades y personas que le aportan grandes recompensas por sus esfuerzos. Usted tendrá que establecer límites estrictos en cuanto a qué hará y qué no hará.

Comience por crear lo que Jim Collins, autor de *Empresas que sobresalen,* llama la lista de «cosas para *dejar* de hacer». Casi todos somos personas muy ocupadas pero poco disciplinadas. Hacemos muchas cosas, todo el tiempo, pero no nos centramos en lo que tenemos que hacer; nos movemos, pero no siempre en la dirección correcta. Al elaborar una lista de cosas para dejar de hacer, nuestra vida se hace más disciplinada y más centrada.

Comience, sin demora, a elaborar la lista de cosas para dejar de hacer y, después, haga las cosas que aparecen en su lista de «reglas». Las personas responden a las reglas. Entienden una regla como un límite. Lo respetarán por ser muy claro acerca de lo que no hará. Por ejemplo, a nivel personal, algunas de mis reglas de «cosas para no hacer» son:

- No hago recomendaciones para libros de ficción.
- Nunca programo más de cinco conferencias por mes.
- No escribo libros con principiantes. Su curva de aprendizaje es demasiado costosa.
- No recibo llamadas los martes ni los jueves. Esos días escribo o desarrollo nuevos productos.
- No presto mis libros. Rara vez me los devuelven y son la fuente de mi sustento, por lo que no los dejo sacar de mi casa.
- Nunca presto dinero. No soy un banco.
- No discuto contribuciones por teléfono. Mándeme algo por escrito.

SI ES TAN IMPORTANTE DECIR QUE NO, ¿POR QUÉ ES TAN DIFÍCIL DECIRLO?

¿Por qué nos resulta tan difícil decir que no a las solicitudes de todo el mundo? De niños, muchos aprendimos que *no* era una respuesta inaceptable. Responder que *no* era motivo de castigo. Más tarde, en nuestra vida profesional, el *no* puede haber sido la razón para una mala evaluación o para no ascender en la escala corporativa.

Sin embargo, las personas que han alcanzado un alto grado de éxito dicen no constantemente: a los proyectos, a las absurdas fechas de cierre, a las dudosas prioridades y a las crisis de los demás. De hecho, consideran la decisión de decir que no tan aceptable como la de decir que sí.

«No, ¡no puede ser el jueves! ¿Qué le parece nunca? ¿Le parecería bien que fuera nunca?».

Otros dicen que no pero ofrecen remitirlo a otra persona para que le ayude. Otros más sostienen que su agenda, sus obligaciones familiares, sus fechas de entrega e incluso sus finanzas son las razones por las que deben negarse a cumplir las solicitudes. En la oficina, quienes logran el éxito encuentran otras soluciones para las repetidas emergencias de sus compañeros de trabajo, en lugar de convertirse en víctimas de la falta de organización y el mal manejo del tiempo de los demás.

«NO ES EN CONTRA SUYA; ES POR MI BIEN...»

Una respuesta que he encontrado útil para decir que no a las solicitudes de ayuda y casos de crisis o a las solicitudes de personas que me quitan tiempo es «No es en contra suya, es por mi bien».

Cuando el presidente de la junta de maestros y padres de familia (PTA por sus siglas en inglés) llama para anunciar otro evento de fin de semana para recaudar fondos, en el que quiere que usted coopere, puede decirle: «¿Sabe? Si le respondo que no, no quiere decir que me oponga a lo que está haciendo; es una causa muy meritoria, pero me he dado cuenta últimamente que estoy exagerando en la cantidad de compromisos que acepto y que me sacan de mi hogar. Por lo tanto, aunque apoyo su actividad, me he hecho la promesa de dedicarle más tiempo a mi familia. No es nada en contra suya, es por nuestro bien». Pocos se enfadan con ese argumento y con la decisión de ser fiel a ese compromiso. De hecho, lo respetarán por su sinceridad y su fortaleza.

Hay muchas técnicas valiosas que puede aprender que le facilitarán el decir que no sin sentirse culpable. Le recomiendo leer uno de los varios libros excelentes que tratan este tema con más profundidad que la que me permite el espacio del que dispongo aquí. Los dos mejores son *Cuando digo no, me siento culpable* de Manuel J. Smith y *Cómo decir no sin sentirse culpable* de Patti Breitman y Connie Hatch.

DIGA QUE NO A LO BUENO PARA PODER DECIR QUE SÍ A LO EXCELENTE

Lo bueno es enemigo de lo excelente.

JIM COLLINS
Autor de *Good to Great* [De bueno a excelente] y
Great by Choice [Excelente por elección]

Que concepto tan sencillo y, no obstante, le sorprendería con cuánta frecuencia aun los más altos empresarios, profesionales, educadores y líderes cívicos quedan atrapados en proyectos, situaciones y oportunidades que son apenas buenas, mientras que las excelentes quedan fuera, esperando que ellos les abran campo en sus vidas. En efecto, concentrarse en lo que es solo bueno suele impedir que aparezca lo excelente, por el simple hecho de que no queda tiempo en las agendas para aprovechar ninguna oportunidad adicional.

¿Es esta su situación? ¿Se ocupa constantemente de prospectos medio-cres o de aplicar planes no bien orientados para alcanzar el éxito, cuando podría estar dejando atrás grandes oportunidades?

EL PRINCIPIO DE PARETO: CUANDO EL VEINTE POR CIENTO ES IGUAL AL OCHENTA POR CIENTO

Si hiciera un análisis detallado de su vida y escribiera las actividades que le han aportado el mayor grado de éxito, las mejores ganancias financieras, el mayor progreso en su vida profesional y el mayor placer, descubriría que cerca del veinte por ciento de su actividad profesional le produce cerca del ochenta por ciento de su éxito. Esa tendencia es la base del «Principio de Pareto», a menudo llamado «Ley de los pocos vitales», conocido así por el nombre del economista del siglo XIX que descubrió que ochenta por ciento de los ingresos empresariales provienen del veinte por ciento de los clientes.★

DEJE DE ESPECIALIZARSE EN COSAS INTRASCENDENTES

En lugar de dedicarse —y dedicar su tiempo— a actividades mundanas e improductivas, que le quitan tiempo, imagínese lo rápido que alcanzaría sus metas y mejoraría su vida si dijera que no a esas actividades que le hacen perder tiempo en lugar de centrarse en el veinte por ciento de las que le reportarían el mayor beneficio.

¿Qué ocurriría si, en lugar de mirar televisión, navegar un tiempo en la Internet, hacer diligencias innecesarias y ocuparse de problemas que hubiera podido evitar en primer lugar, aprovechara ese tiempo para dedicarlo a su familia, a su matrimonio, a su negocio, a una meta que lo ayudará a avanzar en la vida, o a otras actividades más productivas?

★Vea *El principio 80/20: el secreto de lograr más con menos*, de Richard Koch (Barcelona: Paidós, 2009) para una exploración iluminadora de la aplicación de la regla 80/20 a fin de acelerar el logro del éxito personal.

EL COMIENZO DE LA PELÍCULA ROCKY
DE SYLVESTER STALLONE

Sylvester Stallone sabe cómo decir que no a lo bueno. Después de terminar el primer guion televisivo de *Rocky,* Stallone encontró varios productores que estaban interesados en llevarlo al cine. Aunque eso por sí solo le hubiera representado a Stallone una gran cantidad de dinero, él insistió en que quería desempeñar también el papel principal. Aunque otros actores, como James Caan, Ryan O'Neal y Burt Reynolds fueron considerados para desempeñar el papel de Rocky Balboa, Stallone dijo no, y después de encontrar personas dispuestas a respaldarlo y financiar un presupuesto barato de menos de un millón de dólares, Stallone terminó el rodaje en solo veintiocho días.

Rocky se convirtió en un éxito rotundo en 1976, con un recaudo de taquilla de más de 225 millones de dólares y obtuvo dos premios Oscar a la mejor película y al mejor director, así como nominaciones a mejor actor y guionista para Stallone, que tomó el control total de sus oportunidades doradas y convirtió a Rocky Balboa —y más tarde a John Rambo— en franquicias de la industria que han obtenido más de 2.000 millones de dólares en ganancias a nivel mundial.

¿Qué podría presentársele en la vida, si dijera que no a lo bueno?

¿CÓMO DETERMINAR LO QUE ES REALMENTE
EXCELENTE, PARA PODER DECIR QUE NO
A LO QUE ES SIMPLEMENTE BUENO?

1. **Comience por elaborar una lista de sus oportunidades, un lado de la página para *las buenas* y el otro para *las excelentes*.** Al ver las opciones por escrito, podrá concretar sus ideas y determinar qué preguntas debe hacer, qué información debe obtener, cuál podría ser su plan de acción, etc. Le ayudará a decidir si una oportunidad concuerda con su propósito general para la vida y con su pasión, o si solo es algo que el destino le está presentando por una vía secundaria.

2. **Hable con sus asesores sobre este nuevo proyecto potencial.** Quienes ya han recorrido ese camino tienen una vasta experiencia para compartir, y podrá hacerles preguntas concretas sobre cualquier nueva oportunidad que pueda estar pensando aceptar en su vida. Pueden decirle qué retos se le presentarán y pueden ayudarle a evaluar el factor de complejidad, es decir, cuánto tiempo, dinero, esfuerzo, estrés y compromiso se requerirá.

3. **Pruebe la temperatura del agua.** En vez de echarse al agua basado solo en la fe de que la nueva oportunidad se desarrollará como usted lo espera, haga una pequeña prueba, dedicándole una cantidad limitada de tiempo y dinero. Si se trata de una nueva profesión que le interesa, busque primero un trabajo de medio tiempo o una consultoría independiente en ese campo. Si se trata de un traslado importante o de un proyecto de voluntariado que le entusiasme, considere la posibilidad de viajar por unos meses a conocer el lugar de sus sueños o encuentre la forma de involucrarse en el trabajo de voluntariado por varias semanas antes de comprometerse cien por ciento.

4. **Por último, fíjese en qué utiliza su tiempo.** Determine si esas actividades realmente son útiles para sus metas o si el decir que no le dejaría tiempo libre para otros fines más concretos.

CONVIÉRTASE EN UN LÍDER DIGNO DE SER SEGUIDO

El mito más peligroso del liderazgo es que los líderes son natos;
que existe un factor genético para el liderazgo. Eso es absurdo;
de hecho, lo opuesto es cierto. Los líderes no nacen, se hacen.

WARREN BENNIS
Presidente fundador del Instituto de Liderazgo en
la Universidad del Sur de California

Sea usted dueño de un negocio, maestro en una escuela, alguien que dirija a un pequeño grupo, entrene a un equipo deportivo o esté trabajando para promover una causa encomiable, necesita enrolar a los demás con el fin de alcanzar el éxito que desea. Esto no solo requiere que usted mantenga una visión de lo que es el éxito, sino que también practique las habilidades de liderazgo que inspirarán a otros a querer ayudarle a alcanzar esa meta.

Debido a que nuestro éxito requiere a menudo la ayuda de otros, las personas exitosas —cosa que no sorprende—, son también los líderes exitosos. Ellos saben cómo comunicar su visión en términos interesantes y convincentes. Han dominado la habilidad de motivar a los demás a saltar a bordo con un compromiso total. Ellos reconocen el potencial de su gente, entrenan a los miembros de su equipo para ir más allá, y aprecian de manera rutinaria la contribución positiva de los demás. Y mientras que los grandes líderes deben pedir cuentas a las personas que lideran, también se hacen responsables de su contribución al resultado.

En el proceso de liderar, los grandes líderes también transforman a sus seguidores. Y obviamente, estimulan e inspiran a otros para obtener resultados extraordinarios. Pero *también* ayudan a esos seguidores a *desarrollarse y a ser líderes*. Esa es la verdadera definición de un gran liderazgo.

Los líderes excepcionales no nacen de esa manera. Se vuelven excepcionales mediante el desarrollo de un conjunto único de actitudes y habilidades que se pueden aprender y enseñar.*

¿POR QUÉ CONVERTIRSE EN LÍDER?

Convertirse en líder le da la oportunidad de aumentar su impacto en el mundo. Le permite aprovechar los corazones y las acciones de los demás en pro del logro de las metas y los objetivos que a usted le interesan. Le permite obtener mayores resultados y más rápido de lo que podría hacerlo por su cuenta. Y aunque no todos estamos destinados a ser líderes de la talla de John F. Kennedy, Gandhi, Nelson Mandela, Steve Jobs o la Madre Teresa, podemos aprender a desarrollar nuestras habilidades de liderazgo para producir un impacto positivo en nuestras organizaciones y en nuestras comunidades.

Es más, saber cómo ser un líder efectivo hará que usted sea más exitoso en cualquier campo, ya sea que esté ascendiendo en la escalera corporativa, instalando una línea de mercadeo en la red, trabajando como agente de cambio social, entrenando a un equipo de las Pequeñas Ligas, como voluntario para un grupo cívico, o simplemente organizando un evento de su iglesia. Así que echemos un vistazo a algunos de los conceptos básicos para convertirse en ese tipo de líder con el que las personas querrán trabajar y seguir.

Conviértase en el tipo de líder que las personas sigan voluntariamente, aunque usted no tenga ningún título o cargo.

BRIAN TRACY
Autor de *Máximo rendimiento* y de *The Ultimate Success Guide*
[La guía definitiva para el éxito]

---

*Kathleen Seeley es la experta en liderazgo a quien consulté para desarrollar este capítulo. Ella entrena a muchas de las empresas con más visión de futuro en el mundo, y se dedica a ayudar a los líderes a diseñar culturas sostenibles y orientadas a los valores. Kathleen es una *coach* ejecutiva, oradora motivacional y miembro asociado de la facultad de la Escuela de Liderazgo en la Universidad Royal Roads en Victoria, Columbia Británica, Canadá.

COMPORTAMIENTO # 1: CONOZCA SUS PROPIAS FORTALEZAS Y DEBILIDADES

Una de las cualidades más distintivas de un gran líder es su dedicación a la comprensión de *sí mismo*. Cuando usted tiene una idea clara acerca de quién es —de sus fortalezas y debilidades—, y conoce el impacto que su comportamiento tiene en los demás, su capacidad para liderar a otros mejorará.

Por un lado, la autoconciencia le permite ser realista en cuanto a su capacidad de contribuir (o de restar) a partir de los resultados de un proyecto. Si usted sabe que no es el mejor diseñador gráfico, por ejemplo, ¿por qué imponer sus ideas en el folleto o sitio web de la empresa, especialmente cuando usted podría empoderar con facilidad a otros (y confiar en ellos) para hacer este trabajo mejor que usted? O si el hecho de hacer que su personal sea siempre responsable de cumplir con los plazos parece un constante dolor de cabeza, especialmente además de sus propios deberes, ¿por qué no implantar sistemas que hagan el seguimiento y la presentación de informes por usted, tales como reuniones semanales para rendición de cuentas, software de gestión de proyectos, calendario recordatorios y más? Y si usted es tímido, introvertido o realmente tiene miedo de negociar algo, ¿por qué no delegar eso a las personas a quienes les gusta negociar para lograr un gran acuerdo?

De hecho, así como hay cosas que *usted* detesta hacer o para las que no es bueno, hay personas a quienes les *encantan* esas tareas y son buenas para ellas porque es su pasión. Conocer sus fortalezas y sus debilidades le dará la capacidad de discernir cuándo sus habilidades añadirán valor —o no—, y lo mantendrá abierto para delegar y escuchar a las personas que tengan otros puntos de vista. Esto no solo permite que un montón de ideas creativas emerjan de su equipo, sino que simplemente hace que su trabajo sea más fácil, ya que nunca tendrá que lidiar con tareas que no debería estar haciendo en primer lugar.

Conocer sus propias fortalezas y debilidades también le ayuda a mantener sus emociones bajo control en los momentos de intensa presión o de crisis. El conocimiento de sí mismo garantiza que usted no se dejará arrastrar por las emociones de una situación; más bien, podrá responder con una acción clara, compasiva e intrépida. Y al permanecer calmado, usted crea también una sensación de seguridad para los demás, especialmente en tiempos de crisis o de cambios rápidos.

*Los buenos líderes poseen un sentido de la conciencia, la capacidad
de leer las situaciones en las que se encuentran y de actuar en
consecuencia. Los grandes líderes llevan esto un paso más allá. No
solo son conscientes; también son conscientes de sí mismos.*

LES MCKEOWN
Autor de *Predictable Success: Getting Your Organization on the Growth
Track—and Keeping It There* [Éxito predecible: cómo llevar a su
organización al camino del crecimiento y mantenerla allí].

Por supuesto, la clave para ser consciente de sí mismo como líder yace en
saber que puede estar equivocado, que no lo sabe todo, en reconocer que
tiene ciertos prejuicios y ver en dónde podrían interponerse sus opiniones.
Nadie tiene todas las respuestas; además, los grandes líderes reconocen que
siempre hay mucho que aprender.

Ellos también escuchan la retroalimentación.

De hecho, los grandes líderes saben que cuando está *dispuesto* a reconocer sus propios errores y a escuchar realmente la retroalimentación crítica
—sin racionalizar, justificar o culpar—, usted convierte esos momentos
en oportunidades de aprendizaje para sí mismo y en «momentos de enseñanza» para su equipo. En lugar de batallas, usted crea una cultura más
receptiva y colaborativa entre los miembros de su equipo, sin la presión o
el miedo de que alguien pretenda saberlo todo. Este tipo de autenticidad y
transparencia les da permiso en última instancia a los *demás* para ser sensibles a sus debilidades, miedos y necesidades de aprendizaje. Nadie le dará
una imagen falsa de las habilidades que tenga una vez que usted establezca
un estándar para la apertura.

COMPORTAMIENTO # 2: RINDA CUENTAS…
Y QUE LOS DEMÁS TAMBIÉN LO HAGAN

El compromiso de asumir el cien por ciento de responsabilidad de sus propias acciones y resultados es esencial para su éxito en liderar a los demás.
Cuando usted cumple sus propios compromisos de manera congruente,
empieza a construir la confianza de los demás en su liderazgo. Para ser
digno de confianza, usted debe ser fiable, puntual y mantener sus acuerdos.

¿Llega a tiempo a las reuniones? ¿Cumple con su cuota de proyectos
terminados y lo hace puntualmente? ¿Cumple con las promesas hechas a
los miembros de su equipo y a los demás? ¿Reacciona con la misma firmeza
en todas las crisis? ¿Considera con seriedad las nuevas oportunidades a la

luz de las metas en las que ya está trabajando su equipo? Estas son las características de un líder que es responsable y coherente, en comparación con otro que siempre llega tarde, sin estar preparado, que es emotivo o se deja llevar continuamente por la última moda.

Por supuesto, nadie es perfecto, incluyendo los líderes. Pero aunque la *perfección* podría ser deseable, la *congruencia* será mucho más impactante, ya que forja integridad y fiabilidad en su equipo. Hace de usted un líder digno de confianza. Naturalmente, habrá ocasiones en las que no cumpla sus promesas o sea incapaz de mantener un acuerdo. En tales casos, reconozca sus deficiencias ante los miembros de su equipo y haga planes para solucionar el problema; esta medida le ayudará a crecer en integridad como líder.

Asumir el cien por ciento de responsabilidad también se extiende a situaciones que no salen según lo planeado, pero que estaban bajo su control. En tales casos, no culpe a otros por los resultados decepcionantes de los que usted controla o podría haber evitado. Más bien, sea responsable: reflexione, aprenda y modifique su comportamiento, para que pueda asumir la responsabilidad de lo que suceda *a continuación*. Si culpa a los demás por los objetivos no alcanzados u otras fallas de liderazgo, no solo estropeará la confianza de su equipo, sino que reducirá considerablemente su poder personal.

«A veces navegar es fácil, a veces se torna áspero y tormentoso, y a veces se hunde hasta el fondo con su tripulación. Es por eso que se llama *liderazgo*».

Además de asumir la responsabilidad por su cuota de malos resultados, debe tener el valor de responsabilizar a otros por sus acciones y resultados. La rendición de cuentas es un factor importante para ver si las personas se sienten empoderadas, tienen un desempeño eficaz, toman la iniciativa y actúan de manera responsable. Pero cuando las personas de su equipo no están creando los resultados que usted desea, debe tener el valor de enfrentar lo que no funciona y comprometer a las personas involucradas con lo que podría ser una conversación difícil e incómoda sobre la rendición de cuentas y volver a encarrilarse hacia la meta. No rehúya esas conversaciones difíciles. Más bien, tenga el valor de hacer que las personas rindan cuentas por sus resultados.

COMPORTAMIENTO # 3: INSPIRE A SU EQUIPO CON UNA VISIÓN CLARA, CONVINCENTE Y CONTINUA

La esencia del liderazgo es que usted tiene que tener una visión. Tiene que haber una visión que usted articule con claridad y de manera contundente en cada ocasión. No se puede tocar una trompeta incierta.

EL REVERENDO THEODORE HESBURGH
Presidente Emérito de la Universidad de Notre Dame

Con el fin de inspirar a otros a trabajar sin descanso para ayudar a lograr su meta, primero debe tener una visión clara y convincente del futuro. ¿Qué lograrán en última instancia usted y su equipo? ¿Cuándo? ¿Qué ganarán todos cuando alcancen la meta? ¿Es honorable, beneficiosa, ética y edificante? ¿Por qué es tan convincente? ¿Qué más lograrán mientras su equipo se está esforzando para alcanzar esta meta importante?

Para lograr la aceptación de los demás, usted también necesitará definir en qué se *transformará* su equipo a medida que aprenden y crecen en el camino hacia el logro de su visión. Los miembros de su equipo deben ser capaces de verse a *sí mismos* en el futuro como mejores, más inteligentes, más fuertes, más valorados y con mayor confianza. Definir ese resultado —además de otros beneficios que experimentarán las personas—, es parte importante de su visión clara y convincente.

En segundo lugar, su creencia en su visión debe ser inquebrantable. Eso significa que usted debe creer que sea no solo posible, sino también deseable, esencial e inevitable.

Este tipo de creencia en su visión es simplemente una elección. Usted sencillamente decidió creer y luego comunicar eso con certeza.

El presidente John F. Kennedy tuvo una visión en la que Estados Unidos llevarían un hombre a la luna a «finales de la década»: en 1970. Nelson Mandela tuvo una visión de una Sudáfrica sin apartheid. Mahatma Gandhi tuvo una visión de la India sin el dominio británico, alcanzada con la no violencia. Aung San Suu Kyi, líder de la oposición en Myanmar (Birmania) y ganadora del Premio Nobel de la Paz 1991, tuvo una visión en la que su país tenía un gobierno civil y democráticamente elegido en lugar de una dictadura militar.

Y en el mundo de los negocios, Bill Gates tuvo una visión de «una computadora personal en cada hogar y en cada escritorio». Steve Jobs, creador del iPod y de iTunes, tuvo la visión de revolucionar la industria de la música y de facilitar la descarga de canciones y «poner mil canciones en tu bolsillo». Sara Blakely, la multimillonaria fundadora de Spanx, mientras vendía faxes de puerta en puerta cuando era una veinteañera, tuvo la visión de ser la acaudalada propietaria de Spanx, fabricando y vendiendo productos de calcetería más cómodos y atractivos para las mujeres.

Cada uno de estos grandes líderes comunicó su visión con pasión y convicción.

Usted, también, debe ser capaz de contar la historia de su visión de una manera tan convincente que capte la imaginación, los corazones y las manos de los demás. Sus palabras deben comunicar la certeza de la meta, la cual sostendrá a su equipo cuando pierdan la confianza en sí mismos y en el proceso. También debe comentar acerca de su propia pasión natural y entusiasmo por la meta, algo que no se puede fingir y que es altamente contagioso.

Un libro que le ayudará a contar historias poderosas y convincentes —las cuales comunican su visión y enrolan a las personas que usted necesita para lograrla—, es *Storytelling para el éxito: conecta, persuade y triunfa gracias al poder oculto de las historias*, de Peter Guber, expresidente de Sony Pictures Entertainment, cuyas películas han ganado cincuenta nominaciones a los Premios de la Academia y generado más de tres mil millones de dólares a nivel mundial.* No es de extrañar, dice Guber, que las empresas y las iniciativas más exitosas se consolidan cuando los líderes establecen conexiones personales y emocionales con empleados, socios, clientes, voluntarios y proveedores, que pueden ayudarle. Las historias sobre su visión, sus productos e incluso sobre usted mismo generan esa profunda reacción emocional que es tan importante en la creación de un vínculo con los demás.

Tell to Win: Connect, Persuade, and Triumph with the Hidden Power of Story [Cuenta para ganar: conecta, persuade y triunfa con el poder oculto de la historia], de Peter Guber (Nueva York: Crown Business, 2011).

COMPORTAMIENTO # 4: ESCUCHE LA POSIBILIDAD

Una vez que las personas se enrolen en la visión, un gran líder escuchará a su equipo, no solo para oír sus pensamientos y aportes, sino también para asegurarse de que se sientan escuchados. A las personas les gusta saber que marcan la diferencia, y que sus puntos de vista y opiniones son importantes. Al desarrollar su capacidad de escucha, usted estará más presente en el momento, tendrá curiosidad de oír otras opciones, podrá escuchar realmente lo que surja de una discusión, y estará receptivo a un verdadero diálogo con su equipo, en lugar de simplemente dar órdenes o explicar el plan de juego.

Esto requiere la voluntad de ser transformado por lo que usted oye. Pero más importante aún, requiere que usted deje de centrarse en escuchar «la manera correcta o la manera equivocada» y pase a escuchar lo que es posible.

A esto le llamo «escuchar las posibilidades».

No hay duda de que nuestra cultura premia a los grandes oradores; a las personas que pueden inspirar y comandar una audiencia. Pero aunque ser un orador apasionado puede constituir una habilidad valiosa, a largo plazo, la *escucha efectiva* puede ser una habilidad aun más valiosa para los líderes. Cuando usted está hablando en una reunión, simplemente está repitiendo o informando sobre lo que ya sabe, aunque no crea nada nuevo. Pero cuando usted escucha con atención, puede coproducir nuevos enfoques, nuevos resultados y nuevos beneficios gracias a las ideas que oye. Si usted se encuentra formulando una respuesta o mejorando la idea de alguien mientras habla, aprenda a ser paciente. Deténgase y escuche atentamente. Y deje que surjan nuevas posibilidades.

Las personas no necesitan que las dirijan;
necesitan que las liberen.

RICHARD FLORIDA
Director de Martin Prosperity Institute de la Escuela de
Administración Rotman de la Universidad de Toronto

Uno de mis primeros modelos para el liderazgo efectivo fue el doctor Billy Sharp, presidente de la Fundación W. Clement and Jesse V. Stone, donde trabajé cuando tenía veintiséis años. Admiraba su dedicación a aprender siempre, su disposición para escuchar los aportes de los demás y su compromiso con empoderar a todo el personal para hacer lo mismo. Él siempre preguntaba: «¿Qué opinas? ¿Qué harías? ¿Por qué?». Recuerdo vívidamente que un día me pidieron que asistiera a una reunión con un experto en valores, programada por el doctor Sharp. Él sabía que varios de nosotros habíamos leído los libros de este hombre y estábamos interesados en su obra. Como yo tenía apenas veintiséis años en esa época, fue muy emocionante que me invitaran a una reunión con el presidente de la fundación y con ese conocido experto. Cuando terminó la reunión al cabo de tres horas y todos los asistentes ya se habían ido, le dije al doctor Sharp: «Usted le hizo una pregunta tras otra a este hombre durante varias horas, y ni una sola una vez le habló sobre su investigación o sobre el trabajo que estamos haciendo aquí en la fundación. ¿Por qué?».

Él respondió: «Ya sé lo que sé. Quería aprender lo que él sabía». Ese fue un momento crucial en mi aprendizaje para ser un mejor líder. No se trata de impresionar a los demás con lo mucho que yo sé. Haga más preguntas. Escuche a *todo el mundo*. Busque los temas y los patrones subyacentes. El doctor Sharp me enseñó que se necesita el aporte de una gran cantidad de personas para ver toda la verdad de cualquier situación, para valorar la curiosidad, para estar dispuesto a ser cambiado durante un diálogo, para honrar y apreciar a todos por sus aportes.

El doctor Sharp comunicó su creencia en nuestra capacidad para contribuir al escuchar atentamente cada uno de nuestros puntos de vista. Se preocupó realmente por eso. Y debido a que nos sentimos valorados, siempre tratamos de dar lo mejor para ser dignos de su confianza en nosotros. En consecuencia, él recibió nuestros mejores esfuerzos.

«Aunque su nivel de experiencia es menos
que ideal, valoramos su perspectiva fresca».

Otra razón para dar oídos con atención es que usted escuchará con frecuencia una historia detrás de la historia; es decir, los miedos e inseguridades de las personas, e incluso sus juicios. Cuando las personas sienten que no están siendo escuchadas o que sus verdaderas preocupaciones no están siendo abordadas, el resentimiento se acumula hasta un punto en que pueden llegar a ser tóxicas para el resto del equipo. Aunque oír la historia real a menudo requiere empatía (una habilidad esencial del liderazgo), usted debe escuchar también la tensión, la decepción o la indiferencia. Los grandes líderes abordan estos problemas reales a la mayor brevedad posible, lo que se traduce en personas más comprometidas e involucradas que trabajan por su causa.

COMPORTAMIENTO # 5: ENTRENE A OTROS PARA ASUMIR EL PAPEL DEL LIDERAZGO

La labor más esencial del líder es crear más líderes.

MARY PARKER-FOLLETT
Trabajadora social pionera en teoría y comportamiento organizacional

Hoy, usted se enfrentará como líder a mayores niveles de incertidumbre y complejidad: así es la forma en que funciona el mundo. Usted no puede conocer o controlar todo. Así que una manera de superar esto es entrenar a su personal para que asuma un papel de liderazgo en su parte del proyecto.

En lugar de dirigir simplemente un plan prestablecido, entrenar a las personas para que actúen y ayudarlas a desarrollar sus propias habilidades de liderazgo, no solo significa que pueda compartir la toma de decisiones, sino también que usted conforma un equipo de personas inteligentes, seguras de sí mismas y autodirigidas, que pueden responder rápidamente a las condiciones y circunstancias cambiantes.

Desarrollar un equipo de líderes de primer nivel simplemente hace que su vida sea más fácil.

Y la habilidad más útil para el desarrollo de otros líderes es el *coaching*. Por medio de la escucha profunda y de las preguntas hábiles, usted puede ayudar a otros a descubrir sus propias soluciones a los problemas y las oportunidades. En lugar de ser la única persona que decida qué hacer a continuación, cuando usted utiliza el *coaching* para ayudar a otros a desarrollar sus propias soluciones, también les está ayudando a desarrollar sus propias habilidades para resolver problemas. Para cualquier líder que haya sido bombardeado con los problemas más simples y mundanos por resolver, esta idea de empoderar a su personal con sus propias habilidades de liderazgo será un alivio.

Entonces, ¿cómo puede entrenar a su personal para que se conviertan en líderes por derecho propio?

Comience por pedir a su personal que defina correctamente el problema. Esto los llevará a participar de lleno en el proceso y les ayudará a «encargarse» del problema como uno que tienen que resolver. Los estudios demuestran que una vez que un problema o desafío es *de ellos*, será resuelto de manera más eficiente y permanecerá resuelto por más tiempo si usted permite que su equipo cree la solución. Usted proporciona una dirección solamente cuando ellos han alcanzado los límites de su experiencia o entrenamiento. Dele a su personal las herramientas y la información que necesitan para resolver problemas, luego deje que ellos trabajen de lleno.

Un ejemplo de una serie de preguntas de *coaching*★ que utilizo a menudo con mi personal es algo que llamo el ejercicio de la «situación difícil o problemática»:

1. ¿Cuál es la situación difícil o problemática con la cual está lidiando usted?
2. ¿Cómo está creando o permitiendo que suceda eso?
3. ¿Qué pretende no saber?
4. ¿Cuál es la recompensa de mantener las cosas como son?
5. ¿Qué preferiría estar experimentando?
6. ¿Qué medidas tomará para crear eso?
7. ¿Cuándo tomará esa medida?

El siguiente es un ejemplo de lo que podría generar esta serie de preguntas.

1. ¿Cuál es la situación difícil o problemática con la cual está lidiando?
   Todo el mundo siempre parece llegar tarde a las reuniones que dirijo.
2. ¿Cómo está creando o permitiendo que suceda eso?
   No he dejado claro que es importante comenzar a tiempo. Por lo general espero a que lleguen las personas que están retrasadas, para que las que lo han hecho a tiempo no vean ninguna razón para ser puntuales, y entonces también empiezan a llegar tarde.
3. ¿Qué pretende no saber?
   Que las personas no se van a tomar en serio la hora de inicio si no lo hago yo.

★Encontrará este ejercicio en mi libro *Coaching for Breakthrough Success: Proven Techniques for Making Impossible Dreams Possible* [*Coaching* para el avance hacia el éxito: técnicas comprobadas para hacer posibles los sueños imposibles], de Jack Canfield y el doctor Peter Chee (Nueva York: McGraw-Hill Professional, 2013).

4. ¿Cuál es la recompensa de mantener las cosas como son?

No tengo que confrontar a nadie por llegar tarde. Me quejo de que es su culpa.

5. ¿Qué preferiría estar experimentando?

Poder comenzar las reuniones a tiempo con una gran cantidad de energía positiva.

6. ¿Qué medidas tomará para crear eso?

Enviaré una nota indicando que a partir de ahora vamos a comenzar a tiempo.

Encontraré una manera de recompensar a quienes llegan a tiempo mostrándoles un video divertido de YouTube, o rifando tal vez un billete de cincuenta dólares al comienzo de la reunión entre los que lleguen a tiempo. Hacer que llegar a tiempo sea divertido y emocionante.

7. ¿Cuándo tomará esa medida?

Enviaré la nota hoy y rifaré un billete de cincuenta dólares en la próxima reunión.

Este es solo un ejemplo del tipo de preguntas que hace que la gente asuma una mayor responsabilidad por la forma en que han creado o admitido una situación insatisfactoria y cómo pueden crear más de aquello que desean.

Ken Blanchard, autor de *The One Minute Manager Meets the Monkey* [El mánager al minuto se encuentra con el mono],* señala que los líderes se sienten abrumados con frecuencia por los monos que carga en su espalda; es decir, por los proyectos y problemas que no les pertenecen. Cuando un miembro del equipo acude a usted con un problema y usted se compromete a hacer algo al respecto, el mono se aleja de la espalda de esa persona y se trepa a la suya. Usted se ha hecho cargo súbitamente del problema.

No deje que este sea su resultado. Más bien, entrene a su personal para que desarrolle sus propias habilidades en la resolución de problemas y de liderazgo, y deje que resuelvan más problemas, creando así más tiempo y espacio para que usted pueda concentrarse en lo que tiene que hacer para lograr *su* visión.

COMPORTAMIENTO # 6: MANTENGA UNA ACTITUD DE GRATITUD

Ya sea que esté liderando un equipo de ejecutivos, de atletas, de voluntarios comunitarios, de padres de familia o un juego con su familia en la noche,

---

The One Minute Manager Meets the Monkey [El mánager al minuto se encuentra con el mono], de Kenneth Blanchard, William Oncken Jr., y Hal Burrows (Nueva York: Quill William Morrow, 1989).

todo el mundo necesita ser reconocido por lo que hacen y por lo que son. La práctica de la gratitud y de reconocer a los demás es la forma más fácil que tiene un líder para forjar la confianza, el entusiasmo y el compromiso de quienes lo rodean.

Numerosos estudios indican que ochenta por ciento de los empleados informan que se sienten motivados para trabajar más duro cuando su empleador demuestra aprecio por su trabajo, mientras que solo el diecisiete por ciento de las personas sienten que son suficientemente apreciadas por su jefe. Y más del cincuenta por ciento de las personas permanecerían más tiempo en su trabajo si se sintieran más apreciadas por parte del gerente o del jefe.

Así que si usted siente que está demasiado ocupado, demasiado incómodo o es muy poco apreciado, necesita programar el tiempo e instaurar sistemas y rituales para apreciar a las personas con más frecuencia y de forma más coherente. Vea el principio 53: «Demuestre el poco frecuente sentimiento de aprecio» para obtener detalles sobre cómo apreciar de manera más eficaz a las personas, tanto en el hogar como en el trabajo.

El desarrollo de una actitud de gratitud y de aprecio por las personas que lidera le dará enormes beneficios. Los científicos están documentando actualmente los beneficios para la salud que tiene la práctica de la gratitud, y están encontrando que aquellos que reconocen y agradecen constantemente a los demás tienen niveles más bajos de estrés, son más optimistas y sucumben con menos frecuencia a la ira, la amargura y la frustración. La gratitud y el aprecio mejoran el estado de ánimo, lo hacen sentir más liviano y le ayudan a experimentar menos estrés. Usted simplemente no puede mantener emociones positivas y negativas al mismo tiempo. Las personas que lo rodean disfrutarán de los mismos beneficios positivos, resultando en una mayor motivación, mayor participación y un mayor compromiso con su proyecto o causa.

Así que no hay que subestimar el poder de un simple «gracias» en cada aspecto de su vida, ya sea en el comedor o en la sala de juntas. Les Hewitt, mi amigo y coautor de *El poder de mantenerse enfocado*, siempre mantiene tarjetas a mano, y luego escribe una o dos frases de apreciación o reconocimiento cada vez que ve un servicio extraordinario o conoce a un nuevo y valioso contacto de negocios. Mantiene incluso sellos de correos para enviarlas a la oficina de un recién conocido.

Empiece a cultivar su actitud de gratitud y no solo transformará su perspectiva con el tiempo, sino que también atraerá a otras personas con ideas afines y optimistas a su vida y a su círculo de influencia.

CREE UNA RED DE MENTORES Y DE OTROS QUE LE AYUDARÁN A AVANZAR

Al estudiar las características de cualquier persona de éxito, podrá ver que fue aprendiz de uno o varios maestros. Por lo tanto, si desea alcanzar grandeza, renombre y un éxito superlativo, debe ser aprendiz de un maestro.

ROBERT ALLEN
Multimillonario por mérito propio y coautor
de *Millonario en un minuto*

A pesar de que contamos con la mejor información disponible sobre cómo lograr cualquier tarea, la mayoría de las personas tienen la tendencia a consultar con los amigos, los vecinos, los colegas y los hermanos para pedirles consejo sobre aspectos clave que haya que enfrentar. Es muy frecuente que esos consejos se pidan a quienes nunca han tenido que superar la dificultad específica que se está enfrentando o a quienes nunca han tenido éxito en su campo de actividad.

Como lo indiqué en el principio 9, el éxito deja pistas. ¿Por qué no aprovechar la sabiduría y la experiencia que ya existen buscando un mentor —o dos o tres— que ya haya recorrido el camino que usted está por emprender? Todo lo que tiene que hacer es preguntar.

Una de las principales estrategias de las personas de éxito es que buscan constantemente la guía y el consejo de expertos en su campo. Reserve algo de tiempo y haga una lista de las personas a quienes le gustaría pedirles que fueran su mentor. Contáctelas y pídales su ayuda.

DETERMINE DE ANTEMANO LO QUE DESEA OBTENER DE UN MENTOR

Aunque al comienzo buscar a una persona de éxito y pedirle su consejo y asesoría constante parezca una tarea intimidante, es más fácil de lo que piensa encontrar a personas que se encuentran a un nivel mucho más alto en los campos en los que le gustaría triunfar.

Según Les Brown, renombrado conferencista y autor de *best sellers*, lo que los mentores hacen más que nada es ayudarnos a ver las posibilidades. En otras palabras, nos ayudan a superar la «falta de visión» que nos impide detectar las oportunidades, tanto al servirnos de modelos como al infundirnos cierto grado de expectativa al hablarnos.

Cuando Les comenzó su carrera como conferencista, a principios de los años ochenta, envió una grabación de su primera conferencia magistral al doctor Norman Vincent Peale, conferencista de renombre mundial, editor de la revista *Guideposts*. Esa grabación fue el comienzo de una larga y fructífera relación de Les con el doctor Peale, que no solamente lo acogió bajo su ala protectora y lo asesoró sobre su estilo de oratoria, sino que, poco a poco, sin hacer ruido, le fue abriendo puertas y lo ayudó a conseguir importantes contratos para dictar conferencias. De un momento a otro, a pesar de que Les era prácticamente desconocido dentro de ese círculo, las agencias organizadoras de conferencias comenzaron a llamarlo y a reservar fechas, llegando a ofrecerle tarifas de hasta 5.000 dólares por conferencia que contrastaban con los pobres 700 dólares que Les había venido cobrando.

En la forma como Les relata la historia, Norman Vincent Peale fue el primero en decirle que podría tener éxito en ese campo.

«Me habló más al corazón que a la inteligencia», relata Les. «Mientras que yo dudaba de mí mismo y de mis capacidades, por mi falta de educación y mi poca experiencia, el doctor Peale me dijo: "Tienes madera. Tienes lo que se requiere. Sigue hablando desde el fondo de tu corazón y te irá bien"».

En ese momento Les se dio cuenta del valor de tener un mentor. Y aunque su relación se limitó a unas breves conversaciones por teléfono y a algunos viajes de Les para buscar al doctor Peale y aprender de su estilo de oratoria, en último término significó más para ambos que lo que en un comienzo pudieron pensar.

Durante su última conferencia en público, a los noventa y cinco años, el doctor Peale utilizó una de las frases que su pupilo solía repetir: «Hay que apuntar a la luna porque, aun si fallamos, llegaremos a las estrellas».

Tal vez, al igual que Les, lo que necesita es solo alguien que le abra puertas. O tal vez necesita que alguien lo remita a un experto técnico que pueda ayudarle a establecer un nuevo servicio para su compañía. Tal vez solo necesite la validación de que el camino que quiere seguir es el correcto. Un mentor podrá ayudarle con todas esas cosas, pero tiene que estar dispuesto a pedir asesoría específica.

HAGA SUS DEBERES

Una de las formas más fáciles para encontrar los nombres y las trayectorias de quienes han tenido éxito en su campo de interés es leer las revistas especializadas de la industria, buscar en la Internet, consultar con los directores ejecutivos de las asociaciones industriales, asistir a las ferias y convenciones industriales, consultar con otros colegas de la industria empresarial o con otras personas que se desempeñen en su campo de actividad industrial o profesional.

Busque mentores que tengan la experiencia bien fundada que usted requiere para lograr su meta. Cuando comience a ver que aparece un patrón y que siempre se mencionan los mismos nombres de unas cuantas personas, sabrá que ha identificado su corta lista de posibles mentores.

Janet Switzer capacita con frecuencia a personas en cómo hacer para que crezcan sus negocios. Cuando Lisa Millar del CRA Management Group llamó a Janet, estaba a punto de firmar el traspaso de un alto porcentaje de sus ganancias a alguien que ella pensaba que le ayudaría a desarrollar una nueva área de su negocio. Janet le hizo ver a Lisa la forma de lograr el mismo objetivo sin la intervención de terceros e incluso le ayudó a conseguir nuevos negocios utilizando su base de clientes ya existente, lo que le permitió acelerar en cuatro meses los planes de desarrollo de su empresa y le reportó beneficios adicionales por cientos de miles de dólares.

Para comunicarse con posibles mentores como Janet y asegurarse de tener una conversación fructífera una vez que lo haga, anote los puntos que querría tratar en ese primer contacto, como, por ejemplo, por qué quisiera que fuera su mentor y el tipo de ayuda que desearía recibir. Sea breve, pero muéstrese seguro de sí mismo.

Lo cierto es que a las personas de éxito les gusta compartir con otros lo que han aprendido. Transmitir los conocimientos es una característica humana. No todos se tomarán el tiempo de servirle de mentor, pero muchos estarán dispuestos a hacerlo si se lo pide. Todo lo que tiene que hacer es elaborar una lista de unos cuantos nombres de personas que le gustaría tener como mentores y pedirles que le dediquen unos minutos al mes.

Unos dirán que no, pero otros dirán que sí. Siga pidiéndolo hasta que obtenga una respuesta positiva.

Les Hewitt, fundador del Achievers Coaching Program [El programa de *coaching* para triunfadores], asesoró al dueño de una pequeña empresa de camiones de carga que deseaba pedirle a uno de los principales empresarios de la industria de transporte de carga que fuera su mentor. Al mentor le encantó que se lo hubiera pedido y terminó ayudando al joven a lograr un desarrollo tremendo para su compañía. Su guion original es algo que tal vez usted podría imitar:

Hola, señor Johnston, mi nombre es Neil. Aún no nos conocemos. Además, sé que usted es una persona muy ocupada, por lo que seré breve. Tengo un pequeño negocio de camiones de carga. A través de los años, usted ha hecho un trabajo maravilloso para constituir su negocio en uno de los más grandes de nuestra industria. No dudo que debe haber tenido que enfrentar verdaderos retos cuando comenzó. Quiero decirle que estoy en esas primeras etapas, tratando de descubrir la mejor forma de hacer las cosas. Señor Johnston, le estaría muy agradecido si considerara la posibilidad de ser mi mentor. Todo lo que le pediría sería que me dedicara diez minutos por teléfono una vez al mes, para poder hacerle unas cuantas preguntas. ¿Estaría dispuesto a aceptar?

Si es dueño de una pequeña empresa o si piensa iniciar un nuevo negocio, debe ponerse en contacto con su organización local de SCORE (Service Corps of Retired Executives [Grupo de servicio de empresarios jubilados], por sus siglas en inglés). SCORE es una entidad que trabaja en asociación con la U.S. Small Business Administration [Administración de Estados Unidos para las pequeñas empresas], una amplia red nacional de más de 11.000 jubilados y voluntarios que ofrecen asesoría y consultoría de negocios gratuita al igual que talleres a bajo costo como un servicio público para todo tipo de negocios en todas las etapas de desarrollo, desde la idea inicial hasta el montaje, llegando hasta el éxito. Puede encontrar una de sus 320 oficinas en www.score.org. Otra fuente de asesoría y consejería empresarial gratuita para pequeños empresarios es Small Business Development Center, un servicio de la U.S. Small Business Administration. Tienen sesenta y tres oficinas en todo el país esperándole. Puede obtener más información en www.sba.gov/sbdc.

UN CONSEJO VALIOSO

Jason Dorsey era un típico estudiante universitario cuando de manera imprevista conoció a su primer mentor, un empresario que había sido invitado a dictar una conferencia en su clase de negocios en la Universidad de Texas. Cuando Brad retó a la clase al definir el éxito como algo más importante que solo ganar montones de dinero, Jason quedó intrigado y se atrevió a pedirle que fuera su mentor.

Durante su primera reunión, Brad le preguntó a Jason cuáles eran sus planes. Respondió que pensaba terminar la universidad, trabajar en la Bolsa de Valores de Nueva York, sacar una maestría en negocios, iniciar su propio negocio y, al fin, jubilarse a los cuarenta años. Una vez jubilado, pensaba trabajar con los jóvenes difíciles de alcanzar para asegurarse de que tuvieran acceso a una buena educación y a un trabajo respetable.

Al escuchar eso, Brad le preguntó a Jason cuantos años creía que tendría para cuando empezara a ayudar a esos jóvenes. Jason calculó que para entonces tendría unos cuarenta y cinco años. Luego Brad le hizo una pregunta que cambió su vida: «¿Por qué esperar veinticinco años para empezar a hacer lo que realmente quieres hacer? ¿Por qué no empiezas ya? Entre más tiempo esperes más difícil les será a los jóvenes relacionarse contigo».

El comentario de Brad era lógico, pero Jason tenía apenas dieciocho años y vivía en un dormitorio universitario. Jason le preguntó: «¿Cuál cree que pudiera ser la mejor forma de ayudar a los jóvenes como yo si empezara desde ya?».

«Escribe un libro que ellos realmente estén dispuestos a leer», le respondió Brad. «Cuéntales tus secretos para sentirte satisfecho de ti mismo, aunque todos los demás sean tan negativos. Diles lo que se requiere para pedirle a alguien que sea tu mentor. Cuéntales por qué tienes tantas oportunidades de empleo cuando apenas tienes dieciocho años».

Fue así como el 7 de enero de 1997, a la 1:58 a.m., Jason comenzó a escribir su libro. Debido a que no sabía que no lo podía hacer, terminó el primer borrador de *Graduate to Your Perfect Job* [Gradúate para tu empleo perfecto] apenas tres semanas después. Él mismo publicó su libro, comenzó a dictar conferencias en los colegios y empezó a ser mentor de otros jóvenes. Para cuando tenía veinticinco años, había dictado conferencias a más de 500.000 personas, había aparecido en el programa *Today* de la cadena de televisión NBC y había visto su primer libro convertirse en un curso en más de 1.500 escuelas. Jason es un orador y motivador tan convincente que muy pronto las escuelas empezaron a contratarlo para que capacitara a sus maestros y consejeros. Se conoce como el Gen Y Guy, y su más reciente empresa es una nueva compañía que ayuda a los ejecutivos y administradores a saber cómo motivar y retener a sus empleados jóvenes. Lo mejor de todo es que Jason sigue aprendiendo de los cinco mentores que tiene.

Cuando Jason tenía veintiséis años, ganó el Premio Anual Austin al Empresario menor de cuarenta años, en la categoría de educación. Hoy, a los treinta y seis años, Jason habla en todo el mundo —en países como India, México, Noruega y Egipto—, y en compañías como Mercedes-Benz, Four Seasons Hotels, SAS y Visa. Ha dado más de mil discursos y seminarios para audiencias de hasta dieciséis mil personas. Ha escrito dos libros más —*Y-Size Your Business* [Incluya a la generación en su negocio] y *My Reality Check Bounced!* [¡Mi cheque de la realidad fue rechazado!]—, y también escribe la popular columna «Minuto Maverick» para la revista *Success*.

Piense que si Jason no hubiera corrido el riesgo de pedirle a un extraño que fuera su mentor, estaría apenas obteniendo su título de maestría.

ESTÉ DISPUESTO A RETRIBUIR EL FAVOR

Dispóngase a retribuir a sus mentores, aunque sea con algo simple, como mantenerlos actualizados sobre la información de la industria o llamarlos cuando aparezcan nuevas oportunidades que los puedan beneficiar. Busque formas de ayudar a sus mentores. Ayude también a los demás. Qué gran recompensa para cualquier mentor que poder tener a su antiguo pupilo ¡esforzándose en el mundo por ayudar a otros a progresar!

PREGÚNTELE A ALGUIEN QUE YA LO HAYA HECHO

El éxito deja pistas.

ANTHONY ROBBINS
Orador motivacional y autor de *Controle su destino:
despertando al gigante que lleva dentro*

Mientras promovía la primera edición de este libro en 2005, estaba proyectado para participar en un programa de noticias matutino en Dallas, Texas. Cuando me estaban maquillando en el salón verde, le pregunté a la artista de maquillaje, tal como suelo hacer con casi todos los que conozco:

—¿Cuál es la meta de tus sueños?

—Ah, quiero ser dueña de mi propio salón de belleza —respondió ella.

—Eso es genial. ¿Qué estás haciendo para que eso suceda?

—Nada.

—Esa es una mala estrategia —le dije—. ¿Por qué no haces algo?

—No sé qué tengo que hacer para tener mi propio salón de belleza.

—Bueno —dije—, tengo una idea radical que te podría ayudar.

—¿Cuál es? —preguntó.

—¿Por qué no buscas a alguien que tenga su propio salón de belleza y le preguntas cómo lo hizo?

—¡Ahhh! Esa es una gran idea —exclamó ella.

Nunca deja de sorprenderme que las personas no averigüen eso antes, pero al menos ahora usted ya sabe lo que tiene que hacer cuando no sepa qué hacer. Vaya y pregúntele a alguien que ya lo haya hecho.

AYUDE A BATIR EL RÉCORD MUNDIAL

Cuando Felix Baumgartner, un paracaidista austriaco de cuarenta y tres años, decidió romper los récords de la caída libre más larga y rápida, le pidió a Joseph Kittinger —coronel retirado de la Fuerza Aérea de EE.UU., anterior poseedor del récord mundial, quien ya tenía ochenta y cuatro años—, que le ayudara a batir el récord establecido por él en 1960.

Joe, dispuesto a ayudar a alguien más joven a superar sus propios récords, accedió de buena gana. Además de su tutoría, también desempeñó el papel de «*capcom*» (cápsula de comunicaciones) como principal punto de contacto radial entre la misión de control y Félix durante el ascenso en el globo de helio que lo elevó veinticuatro millas (treinta y nueve km) sobre la Tierra.

El 14 de octubre de 2012, Baumgartner saltó desde una altura de 127.852 pies (veinticuatro millas aproximadamente) en lo que fue el salto en caída libre más alto de la historia, superando en cuatro millas el récord de 19,5 millas establecido por Kittinger en 1960. Con la ayuda de Joe y el apoyo del equipo de alto rendimiento de Red Bull, Baumgartner rompió el récord del vuelo en globo tripulado más alto, el salto más largo (nueve minutos y nueve segundos), y la caída libre más rápida, a 833 millas por hora (1.357,64 km/h), alcanzando un mach de 1,25 y convirtiéndose en la primera persona en romper la barrera del sonido fuera de un vehículo antes de aterrizar sin ningún percance en el desierto de Nuevo México después de su caída libre de cuatro minutos y diecinueve segundos desafiando la muerte.

A pesar de ser un día lleno de logros, hubo un récord que Félix no batió. Después de tener problemas con el empañamiento de su casco y de caer más rápido de lo que esperaba, Felix se aferró al plan de contingencia que consistía en jalar rápidamente el paracaídas a cinco mil pies de altura, lo que le impidió alcanzar el récord de la caída libre más larga. Sin embargo, señaló que estaba feliz de dejar intacto el récord de su mentor. Cincuenta y tres años después de establecerlo, el récord de cuatro minutos y treinta y seis segundos aún le pertenece a Joe Kittinger.

HAGA CONTACTOS EN SU CAMINO AL ÉXITO

*¡Hacer contactos es la táctica más poderosa de mercadeo para acelerar
y mantener el éxito de cualquier individuo u organización!*

ADAM SMALL
Fundador de Nashville Emerging Leaders
[Líderes emergentes de Nashville]

Aparte de los mentores, hay muchas otras personas que también le pueden ayudar a aumentar su nivel de desempeño, gente que se puede encontrar haciendo contactos de manera constante y proactiva. De hecho, una de las habilidades más importantes para el éxito en el mundo actual, sobre todo para los empresarios y propietarios de negocios, es hacer contactos. Jim Bunch, el creador del «Juego de la vida por excelencia», declaró una vez: «Su red de contactos determinará su valor neto». Esto ha demostrado ser cierto en mi vida. Cuanto más tiempo he pasado construyendo y cuidando de manera consciente mi red de asesores, colegas, clientes, estudiantes, clientes y aficionados, he tenido más éxito.

Los negocios y las carreras se forjan con las relaciones, y estas se establecen cuando las personas se encuentran e interactúan entre sí de una manera auténtica y solidaria con el paso del tiempo. Y como estoy seguro de que usted lo sabe, las estadísticas confirman una y otra vez que las personas prefieren hacer negocios con otras a quienes conocen, y a las que aprecian y les tienen confianza.

Las siguientes son algunas razones para dedicarse más a hacer contactos si usted es dueño de un negocio.

Generar referencias y más volumen de negocios: Las referencias que usted obtiene a través de los contactos normalmente son de alta calidad, la mayoría de las veces están incluso previamente calificadas para usted. Con el tiempo, puede hacer un seguimiento a esas referencias y convertirlas en clientes. Por lo tanto, puede obtener pistas de mucha mayor calidad gracias a los contactos que a otras formas de mercadeo. Esta oportunidad para aumentar las ventas es probablemente la razón más grande por la que las personas hacen contactos, pero también hay otras ventajas.

Amplíe las oportunidades: Cuando usted se une con otros propietarios de negocios motivados, hay una oportunidad para cosas como empresas conjuntas, clientes potenciales, asociaciones, comentar y escribir las oportunidades, las ventas o activos de negocios, las oportunidades de inversión y muchas cosas más que puedan surgir.

Crear conexiones: El viejo dicho, «No es lo QUE sabes, sino a QUIÉN conoces» es muy cierto en los negocios. Si quiere un negocio muy exitoso, es necesario entonces tener una gran fuente de conexiones relevantes en su red de contactos a quienes pueda llamar cuando los necesite.

El *networking* le proporcionará una gran fuente de conexiones y realmente le abrirá las puertas para hablar con personas influyentes con las que de otro modo no podría conectarse. Y recuerde, no se trata simplemente de la persona con la que usted está trabajando su red de contactos directamente; esa persona tendrá ya otras redes de contactos completas a las que pertenece y que usted también puede aprovechar.

Y, como veremos en un momento, no es solo lo que usted sepa o a quien conozca; es lo bien que se conocen entre sí lo que cuenta.

Recibir consejos útiles: Tener propietarios de negocios con ideas afines con los cuales pueda hablar usted también le da la oportunidad de recibir asesoramiento sobre todo tipo de cosas relacionadas con su negocio, o incluso con su vida personal. El *networking* es una gran manera de aprovechar el asesoramiento y la experiencia a las que usted no podría tener acceso de otro modo.

Le pedí a mi amigo Ivan Misner, a quien la CNN ha llamado el padre del *networking* moderno, que les explicara su Proceso VCP® del *networking*, porque aborda uno de los mayores errores que cometen las personas cuando trabajan en su red de contactos. Ivan es el fundador y presidente de BNI (Business Network International), la organización de referencia más grande del mundo, con más de 170.000 miembros en casi siete mil capítulos en cincuenta y cinco países. BNI ha promovido más de cinco millones de referencias al año, dando como resultado 6,5 mil millones de dólares por concepto de negocios generados por sus miembros.

EL *NETWORKING* SE TRATA DE RELACIONES
POR EL DOCTOR IVAN MISNER★

Durante un evento reciente de *networking* al que asistieron más de novecientas personas, empecé mi presentación preguntando a la audiencia: «¿Cuántos de ustedes vinieron hoy aquí esperando hacer un pequeño negocio y tal

---

★El doctor Ivan Misner es un autor *best seller* del *New York Times*. Es el fundador y presidente de BNI (www.bni.com), la mayor organización de *networking* del mundo, y es también el socio principal del Instituto Referral, una empresa internacional de formación de referencias. Para más detalles sobre el doctor Misner y de su último libro *Networking Like a Pro* [Trabaje su red de contactos como un profesional], visite la página www.TheSuccessPrinciples.com/resources.

vez incluso hacer una venta?». La inmensa mayoría de las personas levantaron la mano.

Luego pregunté: «¿Cuántos de ustedes están aquí hoy esperando comprar algo?». ¡Ni una sola persona levantó la mano!».

Esta es la gran desconexión acerca del *networking*.

Si usted está asistiendo a eventos de *networking* con la esperanza de vender algo, está soñando. No hay que confundir una venta directa con el *networking*. Un *networking* eficaz tiene que ver con el desarrollo de las relaciones.

Por supuesto, siempre habrá alguien que diga: «Pero, Ivan, ¡hice una venta al asistir a un evento de *networking*!». Sin embargo, que la mayoría de las personas encuentren un nuevo cliente o hagan una venta sobre el terreno, es algo que ocurre con la misma frecuencia que un eclipse solar. Y cuando la mayoría de las personas que asisten al evento también están tratando de vender (lo que significa que prácticamente no hay nadie para comprar), usted está loco si piensa que las probabilidades están a su favor para «vender» allí.

¿Por qué asistir entonces? Porque el *networking* se trata más de agricultura que de caza. Consiste en desarrollar relaciones con otros profesionales de negocios. A veces, usted querrá asistir a un evento de *networking* para mejorar su visibilidad; otras veces irá para establecer una mayor credibilidad con las personas que conoce; y, aun otras, podría asistir simplemente para encontrarse con un viejo amigo o asociado, y promover su negocio y avanzar a la rentabilidad.

En cualquier caso, los usuarios del *networking* verdaderamente exitosos se centran más en avanzar a través del Proceso PCV® que en cerrar negocios.

VISIBILIDAD

La primera fase del crecimiento de una relación es la visibilidad: usted y otro individuo son conscientes el uno del otro. En términos de negocios, ese individuo —que es una fuente potencial de futuras referencias o incluso un cliente potencial—, acaba de tomar conciencia de la naturaleza de su negocio, tal vez debido a sus relaciones públicas y esfuerzos publicitarios, o tal vez a través de alguien que ambos conocen. Esa persona puede observarlo a usted mientras dirige su negocio o se relaciona con otras personas que lo rodean.

Pronto, los dos comienzan a comunicarse y a establecer vínculos, a hacerse tal vez una o dos preguntas por teléfono acerca de la disponibilidad del producto. Podrían conocerse personalmente y llamarse mutuamente por su nombre, pero lo cierto es que saben poco más el uno del otro. Establezca varias relaciones de este tipo y saldrá con lo que se llama una *red casual de contactos*, una especie de asociación de facto sobre la base de uno o más intereses compartidos.

Esta fase de la visibilidad es importante porque crea reconocimiento y conciencia. Cuanto mayor sea su visibilidad, más ampliamente conocido será usted; cuanta más información obtenga de los demás, estará expuesto a más oportunidades y mayores serán sus posibilidades de ser aceptado por otros individuos o grupos como alguien a quien pueden o deberían referir negocios.

La visibilidad se debe mantener y desarrollar de forma activa; sin ella, usted no puede pasar al siguiente nivel: la credibilidad.

CREDIBILIDAD

La credibilidad significa ser fiable y digno de la confianza de alguien. Una vez que usted y la persona a la que acaba de conocer comienzan a formarse expectativas el uno del otro y esas expectativas se cumplen, su relación puede entrar en la etapa de la credibilidad. Si cada uno de ustedes está seguro de sentirse satisfecho con la relación, entonces esta se seguirá fortaleciendo.

La credibilidad aumenta cuando se cumplen las citas, se actúa según lo prometido, se verifican los hechos y se prestan los servicios. El viejo dicho de que los resultados hablan más que las palabras es cierto. El no cumplir con las expectativas —mantener promesas tanto explícitas como implícitas—, puede destruir una relación en ciernes antes de tener la oportunidad de crecer. Lo que es peor, este fracaso puede crear un tipo de visibilidad que usted no desea.

Para determinar qué tan creíble es usted, las personas a menudo recurren a terceros. Le preguntan a alguien que saben que lo ha conocido a usted por más tiempo y que tal vez haga incluso negocios con usted. ¿Tendrá que responder por usted? ¿Es usted honesto? ¿Son eficientes sus productos y servicios? ¿Es usted alguien con quien se puede contar en una crisis?

RENTABILIDAD

Obviamente, una relación madura de contactos, ya sea de negocios o personal, es el escenario en el que se produce la rentabilidad. ¿Es gratificante para ambos? ¿Se sienten satisfechos ambos socios con ella?

Si el hecho de continuar con la relación no beneficia a ambas partes, es probable que esta no perdure.

¿Cuánto tiempo se requiere para pasar a través de las distintas fases de una relación en desarrollo?

Esto es altamente variable. De hecho, no siempre es fácil determinar cuándo se ha alcanzado la rentabilidad: ¿En una semana? ¿En un mes? ¿En un año?

En algunos casos —como cuando surge una necesidad urgente—, usted y la otra persona pueden pasar de la visibilidad a la credibilidad de la noche a la mañana. Lo mismo se aplica para la rentabilidad; puede darse con rapidez o tardar años; lo más probable es que lo haga en algún punto intermedio. Por supuesto, gran parte depende de la frecuencia y calidad de su contacto con la otra persona, pero depende muy especialmente del deseo de ambas partes para sacar adelante la relación.

Esa es la razón por la que la miopía en cualquier etapa puede dificultar o incluso detener el pleno desarrollo de la relación. Tal vez usted sea un cliente que ha trabajado su red de contactos y hecho negocios con un proveedor determinado de vez en cuando durante varios meses; pero para ahorrar unos pocos centavos, usted se mantiene en busca del precio más bajo, ignorando el valor que ofrece este proveedor en términos de servicio, horas, buena voluntad y fiabilidad. ¿Usted se está beneficiando realmente con la nueva relación o está entorpeciendo el crecimiento de esta? Tal vez si hiciera todos sus negocios con este proveedor, en lugar de seguir buscando un precio mejor, pudiera llegar a unos términos que beneficiarían a ambos. La rentabilidad no se encuentra cazando gangas. Debe cultivarse y, como en la agricultura, requiere paciencia.

¿Cuál es otra ventaja importante de la etapa de la rentabilidad en una relación? Las referencias que usted recibe de las personas con las que ha trabajado su red de contactos. Cuando haya establecido una red de contactos eficaz, cuando haya entrado a la etapa de la rentabilidad de sus relaciones con muchas personas, su afinado sistema de generación de referencias le enviará clientes y referidos como resultado de ello.

La rentabilidad se da cuando hay beneficios que van en ambos sentidos, bien sea que se trate de referencias, información, apoyo o algo más. Su meta final debe ser una ganancia significativa y *mutua* en la relación.

Por supuesto, esta etapa de la rentabilidad en una relación no se limita a hacer dinero gracias a un nuevo cliente o a otro que haya conseguido por medio de una referencia. Puede aparecer en la forma de una conexión con alguien que puede ayudarle a emprender una nueva iniciativa o a hacer crecer su negocio. Puede incluir el acceso a un mentor o asesor profesional, o un contacto en otra industria que puede ayudarle a ampliar su cuota de mercado o a entrar a uno nuevo. Puede ser la capacidad de delegar una mayor cantidad de su carga laboral, obtener tiempo libre sustancial para su afición o intereses personales, o pasar más tiempo de calidad con miembros de su familia.

Janet Switzer, mi socia Patty Aubery y yo sabemos del valor de estar conectado a una red de contactos robusta y bien acoplada. Hemos generado millones de dólares en negocios gracias a las conexiones que hemos desarrollado en los últimos cuarenta años. Entre nosotros, hemos conseguido más de medio millón de lectores de nuestro blog, medio millón de fans en Facebook y millones de clientes, compradores y estudiantes que siguen nuestra labor relacionada con los principios del éxito. Hemos desarrollado listas de contactos personales con cientos de individuos clave que pueden ayudar con consejos, dirección, un nombre, una idea, recursos, ayuda con mercadeo y mucho más. Mis redes de contactos incluyen al Transformational Leadership Council [El consejo para el liderazgo transformacional], el National Council for Self-Esteem [El consejo nacional para la autoestima], la National Speakers Association [La asociación nacional de oradores], el Speakers and Authors Networking Group [El grupo de *networking* de oradores y autores], además de conexiones con redes de contactos de las cuales disfrutan los colegas en el movimiento del potencial humano. En cualquier momento, Janet y yo podemos preguntarnos el uno al otro: *¿A quién conocemos que pueda ayudar con esta nueva iniciativa?*, seguros de que podemos ver nuestra lista de contactos y hacer que nuestras necesidades y deseos sean abordadas en cuestión de días. Esa es la verdadera rentabilidad de una red de contactos.

CONSEJOS PARA UN *NETWORKING* EXITOSO

Ivan Misner también hace sugerencias valiosas para un *networking* eficaz, ya sea que usted se encuentre en un evento designado de *networking* o en uno potencial, como por ejemplo, una reunión, conferencia o convención de la Cámara de Comercio, o en una reunión de alguna asociación comercial. Sus consejos para aumentar su visibilidad, para conocer su propia declaración de valor, para crear pequeños grupos que están dispuestos para que otros se unan, y muchas otras cosas más, se detallan en nuestro sitio web complementario, www.TheSuccessPrinciples.com/resources. Busque el principio 44 y haga clic en el enlace que encontrará allí.

LA OPORTUNIDAD PARA TRABAJAR SU RED DE CONTACTOS ESTÁ EN TODAS PARTES

El ochenta por ciento del éxito está apareciendo.

WOODY ALLEN
Director, guionista, actor y comediante ganador de un Oscar

Nunca se sabe dónde encontrará su próxima conexión. A primera hora de una mañana primaveral, Jean MacDonald se detuvo en un Dunkin' Donuts para comprar un café. La cola salía de la puerta, pero como anhelaba una dosis de cafeína, ella decidió esperar. Mientras estaba allí de pie, la mujer frente a ella comentó: «Con este tipo de tráfico, debería ser dueña de una de estas tiendas».

Tras ese comentario, Jean entabló una conversación y mencionó que era una empresaria que ayudaba a las mujeres a verse y sentirse bien. Luego le dijo que trabajaba en Mary Kay Cosmetics y que era una oportunidad maravillosa. La mujer de la fila le dijo que era líder de tropa en las Girl Scouts, y que estaba buscando a alguien que fuera a hablar con las chicas sobre el cuidado de la piel. Jean anotó sus datos y le dijo que estaría en contacto con ella.

Mientras tanto, la mujer que estaba detrás oyó la conversación y le dijo a Jean que era enfermera y que estaba interesada en los productos de Mary Kay para el tratamiento de las manos. También le preguntó a Jean si podía ir a su oficina y tratar un poco su piel. Jean también anotó sus datos.

Pero las cosas no terminaron ahí. El hombre que estaba detrás de ella se unió a la conversación y le dijo a Jean que a su hermana le encantaban los productos de Mary Kay, pero que había perdido el contacto con su representante. Jean también anotó los datos de su hermana.

Tres contactos firmes, y todo luego de charlar con la gente que había en la fila, y eso que no eran siquiera las 7:30 a.m.

Pero la historia no concluye ahí, porque a estas alturas, lo único que tenía Jean eran clientes potenciales; contactos sólidos, pero contactos a fin de cuentas.

El noventa y nueve por ciento de todo el éxito en
la vida está en hacer seguimiento.

KENT HEALY
Coautor de *The Success Principles for Teens*
[Los principios del éxito para adolescentes]

El *networking* es mucho más que el simple acto de conocer gente. Es hacer un seguimiento, investigar, y continuar para conectarse y reconectarse una y otra vez.

Jean se conectó con la líder de las Girl Scouts, y les hizo un tratamiento a la piel de doce niñas y de varias madres. A la líder de la tropa le gustaron tanto los productos que se convirtió en una nueva consultora del equipo de Jean.

La enfermera estaba tan satisfecha con los productos que se reunió personalmente con Jean y también se convirtió en consultora de Mary Kay.

Ahora, aquí está el truco... la hermana del hombre con el que habló Jean en la fila era un agente funerario y le dijo que le encantaba el aspecto de los productos de Mary Kay en todos sus «clientes». ¡¡¡Resulta que los productos le dieron incluso brillo y vida a la piel muerta!!! El hombre contactó a Jean con varias de las funerarias locales y les vendió productos por tres mil dólares aproximadamente.

Como resultado de esas conexiones, el equipo de Jean se convirtió en el líder comunitario de las Girl Scouts; entabló negocios con muchos profesionales de enfermería, consultorios médicos y directores de funerarias; y el equipo de Jean ganó su primer Cadillac rosado.

La moraleja de esta historia es que nunca se sabe en dónde encontrará su próxima conexión. Y una vez que encuentre esa conexión, debe hacerle seguimiento hasta obtener resultados.

Las personas más ricas del mundo buscan y construyen redes de contactos.
¡Todos los demás buscan trabajo!

ROBERT KIYOSAKI
Autor de *Papá rico, papá pobre*

EL *NETWORKING* NO ES SOLO PARA PROPIETARIOS DE NEGOCIOS

El siete de mayo de 2014, la Lavandería Miriam estableció un nuevo récord mundial Guinness por la «Mayor discusión en línea sobre un libro en un período de veinticuatro horas» luego de alcanzar su meta personal de capacitar a cien mil niños. El adjudicador de los Récords Guinness verificó un total de 33.695 discusiones oficiales. Extraoficialmente, ¡estaban participando 103.813 personas de veintinueve países!

Cuando Miriam reflexionó sobre su logro, dijo que el principio del éxito que más le ayudó fue el del *networking*.

Durante la última semana de mi programa Capacite al capacitador, Miriam le contó su meta novedosa a otro participante. ¿Su meta? «Empoderar a cien mil niños para creer en sí mismos para el 1 de junio de 2014, por medio de la lectura de su libro infantil, *I CAN Believe in Myself* [PUEDO creer en mí mismo]». Su estrategia para lograr eso era obtener un título oficial de los Récords Guinness.

Cuando el compañero le preguntó a Miriam por qué había elegido ese proyecto y esa fecha, ella explicó que el siete de mayo caía en la «Semana de la conciencia de la salud mental» en Canadá, y que su propósito para escribir el libro, motivado por el suicidio de su sobrina, era enseñar a los niños sobre la salud mental positiva.

En una coincidencia sorprendente, el compañero le habló de un colega suyo que había fundado la Asociación Día Winspiration, ¡que también se celebra todos los años el siete de mayo! Le preguntó rápidamente si podía prestarle el libro de Miriam a su colega y, un par de meses más tarde, Miriam recibió una llamada de Suiza. Era el fundador de la asociación que había estado mirando su proyecto ¡y quería concederle el Premio Día Winspiration del 2014!

El fundador apoyó de lleno el intento de Miriam por obtener un récord mundial Guinness oficial. La contactó incluso con una empresa internacional llamada Nikken, la cual le pidió que hablara con el director general de Nikken en Europa. Parecía como si todo el mundo que se enteraba de su meta quería ayudarla.

La organización Nikken la ayudó a financiar su intento por conseguir el récord mundial Guinness, incluyendo pagar el costo de hacer de este un evento internacional. Nikken fue anfitrión de una conferencia telefónica global en sus oficinas en veintiséis países, donde entrevistaron a Miriam acerca de su visión y sus razones para ayudar a los niños. La organización Nikken le sugirió que iniciara una campaña de *crowdfunding,* con lo que podrían ayudar a pagar los quince mil dólares canadienses que costaba llevar a un adjudicador de los Récords Mundiales Guinness a su ciudad de St. Catharines, Ontario, Canadá.

Abrumada por la avalancha de ayuda, Miriam no comprendió totalmente la magnitud del apoyo hasta que comenzó a recibir pedidos diarios de su libro de países como Alemania, Australia, Austria, Filipinas, Rusia, los Países Bajos, el Reino Unido y muchos más.

¿El secreto de su éxito?, ella dice que ¡El *NETWORKING*!

Y todo comenzó porque ella estuvo dispuesta a compartir sus metas con los demás. Miriam reflexiona: «Lo más increíble para mí es que, cuando compartes tu propósito sincero y tu visión con los demás, quieren saltar a bordo y ayudarte».

«Nunca se sabe con quién estás hablando, a quién conoce esa persona, y cuáles son sus desencadenadores de eventos. Compartir mi meta con ese participante dio lugar a que me galardonaran con el prestigioso premio Día Winspiration, consiguiera respaldo financiero para mi meta, obtuviera el título mundial de los Récords Guinness y, lo más importante, empoderara a miles de niños, ¡todos ellos aprendiendo la mentalidad del YO PUEDO en todo el mundo!».

CONTRATE A UN ASESOR PERSONAL

Estoy firmemente convencido de que, a menos que las personas reciban
entrenamiento, nunca alcanzarán su máximo nivel de capacidad.

BOB NARDELLI
Exdirector ejecutivo de Home Depot y Chrysler

Nunca esperaría que un atleta llegara a los Juegos Olímpicos sin un entrenador de primera clase. Tampoco esperaría que un equipo de fútbol profesional llegara al estadio sin todo un conjunto de entrenadores: el jefe de entrenadores, el entrenador de los jugadores de ofensiva, el entrenador de los jugadores de defensa y el entrenador de los equipos especiales. A lo largo de los años, el entrenamiento ha hecho su ingreso al campo de los negocios y del desarrollo personal e incluye entrenadores que han tenido éxito en su área de interés, personas que le pueden ayudar a recorrer ese mismo camino o a llegar aún más lejos.

UNO DE LOS SECRETOS MEJOR GUARDADOS
DE QUIENES HAN ALCANZADO EL ÉXITO

De todo lo que hacen quienes alcanzan el éxito para acelerar su progreso hasta lograrlo, trabajar con un buen *coach* es una de las primeras prioridades en su lista. Un *coach* le ayudará a tener ideas más claras y a definir mejor sus metas, le ayudará a superar sus miedos, lo mantendrá centrado en su objetivo, lo confrontará con su conducta inconsciente, con sus antiguos patrones, con sus hábitos y esperará que usted dé lo mejor de sí, le ayudará a vivir de acuerdo con sus valores; le indicará cómo aumentar sus ingresos trabajando menos y le ayudará a centrarse en su genialidad interior.

MÁS VALIOSO QUE EL DINERO

He tenido muchos *coaches* que me han ayudado a alcanzar mis metas, entrenadores de negocios, *coaches* en el arte de escribir, *coaches* en técnicas de mercadeo y *coaches* personales. Pero, sin lugar a dudas, la experiencia de entrenamiento que más me ha ayudado a dar un salto hacia adelante en todas las áreas de mi vida fue cuando contraté a un *coach* para que me ayudara a llevar mi empresa al próximo nivel.

¿Cuáles fueron los resultados? En primer lugar, dupliqué de inmediato mi tiempo libre. Delegué más tareas, programé mis vacaciones, en vez de limitarme a pensar en ellas, y contraté a personal adicional que, en último término, llevó a mi compañía a obtener más ingresos. Y eso fue solo en los primero meses.

Los beneficios no fueron solo para mi negocio, sino también para mi familia.

En cuanto a mí, el entrenamiento no fue solamente para ganar más dinero, aunque gran parte del programa se centra en aumentar las ganancias, manejar mejor el dinero y establecer un plan financiero que nos permita la libertad que deseamos. Me enseñó a tomar mejores decisiones para mí y para mi negocio. Lo cierto es que la mayoría de los clientes de esos servicios de entrenamiento son inteligentes, muy inteligentes. Y sin embargo, son conscientes de la importancia de tener acceso a alguien que pueda ser objetivo, franco y constructivo cuando se trata de analizar las opciones que tienen ante sí.

POR QUÉ EL *COACHING* DA RESULTADOS

Los coaches *en alta gerencia no son para los humildes. Son para quienes valoran la retroalimentación libre de ambigüedad. Si estos* coaches *tienen algo en común es que están incondicionalmente orientados a los resultados.*

REVISTA *FAST COMPANY*

Ya sea que el programa esté diseñado para lograr un objetivo de negocios específico —por ejemplo, incrementar su lista de negocios de bienes raíces— o para ayudarle específicamente a tener un enfoque más claro y así lograr mayor progreso tanto personal como profesional, un entrenador puede ayudarle a:

- Definir sus valores, su visión, su misión, su propósito y sus metas
- Determinar las medidas y acciones específicas para ayudarle a alcanzarlas
- Elegir entre las distintas oportunidades
- Mantener el enfoque en sus más importantes prioridades
- Equilibrar su vida sin dejar de cumplir sus metas de negocios o profesionales

Como humanos, tenemos la tendencia a hacer únicamente parte de lo que debemos hacer y prácticamente todo lo que queremos hacer. Un *coach* personal puede ayudarle a descubrir lo que realmente quiere ser y ayudarle a definir las medidas que hay que tomar para lograrlo.

EL *COACHING* DE CANFIELD

Debido a mi éxito personal con el *coaching,* y a mi firme creencia en su poder para hacer lo mismo por los demás, he desarrollado mi propio programa de *coaching* para apoyar a las personas en la aplicación de *Los principios del éxito.*

Mi experiencia me dice que las personas tienden a alejarse con frecuencia de los cambios que les permitirían crear la vida de sus sueños. El verdadero valor del *coaching* radica en la forma en que le ayuda a realizar esos cambios. Ya se trate de reemplazar los malos hábitos que lo han estado frenando, o de convertir unos hábitos buenos en maravillosos, el *coach* sabe cómo ayudarle a obtener más de usted mismo y de su entorno. Nuestros *coaches* ofrecen rendición de cuentas, estímulo, perspicacia, motivación y amor rudo, todos los cuales lo aceleran a usted para llegar desde donde está hasta donde quiere estar. También le ayudan a salir de su zona de confort y a crear las disciplinas diarias de éxito necesarias para alcanzar sus metas.

Los graduados de nuestros programas de *coaching* han logrado a menudo más de lo que creían posible, y en un período de tiempo más corto de lo que pensaban. Para ellos, el *coaching* multiplicó el tamaño y la velocidad de su éxito.

Los siguientes son algunos fragmentos de las cartas de agradecimiento que he recibido de los graduados de nuestro programa, el *Coaching* de Canfield.

Desde el inicio de esta jornada, he creado un flujo constante de negocios, he establecido un equipo más sólido de consultores y he seguido trabajando hacia mi meta de ser directora en mi empresa de ventas directas. También he creado un tiempo mejorado de calidad con mis dos hijos pequeños, mi marido y con nuestra familia en conjunto. —*Trish C., Ohiopyle, Pensilvania*

Leí el libro *Los principios del éxito* y me sentí muy emocionada, pero no sabía cómo asimilar toda la información. Mi *coach* ha hecho que eso sea muy manejable. Disfruto de mis rituales diarios: meditar, hacer afirmaciones, la regla del 5, examinar mi día, planear para el día siguiente, así como el ejercicio del espejo; todo esto ya es parte normal de mi día. Mis afirmaciones están empezando a materializarse realmente. Me sentí muy emocionada cuando mi afirmación ocurrió de la manera exacta en que la visualicé. He roto con los viejos hábitos y aprendido otros nuevos para mejorar mis habilidades organizativas. Ahora puedo dividir mis metas en tareas realizables. Tengo la confianza de preguntar y de buscar consejos o ayuda cuando lo necesito. Ahora me pongo a mí misma en primer lugar y no me siento culpable por decirles no a las personas... No puedo creer lo mucho que ha cambiado mi vida en tan poco tiempo. —*Sally-Ann D., Taupo, Nueva Zelanda*

Esta es una típica historia de éxito.

Cuando usted me ofreció la oportunidad de hablar con uno de sus *coaches*, tuve que pensarlo un par de horas... Quise un *coach* por años, pero mi timidez me impedía tenerlo. El tiempo no podría haber sido mejor. Yo estaba a punto de comenzar mi nuevo negocio y también estaba escribiendo algunos libros, pero sabía que mis bloqueos me impedían estar a la altura de mi potencial. Había llegado el momento de superar los últimos obstáculos y sabía que iba a necesitar ayuda de alguien que estuviera ahí conmigo para empujarme hasta que llegara a la meta. Respiré profundamente, hice la llamada telefónica y dije adiós a mis viejas costumbres derrotistas.

La transformación que ha tenido lugar en mi interior, gracias a usted, a su programa, a su excelente libro y a mi maravilloso *coach*, es poco menos que sorprendente. Mi *coach* vio de inmediato que yo era perfeccionista, algo de lo que siempre había estado muy orgullosa. Pero él me ayudó a ver la manera en que mi perfeccionismo ejercía un efecto muy negativo en mí y en mi rendimiento, por lo que me condujo hacia algo mucho mejor: la *excelencia*.

Yo estaba al borde de un agotamiento total. Me sentía completamente abrumada por todo lo que sentía que tenía que hacer, me estaba sofocando. Su libro fue una gran ayuda para mí en este aspecto. Su sistema de gestión del tiempo me ha ayudado a mantener la concentración, a utilizar mi tiempo de manera más eficaz y a descansar sin sentirme culpable. ¡Me siento mucho mejor ahora!

Mi ejemplar de *Los principios del éxito* está completamente raído, lo consulto con frecuencia y a menudo me encuentro citándoselo a otras personas. Sin duda alguna, el libro es brillante por derecho propio, pero el mayor beneficio de tener un *coach* que me guiara fue que me vi obligada a seguir adelante. Alguien me estaba observando y yo no podía acobardarme y omitir las cosas que me hacían sentir incómoda. Hice cosas que me aterrorizaban, como fijar fechas para las metas; pensé que mi cerebro podría explotar, ¡pero lo hice! Hice llamadas telefónicas atemorizadoras. Aprendí a presentarme a los extraños y a salir avante en eventos sociales. Le pedí ayuda a la gente. Dije: «No». Aprendí a centrarme en mis éxitos y a llevar un registro de ellos. Todos los días me miro en el espejo y me digo que soy una persona maravillosa y que estoy haciendo un gran trabajo.

Me encuentro haciendo las cosas que he aprendido automáticamente; se han convertido en un hábito. Veo que las cosas que he aprendido acuden con facilidad a mi mente cuando las necesito. ¡Es como si ahora tuviera un *coach* en mi mente que me habla y me guía cuando lo necesito! No hay absolutamente ninguna comparación entre la forma en que yo funcionaba hace cuatro meses y la manera en que vivo ahora. ¡Todo es mucho mejor! —*Pavanne V., Apeldoorn, Países Bajos*

He reunido cuidadosamente a algunos de los mejores *coaches* de toda la industria y entrenado personalmente a todos ellos. Sé que gracias a los resultados que hemos producido constantemente para más de 5.500 personas en 108 países, ellos también le ayudarán a obtener resultados fenomenales en todos los ámbitos de la vida. En pocas palabras, pueden ayudarle a cambiar su vida.

En el programa Canfield Coaching, usted tiene una opción entre un *coaching* individual o en pequeños grupos por vía telefónica o por Skype. Independientemente del formato, la clave para el éxito continuo está en tener un contacto frecuente. En el transcurso de las sesiones, usted trabajará al lado de su *coach* para desarrollar metas, estrategias y un plan de acción que sea positivo, deseable y realista. Muchos programas de *coaching* brindan apoyo entre llamadas por medio de correos electrónicos. En Canfield Coaching, vamos un paso más allá al proporcionar acceso telefónico entre sesiones a todo el personal de Canfield Coaching.

Para obtener más información y concertar una sesión telefónica gratuita que le dará una introducción al *coaching*, visite la página www.Canfield-Coaching.com/sp45.

COACHING PARA ESCRITORES

Sin lugar a dudas, una de las mejores cosas que he hecho para acelerar mi éxito fue convertirme en un autor publicado. Usted puede compartir sus ideas e influencia con muchas más personas cuando escribe y publica un libro. Y ser un autor publicado le da credibilidad. Lo establece como experto. Para muchas personas es como una especie de folleto que describe su trabajo y por el que otros pagan. Y con el gran número de libros electrónicos y opciones de autopublicación que hay en la actualidad, es más fácil que nunca.

Después de dos años de enseñar a adolescentes desfavorecidos en una escuela secundaria de una zona urbana deteriorada y en un centro de Job Corps, escribí mi primer libro, *100 Ways to Enhance Self-Concept in the Classroom* [Cien maneras de aumentar el autoconcepto en el aula], en 1976. Ese libro vendió más de cuatrocientos mil ejemplares, cambiando mi carrera y mi vida casi de la noche a la mañana. Me convertí en una autoridad reconocida en el campo de la educación y me resultaron un montón de charlas pagadas. Más importante aún, empecé a escuchar la forma en que los maestros de todo el país estaban utilizando mis estrategias para impactar positivamente a sus alumnos. Ese primer libro condujo en última instancia a la creación de la serie *Sopa de pollo para el alma*, que actualmente incluye cuarenta y seis éxitos de ventas del *New York Times* y más de quinientos millones de ejemplares vendidos en todo el mundo. ¡Y eso realmente cambió mi vida!

Puesto que el hecho de convertirme en autor cambió mi vida de muchas maneras, una de mis misiones es ayudar a otros a publicar sus libros y compartir sus mensajes con el mundo. Para lograr eso, conformé un equipo con Steve Harrison —que ha ayudado a más de doce mil autores, incluido yo con la serie *Sopa de pollo*, a escribir con éxito y promocionar sus libros—, para crear el «Bestseller Blueprint» [Proyecto *best seller*], un curso de formación en línea (que contiene algunas llamadas de *coaching* en vivo), el cual proporciona instrucciones paso a paso sobre todos los aspectos de la escritura, publicación y comercialización de su libro. Además de mis propios métodos comprobados, también hemos incluido estrategias y consejos de autores tan vendidos como Tim Ferris *(La semana laboral de 4 horas),* John Gray (*Los hombres son de Marte, las mujeres son de Venus*), Marci Shimoff (*Ama porque sí*), Ken Blanchard (*El mánager al minuto*) y muchos otros.

Puede acceder a videos gratuitos de formación de autores, que es también una vista previa del curso completo, visitando la página www. JackCanfieldAuthorTraining .com.

APRENDA A HACERLES *COACHING* A OTROS

Por último, creo que todo el mundo debería aprender a ser *coach*. Si usted conoce los pasos básicos y las habilidades del *coaching*, será un mejor padre, esposo, maestro, director, vendedor en la red, entrenador de atletismo e incluso un mejor amigo. Si desea añadir el *coaching* a su conjunto de habilidades, un buen recurso es *Coaching for Breakthrough Success: Proven Techniques for Making Impossible Dreams Possible* [*Coaching* para avanzar hacia el éxito: técnicas probadas para hacer posibles los sueños imposibles],* un libro que escribí con el doctor Peter Chee, ejecutivo de ITD World en Kuala Lumpur, Malasia. El libro detalla los treinta principios que explican el papel y los beneficios del *coaching*, y presenta nuestro modelo de *coaching* situacional, que cubre los seis paradigmas del éxito: las metas, la exploración, el análisis, la liberación, la decisión y la acción. Ofrece muchas técnicas para ayudar a las personas a superar barreras y lograr resultados.

---

*Nueva York: McGraw-Hill, 2013.

CONFORME UN GRUPO DE MENTES MAESTRAS PARA DISEÑAR SU CAMINO AL ÉXITO

Cuando dos o más personas colaboran en espíritu de armonía y esfuerzo en pro de un objetivo o propósito determinado, están en una posición en la que —a través de la alianza—, pueden absorber el poder directamente del gran depósito de la Inteligencia Infinita.

NAPOLEON HILL
Autor de *Piense y hágase rico*

Todos sabemos que dos cabezas piensan más que una cuando de resolver problemas o de crear resultados se trata. Imagínese entonces lo que sería contar con un grupo permanente de cinco o seis personas que se reúnan una vez cada semana o dos con el propósito de resolver problemas, realizar una lluvia de ideas, establecer una red, animarse y motivarse mutuamente.

Este proceso es lo que se conoce como *grupo de mentes maestras,* una de las herramientas más potentes de las que se presentan en este libro para alcanzar el éxito. No conozco a nadie que haya alcanzado un éxito sin precedentes que no lo haya utilizado.

UN ANTIGUO CONCEPTO QUE RECOBRA ACTUALIDAD

Napoleon Hill fue el primero en escribir sobre los grupos de mentes maestras en 1937, en su libro clásico *Piense y hágase rico.* Todos los industriales más ricos del mundo —desde comienzos del siglo XX hasta los íconos modernos del sector empresarial— han utilizado el poder de los grupos de mentes maestras. Es el concepto que quienes alcanzan el éxito mencionan con más frecuencia cuando quieren indicar lo que más les ha ayudado a convertirse en millonarios.

Andrew Carnegie tuvo un grupo de mentes maestras. Lo mismo hizo Henry Ford. De hecho, las mentes maestras de Ford, conformaban un brillante grupo de pensadores entre los que se contaban personas como Thomas Edison y Harvey Firestone que se reunían en sus mansiones de invierno en Fort Myers, Florida.

Sabían, como lo han descubierto millones de personas desde entonces, que un grupo de mentes maestras puede concentrar energía especial en sus esfuerzos, en forma de conocimientos, nuevas ideas, introducciones y una amplia gama de recursos y, lo que es más importante, en forma de energía espiritual. Fue sobre este último aspecto sobre el que escribió extensamente Napoleon Hill.

Dijo que si estamos en sintonía con *la* mente maestra —es decir, con Dios, la fuente, el poder universal, la Inteligencia Infinita o cualquiera que sea el término que se utilice para referirse a la fuerza de vida creadora todopoderosa— dispondremos de una cantidad de energía positiva significativamente mayor, de un poder que podremos enfocar en nuestro éxito. Incluso la Biblia habla de esto: «Porque donde dos o tres se reúnen en mi nombre, allí estoy yo en medio de ellos» (Mateo 18.20). El «Grupo mentes maestras» es, por lo tanto, el poder que nos viene de unos y otros y el poder que proviene de lo alto.

UN PROCESO PARA ACELERAR SU DESARROLLO

La filosofía básica de un grupo de mentes maestras es que se puede lograr más en menos tiempo cuando las personas trabajan en grupo. Un grupo de mentes maestras está compuesto por personas que se reúnen en forma periódica —semanal, quincenal o mensual— para compartir ideas, conceptos, información, retroalimentación y contactos de negocio y recursos. Al obtener la perspectiva, los conocimientos, la experiencia y los recursos de otras personas del grupo, no solo es posible trascender la propia visión limitada del mundo, sino desarrollar más rápido nuestras metas y proyectos.

Un grupo de mentes maestras puede estar conformado por personas de su misma industria o por personas de todas las profesiones. Podrá centrarse en aspectos de negocios, en aspectos personales o en ambos. Pero, para que un grupo de mentes maestras sea realmente efectivo, sus integrantes deben entenderse bien y ser francos unos con otros. Una de las retroalimentaciones más valiosas que he recibido provino de los miembros de mi grupo de mentes maestras que me confrontaron con la necesidad de superar algunas de mis actitudes como la de comprometerme a hacer más de lo que puedo, vender mis servicios a un precio muy bajo, ocuparme de aspectos triviales, no delegar, no pensar lo suficientemente en grande y ser demasiado precavido.

La confidencialidad aumenta el nivel de confianza. Por lo general, en el mundo real, manejamos nuestra imagen personal y corporativa. En un grupo de mentes maestras, los participantes pueden actuar con naturalidad, decir la verdad sobre su idea personal y de negocios, y estar seguros de que lo que se dice no saldrá del grupo.

NUEVOS CONCEPTOS, NUEVAS PERSONAS, NUEVOS RECURSOS

Al conformar un grupo de mentes maestras debe considerar elegir personas de distintos sectores profesionales, individuos que están «arriba» o «adelante» de usted en términos profesionales o financieros, y que pueden ponerlo en contacto con una red de personas a las que normalmente no tendría acceso.

Aunque las ventajas de incluir personas de otros campos distintos al suyo en el grupo de mentes maestras puedan no parecer obvias a primera vista, lo cierto es que todos tendemos a estancarnos en nuestro propio campo de experiencia, viendo las cosas a través del mismo lente estrecho, haciendo las cosas como las hacen todos los de nuestra profesión. Sin embargo, al reunir personas de distintas industrias y campos de actividad se logra una perspectiva distinta de un mismo tema.

Henry Ford era experto en líneas de ensamblaje. Thomas Edison era un inventor. Harvey Firestone era un genio de la administración corporativa. Por consiguiente, su grupo de mentes maestras reunió distintos talentos capaces de ofrecer perspectivas diferentes a los problemas de unos y otros, ya fueran de carácter legal, financiero o de relaciones humanas.

Otros grupos de mentes maestras han ayudado a sus miembros a iniciar o salvar sus empresas, cambiar de trabajo, convertirse en multimillonarios, ser mejores padres, mejorar como maestros, convertirse en mejores promotores del cambio social, mejorar nuestro medio ambiente y mucho más.

CÓMO CONFORMAR UN GRUPO DE MENTES MAESTRAS

Cualquiera que sea el propósito de su grupo, la clave importante es elegir personas que ya hayan estado donde usted quiere llegar, o que se encuentren al menos un nivel por encima de donde usted está. Si su meta es convertirse en millonario y en la actualidad solo gana 60.000 dólares al año, le convendrá mucho reunir personas que ya estén ganando más que usted. Si le preocupa que los que están ya a un nivel superior al suyo tal vez no quieran formar parte de un grupo en el que usted esté, recuerde que es usted quien les está dando la oportunidad de reunirse. Es usted el que organiza, provee y constituye un foro para que otros progresen y realicen una lluvia de ideas para resolver sus necesidades. Muchos que ya se encuentran a un nivel más alto querrán participar porque solo estarán desarrollando una actividad que quizás no se hubieran tomado el trabajo de organizar ellos mismos. Lo más probable es que estén encantados de reunirse con las otras personas que usted va a invitar, sobre todo, si algunas son de su mismo nivel.

¿CUÁL ES EL TAMAÑO IDEAL PARA UN GRUPO DE MENTES MAESTRAS?

El tamaño ideal de un grupo de mentes maestras es de cinco a seis personas. Si son menos, pierde dinamismo. Si son muchas más, se vuelve inmanejable; las reuniones podrían demorar demasiado, es posible que no se satisfagan las necesidades de algunos y se minimiza la posibilidad de compartir persona a persona. Sin embargo, hay grupos de hasta doce personas que se reúnen durante todo un día una vez por mes y dan muy buenos resultados.

Otra opción a considerar es unirse a un grupo de mentes maestras facilitado profesionalmente, o que su mente maestra sea proporcionada por un facilitador profesional que asuma la responsabilidad de todo, desde los recordatorios de llamadas, a dirigir las reuniones de acuerdo con la fórmula comprobada para el éxito.*

CÓMO REUNIR UN GRUPO DE MENTES MAESTRAS

Las reuniones de mentes maestras se deben realizar semanal o quincenalmente con la asistencia de todos los miembros del grupo. Pueden ser reuniones en las que todos estén presentes, pueden llevarse a cabo por teléfono, con Skype o con Google Hangouts. Un tiempo ideal sería entre sesenta y noventa minutos aproximadamente. Si las reuniones van a durar más de

---

*Uno de los facilitadores de grupos de mentes maestras más grandes de todos los tiempos, y a quien he entrenado personalmente, es Robert MacPhee. Él puede crear grupos en curso por teléfono y Skype o Google Hangout, y viajar para conducir personalmente grupos de un día de duración o de varios. Lea más acerca de Robert en la página www.TheSuccessPrinciples.com/resources.

sesenta minutos, es importante contar con el compromiso total de cada miembro del grupo para asignar ese tiempo.

Para las primeras reuniones, se recomienda que cada miembro del grupo cuente con una hora entera para familiarizar a los demás en detalle con su situación, sus oportunidades, necesidades y retos, mientras los otros miembros hacen preguntas aclaratorias y van aportando ideas para determinar la mejor forma de ayudarle. Durante las siguientes reuniones debe asignar un tiempo corto a cada participante (como diez minutos) para que ponga al día al grupo, solicite ayuda y obtenga retroalimentación.

Cada reunión debe desarrollarse, de forma periódica, en conformidad con un formato ya probado de pasos efectivos para que cada participante encuentre respuestas a sus necesidades y, por consiguiente, permanezca involucrado. Encontrará un kit completo para reunir un grupo de mentes maestras y conducir reuniones con ellos —además de los siete pasos y una hoja de ejercicios muy útil—, en nuestro sitio web www.TheSuccessPrinciples.com/resources. Busque el principio 46 y haga clic en el enlace.

ELLA PLANEÓ SU CAMINO AL ÉXITO MAGISTRALMENTE

En 2010, Jill Douka de Atenas, Grecia, salió de mi entrenamiento Avance hacia el éxito con el compromiso de ser parte de un grupo de mentes maestras que había conformado con cinco asistentes de diferentes países.

Cuando la crisis económica en Grecia comenzó a afectarlos a todos en ese país, Jill se encontró esperando «reunirse electrónicamente» con su grupo global de mentes maestras en Skype y Google Hangouts, pasando una hora cada dos semanas sin utilizar las palabras *crisis, quiebra, desempleo* o *deudas*.

En poco tiempo, Jill supo gracias a su grupo de mentes maestras acerca del evento TED en Chennai, y acabó dando su primer discurso internacional allí. Mientras volaba de nuevo a casa, una idea tomó forma en su mente: ¿Qué pasa si en lugar de solo «*ideas* que valen la pena difundir» (el maravilloso concepto de TED), ella creaba una plataforma global que difundiera *soluciones*?

Jill podría ofrecer talleres interactivos en eventos de un día y luego subir los videos a YouTube para que personas de todo el mundo pudieran beneficiarse de ellos.

Con este concepto nació «El mejor día de la vida».

Al comienzo, con la crisis económica tan grave en Grecia, y con los ciudadanos protestando en las calles, Jill se sintió incómoda para hablar de su idea en cuanto a crear un evento llamado «El mejor día de la vida» con amigos y colegas en Atenas. Pero cuando discutió la idea con su grupo de mentes maestras, ellos se sintieron eufóricos.

Jill recuerda: «Nunca olvidaré la manera en que me animaron a seguir adelante y crear "El mejor día de la vida" en Atenas. Nunca habría salido adelante sin su constante aliento y apoyo».

El primer evento «El mejor día de la vida» en Atenas tuvo un lleno completo, con quinientos participantes, además de otras trescientas vistas en vivo por *streaming*, y recibió el apoyo de setenta voluntarios y cincuenta y siete patrocinadores corporativos. La respuesta fue increíble. La gente caminaba por los pasillos de la sede como si les hubieran dado píldoras de la felicidad. El equipo recibió una gran cantidad de correos electrónicos y mensajes de Facebook agradeciéndoles por la actitud positiva, y el punto de vista basado en soluciones que les había ofrecido el evento. Y el regalo más grande de todos fue que, gracias al evento, ¡Jill conoció a su esposo!

El próximo noviembre, Sergio Sedas, otro graduado de Avance hacia el éxito y orador de TED, produjo el segundo evento «El mejor día de la vida» en Monterrey, México, con más de cuatro mil personas que participaron en talleres centrados en soluciones interactivas, ofrecidos por presentadores de Estados Unidos, México, Canadá y Bermudas.

Durante todo aquello, el grupo de mentes maestras de Jill participó con ideas, ánimo y soluciones. No está mal para una inversión de dos horas al mes.

«Pero, sobre todo», dijo Jill, «es la sensación de que tengo cinco almas con las que puedo compartir mis sentimientos, desde la devastación completa a la alegría inmensa. Y eso no tiene precio».

COMPAÑEROS DE RENDICIÓN DE CUENTAS

En lugar de —o además de— estar en un grupo de mentes maestras, es posible optar por trabajar con lo que llamo un socio de rendición de cuentas. Dos de ustedes acuerdan un conjunto de metas que cada uno procure cumplir y hablar por teléfono con regularidad para ser mutuamente responsables de cumplir con los plazos, alcanzar las metas y progresar.

Se comprometen a llamarse mutuamente en momentos acordados de manera previa (todos los días, todas las semanas o cada dos semanas), para asegurarse de que los dos estén llevando a cabo las acciones planeadas. Saber que usted le informará a alguien proporciona la motivación adicional para hacer el trabajo. Esta es una relación especialmente útil para desarrollar si usted es un empresario individual y trabaja desde su hogar. Saber que estará hablando con su compañero de rendición de cuentas mañana por la mañana hace que sea más probable que usted sea productivo hoy.

También puede pedirle a su compañero que comparta ideas, información, contactos y recursos. Usted puede comentarle su última idea y pedirle su opinión: «¿Qué opinas? ¿Cómo procederías?». Su compañero podría estar de acuerdo en hacer una llamada por usted, darle un nombre de contacto o enviarle por correo electrónico alguna información que tenga sobre el tema. Es importante recordar que una llamada de rendición de cuentas no es una de tipo social o de *coaching*. Los compañeros de rendición de cuentas funcionan mejor y duran más cuando las llamadas son breves y enfocadas.

Un compañero de rendición de cuentas también puede brindarle entusiasmo cuando el suyo está menguando debido a los obstáculos, distracciones, reveses o fracasos. La clave para una exitosa relación de rendición de cuentas es elegir a alguien que se sienta tan emocionado para alcanzar su meta como usted lo está de lograr la suya, alguien que esté comprometido con su propio éxito y con el suyo.

INDAGUE EN SU INTERIOR

*Quienes se dedican a investigar la actividad del cerebro calculan
que la base de datos del inconsciente supera la de la conciencia
en un orden mayor de diez millones a uno. Esta base de datos es
la fuente de su ingenio natural oculto. En otras palabras, una
parte de usted es mucho más inteligente que usted. Las personas
sabias consultan constantemente a la parte más inteligente.*

MICHAEL J. GELB
Autor de *Atrévase a pensar como Leonardo da Vinci* y *Piense como un genio*

Según una antigua leyenda, hubo un tiempo en el que los hombres comunes y corrientes tuvieron acceso a todo el conocimiento de los dioses. No obstante, lo ignoraron una y otra vez. Un día, los dioses se cansaron de conceder de forma gratuita un regalo que las personas no utilizaban, por lo que decidieron esconder esa preciosa sabiduría donde solo los más persistentes la encontraran. Pensaron que si las personas se veían obligadas a esforzarse por encontrar esa sabiduría, la utilizarían con más prudencia.

Uno de los dioses sugirió esconderla en las profundidades de la tierra.

«No», dijeron los otros, «muchos podrían cavar y encontrarla fácilmente».

«Pongámosla en el más profundo de los océanos», sugirió otro de los dioses, pero también esa idea fue rechazada. Sabían que algún día las personas aprenderían a llegar a lo más profundo del mar y les sería muy fácil encontrarla.

Otro de los dioses sugirió esconderla en el pico más alto de las montañas, pero pronto aceptaron que las personas podían escalarlas.

Por último, uno de los dioses más sabios sugirió:

«Escondámosla en lo más íntimo de las personas mismas. Jamás se les ocurrirá buscar allí».

Y así fue, y así sigue siendo.

CONFÍE EN SU INTUICIÓN

Para la mayoría, nuestra educación temprana y nuestra capacitación se centraron en enseñarnos a buscar fuera de nosotros las respuestas a nuestras interrogantes. Pocos hemos sido capacitados para buscarlas en nuestro interior, sin embargo, las personas de mayor éxito que he conocido a través de los años son aquellas que han desarrollado su intuición y han aprendido a confiar en sus sensaciones más íntimas y a seguir las indicaciones de su guía interior. Muchos practican algún tipo de meditación diaria para tener acceso a esa voz en lo más íntimo de su ser.

Burt Dubin, el exitoso inversionista de bienes raíces, creador del Speaking Success System [Sistema para alcanzar el éxito como orador], utilizado por oradores del mundo entero, lo sabe todo acerca de confiar en la intuición. Por algún tiempo estuvo intentando comprar una propiedad de cuatro esquinas en Kingman, Arizona; sabía que sería una buena inversión, pero no había podido encontrar ninguna propiedad de esas características que estuviera en venta. Una noche se acostó como de costumbre, pero a las 3:00 de la madrugada se despertó con un mensaje interior que le decía que debía ir a Kingman, Arizona, ¡en ese momento!

Burt pensó que era algo muy extraño, porque muy temprano ese mismo día había hablado con un vendedor de bienes raíces en Kingman que le dijo que no había propiedades de cuatro esquinas en lista para la venta. Sin embargo, puesto que había aprendido a confiar en sus mensajes internos, Burt se fue de inmediato en su automóvil a mitad de la noche, y llegó a Kingman a las 8:00 de la mañana. Fue al Howard Johnson's, compró un periódico y lo abrió en la sección de bienes raíces, allí vio que había una propiedad de cuatro esquinas para la venta. Fue directamente a la oficina de bienes raíces a las 9:00 a.m. y a las 9:15 tenía la propiedad en fideicomiso.

¿Cómo es posible? Había llamado el día anterior y no supo de ninguna propiedad de cuatro esquinas para la venta. Pero a las 4:30 de la tarde, de ese mismo día, el dueño había llamado de Nueva York para vender su propiedad porque necesitaba el dinero. Debido a que ya era muy tarde para que la propiedad apareciera en las distintas listas, pero consciente de que el periódico no cerraba hasta las 5:00 p.m., el vendedor de bienes raíces llamó a esa hora a ordenar el aviso.

Gracias a que Burt confiaba en su «vocecita interior» logró adquirir esa excelente propiedad antes que otra persona supiera que estaba disponible.

Cuando el magnate de negocios Conrad Hilton, fundador de la Hilton Hotel's Corporation, quería comprar la Stevens Corporation, presentó una oferta sellada por 165.000 dólares. A la mañana siguiente, cuando despertó con la cifra de 180.000 dólares en la cabeza, cambió sin demora su oferta y así adquirió la compañía y obtuvo una ganancia de dos millones de dólares. ¡La oferta más próxima a la suya fue de 179.800 dólares!

Ya se trate de un inversionista de bienes raíces que oye una voz a medianoche, de un detective que resuelve un caso archivado porque tiene una intuición y la sigue, de un inversionista que solo supo cuándo salir del mercado, o de un *linebacker* de fútbol capaz de intuir la próxima jugada del mariscal de campo, las personas de éxito confían en su intuición.

También usted puede utilizar su intuición para hacer dinero, tomar mejores decisiones, resolver más rápidamente los problemas, librar su genio creador, discernir los motivos ocultos de las personas, imaginar un nuevo negocio y desarrollar planes y estrategias de negocios que den excelentes resultados.

TODOS TENEMOS INTUICIÓN, SOLO HAY QUE SABER DESARROLLARLA

Todos los recursos que necesitamos están en la mente.

THEODORE ROOSEVELT
Vigésimo sexto presidente de Estados Unidos

La intuición no es algo reservado a unos pocos ni a quienes tienen poderes psíquicos. Todos la tenemos y todos la hemos experimentado alguna vez. ¿Nunca le ha ocurrido que está pensando en su viejo amigo Juan y en ese momento suena el teléfono y es Juan que llama para decir que está pensando en usted? ¿Nunca se ha despertado a mitad de la noche con la certeza de que algo le ha ocurrido a uno de sus hijos, solo para enterarse después que fue exactamente en ese momento cuando su hijo tuvo un accidente automovilístico? ¿Nunca ha sentido una sensación de calor en la nuca y al darse vuelta ha visto a alguien que lo mira fijamente desde el otro lado del salón?

Todos hemos experimentado ese tipo de intuición. La clave está en saber cómo aprovecharla para alcanzar los mayores niveles de éxito.

CÓMO UTILIZAR LA MEDITACIÓN PARA TENER ACCESO A SU INTUICIÓN

Cuando tenía treinta y cinco años, fui a un retiro de meditación que cambió mi vida para siempre. Durante toda una semana permanecimos sentados meditando, de las 6:30 a.m. a las 10:00 p.m., con descansos solo para comer y para caminar en silencio. En los primeros días pensé que enloquecería. Me quedaba dormido, por años de sueño atrasado, o mi mente saltaba de un tema a otro e iba revisando cada experiencia de mi pasado, hacía planes para mejorar mis negocios y me preguntaba qué hacía allí sentado en un salón de meditación mientras todos mis conocidos estaban disfrutando de la vida.

Al cuarto día, ocurrió algo inesperado y maravilloso. Mi mente se calmó y me trasladé a un lugar desde donde podía observar todo lo que sucedía a mi alrededor sin juzgar ni relacionarme con nada. Percibía los sonidos, las sensaciones de mi cuerpo y una profunda sensación de paz interior. Los pensamientos seguían sucediéndose unos a otros, pero no al mismo ritmo ni en la misma forma. Eran más profundos, lo que podríamos llamar visiones internas, una profunda comprensión y una gran sabiduría. Pude ver conexiones que nunca había notado antes. Entendí mis motivaciones, mis miedos y mis deseos a un nivel más profundo. Me vinieron a la mente soluciones creativas para algunos problemas que tenía en mi vida.

Me sentí relajado, tranquilo, consciente y vi las cosas con mucha más claridad que antes. Habían desaparecido las presiones por la necesidad de tener un buen desempeño, por demostrarme que lo podía hacer, por tener que explicarme a mí mismo, por medirme en relación con una norma externa, por satisfacer las necesidades de los demás. Todo eso había sido reemplazado por un profundo sentido de ser y de mi propósito en la vida. Cuando me concentré en mis metas y deseos más profundos y anhelados, comenzaron a fluir a mi mente soluciones, ideas, imágenes claras de lo que tendría que hacer, de las personas con las que tendría que hablar, de las formas de superar cualquier obstáculo que pudiera encontrar. Fue algo mágico.

De esa experiencia aprendí que las ideas que necesitaba para llevar a cabo cualquier propósito, solucionar cualquier problema o lograr cualquier meta estaban a mi alcance, en mi interior. Desde entonces, no he dejado de utilizar ese valioso conocimiento.

PRACTICADA CON REGULARIDAD, LA MEDITACIÓN INTENSIFICA LA INTUICIÓN

La práctica habitual de la meditación ayuda a eliminar las distracciones y enseña a reconocer los sutiles impulsos internos. Piense en unos padres que se sientan en un banco de un parque lleno de niños que ríen y se gritan unos a otros. En medio de todo ese barullo, los padres pueden distinguir la voz de su hijo entre todas las demás que se escuchan en el parque.

Lo mismo ocurre con su intuición. A medida que medita, se va adentrando más en la espiritualidad, aprenderá a discernir y conocer mejor el sonido de su ser superior o la voz de Dios, que le habla a través de palabras, imágenes y sensaciones.

————

El intelecto tiene poco que ver en el camino hacia el descubrimiento. Hay un momento en que la conciencia da un salto, hacia algo que se llama intuición, o como quiera llamarlo, y la solución aparece, sin saber cómo ni por qué.

ALBERT EINSTEIN
Físico y Premio Nobel

LAS RESPUESTAS ESTÁN EN EL INTERIOR

Cuando Mark Victor Hansen y yo estábamos a punto de terminar nuestro primer libro de *Sopa de pollo para el alma,* no sabíamos aún cómo se iba a llamar. Debido a que tanto Mark como yo hacemos meditación, decidimos «consultar en nuestro interior». Todos los días durante una semana pedimos a nuestro guía interior que nos indicara cuál sería el título para que el libro fuera un *best seller.* Mark se iba a la cama todas las noches repitiendo: «El título para el mega *best seller*» y se levantaba todas las mañanas para iniciar de inmediato la meditación. Yo me limité a pedirle a Dios que me diera el mejor título para el libro y luego me sentaba, relajado, con los ojos cerrados, en estado de expectativa esperando pacientemente la respuesta.

A la tercera mañana, de pronto vi en mi mente una mano que escribía con claridad en un pizarrón las palabras *sopa de pollo.* Mi reacción inmediata fue: *¿Qué tiene que ver la sopa de pollo con nuestro libro?*

Oí que una voz en mi cabeza respondía: *Sopa de pollo era lo que de niño te daba tu abuela cuando estabas enfermo.*

Pero este libro no es sobre gente enferma, pensé.

El espíritu de las personas está enfermo, respondió mi voz interior. *Hay millones de personas deprimidas que viven temerosas y resignadas a que las cosas nunca van a mejorar. Este libro las inspirará y las animará.*

Durante los minutos restantes de esa meditación el título fue cambiando de *Sopa de pollo para el espíritu* a *Sopa de pollo para el alma* a *Sopa de pollo para el alma: 101 historias que abren el corazón y reavivan el espíritu.* Cuando escuché *Sopa de pollo para el alma,* se me puso la carne de gallina. Desde entonces aprendí que cuando eso ocurre es mi intuición que me dice que voy por el camino correcto.

Diez minutos después se lo conté a mi esposa y a ella también se le puso la carne de gallina. Luego llamé a Mark y a él le ocurrió lo mismo. Estábamos en el camino correcto y lo sabíamos.

Durante los últimos veinte años, *Sopa de pollo para el alma* se ha convertido en una marca responsable de más de dos mil millones de dólares en ventas de libros y muchos productos patentados, incluyendo alimentos para mascotas y tarjetas de felicitación.

LA FORMA COMO SU INTUICIÓN
SE COMUNICA CON USTED

Su intuición puede comunicarse con usted de muchas maneras. Puede percibir un mensaje en su interior en forma de una visión, o una imagen visual, mientras medita o sueña. Suelo recibir imágenes al momento de despertar cuando aún no me he levantado, mientras medito o recibo un mensaje o cuando estoy en la tina o bajo la ducha. Puede venir repentinamente, como un relámpago o puede ser más prolongada, como una imagen de algo que se va desarrollando como en una película.

Su intuición puede manifestarse como una premonición, una idea o una voz interior que realmente le dice *sí, no, hazlo o todavía no.* Puede ser una sola palabra que resuena, una frase corta o toda una conferencia. Descubrirá que puede dialogar con esa voz para aclarar o para recibir más información.

También puede recibir un mensaje de su intuición a través de sus sentidos físicos. Si el mensaje es uno de *cuidado, preste atención,* puede experimentarlo como un escalofrío, como una sensación de terror, de intranquilidad, de malestar en el estómago, como una opresión en el pecho, como una presión en las sienes o un dolor de cabeza, inclusive como un sabor amargo en la boca. Un mensaje positivo o un «*sí*» puede manifestarse como un estremecimiento que le pone la piel de gallina, mareo, calor, una sensación de expansión del tórax o una sensación de tranquilidad, de alivio, de ausencia de tensión.

También podrá experimentar mensajes intuitivos en forma de otras sensaciones como intranquilidad, preocupación o confusión; o podrá tener sensaciones de dicha, euforia o una profunda paz interior cuando la información es positiva.

En otros momentos, es simplemente una certeza. ¿Cuántas veces ha oído a alguien decir: «No sé cómo lo supe; solo lo supe» o «lo sabía en mi interior» o «lo sabía en lo más profundo de mi alma».

Un indicador de que el mensaje proviene realmente de su intuición es que, con frecuencia, vendrá acompañado de un sentimiento de gran claridad, de la sensación de que hay algo *correcto* en esa respuesta o impulso. Otro indicador de que el mensaje que se recibe es correcto es una sensación de entusiasmo y pasión. Si está considerando un plan de acción o una decisión y solo le deja una sensación de agotamiento, de cansancio, de aburrimiento o de intranquilidad, es un claro mensaje que le indica: *No, por ahí no.* En cambio, si tiene una sensación de energía y entusiasmo, su intuición le está indicando que siga adelante.

LAS RESPUESTAS INTUITIVAS PUEDEN VENIR EN CUALQUIER MOMENTO

Su más valiosa sabiduría intuitiva también puede venir por las muchas formas de meditación informal que practicamos cada día, como al estar sentados al lado de una cascada o un arroyo, al mirar el mar o ver pasar las nubes, al mirar las estrellas o al estar sentados bajo un árbol, mirando fijamente el fuego de la chimenea o escuchando música inspiradora, mientras corremos, practicamos yoga; cuando estamos orando u oímos el canto de los pájaros, cuando estamos bajo la ducha, cuando conducimos por la carretera, cuando vemos jugar a un niño o cuando escribimos en nuestro diario.

La intuición no es mística.

EL DOCTOR JAMES WATSON
Premio Nobel y codescubridor del ADN

Podemos hacer meditación informal inclusive en forma abreviada a la mitad de un día muy agitado. Cuando necesite ayuda para tomar una decisión, tómese un descanso, respire profundo, reflexione sobre el problema y deje que le llegue su impresión intuitiva. Preste atención a cualesquiera imágenes, palabras, sensaciones físicas o emociones que experimente. A veces verá que sus conocimientos intuitivos se harán presentes de inmediato en su conciencia. Otras veces pueden aparecer mucho después durante el día, cuando menos lo espera.

LA TÉCNICA DE LA COHERENCIA RÁPIDA

Una de las técnicas más simples pero poderosas que he aprendido (y que ahora enseño en todos mis talleres) es la «Técnica de la coherencia rápida», desarrollada por el Instituto HeartMath [Matemáticas del corazón] en Boulder Creek, California. Es la técnica más rápida que he encontrado para alcanzar ese estado relajado y centrado desde el cual usted puede acceder a las dimensiones superiores de su conciencia y tomar, por lo tanto, mejores decisiones y determinar las soluciones más eficaces a cualquier problema que pueda estar enfrentando.

La *coherencia* es un término que los investigadores utilizan para describir un estado psicofisiológico en el que su sistema nervioso, cardiovascular, hormonal e inmunológico trabajan juntos de manera eficiente y en armonía. Doc Childre y Deborah Rozman, del Instituto HeartMath, lo explican de esta manera:

> La investigación ha encontrado que el patrón de su ritmo cardíaco refleja el estado de sus emociones y la dinámica de su sistema nervioso. Por ejemplo, cuando usted se siente tenso, irritable, impaciente, frustrado o ansioso, su ritmo cardiaco cae en un patrón desordenado e incoherente, como en el siguiente diagrama. No es de extrañar que usted no pueda calmar su mente en ese estado.

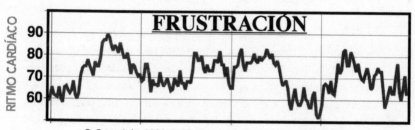

© Copyright 1998-2005 Centro de investigación del instituto HeartMath

Su corazón envía señales de «incoherencia» al cerebro, lo que inhibe las funciones superiores de este órgano y provoca una respuesta de estrés. Usted no puede percibir con tanta claridad, y los viejos problemas emocionales pueden empezar a salir a la superficie.

Usted puede utilizar la técnica de la coherencia rápida para que sus ritmos cardíacos sean coherentes y así permitir que su cerebro se sincronice con el ritmo coherente de su corazón. Comience por aprender cómo pasar a un estado emocional positivo y con el corazón centrado por medio de tres pasos simples.

LOS PASOS

1. **Corazón enfocado:** Enfoque su atención en la zona de su corazón, en el centro de su pecho. Si lo prefiere, puede colocar su mano sobre el centro de su pecho para ayudar a mantener su atención en la zona del corazón el primer par de veces que lo intente.

2. **La respiración del corazón:** Respire profundamente mientras se centra en la zona de su corazón, pero hágalo normalmente e imagine que su respiración está entrando y saliendo por la zona de su corazón. Continúe respirando cómodamente hasta alcanzar un ritmo interior natural con el que usted se sienta bien.

3. **Sentir con el corazón:** A medida que siga respirando a través de la zona de su corazón, recuerde una sensación positiva, un momento en el que se sintió bien en su interior, y trate de volver a experimentar esa sensación. Podría ser sentir aprecio por las cosas buenas en su vida, o el amor y el cariño que siente por un miembro de la familia, un amigo cercano o una mascota. Este es el paso más importante.

El siguiente paso es utilizar esta técnica y hacerla un hábito. Le recomendamos hacer esto sacando ciertos momentos del día cuando usted pueda darse de tres a cinco minutos libres de culpa para centrarse en su corazón: al comienzo de su día, antes del almuerzo y antes de acostarse. Cuando usted espera en una fila, puede utilizar el tiempo para practicar la técnica en vez de irritarse. Se sorprenderá de lo diferente que puede ser la experiencia de su espera, por lo que en lugar de drenar su energía al centrarse en los aspectos negativos, utilizará el tiempo para volver a centrarse y recargarse. Mientras más practique esta técnica, con mayor rapidez aparecerá la coherencia del corazón y le será más fácil mantenerla.

Una vez que empiece a usar esta poderosa herramienta de enfoque, es posible que quiera ver por sí mismo cómo afecta su fisiología. Para ayudarle a hacer eso, HeartMath ha desarrollado la tecnología emWave (onda-emoción) que realmente hace un seguimiento de su nivel de coherencia utilizando luces, sonidos y efectos visuales, para ayudarle a aumentar la coherencia durante períodos más largos. Hay un dispositivo portátil fácil de usar y una aplicación de teléfono inteligente disponibles.* Utilizar esta tecnología puede conducirlo con

---

*Puede comprar estos dos productos en la tienda de HeartMath entrando a la página www. HeartMath.org, o en Amazon.com.

rapidez a periodos de alta coherencia, un estado que muchas personas que meditan pasan años tratando de lograr.

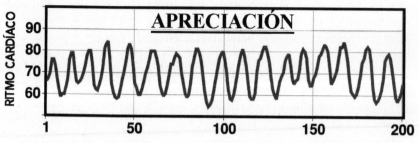

© Copyright 1998-2005. Centro de investigación del instituto HeartMath

HAGA PREGUNTAS

Su intuición puede dar respuesta a cualquier cosa que necesite saber. Haga preguntas que comiencen con: «¿Debería...» y «¿qué debo hacer acerca de...?» y «¿cómo puedo...?« y «¿qué puedo hacer para...?». Puede consultar con su intuición cosas como:

- ¿Debo aceptar este trabajo?
- ¿Qué debo hacer para mejorar la moral en mi empresa?
- ¿Qué puedo hacer para aumentar este año las ventas?
- ¿Debo casarme con esta persona?
- ¿Qué puedo hacer para reducir mi tiempo en la maratón?
- ¿Cómo puedo alcanzar mi peso ideal?
- ¿Qué debo hacer después?

LA PRUEBA DEL BALANCEO

Una manera fácil de obtener una clara respuesta afirmativa o negativa de su intuición es preguntarle simplemente a su cuerpo. Discutí la *toma somática de decisiones* —«la prueba del balanceo»— en el principio 6: «Utilice la ley de la atracción», pero también es una técnica poderosa para acceder a su intuición.

En el campo de la psicología de la energía, la prueba del balanceo se basa en la teoría de que su cuerpo y su mente tienen una vasta inteligencia;

no solo el valor de sus conocimientos, las respuestas, emociones y metas de toda su vida (bien sea que usted se acuerde o no de ellas), sino también el conocimiento innato de lo que es mejor para usted. Así como una planta crecerá hacia el sol, el cuerpo humano se inclinará hacia lo que es mejor para él. Cuando usted le hace preguntas a *su* cuerpo sobre lo que es adecuado para *usted*, se inclinará hacia atrás o hacia adelante en respuesta a sus consultas.

Comencé a utilizar la prueba del balanceo para hacer preguntas sobre alimentos específicos, suplementos, el sueño y el ejercicio. Luego la utilicé para preguntas relacionadas con mis relaciones. Ahora la utilizo como parte de todas mis decisiones.

He publicado en línea las instrucciones completas para la prueba del balanceo en nuestro sitio web complementario, www.TheSuccessPrinciples. com/resources. Busque el principio 47 y haga clic en el enlace.

ESCRIBA LAS RESPUESTAS

Asegúrese de anotar de inmediato las impresiones que reciba. Las impresiones intuitivas suelen ser muy sutiles y, por consiguiente, se «evaporan» muy rápido. Asegúrese entonces de ponerlas por escrito lo antes posible. Las investigaciones recientes en el campo de la neurociencia indican que los conocimientos intuitivos —o cualquier nueva idea— que *no* capture en treinta y siete segundos, probablemente nunca se recuperarán. En siete minutos, se habrá ido para siempre. Como dice mi gran amigo Mark Victor Hansen: «¡Tan pronto lo piense, escríbalo!». Asegúrese de tener siempre a mano su teléfono inteligente o un bloc de notas para poder grabar todas las percepciones intuitivas o ideas que surjan.

ACTÚE DE INMEDIATO

Preste atención a las respuestas que reciba y actúe de acuerdo con ellas tan pronto como le sea posible. Al actuar en respuesta a la información recibida se tienen más impulsos intuitivos. Con el tiempo irá adquiriendo este hábito y lo usará sin esfuerzo a medida que llegue la sabiduría, y actúe respecto de ella. Mientras vaya aprendiendo a confiar más en usted y en su intuición, será algo automático.

Los expertos concuerdan en que la intuición funciona mejor cuando se tiene confianza en ella. Entre más crea en su intuición, más resultados verá en su vida.

Subrayo la importancia de prestar atención a la intuición, confiar en ella y seguirla. Confiar en su intuición es solo otra forma de confiar en usted mismo, mientras más confíe en usted más éxito tendrá.

Recuerde que lo importante no es pensarlo, lo importante es escribirlo y hacer algo al respecto.

ELLA SUPO ESCUCHAR Y ACTUAR

Madeline Balleta es una persona muy espiritual. Para ella, indagar dentro de uno mismo significa hablar con Dios... y escuchar sus respuestas.

La vida de Madeline cambió en forma dramática —al igual que su camino hacia el éxito— cuando ella y sus amigos de la iglesia oraban por una solución para su fatiga y ella escuchó *jalea real fresca*. Sin entender esa clara instrucción, investigó y descubrió que la jalea real era una sustancia comestible con la que las abejas obreras alimentan a la reina en sus panales, un líquido saludable y altamente nutritivo que apenas comenzaba a distribuirse en Inglaterra como suplemento nutricional.

Después de usar jalea real durante un tiempo, Madeline empezó a mejorar y pronto comenzó a orar para saber si, además de mejorarla, la jalea real podía servirle en otra forma.

Inicia una empresa fue la respuesta a sus plegarias y así lo hizo.

Hoy, Bee-Alive es una compañía multimillonaria que ha distribuido productos nutricionales de jalea real a cientos de miles de personas en todo el país. Y a lo largo de este proceso, Madeline no ha dejado de orar pidiendo orientación y escuchando atentamente las respuestas.

«Creo que Dios me dio la visión, la inspiración, la fuerza y el valor para llevar todo esto a cabo», dice Madeline.

Por ejemplo, para el segundo año de operaciones de su negocio, los esfuerzos de Madeline habían producido pocos resultados. De hecho, con apenas un saldo de 450 dólares en su cuenta bancaria, su contador le aconsejó que acabara con el negocio y se dedicara a otra cosa. Madeline volvió de esa reunión, se encerró en su habitación y «lloró y oró y lloró y oró». Al tercer día, Madeline recibió la palabra *radio* y decidió jugarse el todo por el todo, e invirtió sus últimos 450 dólares en diez comerciales de radio que le costaron cuarenta y cinco dólares cada uno. En unos pocos días las ventas se estabilizaron. La emisora de radio, impresionada por su apasionado compromiso con su producto, la entrevistó en uno de sus programas de opinión, y al regresar a su casa, el cantante y artista discográfico Pat Boone había llamado para averiguar acerca de la jalea real y de cómo podría ayudar a su hija Debbie. Unos meses después Boone llamó de nuevo para decirle lo satisfecho que estaba con los resultados de la jalea real. Cuando le dijo: «Si algún día puedo hacer algo por usted me encantaría ayudarla», Madeline le pidió que le grabara tres comerciales de radio. Boone aceptó y pronto Bee-Alive estaba en 400 estaciones de radio de Estados Unidos vendiendo millones de dólares.

¿Qué puede ocurrir cuando usted indague en su interior? Para Madeline Balleta, orar, escuchar en silencio y actuar en relación con lo que oyó significó el desarrollo de una exitosa empresa que sirve a cientos de clientes satisfechos y a la creación de un estilo de vida que nunca hubiera imaginado para ella ni para su familia.

SEA CONSCIENTE

Además de indagar en su interior y acceder con frecuencia a su intuición, las personas exitosas también mantienen un estado de *atención plena*. Ellos saben que la actitud mental importa mucho.

Dawa Tarchin Phillips, especialista en la investigación de la atención plena de la Universidad de California en Santa Bárbara, define la *atención plena* como «dirigir toda nuestra atención a la experiencia actual sobre la base del momento a momento». Significa «prestar atención de manera particular y deliberada en el momento presente y sin juzgar».

Cuando usted utiliza los principios de este libro para centrarse en su futuro, también es imprescindible que permanezca arraigado en el presente, que tome decisiones y mantenga una mentalidad orientada al crecimiento. Cultivar la habilidad de la atención plena le ayudará a mantenerse centrado en hacer esas cosas que lo llevarán a donde quiere estar.

Para ver el tutorial completo de Dawa con el fin de ser más consciente, presente y autoequilibrado mientras implementa *Los principios del éxito*, visite la página www.TheSuccess Principles.com/resources. Busque el principio 47 y haga clic en el enlace correspondiente.

CUARTA PARTE

Cree relaciones exitosas

Las relaciones personales son tierra fértil donde se cultivan todos los progresos, todos los éxitos, todos los logros en la vida real.

BEN STEIN
Escritor, actor y presentador de un programa de concursos

ESTÉ AQUÍ AHORA

Preste atención cien veces. Piense las cosas mil veces. Hable una vez.

FUENTE DESCONOCIDA

Hay una gran diferencia entre *oír* —es decir, limitarse a recibir comunicación— y realmente *escuchar,* que es el arte de prestar estrecha atención, esforzándose por entender la totalidad del mensaje que se está comunicando. A diferencia de *oír* lo que alguien relata, saber escuchar exige mantener contacto visual, observar el lenguaje corporal de la persona, pedir aclaraciones y detectar el mensaje tácito.

En la industria del periodismo, los reporteros se entrenan en el arte de escuchar atentamente, una técnica de entrevistar en la que los reporteros escuchan y entienden hasta el punto de poder hacer preguntas inteligentes, más profundas sobre la información que se les está dando. Saber escuchar atentamente es lo que permite elaborar buenos reportajes de noticias y la forma como muchos podemos mejorar nuestras relaciones. No es de sorprender que contribuya a garantizar la precisión y la imparcialidad, dos de las principales cualidades distintivas en un periodista, y dos requisitos básicos de cualquier relación.

VALE LA PENA SABER ESCUCHAR

Marcia Martin es una *coach* ejecutiva. Uno de sus clientes, un primer vicepresidente de una importante entidad bancaria, le pidió que le ayudara a aumentar la eficiencia y el poder de las reuniones de su equipo. Se quejaba de no estar logrando los resultados deseados en las reuniones con su equipo directo de colaboradores. No traían el material adecuado, no estaban centrados en los temas correctos y no sabían expresarse en forma adecuada.

Cuando Marcia le preguntó qué hacía en las reuniones y cuáles eran los problemas, le respondió que siempre las iniciaba diciéndoles cuál era el propósito para el que se reunían, les indicaba los que él creía que eran sus puntos débiles y les decía qué era lo que quería que hicieran. Cuando terminó de describir sus reuniones, ella ya había entendido que toda la reunión se limitaba a que él diera instrucciones a los miembros de su equipo.

Marcia le dijo: «Le aconsejaría empezar su reunión con una sola frase: "El objetivo de esta reunión es permitirme saber quiénes son ustedes y qué necesitan de mí". Después, podría permanecer callado y dejarlos que hablen y hablen hasta que se cansen. Si dejan de hablar, solo dígales: "Bien, y ¿qué más?" y déjelos seguir hablando».

Le explicó que, probablemente, las personas que trabajaban para él no habían tenido la oportunidad de expresar lo que sentían, lo que pensaban, las sugerencias que tenían ni sus interrogantes. Los estaba abrumando con demasiada información, con todas sus opiniones y, realmente, no los estaba escuchando. Le indicó que debía destinar dos horas para la reunión y estar dispuesto a no decir absolutamente nada, limitarse a tomar nota y a asentir con la cabeza, a estar presente y mostrarse interesado, pero sin decir nada.

Tres días más tarde llevó a Marcia a un lado para decirle que había tenido la reunión más fantástica y efectiva de toda su vida. Había seguido sus instrucciones al pie de la letra, había escuchado como no lo había hecho antes. Como resultado, los miembros de su equipo habían hablado, hablado y hablado y así él había podido saber más acerca de ellos, entender por lo que estaban pasando, lo que necesitaban y lo que podía hacer por ellos. Captó mucho más en esa sola reunión que en todas las anteriores que había tenido como ejecutivo.

DISCUTA MENOS Y ESCUCHE MÁS

En una ocasión, conocí a un fotógrafo de Nueva York que viajó por el mundo entero tomando costosas fotografías en diferentes localidades para clientes de renombre como Revlon y Lancôme. En un momento dado, me comentó que, a pesar de que les entregaba a los clientes exactamente lo que le habían pedido, quedaba perplejo al ver que no les gustaban los resultados. Aunque se tratara de las pirámides de Egipto, me dijo, le pedían que las repitiera.

De nada le había servido ponerse a la defensiva ni discutir con los clientes, aunque había seguido rigurosamente sus especificaciones. Sin embargo, con el tiempo aprendió —después de perder varias cuentas lucrativas— que todo lo que tenía que hacer era decir: «Bueno, veamos si le entiendo bien. ¿Quiere más de esto y menos de eso? ¿Correcto? Bien, voy a volver a tomar las fotos y se las traeré de nuevo para que me diga si le gustan».

En otras palabras, aprendió a discutir menos con las personas que pagaban sus cuentas y a escuchar más, respondiendo y adaptándose a la retroalimentación que le daban, hasta que *ellos* estuvieran satisfechos.

MUÉSTRESE *INTERESADO* MÁS QUE INTERESANTE

Otra razón por la cual las personas no escuchan con atención se debe a que se preocupan demasiado porque las consideren interesantes en vez de mostrarse *interesadas* en lo que dice su interlocutor. Creen que el camino al éxito es el de hablar sin parar, haciendo alarde de su experiencia o inteligencia con sus frases y comentarios.

La mejor forma de establecer una relación y ganarse a los demás es mostrar verdadero interés en ellos, escucharlos con atención y verdadero deseo de conocerlos. Cuando quien nos habla se da cuenta de que nos interesamos por saber cómo y qué siente, se abrirá y estará más dispuesto a compartir más pronto con nosotros sus verdaderos sentimientos.

Esfuércese por desarrollar una actitud de curiosidad. Muestre curiosidad por los demás, por lo que sienten, por lo que piensan, por su forma de ver el mundo. ¿Qué esperan, qué sueñan, qué temen? ¿Cuáles son sus aspiraciones? ¿Cuáles son los obstáculos que enfrentan en sus vidas?

Si quiere que las personas cooperen con usted, que lo encuentren agradable, que sean sinceras, debe mostrarse *interesado*... en ellas. En vez de centrarse en usted, comience por centrarse en los demás. Fíjese en lo que *los* hace felices o infelices. Cuando piense más en los demás que en usted, sentirá menos estrés. Podrá actuar y responder de forma más inteligente. Aumentará su nivel de producción y gozará más. Además, cuando se habitúe a mostrarse *interesado* en los demás, observará que las personas responderán a su interés por ellas. Buscarán su compañía, su popularidad aumentará.

UNA PREGUNTA PODEROSA

Durante el año que asistí al «Strategic Coach Program»* [Programa de capacitadores estratégicos] de Dan Sullivan, aprendí acerca de una de las herramientas de comunicación más poderosas que he conocido. Es una de las formas más efectivas de establecer contacto con alguien y crear un sentimiento de reciprocidad con la otra persona. Lo he utilizado tanto en el

---

*Para más información sobre el programa de Dan Sullivan «Strategic Coach Program» o sobre sus excelentes libros y programas en audio, visite la página www.TheSuccessPrinciples.com/resources.

campo de los negocios como en mi vida personal. Se trata de un conjunto de cuatro preguntas:

1. Si nos encontráramos de nuevo en tres años, ¿qué debería haber ocurrido en su vida para que usted estuviera satisfecho con su progreso?
2. ¿Cuáles son los principales riesgos que tendrá que enfrentar y resolver para lograr ese progreso?
3. ¿Cuáles serán las mayores oportunidades en las que tendrá que concentrarse y saber aprovechar para lograrlo?
4. Qué fortalezas tendrá que reforzar y maximizar, y qué destrezas y recursos tendrá que desarrollar, que no tenga ahora, para poder aprovechar esas oportunidades?

Casi una semana después de conocer estas preguntas, me reuní con mi hermana Kim, que es coautora de todos nuestros libros de *Sopa de pollo para el alma del adolescente*. No me pareció que tuviéramos una buena conexión entre los dos. Así que decidí probar las preguntas que había aprendido y luego escuchar atentamente.

Cuando le hice la primera pregunta fue como si, por arte de magia, hubiera logrado abrir una puerta que hasta entonces había estado cerrada con llave. Comenzó a contarme todas sus esperanzas y todos sus sueños para el futuro. Pienso que debió hablar al menos por treinta minutos sin parar. Luego le hice la segunda pregunta. Esta vez su respuesta duró quince minutos. Yo no dije ni una palabra. Luego le hice las otras dos preguntas. Terminó de hablar como una hora después. Tenía una sonrisa de oreja a oreja y se veía excepcionalmente calmada y relajada. Me sonrió y me dijo: «Es la mejor conversación que he tenido en mi vida. Siento que aclaré mis ideas y logré enfocarlas mejor. Sé exactamente lo que debo hacer ahora. Gracias».

Fue sorprendente. Yo no había dicho nada, con excepción de las cuatro preguntas. Ella misma se había internado en un proceso de aclaración basado en lo que le pregunté. Era evidente que no se lo habían planteado antes y que hacerlo conmigo le había permitido aclarar muchas cosas y tranquilizarse. Me sentí muy conectado con mi hermana y ella conmigo. Creo que, hasta entonces, mi tendencia había sido, hasta cierto punto, indicarle lo que yo pensaba que debía hacer e interrumpir su propio proceso de autodescubrimiento, al no escuchar lo que ella tenía que decir.

Desde entonces, he utilizado esas preguntas con mi esposa, con mis hijos, con mi personal, con los clientes de mi empresa, con los clientes a los que asesoro, con los participantes potenciales de mis seminarios y con varios socios de negocios potenciales. Los resultados son siempre mágicos.

AHORA ES SU TURNO

Tómese el tiempo de anotar hoy mismo esas cuatro preguntas en una tarjeta o en su teléfono inteligente o su tableta y llévelas consigo. Practique todos los días preguntándoselas a alguien durante el almuerzo o la comida. Comience con sus amigos y también con los miembros de su familia. Se sorprenderá de todo lo que aprenderá y de cómo se estrecharán sus relaciones con ellos.

Utilice estas preguntas con todos los clientes o colegas de negocios potenciales. Cuando obtenga las respuestas, sabrá si hay o no una base para establecer una relación comercial. Sabrá si sus productos y servicios le pueden ayudar o no a alcanzar sus metas. Si encuentra alguna persona que no esté dispuesta a responder, no será alguien con quien le convenga hacer negocios, porque o no conoce su futuro o no lo puede prever, lo que hará que sea difícil ayudarle, o no desea responder, lo que significa que no hay confianza y, por lo tanto, no hay bases para establecer una relación.

Una última sugerencia: asegúrese de realizar el mismo proceso usted mismo. Plantéese estas cuatro preguntas, ya sea solo, escribiendo las respuestas, o verbalmente en compañía de un amigo o un compañero del grupo de mentes maestras. Es un ejercicio muy útil.

SOSTENGA UNA CONVERSACIÓN DE CORAZÓN A CORAZÓN

La mayoría de las conversaciones parecen partidos de ping-pong en los que las personas se limitan a prepararse para devolverle al contrincante su próxima idea; sin embargo, hacer una pausa para entender los distintos puntos de vista y los sentimientos asociados con ellos puede lograr que aparentes oponentes pasen a formar parte del mismo equipo.

CLIFF DURFEE
Creador del proceso de *The Heart Talk*
[La conversación de corazón a corazón]

Por desdicha, son demasiados los ambientes empresariales, educativos y de otra índole en los que no hay oportunidad para expresar ni escuchar los sentimientos, de modo que se acumulan al punto en que las personas pierden la capacidad de centrarse en el tema del momento. No queda espacio disponible por exceso de estática emocional. Es como tratar de echar más agua en un vaso que ya está lleno. No hay lugar para recibirla. Hay que derramar primero el agua vieja para que quepa la nueva.

Lo mismo ocurre con las emociones. Para que las personas puedan escuchar, es necesario escucharlas primero. Tienen que expresar lo que las esté preocupando. Ya se trate de alguien que acabe de llegar a la casa después de un día de trabajo, ya sea un padre que está viendo el informe de notas de su hijo que solo tiene calificaciones C, sea un vendedor que intente vender un nuevo automóvil o un director ejecutivo que supervise la fusión de dos empresas, primero hay que permitir que los demás expresen sus necesidades y sus deseos, sus esperanzas y sus sueños, sus miedos y sus temores, sus tristezas y sus dolores, antes de hablarles de los suyos. Así, tendrán campo para poder escucharlo y captar lo que tiene que decirles.

¿QUÉ ES UNA CONVERSACIÓN DE CORAZÓN A CORAZÓN?

Es un proceso comunicacional muy estructurado en el que se cumplen a cabalidad ocho compromisos para crear un entorno seguro que permita desarrollar una comunicación profunda, sin temor a tener que enfrentar juicios, consejos no solicitados, interrupciones ni prisas. Es una poderosa herramienta que se utiliza para sacar a la superficie emociones inexpresadas que, de otra forma, podrían impedir que la persona estuviera totalmente presente durante la discusión del asunto que se va a tratar. Se puede utilizar en el hogar, en los negocios, en el aula de clase, con los equipos deportivos y en ambientes religiosos para desarrollar lazos de unión, comprensión e intimidad.

CUÁNDO UTILIZAR UNA CONVERSACIÓN DE CORAZÓN A CORAZÓN

Las conversaciones de corazón a corazón son útiles:

- Antes o durante una reunión de personal
- Al comienzo de una reunión de negocios en que dos grupos nuevos se reúnen por primera vez
- Después de un evento de alto contenido emocional como, por ejemplo, una fusión, una reducción masiva de personal, la muerte de un ser querido, una importante derrota en atletismo, un resultado financiero negativo inesperado o inclusive una tragedia como los ataques terroristas del 11 de septiembre de 2001
- Cuando hay conflicto entre dos personas, grupos o departamentos
- En forma periódica en el hogar o en el aula de clase para crear un nivel de comunicación e intimidad más profundo

CÓMO LLEVAR A CABO UNA CONVERSACIÓN DE CORAZÓN A CORAZÓN

Se puede llevar a cabo con grupos de dos a diez personas. Los grupos más grandes de diez tendrán que dividirse en subgrupos más pequeños; porque si el grupo es más grande que eso, el factor de confianza y seguridad tiende a disminuir y, además, el proceso puede tomar demasiado tiempo para cumplir.

La primera vez que tenga una conversación de corazón a corazón, comience por explicar que vale la pena utilizar ocasionalmente una infraestructura comunicacional que garantice un nivel más profundo de atención. La estructura de este tipo de conversación crea un espacio seguro, libre de juicios, que promueve la expresión —más constructiva que destructiva— de los sentimientos que, de no expresarse, podrían bloquear el trabajo en equipo, la sinergia, la creatividad y la intuición, las cuales son vitales para la productividad y el éxito de cualquier empresa.

PAUTAS PARA UNA CONVERSACIÓN DE CORAZÓN A CORAZÓN

Comience por pedir a los participantes que se sienten en un círculo o alrededor de una mesa. Presente los acuerdos básicos siguientes:

- Solo habla la persona que tenga «el corazón» en la mano.
- No se juzga ni critica nada de lo que cualquiera haya dicho.
- Se pasa el corazón (objeto) hacia la izquierda una vez que termine el turno de cada cual.
- Se habla de la forma como uno se siente.
- Se respeta el carácter confidencial de la información.
- Nadie se retira del lugar hasta que la conversación haya terminado.

Continúe pasando el objeto (corazón) en torno al círculo —varias veces si es necesario—, para garantizar que los participantes tengan más de una oportunidad para compartir. Si hay tiempo suficiente, la conversación de corazón a corazón termina naturalmente una vez que el corazón haya dado la vuelta por todo el círculo y nadie tiene nada más que decir.

Se pide al grupo que exprese su conformidad con las normas, las que son muy importantes para garantizar que la conversación no se deteriore ni pierda su valor. Debido a que solo habla la persona que sostiene el objeto en la mano, se recomienda, por lo general, esperar a que dicha persona termine de hablar para recordar a todos los presentes ciertas reglas que deben tenerse en cuenta. Otra opción es tener un acuerdo escrito, en papel o en un pizarrón para poder recordarles las reglas con solo señalarlas en caso de que a alguien se le olviden. Debe completarse al menos una vuelta por la totalidad del grupo —para que cada persona tenga la oportunidad de hablar— o debe establecerse un límite de tiempo (por ejemplo, de quince a treinta minutos; o más para los temas con un alto contenido emocional) y continuar dando la vuelta, en orden, hasta que termine el tiempo asignado para la reunión o hasta que nadie tenga nada más que decir.

Se puede utilizar cualquier objeto para irlo pasando de mano en mano —una pelota, un pisapapeles, un libro, cualquier cosa que todos los demás participantes puedan ver. He visto usar de todo, desde un juguete de peluche (en una reunión de directivos de un hospital), hasta un guante de béisbol (en una reunión de un equipo de béisbol universitario), un casco de fútbol americano (en una reunión de un equipo de fútbol de un campeonato estatal) y un bastón de mando de los nativos estadounidenses (durante una excursión en balsa por un río, organizada por una empresa). En realidad, prefiero utilizar los corazones de peluche rojo que vende Cliff Durfee, el creador del método de la conversación de corazón a corazón, que se pueden comprar en su sitio web,★ porque así todos se acuerdan de que lo que se está escuchando proviene del corazón de cada cual, y que el propósito es llegar al corazón del tema en cuestión.

RESULTADOS QUE PUEDEN ESPERARSE DE UNA CONVERSACIÓN DE CORAZÓN A CORAZÓN

¿Qué resultados pueden esperarse de una conversación de corazón a corazón?

- Mejorar la capacidad de escuchar
- Lograr la expresión constructiva de los sentimientos
- Mejorar las destrezas en la solución de conflictos
- Mejorar la capacidad de librarse de los resentimientos y de los antiguos problemas
- Fomentar la comprensión y el respeto mutuos
- Fortalecer el sentido de relación, unidad y lazos de amistad

Uno de los usos más valiosos de las conversaciones de corazón a corazón, en mi concepto, fue el que tuvimos durante un entrenamiento de una semana que dirigí para 120 administradores de escuela en Bergen, Noruega. Estábamos a punto de comenzar la sesión de la tarde, cuando alguien avisó que uno de los participantes en el taller había muerto en un accidente

---

★Para más información, recomiendo visitar el sitio web www.TheSuccessPrinciples.com/resources. También puede obtener un ejemplar del libro *Heart Talk* [Conversación de corazón a corazón]. Cada libro contiene un corazón grueso rojo y brillante de cartón, con los ocho acuerdos clave impresos en el anverso y sirve como un recordatorio práctico antes de iniciar una conversación de corazón a corazón. Si usted es educador, también hay una guía curricular completa para el salón de clases sobre este tema con el título *More Teachable Moments* [Más momentos adecuados para la enseñanza].

automovilístico durante la hora de almuerzo. Todo el grupo quedó impresionado y conmovido. Habría sido imposible continuar con la agenda; sin embargo, dividí la clase en grupos de seis y les indiqué las normas para realizar una conversación de corazón a corazón. Les dije que siguieran pasando el corazón de mano en mano hasta que todos los integrantes del grupo dijeran dos veces seguidas: «Paso», lo que indicaba que ya no había nada más que decir.

Los grupos hablaron y lloraron por más de una hora. Todos hablaron de su tristeza, de su propio sentido de mortalidad, de lo preciosa y fugaz que es realmente la vida, de lo aterradora que puede ser en ocasiones y de la importancia de vivir el momento, porque no tenemos garantizado el futuro. Tomamos después un corto receso y pudimos reanudar las actividades programadas. Las emociones que estaban presentes habían sido compartidas. El grupo estaba listo para concentrarse de nuevo en el material que fui a enseñarles.

UNA CONVERSACIÓN DE CORAZÓN A CORAZÓN SALVÓ EL NEGOCIO DE LA FAMILIA

James era dueño de un pequeño negocio familiar con el que se había ganado la vida para él y los suyos durante años. Su esposa y sus dos hijos, ambos casados y con niños, trabajaban también como empleados de la empresa. Al menos una vez a la semana, se reunían para una gran cena y James se esforzaba por mantener la unidad de su familia en expansión. James tenía la esperanza de que cuando se jubilara, el negocio continuaría proveyendo el sustento de todos los miembros de su gran familia.

Aunque, a primera vista, parecía un plan excelente, siempre existió rivalidad y competencia entre los dos hijos y, cuando sus esposas empezaron a trabajar en la empresa, la unidad comenzó a venirse abajo. Se reprimían los resentimientos por detalles de poca importancia, supuestamente para mantener la paz, pero luego salían a la superficie en forma de comentarios sarcásticos e inesperadas explosiones de ira. Cuando los dos hijos se dieron un par de golpes, James se dio cuenta de que tenían que hablar para despejar el ambiente. Pero temía que la situación pudiera volverse aún más explosiva, a menos que establecieran unas sólidas reglas de base, por lo que decidió utilizar la estructura de una conversación de corazón a corazón.

Sentado en un amplio círculo, después de su cena familiar, el grupo estaba inusualmente callado, sin saber qué esperar. James comenzó por ponerlos a todos de acuerdo en ceñirse a un conjunto de ocho reglas para el desarrollo de la conversación. Al comienzo, el corazón fue pasando de mano en mano sin que hubiera mucho que decir. Durante la segunda vuelta, uno de los hijos expresó su ira y cuando el corazón llegó al otro hijo, salió a la superficie una hostilidad aún mayor, sin embargo, era claro que ninguno iba a violar las reglas, a abandonar iracundo la reunión ni a lanzar objetos.

No fue una conversación fácil y, a veces, era evidente que todos hubieran preferido estar haciendo cualquier otra cosa, aunque fuera lavar los platos. Pero a medida que el corazón siguió recorriendo el círculo, todos comenzaron a sentir que eran escuchados y la hostilidad comenzó a disiparse. Luego una de las nueras comenzó a llorar y les confesó que no sabía qué hacer. Con tantos roces en la familia y en la empresa, ya no podía aguantar más. Les dijo que algo tenía que cambiar. En ese momento algo cedió y todos en el grupo comenzaron a llorar. A medida que el corazón siguió dando la vuelta, la tristeza fue pronto reemplazada por el reconocimiento de su amor unos por otros y de las cosas por las que estaban agradecidos.

Aunque nunca se podrá saber a ciencia cierta, James considera que la conversación de corazón a corazón fue, probablemente, el aspecto clave que salvó su negocio, su familia y su salud mental.

NO DEMORE EN DECIR LA VERDAD

En caso de duda, diga la verdad.

MARK TWAIN
Autor de varios libros clásicos de ficción estadounidenses,
incluyendo *Tom Sawyer* y *Las aventuras de Huckleberry Finn*

Muchos evitamos decir la verdad puesto que es incómoda. Tememos las consecuencias: hacer sentir mal a los demás, herir sus sentimientos o despertar su ira. Sin embargo, cuando no decimos la verdad, y no nos la dicen, no podemos manejar las cosas basados en la realidad.

Todos hemos oído la frase que dice: «La verdad os hará libres». Y lo hará. La verdad nos permite la libertad de manejar las cosas como son, no como las imaginamos ni como esperamos que sean ni como las podamos manipular con nuestras mentiras.

La verdad libera también nuestra energía. Se requiere esfuerzo para ocultar la verdad, guardar un secreto o simular constantemente.

¿QUÉ OCURRE CUANDO SE DICE LA VERDAD?

En mi seminario avanzado de cuatro días, realizo un proceso llamado «Secretos». Es un ejercicio muy simple en el que dedicamos una o dos horas a contar nuestros secretos al grupo, esas cosas que imaginamos que si los demás las supieran, no nos querrían o no nos aceptarían. Invito a los participantes a que se pongan de pie y cuenten al grupo cualquier cosa que hayan estado ocultando y que luego se sienten de nuevo.

No hay discusión ni retroalimentación, solo se expresa y se escucha. Comienza lentamente a medida que las personas van probando el agua con: «Hice trampa en mi examen de matemáticas de octavo grado» y «Robé una navaja en una tienda de baratijas cuando tenía catorce años». A medida que empiezan a darse cuenta de que a nadie le pasa nada malo, al fin los participantes se van abriendo y van mencionando aspectos cada vez más profundos y dolorosos.

Cuando ninguno tiene más secretos que confesar, pregunto al grupo si sienten menos aprecio o aceptación hacia alguno de los integrantes. En todos estos años, nunca he oído un sí como respuesta.

Luego pregunto: «¿Cuántos se sienten aliviados por haberse librado de ese peso?».

Todos responden afirmativamente.

Después pregunto: «¿Cuántos se sienten más unidos a los otros integrantes del grupo?», y de nuevo, todos levantan la mano. Se dan cuenta de que lo que habían estado ocultando no era tan terrible, sino que, en efecto, era algo que también habían hecho otras personas del grupo. No eran los únicos, eran más bien parte de la comunidad humana.

Pero lo más sorprendente es lo que informan algunos durante los días siguientes.

Desaparecen las migrañas de toda una vida, el colon con espasmos se relaja y no se requieren medicamentos. Desaparece la depresión y reaparece la alegría de vivir. Es más, las personas se ven más jóvenes y vitalizadas. Es sorprendente. Uno de los participantes contó que en los dos días siguientes perdió cinco libras de sobrepeso. Sin duda, ese hombre se libró de algo más que la información que había mantenido oculta.

Este ejemplo indica que ocultar la verdad consume una gran cantidad de energía que, al liberarla, se puede emplear en alcanzar mayores éxitos en todos los aspectos de nuestras vidas. Ya no necesitamos ser tan cautelosos, podemos ser más espontáneos y estar más dispuestos a mostrarnos como somos. Al hacerlo, podremos compartir y actuar basándonos en datos de vital importancia para lograr resultados y hacer lo que hay que hacer.

¿QUÉ NECESITA COMPARTIR?

En todos los campos de la vida, hay tres cosas que necesitamos compartir más que cualquier otra: los resentimientos acumulados, las necesidades insatisfechas, de las que provienen los resentimientos, y nuestro aprecio no expresado.

En la base de todo resentimiento hay necesidades y deseos insatisfechos. Cuando tenga un resentimiento contra alguien, pregúntese: *¿qué deseo de esa persona que no esté obteniendo?* Y luego comprométase al menos a pedírselo. Como ya lo he dicho, lo peor que le puede pasar es obtener un no por respuesta. Es posible que obtenga un sí. Pero al menos la solicitud se hará con franqueza.

Una de las prácticas más valiosas, aunque más difícil para muchos, es decir la verdad cuando resulta incómoda. Casi todos nos preocupamos tanto por la posibilidad de herir los sentimientos de los demás que no expresamos nuestros verdaderos sentimientos; y somos nosotros quienes, en último término, nos herimos.

DECIR LA VERDAD REPORTA DIVIDENDOS

Poco después de crear la Fundación para la autoestima destinada a llevar mi trabajo al mundo de la educación sin fines de lucro, a las prisiones, a los servicios sociales y a otros grupos de población en riesgo, mi director, Larry Price, descubrió una licitación pública expedida por la oficina de educación del condado de Los Ángeles. Parece ser que más del ochenta y cuatro por ciento de las personas inscritas en el programa «de asistencia social al trabajo», ofrecido por el condado, no regresan al segundo día para empezar el programa de capacitación. El condado sabía que necesitaba un programa de orientación que representara una esperanza para esas personas y las motivara a recibir la capacitación completa, de modo que lograran un mejor nivel de vida para ellos y sus familias.

Sabíamos que podíamos diseñar un programa que cumpliera las especificaciones del condado, pero también sabíamos que no incluiría suficientes horas de contacto y refuerzo como para producir los resultados que el condado esperaba. Era evidente que el programa que el condado tenía previsto no daría resultado.

No obstante, deseosos por obtener el contrato de 730.000 dólares y darle a la fundación los fondos que tanto necesitaba, elaboramos una extensa propuesta y trabajamos meses preparando una hermosa presentación. La víspera de la fecha de entrega trabajamos toda la noche terminando, imprimiendo y compaginando las numerosas copias que debían presentarse.

Debió haber sido una muy buena propuesta porque nos seleccionaron entre los tres finalistas y nos llamaron a las oficinas del condado para una entrevista personal y una presentación final.

Todavía recuerdo que estaba parado frente a las oficinas del condado diciéndole a Larry: «¿Sabes? No estoy seguro de querer ganar esta licitación. No importa qué tan bueno sea el programa que elaboremos, la forma como quieren estructurarlo no puede darles los resultados que esperan. Creo que deberíamos decirles la verdad. ¿Cómo podrían saber ellos la forma como debe estructurarse? No son expertos en motivación. ¿Cómo pueden pedir algo que no entienden a cabalidad?».

El miedo que teníamos era que los funcionarios del condado pudieran, de alguna forma, sentir que los estábamos juzgando o criticando y que adjudicaran el contrato a otras personas. Era un riesgo enorme, sobre todo teniendo en cuenta la cantidad de dinero en juego. Pero decidimos decirles la verdad.

La reacción de los funcionarios del condado nos sorprendió. Después de escuchar nuestro punto de vista, decidieron contratarnos de todas formas *porque estuvimos dispuestos a decir la verdad.* Después de analizar lo que dijimos, estuvieron de acuerdo y consideraron que éramos los únicos que habíamos comprendido correctamente la situación a la que se enfrentaban.

Los resultados fueron tan fantásticos que, con el paso del tiempo, el programa que desarrollamos —GOALS— fue adoptado por otros programas de bienestar en diecinueve condados, además de organizaciones en veintidós estados como la Autoridad de Vivienda y Desarrollo Urbano, por Head Start y como programa de preliberación para la prisión de San Quentin y otras prisiones.* Hasta el día de hoy, 810.000 personas se han graduado del programa.

NO HAY UN «MOMENTO PERFECTO» PARA DECIR LA CRUDA VERDAD

Como lo descubrí con la oficina de educación del condado de Los Ángeles, decir la verdad representó la diferencia entre ganar o perder la licitación. Habríamos podido arriesgar nuestra integridad, pero en cambio decidimos decir la verdad de antemano y no *a posteriori.*

Aprender a decir la verdad sin demora es uno de los hábitos de éxito más importantes que pueda desarrollar. De hecho, tan pronto como empiece a pensar *cuál puede ser el mejor momento para decir la verdad,* ese será el momento de decirla.

¿Que resulta incómodo? Probablemente. ¿Va a producir reacciones? Sí. Pero es lo correcto. Acostúmbrese a decir la verdad sin demora. En último término, debe llegar a un punto en el que la diga tan pronto como la piense. Ese será el momento en el que habrá alcanzado la autenticidad total. Lo que uno ve es lo que obtiene. Todos sabrán cuál es su posición. Podrán contar con su sinceridad.

---

*Para información sobre el programa GOALS, visite la página www.TheSuccessPrinciples.com/resources.

«NO QUIERO HERIR SUS SENTIMIENTOS»

Es frecuente que algunos recurran a la excusa de no querer herir los sentimientos de otro. Eso nunca es cierto. Si alguna vez piensa así, lo que estará haciendo será protegiéndose de sus propios sentimientos. Estará evitando lo que sentirá cuando la otra persona se moleste. Es la salida del cobarde y solo retarda el momento en el que habrá que poner las cartas sobre la mesa.

Esto incluye contarles a los niños que se van a divorciar, que la familia se va para Texas porque papá tiene un nuevo empleo, que será necesario hacer un recorte de personal, que la familia no saldrá de vacaciones ese año, que habrá que poner a dormir para siempre a la mascota, que no va a poder entregar el pedido a tiempo como lo prometió o que perdió los ahorros de la familia en un mal negocio en la bolsa de valores.

Esconder la verdad siempre va en detrimento propio. Entre más tiempo se oculte, mayor será el perjuicio para usted y para todos los interesados.

NO LE GUSTARÁ LO QUE TENGO QUE DECIRLE, PERO...

No quiero a mi alrededor personas que siempre digan que sí. Quiero que todos me digan la verdad, aunque les cueste el puesto.

SAMUEL GOLDWYN
Cofundador de los estudios de cine Metro-Goldwyn-Mayer (MGM)

Marilyn Tam trabajaba como gerente de división supervisando las operaciones de los 320 almacenes de Miler's Outpost en 1986, cuando un amigo le dijo que Nike pensaba abrir su propio almacén y el director ejecutivo Phil Knight estaba interesado en contratarla para supervisar el proyecto. Nike estaba frustrada porque las tiendas de calzado deportivo como Foot Locker no estaban exhibiendo sus prendas deportivas de manera que presentaran la imagen adecuada del estilo de vida de Nike. Dado que Marilyn pensó que trabajar para Nike sería una excelente oportunidad, hizo algunas investigaciones antes de su reunión y visitó varios almacenes que vendían prendas Nike a fin de estar lista para presentar una propuesta a Phil sobre la forma de crear un almacén que Nike pudiera enorgullecerse de presentarle al mundo.

A medida que avanzaba en su investigación, descubrió dos cosas: el calzado era bueno, era funcional, durable y su precio era justo. Pero las prendas deportivas eran desastrosas. Eran inconsistentes en calidad, tallas y durabilidad, y no había integración ni coordinación de colores. Más tarde supo que la línea de prendas deportivas de Nike había surgido como una adición en respuesta a una exigencia de los clientes de contar con más prendas deportivas que llevaran el logotipo de Nike. No se había pensado en absoluto como una línea coordinada. Nike solo había comprado prendas deportivas ya en existencia y les había puesto su logotipo. La compañía obtenía esas prendas de distintos fabricantes, sin ninguna norma congruente en cuanto a tamaño, calidad o color. No era una imagen que realmente reflejara la marca.

El dilema de Marilyn era que su deseo de trabajar para Nike estaba en conflicto con su criterio profesional acerca de los productos. Temía que si le decía a Phil que el producto era opuesto a la imagen de la marca y que no debería estar en los almacenes, le negarían el puesto.

Cuando al fin se reunió con Phil Knight en Oregón, tuvieron una animada conversación acerca del potencial del concepto del nuevo almacén. Pero a medida que avanzó la conversación, Marilyn se fue sintiendo cada vez más intranquila porque sabía que debía decirle la verdad acerca de la calidad de la mercancía y de su concepto de que los almacenes fracasarían si seguían con el proyecto sin antes crear una línea de productos estandarizada e integrada. Pero no se atrevía a hacerlo, por miedo a que en su afán por abrir los almacenes cuanto antes, él buscara otra persona que lo hiciera. Trascurridas dos horas, al fin se decidió a hablar y le dijo a Phil que los zapatos Nike eran excelentes, pero que si el concepto de los almacenes se iba a basar en el vestuario y los accesorios, ella creía que no tendrían éxito porque los productos no reflejaban lo que Nike representaba.

Confirmando su temor, el hecho de haber revelado sus ideas puso fin a la conversación de forma relativamente abrupta. Regresó a California, preguntándose si habría hecho lo correcto. Tenía la sensación de que quizás habría perdido cualquier oportunidad de obtener un empleo allí, pero también sentía la satisfacción de haber dicho la verdad.

Dos semanas después, Phil Knight la llamó y le dijo que había reconsiderado lo que le había dicho, había hecho su propia investigación sobre la calidad de la mercancía y estaba de acuerdo con su evaluación de la situación. Le ofreció el puesto de primer vicepresidente de vestuario y accesorios. Le dijo: «Venga y arregle la mercancía; después abriremos los almacenes».

Como seguramente lo sabrá, el resto es historia. Aunque la decisión de esperar retardó la apertura de los almacenes Nike por dos años, la división de vestuario mostró un considerable crecimiento y el concepto de los almacenes ha ayudado a Nike a seguirse ampliando y a abarcar una mayor proporción de la imaginación de los estadounidenses.★

UNA FÓRMULA PARA TENER
CONVERSACIONES CRUCIALES

Las conversaciones como la que sostuvo Marilyn Tam con Phil Knight son sin duda incómodas y difíciles, pero las personas que dominan el arte de esas conversaciones difíciles aunque cruciales son las que más avanzan en sus carreras. Si usted necesita tener una conversación importante, de aquellas en las que hay mucha emotividad y las opiniones varían fuertemente, hay algunas pautas que pueden ayudarle.

La primera de ellas es dejar de asustarse a sí mismo antes de la conversación magnificando los hechos reales en algo verdaderamente aterrador. La mayoría de las personas presuponen lo que va a hacer la otra parte cuando se entere del asunto. Este proceso de contarnos una historia a nosotros mismos y de añadir sentimientos a lo que ha ocurrido tarda apenas unos nanosegundos.

Si necesita tener una conversación crucial, pero se detiene usted mismo diciendo: *Tengo miedo a cómo reaccionará él o ella*, o *No sé cómo empezar*, sea consciente de que el problema que usted no está logrando abordar probablemente no va a desaparecer, sin importar lo mucho que usted lo ignore. En esas situaciones, es útil tener una fórmula que no solo lo guíe a través de la conversación, sino que también ayude a ambos a determinar una solución.

1. Para empezar, determine su motivación para entablar la conversación, ya sea que consista simplemente en expresarse a sí mismo y sacarse algo de su pecho o, en última instancia, en resolver un problema.
2. Asegúrese de programar el tiempo suficiente para sostener la conversación.
3. Planee su conversación con antelación elaborando un mensaje claro que lo mantenga enfocado. Comience con los hechos de lo que *realmente* ocurrió o está ocurriendo, en contraposición a la historia que pueda haber creado en su mente. ¿Cómo va a informar los hechos de la situación? Asegúrese de separar los hechos reales de los sentimientos que ha añadido a la situación o al evento.

★ Recomiendo altamente el inspirador libro de Marilyn, *Cómo utilizar lo que tienes para conseguir lo que quieres* (Barcelona: Amat, 2005). En esta obra, ella comparte su vida extraordinaria y los principios del éxito que aprendió como miembro de una familia tradicional de Hong Kong, hasta su meteórico ascenso a los niveles ejecutivos del mundo empresarial internacional con empresas como Aveda, Reebok y Nike.

4. Después de informar los hechos, pregúntele a la otra persona: «¿Cómo ves esto?». ¿Cuál creen *ellos* que es el impacto? A menudo, presuponemos o imaginamos alguna reacción o consecuencia terrible, sin saber cuál es la experiencia real de la otra persona acerca de la situación.

5. Pregúntele a la otra parte lo que le gustaría hacer para resolver el asunto si usted está buscando realmente una solución. A veces, el simple hecho de expresarse a sí mismo podría ser su meta.

6. Si deciden resolver el problema, pónganse de acuerdo, y consignen por escrito qué medidas tomarán ambos, cuándo lo harán y cómo harán un seguimiento el uno del otro.★

SUPERE EL MIEDO AL JUICIO

A veces no decimos la verdad con mayor rapidez porque tememos ser juzgados por los demás. Pensamos que no somos lo suficientemente buenos, que nuestras opiniones son extrañas o que hay algo realmente muy «malo en nosotros», por lo que no divulgamos lo que está pasando, no explicamos por qué no podemos participar, no admitimos que metimos la pata, no decimos por qué no podemos donar o no expresamos la manera en que nuestro punto de vista es simplemente diferente.

Tal vez hemos sido incluso juzgados anteriormente, después de dar explicación tentativa, por lo que no nos atrevemos a abrirnos de nuevo al juicio. Por desgracia, este tipo de retención demanda una gran cantidad de energía. Nos obliga a monitorear nuestras conversaciones, a planear todas nuestras acciones, a recordar qué se le dijo a quién, y a formular constantemente explicaciones de cortesía para nuestra «situación». Imagine más bien la libertad de exponer simplemente sus razones y seguir adelante. Esa clase de confianza en sí mismo es poderosa e impresionante, y poca gente lo juzgará por ese tipo de franqueza.

Charlie Collins fue diagnosticado con degeneración macular cuando tenía nueve años. A los trece, fue declarado legalmente ciego. Como resultado de no poder ver nada más que formas tenues, colores y zonas de luz, Charlie tuvo dificultades en la escuela secundaria; intentó estudiar en la universidad, pero tuvo que retirarse dos veces; así que comenzó a beber y a consumir drogas. Después de vivir de nuevo con sus padres y de hacer

---

★Dos valiosos recursos son *Conversaciones difíciles*, edición revisada por Douglas Stone, Bruce Patton, Sheila Heen, y Roger Fisher (Barcelona: Amat, 2006), y *Crucial Conversations* [Conversaciones cruciales], segunda edición actualizada por Kerry Patterson, Joseph Grenny, Ron McMillan y Ally Switzler (Nueva York: McGraw-Hill, 2011).

cualquier tipo de trabajo extraño que pudiera conseguir, Charlie finalmente abrió su propia compañía —Vision Dynamics—, la cual suministra productos y servicios a las personas que tienen ceguera o visión baja para que puedan llevar una vida independiente y feliz. Pero incluso con el éxito subsiguiente de su negocio y con un matrimonio feliz, Charlie tenía una baja autoestima y se consideraba a sí mismo «ese tipo ciego y tonto».

Buscando mejorar su autoestima, Charlie encontró mi disco de audio *Maximum Confidence* [Máxima confianza] en la Internet. Más tarde descubrió dos de mis audiolibros: *El factor Aladino* y *El poder de mantenerse enfocado*. Durante los dos años siguientes, los escuchó una y otra vez. Fue entonces cuando decidió asistir a un seminario de tres días conmigo. Aquí está el resto de la historia en sus propias palabras.

Yo estaba tan impresionado con lo que estaba aprendiendo con Jack Canfield que, a principios de 2008, me encontré sentado en la primera fila en un seminario de tres días, oyéndolo hablar en directo.

Unas semanas antes, al inscribirme en el programa, no le había dicho a nadie que tenía problemas de visión. Ahora, rodeado por más de trescientas personas inteligentes y exitosas, traté de ocultar mi discapacidad. Pensé que esas personas podrían sentir lástima por mí o mirarme «por encima del hombro».

El primer día no hubo problema. Tomé muchas notas, escribí con un marcador Sharpie grande y negro —la única manera en que podía ver lo que estaba escribiendo—, hasta que la dama que estaba a mi derecha me pidió el favor de utilizar un bolígrafo diferente, pues el vapor que emanaba del Sharpie la estaba molestando. No quería decirle que tenía que usar ese tipo de marcador, por lo que saqué un bolígrafo y fingí usarlo.

Al día siguiente, mi ocultamiento llegó a un punto crítico. Llegué a la reunión matinal y vi nuestras tarjetas de identificación dispuestas en una mesa afuera de la puerta. No podía ver nada de lo que había escrito en ellas. Miré alrededor para asegurarme de que nadie me observaba y me incliné con la nariz a unos centímetros de las tarjetas, tratando de encontrar la mía y enderezándome cada vez que oía a alguien acercarse, lo cual sucedía cada treinta segundos aproximadamente.

Después de hacer eso por unos minutos, sentí pánico y quise correr a mi habitación del hotel, faltar a la reunión y esconderme hasta que llegara la hora de mi vuelo de regreso a Connecticut.

Estaban a punto de cerrar las puertas cuando tuve una idea. La siguiente persona que se acercó a la mesa era una mujer. «Disculpe», le dije, «dejé mis gafas en mi habitación. Me llamo Charlie. ¿Me podría mostrar mi tarjeta?». Ella sonrió y me la entregó. Le di las gracias, mi corazón latió con fuerza y corrí a la sala de reuniones.

En el primer receso, subí al escenario y me presenté a Jack. Empezamos a hablar y, por alguna razón, le conté mi experiencia con las tarjetas. Tras el descanso, me senté en mi silla, listo para lo que seguía, cuando oí decir a Jack: «¿Alguien le puede pasar por favor el micrófono a Charlie?». Y entonces me pidió que me pusiera de pie.

«Hola, Charlie», dijo Jack. «Quiero que mires a todas las personas que están en la sala. Ahora diles lo que me dijiste en el receso».

¡Me enojé! ¿Cómo podía exponerme de esa manera? ¿Cómo podía hacerme contarles mi secreto a todos? Pero lo hice. Y a medida que hablaba, podía sentir un poder más grande fluir dentro de mí. Al final de mi historia, ¡la gente aplaudió!

Jack dijo: «Por lo tanto, Charlie, creo que lo entiendes: tienes que dejar de vivir tu vida de esta manera. A partir de ahora, ya no vas a permitir que la ceguera legal dirija tu vida». Luego miró alrededor de la sala y preguntó: «¿Hay alguien aquí que diría que no si Charlie se acercara y le pidiera ayuda?».

El salón enloqueció. Todo el mundo estaba gritando: «¡Yo le ayudaría!», «¡Me encantaría ayudarle!», «¡Por supuesto que lo que ayudaría!».

Jack continuó: «A los seres humanos nos gusta ayudar a los demás. Para eso estamos aquí, para servir y ayudar a los demás, y todos necesitamos ayuda en determinados momentos. Todo lo que tienen que hacer es decir la verdad y preguntar. Ahora bien, ¿crees eso, Charlie?».

Para mi sorpresa, creí.

Charlie se sintió muy bien el resto del seminario. Aunque se sentía un poco vulnerable, también estuvo más receptivo, auténtico y empoderado que antes. Su transformación lo llevó finalmente a lo que él cree que es su verdadero llamado: ser un orador motivacional que inspire a otros a mirar más allá de los desafíos de la vida.

Al mismo tiempo que su empresa vende artículos que hacen la vida más fácil para las personas con problemas de visión, el propio Charlie es capaz de inspirarlos y empoderarlos por medio de talleres y clases de crecimiento personal, un enfoque único que ha contribuido a que su negocio prospere año tras año. Además, Charlie viaja por todo el país hablando con grupos de personas, tanto videntes como ciegas, acerca de cómo podemos superar nuestros «puntos ciegos». Gracias al hecho de decir la verdad con mayor rapidez, Charlie está viviendo su auténtico propósito en la vida: enseñar a las personas a «ver» realmente de nuevo de una manera genuina.

QUE SU LENGUAJE SEA IMPECABLE

*La impecabilidad del lenguaje lo puede llevar a la libertad
personal, al éxito y a la abundancia; hará que el miedo
desaparezca y lo transformará en amor y alegría.*

DON MIGUEL RUIZ
Autor de *Los cuatro acuerdos*★

Muchos utilizamos el lenguaje hablado de manera poco consciente. Rara vez nos detenemos a pensar en lo que estamos diciendo. Nuestros pensamientos, opiniones, juicios y creencias fluyen sin la menor preocupación por el daño o el bien que puedan hacer.

Por otra parte, quienes alcanzan el éxito son los amos de sus palabras. Saben que si no dominan los términos con los que se expresan, estos los dominarán. Son conscientes de lo que piensan, de lo que dicen, tanto de sí mismos como de los demás. Saben que para alcanzar un mayor éxito, tienen que utilizar palabras que promuevan la autoestima y la confianza, que contribuyan a establecer relaciones sólidas y construir sueños, palabras de afirmación, aliento, aprecio, amor, aceptación, posibilidad y visión.

Tener un lenguaje impecable significa hablar desde el nivel más alto del ser. Significa que se dicen las palabras con intención e integridad. Significa que las palabras que se pronuncian concuerdan con lo que se dice que se quiere lograr, con la propia visión y los sueños.

★Deseo expresar mi agradecimiento a Don Miguel Ruiz, autor de *Los cuatro acuerdos,* por sus profundos conceptos sobre la impecabilidad del lenguaje que he incluido en este capítulo. Para mayor información, recomiendo muy especialmente la lectura de *Los cuatro acuerdos* (San Rafael, CA: Amber-Allen, 2002).

SU PALABRA TIENE PODER

Cuando se expresa de forma impecable, sus palabras tienen poder no solo para usted sino para los demás. Tener un lenguaje impecable significa usar solo palabras que sean ciertas, que eleven el espíritu y que reafirmen el valor de los demás.

A medida que adquiera una forma de hablar impecable, irá descubriendo que las palabras son también la base de toda relación. La forma en cómo *yo le hable* y *cómo hable de usted* determina la calidad de nuestra relación.

LO QUE DIGA A *OTROS* CREA UN EFECTO DE ONDA EXPANSIVA EN EL MUNDO

Eviten toda conversación obscena. Por el contrario, que sus palabras contribuyan a la necesaria edificación y sean de bendición para quienes escuchan.

EFESIOS 4:29

Las personas exitosas se expresan con términos de inclusión más que de separación, palabras de aceptación más que de rechazo y de tolerancia más que de prejuicio.

Si expreso amor y aceptación hacia usted, usted sentirá amor por mí. Si expreso juicio y desprecio, usted me juzgará a cambio. Si expreso agradecimiento y aprecio, usted me expresará agradecimiento y aprecio. Si expreso palabras de odio hacia usted, lo más probable es que usted me odie.

Lo cierto es que las palabras tienen cierta energía o cierto mensaje que crea una reacción en los demás, una reacción que, por lo general, se nos devuelve multiplicada. Si uno es rudo, impaciente, arrogante u hostil, puede esperar el mismo tipo de conducta negativa como respuesta.

Todo lo que se diga tiene un efecto en el mundo, todo lo que se diga a alguien tiene un efecto en esa persona. Hay que estar conscientes de que siempre estamos creando algo —ya sea positivo o negativo— con lo que digamos.

Pregúntese siempre: *¿Lo que estoy a punto de decir servirá para impulsar la causa de mi visión, mi misión y mis metas? ¿Servirá para elevar el espíritu del que escucha? ¿Inspirará, motivará y creará progreso? ¿Disipará los temores y creará seguridad y confianza? ¿Incrementará la autoestima, la confianza y la voluntad de arriesgarse y actuar?* Si no es así, encuentre palabras que lo hagan o guarde silencio.

DEJE DE MENTIR

Al igual que con la conducta negativa, cuando miente, no solo se separa de su ser superior, sino que corre el riesgo de que lo descubran y de debilitar aun más la confianza de los demás en usted.

En cuanto a la serie *Sopa de pollo para el alma,* tenemos la política de que, a excepción de los poemas e historias que son evidentemente parábolas o fábulas, todas las historias que publicamos en los libros de *Sopa de pollo* son ciertas. Esto es importante para nosotros, porque si la historia es inspiradora, queremos que los lectores puedan decir: *Si ellos pudieron hacerlo, yo también podré.*

A menudo, vemos que un colaborador ha inventado una historia, que simplemente la ha fabricado. Cuando nos enteramos de que eso es así, nunca más volvemos a usar historias de ese escritor. No confiamos en esos autores. Su palabra ha dejado de ser impecable.

En realidad, mentir es producto de una baja autoestima; creer, por algún motivo, que ni usted ni sus capacidades son suficientes para lograr lo que quiere. Se basa además en la falsa creencia de que no puede manejar las consecuencias de que las personas conozcan la verdad acerca de usted, que no es más que otra forma de decir: *No soy suficiente.*

LO QUE DIGA *DE* LOS DEMÁS ES
AUN MÁS IMPORTANTE

Si nos remontamos a la historia, todos los personajes más encumbrados y respetados, así como todos los maestros espirituales, nos han advertido en contra de la murmuración y los juicios contra los demás. Ello se debe a que conocen realmente cuán nociva es la falsedad. Se han producido guerras por las palabras. Se han matado personas por las palabras. Transacciones se han perdido por las palabras. Las palabras han destruido matrimonios.

No solo eso, sino que murmurar y juzgar le afecta también a usted, porque termina liberando un veneno a un río de energía que está diseñado para devolverle lo que realmente desea.

Cuando usted le habla mal de una persona a alguien, eso podría crear un vínculo temporal con ella, pero también le produce una impresión duradera de que usted es el tipo de individuo que habla mal de los demás. La otra persona se preguntará siempre, incluso de manera inconsciente, cuándo lanzará usted ese veneno verbal contra ellos. Erosionará la sensación de profunda confianza que ellos tienen en usted.

Aun sin que diga una sola palabra, los demás pueden captar sus juicios negativos y su energía crítica con relación a ellos. Así, lo que diga de otros encuentra la forma de llegar a oídos de la persona de la que usted está hablando. Es frecuente que personas que se preocupan por mí me llamen para decirme que alguien que conozco ha dicho algo negativo de mí. ¿Qué efecto tiene eso en mi relación con ellos? Crea una grieta imperceptible.

Además, he tenido que aprender, por experiencia, que cuando cuento un chisme acerca de alguien: (1) me hace sentir mal de inmediato, (2) centra mi atención en lo que *no* deseo en mi vida, en vez de producir más de lo que *sí* quiero y (3) es perder, literalmente, mis palabras. He aprendido que, en cambio, podría estar utilizando mis poderes mentales y verbales para crear más de lo que *sí quiero* al centrar el poder de mis palabras en la abundancia.

Para hablar de forma impecable cuando se dirija a los demás:

- Comprométase a tener un lenguaje impecable al hablar con los demás.
- Esfuércese por encontrar algo que admirar en cada persona con quien interactúe. Busque sus características positivas.
- Comprométase a decir la verdad, de la mejor manera posible, en todas sus interacciones y relaciones con los demás. Comprométase a hacerlo por un día, después por dos días seguidos, luego por toda una semana. Si falla, comience de nuevo. No deje de fortalecer ese músculo.

- Propóngase que cada interacción con los demás sirva para darles
ánimo y entusiasmo, aunque sea de forma imperceptible. Fíjese
cómo se siente al hacerlo.

Es frecuente que hagamos daño con lo que decimos, no porque somos
malas personas sino, porque nadie nos enseñó nunca el verdadero poder de
las palabras.

EL CHISMORREO INÚTIL

Durante mi primer año como profesor de bachillerato, pude comprobar el
poder del chismorreo inútil. El primer día de clases, entré a la sala de los do-
centes, antes de que llegaran los alumnos y uno de los profesores mayores
se me acercó y me dijo: «He visto que tiene a Devon James en su clase de
historia americana. Lo tuve el año pasado. Es un verdadero terror. ¡Le deseo
suerte!».

Puede imaginar lo que ocurrió cuando llegué al salón de clase y vi a
Devon James. No le quitaba los ojos de encima. Vigilaba todos sus movimientos. Esperaba que mostrara las características del terror que se suponía
que era. Devon no tenía la menor oportunidad. Ya tenía una idea de lo que
era, aun sin que hubiera abierto su boca. No cabe duda de que le estaba enviando alguna señal inconsciente: *Sé que es un alborotador.* Esa es la definición
del *prejuicio,* prejuzgar a alguien antes de que realmente hayamos tenido la
oportunidad de conocerlo.

Aprendí que nunca debía dejar que otro profesor —o nadie, para ese
efecto— me dijera cómo era otra persona antes de tener la oportunidad
de conocerla. Aprendí a confiar en mis propias observaciones. También
aprendí que si trato a todos con respeto y con mi forma de hablar y mis
actitudes les demuestro que espero mucho de ellos, casi siempre se portan a
la altura de mis expectativas positivas.

El mayor costo del chismorreo es, claro está, que nos impide pensar con
claridad. Quienes se comportan de manera impecable tienen una visión
mucho más clara del mundo. Tienen conceptos más claros y, por lo tanto,
puede tomar decisiones y adoptar medidas más efectivas. En *Los cuatro
acuerdos,* Don Miguel Ruiz compara el proceso del chismorreo con la liberación de un virus de computadora en el cerebro, que nos lleva a pensar cada
vez con menos claridad.

Las siguientes son algunas formas prácticas de abandonar este hábito y
no fomentarlo en los demás:

1. Cambiar de tema.
2. Hacer un comentario positivo sobre esa persona.
3. Abandonar la conversación.
4. Permanecer callado.
5. Decir con franqueza que no quiere participar en chismes acerca de otros.

EXAMINE SUS PENSAMIENTOS Y SUS SENTIMIENTOS

¿Cómo saber cuándo ha utilizado las palabras de forma impecable? Cuando se siente bien, satisfecho, feliz, tranquilo y en paz. Si no siente eso, examine sus pensamientos, su diálogo interior y su comunicación verbal y escrita con los demás.

Cuando empiece a usar las palabras con mayor propiedad, comenzará a observar cambios en todos los aspectos de su vida.

EN CASO DE DUDA, CERCIÓRESE

*Puede haber algún sustituto para los hechos concretos,
pero si lo hay, no tengo la menor idea cuál pueda ser.*

J. PAUL GETTY
Uno de los hombres más ricos de Estados Unidos y autor de *Cómo hacerse rico*

Muchos pierden su valioso tiempo y sus preciosos recursos preguntándose lo que piensan, pretenden o hacen los demás. En vez de pedirles explicaciones, hacen suposiciones, generalmente negativas en cuanto se refiere a ellos mismos, y toman decisiones basadas en esas suposiciones.

Por otra parte, quienes alcanzan el éxito no pierden tiempo suponiendo o imaginando. Se limitan a verificarlo: «Me pregunto si...» o «¿Me permitiría...?» o «¿Se siente usted...?». No le tienen miedo al rechazo, así que preguntan.

TODOS TIENDEN A IMAGINAR LO PEOR
CUANDO NO CONOCEN LA VERDAD

¿Cuál es el problema fundamental de suponer cualquier cosa? El hecho es que, por lo general, lo que las personas desconocen es lo que más las asusta. En vez de verificar las cosas, suponen hechos que pueden no ser, luego prejuzgan con base en esas suposiciones. Toman decisiones equivocadas basados en falsas convicciones, en rumores, en las opiniones de otros.

Piense en la diferencia cuando se conocen los hechos —los hechos *reales*— acerca de una situación, una persona, un problema o una oportunidad. Se pueden tomar decisiones y actuar en base a lo que realmente es, en lugar de basarse en imaginaciones.

Recuerdo un seminario que dirigí en una oportunidad, en el que uno de los asistentes —sentado en la última fila del salón— parecía no querer estar allí. Tenía un aspecto hostil y retraído. Permanecía con los brazos cruzados, y su expresión, con el ceño siempre fruncido, daba la impresión de que detestaba cada cosa que yo decía. Me di cuenta de que a menos que me controlara, terminaría centrándome exclusivamente en él y en su aparente hostilidad, en detrimento del resto del auditorio.

Como es obvio, a ningún orador le gusta saber que una de las personas en el auditorio ha sido forzada por su jefe a asistir al seminario o que no le satisfaga el material o —lo que es peor— que no simpatice con el orador. Basado en el lenguaje corporal de ese participante, habría sido fácil suponer que el caso correspondiera a cualquiera de estas situaciones.

En lugar de suponerlo, me cercioré.

Me le acerqué durante el primer receso y le dije: «No pude evitar notar que parece no estar bien. Me pregunto si tal vez el seminario no es el adecuado para usted, o tal vez vino por orden de su jefe, contra su voluntad, y realmente no quiere estar aquí. Estoy en verdad preocupado».

En ese momento, toda su actitud cambió. Me respondió: «¡Ah, no! Me encanta todo lo que está diciendo. Lo que pasa es que aparentemente me está comenzando una gripe muy fuerte. No quise quedarme en casa y perderme el seminario, porque sabía que sería muy bueno. Me ha exigido toda mi concentración permanecer aquí, pero ha valido la pena porque lo estoy aprovechando al máximo».

¡Qué alivio! Si no le hubiera preguntado, habría podido arruinar mi día suponiendo lo peor. ¿Cuántas veces *ha supuesto cosas* —buenas o malas— sin verificarlas?

¿Supone, sin confirmar la fecha límite de un proyecto especial, que todas las personas que trabajan en él lo van a terminar a tiempo? ¿Supone, sin comprobar, que lo que usted está suministrando es lo que todos necesitan? ¿Supone, sin verificar, al final de una reunión, que todos han entendido con claridad quién es responsable y para cuándo debe tenerlo listo?

Imagínese cuánto más fácil sería *no* suponer y, en cambio, decir: «John, usted tendrá listo el informe para el viernes, ¿verdad? Y: Mary, va a conseguir la cotización del impresor para el martes a las cinco, ¿verdad?».

CASI SIEMPRE ESPERAMOS VERIFICAR CUANDO PUEDE SER UNA MALA NOTICIA

Por lo general, cuando esperamos lo peor, no queremos verificarlo. Nos da miedo conocer la respuesta. Si llego del trabajo y encuentro a mi esposa con el ceño fruncido, es fácil suponer que está disgustada conmigo. Y aunque podría empezar a caminar de puntillas, pensando que he hecho algo mal y esperando que las cosas exploten, imagine cuánto mejor sería para nuestra relación que me limitara a decir: «Te ves disgustada, ¿qué pasa?».

Cuando me decido a verificar, pueden ocurrir dos cosas.

La primera, me puedo enterar de los hechos. ¿Realmente hice algo mal o recibió una llamada de su hermana que la molestó y yo no lo sabía? La segunda, puedo tener la opción de hacer algo al respecto —ayudarla a cambiar de ánimo— si sé qué es lo que de verdad sucede.

Esto se aplica también a los aspectos que pueden mejorar su calidad de vida. Tal vez supone que no hay esperanzas de conseguir una boleta para el concierto de rock que ya está muy próximo, o que nunca lo aceptarán en el programa de arte, o que no puede darse el lujo de comprar ese mueble de comedor antiguo que se vería tan bien en su casa.

Es mucho más fácil preguntar. Verifíquelo, con frases como: *«Me pregunto si...»*, *«Estaría bien si...»*, *«¿Se siente usted...?»*, *«¿Habría alguna posibilidad de conseguir...?»*, *«¿Qué tendría que hacer para...?»*, *«¿Cuál sería la condición para que pudiera...?»*, etc.

¿QUIERE DECIR QUE...?

Otra forma de confirmar las suposiciones es utilizar una técnica que enseño en mis sesiones de asesoría a parejas que puede ayudar a mejorar la comunicación en sus relaciones. La llamo la técnica «Quieres decir que...».

Supongamos que mi esposa me pide que le ayude a limpiar el garaje el sábado.

—No —le respondo.

Mi esposa podría suponer, de inmediato: *Jack está disgustado conmigo. No le importa lo que yo necesite. No le importa que ya no me quepa el automóvil en el garaje,* etc. Pero con la técnica «Quieres decir que...», no imagina nada, sino que *pregunta* para saber qué estoy pensando.

—¿Quieres decir que no me vas a ayudar nunca con este oficio, que lo voy a tener que hacer yo sola?

—No, no quise decir eso.

—¿Quieres decir que prefieres hacer otra cosa?

—No, no quise decir eso tampoco.

—¿Quieres decir que estás ocupado los sábados y tienes otros planes que no me has dicho?

—Sí, eso es exactamente lo que quise decir. Lo siento, no te lo había dicho aún, se me había olvidado.

A veces, no se explican de inmediato las razones por las cuales se da determinada respuesta. Simplemente se contesta no, sin explicar por qué se ha tomado esa decisión. Los hombres tienen una mayor tendencia a dar este tipo de respuesta. Por lo general, las mujeres dan todo tipo de explicaciones de por qué su respuesta es no, mientras que los hombres se limitan a responder con el resultado final de su decisión, sin dar detalles. Al preguntar: «¿Quieres decir que ...?», se obtendrá una respuesta más clara y no habrá que suponer lo que ocurre.

CERCIORARSE CONTRIBUYE A SU ÉXITO

Si verifica sus suposiciones, mejorará su comunicación, sus relaciones, su calidad de vida y, lo que es más importante, su éxito y su productividad en el trabajo. Empezará a obtener mejores resultados, no terminará con partes faltantes. No supondrá que los demás harán algo que al final no hacen. Siempre que tenga la corazonada de que Bárbara no va a terminar ese trabajo a tiempo, llame a Bárbara, verifíquelo.

W. Edwards Deming, el brillante experto en sistemas que ayudó al Japón de la postguerra a fabricar automóviles, aparatos electrónicos y otros artículos, mejor que cualquier otro país del planeta, dijo en una oportunidad que el primer quince por ciento de cualquier proyecto es lo más importante. Es ahí donde hay que tener todo muy claro, recopilar datos, verificarlo todo.

Por ejemplo, cuando se inicia una relación de negocios, se determina al comienzo —en el primer quince por ciento— la forma como se trabajará juntos, cómo se resolverán los conflictos, la estrategia de disolución si uno de los socios quiere retirarse, los criterios para determinar si alguna de las partes no cumple con sus compromisos, etc. La mayoría de los conflictos que se presentan más adelante en una relación se deben a suposiciones erradas que no fueron verificadas, a aspectos que no quedaron claros desde el principio. Faltó claridad en los acuerdos.

ESPACIO ENTRE LAS REGLAS

Claro está que la regla del quince por ciento se aplica también a cualquier meta personal que se proponga. ¿Recuerda a Tim Ferris, el autor *best seller*, que ganó el campeonato nacional de *kickboxing* con solo seis semanas de entrenamiento? La historia tras ese relato es que no supuso *nada* acerca de las reglas del *kickboxing*, por el contrario, las verificó una por una a cabalidad. Gracias a su investigación, aprendió que si se saca al oponente del ring dos veces en un asalto, se habrá ganado el combate.

Bien, en *kickboxing*, la mayoría piensa que el deporte se trata de los dos aspectos que componen la palabra *kick* (patear) y *boxing* (boxear). Ferris, por otra parte, era luchador por su entrenamiento. Por consiguiente, le dijo a su entrenador: «No me enseñe a noquear a alguien. Enséñeme a sacar a mi oponente del ring sin que me noquee a mí». Así ganó el campeonato. Definió la diferencia entre lo que las reglas son *realmente* y lo que se *supone* que son.

En la vida real, hay muchos casos en los que hay un espacio para maniobrar entre una y otra regla. Si no preguntamos y nos limitamos a suponer que no podemos hacer algo, tal vez *habría* habido alguna forma de lograrlo sin dificultad, mediante una «excepción» y otros hechos ocultos que solo descubrimos si los investigamos, *verificándolos*.

53

DEMUESTRE EL POCO FRECUENTE SENTIMIENTO DEL APRECIO

Este mundo tiene más hambre de amor y de aprecio que de pan.

MADRE TERESA
Ganadora del Premio Nobel de la Paz

No he conocido aún a un hombre, por alto que sea su cargo,
que no trabaje mejor y dedique un mayor esfuerzo a lo que
hace en un ambiente de aprobación que en uno de crítica.

CHARLES M. SCHWAB
Primer presidente de U.S. Steel Corporation

Un reciente estudio de gestión reveló que el cuarenta y seis por ciento de los empleados que abandonan una compañía lo hacen porque sienten que no los aprecian; el sesenta y un por ciento indicó que sus jefes no les prestan importancia como personas; y el ochenta y ocho por ciento dijo no recibir reconocimiento por su trabajo.

Nunca he sabido de nadie que se queje de recibir demasiada retroalimentación positiva. ¿Usted? De hecho, lo cierto es lo contrario.

Ya sea empresario, gerente, maestro, padre, entrenador o solo amigo, si quiere tener éxito con los demás, debe dominar el arte de expresar su aprecio.

Considere esto: cada año, una firma consultora en administración realiza una encuesta entre doscientas empresas sobre el tema de qué motiva a los empleados. Ante una lista de diez cosas que pueden motivarlos, los empleados siempre incluyen el *aprecio* como el principal motivador. Al pedir a los agentes y a los supervisores que hagan lo mismo, el *aprecio* ocupa el octavo lugar. Es una gran diferencia.

LOS CINCO LENGUAJES
DEL AMOR Y EL APRECIO

*Hemos encontrado que cada persona tiene un lenguaje primario y uno
secundario de aprecio. Nuestro lenguaje principal nos comunica de manera
más profunda a nosotros que a los demás. Aunque aceptaremos el aprecio
en los cinco lenguajes, no nos sentiremos realmente animados a menos
que el mensaje sea comunicado a través de nuestro lenguaje primario.*

GARY CHAPMAN Y PAUL WHITE
Coautores de *Los 5 lenguajes del aprecio en el trabajo*

Cuando escribí la primera edición de este libro en 2005, hablé de lo valioso
que era hacer una distinción entre tres tipos de aprecio: auditivo, visual
y cenestésico. Estas son las tres formas en que el cerebro recibe información, y todo el mundo tiene un tipo dominante de su preferencia. Las
personas auditivas necesitan escuchar, las personas visuales necesitan ver,
y las personas cenestésicas necesitan sentir. Por ejemplo, si usted le da una
retroalimentación visual a una persona auditiva, no tendrá el mismo efecto
que la retroalimentación verbal. La persona auditiva podría decir: «Él me
envía cartas, tarjetas y correos electrónicos, pero nunca saca tiempo para
llamarme por teléfono o venir acá y decírmelo cara a cara».

Por otra parte, a las personas visuales les gusta recibir algo que puedan ver y tal vez pegarlo incluso en su cubículo, ponerlo en su pizarra de
anuncios o en su refrigerador. Se sienten apreciadas cuando reciben cartas,
tarjetas, certificados de reconocimiento, placas, trofeos, fotografías y regalos; cosas que puedan ver y que les ayudarán a mantener el recuerdo de eso
para siempre. Normalmente, usted puede identificar a esas personas por sus
paredes, pizarras de anuncios y refrigeradores. Están cubiertos de recordatorios que les dicen que son amadas y apreciadas.

Las personas cenestésicas necesitan sentir un abrazo, un apretón de
manos, chocar las palmas, una palmada o masaje en la espalda, dar un paseo
juntos, salir a bailar o sacar tiempo para practicar un deporte juntos. Aunque la distinción visual auditiva cenestésica es útil, el consejero de relaciones Gary Chapman ha creado un modelo con los cinco lenguajes del amor,
que supone un refinamiento adicional muy útil acerca de cómo las personas necesitan diferentes formas de comunicación para sentirse plenamente
apreciadas y amadas. Chapman observó por primera vez la importancia de
esta distinción en su trabajo con parejas, pero la ha desarrollado para incluir

la comunicación con los niños, hijos adultos, adolescentes, militares y las personas en el trabajo.*

¿CUÁLES SON LOS CINCO LENGUAJES DEL AMOR?

Palabras de afirmación. Si este es el lenguaje primario de amor de alguien, se sentirá más cuidado cuando usted le diga de manera franca y expresiva lo maravilloso que cree que es, lo mucho que lo aprecia y lo que hace, y comparte palabras de aliento que expresan su creencia en los talentos y habilidades de esa persona.

Tiempo valioso o de calidad. Si el lenguaje de amor de alguien es el tiempo de calidad, esa persona necesita que usted esté completamente presente y dedicado cuando esté hablando con ella o participando en una actividad, sin importar lo trivial que sea. Aunque mi esposa Inga es una persona muy cenestésica —se especializó en educación física, era masajista y entrenadora física, enseñaba esquí y yoga, y le encanta hacer senderismo, nadar en el mar, practicar *body surfing* y bailar—, su lenguaje primario es el tiempo de calidad, no el contacto físico como yo creía en un principio.

Cuando estoy con ella, Inga quiere toda mi atención, que apague el televisor, que no mire mi computadora ni mi iPhone, que establezca un contacto visual completo, y que escuche, que responda activamente a lo que me diga. Cuando regresa de una sesión con su maestro espiritual, Inga siempre comenta sobre lo presente que está él, lo mucho que la escucha, y lo mucho que se siente vista y escuchada por él. Le encanta sentarse conmigo junto a la piscina y tener conversaciones largas. Le fascina dar largos paseos conmigo o con una de sus amigas cercanas, y puede pasar fácilmente una hora en el teléfono hablando con su hermana sobre los miembros de la familia.

Recibir regalos. Si el lenguaje primario de amor de alguien consiste en recibir regalos, usted necesita darle uno para que se sienta amado y apreciado. «Papá, ¿qué me trajiste?». Recibir regalos es el lenguaje primario de amor de Patty Aubery, la presidenta del grupo Canfield de capacitación. Si le traigo un regalo de uno de mis viajes, Patty sabe que pensé en ella y que aparté tiempo para comprarle algo significativo. Puede ser algo tan simple como una botella de melatonina cuando supe que tenía problemas para dormir,

---

*Para una exploración exhaustiva de los cinco lenguajes del amor, le recomiendo que lea *Los 5 lenguajes del amor: el secreto del amor que perdura*, de Gary Chapman (Miami, FL: Unilit, 2009) y *Los 5 lenguajes del aprecio en el trabajo: cómo motivar al personal para mejorar su empresa*, de Gary Chapman y Paul White (Grand Rapids, MI: Portavoz, 2011).

o una caja de Kirin Free, su cerveza sin alcohol favorita, de la que supe cuando estábamos almorzando en Nobu, un restaurante japonés en Malibú. O puede ser algo tan caro como el reloj Rolex que le compré cuando vendimos una de nuestras empresas que ella ayudó a crear.

Actos de servicio. Si el lenguaje de amor de alguien son los actos de servicio, hacer algo por él o ella hace que se sientan apreciados. Esto puede consistir en cuidarle los hijos para que esa persona pueda ir al gimnasio, lavar los platos sin que se lo pida, llevarle el desayuno a la cama, hacerle un mandado u ofrecerse como voluntario para ayudarle en un proyecto.

El contacto físico. Este lenguaje de amor es tal como suena. Un cálido abrazo, un beso, consentirse, tomarse las manos, un masaje y la intimidad sexual, harán que este tipo de personas se sientan más queridas. En el ámbito laboral, un abrazo oportuno, un firme apretón de manos, una palmada en la espalda, batir palmas, chocar los puños o un masaje de un minuto en los hombros, son cosas que funcionan. También he dado certificados de regalo para pedicura y masajes en los pies para mi personal y amigos cuyo lenguaje de amor es el contacto físico.

Una de las claves para recordar acerca de todo esto es que su propio lenguaje primario de amor podría no ser el de la persona a la que usted tiene la intención de mostrarle su aprecio. Si usted le demuestra su aprecio a alguien con el lenguaje equivocado, bien sea su esposa o hija en casa, o un empleado o compañero en el trabajo, es como hablarle en francés a una persona que solo habla chino. El mensaje no será transmitido.

Asimismo, recuerde que todas las personas tienen también un lenguaje secundario de amor. Aunque mi lenguaje primario de amor es el contacto físico, también respondo a las palabras de aprobación y a los regalos. A Inga también le encantan los actos de servicio y a mi socia de negocios Patty también le fascinan las palabras de aprobación.

Así que si quiere ser un verdadero profesional en expresar un aprecio poco común, usted querrá saber qué tipo de retroalimentación causará el mayor impacto en la persona a quien se lo va a transmitir. Las siguientes son tres maneras rápidas para ayudarle a determinar el lenguaje de amor de otra persona.

1. *Observe el comportamiento de la persona con los demás.* Una de las maneras más fáciles para determinar el lenguaje de amor de una persona es observar cómo interactúa con otras. La mayoría de las personas hablan en su propio lenguaje de amor, por lo que su

manera de comportarse ofrece pistas en cuanto a lo que es más importante para ellas. ¿Cómo responden en un entorno social? ¿Les gusta abrazar? Si es así, entonces el contacto físico podría ser su lenguaje primario de amor. ¿Siempre son las primeras en hacer un cumplido? En ese caso, las palabras de afirmación pueden ser su lenguaje de amor. Busque patrones.

2. *Escuche aquello de lo que se quejen con mayor frecuencia.* Las cosas que les molestan acerca de otras personas son pistas importantes. Si dicen: «Mi esposo se fue de vacaciones y no me trajo nada», o si se alegran cada vez que reciben un regalo, entonces recibir regalos puede ser su lenguaje primario de amor.

3. *Preste atención a sus peticiones.* Escuche lo que le pidan. Las personas revelan a menudo su lenguaje de amor por medio de sugerencias sutiles, como decir por ejemplo: «Tráeme una sorpresa de tu viaje de negocios», «¡Dame un abrazo!», o «Necesito que apagues el televisor cuando estoy hablando contigo».

Hasta cierto punto, creo que a todos nos gusta recibir regalos, actos de bondad y palabras de aprobación, pero si estas palabras no son su lenguaje primario, no se manifestará tan profundamente como su lenguaje principal, por lo que al igual que con todas las cosas, usted tendrá que experimentar para ver qué funciona.

INSISTA HASTA QUE LO HAGA BIEN

Una vez asistí a un taller de parejas con el doctor Harville Hendrix, coautor de *Getting the Love You Want: A Guide for Couples* [Consiga el amor que desea: una guía para parejas], en el que nos contó cómo supo con exactitud la manera en que su esposa quería que le dijeran que era amada y apreciada. Como ella siempre les daba flores a otras personas como regalos de agradecimiento, él pensó que a ella también le gustaban. Así que un día le envió una docena de rosas. Cuando llegó a casa del trabajo, esperó recibir lo que él llamó su recompensa: un agradecimiento considerable y cariñoso por parte de su esposa. Cuando entró, ella ni siquiera mencionó el regalo. Cuando le preguntó si había recibido las rosas, ella dijo que sí.

—¿No te gustan? —le preguntó.

—No mucho.

—No entiendo. Siempre le das flores a la gente. Creí que te encantaban.

—En realidad, no tanto.

—Bueno, ¿qué es lo que te gusta?

—Las tarjetas —respondió ella.

Muy bien, pensó él. Así que al día siguiente, Harville fue a una tienda y le compró una enorme tarjeta de Snoopy con una leyenda graciosa en su interior, y la dejó en un lugar donde ella la encontraría durante el día. Cuando regresó a casa esa noche, esperó su recompensa una vez más. Pero no recibió ninguna. Se sintió muy decepcionado y le preguntó:

—¿Viste la tarjeta?

—Sí.

—¿No te gustó?

—No realmente.

—¿Por qué? Creí que te gustaban las tarjetas.

—Sí, pero no las tarjetas divertidas. Me gusta el tipo de tarjetas que consigues en los museos y que tienen una hermosa obra de arte afuera y un mensaje dulce y romántico en el interior.

De acuerdo, concluyó él.

Al día siguiente, Harville fue al Museo Metropolitano de Arte, compró una hermosa tarjeta y escribió un mensaje dulce y romántico en su interior. Y entonces la dejó donde su esposa la encontraría. Cuando regresó a casa, ella lo recibió en la puerta y lo cubrió de besos y de agradecimiento por la tarjeta perfecta.

Gracias a su compromiso para asegurarse de que ella supiera que él la amaba, Harville encontró finalmente el medio perfecto para su mensaje.

EL APRECIO COMO SECRETO DEL ÉXITO

Otra razón importante para estar en un estado de aprecio tan a menudo como sea posible es que cuando usted está en una condición semejante, se encuentra en uno de los estados vibracionales (emocionales) más altos posibles. Cuando usted está en un estado de aprecio y gratitud, se encuentra en un estado de abundancia. Está apreciando lo que tiene, en lugar de centrarse y quejarse de lo que no tiene. Su atención se centra en lo que ha recibido, y siempre obtiene más de aquello en lo que usted se concentra. Debido a que la ley de la atracción señala que así como la energía atrae energía, usted atraerá más abundancia y más cosas por las cuales estar agradecido. Esto se convierte en un proceso en espiral ascendente de una abundancia mayor y creciente que cada vez se vuelve mejor y mejor.

Piénselo. Mientras más agradecidas sean las personas por los regalos que les damos, más inclinados estaremos a darles más. Su gratitud y su aprecio refuerza nuestro generoso dar. El mismo principio es igualmente cierto a nivel universal y espiritual, como también a nivel interpersonal.

LLEVE LA CUENTA

Cuando supe por primera vez sobre el poder del aprecio, me pareció muy lógico. Sin embargo, era algo que todavía olvidaba hacer. Aún no lo había convertido en un hábito. Una técnica valiosa que empleé para adquirir ese nuevo hábito era llevar una tarjeta de 5 x 3 pulgadas en el bolsillo, y cada vez que agradecía y apreciaba a alguien, colocaba un visto bueno en la tarjeta. No me iba a la cama hasta que les hubiera mostrado mi aprecio a diez personas. Si era tarde en la noche y no tenía diez vistos buenos, se los ponía a mi esposa e hijos, les enviaba un correo electrónico a varios miembros de mi personal, o le escribía una carta a mi madre o a mi padrastro. Hice lo que fuera necesario hasta que se convirtió en un hábito inconsciente. Hice eso todos los días durante seis meses, hasta que ya no tenía que llevar la tarjeta para acordarme.

Con la tecnología actual, usted también puede instalar recordatorios en su teléfono inteligente, calendario de la computadora o en cualquier cosa que le haga llevar la cuenta.

SAQUE TIEMPO TAMBIÉN PARA APRECIARSE A SÍ MISMO

David Casstevens, que trabajó en *The Dallas Morning News*, cuenta la historia de Frank Szymanski, un jugador de centro del equipo de fútbol Notre Dame en la década de 1940, y quien había sido llamado como testigo en un juicio civil en South Bend, Indiana.

—¿Está usted en el equipo de fútbol de Notre Dame este año? —le preguntó el juez.

—Sí, Señoría.

—¿En qué posición?

—Centro, Señoría.

—¿Qué tan bueno es como centro?

Szymanski se retorció en su asiento, pero dijo con firmeza:

—Señor, soy el mejor centro que ha tenido Notre Dame.

El entrenador Frank Leahy, que se encontraba en la sala, se sorprendió. Szymanski siempre había sido modesto y sin pretensiones. Y cuando el proceso judicial terminó, Frank llevó a Szymanski a un lado y le preguntó por qué había hecho semejante declaración. Szymanski se sonrojó.

—Detesté hacer eso, entrenador —dijo—, pero después de todo, yo estaba bajo juramento.

Quiero que usted esté bajo juramento por el resto de su vida y reconozca el magnífico ser que es, las cualidades positivas que tiene y los logros maravillosos que ha conseguido.

SEA FIEL A SU PALABRA

Su vida funcionará en el grado en el que cumpla sus compromisos.

WERNER ERHARD
Fundador de la capacitación "EST" y del foro Landmark

Nunca prometa más de lo que pueda cumplir.

PUBLILIUS SYRUS
Escritor latino de máximas del primer siglo antes de Cristo

La palabra empeñada solía ser nuestra fianza. Los acuerdos se hacían y se cumplían con un mínimo de formalismos. Se pensaba muy bien si se podía cumplir lo prometido antes de comprometerse. Era así de importante. Hoy, parece que cumplir lo prometido es cuestión de suerte y azar.

EL ALTO COSTO DE INCUMPLIR LOS COMPROMISOS

En mis seminarios, pido a los participantes que se comprometan a cumplir una lista de quince reglas básicas que incluyen cosas como llegar a tiempo, sentarse cada vez en un puesto diferente después de cada receso y no consumir bebidas alcohólicas hasta que haya terminado la capacitación. No podrán participar en el seminario a menos que acepten cumplirlas. Inclusive les pido que firmen un formulario que tienen en sus libros de trabajo que dice: «Me comprometo a cumplir todas las normas y reglas básicas».

En la mañana del tercer día, pido que todos los que hayan incumplido las reglas básicas se pongan de pie. Entonces vemos qué podemos aprender de la experiencia. Lo que resulta evidente es la despreocupación con la que nos comprometemos y la naturalidad con la que rompemos nuestros compromisos.

Más interesante aún es que la mayoría sabe que va a incumplir al menos una de las normas *antes de aceptarlas*. Y, sin embargo, las aceptan de todas formas. ¿Por qué? La mayoría de las personas quieren evitarse la molestia de preguntar, cuestionar o pedir una excepción a las reglas. No quieren ser el centro de atención. No quieren arriesgarse a ningún tipo de confrontación. Otros quieren asistir a la capacitación sin seguir realmente las reglas, las desafían o simulan aceptarlas, aunque sin intención de cumplirlas a cabalidad.

El verdadero problema radica en que, aun cuando estén dispuestos a dar su palabra, la incumplan con tanta facilidad, sin darse cuenta del costo psicológico que eso implica.

Cuando incumplimos los compromisos, pagamos un precio tanto externo como interno. Se pierden la confianza, el respeto y la credibilidad ante los demás, ante la familia, ante los amigos, los colegas y los clientes. Además se crean conflictos en la propia vida y en la de los que dependen del cumplimiento de la palabra empeñada, ya sea llegar a tiempo para ir al cine, tener un informe listo para una fecha, entregar suministros a un cliente o limpiar el garaje.

Después de unas pocas semanas de no cumplir su promesa de llevar a los niños al parque los fines de semana, comienzan a dejar de confiar en que cumplirá su palabra. Se dan cuenta de que no pueden contar con usted. Pierde autoridad ante ellos. Su relación se deteriora.

CADA VEZ QUE SE COMPROMETE, EL COMPROMISO ES CON USTED

Lo más importante es que todo acuerdo que hace, en último término, es un compromiso con usted mismo. Aun cuando se comprometa con un tercero, su cerebro lo escucha y lo registra como una obligación. Se está comprometiendo con usted mismo a hacer algo y, si no cumple, su cerebro aprende a desconfiar de usted. El resultado es la pérdida de la autoestima, el respeto y la confianza en sí mismo. Pierde la fe en su capacidad de producir resultados. Debilita su integridad.

Supongamos que le dice a su cónyuge que se levantará a las 6:30 de la mañana para hacer ejercicio antes de ir a trabajar. Sin embargo, cuando, trascurridos tres días, sigue apretando el botón de la alarma al sonar el despertador y no se levanta, su cerebro deja de confiar en usted. Claro está que, *usted* puede pensar que, después de todo, dormir hasta tarde no es tan grave, pero para su inconsciente sí lo es, y mucho. Cuando no hace lo que dice, crea confusión y falta de confianza en sí mismo. Debilita su poder personal. No vale la pena.

SU INTEGRIDAD Y SU AUTOESTIMA VALEN
MÁS DE UN MILLÓN DE DÓLARES

Cuando comprenda la importancia de su integridad y su autoestima, dejará de comprometerse a la ligera, solo por librarse de alguien. No venderá su autoestima por una aprobación momentánea insignificante. No hará promesas que no esté dispuesto a cumplir. No se comprometerá a tantas cosas y hará lo que sea necesario por cumplir su palabra.

Para ilustrar este aspecto en mis seminarios, pregunto a los asistentes: «¿Si supieran que van a recibir un millón de dólares si terminan el seminario sin haber incumplido ni una sola de las reglas básicas, creen que lo habrían podido hacer?». La mayoría dice que sí.

Con frecuencia hay alguno que responde: «Imposible. Yo no podría. No tengo control sobre la congestión de tráfico que encuentro al venir en las mañanas al seminario». O: «¿Cómo voy a llegar a tiempo si la persona que debe recogerme llega tarde?».

Entonces le pregunto: «¿Qué ocurriría si la persona que más quiere en la vida tuviera que morir si usted dejara de cumplir alguna de las reglas básicas de la capacitación? ¿Haría algo diferente en ese caso?».

Ahora, la persona que dijo que la congestión de tráfico le impedía llegar a tiempo, entiende por fin y acepta: «¡Ah, sí! Si la vida de mi hijo dependiera de ello, ni siquiera abandonaría este salón. Dormiría en el suelo del salón de conferencias, antes que correr el riesgo de llegar tarde».

Cuando se valora la fidelidad a la palabra dada, es fácil entender que se tiene la capacidad de cumplirla. Es simplemente una cuestión de darse cuenta del costo de no cumplir su palabra. Si desea aumentar su autoestima, la confianza y el respeto y en usted mismo, su poder, su claridad mental y su energía, entonces, lo más importante en su vida será cumplir su palabra. Si quiere gozar del respeto y la confianza de los demás, requisito esencial para lograr cualquier cosa importante en la vida (inclusive llegar a tener un millón de dólares), tendrá que tomar el cumplimiento de sus compromisos más en serio.

ALGUNOS CONSEJOS SOBRE CÓMO
COMPROMETERSE Y CUMPLIR SUS COMPROMISOS

Los siguientes son algunos consejos para comprometerse a menos cosas y cumplir aquellas con las que se haya comprometido.

1. **Comprométase solo con lo que pueda cumplir.** Piense uno segundos antes de aceptar un compromiso para determinar si es

realmente lo que *quiere* hacer. Consulte consigo mismo. ¿Cómo se siente su cuerpo al respecto? No se comprometa a nada solo por buscar la aprobación de alguien. Si lo hace, verá que incumple esos compromisos.

2. **Anote todos los compromisos que haga.** Utilice una agenda, un diario, un cuaderno, un teléfono inteligente, una tableta o la computadora para registrar todos sus acuerdos. En el término de una semana, es posible que realice cientos de acuerdos. Una de las principales razones por las cuales no se cumplen es que, con la presión de todas las actividades diarias, se olvidan los compromisos hechos. Anótelos y repase la lista todos los días. Como ya lo he dicho, un descubrimiento reciente de las investigaciones acerca del cerebro demuestra que si no anotamos algo o hacemos un esfuerzo por guardarlo en la memoria remota, podemos olvidarlo en apenas treinta y siete segundos. Es posible que tenga las mejores intenciones, pero si olvida hacer las cosas con las que se compromete, el resultado será el mismo que si *decidiera* no cumplir sus compromisos.

3. **Informe sobre cualquier convenio incumplido a la mayor brevedad posible.** Tan pronto como sepa que va a incumplir un compromiso, su automóvil no arrancará, una congestión de tráfico le impide llegar a tiempo, su hijo está enfermo, la niñera no puede venir, su computadora no funciona, notifique a la otra persona tan pronto como sea posible y llegue a un nuevo acuerdo. Esa es una muestra de respeto por el tiempo y las necesidades de los demás. También les da tiempo para reorganizarse, cambiar los planes, hacer otros arreglos y limitar cualquier daño potencial. Si le resulta imposible avisar a la otra parte antes de la hora o la fecha del compromiso en cuestión, avise de todas formas que ha incumplido, remedie cualquier consecuencia y determine si debe hacer un nuevo compromiso al respecto.

4. **Aprenda a decir que no con más frecuencia.** Dese tiempo para pensarlo bien antes de aceptar un nuevo compromiso. Escribo la palabra *no* con resaltador amarillo en todas las páginas de mi calendario para recordar que debo considerar aquello a lo que tendré que renunciar si digo que sí a una cosa más. De esta forma me veo obligado a detenerme y pensar antes de agregar un compromiso más a mi vida.

LAS REGLAS DEL JUEGO

Uno de los cursos más valiosos a los que he asistido se llamaba «Money and You®» [El dinero y usted] desarrollado por Marshall Thurber y ahora administrado por DC Cordova de Excellerated Business Schools®. Eso cambió radicalmente mi concepto acerca del dinero, los negocios y las relaciones.

Cualquier cosa que queramos lograr requiere relaciones con los amigos, con la familia, con el personal, con los vendedores, con los *coaches,* con los jefes, con la junta directiva, con los clientes, los socios, los asociados, los estudiantes, los maestros, el público, los admiradores y otros. Para que esas relaciones funcionen, hay que establecer lo que mi amigo John Assaraf llama «las reglas del compromiso», lo que Marshall Thurber, DC Cordova, y otros de Excellerated Business Schools llaman «las reglas del juego».

¿Cómo vamos a abordar esto? ¿Cuáles van a ser las reglas y condiciones básicas por las que se va a regir nuestra relación? Marshall nos enseñó las siguientes normas que me he esforzado por seguir desde entonces. Si tanto nosotros como todos aquellos con quienes interactuamos acordáramos ceñirnos a las siguientes reglas, el nivel de éxito sería enorme.

1. Debe estar dispuesto a respaldar el propósito, los valores, las reglas y las metas.
2. Hable con sensatez. Si no sirve no lo diga. No malinterprete, no justifique, no defienda.
3. Si no está de acuerdo o no entiende, haga preguntas para aclarar. No malinterprete a la otra persona.
4. Comprométase solo con las cosas que esté dispuesto a cumplir.
5. Si no puede cumplir un compromiso, comuníquelo a la mayor brevedad a la persona adecuada. Repare cualquier compromiso incumplido lo más pronto posible.
6. Cuando algo no funciona, considere el sistema para determinar las correcciones y luego proponga una solución basada en el sistema a la persona que pueda hacer algo al respecto.
7. Sea responsable. Sin culparse, defenderse, justificarse ni fingir.

SI NO LLEGA TEMPRANO, LLEGARÁ TARDE

Uno de los acuerdos implícitos en nuestra cultura es llegar a tiempo. Es una expresión de respeto. Muchas personas han perdido credibilidad, confianza, ventas, negocios, empleos, dinero e incluso relaciones por llegar tarde.

Anthony Bourdain, el famoso chef, presentador de *Anthony Bourdain: lugares desconocidos* de CNN, y autor de *Confesiones de un chef*,* tuvo un mentor «cascarrabias, hablador, sádico y buena persona», además sensato, apodado Bigfoot, que tenía una regla en su cocina: llegar quince minutos antes del turno. La primera vez que Anthony llegó catorce minutos antes, Bigfoot le aconsejó que la próxima vez que lo hiciera, lo enviaría a casa y perdería el turno. Y si volvía a suceder, estaría despedido. Anthony nunca llegó tarde otra vez a ningún trabajo e implementó la misma política en sus propias y legendarias cocinas.

Recuerde, si usted no llega temprano, llegará tarde. Así que asegúrese de planear una buena cantidad de tiempo para prepararse, salir y asistir a cualquier cita, compromiso, reunión y empleo que tenga. Llegar a tiempo es uno de los hábitos más importantes que puede desarrollar para tener éxito.

SUBA LA APUESTA

Si desea realmente aumentar la apuesta en términos de mantener sus compromisos consigo mismo, puede utilizar esta técnica que me enseñó Martin Rutte. Establezca consecuencias —como por ejemplo, darle un cheque por una suma cuantiosa a una persona u organización que no le guste o afeitarse todo el cabello—, y que sean mayores que los beneficios que usted recibe por no cumplir con su palabra (como por ejemplo, la comodidad y seguridad de no arriesgarse). El costo de tener que cumplir con las consecuencias sería demasiado caro para no seguir adelante con su compromiso.

Martin utilizó esta técnica para motivarse a sí mismo a seguir adelante con su compromiso de aprender a saltar desde un trampolín. Para asegurarse de no eludir su compromiso, les dijo a sus amigos que si no aprendía a saltar en una fecha determinada, le enviaría un cheque por mil dólares al Ku Klux Klan. Debido a que Martin es judío, eso habría sido más doloroso que confrontar su miedo a saltar. Y aunque fue difícil para él, Martin aprendió a bucear.

¿Qué es tan importante en su vida que no quiera tener una excusa? Declare públicamente una consecuencia que le parezca dolorosa de pagar y diga que utilizará el poder de motivarse a sí mismo para iniciar la acción que dice querer emprender, pero que ha estado postergando.

Confesiones de un chef, de Anthony Bourdain (Barcelona: RBA, 2000); edición actualizada en inglés (Nueva York: Ecco, 2007).

SEA UNA PERSONA CON CLASE

*En toda sociedad hay «puntos de referencia humanos»,
personas cuyo comportamiento se convierte en modelo para
todas las demás, ejemplos notables que otros admiran y
emulan. Son lo que llamamos «personas con clase».*

DAN SULLIVAN
Cofundador y presidente de The Strategic Coach, Inc.

Ya me he referido aquí a mi amigo y colega Dan Sullivan, creador de «El programa del *coach* estratégico». Uno de los grupos de capacitación que él dirige está orientado a personas que alcanzan altos logros y ganan más de un millón de dólares al año. Aunque normalmente gano mucho más, sigo buscando *coaches* del calibre de Dan que me ayuden a perfeccionar mis capacidades para alcanzar el éxito, razón por la cual entré al grupo de capacitación de Dan en Chicago.

Mientras estuve en el programa, Dan me enseñó un principio de éxito que les ha dado resultados a tantas de las personas súper exitosas que he conocido y estudiado, que me sorprende que no lo haya reconocido antes como una disciplina importante que todos deberíamos aprender a dominar.

Dicho en pocas palabras: «Sé una persona con clase».

De eso de trata. Esforzarse por convertirse en el tipo de persona que se comporta con clase, que llega a conocerse por su distinción, que atrae a otras personas con clase a su esfera de influencia.

Por desdicha hay que reconocer que, en nuestra sociedad, no parece haber tantas personas con clase como antes. Pienso que todos estarían de acuerdo en que el actor Jimmy Stewart y Paul Newman eran personas con clase. Tom Hanks es también una persona con clase. Kate Middleton, Duquesa de Cambridge, y Maria Shriver son personas con clase. Así como Denzel Washington y Garth Brooks. Coreta Scott King y el expresidente de Sudáfrica Nelson Mandela son ambos personas con clase. Herb Kelleher, presidente de Southwest Airlines, es una persona con clase.

Sin embargo, ¿cómo distinguirse como persona con clase en un mundo donde los individuos no tienen conciencia y son «poco especiales»? La respuesta es que hay que esforzarse conscientemente por liberarse de muchos temores, preocupaciones y ansiedades que coartan la imaginación y las ambiciones de la gran mayoría de las personas, de modo que actúen más allá del mundo del convencionalismo, en un entorno de conciencia, creatividad y logro en expansión. Me gustaría sugerir el modelo de comportarse con clase de Dan Sullivan como una guía para aumentar el nivel de su propio pensamiento y comportamiento.*

- **Viva según sus más altos parámetros.** Las personas con clase se liberan mediante el establecimiento de normas personales de pensamiento y conducta más exigentes y rigurosas que las de la sociedad convencional. Las *eligen,* establecen y aplican a conciencia.
- **Mantenga su dignidad y distinción cuando se encuentre bajo presión.** Hay tres maneras de logarlo: (1) Permanezca imperturbable ante el caos. (2) Mantenga la calma que da valor. Su calma da a los demás la esperanza de que todo saldrá bien. (3) Desarrolle y exprese certeza como cualidad. El mayor ejemplo de esta característica en una persona con clase en el siglo XX fue Winston Churchill que, durante la Segunda Guerra Mundial, prácticamente por sí solo, salvó de la derrota a manos de los nazis de Alemania a la civilización occidental, gracias a su capacidad de mantener la calma y brindar un liderazgo confiado y valiente centrado en la actitud resuelta y decidida tanto de los británicos como de los estadounidenses.
- **Enfoque y mejore el comportamiento de los demás.** Debido a que una persona con clase es un buen ejemplo a seguir, quienes la rodean comenzarán a pensar y a actuar a un nivel que los sorprende tanto a ellos como a los demás. Alguien que representa el mejor ejemplo de esta tercera característica de una persona con clase es Larry Bird, el gran basquetbolista "all-star" de todos los tiempos, perteneciente al Salón de la Fama que jugó en tres equipos de campeonato con los Boston Celtics. Los otros miembros de esos equipos han comentado a otras personas que fueron capaces de desempeñarse a tan alto nivel, solo porque los inspiró el ejemplo y el liderazgo de Larry Bird.

---

*Esta es una adaptación del trabajo realizado por Dan Sullivan, fundador The Strategic Coach [El *coach* estratégico]. Le recomiendo que consulte su programa de *coaching*, sus libros y CD. Puede obtener más información en www.TheSuccessPrinciples.com/resources.

- **Actúe desde una perspectiva más amplia e incluyente.** Debido a que la persona con clase no se pierde de vista su propia naturaleza humana, tiene una comprensión y una compasión más profundas por la condición humana de los demás. Se siente inextricablemente ligada a los demás, es compasiva ante el fracaso humano y se comporta con cortesía en situaciones de conflicto.
- **Aumente la calidad de toda experiencia.** La persona con clase tiene la capacidad de trasformar situaciones aparentemente insignificantes en momentos agradables, relevantes y memorables gracias a su forma consciente de pensar y actuar. Es creadora, más bien que simple consumidora y enriquece constantemente la vida de los demás al dar a cada experiencia mayor belleza, significado, exclusividad y estímulo. El trato que reciben los huéspedes del hotel Four Seasons es un buen ejemplo de esta característica.
- **Contrarreste la crueldad, la superficialidad y la vulgaridad.** Los distintivos de esta característica son la cortesía, el respeto, el aprecio, el agradecimiento y la generosidad de espíritu. Uno de los ejemplos favoritos de esta característica de personas con clase es Pat Riley, exentrenador de Los Ángeles Lakers y los New York Knicks y actualmente entrenador de los Miami Heat. Lo que lo convierte en una persona con clase, en mi concepto, es su conducta elegante ante la derrota. Cuando Pat estaba entrenando a los jugadores de Miami Heat en los preliminares de la NBA contra los New York Knicks, invitó a todos los integrantes del equipo contrario y a su entrenador a un asado en su casa y habló personalmente con cada uno de los jugadores, felicitándolos por una excelente temporada y deseándoles la mejor de las suertes. Aunque Pat se hubiera podido comportar de forma competitiva y agresiva, se condujo con altura y reconoció los logros del equipo contrario. Eso es tener clase.
- **Acepte la responsabilidad por sus actos y sus resultados.** Las personas con clase saben dar la cara cuando las demás se ocultan; dicen la verdad sobre sus fracasos y transforman sus derrotas en progresos.
- **Fortalezca la integridad de todas las situaciones.** Las personas con clase siempre establecen y alcanzan grandes metas que les exigen mejorar y desarrollarse constantemente, a la vez que incrementan su aporte de valor para todo el mundo.
- **Amplíe el significado de ser humano.** Las personas con clase tratan a todos, inclusive a sí mismos, como si fueran únicos y, como resultado, siempre encuentran formas nuevas de mejorar

tanto sus vidas como las de los demás. Al demandarse, exigen a los demás dándoles nueva libertad de expresar su carácter único en el mundo.

- **Aumente la confianza y las capacidades de los demás.** Las personas con clase son generadoras, no consumidoras, de energía. Las personas con clase crean confianza en sí mismos al elegir de manera consciente las ideas y los ideales por los que se rigen y al crear estructuras que respaldan el logro de sus aspiraciones y capacidades. Estas nuevas estructuras también son apoyo para que los demás logren expresarse plenamente gracias a que crean entornos que fomentan una mayor creatividad, cooperación, progreso y desarrollo.

Al darme esta lista, Dan me enseñó mucho acerca de lo que significa realmente ser una persona con clase. Pero lo más importante es que me enseñó las ventajas de ser reconocido por otros como tal.

CÓMO ADQUIRIR LA REPUTACIÓN DE UNA PERSONA CON CLASE

Cuando se habla del exentrenador de básquetbol John Wooden de la UCLA, quien ganó diez campeonatos de la NCAA en un periodo de doce años, todos concuerdan en que es una persona con clase. John ha adquirido esa reputación porque, francamente, actúa como tal. Se toma el tiempo de ocuparse de los demás, se comporta de forma que mejora y amplía siempre su mundo. Da a cada uno la impresión de ser «alguien especial, alguien que realmente cuenta».

Uno de los aspectos más difíciles del trabajo de entrenador es hacer la selección final, decidir quién queda en el equipo y quién no. La mayoría de los entrenadores se limita a elaborar una lista y ponerla en una cartelera en el gimnasio. Los jugadores fueron o no fueron elegidos. Con Wooden era diferente. Como manifestación de su profundo respeto y amor por las personas, en lugar de limitarse a poner una lista en un tablero o en la pared, el entrenador Wooden se reunía con cada uno de los jugadores, y les decía qué otros deportes creía él que serían más convenientes para lograr el éxito en UCLA. Compartía con ellos su opinión sobre lo que veía como sus puntos fuertes, analizaba sus puntos débiles y, basado en sus fortalezas, identificaba lo que podrían hacer para mejorar su vida profesional en el atletismo. Se tomaba el tiempo para detectar sus fortalezas y reforzar su autoestima, y motivaba a los futuros atletas, en lugar de dejarlos emocionalmente devastados.

Basta decidirse a vivir de acuerdo con un conjunto de normas de alto nivel para que las personas respondan con entusiasmo hacia usted. Muy pronto verá las reacciones que produce: «¡Ah!, esa es una persona con la que quisiera tener una amistad, hacer negocios, tener alguna relación».

LA RAZÓN POR LA CUAL SER UNA PERSONA CON CLASE LE AYUDA A ALCANZAR EL ÉXITO

En efecto, esta es una de las principales ventajas de ser una persona con clase: todos quieren hacer negocios con usted o poder actuar dentro de su círculo de influencia. Ven su éxito y consideran que puede ampliarles sus posibilidades. Confían en que usted actuará con responsabilidad, integridad y aplomo.

Tal vez esa sea la razón por la que la manera más fácil de detectar una persona con éxito es ver la clase de individuos que atrae. Con quién hace negocios, con quién se trata. Las personas con clase tienden a atraer a quienes ocupan las posiciones más altas en su campo de acción.

¿Se ha tomado el tiempo para analizar a fondo a sus amigos, sus colegas, sus socios, sus clientes y sus contactos? ¿Son personas con clase? Si no lo son, considere esa disparidad como un espejo que refleja el nivel en el que usted se encuentra. Decida convertirse en una persona con clase y verá a quiénes empieza a atraer. Haga menos cosas, pero hágalas mejor. Mejore la calidad de su actitud y cambie sus comportamientos por otros mejores.

Por ejemplo, cuando nos dimos cuenta de que en la oficina estábamos utilizando vasos desechables empezamos a usar los de vidrio, contribuyendo así a mejorar el medio ambiente de la oficina, demostrando a nuestros empleados, clientes y visitantes el alto concepto en el que los tenemos.

De igual forma, mi esposa y yo solíamos ofrecer varias fiestas durante el año que, a decir verdad, no eran tan maravillosas. Ahora damos una sola, aproximadamente una vez al año, pero cuando lo hacemos la organizamos como un evento que nadie puede olvidar. Todos disfrutan platos gourmet, en un ambiente elegante, con una serie de invitados y atracciones interesantes e importantes. Todos se sienten privilegiados, apreciados, atendidos y amados.

Esto no quiere decir que nunca comamos pizza y cerveza al lado de la piscina con nuestros parientes y amigos más íntimos, pero cuando se trata de una invitación de negocios, y de las personas de nuestro círculo de amigos más amplio, nos esmeramos al máximo por atenderlos al más alto nivel.

En los últimos años, hemos empezado a realizar lujosos retiros exclusivos de cuatro días de duración, limitados a veinticuatro personas que quieren llevar sus vidas, sus carreras y sus negocios al siguiente nivel. Los hacemos en villas privadas y hoteles de cinco estrellas en destinos exóticos de vacaciones como Maui, Bali, Dubai, Florencia y, de vez en cuando, en mi finca en Santa Bárbara. Servimos los mejores vinos y comida gourmet, preparada por chefs de clase mundial, y recibimos a las personas la primera noche con regalos especiales. Llevamos a los asistentes a excursiones como cruceros al atardecer en Maui, cócteles en clubes con playas privadas en Santa Bárbara, y a degustar vinos o a cenar en los mejores restaurantes de Florencia y Dubai. Además de ofrecer una experiencia crucial en materia de capacitación, hacemos todo lo posible para que los retiros sean también una experiencia extraordinaria a nivel personal.

LAS PERSONAS CON CLASE ENSEÑAN A LOS DEMÁS A TRATARLAS CON APRECIO

Claro está que una de las primeras personas que hay que tratar con dignidad, respeto y aprecio es uno mismo. Mi amigo Martin Rutte es alguien con clase. Siempre se viste bien, come bien y se porta en todo momento con refinamiento y estilo. Además, trata con cariño, dignidad y respeto a cuantos lo rodean. Por lo tanto, y a través de su ejemplo, ha enseñado a cuantos lo tratan a hacerlo con amabilidad, por el simple hecho de la consideración y la delicadeza que tiene para con todos.

Si usted es descuidado, si llega tarde y no le preocupan sus modales, siempre se encontrará con personas que lo tratarán de forma descuidada, siempre llegarán tarde, personas a quienes no les importa nada.

Cuando sé que Martin va a venir, ¿cuál es mi primera reacción? Me aseguro de tener una botella de buen vino, un buen pescado fresco, algunos vegetales sencillos pero excepcionales, frambuesas frescas para el postre, porque así es como Martin me ha «acostumbrado» a tratarlo.

Si un jefe de estado, el Papa o el Dalai Lama vinieran a visitarlo, ¿no llamaría a los expertos para que limpiaran la casa con una semana de anticipación? ¿No compraría la mejor comida? Bueno, ¿por qué no hace eso por usted? ¡Usted es igual de importante!

En pocas palabras, algunas personas inspiran cierto nivel de respeto, no solo por la forma como tratan a los demás sino, lo que es más importante, por la forma como se tratan ellos mismos. Cuando se establece un alto nivel de normas personales, no solo se recibe el mejor trato de quienes nos rodean sino que, de repente, comenzamos a atraer a otras personas que se rigen por normas igualmente elevadas. Comienzan a invitarnos a los sitios donde esas normas son la regla. Tenemos la oportunidad de disfrutar de las actividades de las que disfrutan las personas que se mueven en los más altos círculos, todo porque hemos sabido convertirnos en personas con clase.

QUINTA PARTE

El éxito y el dinero

Hay una ciencia para hacerse rico; se trata de una ciencia exacta, como el álgebra o la aritmética. Existen ciertas leyes que gobiernan el proceso de adquisición de riquezas y, una vez que la persona las aprende y obedece, se hace rica con certeza matemática..

WALLACE D. WATTLES
Autor de *La ciencia de hacerse rico*

DESARROLLE UNA CONCIENCIA POSITIVA ACERCA DEL DINERO

Hay una psicología secreta del dinero. La mayoría no la conoce. Es por eso que tantas personas nunca logran el éxito económico. El problema no está en la falta de dinero, eso es solo un síntoma de lo que ocurre en su interior.

T. HARV EKER
Multimillonario y autor de *Los secretos de la mente millonaria*

Al igual que todos los demás aspectos que he analizado en este libro, también el éxito financiero comienza en la mente. Hay que decidir primero qué es lo que uno quiere. Luego hay que creer que es posible y que uno se lo merece. Después hay que centrarse en lo que se desea, pensándolo y visualizándolo como si ya se hubiera obtenido. Y, por último, hay que estar dispuesto a pagar el precio por obtenerlo, con esfuerzo, disciplina y perseverancia constantes.

Sin embargo, ¿cuántos nunca llegan siquiera a las primeras etapas de hacer fortuna? Con demasiada frecuencia se ven limitados por sus propios conceptos acerca del dinero y porque se preguntan si lo merecen o no.

IDENTIFIQUE SUS CONCEPTOS LIMITANTES ACERCA DEL DINERO

Para obtener fortuna, tendrá que sacar a la luz, identificar, desarraigar y reemplazar cualquier concepto negativo o limitante que pueda tener acerca del dinero. Aunque podría parecer extraño que alguien pudiera tener una predisposición negativa hacia la riqueza, es frecuente que tengamos esos conceptos en nuestro subconsciente desde la niñez. Tal vez cuando era joven, oyó decir muchas veces:

El dinero no crece en los árboles.

No hay suficiente dinero para todo.

Es egoísta querer mucho dinero.

Hay que tener dinero para ganar dinero.

Los ricos se hacen más ricos y los pobres más pobres.

Hay que trabajar duro para ganar dinero.

El dinero es la raíz de todos los males.

Las personas adineradas son perversas, malas y carentes de ética.

Las personas ricas son avaras y deshonestas.

No se puede comprar la felicidad.

Cuanto más dinero tenga, más problemas tiene.

Si es rico no puede ser espiritual.

Estos mensajes, escuchados desde la niñez, pueden en realidad sabotear y diluir su éxito financiero en el futuro, porque desde el subconsciente emiten vibraciones contrarias a sus intenciones conscientes.

¿Qué le enseñaron sus padres, abuelos, maestros, líderes religiosos, amigos y compañeros de trabajo acerca del dinero durante su infancia y en sus primeros años de vida adulta?

Mi padre me enseñó que los ricos se enriquecían explotando a la clase trabajadora. Me decía constantemente que él no estaba hecho de dinero, que el dinero no crecía en los árboles, que el dinero era difícil de obtener. En una Navidad, mi familia decidió vender árboles navideños. Mi padre alquiló un lote, trabajó muy duro todas las noches, desde el Día de Acción de Gracias hasta la Nochebuena y apenas logró sacar los gastos después de un mes de intenso esfuerzo. Como familia, quedamos firmemente convencidos de que por más que uno se esfuerce, nunca se puede salir adelante.

La riqueza trae dolor y miseria

Hay muchas otras decisiones limitantes que se pueden tomar con respecto al dinero y que pueden impedirnos amasar una fortuna o disfrutar de la cantidad de dinero que merecemos o deseamos. Por ejemplo:

Anne tenía unos treinta y cinco años cuando asistió a uno de mis seminarios en Australia. Había heredado mucho dinero, pero lo detestaba. Estaba avergonzada de su fortuna, la ocultaba y se negaba a gastarla. Cuando surgió el tema del dinero en el seminario, empezó a contar a voz en cuello cómo el dinero había destruido a su familia. Su padre, que había hecho una gran fortuna, nunca estaba en casa, estaba trabajando para ganar más dinero o estaba frecuentando a la gente del jet set de todo el mundo, dedicado a gastarlo. Como resultado, su madre bebía en exceso, lo que hacía que los gritos y las discusiones en su hogar fueran frecuentes. No es de sorprender que la niñez de Anne haya estado repleta de experiencias desafortunadas. Pero en lugar de identificar la ambición y la adicción al trabajo de su padre como la verdadera causa de sus males, Anne había decidido, desde niña, que el culpable era el dinero. Debido a que las decisiones que se toman durante la niñez en momentos de intensa angustia emocional tienden a permanecer por más tiempo con nosotros —e irse fortaleciendo con el paso de los años—, Anne mantuvo esos conceptos negativos sobre el dinero por más de dos décadas.

No está bien que gane más dinero que mi padre

Scott Schilling, el director de capacitación corporativa de ID Life en Dallas, Texas, asistía a uno de mis seminarios donde trabajábamos en identificar y eliminar esos conceptos limitantes.

Cuando pedí a los participantes que examinaran su niñez para determinar la fuente de un concepto limitante, Scott recordó un día cuando tenía dieciocho años y acababa de cumplir su primer mes como agente de seguros de vida, recibió su primer cheque por comisiones por valor de 1.856 dólares. Su padre, que en ese entonces tenía cuarenta y seis años trabajando para la misma compañía de seguros y estaba a un mes de su jubilación, recibió ese día también el cheque de su sueldo, por 1.360 dólares.

Scott dijo: «Cuando le mostré mi cheque a mi padre, no dijo una palabra pero, por la expresión en su cara, pude ver que estaba muy dolido. Pensé: *¿Cómo pude haberle hecho esto a papá? ¿Cómo pude hacer que un hombre tan noble y magnífico haya puesto en duda su valor?*».

Scott tomó la decisión subconsciente de no ganar más dinero que su padre, para evitar causarle de nuevo la misma vergüenza e incomodidad que imaginaba que su padre había sentido aquel día, hace veinticinco años. Pero menos de un mes después de haber revelado esta decisión en mi seminario, Scott me dijo que había recibido un contrato para dar una semana de capacitación en ventas con unos honorarios equivalentes a una quinta parte del salario total que había recibido el año anterior.

Desde entonces, Scott ha pasado a ser el director nacional de ventas de varias compañías, que generan casi veinticinco millones en ventas desde la plataforma de una de ellas, y desarrolló un programa de formación para otra que le hizo aumentar sus ventas de ocho millones a cien en cinco años y medio.

Hacer fortuna sería una violación al código familiar

Crecí en una familia de clase trabajadora. Mi padre era florista y trabajaba «para los ricos». Por alguna razón, los ricos no eran personas de fiar. Pisoteaban a los que tenían menos dinero. Se aprovechaban del trabajador común. Hacerse rico habría equivalido a traicionar a mi familia y a los de mi clase. Yo no quería convertirme en uno de esos «tipos malos».

Si hago fortuna, se me convertirá en una carga

Tom Boyer es un consultor de negocios que pensó que había llegado al máximo en términos de los ingresos que podría recibir. Con un poco de ayuda brillante por parte de nuestro amigo y entrenador Gay Hendricks, descubrió que la siguiente decisión de su niñez le había puesto un límite a su éxito.

Tom creció en una familia clase media de Ohio. Nunca les faltó comida, ni ninguna necesidad básica, pero su padre hizo muchos sacrificios monetarios para que Tom pudiera hacer realidad su sueño de tocar el clarinete.

Comenzó a aprender en el viejo clarinete de metal de su padre, pero pronto pasó a un Leblanc, un instrumento de madera bastante promedio. Cuando realmente empezó a sobresalir en ese arte, su maestra de clarinete, la señora Zielinski, habló con sus padres y les dijo: «Su hijo tiene verdadero talento. Merece un instrumento muy, pero muy fino. Merece un clarinete Buffet». En 1964, un Buffet costaba trescientos dólares, que equivalen a unos mil quinientos de hoy. Aunque esa era una suma de dinero muy alta para mi familia, quedó acordado que la señora Zielinski elegiría el clarinete que sería el regalo de Navidad para Tom.

Temprano, en la mañana de Navidad, Tom bajó las escaleras, abrió el paquete, abrió el estuche y descubrió ese increíble y fabuloso clarinete en madera de granadilla pulida y relumbrantes registros de plata, acunado en un estuche forrado en terciopelo azul rey. Fue lo más hermoso que jamás haya visto en su vida.

Pero cuando Tom dio la vuelta para agradecer a sus padres y no pudo ni siquiera decir gracias antes de que su mamá dijera: «Nunca hubiéramos podido pagar lo que costó si tu hermana hubiera vivido». (Su hermana Carol había muerto repentinamente de encefalitis cuando él tenía siete años).

En ese momento adquirí el concepto subconsciente de que entre mayor fuera mi éxito, mayor carga sería para quienes me amaban, no solo desde el punto de vista monetario, sino también desde el financiero y el emocional.

Con la ayuda de Gay Hendricks, Tom se dio cuenta de que ese concepto subconsciente le había impedido lograr el nivel de éxito que conscientemente deseaba alcanzar. Se había condenado a sí mismo por el crimen de ser una carga y ahora el castigo era no permitirse alcanzar el nivel de éxito que realmente merecía.

*El estado actual de su cuenta es nada más que la manifestación
física de su forma de pensar anterior. Si realmente quiere cambiar
o mejorar sus resultados en el mundo físico, debe modificar sus
pensamientos y los debe cambiar DE INMEDIATO.*

BOB PROCTOR
Autor de *The Power of Have It All* [El poder de tenerlo todo]
y un destacado maestro en la película *El secreto*

TRES PASOS PARA CAMBIAR SUS CONCEPTOS LIMITANTES ACERCA DEL DINERO

Puede cambiar esta programación temprana mediante una técnica simple pero poderosa de tres pasos que reemplazan sus conceptos limitantes por otros más positivos y fortalecedores. Aunque es un ejercicio que puede hacer solo, suele dar mejor resultado —¡y ser mucho más divertido!— si se hace con alguien o con un pequeño grupo de personas.

1. **Escriba su concepto limitante.**
   El dinero es la raíz de todos los males.

2. **Refute, discuta y contradiga este concepto limitante.**
   Puede hacerlo con una lluvia de ideas para elaborar una lista enumerando nuevos conceptos que contradigan los antiguos. Entre más absurdos y divertidos, más potente será el cambio en su conciencia.

   El dinero es la raíz de toda filantropía.
   ¡El dinero es la raíz de unas excelentes vacaciones!
   *El dinero puede ser la raíz de todos los males para alguien que sea
   malo, pero soy una persona amable, generosa, compasiva y amorosa
   que utilizará el dinero para darle cosas buenas al mundo.*

   Puede escribir nuevos conceptos sobre el dinero en tarjetas de 3 × 5 pulgadas y agregarlas a la pila de afirmaciones que debe leer en voz alta con entusiasmo y pasión todos los días. Este tipo de disciplina diaria le ayudará en gran medida a tener éxito en el campo del dinero.

3. **Cree un enunciado positivo que lo obligue a cambiar.** Cree
un nuevo enunciado contrario al concepto original. Podrá ser un
«concepto novedoso», uno que le haga sentir un estremecimiento
de placer al decirlo. Una vez que lo tenga, pasee por la habitación durante un momento repitiéndolo en voz alta con energía
y pasión. Repita este nuevo concepto varias veces al día durante
un mínimo de treinta días y se quedará con usted para siempre.★
Intente algo como:

> *En lo que a mí respecta, el dinero es la fuente o la raíz de todo el amor,
> la felicidad y las buenas obras.*

Recuerde que las ideas sobre el éxito financiero ¡nunca se producen por sí
mismas! Hay que pensar constantemente cosas que vayan desarrollando la
«forma conceptual» de la prosperidad. Tiene que centrarse cada día en pensamientos de prosperidad e imágenes de éxito financiero. Cuando se centra
intencionalmente en estos pensamientos e imágenes, al fin empezarán a
desplazar los pensamientos e imágenes limitantes y comenzarán a dominar
su forma de pensar. Si quiere acelerar el logro de sus metas financieras, debe
practicar pronunciando afirmaciones positivas sobre dinero todos los días.
Aquí hay algunas que he utilizado con gran éxito:

- Dios es mi fuente infinita de abastecimiento, así que me llegan
  grandes sumas de dinero sin demora y sin esfuerzo para el mayor
  bien de todos los interesados.
- Ahora tengo más dinero del que necesito para hacer todo lo que
  quiera.
- El dinero me llega de muchas formas inesperadas.
- Estoy tomando decisiones positivas sobre lo que debo hacer con
  mi dinero.
- Mis ingresos aumentan día tras día, ya sea que trabaje, me divierta
  o duerma.
- Todas mis inversiones son rentables.
- A la gente le encanta pagarme por hacer lo que me agrada.

★Las emociones fuertes realmente facilitan el desarrollo de cientos de miles de filamentos micros-
cópicos como vellos en los extremos de las dendritas de las neuronas en el cerebro. Estas pequeñas
protuberancias dendríticas espinosas crean realmente más conexiones en el cerebro, las cuales sirven de base al establecimiento de la nueva creencia y al cumplimiento creativo de sus nuevas metas
financieras. No es magia; ¡es ciencia cerebral! Para mayor información sobre la ciencia del cerebro
que respalda este concepto de Doug Bench, una gran fuente de información sobre las últimas investigaciones del cerebro, visite la página www.TheSuccessPrinciples.com/resources.

Recuerde, puede sembrar un pensamiento en su subconsciente mediante la repetición de ideas llenas de expectativa positiva y de la emoción relacionada con el hecho de ya haber conseguido lo que desea.

UTILICE EL PODER DE LIBERAR PARA ACELERAR SU MENTE DE MILLONARIO

En cualquier momento en el que esté haciendo sus afirmaciones respecto de dinero —o, para el efecto, cualquier otro tipo de afirmación— es común que note que hay otros pensamientos (objeciones) que compiten con los nuevos, como: *¿A quién engañas? Nunca te harás rico. ¿Cuántas veces tengo que decírtelo? Hay que tener dinero para hacer dinero.* Cuando esto ocurra, comience por escribir el pensamiento y todo sentimiento negativo que crea. Después, puede cerrar los ojos y simplemente dejar que se vaya esa idea junto con los sentimientos que la acompañan usando el método Sedona o la técnica del *tapping* basada en la digitopuntura.

El método Sedona es una técnica sencilla para librarse de esas ideas, como lo enseña Hale Dwoskin. Soy un gran admirador de este trabajo, lo enseño en mis talleres y recomiendo tomar el curso de fin de semana del método Sedona, comprar el *Sedona Method Home Study* [Estudio del método Sedona en casa] en programa de audio, ver la película *Letting* Go [¡Suéltalo!] o leer *The Sedona Method* [El método Sedona) por Hale Dwoskin.★

Hemos incluido un tutorial completo para las preguntas básicas de liberación del método Sedona en el sitio web de *Los principios del éxito*, www.TheSuccessPrinciples.com/resources. Busque el principio 56 y haga clic en el enlace.

VISUALICE LO QUE DESEA COMO SI YA LO TUVIERA

No olvide incluir también el dinero en sus visualizaciones diarias, y vea todas sus metas financieras como si ya la hubiera logrado. Vea imágenes que confirmen su nivel deseado de ingresos como cheques de pago, cheques de renta, cheques de regalías, estados de dividendos y personas que manejan

---

★*El método Sedona,* de Hale Dwoskin (Málaga: Sirio, 2008). Para mayor información sobre los talleres, programas de audio, la película *Letting Go* y otros recursos del método Sedona, visite la página www.TheSuccessPrinciples.com/resources.

su dinero. Represéntese imágenes de su estado bancario ideal, sus informes de acciones y su portafolio de bienes raíces. Visualice las imágenes de lo que podría comprar y de las instituciones y organizaciones a las que podría contribuir si ya hubiera alcanzado sus metas financieras. Asegúrese de sumar las dimensiones cenestésicas y del olfato a sus visualizaciones, sienta la suave textura de las sedas más finas del mundo contra su piel, sienta la sensación relajante de un lujoso masaje en uno de los mejores spas del mundo, sienta la fragancia de sus flores favoritas recién cortadas, en su hogar, o el delicado aroma de su perfume importado favorito. Luego agregue dimensiones auditivas como el ruido de las olas sobre la playa frente a su casa de vacaciones o el suave ronronear del motor finamente sincronizado de su nuevo Porsche.

Por último, no olvide agregar el sentimiento de aprecio y agradecimiento por haber recibido ya todas estas cosas. Esta sensación de plenitud es parte de lo que realmente le traerá la mayor abundancia. Esta es una parte crítica del proceso que la gente a menudo no incluye.

Llene constantemente su mente con imágenes de lo que quiere, e imagínese que ya lo ha conseguido.

Asegúrese también de incluir las palabras e imágenes de sus metas financieras en su cartelera con la visión (vea las páginas 129–130).

Otra técnica que me parece útil para visualizar un estilo de vida opulento es impartida por Esther y Jerry Hicks en su libro *Pedid que ya se os ha dado*. Consiga una linda caja y póngale una etiqueta que diga: «Lo que está contenido en esta caja... ¡ES!». Recorte luego fotos, anuncios y otras imágenes de esas cosas que usted quiere llevar a su vida. Coloque cada recorte en la caja y sienta la sensación de ser dueño de eso, de usarlo y disfrutarlo.

OBTENDRÁ LO QUE SE PROPONGA

Si no valora el dinero y no busca la fortuna, es probable que nunca la reciba. Debe buscar la fortuna para que esta lo busque a usted. Si no siente un deseo ardiente en su interior por la fortuna, esta no surgirá a su alrededor. Es indispensable tener un propósito concreto para obtenerla.

EL DOCTOR JOHN DEMARTINI
Multimillonario por mérito propio, consultor en cuanto al dominio
financiero y de la vida; autor de *The Breakthrough Experience*
[La experiencia revolucionaria] y *Riches Within* [Riquezas internas]

Se dice que en la vida conseguimos aquello por lo que nos empeñamos. Esta regla se aplica para obtener un nuevo empleo, establecer un negocio, ganar un premio, pero de forma más especial, para conseguir dinero, fortuna y un estilo de vida de alto nivel.

DEBE *DECIDIR* SER RICO

Uno de los primeros requisitos para adquirir fortuna es tomar la decisión consciente de lograrlo.

Cuando estaba en la escuela de postgrado, decidí hacerme rico. Aunque no sabía en ese momento qué quería decir eso, «ser rico» me parecía que me brindaría muchas de las cosas que deseaba de la vida, la posibilidad de viajar y de asistir a los talleres que quisiera, comprar los libros que me gustaran, apoyar las causas que eran importantes para mí y contar con los recursos para lograr mis metas y sostener mis aficiones. Deseaba poder hacer lo que quisiera, cuando quisiera, donde quisiera y por el tiempo que quisiera.

Si usted también desea fortuna, debe decidir desde ahora, en lo más profundo de su corazón, que tendrá fortuna en su vida, sin preocuparse aún de si es posible o no.

A CONTINUACIÓN, DECIDA QUÉ SIGNIFICA PARA USTED *TENER FORTUNA*

¿Sabe cuánta fortuna desea? Algunos de mis amigos quieren jubilarse como millonarios, otros quieren jubilarse con treinta millones o inclusive cien millones de dólares. Dos de mis amigos quieren llegar a ser megarricos, por la capacidad filantrópica que eso les daría. No hay una meta correcta para la fortuna que se desea tener. Sin embargo, *usted* debe decidir qué quiere.

Si aún no ha determinado su visión según el principio 3 («Decida lo que quiere») —incluyendo la definición de sus metas financieras— tómese el tiempo para hacerlo ahora. Asegúrese de incluir metas escritas como las siguientes:

Tendré una fortuna de $ _____ para el año _____.

Estaré ganando al menos $ _____ el año entrante.

Ahorraré e invertiré $ _____ todos los meses.

El nuevo hábito financiero que desarrollaré a partir de ahora es _____.

Para eliminar mis deudas, me propondré _____.

Seré libre de mis deudas _____.

DETERMINE CUÁNTO CUESTA FINANCIAR EL SUEÑO DE SU VIDA... AHORA Y MÁS ADELANTE

Cuando esté creando fortuna, recuerde que hay una vida que usted desea vivir ahora y una que quiere tener en el futuro.

La vida que lleva actualmente es el resultado de los pensamientos que ha tenido, las elecciones que ha hecho y las acciones que ha venido desarrollando en el pasado. La vida que viva en el futuro será el resultado de los pensamientos, elecciones y acciones que desarrolle ahora. Para lograr el tipo de vida que quiere llegar a tener dentro de uno o dos años, y el estilo de vida que desea tener cuando se «jubile», determine exactamente qué tanto dinero necesitará para vivir como sueña. Si no lo sabe, investigue cuánto le costaría hacerlo y comprar todas las cosas que desea en el curso del próximo año. Esto podría incluir renta o hipotecas, alimentos, vestuario, servicios médicos, vehículos, servicios públicos, educación, vacaciones, recreación, seguros, ahorros, inversiones y filantropía.

Para cada una de estas categorías, visualice los aspectos o actividades relacionados con ellos en su vida, luego anote lo que tendría que gastar para lograrlo. Imagine que va a cenar a los más elegantes restaurantes, que conduce el automóvil de sus sueños, que toma las vacaciones que siempre ha soñado, inclusive que remodela su casa o se traslada a una nueva. No permita que su mente le insista que estas cosas son imposibles o que son una locura. Por el momento, limítese a investigar y a determinar exactamente lo que le costaría financiar la vida de sus sueños, cualquier que sea.

PIENSE EN SU JUBILACIÓN DESDE UN PUNTO DE VISTA REAL

Determine, también, cuánto necesitará para mantener su actual estilo de vida una vez que se jubile y deje de trabajar. Aunque personalmente no pienso dejar de trabajar nunca, si la jubilación forma parte de sus planes, Charles Schwab sugiere que por cada 1.000 dólares de ingreso mensual que desee tener durante su jubilación, tendrá que haber invertido 230.000 dólares para cuando deje de trabajar. Si tiene un millón invertido con un interés del seis por ciento, eso le dará una renta de aproximadamente 4.300 dólares al mes.

El que eso sea suficiente dependerá de varios factores, como si su casa no tiene hipoteca, las personas que dependen de usted, cuánto recibe del seguro social y el nivel del estilo de vida que espera llevar. De cualquier manera, en la actualidad, 4.300 dólares por mes puede no ser suficiente para sostener el extravagante estilo de vida que puede estar imaginando. Si espera viajar y tener una vida activa, puede que no sea ni siquiera adecuado. Con la inflación, puede ser mucho menos que suficiente.

CONSCIENTÍCESE CON SU DINERO

Muchos no están conscientes de su situación cuando se trata de dinero. Por ejemplo: ¿sabe cuál es su patrimonio, su activo total menos su pasivo total? ¿Sabe cuánto dinero tiene ahorrado? ¿Sabe exactamente cuáles son sus costos mensuales fijos y variables? ¿Conoce exactamente el monto total de la deuda que tiene y la cantidad de dinero que paga al año en intereses? ¿Sabe si tiene el seguro adecuado? ¿Tiene un plan financiero? ¿Tiene un plan estatal? ¿Ha hecho un testamento? ¿Está actualizado?

Si quiere tener éxito en las finanzas, tiene que adquirir conciencia de estos factores. No solo tiene que saber exactamente cuál es su situación actual, sino que debe saber también exactamente adonde quiere llegar y qué se requiere para lograrlo.

AVENTURAS DE LA VIDA REAL de Gary Wise y Lance Aldrich

**Según sus cifras más recientes, si usted se jubilara
hoy, podría llevar una vida muy pero muy holgada,
aproximadamente hasta mañana a las 2:00 p.m.**

Paso 1: Determine su patrimonio neto

Si no conoce su patrimonio neto, puede

1. Consultar con un contador o programador financiero para calcularlo.
2. Usar una de las muchas técnicas gratis en la Internet.
3. Conseguir algún programa de software, como Personal Financial
Statement que se encuentra en www.myfinancialsoftware.com.

Paso 2: Determine lo que necesita para jubilarse

Luego, calcule sus necesidades financieras para cuando se jubile, si es que
lo hace. Tenga en cuenta que la jubilación, por su naturaleza, requiere que
usted sea financieramente independiente. Un buen programa financiero
le puede indicar cuánto ahorro e inversión necesitará para contar con los
ingresos suficientes por intereses, dividendos, renta y regalías para llevar su
actual estilo de vida sin necesidad de trabajar.

La independencia financiera lo libera para hacer lo que siempre ha deseado, viajar, dedicarse a actividades filantrópicas y a proyectos de servicio,
o hacer cualquier cosa que desee.

Paso 3: Adquiera conciencia de sus gastos actuales

*El principal problema de la generación de hoy y de la
economía es la falta de conocimientos financieros.*

ALAN GREENSPAN
Expresidente de la Junta Federal de Reserva

Muchas personas no son conscientes de cuánto gastan en un mes. Si nunca
ha llevado cuentas de sus gastos, comience a anotar sus *gastos fijos* mensuales
como hipoteca, arriendo, el pago mensual del auto, cualquier otra cuota
sobre préstamos, seguros, servicio de cable, proveedor de Internet, clubes
para mantener su estado físico, etc. Luego, considere los últimos seis a doce
meses y calcule los gastos variables mensuales *promedio* como servicios públicos, teléfono, alimentos, vestuario, mantenimiento del automóvil, gastos
médicos, etc.

Por último, lleve un registro durante un mes de *todos* sus gastos en ese
período, por grandes o pequeños que sean, desde la gasolina para su automóvil hasta el café que se tomó en Starbucks. Súmelo todo al final del mes
para poder tener una idea exacta —en cambio de no tener la menor idea—
de lo que gasta. Marque aquellas cosas que son indispensables y las que no
lo son. Este ejercicio le dará mayor conciencia de lo que está gastando y en
qué puede decidir ahorrar.

Paso 4: Infórmese sobre los aspectos financieros

*No nos enseñan finanzas en la escuela. Se requiere mucho tiempo y esfuerzo
para cambiar la forma de pensar y adquirir conocimientos financieros.*

ROBERT KIYOSAKI
Coautor de *Papá rico, papá pobre* y creador del Cash Flow Game

No solo debe estar siempre consciente del dinero, revisando todos los días
sus planes financieros y controlando mensualmente sus gastos, sino que
le recomiendo aprender de manera proactiva sobre el dinero y la forma de
invertirlo, leyendo por lo menos un buen libro sobre finanzas cada mes
durante el próximo año. Le recomiendo que lea dos recursos excelentes,
escritos por mi amigo Phil Town: *Rule #1: The Simple Strategy for Successful
Investing in Only 15 Minutes a Week!* [Regla # 1: ¡La estrategia simple para
invertir con éxito en solo quince minutos por semana!] y *Payback Time:*

Making Big Money Is the Best Revenge! [Tiempo de retribución: ¡Conseguir mucho dinero es la mejor venganza!] Para mayor información, consulte la sección «Lecturas y recursos adicionales para el éxito», en la página www.TheSuccessPrinciples.com/resources.

Otra forma de adquirir conocimientos financieros es consultar con profesionales que puedan enseñarle maneras de manejar su dinero para poder contar con un sólido futuro financiero. Puede invertir su dinero en acciones y bonos que le paguen dividendos e intereses, o puede invertir en bienes raíces cuyos ingresos le pagan con un flujo de dinero positivo que sea superior a los pagos hipotecarios.

Al igual que la mayoría de los *baby boomers*, que ahora se encuentran a mediados de los cincuenta, Mark y Sheila Robbins tenían el concepto del dinero de los asalariados. No pensaban en crear una vida rica y abundante. Se limitaban a trabajar intensamente. Sheila había trabajado como azafata para United Airlines durante treinta y cinco años y Mark era gerente de una agencia de automóviles, y tenían su dinero en sus cuentas de pensión 401(k).

Después de perder aproximadamente la mitad de sus fondos de jubilación en un mercado accionario en descenso, decidieron que debía haber una mejor forma de manejar sus finanzas. Fue entonces cuando ingresaron a la organización de mercadeo y servicios financieros en red, y comenzaron a tomar los cursos que allí se ofrecen. Después de leer *Papá rico, papá pobre* y después de jugar el Cash Flow Game, sus conversaciones empezaron a incluir términos financieros y empezaron a aceptar la idea de convertirse en inversionistas de bienes raíces. Buscaron un vendedor de bienes raíces especializado en el tipo de propiedades que les interesaban y, durante el verano, salieron de compras. Apenas un año después, tenían quince propiedades unifamiliares alquiladas que costaban más de dos millones de dólares, y les generaban un flujo de dinero positivo.

Por si eso no fuera suficiente, son también los dueños de su propia agencia de Chrysler, Dodge, Jeep, en la que han tenido gran éxito y de otro negocio que manejan desde su hogar. Debido a que estuvieron dispuestos a invertir tiempo y dinero para obtener una educación financiera y a poner en práctica los principios que aprendieron, sus vidas cambiaron en forma dramática y nunca volverán a ser iguales.

PÁGUESE USTED PRIMERO

*Usted tiene un derecho divino a la abundancia y, si es
menos que millonario, no ha obtenido su parte.*

STUART WILDE
Autor de *¡The Trick to Money Is Having Some!*
[¡El secreto del dinero es tener un poco!]

En 1926, George Clason escribió un libro llamado *El hombre más rico de Babilonia,* uno de los éxitos clásicos de todos los tiempos. Es una fábula sobre un hombre llamado Arkad, un simple escriba, que convence a su cliente, un prestamista, de que le enseñe los secretos del dinero.

El primer principio que el prestamista le enseña a Arkad es: «Parte de lo que usted gana debe ser para usted». Luego le explica que al empezar por reservarse al menos el diez por ciento de todo lo que gana —y hacer que ese dinero sea inaccesible para gastar— Arkad verá cómo esta suma aumenta con el tiempo y, a su vez, empieza a producir dinero por sí misma. En un espacio de tiempo aún mayor, llegará a hacer una cantidad considerable, debido al poder del interés compuesto.

Muchos han desarrollado sus fortunas pagándose ellos en primer lugar. Es tan efectivo hoy como lo era en 1926.

UNA HISTORIA QUE DICE MUCHO

Por sencilla que sea esta fórmula del diez por ciento, siempre me sorprende lo poco dispuesta que está la gente a prestarle atención. Hace poco, una noche, tomaba una limosina para ir del aeropuerto a mi hogar en Santa Bárbara. El conductor de la limosina, un hombre de veintiocho años, al reconocerme, me pidió que le diera algunos de mis principios del éxito que él pudiera poner en práctica. Le dije que debía invertir el diez por ciento de cada dólar que ganara y seguir reinvirtiendo los dividendos, y me di cuenta

© 1999 Randy Glasbergen.　www.glasbergen.com

Inversiones
y Planificación Financiera

GLASBERGEN

«Me jubilo el próximo viernes y no he ahorrado ni un centavo.
¡Esta será su oportunidad para convertirse en una leyenda!»

de que toda la información estaba llegando a oídos sordos. Él buscaba la forma de enriquecerse de un momento a otro.

Sin embargo, aunque hay oportunidades que permiten obtener dinero de manera más rápida, y hay que estar alerta para detectarlas, considero que el futuro debe construirse sobre la roca sólida de un plan de inversión a largo plazo. Entre más pronto se comience, más rápido se podrá contar con una red de seguridad de un millón de dólares.

Consulte con su asesor financiero o visite uno de los múltiples sitios en la Internet donde puede ingresar el monto de su patrimonio actual y sus metas financieras para su jubilación y luego calcular cuánto tiene que ahorrar e invertir a partir de ahora para alcanzar la suma que tiene como meta cuando esté en edad de jubilarse.*

---

*Hay varios sitios web que le ayudarán a calcular lo que se requiere para alcanzar sus metas financieras, bien sea que quiera determinar cuánto necesita para financiar su jubilación, calcular el monto de la hipoteca que puede pagar, o estimar la cantidad de riqueza que amasará por medio de ahorros e inversiones. Busque «calculadoras financieras en línea» en el navegador de la Internet para ver lo que ofrecen.

LA OCTAVA MARAVILLA DEL MUNDO

*El interés compuesto es la octava maravilla del mundo
y lo más poderoso que jamás haya encontrado.*

ALBERT EINSTEIN
Ganador del Premio Nobel de Física

Si para usted la idea del interés compuesto es algo nuevo, así es como funciona: si invierte 1.000 dólares con un interés del diez por ciento ganará 100 dólares en intereses y al final del primer año tendrá una inversión total de 1.100 dólares. Si deja tanto su inversión original como el interés devengado en la cuenta, al año siguiente ganará diez por ciento de interés sobre 1.100 dólares lo cual le dará 110 dólares en intereses. El tercer año ganará diez por ciento sobre 1.210 dólares, y así sucesivamente, por el tiempo que deje allí su dinero. A esta tasa, su dinero realmente se duplica cada siete años. Así es como al fin se convierte en una enorme suma, con el correr del tiempo.

Claro está que las buenas noticias son que el tiempo está de su lado cuando de interés compuesto se trata. Entre más pronto empiece, mejor será el resultado. Considere el siguiente ejemplo. Mary comienza a invertir cuando tiene veinticinco años y deja de invertir a los treinta y cinco. Tom no empieza a invertir sino a los treinta y cinco pero sigue invirtiendo hasta que se jubila a los sesenta y cinco años. Tanto Mary como Tom invirtieron 150 dólares por mes con una tasa de retorno del ocho por ciento anual en interés compuesto. Sin embargo, lo sorprendente de los resultados es que al jubilarse a la edad de sesenta y cinco años, Mary habrá invertido solo 18.000 dólares durante diez años y tendrá un total de 283.385 dólares mientras que Tom habrá aportado la suma de 54.000 dólares durante treinta años y termina con solo 220.233. La persona que invirtió por solo diez años tiene más que la que invirtió durante treinta, ¡pero empezó después! Entre más pronto comience a ahorrar más tiempo tendrá para que el interés compuesto produzca su efecto.

HAGA DE LOS AHORROS Y LA
INVERSIÓN UNA PRIORIDAD

Los ahorradores más agresivos hacen que invertir dinero sea parte central de su manejo monetario, como lo es el pago de su hipoteca.

Para adquirir el hábito de ahorrar *algún* dinero cada mes, tome de inmediato un porcentaje predeterminado de su sueldo y deposítelo en una cuenta de ahorros que no se permita tocar. Siga incrementado el saldo de esa cuenta hasta que haya ahorrado lo suficiente para entrar a un fondo mutuo o a una cuenta de bonos o hacer inversión en bienes raíces, incluyendo la compra de su propia casa. La suma de dinero que se dedica a pagar el alquiler sin establecer un capital en una vivienda constituye para muchos una tragedia.

Invertir solo el diez por ciento o el dieciséis por ciento de su ingreso le ayudará al fin y al cabo a reunir una fortuna. Páguese usted primero y viva de lo que queda. Así logrará dos cosas: (1) se obligará a comenzar a acumular fortuna y (2) si todavía quiere comprar más o hacer más se obligará a encontrar formas de ganar más dinero para poder cubrir el costo.

Nunca recurra a su cuenta de ahorros para financiar un estilo de vida más holgado. Lo que debe lograr es que sus inversiones aumenten hasta el punto en el que pudiera vivir de la renta, si fuere necesario. Solo entonces habrá alcanzado la verdadera independencia financiera.

SE PAGÓ ÉL PRIMERO

El doctor John Demartini es un quiropráctico que organiza seminarios para otros colegas sobre cómo progresar económicamente tanto en su vida particular como en su práctica profesional. Es una de las personas más ricas y que goza de mayor abundancia entre las que conozco. Es alguien que abunda en buen espíritu, amistades y aventuras al igual que en fortuna. John me contó lo siguiente:

> Cuando empecé mi práctica profesional años atrás, le pagaba primero a todo el mundo y tomaba para mí lo que quedara. No conocía otra forma mejor de hacer las cosas. Luego me di cuenta de que todas las personas que llevaban menos de seis meses trabajando para mí recibían su sueldo a tiempo. Me di cuenta de que su sueldo era fijo mientras que el mío era variable. Eso era una locura. La persona más importante —es decir yo— era la que estaba soportando todo el estrés, mientras que los otros tenían toda la estabilidad. Decidí cambiar las cosas y pagarme primero. En segundo lugar pagar mis impuestos, mi presupuesto, pagar mi estilo de vida en tercer lugar y mis cuentas en cuarto lugar.
>
> Hice arreglos para contar con retiros *automáticos* y eso cambió totalmente mi situación financiera. No me muevo de esa posición. Si las cuentas se acumulan y el dinero no entra, no dejo de ordenar los retiros automáticos. Mi personal se ve obligado a buscar formas de vender más seminarios y recaudar más dinero. En el sistema antiguo, si no conseguían compromisos para dictar seminarios y no cobraban las facturas, todo el

peso caía sobre mí. Ahora, las cosas son diferentes. Si quieren recibir su sueldo, tienen que inventar formas de que entre más dinero.

LA LEY DE 50/50

Otra regla que John me sugirió es que uno nunca gasta más de lo que ahorra. John ahorra el cincuenta por ciento de cada dólar que gana. Si quiere aumentar sus gastos personales en 45.000 dólares, primero tiene que ganar 90.000 dólares adicionales. Digamos que uno quiere comprar un automóvil que cueste 40.000 dólares. Si no puede ahorrar otros 40.000, no compra ese automóvil. O compra uno más barato o sigue con el que tiene o busca cómo ganar más dinero. La clave está en no incrementar su estilo de vida hasta que se haya ganado el derecho a incrementarlo ahorrando la misma cantidad. Si *aumenta* sus ahorros en 40.000 dólares sabrá que se ha ganado el derecho de incrementar su estilo de vida por esa misma cantidad.

La ley de 50/50 hará que logre hacer fortuna muy rápidamente. Fue la base sobre la que el multimillonario Sir John Marks Templeton construyó su riqueza.

¡NO ME DIGA QUE NO LO PUEDE HACER!

Casi todos esperan a empezar a ahorrar cuando tengan algo de dinero sobrante, un margen bastante amplio. Pero las cosas no funcionan así. Hay que empezar a ahorrar e invertir para el futuro ¡desde *ya*! Entre más invierta, más pronto alcanzará su independencia financiera. Sir John Mark Templeton comenzó trabajando como corredor de bolsa por 150 dólares a la semana. Él y su esposa, Judith Folk, decidieron invertir el *cincuenta por ciento* de sus ingresos en la bolsa de valores *mientras seguían haciendo del diezmo una prioridad*. Eso los dejaba con solo el cuarenta por ciento de sus ingresos para vivir. Sin embargo, cuando falleció en 2008, ¡John Templeton era multimillonario! Nunca ha abandonado esta práctica durante toda su vida y más tarde, por cada dólar que gastaba regalaba diez dólares a individuos y organizaciones que apoyaban el crecimiento espiritual.

¿QUIÉN QUIERE SER MILLONARIO?

Según las cifras del gobierno, en 1980 habían 1,5 millones de millonarios en Estados Unidos. Para el año 2000 esta cifra había aumentado a siete millones. Para el año 2014, había 9,6 millones. Se espera que alcance veinte millones para el 2020, con sesenta y cinco millones en todo el mundo. Se ha calculado que, en Estados Unidos, cada doce minutos una persona se convierte en millonario. Con un poco de planificación, autodisciplina y esfuerzo, uno de esos millonarios puede ser usted.

SER *MILLONARIO* NO SIGNIFICA CONVERTIRSE EN UNA «CELEBRIDAD»

Aunque podría pensar —a juzgar por Donald Trump, Brad Pitt y Oprah Winfrey— que la mayoría de los millonarios son celebridades, lo cierto es que más del noventa y nueve por ciento de los millonarios son inversionistas que trabajan duro y ahorran metódicamente.

Por lo general, son individuos que han hecho fortuna en una de tres formas: mediante la creación de empresas, lo que representa el setenta y cinco por ciento de todos los millonarios de Estados Unidos; como ejecutivos de una importante corporación, lo que representa el diez por ciento de los millonarios o como profesionales (doctores, abogados, odontólogos, contadores públicos certificados, arquitectos). Además, cerca de un cinco por ciento se hacen millonarios en el campo de las ventas y la consultoría de ventas.

De hecho, la mayoría de los millonarios de Estados Unidos son elementos comunes y corrientes que han trabajado duro, se han mantenido dentro de sus presupuestos, han ahorrado del diez al veinte por ciento de todos sus ingresos y han invertido ese dinero de nuevo en sus negocios, en bienes raíces* y en la bolsa de valores. Son personas como el dueño de la lavandería, el dueño de la agencia de automóviles, el dueño de la cadena de restaurantes, el dueño de las panaderías, el dueño de la joyería, el ganadero, el dueño de la compañía de transporte terrestre y el dueño de la ferretería.

Sin embargo, personas de cualquier profesión u ocupación pueden llegar a ser millonarios si aprenden la disciplina de ahorrar e invertir y si empiezan lo suficientemente pronto. Sin duda habrá oído hablar de Oseola McCarty de Hattiesburg, Mississippi, quien tuvo que abandonar sus estudios en el primer año de secundaria para ocuparse de su familia y dedicó setenta y cinco años de su vida a lavar y planchar la ropa de otras personas. Llevaba una vida muy austera y ahorraba lo que podía del escaso dinero que ganaba. En 1995, donó 150.000 dólares de la suma total de 250.000

---

*La mayoría de los análisis informan que alrededor del noventa por ciento de los millonarios lo hacen luego de invertir en el sector inmobiliario.

que había logrado ahorrar toda su vida a Southern Mississippi University para suministrar becas a estudiantes de escasos recursos y este es el aspecto más interesante: si Oseola hubiera invertido sus ahorros que se calculaban en unos 50,000 dólares en 1965, en un fondo como el de los 500 S&P, que produce en promedio el diez y medio por ciento anual, su dinero no hubiera rendido 250.000 dólares sino 999.628 dólares, prácticamente un millón de dólares, cuatro veces más.*

CÓMO HACERSE «MILLONARIO AUTOMÁTICAMENTE»

La forma más fácil de poner en práctica el hecho de pagarse usted primero es tener un plan totalmente «automático»; es decir, establecer las cosas de modo que un porcentaje de su sueldo sea automáticamente deducido e invertido en la forma que usted indique.

Los programadores financieros le podrán decir, con base en su amplia experiencia, con cientos de clientes, que muy pocos —si es que alguno lo hace— permanecen fieles al plan de pagarse ellos primero, a menos que eso sea una operación automática. Si es empleado, pregunte en su empresa si tienen cuentas de jubilación autodirigidas, como los planes 401(k).

Podrá ordenar que la empresa deduzca automáticamente de su cheque de pago su contribución al plan. Si se deduce antes de que usted reciba el cheque, nunca le hará falta. Lo que es más importante, no tendrá que preocuparse por sus inversiones, no tendrá que ejercer autodisciplina. No dependerá de sus cambios de ánimo, de las emergencias hogareñas ni de ningún otro factor. Se compromete una vez y ya está. Otra ventaja de este tipo de planes es que están exentos de la mayoría de los impuestos hasta cuando usted retire el dinero. De manera que en lugar de tener setenta centavos trabajando para usted, tendrá la totalidad del dólar a su favor, ganando interés compuesto año tras año.

Algunas compañías pueden inclusive contribuir una porción igual a la que usted contribuya. Si trabaja para una de esas empresas, no demore en adoptar el plan ¡hágalo ya! Confirme con la oficina de subsidios laborales de su empresa y pregunte por los requisitos para inscribirse. Una vez que lo haga, asegúrese de optar por el más alto porcentaje de contribución permitido por la ley, o al menos que no baje del diez por ciento. Si no puede llegar

---

* Vea «The Oseola McCarty Fribble» [El desperdicio de Oseola McCarty], de Selena Maranjian, 5 septiembre 1997, en la página web Motley Fool, en www.fool.com/Fribble/1997/Fribble970905.htm.

al diez por ciento, invierta entonces el mayor porcentaje que le sea posible. Después de unos pocos meses, revalúe la situación y vea si puede aumentar el porcentaje. Sea creativo buscando formas de reducir costos y de aumentar sus ingresos a través de otra fuente.

Si no tiene un plan de jubilación en su empresa, puede abrir una cuenta de jubilación individual [Individual Retirement Account (IRA, por sus siglas en inglés)] en un banco o una firma de corredores de la bolsa. Con una cuenta IRA podrá hacer una contribución financiera de hasta 5.500 dólares por año (o 6.500 si tiene cincuenta años o más). Pregunte en el banco, consulte con una firma de corredores de la bolsa o con un asesor financiero para determinar si desea una cuenta IRA tradicional o una cuenta Roth IRA. Los formularios que hay que llenar para iniciar una IRA le toman el mismo tiempo que los que tiene que llenar para abrir una cuenta corriente. Además, para que sea automática, puede disponer que se haga una deducción automática de su cuenta corriente.

Para una explicación mucho más detallada de cómo beneficiarse de un programa de inversión automático, le recomiendo muy especialmente leer *El millonario automático: un plan poderoso y sencillo para vivir y terminar rico*, de David Bach. Para aquellos de ustedes que tengan más de cuarenta años, lean su libro *Start Late, Finish Rich* [Comience tarde, termine rico]. David ha hecho un trabajo excelente para ofrecer todo lo que uno debe saber así como toda una serie de recursos para poner en práctica estas recomendaciones, incluyendo inclusive los números telefónicos y las direcciones de los sitios web para poder hacerlo todo desde la comodidad de su hogar.

AUMENTE SU ACTIVO MÁS QUE SU PASIVO

Regla uno. Debe saber la diferencia entre un activo y un pasivo, y comprar activos. Los pobres y las personas de clase media adquieren pasivos pero creen que son activos. Un activo es algo que llena de dinero mi bolsillo. Un pasivo es algo que lo saca de mi bolsillo.

ROBERT T. KIYOSAKI
Coautor de *Papá rico, papá pobre* y creador del Cash Flow Game

Son demasiadas las personas que manejan sus vidas basados en sus gastos y sus deseos. Para muchos, su modelo de «inversión» es algo así:

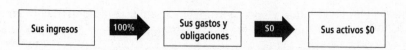

Sin embargo, considere la forma como las personas ricas enfocan sus inversiones. Toman el dinero que ganan e invierten una gran proporción en activos que producen ingresos: bienes raíces, pequeños negocios, acciones, bonos, oro, etc. Si desea hacerse rico, siga su ejemplo. Comience a abordar sus actividades financieras en la siguiente forma:

UNA VEZ QUE EL NÚMERO DE HUEVOS EN EL NIDO EMPIEZA A AUMENTAR

A medida que su dinero aumenta, querrá aprender más acerca de la mejor forma de invertirlo. Al final, es posible que desee buscar un buen asesor financiero. Encontré el mío preguntando a mis amigos exitosos quién era el de ellos. Presté atención esperando oír el mismo nombre dos veces. Eso fue exactamente lo que ocurrió.

Es mejor consultar con un planificador financiero certificado (CFP), ya que es una señal instantánea de credibilidad, aunque no necesariamente una garantía. Para empezar, pregúnteles a las personas como usted si pueden recomendarle un planificador. De ser posible, querrá encontrar un planificador exitoso y experimentado que asesore a clientes que están en la misma etapa de la vida que usted. Si no tiene amigos que estén utilizando un asesor financiero o no consigue a alguien recomendado por varias personas, un buen lugar para buscarlo es la Asociación Nacional de Asesores Financieros en www.napfa.org. Estos planificadores solo cobran una tarifa, lo que significa que su único ingreso proviene de sus clientes. No aceptan comisiones en absoluto y se comprometen a actuar en todo momento en el mejor interés de sus clientes. (Un planificador que gane dinero por concepto de comisiones y no por una tarifa por hora previamente establecida, podría tener un incentivo para guiarlo en una dirección particular). En muchos aspectos, los estándares NAPFA cumplen o superan los requisitos necesarios para una credencial CFP.

Una última palabra sobre el hecho de crear una cartera de inversión. Asegúrese de protegerla con un seguro apropiado, incluyendo uno de responsabilidad profesional si usted trabaja por cuenta propia, y un acuerdo prenupcial que reconozca los recursos financieros que usted aportará al matrimonio.

DOMINE EL JUEGO DE GASTAR

*Son demasiados los que gastan dinero que no han
ganado para comprar cosas que no quieren con el
fin de impresionar a gente que no les gusta.*

WILL ROGERS
Humorista, actor y escritor estadounidense

No falle. Ganar millones al año, vivir en una casa costosa, tener un estilo de vida más rico y lujoso —además de un patrimonio elevado por medio de amplias inversiones—, debe ser el objetivo financiero de todos. A lo largo del camino, sin embargo, su objetivo *también* debería ser tener la inteligencia para gastar su dinero.

Hoy, la cantidad de deudas contraídas por una familia promedio es asombrosa. Súmele a eso el pago de una hipoteca, del auto y de los préstamos estudiantiles —por no hablar de las compras diarias en las tiendas de comestibles y otras necesidades que adquieren con tarjetas de crédito—, y es fácil ver por qué la mayoría de las personas nunca logran tener el patrimonio y el estilo de vida lujoso con los que sueñan. Dedican el poco dinero que les sobra cada mes al pago de compras que ya han hecho, en lugar de invertirlo en su futuro estilo de vida. Están muy endeudados en la actualidad y seguirán endeudados a lo largo de su vida, simplemente porque gastan más dinero del que ganan.

Las personas exitosas, por el contrario, han dominado el arte de los gastos. Ellos viven por debajo de sus posibilidades. Pagan menos por lo que necesitan. Y descubren la manera de alcanzar lo que quieren hacer, mientras gastan tan poco dinero como es posible.

¿CUÁNTO GASTÓ EL AÑO PASADO?

*Pregúntese si lo que está comprando es una necesidad
o un deseo. Hay una gran diferencia.*

DAVE RAMSEY
Autor de *La transformación total de su dinero*

Gastar demasiado puede acabar definitivamente con sus metas económicas. Lo mantiene en deuda e impide que ahorre tanto como podría, y centra su atención en consumir más que en crear y acumular fortuna.

Si aparentemente no puede controlar sus gastos, intente el siguiente ejercicio. Examine cada clóset, cada cajón y cada alacena de su casa y saque todo lo que no haya utilizado durante el último año. Esto incluye ropa, zapatos, joyas, utensilios, artículos electrónicos y electrodomésticos, sábanas, materiales de artesanía, equipo deportivo, juegos, juguetes, accesorios para el automóvil y herramientas, todo y cualquier cosa que le haya costado dinero pero que *no haya utilizado durante el último año*. Reúna todas esas cosas en un mismo sitio, por ejemplo en la sala de su casa, en el cuarto de estar o en el garaje. Luego sume lo que pagó por cada una.

He visto personas que han encontrado ropa costosa con las etiquetas aún colgando, bolsas de compras que contienen artículos para el hogar que nunca desempacaron y costosas herramientas y equipo que literalmente utilizaron una vez hace unos tres o cuatro años.

Lo cierto es que con excepción de los esmóquines, los vestidos de ceremonia, las botas para esquí y el equipo para hacer esnórquel, que se puede utilizar una vez cada cierto número de años, probablemente nunca necesitó ninguna de esas cosas en primer lugar. No los usó el año pasado y, sin embargo, le costaron dinero. Al sumar el costo de todos esos artículos, es posible que el total supere su deuda actual de la tarjeta de crédito.

COMIENCE A PAGAR PRÁCTICAMENTE
TODO EN EFECTIVO

Una forma de controlar sus gastos es empezar a pagarlo todo en efectivo. El efectivo es más inmediato. Lo obliga a pensar en lo que está comprando. Es probable que vea que gasta menos que lo que hubiera gastado al utilizar sus tarjetas de crédito. Considerará con más cuidado cada compra potencial, las compras incidentales «necesarias» serán menos necesarias y las compras grandes probablemente se pospondrán, obligándolo a pensar cómo puede arreglárselas sin ellas.

REDUZCA EL COSTO DE SU ELEGANTE ESTILO DE VIDA

Otra forma de dominar el juego de los gastos es llevar el estilo de vida que desea pero a un costo mucho menor. Conozco a muchas personas que hacen eso y mantienen un agresivo programa de ahorro e inversión con unos pocos cambios en sus hábitos de gastos y compras.

Veamos algunos ejemplos.

Una mujer que conozco, a menudo, compra boletos para la temporada de ópera que normalmente tienen un costo de 685 dólares por solo 123. Puede disfrutar de los mismos tenores de talla mundial, escuchar la misma música ensordecedora y encontrarse con los mismos mecenas del arte que quienes pagan más por asistir a esas representaciones, pero consigue sus boletos a un precio ochenta y dos por ciento menor que lo que pagan otras personas. ¿Cómo lo hace? Cuando en el mes de marzo llegan los envíos de tiquetes por correo para los suscriptores, selecciona las óperas que quiere ver, descarta las que no desea ver y envía su pago con instrucciones de la serie «Diseñe su propio programa», suponiendo en todos los casos que su pedido será aceptado (lo que siempre ocurre). Debido a que no tiene inconveniente en acomodarse en el palco de la última fila, obtiene la temporada completa de experiencias con «champaña burbujeante» por menos de lo que le cuesta la gasolina para su automóvil por un mes.

Otro amigo colecciona carros antiguos, no cualquier tipo: cadillacs convertibles. Los compra en enero, cuando nadie pensaría en comprar un convertible y ahorra literalmente decenas de miles de dólares en descuentos sobre sus compras. Como resultado de esa estrategia tiene otras inteligentes ideas para comprar, puede darse el lujo de tener varias propiedades para arrendar y aprovechar todo ese flujo de dinero positivo para aumentar sus ahorros a fin de incrementar su patrimonio.

A otra mujer que conozco le encantan los vestidos costosos, de diseñadores famosos, pero se siente moralmente obligada a comprarlos en un almacén de ropa de segunda mano, donde selecciona entre filas y filas de percheros, vestidos prácticamente nuevos o que nunca se usaron y fueron desechados, al costo de un centavo por dólar del precio original para verse como una actriz de cine.

Hay quienes regatean cuando van a adquirir bienes y servicios, pidiendo descuentos aun cuando no se los ofrecen, preguntan qué hacer para adquirir lo que necesitan por menos precio, llaman a cuatro o cinco vendedores y piden cotizaciones para el mismo artículo, compran las cosas que no tienen mayor importancia en almacenes de descuento para poder gastar en las que sí importan. En otras palabras, se esfuerzan constantemente por reducir tanto como sea posible su costo de vida para llevar el estilo de vida que desean

Para esas personas —decididas a ahorrar de la forma más agresiva— llevar el tipo de vida que desean, con la menor cantidad de dinero posible, se convierte casi en un juego.

¿QUÉ LO HARÁ VERDADERAMENTE FELIZ?

El hombre es más rico cuando sus placeres son los más baratos.

HENRY DAVID THOREAU
Autor, poeta y filósofo

El consejero financiero Todd Tresidder recomienda que usted sume el costo de todas las «cosas» innecesarias en las que ha estado gastando su dinero, y compare esa cantidad con aquello en lo que usted *podría estar gastándolo*, ya sea en crear un fondo de emergencia, disfrutar de las experiencias ricas y gratificantes de la vida, o pagar por cosas que son mucho más cruciales para su felicidad. ¿Acaso unas vacaciones exóticas, un asistente virtual, oportunidades interesantes a nivel educativo o personal, o la capacidad de practicar la filantropía a nivel mundial, no harían que su vida fuera más agradable y lo inspirarían para lograr un mayor éxito financiero?

David Bach, el exitoso autor de *Start Late, Finish Rich* [Comience tarde, termine rico], llama a esta estrategia prudente el «Factor Latte», la cual sostiene que si usted elimina gastos diarios pequeños pero innecesarios, como esa taza de café matinal que compra por cuatro dólares en la tienda de café gourmet, o comprar el almuerzo todos los días o ir al centro comercial para una terapia de compras, usted podría destinar lo que se ahorre a inversiones que ayuden a lograr sus objetivos financieros. Aunque estas compras podrían parecer de poca monta, las personas siempre se sorprenden por la rapidez con que se suman a un ahorro sustancial.

RECONSIDERE SI REALMENTE NECESITA ESE PRÉSTAMO ESTUDIANTIL

Hoy en América, los préstamos a los estudiantes que aún tienen que ser reembolsados suman más que el total de la deuda de tarjetas de crédito para todos los hogares estadounidenses en *conjunto*. Casi un billón de dólares se ha prestado para la matrícula, libros y gastos de manutención, pero aún no se ha pagado. Algunos estudiantes se gradúan con 200.000 o más dólares en deudas dificultando su capacidad para comprar una casa, casarse, iniciar un negocio, viajes o incluso seguir una carrera que les gusta. En cambio, están enfrentados con el movimiento de vuelta a casa, reduciendo sus planes para el futuro, y tomando cualquier trabajo que pague más, incluso si no es lo que estudiaron en primer lugar.

No solo eso, los expertos sugieren que la facilidad de obtener un préstamo estudiantil realmente ha hecho que algunas universidades aumenten sus matrículas y sus cuotas conscientes de los costos serán satisfechos fácilmente por los estudiantes que están dispuestos a endeudarse para obtener una educación. Y la mayoría de los prestamistas le dirá que una parte sustancial de dinero de préstamos estudiantiles se gasta en los gastos de estilo de vida, renta y otros gastos cotidianos que no necesariamente contribuyen a la educación de un estudiante.

Pero antes de que usted diga: «Sin un préstamo de estudiante, no puedo ir a la universidad», pregúntese si realmente necesita ese préstamo (o necesita uno que sea tan grande). ¿Se puede ir a un colegio de la comunidad los dos primeros años y vivir en casa para reducir los costos? ¿Se puede vivir económicamente en los dormitorios de la institución en vez de alquiler y amueblar un apartamento o casa? ¿Puede convertirse en un excelente candidato a becas basadas en el mérito de hacer prácticas en su campo, o para trabajar activamente en grupos de la industria, o en la creación de una hoja de vida sustancial y el curriculum vitae, para entonces investigar sobre las becas menos publicitadas que se ofrecen a través de fundaciones familiares privadas? Graduarse con tan poca deuda como sea posible debe ser la meta de todos los estudiantes universitarios.

TOME MEDIDAS YA PARA LIBRARSE DE LAS DEUDAS

Otra parte importante de dominar el juego de los gastos es simplemente eliminar las deudas. Deje de pagar altas tasas de interés en su tarjeta de crédito y asuma un estilo de vida con un menor nivel de consumo.

Es sorprendente que, como población, hayamos acumulado la cantidad de deuda personal que tenemos. Las tarjetas de crédito, las hipotecas y los pagos por los automóviles son abrumadoramente altos para muchas personas. Esto afecta tanto el nivel de ahorro como la seguridad financiera. Si usted se encuentra en esa situación, actúe desde ya para empezar a vivir libre de deudas, aplicando las siguientes estrategias:

1. **Deje de tomar dinero prestado.** Sencillo como parezca, tomar dinero prestado es una de las principales razones por las cuales las personas nunca dejan de deber. Mientras pagan las deudas existentes, siguen usando sus tarjetas de crédito, adquiriendo nuevos préstamos, etc. Esto es una locura. ¿Por qué? Porque el costo de tomar prestado es en realidad mucho mayor de lo que se cree. Las cifras a continuación muestran cuánto vale realmente un artículo con dinero tomado en préstamo.

Monto del préstamo	$10.000
Tasa de interés	10%
Meses de financiamiento	60 meses
Total de interés pagado	$3.346,67
Total de interés como porcentaje del artículo comprado	33,5%

Si no estuviera dispuesto a pagar 13.346 dólares por el artículo para el cual acaba de tomar 10.000 dólares en préstamo, busque la forma de pagarlo en efectivo, compre otro artículo similar por menos dinero o determine si realmente lo necesita o no.

2. **No obtenga un préstamo hipotecario para cubrir la deuda de su tarjeta de crédito.** Cuando «consolida» todos sus pagos mensuales en un préstamo por una tasa de interés menor, lo que está haciendo realmente es empeorando su situación. ¿Por qué? Porque vuelve a empezar en la escala de amortización desde 0, donde el interés es la porción más alta de cada pago mensual. Al comienzo de cada préstamo, es muy poco el porcentaje de su nuevo pago mensual que se abona al capital, mientras que los préstamos de consumo que pagaba antes podrían abonarse casi en su totalidad o completamente al capital de su deuda.

3. **Pague sus deudas menores primero.** Cuando paga sus deudas menores primero tiene un mejor resultado al final, aunque no lo parezca. Por una parte, es muy satisfactorio para su autoestima cuando alcanza cualquier meta. ¿Por qué no empezar con las metas pequeñas que son más fáciles de lograr?

4. **Aumente poco a poco los pagos de sus deudas.** Una vez que haya pagado una de sus deudas pequeñas, simplemente destine

el dinero que estaba utilizando para esos pagos mensuales y utilícelo para incrementar los pagos de su siguiente deuda. Por ejemplo, si al pagar 300 dólares por mes en su tarjeta de crédito su saldo se reduce a 0, al mes siguiente tome esos mismos 300 dólares y súmelos a la cantidad que normalmente pagaría por el préstamo de su automóvil. Esto le ahorra miles de dólares en intereses dado que le permite pagar la deuda de su automóvil antes de tiempo y además impide que gaste esos 300 dólares por mes solo en incrementar su estilo de vida.

5. **Pague anticipadamente sus créditos hipotecarios y la deuda de su tarjeta de crédito.** Muchos prestamistas hipotecarios ofrecen lo que se conoce como una hipoteca quincenal. Esto significa que paga la mitad del monto de su hipoteca cada dos semanas en lugar de hacer un pago mensual único a comienzos de mes. Debido a que estos préstamos suelen reamortizarse con cada pago, esto tiene el efecto de convertir una hipoteca a treinta años en un préstamo a veintitrés años. El resultado es un sorprendente ahorro en los intereses hipotecarios y la posibilidad de cancelar su deuda más pronto de lo que pensaba. Si su prestamista no ofrece este tipo de préstamos, ¿por qué no hacer un préstamo adicional cada año o pagar una pequeña suma adicional cada mes? Así reducirá el número de años para amortizar el préstamo y ahorrará el equivalente a años de intereses. Bien puede hacer pagos adicionales a sus tarjetas de crédito.

EL PODER DE TENER UN BUEN ENFOQUE

A medida que se comprometa a cancelar sus deudas y a aumentar sus ahorros, empezará a experimentar una fuerza casi milagrosa en su vida. A medida que cambie su enfoque de uno de gastos y consumo a otro de disfrutar lo que ya tiene y ahorrar dinero, irá progresando a un ritmo casi inexplicable.

Aunque piense que no va a poder sobrevivir cada mes, una vez que se comprometa a reducir sus deudas y a cumplir un plan de ahorro, se sorprenderá de su capacidad para arreglárselas y alcanzar su meta mucho antes de lo previsto.

Es posible que experimente una profunda transformación. Podrá ver cómo cambian sus valores y sus prioridades. De un momento a otro verá que comienza a medir su éxito en términos de deudas saldadas en vez de bienes adquiridos. Y a medida que su portafolio de inversiones crece, comenzará a sopesar *todas las compras* contra su meta de alcanzar la seguridad financiera y vivir libre de deudas.

Cualquiera sea la situación en que se encuentre —aunque parezca desesperada— no cambie de rumbo y permita que este milagro lo lleve en menos tiempo a alcanzar su meta.

PARA GASTAR MÁS, PRIMERO GANE MÁS

Por más que se alabe la pobreza, sigue siendo cierto
que no es posible tener una vida realmente completa
o exitosa a menos que se tenga fortuna.

WALLACE D. WATTLES
Autor de *La ciencia de hacerse rico*

En último término, hay solo dos formas de llegar a tener más dinero para invertir o darse lujos adicionales: gastar menos, en primer lugar, o simplemente ganar más dinero. En lo particular, soy fanático de ganar más dinero. Preferiría ganar más dinero y tener más para gastar que estarme negando siempre cosas que quiero esperando una ganancia distante en el futuro.

El hecho es que ganar más dinero significa que se puede invertir más *y* gastar más en lo que se desea: viajes, ropa, arte, conciertos, buenos restaurantes, atención médica de primera calidad, experiencias de esparcimiento de clase mundial, transporte de alta calidad, educación, aficiones, y todo tipo de dispositivos y servicios que ahorran dinero y esfuerzo.

Eso es sentido común.

¿CÓMO GANAR MÁS DINERO?

El primer paso para ganar más dinero es decidir cuánto más desea ganar. Ya he hablado ampliamente acerca de utilizar el poder de las afirmaciones y la visualización para verse como si ya tuviera ese dinero en su poder. No es de sorprender que haya en el mundo una historia tras otra de personas extremadamente ricas que han utilizado sus hábitos diarios para atraer mayor abundancia a sus vidas.

Un segundo paso consiste en preguntarse: *¿Qué producto, servicio o valor agregado puedo ofrecer para generar ese dinero?* ¿Qué necesitan el mundo, su empleador, su comunidad, sus colegas de negocios, sus compañeros de estudio o sus clientes que usted pudiera suministrarle?

Por último, el tercer paso consiste simplemente en desarrollar y entregar ese producto, servicio o valor agregado.

IDEA # 1 PARA OBTENER MÁS DINERO: CONVIÉRTASE EN UN INTRAPRESARIO

En la actualidad, muchas de las más inteligentes compañías estadounidenses están cultivando el empresariado entre sus empleados y ejecutivos. Una de estas compañías es su empleador, si puede convencer a su jefe de que le dé un porcentaje de ese nuevo dinero que usted ha generado a partir de áreas de ingresos que antes no se habían tenido en cuenta, podrá incrementar sus entradas casi de inmediato.

Tal vez su empleador tiene una lista de clientes a quienes no les está vendiendo otros bienes y servicios. Tal vez su grupo de trabajo es tan bueno en la administración de proyectos que sus miembros tienen tiempo de sobra que podrían «contratar» con otros departamentos para obtener pago adicional. Tal vez hay alguna máquina, una relación con un fabricante, una idea de mercadeo que se ha pasado por alto, o algún otro activo inusual que su empleador no esté utilizando en todo su potencial. Puede crear un plan para que dicho activo se convierta en efectivo y presentarle a su empleador una propuesta para trabajar en el proyecto de maximizar los activos durante horas extras, a cambio de un pago adicional. Es posible que tenga además, un merecido ascenso.

El libro de Janet Switzer *Instant Income: Strategies That Bring in the Cash for Small Businesses, Innovative Employees, and Occasional Entrepreneurs* [Ingresos instantáneos: estrategias que les generan dinero en efectivo a pequeñas empresas, a empleados innovadores y a empresarios ocasionales], detalla todo un plan para hacer negocios con su jefe, incluyendo una lista de control para encontrar oportunidades ocultas de ingresos, un libreto para negociar un acuerdo con su empleador, modelos recomendados de compensación, estrategias que le ayudarán a generar ingresos recién descubiertos, e incluso una guía completa de aplicación para ejecutar sus planes.

IDEA # 2 PARA OBTENER MÁS DINERO: DETECTE UNA NECESIDAD Y SÚPLALA

Nunca le di los últimos toques a un invento que no hubiera concebido en términos del tipo de servicio que podría prestar a otros... primero encuentro lo que el mundo necesita y luego procedo a inventar.

THOMAS A. EDISON
El inventor más exitoso de Estados Unidos

Muchas de las personas de mayor éxito en la historia han identificado una necesidad en el mercado y han suministrado una solución a la misma; sin embargo, la mayoría de nosotros no hemos preguntado nunca qué se necesita, ni si es posible lograrlo.

Si su sueño es ganar más dinero —ya sea con su propio negocio o en adición a este— identifique una necesidad que no esté siendo satisfecha y determine cómo suplirla.

Ya se trate de iniciar un sitio web para un grupo determinado de coleccionistas, ofrecer educación específica para personas que requieren destrezas poco comunes o inusuales, o desarrollar nuevos productos y servicios dirigidos a nuevas tendencias que comienzan a surgir en la sociedad, se pueden encontrar muchas necesidades para crear un negocio o un servicio. Muchas de las necesidades que «han sido satisfechas» anteriormente son inventos y servicios que ahora consideramos básicos. El hecho es que las personas se dieron cuenta de que necesitaban algo en sus propias vidas o descubrieron por casualidad necesidades de otros y crearon los elementos o servicios de los cuales disfrutamos hoy:

- El «Baby Jogger» [correr con el coche del bebé] fue inventado por un hombre que quería hacer jogging pero tenía que cuidar un bebé. Lo que inventó para él pronto encontró demanda en casi todos los que lo vieron.
- eBay, el servicio de ventas de remate en línea más grande del mundo, nació en 1995 cuando su fundador Pierre Omidyar inventó una forma de ayudar a su novia a vender dispensadores de dulces PEZ.
- Avon decidió que su sistema de ventas directas era ideal para la nueva democracia emergente de Rusia, donde las representantes de Avon no solo podían actuar como asesoras personales de belleza para las mujeres rusas que no estaban habituadas a usar cosméticos, sino que podía servir también como puntos de venta de

productos en un momento en que la infraestructura para ventas minoristas era prácticamente inexistente.

- Los servicios de citas entre amigos en la Internet se inventaron cuando unos empresarios inteligentes empezaron a coordinar deseos (y recargadas agendas de trabajo) de personas solteras con la tecnología de las computadoras ante los que permanecían sentados de ocho a doce horas diarias.

- Después de que FunBug, la empresa de mercadeo de Nicholas Woodman, quien tenía veintiséis años, fracasó en 2002, este decidió viajar por todo el mundo para surfear. En un esfuerzo por fotografiar sus actividades de surf, sujetó una cámara de 35 mm a la palma de su mano con una banda de caucho. Al ver que los fotógrafos aficionados como él, que querían buenas fotos de sus actividades, tenían dificultades para hacerlo porque no podían acercarse lo suficiente a la acción ni comprar equipos de calidad a precios asequibles, Nicholas se inspiró para fundar GoPro. Su solución fue desarrollar un cinturón para sujetar la cámara al cuerpo. Él y su futura esposa financiaron el negocio vendiendo en su auto collares de conchas, que compraban por 1.90 dólares en Bali y vendían por 60 dólares en California y, finalmente, juntaron las ganancias con un dinero que les prestaron sus padres. Las cámaras originales que desarrolló han evolucionado hasta convertirse en cámaras digitales compactas y resistentes al agua, compatibles con Wi-Fi, y pueden ser controladas de forma remota; además son asequibles para muchos entusiastas de los deportes. En 2004, hizo su primera gran venta cuando una empresa japonesa ordenó cien cámaras en un espectáculo deportivo. Las ventas se han duplicado cada año desde entonces, y en 2012, GoPro vendió 2,3 millones de cámaras. Ese mismo año, un fabricante por contrato taiwanés compró el 8.88 por ciento de la compañía por 200 millones de dólares, estableciendo el valor de mercado de la empresa en 2,25 mil millones de dólares, y haciendo de Woodman, que era dueño de la mayoría de las acciones, un multimillonario a los treinta y ocho años.

- En la década de 1970, un guardia forestal alemán hizo un descubrimiento interesante. Atrapado en una avalancha, sobrevivió gracias al deseo intenso que tenía por superar aquello, ya que le permitió evitar el contacto con la nieve. Poco después hizo experimentos con botes voluminosos y luego con globos, y la idea de la bolsa de aire para avalanchas vio la luz. En 1980, Peter Aschauer, después de una experiencia personal con una avalancha, adquirió la patente, fundó la empresa ABS Peter Aschauer GmbH, y comenzó a desarrollar un sistema que les permitía a las víctimas de aludes obtener un aumento suficiente en términos de volumen en cuestión de segundos, sin obstruir su capacidad para moverse. Desde 1991, la tasa documentada de supervivencia para los esquiadores equipados con bolsas de aire en avalanchas ha sido de 255 entre 262, o el noventa y siete por ciento. La empresa cuenta ahora con ventas en veinticinco países, y en la temporada 2012–13 vendió veinte mil unidades, cada una de las cuales tiene un costo de alrededor de 1.000 dólares.

¿Qué necesidad podría identificar? Las necesidades están prácticamente en todas partes donde usted mire. No importa si se trata de un estudiante universitario que busca una forma de obtener ingresos durante el verano, un ama de casa que desee ganar 1.000 dólares adicionales al mes para que le alcance el presupuesto, o un empresario que busque la próxima gran oportunidad, siempre habrá una necesidad que puede ser su oportunidad de ganar algún dinero importante.

Una novedosa idea convierte a Mike Milliorn en multimillonario

Mike Milliorn era vendedor para una compañía de marca que necesitaba incrementar sus ganancias en unos cuantos dólares más por mes. Uno de sus principales clientes era la cadena de restaurantes TGI Friday's, una operación sofisticada que buscaba una forma libre de riesgos de incrementar el valor de sus acciones y garantizar que los empleados utilizaran en primer lugar, los alimentos perecederos menos frescos, el proceso que se conoce como rotación de alimentos. Antes de conocer a Mike, utilizaban cinta de enmascarar y marcadores, o compraban puntos de colores autoadhesivos en un almacén de suministros de oficina y colocaban una gráfica en la pared que decía: «Los puntos rojos significan los miércoles».

¿Cuál era su problema? Los puntos autoadhesivos no se adherían a sus grandes refrigeradores. Mike inventó entonces los Daydots para rotación de alimentos, un sistema a prueba de fallas constituido por puntos de colores con el día de la semana impreso sobre una etiqueta especial para bajas temperaturas.

Se dio cuenta de que si TGI Friday's necesitaba los puntos, probablemente otros restaurantes también los requerirían. Así que empezó a vender los Daydots a tantos restaurantes como le era posible sin tener que incurrir en grandes gastos.

Al igual que la mayoría de las personas con una nueva idea, Mike conservó su trabajo diurno. «Con tres niños, una hipoteca y las cuotas de dos automóviles, era demasiado riesgo renunciar y dedicar todo mi tiempo a los Daydots. No tenía ni un centavo, por lo que tuve que inventar cómo llevar mi idea al mercado de forma económica sin dejar mi trabajo. Entonces se me ocurrió la idea de los pedidos por correo».

Mike produjo un sencillo volante de una página que explicaba el sistema de los Daydots y lo financió con un préstamo de 6.000 dólares que obtuvo dando como garantía la camioneta Chevy de su esposa y luego los envió por correo a unos cuantos restaurantes para los que podía costear el transporte. Obtuvo suficientes pedidos con el primer envío de volantes por correo como para animarlo a enviar otros y luego otros más. Durante cuatro años, él y su esposa mantuvieron sus trabajos diurnos y trabajaron desde la casa.

En la actualidad, la compañía de Mike despacha por correo tres millones de catálogos por año e imprime más de cien millones de Daydots por semana. Mike vio una necesidad y con la ayuda de su esposa, sus hijos y unos empleados, trabajó en forma diligente para satisfacerla.

Daydots ha evolucionado para convertirse en productor y distribuidor de productos de seguridad para alimentos, así como de puntos y etiquetas para bajas temperaturas, disolvibles y súper removibles.

Trece años más tarde, Mike recibió una propuesta de una compañía de cuatro mil millones de dólares de las 500 compañías de *Fortune* para comprar sus Daydots por decenas de millones de dólares. Lo que empezó como una simple empresa para ganar unos cuantos dólares más, «y pagar la educación de los hijos», le reportó a Mike suficientes ganancias para hacer todo eso y más. Mike Milliorn detectó una necesidad y encontró una forma creativa y económica de satisfacerla.

We the People

A principios de los años noventa, Linda e Ira Distenfield comenzaron a buscar la próxima aventura de sus vidas. Habían tenido éxito en sus trabajos de servicio civil pero querían un cambio. Después de analizar el mercado —estudiando todos los productos y servicios disponibles— el único servicio que no pudieron encontrar fue uno de asesoría legal a un precio accesible.

Claro está que no era raro que no lo pudieran hallar.

En ese entonces, los abogados tenían el sartén por el mango y cobraban miles de dólares por documentos sencillos cuyo trámite tomaba apenas unos minutos. Un trámite sencillo para declararse en quiebra costaba 1.500 dólares y un simple divorcio podría llegar a 2.000 o 5.000.

Los Distenfield pensaron: ¿qué ocurriría con un servicio en el que las personas comunes y corrientes pudieran encontrar asesoría legal con formularios sencillos a un costo de 399 dólares o menos? ¿Qué tal un servicio que desmitificara el proceso legal y le explicara al cliente sus opciones en lenguaje corriente, no legal?

En un pequeño local de Santa Bárbara, los Distenfield comenzaron a ofrecer justamente eso. El nacimiento de su compañía We the People.

En la actualidad, estos esposos cuentan con más de 150 oficinas en treinta estados y han atendido a más de 500.000 clientes en los últimos diez años ofreciendo hasta sesenta tipos diferentes de servicios legales, a un costo que no agota los recursos de nadie. Definitivamente eso es encontrar una necesidad y saberla satisfacer.

Pero tal vez la evidencia más notable de que encontraron una necesidad y la suplieron es la historia de un cliente satisfecho de Nueva York que comentó entusiasmado el servicio de We the People a un antiguo consejero corporativo de la ciudad de Nueva York, Michael Hess. En unos pocos días, Hess había confirmado lo que estaban haciendo y había comunicado su hallazgo al exalcalde de la ciudad de Nueva York Rudolph Giuliani. Como exprocurador de Estados Unidos, el alcalde Giuliani sintió curiosidad por ese servicio legal orientado a las personas comunes que simplificaba los trámites y cobraba tarifas más bajas. Ahora, él es socio de We the People y le ha dado una enorme credibilidad al sueño de los Distenfield y a la industria que crearon.

We the People se ha convertido de hecho en una empresa tan poderosa que una importante corporación los contactó recientemente y les ofreció comprar la empresa y llevar a We the People al siguiente nivel. El compromiso de los Distenfield de ofrecer un servicio a bajo costo a la comunidad ha retribuido generosamente su esfuerzo.

Las posibilidades son interminables

¿Ve usted una necesidad similar en su vida? ¿Qué pasó con ese deseo o esa aspiración en las vidas de quienes los rodean?

¿Hay algo que deba estar disponible, que deba resolverse, que deba remediarse o eliminarse? ¿Hay algo que le moleste y que podría aliviarse si hubiera algún dispositivo o servicio para resolver ese problema específico? ¿Comparte un objetivo o una ambición con otras personas de su industria o de su círculo social que podría alcanzar si alguien le ofreciera un sistema o un proceso para lograrlo? ¿Disfruta ciertas actividades que podría desarrollar con más placer aun si contara con un nuevo invento o servicio?

Analice su propia vida y pregúntese qué le falta, qué se la facilitaría o qué la haría más satisfactoria.

IDEA # 3 PARA HACER MÁS DINERO:
PIENSE MÁS ALLÁ DE LOS LÍMITES

Cuando Dave Liniger, fundador y director ejecutivo de RE/MAX, era un exitoso agente de bienes raíces, protestaba, como todos los demás, por tener que pagar el cincuenta por ciento de sus comisiones a un vendedor de bienes raíces en cuya oficina trabajaba. Con su experiencia y como persona acostumbrada a pensar más allá de los límites, comenzó a buscar una alternativa, una mejor forma de vender propiedades y de conservar para sí una mayor proporción de lo que ganaba.

Poco tiempo después, Dave encontró por casualidad una sencilla oficina que —por 500 dólares al mes— suministraba un escritorio, una recepcionista y unos cuantos servicios más a agentes de bienes raíces que tuvieran la suficiente experiencia para encontrar sus propios clientes y hacer su propio mercadeo. Al igual que Dave, esos agentes no necesitaban el respaldo de una entidad de renombre para tener éxito. Pero a diferencia de las firmas de bienes raíces manejadas en forma más profesional, la idea de alquilar un escritorio no ofrecía una buena administración, un nombre conocido, una serie de oficinas en distintos lugares y la capacidad de compartir gastos entre miles de agentes.

¿Por qué no crear un híbrido?, se preguntó Dave. *¿Por qué no crear una firma que ofrezca más independencia a los agentes, que les permita conservar más del cincuenta por ciento de sus comisiones de ventas y que a la vez les ofrezca más apoyo que el hacer las cosas por sí solos?*

Entonces nació Real Estate Maximums, abreviado como RE/MAX. Desde su creación en 1973, gracias a la dedicación de Dave, al logro de su visión y a su decidida determinación de no darse por vencido durante los primeros cinco difíciles años, RE/MAX se ha convertido en la más grande y rápidamente creciente red de bienes raíces en el mundo, con más de noventa mil agentes y seis mil oficinas en más de noventa países que comparten costos de operación, cuentan con la comodidad del control de gastos y forman parte de una entidad más grande sin dejar de ser lo suficientemente independientes como para determinar sus propios presupuestos de publicidad y el monto de ingresos que desean conservar después de cubrir sus gastos.

Dado que Liniger respaldó su audaz idea con mucho esfuerzo, perseverancia y pasión, y gracias a que supo satisfacer una necesidad de miles de agentes de bienes raíces, su sueño se ha convertido en un negocio que produce casi mil millones de dólares al año.

¿Qué tan lejos cree que lo podrían llevar algunas de sus ideas más atrevidas?

IDEA # 4: PARA HACER MÁS DINERO: INICIAR UN NEGOCIO EN LA INTERNET

Como especialista en generación de ingreso, Janet Switzer trabaja con incontables empresarios de Internet, ayudándoles a ganar más dinero con sus negocios en línea. En la actualidad, un negocio en la Internet es de los más fáciles de iniciar y manejar, sin abandonar su trabajo. Puede encontrar una necesidad y satisfacerla para un mercado muy estrecho y sin embargo llegar a miles, inclusive millones de personas que tienen ese interés a nivel mundial.

Hoy abundan los servicios que le dan una plataforma para vender cualquier cosa que usted haga, encuentre o pueda hacer por los demás. Las plataformas de compras en línea como eBay, Etsy, Yahoo Stores y otras, le permiten conformar un muestrario y vender artículos que haya elaborado o adquirido, ya se trate de antigüedades, artículos electrónicos, libros de segunda mano, o algo más, pagando un pequeño porcentaje por cada venta.

Por el contrario, el sitio web Craigslist.com, que es gratuito, le permite anunciar prácticamente cualquier artículo en venta, desde plantas de jardín a artículos para el hogar o ropa, e incluso inmuebles y vehículos, todo ello sin ningún cargo. Es el sitio de ventas de garaje más grande del mundo. Usted proporciona su información de contacto para que los compradores puedan contactarse directamente con usted, y hay aplicaciones incluso para informar a los compradores cuando un artículo específico fue colocado por un vendedor.

Si instala su propio sitio web y se suscribe a un servicio de carritos de compras, usted puede vender y aceptar tarjetas de crédito como medio de pago en su propio sitio. Aquí es donde su experiencia se hace valiosa —vender libros electrónicos, cursos de audio, materiales de capacitación, informes o directorios especializados, información de procedimientos y otros *productos de conocimiento* que son descargables—, lo que significa que nunca tendrá que enviar una sola caja o sobre.

Además, la buena noticia es que la Internet se ha convertido en un mercado maduro. Cientos de otros sitios web, boletines de noticias y clubes, ya tienen visitantes, suscriptores y miembros que podrían ser clientes potenciales e ideales para usted, una vez que ofrezca un porcentaje al propietario o afiliado del otro sitio web.

Una vez que aprenda cómo vender en la Internet, también puede ofrecer en línea los productos de otras personas. Un hombre en Florida habló con su joyero y le preguntó si alguna vez había pensado vender sus joyas por la Internet. El joyero le respondió que lo había pensado pero que nunca había tenido tiempo de poner esa idea en práctica. Le ofreció desarrollarle el sitio web y enviarle clientes a cambio de un porcentaje en las utilidades. El joyero aceptó sin demora. Fue un negocio en el que ambas partes salieron ganando.

Shane Lewis, un estudiante de medicina de Virginia, decidió crear un negocio de Internet para cubrir el costo de sostener a su familia mientras asistía a la escuela de medicina de George Washington University. Con la ayuda de StoresOnline.com buscó un producto que pudiera vender y rápidamente encontró un kit de análisis de orina que los padres y otras personas pueden utilizar para hacer pruebas de drogas y obtener resultados inmediatos. Cuando este libro fue publicado por primera vez en 2005, Shane estaba ganando más de cien mil dólares al año con este y otros dos productos para hacer pruebas de drogas y alcohol. Según me contó: «En el primer mes solo recibí unos pocos pedidos, pero para el tercer mes nos estaba yendo realmente bien y superé mis metas iniciales. En la actualidad ganamos lo suficiente para que mi esposa pueda permanecer en casa con los niños mientras yo asisto la universidad. Gracias a nuestro negocio en la Internet, estamos virtualmente libres de deudas y ya no tenemos que confiar únicamente en los préstamos estudiantiles para alcanzar a cubrir nuestros gastos».

IDEA # 5: PARA HACER MÁS DINERO: ÚNASE A UNA COMPAÑÍA DE MERCADEO EN RED

Hay más de 1.500 compañías que venden sus productos y servicios a través de mercadeo en red, sin lugar a dudas uno o más podrían entusiasmarse con este negocio. Desde productos de salud y nutrición hasta cosméticos, utensilios de cocina, juguetes, materiales educativos y servicios telefónicos, incluyendo servicios legales y financieros a bajo costo, hay algo para cada uno. Con un poco de investigación en la Internet, encontrará una infinidad de oportunidades. Se puede visitar los sitios web de Direct Selling Association y Direct Selling Women's Alliance www.dsa.org y www.mydswa.org para una lista completa de compañías.

Tony y Randi Escobar decidieron unir esfuerzos con Isagenix, una compañía de mercadeo en red recientemente establecida que se especializa en nutrición para la vida, limpieza interior, pérdida de peso y cuidado de la piel. Tenían pasión por la salud y el bienestar, deseo de tener éxito, amor por la gente, amor por los productos y compromiso con el trabajo.

Tony, un inmigrante australiano que había estado trabajando en las minas de cobre de Arizona solo unos pocos años antes, y su esposa —a punto de quebrar, justo antes de asociarse con Isagenix— crearon un ingreso de casi 2.000.000 de dólares anuales en menos de dos años. Aunque la velocidad con que alcanzaron este nivel es excepcional, millones de personas aumentan sus ingresos mensuales en miles de dólares al participar en empresas de mercadeo en red, y muchas se están convirtiendo en millonarias. De hecho, hay informes de que, solo en Estados Unidos, las empresas de mercadeo en red han producido ¡más de cien mil millonarios desde mediados de los años noventa! También se informó que el veinte por ciento de todos los nuevos millonarios provienen del mercadeo en red.

Debido a que muchas empresas de mercadeo en red no perduran, asegúrese de asesorarse bien acerca de la compañía y los productos que ofrece, antes de involucrarse. Busque una empresa que ya tenga cierta trayectoria y que cuente con una excelente reputación. Pruebe los productos y asegúrese de que le gustan muchísimo. Si realmente le encantan, y si le encanta a la gente, podrá ganar muchísimo dinero gracias al apalancamiento que obtiene al ir estableciendo una línea de vendedores descendente. Son muy pocos los negocios en los que se puede capitalizar una oportunidad tan grande con una inversión financiera tan pequeña.*

EL DINERO FLUYE HACIA EL VALOR

A cualquier cosa que decida dedicar sus energías, la clave está en hacerse cada vez más valioso para su empleador, sus consumidores o sus clientes actuales. Esto se logra mejorando su capacidad para resolver sus problemas, entregarles productos y adicionar servicios que puedan desear o requerir.

Es posible que tenga que obtener más capacitación, desarrollar nuevas destrezas, crear nuevas relaciones o dedicar tiempo adicional. Pero, la responsabilidad de mejorar en lo que hace y la forma en que lo hace dependen totalmente de usted. Busque siempre oportunidades para lograr una mayor capacitación y un mayor desarrollo personal. Si necesita un título más alto o algún tipo de certificación para avanzar en el oficio o profesión que haya elegido, deje de hablar al respecto y ponga manos a la obra.

---

*Si desea hacer del mercadeo en red una profesión o una fuente adicional de ingresos, lea los dos libros que recomiendo a continuación y aprenda rápidamente los conceptos básicos. Considero que son dos libros que debería leer: *Su primer año en el network marketing*, de Mark Yarnell y Rene Reid Yarnell (Buenos Aires: Time & Money Network, 2004) y *Secrets of Building a Million Dollar Network Marketing Organization From a Guy Who's Been There Done That and Shows You How to Do It Too* [Secretos de cómo establecer una organización de mercadeo en red de un millón de dólares, revelados por alguien que ha estado allí, lo ha hecho, y también le muestra cómo hacerlo], de Joe Rubino (Charlottesville, VA: Upline Press, 1997).

CREE MÚLTIPLES FUENTES DE INGRESO

La mejor forma de disfrutar de un mayor ingreso *y* lograr seguridad financiera es crear varias fuentes de ingreso. Así se protege de la posibilidad de que cualquiera de esas fuentes —por lo general su trabajo— se termine y lo deje sin flujo de efectivo. Siempre he tenido varias fuentes de ingreso. Aun cuando era terapeuta y ejercía mi profesión con pacientes particulares. También dictaba conferencias, organizaba talleres para educadores, escribía artículos para revistas, libros, y tenía una librería de ventas por correo.

También usted puede encontrar muchas formas de obtener dinero adicional, basta con empezar a buscarlas. Puede comenzar por hacer cosas muy sencillas como sacar desechos en su camión los fines de semana, ofreciéndose como tutor de alguien, o dando lecciones de música e ir progresando hasta invertir en bienes raíces, y ofrecer servicios de consultoría o hacer mercadeo en la Internet.

Hay un sinnúmero de posibilidades para encontrar múltiples fuentes de ingresos. Si es un lector voraz, puede crear un e-zine que incluye comentarios de los libros que ha leído con vínculos con Amazon.com, que le pagará un porcentaje por cada libro que venda a través de su enlace. También recibe un porcentaje de cualquier otra compra que podrían hacer en Amazon mientras están en esa página. Conozco a un bloguero que gana un promedio de 2.500 dólares al mes haciendo esto. Puede vender algo en e-Bay. Puede comprar y vender arte. Uno de mis amigos, cuya principal fuente de ingreso es dictar conferencias, es un aficionado al arte oriental. Dos veces por año, viaja a China y Japón a comprar objetos de arte muy baratos. Se queda con los que le gusta y los demás los vende por una jugosa ganancia a una creciente lista de coleccionistas que ha ido elaborando. Sus viajes y los objetos de arte que adquiere para él no le cuestan prácticamente nada dado que obtiene considerables ganancias con los objetos de arte que vende. Conozco al director de un colegio privado que hace lo mismo en sus vacaciones de verano con muebles chinos antiguos que vende en el garaje de su casa.

Mi hermana Kimberly Kirberger es mejor conocida como coautora de once libros de la serie *Sopa de pollo para el alma del adolescente*. Pero también entiende la importancia de los múltiples flujos de ingresos. Cuando era una veinteañera, su hobby era hacer collares de cuentas, pero al momento de cumplir treinta y cinco años, comenzó a diseñar joyas más exclusivas y convirtió su hobby en otra fuente de ingresos. Creó Kirberger Designs, y se dio a conocer rápidamente por sus joyas únicas, y no pasó mucho tiempo antes de que estas se vendieran en Nordstrom y Barneys, así como en una serie de boutiques alrededor del país.

Las joyas de Kim han aparecido en varios programas de televisión, incluidos *My So Called Life*, *Melrose Place*, *Friends*, y *Beverly Hills 90210*, y también en revistas como *Vogue*, *Elle*, *W*, y *Marie Claire*. Y como es mi hermana y ha mantenido sus precios muy razonables todos estos años, le recomiendo encarecidamente que visite su sitio web en www .KirbergerDesigns.com.

SI USTED ES EMPLEADO DE TIEMPO COMPLETO, PUEDE GANAR AÚN MÁS DINERO COMO EMPRESARIO OCASIONAL

Si es empleado y le gusta su trabajo (incluyendo el sueldo fijo), pero lo que desea es ganar unos cuantos miles de dólares adicionales varias veces al año, hay estrategias que puede utilizar para convertirse en lo que Janet Switzer llama un «empresario ocasional». En su libro *Instant Income* [Ingresos instantáneos], Janet detalla proyectos a corto plazo, con un compromiso mínimo y sin inconvenientes, y que son menos complicados que mantener un negocio de medio tiempo durante todo el año.

Por ejemplo, hay servicios en línea como Elance.com, que lo conectarán con personas que buscan externalizar diversos servicios. Si usted hace cualquier tipo de trabajo creativo —como escribir, diseño gráfico, elaborar presentaciones de PowerPoint—, o si pudiera utilizar su experiencia para asesorar a un pequeño negocio en un proyecto específico que desean llevar a cabo, estos servicios le darán una plataforma para discutir sus habilidades, mostrar ejemplos de su trabajo, competir para obtener proyectos, e incluso que la persona o empresa que lo está contratando a usted le pague.

Ser un empresario ocasional también le permite dedicarse a su pasión. Al igual que el profesor universitario que escribe artículos por encargo… el administrador de la industria aeroespacial que vende artesanías de nativos estadounidenses en los powwows los fines de semana… o el ama de casa que maneja un sitio web de *podcasting* para otras madres que permanecen en casa, todo esto le permite ganar dinero de una manera que no parece trabajo.★

¿Qué tipos de oportunidades ocasionales recomienda Janet?

Consultoría. Si usted tiene conocimientos o experiencia que no tengan otras personas, puede obtener ingresos extraordinarios como consultor

---

★Para obtener una lista de los trece criterios que busca Janet para una oportunidad ideal y ocasional de carácter empresarial —así como formas de minimizar el factor de molestia y una lista de comprobación de las estrategias de mercadeo que puede utilizar—, adquiera su libro, *Instant Income* [Ingresos instantáneos]. Obtenga también su guía gratuita *Instant Income 10-Day Turnaround* [Giro radical de ingresos instantáneos en diez días], en la página www .InstantIncome.com.

ocasional. Para venderse mejor a sí mismo, determine primero quién necesita lo que usted sabe y a cuáles mercados de nicho pertenece. A continuación, haga que su contenido en línea les llegue a esos compradores (encontrará más información sobre este tema en la sección «El éxito en la era digital»). Los artículos, su blog, los informes y herramientas de evaluación gratuitas en su sitio web son buenas maneras de familiarizar a los clientes potenciales con su experiencia específica.

Proveedor de servicios. Miles de personas ofrecen servicios de manera ocasional, ya sea que se trate de una organización profesional, de preparar impuestos, planear una fiesta, decorar interiores, limpiar malezas, redactar cesiones, comprar regalos para corporaciones, actos de magia, o uno de los cientos de otros tipos de servicios por los que los consumidores y las empresas pagarán. Casi cualquier cosa que le gusta hacer —y que también sea molesta o les consuma mucho tiempo a los demás—, se puede convertir en un servicio ocasional para obtener ingresos instantáneos. La clave para promoverse a usted mismo como proveedor de servicios de forma ocasional es acercarse a otros proveedores que les vendan a estos consumidores y empresas, y negociar una referencia.

Ventas al por menor y fabricación. Esto funciona bien cuando usted está vendiendo artículos muy especializados y exclusivos que usted disfruta haciendo, y que puede vender a un precio muy alto, tales como joyas únicas, modelos muy elaborados de barcos, moscas manuales de pesca, prendas de alta costura y otros artículos de fabricación limitada. Utilice su propio sitio web o un servicio como Etsy.com para ofrecer sus productos y venderlos en todo el mundo.

UNA DIFERENCIA IMPORTANTE

Cuando esté constituyendo múltiples fuentes de ingresos, esfuércese por centrarse en crear negocios que requieran muy poco tiempo y dinero para iniciarlos y manejarlos. Su objetivo final es establecer las cosas de modo que le quede tiempo libre para trabajar dónde y cuándo quiera o para disfrutar sus distracciones y aficiones. Si tiene demasiadas fuentes de ingresos dispersas, correrá el riesgo de perder su principal fuente de ingresos.

Los dos mejores recursos que conozco para entender y dominar finalmente el sistema de múltiples fuentes de ingresos son *Multiple Streams of Income: How to Generate a Lifetime of Unlimiterd Wealth Múltiples* [Múltiples fuentes de ingresos: cómo generar una fortuna ilimitada de por vida], la segunda edición, y *Multiple Streams of Internet Income: How Ordinary People Make Extraordinary Money Online* [Múltiples fuentes de ingresos por la

Internet: la forma como la gente común y corriente logra fortunas poco corrientes en línea], ambos de Robert G. Allen.

Y no olvide poner en práctica todo lo que ha aprendido hasta ahora para crear múltiples fuentes de ingreso. Conviértalo en parte de su visión y de sus metas, visualice y afirme que está ganado dinero de sus múltiples fuentes de ingreso, y comience a leer los libros y artículos al respecto y a hablar con sus amigos sobre este tema. Si sigue la ley de la atracción, usted comenzará a atraer todo tipo de oportunidades e ideas. Luego actúe de acuerdo con las que le parezcan más adecuadas para usted.

DÉ MÁS PARA RECIBIR MÁS

Traigan íntegro el diezmo para los fondos del templo, y así habrá alimento en mi casa. Pruébenme en esto —dice el SEÑOR Todopoderoso—, y vean si no abro las compuertas del cielo y derramo sobre ustedes bendición hasta que sobreabunde.

MALAQUÍAS 3:10

Diezmar, es decir, dar el diez por ciento de las ganancias para la obra de Dios, que puede incluir organizaciones benéficas y otras sin fines de lucro, así como su iglesia, sinagoga o mezquita, es una de las mejores garantías de prosperidad que se haya conocido jamás. Muchas de las personas más ricas y exitosas del mundo han sido diezmadores devotos. Al diezmar en forma habitual, también usted puede poner en movimiento la fuerza universal de Dios, que le traerá abundancia continua.

No solo sirve a los demás, le sirve también a usted, como el donante. Los beneficios superan las fronteras de las distintas religiones y sirven a los de cada fe, porque el simple acto de dar crea tanto una alianza espiritual con el Dios de la abundancia como una creciente conciencia de amor hacia los demás. Diezmar es algo que manifiesta de forma contundente que la riqueza abundante es algo que Dios desea para sus hijos. De hecho, él creó un mundo en donde entre más éxito se alcance, más fortuna habrá para compartir con todos. Un incremento de riqueza para una persona representa casi siempre un incremento de riqueza para toda la sociedad.★

★Vea el libro *God Wants You to Be Rich: How and Why Everyone Can Enjoy Material and Spiritual Wealth in Our Abundant World* [Dios quiere que usted sea rico: cómo y por qué todos pueden disfrutar de riqueza material y espiritual en nuestro mundo abundante], de Paul Zane Pilzer (Nueva York: Fireside, 1997).

EL PLAN DE DIEZMOS QUE INVENTÓ
SOPA DE POLLO

Diezmar ha tenido un papel muy importante en mi éxito y en el éxito de la serie *Sopa de pollo para el alma*. Desde que apareció el primer libro de la serie, Mary y yo hemos diezmado siempre una parte de las ganancias a organizaciones sin fines de lucro dedicadas a sanar al enfermo, alimentar al hambriento, dar posada al desvalido, empoderar a quien no tiene poder, educar al que lo necesita y cuidar el medio ambiente.

Junto con nuestro editor y nuestros coautores, hemos donado millones de dólares a más de cien organizaciones, entre ellas la Cruz Roja, la YWCA y la Make-A-Wish Foundation. Desde 1993, hemos plantado más de 250.000 árboles en el Parque Nacional Yellowstone con la National Arbor Day Foundation, hemos respaldado el costo de construir hogares para los que no lo tienen, en colaboración con Habitat for Humanity, hemos alimentado a los hambrientos del mundo con Feed the Children y hemos evitado miles de suicidios de adolescentes a través de Yellow Ribbon International. Nos sentimos tan bendecidos por todo lo que hemos recibido que queremos retribuirlo. También estamos firmemente convencidos de que todo lo que donemos se nos devuelve multiplicado por mucho.

Además, diezmamos una porción de nuestros ingresos personales a nuestras iglesias y a otras organizaciones de misioneros espirituales y de servicio que elevan el nivel de la humanidad haciendo trabajo espiritual y humanitario.

Uno de los proyectos más emocionantes en los que hemos participado ha sido la distribución de 100.000 ejemplares gratis de *Chicken Soup for the Prisoner's Soul* [Sopa de pollo para el alma del prisionero] a los presos de nuestras cárceles. Este libro nunca se destinó para ser distribuido al público en general, pero su éxito fue tal que pronto recibimos miles de solicitudes de familiares, funcionarios de las correccionales y ministerios de las prisiones solicitándonos ejemplares del libro para ellos. Lo que empezó como un simple trabajo de filantropía resultó ser otro exitoso libro de *Sopa de pollo* en las librerías y otro ejemplo de cómo las buenas obras se nos retribuyen multiplicadas.

HAY DISTINTOS TIPOS DE DIEZMOS

Hay dos clases de diezmos. *Los diezmos financieros* se entienden mejor como la contribución del diez por ciento de sus ingresos brutos a la organización de la que deriva su guía espiritual o a esas obras filantrópicas que desea apoyar.

Los diezmos en tiempo representan el trabajo voluntario que presta en su iglesia, templo, sinagoga, mezquita o en cualquier entidad de beneficencia que pueda beneficiarse de su ayuda. Hay en la actualidad, en Estados Unidos, más de un millón de instituciones benéficas que requieren voluntarios. Piense a cuáles organizaciones podría ofrecer su tiempo y su experiencia.

SU VIDA CAMBIÓ APENAS COMENZÓ A PAGAR DIEZMOS

La naturaleza lo da todo, sin reserva, y no pierde nada; el hombre o la mujer, al querer abarcarlo todo, lo pierden todo.

JAMES ALLEN
Autor de *El camino de la prosperidad abundante*

Robert Allen, autor de dos libros que llegaron a la lista de *best sellers: Nothing Down* [Sin cuota inicial] y *Millonario en un minuto*, no siempre pagaba diezmos. Sin embargo, después de perderlo todo y quedar en cero, se dijo: *Un momento. He tenido tanto dinero en mi vida. Supuestamente debo ser el gurú que enseña a los demás a hacer fortuna. ¿Adónde se fue? Debo haber hecho algo mal.*

Al fin Bob se recuperó y volvió a tener una situación próspera. Pero en el camino, aprendió una valiosa lección: *O comienzo a creer en la necesidad de pagar diezmos o no lo hago,* se dijo; *si lo creo, voy a pagar diezmos cada semana. Voy a pensar cuánto dinero hemos recibido durante una semana y giraré el cheque por la suma de diezmos de esa semana.*

A medida que se dedicó a diezmar, se le fue abriendo todo un mundo nuevo. Aunque sus deudas eran casi insuperables, se fue mostrando cada vez más agradecido por lo que tenía. Pronto le empezaron a llegar nuevas oportunidades. Hoy Bob sostiene que ha tenido tantas oportunidades que le tomaría diez vidas aprovecharlas. Considera que ese es el camino para todos los diezmadores dedicados.

Pero otra historia aún más elocuente es la forma como inspira a los demás a pagar diezmos. Recuerda a una mujer que se le acercó y se quejó: «Mi esposo y yo no podemos pagar diezmos. Escasamente logramos reunir lo necesario para pagar la hipoteca. Nuestros gastos mensuales suman 5.000 dólares. No nos queda suficiente dinero a fin de mes».

Bob la reprendió y le dijo: «No se pagan diezmos para obtener algo a cambio. Se pagan porque ya lo obtuvimos. Usted tiene tantas bendiciones que ha recibido que nunca tendrá con qué pagarlas. Hay seis mil millones de personas en el mundo que darían gustosas su pulmón izquierdo, por estar en su lugar. Pagamos diezmos como muestra de agradecimiento por las increíbles bendiciones que hemos recibido y por el estilo de vida que llevamos».

Bob nunca espera recibir nada a cambio de los diezmos que paga, porque se da cuenta de que las ventajas del cielo ya se han abierto para él. Paga diezmos porque ya ha recibido las bendiciones.

MANTENGA TODO EN PERSPECTIVA

Cuando dejas de tratar de conseguir más de aquello
que realmente no necesitas, liberas océanos de energía
para hacer una diferencia con lo que tienes.

LYNNE TWIST
Autora de *El alma del dinero*

Como escribe mi amiga Lynne Twist en su libro *El alma del dinero*, es importante examinar de manera consciente su relación con el dinero y recordar que mientras que este puede ser útil en muchos aspectos de su vida, la meta de acumular riquezas solo porque sí, puede conducir a la codicia, una fuerza muy destructiva para usted, sus relaciones y el medio ambiente. Ella advierte sabiamente que la búsqueda de la abundancia en la que se ven atrapadas la mayoría de las personas, resulta por lo general en una búsqueda interminable de «más».

Con mucha frecuencia pensamos en la abundancia como en el punto en el que sabremos que realmente lo hemos «logrado». Pero en realidad, la abundancia seguirá siendo esquiva, siempre y cuando creamos que la obtendremos por poseer o comprar una cantidad excesiva de algo. La verdadera abundancia, por otra parte, existe. Fluye de lo que Lynne llama la *suficiencia*, de tener *suficiente*.

«La abundancia», dice Lynne, «es un hecho de la naturaleza. Es una ley fundamental de la naturaleza que haya suficiente. Pero incluso ese suficiente es finito, lo que conduce a nuestra situación actual en la que, en nuestra búsqueda por más y más, estamos dilapidando partes del medio ambiente a un ritmo más rápido de lo que este se puede renovar y reponer por sí mismo».

Por suerte, *lo suficiente* es un lugar al que usted puede llegar fácilmente y habitar felizmente. Y una vez que llegue allá, es hora de superar su miedo a la escasez —tanto ahora como en el futuro—, y utilizar el exceso de lo que tiene para hacer una diferencia en el mundo en aquellos campos por los que se sienta atraído.

La máxima milenaria de que el dinero no puede comprar la felicidad es cierto en última instancia. Al mismo tiempo, ganar dinero y llevar la cuenta puede ser emocionante a veces, e incluso necesario en ciertas ocasiones, pero es sumamente importante no perder de vista el panorama más grande: que la magnitud de sus ingresos, cuenta bancaria y colección de cosas, no es en última instancia lo que crea el grado de satisfacción que usted experimenta en su vida.

CÓMO HACER LA DIFERENCIA

A Tom, un vecino mío a quien le gusta contribuir con discreción, le encanta viajar por asuntos de negocios. Es miembro de la Asociación de Directores de Estados Unidos, y en una época su contrato lo obligaba a viajar en primera clase adondequiera que fuera en el mundo. El asiento cómodo, la comida maravillosa, la atención y las bebidas eran un agradable beneficio adicional a un programa de rodaje. Él se acostumbró tanto a todos esos beneficios, que se convirtieron en una parte normal de su agenda para cada trabajo.

Y resulta que una vez, Tom viajó a Nueva Zelanda para el rodaje de una película. Luego de aterrizar, le preguntó al gerente de producción por el costo del pasaje en clase turista, ya que estaba considerando la posibilidad de traer a uno de sus hijos. El gerente de producción le dijo que el tiquete valía 1.800 dólares. ¡El billete de primera clase de Tom había costado 7.700! Él se sintió un poco aturdido, pues nunca había pensado que existiera una gran disparidad en los precios.

Al principio, Tom pensó que si viajaba en clase económica en vuelos futuros y hacía que la compañía cinematográfica le pagara la diferencia en las tarifas, recibiría casi seis mil dólares más. Pensó en todas las cosas que podía comprar con ese dinero: motocicletas, viajes y muchas otras cosas pasaron por su mente.

A continuación, una bombilla se encendió en su mente. Pensó en los niños que había conocido a través de los años, y que no podían permitirse el lujo de ir a la universidad. Concluyó que con seis mil dólares, seguramente podría pagar algunas clases. En este punto de inflexión, Tom se hizo una promesa a sí mismo. No volvería a volar en primera clase. Lo haría en clase turista y el dinero que ahorrara lo donaría a una causa digna. La primera vez que hizo eso, pagó la cuota anual de la universidad de un joven; se sintió asombrado. Comprendió que por el simple hecho de sacrificar un poco de comodidad en un vuelo, podía darle a alguien no solo el valor de la matrícula de un año, sino posiblemente una nueva dirección en la vida.

A continuación, empezaron a ocurrir algunas cosas curiosas. Tom conoció gente interesante cuando viajaba en clase turista. Las personas con las que trabajaba le preguntaron por qué no viajaba en primera clase con ellos. Cuando les dijo lo que estaba haciendo con el dinero, algunos empezaron a hacer lo mismo. Su negocio también prosperó. ¿Era porque estaba haciendo algo bueno, o se trataba tan solo de una coincidencia?

Tom sigue volando en clase turista y donando la diferencia de tarifas a fondos de becas y organizaciones benéficas para la conservación del planeta. Aprendió que las pequeñas medidas y cantidades de dinero aparentemente exiguas pueden tener un impacto significativo en el rumbo de la vida de alguien. Con esa certeza, ¡el asiento de Tom en clase turista es un poco más cómodo!

La historia de Tom es un hermoso ejemplo del impacto que tiene pasar de la abundancia a la suficiencia, y el impacto que esto puede tener en el mundo.

DONACIONES CORPORATIVAS

También las corporaciones pueden obtener grandes recompensas al retribuir. William H. George, presidente y director ejecutivo de Medtronic, reveló recientemente en una conferencia sobre filantropía en Minneapolis, la forma como su empresa se había comprometido a pagar el dos por ciento de sus ganancias antes del impuesto. Aunque estos «diezmos» representaban apenas 1,5 millones de dólares al comienzo, el ritmo de crecimiento anual de la compañía les permitió incrementar sus donaciones a más de 400 millones de dólares, con diecisiete millones de dólares en un solo año.

Tal vez uno de los actos de donación más impresionantes ha sido la dádiva de mil millones que hiciera Ted Turner a las Naciones Unidas y los veintiocho mil millones en concesiones hechas por Bill y Melinda Gates a través de la Bill and Melinda Gate Foundation. Sin embargo, no hay que ser una corporación extremadamente rica para hacer retribuciones a la comunidad. Cualquier contribución, ya sea en tiempo o en dinero, marcará una diferencia importante tanto para quienes la reciban como para usted, tanto en la satisfacción que experimentará como en la creciente abundancia que habrá en su vida.

COMPARTA LA FORTUNA

El dinero es como el estiércol. Si se disemina por todas partes es
muy benéfico. Sin embargo, si se apila en un solo lugar, apesta.

JUNIOR MURCHISON
Fundador del equipo de fútbol los Vaqueros de Dallas

Cuando involucra a otros en su éxito —cuando comparte con ellos su
fortuna— se logra hacer más trabajo, se obtiene un mayor éxito y, por
último, todos se benefician más. La clave del éxito de la serie *Sopa de pollo*
para el alma fue nuestra decisión de involucrar más coautores en el proceso.
Aunque Mark y yo recibimos cada uno menos regalías, treinta o cuarenta
centavos por libro en lugar de sesenta centavos, nos permitió reunir un
mayor número de títulos, lograr hacer más propaganda y vender más libros.
No habría habido forma alguna en la que los dos solos hubiéramos podido
recopilar, editar, escribir y promover más de doscientos libros por nosotros
mismos.

Lo que empezó como la colaboración de dos autores con dos secretarias llegó a convertirse en una nómina de doce personas con dos editores,
varios consultores de edición, dos asistentes de edición, un especialista en
licencias, un director de mercadeo, un director de licencias, un director
de nuevos proyectos, varias secretarias y un grupo de cien coautores y casi
10.000 contribuyentes, incluyendo más de cien caricaturistas. Nos hemos
esforzado al máximo por compensar a todas las personas involucradas.
Los salarios de nuestro personal han sido más altos de lo normal para la
industria editorial, y tenemos un generoso plan de pensiones con un plan
igualmente generoso de bonificaciones. Todos los miembros de nuestro
personal reciben seis semanas de vacaciones por año. Hemos pagado más
de cuatro millones de dólares en licencias a los contribuyentes y hemos
donado millones de dólares a obras de beneficencia. Creemos firmemente
que esta voluntad de compartir la riqueza ha producido más abundancia financiera de la que podríamos haber generado por nuestra cuenta. Si hubiéramos intentado no compartir lo que teníamos, solo hubiéramos reprimido
el flujo de toda esta fortuna.

62

ENCUENTRE UNA
FORMA DE SERVIR

*Una de las hermosas compensaciones de esta vida
es que ningún hombre puede intentar ayudar
sinceramente a otro sin ayudarse a sí mismo.*

RALPH WALDO EMERSON
Ensayista y poeta estadounidense

Los mayores niveles de felicidad y satisfacción personal son los que experimentan quienes han encontrado la forma de servir a los demás. Además del verdadero gozo interior que se obtiene al ayudar a otros, existe el principio universal de que no se puede servir a otros sin recibir servicios multiplicados a cambio.

DECIDA QUÉ ES IMPORTANTE PARA *USTED*

Tómese un tiempo para determinar qué causas y grupos de personas son importantes para usted. ¿Qué aspectos le interesan? ¿Qué organizaciones le llegan al corazón? ¿Se preocupa por darles albergue a las personas sin hogar, promover las artes, proteger a las víctimas de abuso, curar a los adictos, brindar educación, alimentar a los hambrientos, o apoyar a nuestros veteranos?

Si le apasiona el arte y es de los que piensa que las escuelas tienen un muy bajo nivel de educación al respecto, tal vez quiera ofrecerse como voluntario para recaudar fondos a fin de conseguir suministros para la clase de arte, ofrecerse como voluntario para enseñar arte o convertirse en profesor en su museo de arte local. Si fuera hijo único y realmente le hicieran falta sus padres, tal vez quisiera ser voluntario en Big Brothers o Big Sisters. Tal vez ame a los animales y prefiera ayudar a encontrar hogares para las mascotas abandonadas. Si le gustan los libros, podría ofrecerse como voluntario para leer un libro para Recording for the Blind & Dyslexic [Grabaciones para los ciegos y disléxicos].

OFREZCA SUS TALENTOS COMO VOLUNTARIO

Hay muchas organizaciones sin fines de lucro que podrían beneficiarse de sus conocimientos en el campo de los negocios: administración, contaduría, mercadeo, reclutamiento de voluntarios, recaudación de fondos, etc.

Si tiene un talento organizacional, considere la posibilidad de trabajar en la organización de eventos de caridad. Si tiene facilidad para convencer a otros acerca del valor de su causa, considere la posibilidad de dedicarse a recaudar fondos para las entidades de beneficencia locales que necesitan su ayuda. Si tiene conocimientos en el campo ejecutivo, considere ser miembro de la junta de una organización sin fines de lucro.

RECIBIRÁ MÁS DE LO QUE DÉ

Cuando se ofrece como voluntario, recibe mucho más de lo que da. La investigación sobre el trabajo voluntario indica que quienes se ofrecen como voluntarios viven más tiempo, tienen sistemas inmunes más fuertes, sufren menos infartos, se recuperan más rápido de un infarto, tienen un nivel más alto de autoestima y tienen un sentido más profundo de significado y propósito que los que no hacen trabajo voluntario. Además, los investigadores demuestran que las personas que trabajan como voluntarias durante su juventud tienen una mayor probabilidad de llegar a ser gente de prestigio y ocupar cargos con altos salarios que sus colegas que no prestan servicio voluntario. Trabajar como voluntario es una poderosa forma de establecer contactos que suele llevar a encontrar oportunidades de negocios y de avanzar en la profesión, además de hacer más amistades.

El voluntariado es también una forma de aprender importantes destrezas. Muchas corporaciones lo han observado y animan a sus empleados a servir como voluntarios. Muchas compañías, como SAFECO y The Pillsbury Company realmente incorporan el trabajo voluntario en los programas de desarrollo de sus empleados y lo hacen parte del proceso de revisión anual. El programa Building Skills Through Volunteerism de SAFECO [Cómo desarrollar destrezas a través del servicio voluntario], ayuda a los empleados a identificar las destrezas que les gustaría desarrollar. Los empleados pueden entrar a la Intranet «Volunteer@SAFECO», donde encuentran una guía del tipo de actividades de voluntariado que contribuyen a desarrollar habilidades en las áreas que ellos elijan. Luego consultan con su supervisor la posibilidad de agregar esa oportunidad de voluntariado a su plan de desarrollo personal.

Muchos empleadores informan también que al entrevistar candidatos para contratar, tienen en cuenta si el candidato ha realizado algún tipo de trabajo voluntario. Por lo tanto, el prestar sus servicios como voluntario puede tener un resultado positivo al ayudarle a conseguir un trabajo en el futuro.

Además, una de las claves del éxito es establecer una amplia red de relaciones y el trabajo voluntario le permite conocer toda clase de personas que nunca conocería en otras circunstancias. Lo que es aún mejor, suelen ser personas o cónyuges de personas que hacen que ocurran cosas en su profesión y en su comunidad.

RECOMPENSAS INESPERADAS TANTO PROFESIONALES COMO DE NEGOCIOS

Dillanos Coffee Roasters tiene una política de patrocinar a un niño del Child Fund International [Fondo internacional de niños] por cada empleado de la compañía. Como forma de retribución a las naciones que hacen posibles sus negocios, solo patrocinan niños de países productores en los que compran el café en grano, como Guatemala, Colombia y Costa Rica. Dillanos paga una cifra de treinta y cinco dólares de patrocinio cada mes y los empleados adicionales tienen correspondencia con sus respectivos niños, les envían regalos de cumpleaños y de Navidad, y mantienen una relación con ellos. Además de ejercer un efecto benéfico en el mundo, el programa de patrocinio ha demostrado ser un excelente medio para elevar la moral de los empleados.

Y aunque la motivación de patrocinar a esos niños fue algo puramente filantrópico, ha tenido también un impacto positivo en el resultado final de la compañía. Todas las fotografías de los niños que patrocinan aparecen a lo largo de la pared de uno de los corredores de la empresa. Una cliente potencial que visitaba la compañía preguntó por el origen de las fotografías. Cuando le explicaron que las mismas eran de niños que la compañía sostenía a través del Child Fund International [Fondo internacional de niños], la clienta quedó tan conmovida que antes de haber probado siquiera el café Dillanos, decidió que quería hacer negocios con una empresa que se preocupara tanto por los niños como por sus empleados.

EL SERVICIO SIEMPRE REGRESA MULTIPLICADO

Servir a los demás también puede consistir en centrarse en la misión de su empresa para elaborar productos y servicios que sean benéficos para la humanidad. Sir John Marks Templeton estudió a más de diez mil empresas durante un período de cincuenta años y descubrió que los mejores resultados a largo plazo llegaron a raudales para quienes se centraron en el suministro de productos y servicios cada vez más benéficos.

«En todo lo que uno haga», dijo Templeton, «primero debemos preguntarnos, *¿es esto realmente útil para el público a largo plazo?* Si es así, John está sirviendo como pastor. Creo que quienes están en el mundo de los negocios pueden asegurarse mutuamente de que si uno trata de dar lo mejor cuando sirve a la comunidad, su negocio no decaerá, sino que prosperará».*

Piense en la posibilidad de que cuando usted decide hacer un trabajo que inspira y presta un servicio, que les brinda productos y servicios «cada vez más beneficiosos» a las personas, y cuando sus esfuerzos se centran en dar y no en recibir, entonces usted recibirá en última instancia más de lo que ha dado.

Como le gustaba decir a Zig Ziglar, uno de los más grandes maestros estadounidenses de los principios del éxito: «Usted puede conseguir cualquier cosa que quiera en la vida simplemente si ayuda a otras personas a conseguir lo que quieren».

El mundo responde a quienes dan de forma más positiva que a quienes reciben. Naturalmente, nosotros queremos apoyar a quienes dan. En pocas palabras, quienes dan reciben.

EL CAMINO A LA REALIZACIÓN

Kenneth Behring es un hombre muy rico que ha aparecido en numerosas ocasiones en las listas anuales Fortune 500 y Forbes 400 de las personas más ricas de Estados Unidos, con un patrimonio neto estimado de 495 millones de dólares. Nacido en la pobreza en Wisconsin, ganó sus primeros dólares repartiendo periódicos, cortando el césped, trabajando como *caddie*, así como en una maderera y en una tienda al por menor cuando era adolescente. Después de la secundaria, vendió autos usados y finalmente abrió su propio concesionario de automóviles nuevos y usados.

---

*Extraído de *Religión y Libertad* (noviembre–diciembre de 2000, volumen 10, número 6), una publicación del Action Institute for the Study of Religion and Liberty [Instituto Acción para el estudio de la religión y la libertad].

A los veintisiete años ya era millonario. Luego se trasladó a la Florida y comenzó una segunda carrera como promotor de bienes raíces. Fundó y levantó Tamarac, en la Florida, y más tarde se trasladó a California, donde construyó Blackhawk, una de las comunidades residenciales más exclusivas de Estados Unidos.

Cuando me encontré con él y lo oí hablar en la Cumbre Internacional de Logros en Chicago, Illinois, habló de cómo su búsqueda de una vida feliz había pasado por cuatro etapas. Llamó a la primera etapa «más cosas». Mientras empezaba en sus primeros días, quería todas las cosas básicas: un auto, una casa, un negocio que creciera y se expandiera. Pensó que si él tenía estas cosas, sería feliz... pero no lo fue.

Llamó a la segunda etapa de su vida «cosas mejores». Pensó que si tenía una gran mansión, un auto más caro, un avión privado (un enorme DC-9), un yate y vacaciones exóticas, sería feliz... pero no lo fue.

Llamó a la tercera etapa de su vida «cosas diferentes». Pensó que tal vez había estado comprando el tipo equivocado de cosas. Entonces, Ken comenzó a comprar autos clásicos costosos. Llegó a tener más de cien, e incluso abrió un museo del automóvil para mostrar lo que se había convertido en la mayor colección de autos clásicos del mundo. Aún en busca de aquello que lo haría feliz, decidió unirse con su compañero Ken Hofmann y comprar el equipo de fútbol Seattle Seahawks de la NFL. Imaginó que si fuera dueño de un equipo de fútbol profesional, podría sentarse con sus amigos en la sección de propietarios, e interactuar con los jugadores en el campo y en el vestuario, y esto le traería felicidad… pero no fue así.

La cuarta etapa de su vida comenzó cuando un amigo le preguntó si a su regreso de un viaje a África en su avión privado, podría hacer una escala en Rumania y entregar seis sillas de ruedas a un hospital. Durante ese viaje, Ken fue transformado por la experiencia de levantar a un anciano que había perdido a su esposa y que luego sufrió un derrame cerebral, y sentarlo en una silla de ruedas. El hombre empezó a llorar, y Ken se encontró a sí mismo conmovido a un nivel más profundo que nunca antes. Sintió más gratitud y alegría de las que experimentó en toda su vida.

Inspirado por esa experiencia, regresó a casa y creó la Fundación Sillas de Ruedas, que proporciona sillas gratis a las personas con discapacidad física en los países en desarrollo que no pueden comprar una. A partir de 2014, la Wheelchair Foundation [Fundación sillas de ruedas] había regalado más de 940.000 sillas en 152 países de todo el mundo.

Al año siguiente, Ken vivió la experiencia de darle una silla de ruedas a un niño frágil de once años en Ciudad de México, quien era ciego y discapacitado. El niño quería darle las gracias, por lo que Ken se inclinó y tomó sus manos para que este pudiera saber dónde estaba él. En medio de lágrimas y con la ayuda de un intérprete, el joven dijo: «No puedo ver ahora, pero te veré en el cielo, y te daré las gracias una vez más». Kenneth dijo que se conmovió de una manera tan profunda que fue incapaz de responder. Luego nos dijo: «Esa fue la primera vez en mi vida que sentí la alegría pura».★

Asegúrese de encontrar también una manera de servir.

Porque dando es como se recibe.

SAN FRANCISCO DE ASÍS

★Kenneth E. Behring ha publicado un libro de memorias titulado *Road to Purpose: One Man's Journey Bringing Hope to Millions and Finding Purpose Along the Way* [Camino al propósito: el viaje de un hombre para llevar esperanza a millones de personas y encontrar propósito en el camino], el cual es muy inspirador.

SEXTA PARTE

El éxito en la era digital

Lo que me emociona de la era digital, lo que me anima personalmente, es que ha cerrado la brecha entre el soñar y el hacer. Como ves, si antes querías hacer un disco a partir de una canción, necesitabas un estudio y un productor. Ahora necesitas una computadora portátil. Si querías hacer una película, necesitabas una gran cantidad de equipos y un presupuesto de Hollywood. Ahora necesitas una cámara que cabe en la palma de la mano, y un DVD en blanco que vale un par de dólares. La imaginación ha sido desconectada de las viejas limitaciones.

BONO
Cantante principal de la banda de rock irlandesa U2,
inversionista de riesgo y filántropo

DOMINE LA TECNOLOGÍA
QUE NECESITA

Se supone que la tecnología debe facilitarnos la vida, lo que nos permite hacer las cosas de forma más rápida y eficiente. Sin embargo, con mucha frecuencia parece dificultarnos más las cosas, dejándonos con controles remotos de cincuenta botones, cámaras digitales con cientos de funciones misteriosas, y autos con sistemas de instrumentos dignos de un transbordador espacial.

JAMES SUROWIECKI
Columnista de negocios y finanzas de la revista *The New Yorker*

Desde la primera edición de *Los principios del éxito,* la revolución digital ha creado una ola de cambios que han transformado profundamente el mundo en que vivimos. El motor de esta revolución en los últimos veinte años ha sido la reducción del noventa y ocho por ciento en el costo de la informática y de las conexiones a la Internet, impulsada por las mejoras tecnológicas que cada año se tornan más potentes. Y se espera que esta tendencia se acelere.

Dentro de veinte años, las computadoras serán aproximadamente un millón de veces más rápidas, un millón de veces más pequeñas y mil veces más baratas de lo que eran cuando fueron inventadas por primera vez. Las nuevas tecnologías como la impresión 3-D, la robótica, los vehículos auto-conducidos, los nanomateriales y la biología computacional —todas ellas consideradas «tecnologías exponenciales» que fusionan el mundo digital con el físico—, nos permitirán disfrutar de una mayor abundancia mediante la generación de más avances en las próximas dos décadas que los que hemos experimentado en los últimos doscientos años.

Se constituirán miles de empresas de alto nivel, creando millones de nuevos puestos de trabajo bien remunerados. De hecho, es probable que la humanidad desarrolle finalmente la capacidad de satisfacer y superar las necesidades básicas de cada hombre, mujer y niño en el planeta. La abundancia planetaria está a nuestro alcance.

Cuando pienso en la creación de abundancia, no se trata de crear una vida de lujo para todo el mundo en este planeta; se trata de crear una vida de posibilidades.

PETER DIAMANDIS
Autor de *Abundancia,* Presidente de la Fundación X PRIZE
y de la Universidad de la Singularidad

Lo que es tan emocionante —pero también abrumador—, es que cualquier persona conectada a la Internet tiene acceso a más información que nunca antes en la historia, pero este tipo de acceso también ha creado un problema: hay tanta información que Mitch Kapor, el inventor de la hoja de cálculo Lotus 1-2-3, dijo: «Obtener información en la Internet es como beber un trago de una boca de riego».

Debido a esta aceleración, las reglas para el éxito han cambiado.

En la era digital, los conocimientos necesarios para ser muy exitosos —que solían tomar años en adquirirse—, no solo están al alcance de todos, sino que son abundantes y de carácter inmediato. Más aun, es casi abrumador. Hay literalmente millones de sitios web, videos y recursos de aprendizaje electrónico para ayudarle a tener éxito.

Debido a esta enorme cantidad de recursos e información, tener éxito en la era digital requiere ahora de un enfoque más diligente para administrar el tiempo, la información y la vida. Toda esta nueva tecnología es sin duda emocionante, pero si no se tiene cuidado, podríamos ahogarnos en ella. Es muy fácil pasar horas y horas navegando en la red sin pensar, yendo de un sitio web interesante a un video de YouTube, y de una publicación en Facebook a la siguiente, pero si usted no tiene cuidado, puede acabar perdido en una madriguera de información fascinante, pero también irrelevante. La información es útil, pero es la información sobre la cual actúa usted lo que realmente distingue su éxito.

LA DIETA BAJA EN INFORMACIÓN

En su trascendental libro *La semana laboral de 4 horas*,[*] Tim Ferriss aborda la sobrecarga de información que existe actualmente y aboga por llevar una dieta baja en información. Al igual que con nuestro régimen alimentario —en el que la mayoría de nosotros consumimos demasiadas calorías que muchas veces no tienen ningún valor—, estamos consumiendo demasiada información, que por lo general tampoco tiene ningún valor real. La mayor parte de la información a la que estamos expuestos en los periódicos, revistas, libros, televisión e Internet consume demasiado tiempo, es negativa en términos generales, básicamente irrelevante para sus objetivos, y por lo general está por fuera de su capacidad de influir o cambiar.

Tim recomienda que todas sus lecturas, excepto cuando lea ficción por placer, tengan un propósito. Al igual que cuando estoy trabajando en este libro, y aunque escribo principalmente gracias a mi propia experiencia, si necesito revisar alguna información del libro de otro autor, leo solo las partes que son inmediatamente relevantes para lo que estoy escribiendo. Es fácil quedar enganchado y comenzar a leer cosas simplemente porque son interesantes.

Lo mismo se aplica para navegar en la Internet. Mientras buscaba una información específica en el Huffington Post, tuve dificultades para no abrir otros artículos como «Tres cosas merodeando en sus cubos de hielo», «Cuatro beneficios de tomar un poco de sol» y «El arma secreta de Wall Street: el Congreso». Todos estos temas eran interesantes y tentadores, pero totalmente irrelevantes para terminar mi libro. Es muy fácil quedar atrapado de manera inconsciente leyendo artículos y blogs de manera aleatoria, cada uno de los cuales conduce a otros artículos que son igualmente interesantes. Usted tiene que tener disciplina.

Tim recomienda un ayuno de una semana sin periódicos, revistas, audiolibros, y sin escuchar música en la radio. Sin sitios web de noticias. Sin televisión en absoluto, excepto por una hora para disfrutar cada noche. Sin leer libros, a excepción de una hora leyendo ficción. Y sin navegar en la red en el trabajo, a menos que usted necesite completar una tarea laboral ese día. Él recomienda que si necesita recibir su dosis diaria de noticias, lo haga a la hora del almuerzo, preguntándole a un amigo o al mesero: «¿Ha pasado algo importante en el mundo? No pude conseguir el periódico de hoy».

---

[*] *La semana laboral de 4 horas* (asegúrese de obtener la versión ampliada y actualizada), de Tim Ferriss (Barcelona: RBA, 2008), es el mejor libro que conozco sobre la forma de aprovechar la revolución tecnológica sin ser víctima de ella. Le recomiendo que lo lea. Está lleno de información valiosa y contiene más de cien aplicaciones, sitios web, y herramientas en línea que pueden hacer que su trabajo sea más eficiente y su vida mucho más fácil.

Por último, Tim recomienda desarrollar el hábito de formularse a sí mismo la pregunta: «¿Utilizaré realmente esta información para algo importante e inmediato?». Si la respuesta es no en ambos casos, entonces no consuma esa información.

Hace poco hice un ayuno de medios de comunicación, y aunque al principio me sentí nervioso sin mi dosis diaria de CNN, el Huffington Post y un montón de revistas que acostumbro leer —*Bloomberg Business Week*, *Fast Company*, *Success*, *Psychology Today* y *Science of the Mind*—, descubrí que tenía mucho más tiempo para trabajar en mis metas de mayor prioridad, salir a caminar con mi mujer, hacer ejercicio, meditar y tocar la guitarra. Como resultado, cancelé varias revistas de viajes, de alimentos y de noticias que se estaban acumulando en mi oficina y en mi casa.

Steve Pavlina, autor del libro *Superación para personas inteligentes*, recomienda ensayar nuevos comportamientos por un mínimo de treinta días. ¿Qué pasa si usted no ve televisión durante un mes? ¿O si no ve noticias durante un mes? ¿O no lee un periódico o una revista por espacio de un mes? Cada uno de mis estudiantes que han seguido este programa de desintoxicación informativa, han reportado avances sorprendentes tanto en su felicidad como en su productividad. Lo animo a que también lo pruebe.

ES UN MOMENTO PERFECTO PARA PROSPERAR

Además de brindarnos conocimientos y conexiones, la era digital nos ha dotado de una amplia gama de dispositivos tecnológicos y herramientas de automejora que nos ayudan a ser más inteligentes, a nunca faltar a una cita, a investigar y a trabajar con *coaches*, a encontrar mentores y socios, y a aprender nuevas habilidades. Hay más de un millón de aplicaciones para teléfonos inteligentes que enseñan casi todo lo que usted quiera aprender. Y hay decenas de aplicaciones que le ayudan a desarrollar una mentalidad de éxito. Es un momento increíble para estar vivo y un momento perfecto para prosperar.

La tecnología ya no es algo que haya que temer; es una herramienta poderosa que podemos utilizar para conseguir lo que queramos en la vida. Por desgracia, a muchas personas les parece que la tecnología es demasiado abrumadora o que están demasiado viejas para entenderla, o que es «*cool*» sentir aversión por la tecnología. Al igual que los primeros luditas —trabajadores del sector textil inglés del siglo XIX que protestaron contra las maquinarias recién desarrolladas que eliminabas muchos puestos de trabajo—, muchas personas han elegido en la actualidad el camino de la protesta en lugar de la senda del progreso.

En el principio 31: «Acepte el cambio», dije que hay dos tipos de cambio —el *cíclico* y el *estructural*—, y que enfrentar las cosas nuevas puede ofrecerle mejores circunstancias, más dinero, más tiempo libre u otros beneficios que no esperaba originalmente. La era digital no es simplemente el *cambio cíclico* que se corregirá a sí mismo de alguna manera. Estamos viviendo en una época de un cambio estructural profundo y penetrante, en el que no hay marcha atrás (y que puede arrastrarlo si se resiste a él). Por el contrario, si usted lo acepta y lo aprovecha, puede acelerar su éxito.

Por supuesto, la buena noticia es que realmente no hay nada que esté fuera de su alcance. Puede aprender y dominar todo lo que usted necesita utilizar para crear un éxito mayor. Pero, ¿cómo elegir entre la amplia gama de dispositivos, plataformas, portales, sitios web, servicios, programas de software y otras ofertas en esta magnífica nueva era? Más importante aún, ¿cómo podemos dominar el uso de cada herramienta para poder recibir todas las ventajas y ninguna de las desventajas?

Es hora de poner en práctica algunas políticas y tomar las riendas de nuestra tecnología.

TOME LAS RIENDAS DE SU TECNOLOGÍA

Uno de los mejores consejos que he recibido de un experto en el estilo de vida digital es que la *tecnología no debería impulsar su éxito*. En otras palabras, sus buenas ideas deben ser lo primero y que la tecnología respalde simplemente la implantación de estas. Usted no necesita tener todos los dispositivos disponibles solo porque están a su disposición. Lo que se debería preguntar es: ¿Cómo puedo manejar mejor mi correo electrónico mientras viajo? O, ¿Cómo puedo poner mis obras de arte en línea para que los propietarios de la galería puedan hacer una exhibición? Y luego, busque la tecnología que respalde esa buena idea.

Łukasz Jakóbiak tuvo la idea de lanzar su propio programa de televisión y terminó creando uno de los más populares de Europa, *desde su apartamento de veinte metros cuadrados en Varsovia, Polonia*. No podía permitirse pagar por un estudio y un equipo costoso que necesitaría para producir su programa y mucho menos negociar los derechos de distribución con las principales cadenas de televisión, pues era un proyecto en ciernes y sin ninguna trayectoria.

Lo que sí tenía era una computadora portátil, una conexión a la Internet y un pequeño apartamento; uno de los miles de habitáculos tan pequeños como cápsulas, construidos por el gobierno polaco como parte de una iniciativa de vivienda asequible.

Cuando Łukasz me entrevistó durante una gira de medios que estaba haciendo en Europa Oriental, me sorprendió la calidad de su programa, que tenía el atinado nombre de *20m²*. Sin embargo, en un principio tuve mis dudas cuando llegué a la grabación y vi que el apartamento de Łukasz tenía apenas una cama, una cocinita, equipos de iluminación y dos iPhones sostenidos por pequeños trípodes delante de dos sillas de cocina.

En la actualidad, Łukasz edita el programa en su ordenador portátil y lo «transmite» por la Internet, lo cual es perfecto para los millones de espectadores que ven en sus dispositivos móviles programas de televisión producidos de forma independiente, en lugar de ver grandes producciones de cadenas en la sala de su hogar.★ Łukasz ha encontrado una manera de utilizar la tecnología para respaldar su buena idea. ¿Cuáles son otras formas en las que usted puede tomar las riendas y utilizar la tecnología a su favor?

Divida su uso de la tecnología en dispositivos diferentes

Uno de los desafíos de la revolución tecnológica es que la mayoría de los dispositivos ya están diseñados para hacer varias cosas. Podemos revisar nuestro correo electrónico, enviar un texto, navegar por la Internet, llamar a personas y tomar fotos con nuestros teléfonos inteligentes. También *podemos* asistir a una clase, hacer videos, ver televisión y leer libros electrónicos con nuestras tabletas. Nuestras computadoras portátiles y de escritorio hacen más cosas aún.

Pero una cosa que he notado en toda esta funcionalidad es que, debido a que *podemos* realizar todo tipo de tareas en muchos dispositivos diferentes, ahora tendemos a hacer múltiples tareas al azar, en cualquier dispositivo a nuestro alcance, en todos los momentos del día (y de la noche), y casi sin pensar en priorizar lo que estamos haciendo, en contraposición a centrarnos simplemente en hacer tareas específicas que son fundamentales para nuestro éxito. El resultado es que nuestra tecnología ha comenzado a crear caos en nuestras vidas en vez de ser simplemente una herramienta. El otro inconveniente de toda esta funcionalidad «instantánea» es que ha creado la expectativa de que las personas recibirán una respuesta inmediata por parte de usted a todos sus problemas más acuciantes.

Me gustaría proponer *más bien* una noción radical, en la que usted divida su uso de la tecnología entre sus múltiples dispositivos y los utilice de manera deliberada y centrada para los fines previstos. Cuando esté trabajando en su empleo o negocio —creando documentos, hojas de cálculo, escribiendo en su blog, elaborando proyectos, escribiendo correos

---

★ Puede encontrar el programa de Łukasz, *20m²*, en YouTube, escribiendo *20m²*lukasza en el espacio de búsqueda. También puede ver su entrevista conmigo (20m²lukasza odcinek 101), realizada en inglés con subtítulos en polaco. El resto de sus programas son en polaco.

electrónicos—, utilice su computadora de escritorio o portátil. Estos equipos fueron diseñados para labores creativas y hacer «trabajos pesados» a nivel laboral. Cuando usted prescinde de la creación y quiere «consumir» información —es decir, leer libros, ver sus sitios de redes sociales, navegar en la Internet, hojear revistas o ver videos—, encienda su tableta, porque ha sido diseñada para el consumo. ¿Y los teléfonos inteligentes? Son para *comunicarse* con las personas; para llamar, enviar mensajes de texto, utilizar aplicaciones como Snapchat e Instagram, y enviar fotos espontáneas.

Los beneficios de esta filosofía de «dividir su uso» no consisten únicamente en que le permiten concentrarse en la tarea en cuestión, sino que también le permiten estar más con las personas con las que está interactuando. Si alguna vez ha estado hablando por teléfono con alguien que esté utilizando Skype, navegando y enviando mensajes de texto, usted ya sabe lo desconectado que se siente de esa persona y lo desinteresado que su interlocutor parece estar en el asunto en cuestión.

Si piensa que nunca podría renunciar a sus dispositivos móviles —así sea por unas horas mientras está sentado en su computadora de escritorio centrándose en su futuro—, medite en cuánto más productivo podría ser realmente usted sin las distracciones de varios dispositivos repicando, sonando y vibrando... alertándolo de decenas de cosas que francamente pueden esperar hasta más tarde.

Utilice la barra de marcadores para sus sitios web más importantes

Incluso con las ventanas predictivas del navegador que enumeran una lista de opciones cada vez que usted empieza a escribir, se sorprendería de los «minutos mentales» que usted dedica cada semana a escribir las direcciones de sus sitios web favoritos. Programar estas URL en la barra de herramientas de los marcadores de su navegador le ahorrará muchísimo tiempo.

Por seguridad, utilice un administrador de contraseñas y cierre siempre la sesión

Del mismo modo, pasar un tiempo considerable buscando contraseñas, mantener actualizada una lista impresa o tratar de recordar (o de crear) nuevas contraseñas, es una de las molestias más frustrantes de la era digital para la mayoría de las personas. Y esto ni siquiera está cerca del tiempo que usted puede tardar en encontrar direcciones URL de acceso y nombres de usuario de cuentas que ha creado en toda la Internet.

Para ahorrar tiempo —y seguridad—, un administrador de contraseñas le recordará sus sitios web, mostrándole la página correcta de inicio de sesión (que normalmente es distinta de la página principal), le ayudará a crear contraseñas de alta seguridad, que son una cadena de letras y números que ningún genio no podría recordar, y a escribir automáticamente su nombre de usuario y contraseña cada vez que lo necesite para conectarse a un servicio en línea, sitio de membresía, página de medios sociales u otro destino.★

Una vez que haya terminado de visitar un sitio web protegido por una contraseña, asegúrese de evitar el robo de identidad, la piratería de sus claves de acceso y la seguridad de su información de acceso, y acostúmbrese a cerrar la sesión. El tiempo requerido para solucionar los problemas una vez que su información privada ha sido robada es enorme, y si ha iniciado sesión en un sitio que contiene sus detalles financieros, tenga mucho cuidado. Evítese ese gran dolor de cabeza cerrando siempre la sesión de los servicios en línea: no se limite a cerrar simplemente la ventana del navegador.

Utilice las aplicaciones en la nube para duplicar sus dispositivos para mayor seguridad y facilidad de restablecimiento

Aunque el almacenamiento en la nube —cargando sus archivos a un «disco duro» basado en la Internet de empresas como Dropbox, Google Drive y iCloud de Apple— fue un importante cambio de paradigma de nuestro tiempo, se ha convertido en una significativa característica de ahorro de tiempo y de seguridad para millones de personas.

En lugar de almacenar sus archivos en una computadora portátil o de escritorio, el almacenamiento en la nube le permite recopilar sus documentos, fotografías, películas, aplicaciones y otros archivos por medio de un servicio que utiliza toda la infraestructura de la Internet a fin de encontrar espacio para ellos. Aunque comenzó como una herramienta para almacenar archivos pesados, tales como música, fotos y películas, ahora se ha convertido en una solución de almacenamiento total para empresas e individuos por igual.

Al subir sus archivos de trabajo a la nube, usted puede acceder a ellos en cualquier momento y desde cualquier lugar, siempre y cuando tenga una conexión a la Internet. Muchas personas están comprando computadoras portátiles con discos duros más pequeños, y utilizan la nube para almacenar la mayoría de sus archivos. Aunque parezca amenazador dejar sus datos importantes a cargo de un proveedor de servicios y de una tecnología potencialmente poco fiable, la nube tiene numerosos beneficios, siempre y cuando usted desarrolle algunas reglas acerca de lo que va a almacenar en la nube y qué debe tener decididamente un carácter privado, en su propia computadora en el hogar o la oficina.

Usted puede almacenar la totalidad de sus archivos en la nube —utilizando por ejemplo el Dropbox—, como su principal unidad de disco

---

★Consulte nuestra página web www.TheSuccessPrinciples.com/resources para obtener una lista de aplicaciones recomendadas para administrar contraseñas.

duro, o puede almacenarlos en el suyo, pero recurra a un servicio de copias de seguridad basado en la nube para mayor tranquilidad. Aunque el software de copia de seguridad automática ha existido durante años, la mayoría de las personas no lo programan o no lo conectan a una unidad de almacenamiento. Un colega mío fue víctima de un robo en su oficina, por lo que perdió todos los folletos de sus talleres, campañas de mercadeo, ilustraciones de productos, proyectos originales y otros archivos cuando le sustrajeron sus siete equipos. Pero como habían hecho un respaldo de todos sus archivos *tanto* en una unidad física de almacenamiento como en la nube, pudieron reanudar operaciones un día después de comprar nuevos equipos.

Reconozca que usted no tiene ninguna privacidad con los materiales y la información digital

Una de las razones por las que las personas eran reticentes a almacenar en la nube en un principio era la privacidad, simple y llanamente. ¿Pueden hackear mis archivos? ¿El proveedor de servicios podrá ver mis estados financieros? ¿Alguien puede descargar o desviar mis archivos mientras los estoy subiendo? Todas estas preguntas eran legítimas. Pero aun cuando el almacenamiento en la nube está protegido por una contraseña y cuenta con muchas medidas de seguridad, sea consciente de que la era digital tiene una desventaja importante: usted no puede tener ninguna expectativa de privacidad al cien por ciento en la Internet. Tal como nos lo dicen las noticias diarias, los hackers pueden copiar las claves de acceso de los sitios web en los que usted haya creado cuentas. Los correos electrónicos pueden ser detectados y hackeados. Las fotos pueden ser extraídas de su página de Facebook y publicadas en otro lugar en un abrir y cerrar de ojos, al igual que cualquier archivo digital de cualquier tipo.

Mi consejo es que aborde su estilo de vida digital con la premisa de que nada es privado y que tenga mucho cuidado con lo que publica, carga, envía por correo electrónico o escribe en el mundo en línea. Por supuesto, el cien por ciento de privacidad está disponible para aquellas organizaciones que lo requieran, pero actualmente es caro. Asesórese y tenga cuidado.

Una organización de la que estoy orgulloso de ser parte de su junta de asesores es Sgrouples, una plataforma de redes sociales semejante a Facebook, que cuenta con la privacidad y la seguridad como premisa subyacente.* Sgrouples le permite compartir discretamente su vida, sus éxitos e incluso los desafíos de la vida únicamente entre sus amigos de la vida

---

* Puede leer más acerca de cómo funciona la privacidad en Sgrouples y crear una página de perfil en Sgrouples.com.

real, comunidades y seres queridos, sin que nada de esto se divulgue públicamente por accidente, se comparta con extraños, se perfilen ni extraigan datos. Échele un vistazo.

Controle la multitud de cobros mensuales

Una última forma de tomar las riendas de la tecnología es controlar el costo de los servicios en curso para los que se haya registrado. Millones y millones de personas todavía pagan (a través de cobros automáticos en las tarjetas de crédito) por servicios que han olvidado desde hace mucho tiempo. Sin embargo, una revisión periódica de los extractos de su tarjeta de crédito le dará una lista de los servicios que necesita cancelar o reconsiderar, especialmente si ya hay opciones más recientes y económicas.

Esto es especialmente importante si usted es propietario de un negocio y otra persona lleva su contabilidad. Un amigo mío que es dueño de una agencia de publicidad ahorró recientemente casi 1.500 dólares *al mes* luego de cancelar los servicios que había contratado la agencia desde hacía varios años. Esto es casi 18.000 dólares al año, un dinero que seguramente podría destinar a mejores usos.

Busque personas que le enseñen y aprenda rápidamente

Ninguna persona puede saberlo todo sobre el estilo de vida digital, por lo que existen abundantes cursos de capacitación y servicios de asistencia técnica para cada actividad. Así que no se preocupe por tener que dominar todas las actividades. Elija aquellas que necesita utilizar con el fin de alcanzar sus metas, consiga a alguien para ayudarle a aprender de ellas, y luego domínelas rápidamente y siga adelante.

HAGA UN CAMBIO RADICAL A NIVEL TECNOLÓGICO POR SIETE DÍAS

Del mismo modo que le recomiendo hacer una lista de las irritaciones y molestias (vea el principio 28: «Ordene sus desórdenes y concluya lo inconcluso» en la página 266), usted debería hacer una lista de sus molestias tecnológicas. Una vez que haya compilado la lista, puede empezar a abordar el proceso de limpieza (o contratar a alguien para hacerlo). Completar un cambio radical a nivel tecnológico podría tomar siete días —*o menos*— si se centra en el proceso.

Hemos incluido una amplia lista de actividades de limpieza equivalentes a siete días en la página www.TheSuccessPrinciples.com/resources. Busque el principio 63 y haga clic en el enlace.

CONSIDERE REDUCIR EL TIEMPO EN SU TELÉFONO CELULAR Y SU CORREO ELECTRÓNICO

Hoy, muchas personas han adoptado un enfoque «drástico» para recuperar el control de sus vidas: han renunciado a sus teléfonos celulares y a su correo electrónico. Se suponía que la revolución tecnológica debía hacer la vida más fácil. Sin embargo, casi dos décadas después de que el correo electrónico se hiciera popular y los teléfonos celulares fueran asequibles para todo el mundo, la mayoría de nosotros estamos inundados de correos electrónicos no esenciales (por no hablar de los correos no deseados).

Conozco a muchos empresarios que dedican de tres a cuatro horas al día contestando simplemente el correo electrónico. Yo solía ser uno de ellos. Ahora mi asistente me abre mis mensajes de correo electrónico y me enseña solo los más importantes (alrededor de cinco por día) con el fin de responderlos.

Algunos de esos empresarios ni siquiera pueden ir de compras, salir a cenar o irse de vacaciones sin apagar sus teléfonos celulares, no una vez, sino varias. Esta tendencia está creciendo en todo el mundo. Todavía cargo un teléfono celular, pero solo lo enciendo si estoy esperando una llamada importante o si necesito hacer una.

Debido a que proporcionan una comunicación instantánea, los teléfonos celulares y el correo electrónico también crean la expectativa de una respuesta inmediata. Las personas que tienen su número de teléfono celular saben que pueden recurrir a usted de inmediato para que les ayude con sus necesidades más apremiantes. Los mensajes de correo electrónico se transmiten en cuestión de minutos, por lo que las personas esperan que usted les responda con la misma rapidez. Al suministrar su número de teléfono celular y su dirección de correo electrónico, les da a otros usuarios el permiso implícito para hacerle este tipo de peticiones. Pero imagine cuánto tiempo y control adicional tendría usted sobre su vida si no tuviera que reaccionar a todas esas necesidades inmediatas o leer decenas de mensajes de correo electrónico no esenciales todos los días.

Hace poco, estuve almorzando con cuatro personas importantes de una prestigiosa editorial. Todos se quejaron de lo abrumados que estaban por la cantidad de correos electrónicos que estaban recibiendo, por lo menos ciento cincuenta mensajes al día, y la mayoría de ellos eran generados desde la misma editorial.

Cuando les pregunté cuántos de ellos eran esenciales para su trabajo, la respuesta fue de tal vez del diez al veinte por ciento. Cuando les pregunté por qué no les decían simplemente a sus compañeros que los borraran de su lista de distribución general, me dijeron que temían herir sus sentimientos.

Parecía que preferirían sufrir antes que resolver el problema. Piense en las consecuencias de no decir la verdad y cambiar las cosas. Si ellos pudieran reducir aunque fuera la mitad de los mensajes de correo electrónico no deseados, se ahorrarían noventa minutos de trabajo al día, sacando así tiempo para otras tareas más importantes, y permitiéndoles volver a casa a una hora razonable. Eso sería añadir hasta 375 horas, o poco más de nueve semanas laborales de cuarenta horas en un año. Esto equivale a más de dos meses de tiempo valioso. ¿No justifica esto que unas pocas personas se sientan molestas por unos días?

64

VÉNDASE A SÍ MISMO COMO UNA PERSONA EN LÍNEA *

Venderse a sí mismo en línea no se trata de usted; se trata de su contenido. ¿Cómo convertirse en alguien con quien vale la pena hablar o, incluso mejor, de quien vale la pena hablar?

MATTHEW CAPALA
Autor de *Away with Average* [Acabe con el promedio], profesor adjunto de la Universidad de Nueva York y fundador de SearchDecoder.com

Cada día, millones de usuarios de la Internet entran en línea con poco o ningún pensamiento del retrato que pintan sobre sí mismos en el mundo digital. Hacen comentarios inflamatorios en blogs controvertidos. Tuitean mensajes sin sentido acerca de su vida personal. Publican fotos cuestionables en su página de Facebook. Suben videos de sus hobbies, fiestas, vacaciones y amigos, junto con clips profesionales en YouTube, sin tener en cuenta lo que esta colección desordenada de información describe sobre ellos. Aunque gran parte de este contenido puede ser eliminado, una cantidad mucho mayor perdura en la Internet como un contenido permanente y público que puede buscarse instantáneamente por un empleador, inversor u oficial de préstamo bancario potencial, e incluso por la persona con la que tendrá su primera cita romántica.

Las personas exitosas, por el contrario, administran cuidadosamente su imagen pública en línea. Publican únicamente la información que contribuya de forma positiva a la imagen que presentan al mundo. Incluso cuando están expresando sus opiniones y llevando su personalidad a la Internet,

---

*Este capítulo es el resultado de una importante colaboración entre mi coautora Janet Switzer, Moses Ma y yo. Moses es la persona a quien recurro para todo aquello que es innovador en el mundo de la tecnología, especialmente en lo que se refiere al avance hacia el éxito, el crecimiento personal y el desarrollo acelerado de negocios. Es el socio gerente de Next Generation Ventures, una aceleradora de empresas y compañía de consultoría estratégica con sede en San Francisco, California.

piensan en el impacto que eso tendrá. Han dominado el arte de parecer competentes, autorizados, respetados —dignos de ser escuchados— dondequiera que se encuentren en línea.

¿Qué dice su presencia en línea de usted?

Así como las principales marcas de consumo elaboran cuidadosamente lo que se dice acerca de sus productos y servicios, usted también puede convertirse en una «marca» que sea desarrollada, administrada y mantenida en línea de una manera cuidadosa. Incluso si su «proyecto de vida» actual consiste simplemente en limpiar un parque, conseguir una gran promoción laboral, ganar la carrera de atletismo regional, ser presidente de su club de jardinería, u otra cosa que no esté relacionada con los negocios, usted puede desarrollar sin embargo una presencia en línea que inspire a otros a querer ayudarle, a hacer que la gente se emocione al participar en sus metas, y promover su causa, cualquiera que esta sea. Este principio ya no es solo para hombres de negocios. De hecho, con el auge de las redes sociales, la *marca personal* como herramienta de éxito ha crecido rápidamente y ahora está al alcance de todos.

LA MARCA PERSONAL NO ES SOLO
PARA LAS CELEBRIDADES

Aunque muchos piensan que la marca personal es solo para las celebridades, la realidad es que Facebook, LinkedIn, Sgrouples, Pinterest, Google+, Tumblr, Instagram y YouTube hacen posible que todos y cada uno de nosotros nos convirtamos en una marca. Y en cuanto tales, podemos aprovechar las mismas estrategias utilizadas por estas celebridades o marcas corporativas para atraer a otros. Podemos construir un valor de marca al igual que ellos. Por supuesto, una vez que empiece a definir su marca personal, verá beneficios importantes. Por un lado, la marca personal requiere que usted sea muy claro en lo que quiere lograr, y le ayuda a establecer metas para llegar allá. Le ayuda a crear visibilidad y presencia, lo cual atrae a las personas que pueden ayudarle a alcanzar sus metas (y a hacerlo con mayor rapidez). Pero también le da poder. Lo confiere el control del negocio que es usted. Y tener una marca personal fuerte lo hace resistente a lo que está pasando en el mundo. Muchas marcas corporativas sólidas, por ejemplo, tienen éxito a pesar de los desafíos y las bajas en la economía, pues representan algo único. Lo mismo se aplica para usted... ¡si decide diferenciarse con una marca!

Las compañías de Fortune 500 saben que más del ochenta por ciento de su valor de mercado reside en sus «activos intangibles», incluyendo su marca y otros capitales de carácter intelectual. Esta misma estadística es válida para la marca personal. Su «valor de mercado» está basado en un ochenta por ciento en la brillantez de sus pensamientos y en la fuerza de la imagen de su marca personal en el mundo. Como tal, la riqueza puede manar a partir de su valiosa marca personal.

¿Cuáles son los pasos para crear una marca personal en línea?

PRIMER PASO: DECIDA QUIÉN QUIERE SER

Si usted es un profesional de carrera que espera ascender en la escalera corporativa o en ser incluso un CEO o ejecutivo de nivel C algún día, debe saber que muchos de los mejores candidatos contra los cuales estará compitiendo ya están en línea con unos contenidos que los muestran como competentes, con visión de futuro y en demanda; en otras palabras, que son una buena inversión para alguna empresa inteligente. Muchos ejecutivos corporativos están incluso escribiendo libros, uniéndose al circuito de oradores, asegurando entrevistas con los medios, participando en eventos de la industria, y contratando incluso publicistas y agencias de mercadeo. Ellos saben que, en una situación competitiva en materia de contratación, el candidato laboral que tenga una presencia formidable en su campo será visto como alguien que aportará más a la empresa una vez que sea contratado.

Si usted es propietario o consultor de una pequeña empresa, estar en línea con el mensaje adecuado es aún más importante, ya que hay decenas (si no cientos) de otras compañías en las que su cliente potencial puede gastar dinero, y estos competidores ya aparecen en línea con sitios web profesionales, artículos autorizados, un mercadeo inteligente y perfiles de medios sociales que les dicen a los clientes potenciales que son una apuesta segura para gastar su dinero.

Incluso las organizaciones sin fines de lucro están en competencia con otras causas por donantes de dinero, por lo que la marca en línea es importante. Y si usted es un músico emergente, bailarín, atleta o un autor joven, ¿quién sabe qué dimensión excitante podría añadir una presencia en línea a su futuro?

Para desarrollar un personaje o «marca» en línea que lo hará avanzar en su carrera, negocio o causa, empiece a distribuir un contenido que lo posicione como alguien que puede beneficiar a un potencial empleador, cliente, inversor o donante, o inspirar a un futuro mentor, *coach* o patrocinador.

Determine el mercado al que quiere llegar

Si usted ha creado una red de cien mil personas —todas las cuales podrían ayudarle en su carrera o a conectarlo con nuevas oportunidades—, ¿quiénes quiere que sean esas cien mil personas? Por otra parte, ¿qué clase de personas se beneficiarán al máximo de sus conocimientos, experiencias u opiniones? ¿Trabajan en su industria, tienen intereses en su campo de estudio, o son consumidores casuales que tienen la misma afición, ideas de decoración, sentido de la moda, o preferencias de entretenimiento que tiene usted?

Usted no necesita tener un doctorado o ser una estrella de los medios para tener seguidores o construir su personaje experto en línea. Incluso si usted es un estudiante universitario, un ama de casa o empleado de una corporación con grandes planes para su futuro, aun así puede aportar información útil y puntos de vista a otros, que valoren o disfruten de seguir su «trabajo».

Como usted estará alimentando finalmente a estos seguidores con asesoramiento y actualizaciones continuas, asegúrese de estar apuntando al mercado que más le apasione y que le proporcione el mayor beneficio para su futuro. Este proceso de escoger su mercado es aún más importante si usted es dueño de un negocio o ejerce la consultoría.

Como parte del proceso de determinar el mercado al que desea llegar, asegúrese de sacar un momento y buscarse en Google. ¿Es eso lo que quiere que vea la gente? A continuación, busque a su «competidor» principal. ¿Qué le dicen los resultados de la búsqueda?

Inicie un blog y desarrolle un sitio web

El *blogging* es probablemente la mejor manera de perfeccionar su marca en la Internet. Escribir sus pensamientos, compartir sus experiencias y ayudar a las personas cuando tengan una pregunta o comentario acerca de una entrada en su blog, le ayudará a cimentar confianza en su marca personal, pero también a crear conciencia sobre usted y su marca en la Internet. Por un lado, a Google le encantan los blogs y, una vez que usted aparece listado en Google, ellos catalogan inmediatamente (hacen aparecen en su motor de búsqueda) cualquier artículo que usted suba; esto ocurre en cuestión de minutos. No solo eso, sino que usted puede comenzar a tener credibilidad y confianza entre sus seguidores. Comenzar un blog es tan fácil que podrá iniciarlo con solo unos pocos clics.

Una de las plataformas de blogs más fáciles para hacer esto es Word-Press, en la página www .wordpress.com. Usted puede elegir un tema original, añadir una página «Quién soy» en su biografía, subir fácilmente fotos de fuentes libres de regalías en toda la Internet, y gestionar privilegios para comentarios de blogs. WordPress es muy fácil de usar y ha desarrollado muchos *plug-ins* (o funciones complementarias), que las personas utilizan actualmente para crear sitios web completos. Y aunque ya no es solo para blogs, sigue siendo la plataforma de blogs más fácil de usar. No solo eso, han estado el tiempo suficiente, de modo que cuentan con un sinnúmero de profesionales independientes que pueden ayudarle a empezar. Para buscar a uno, publique su proyecto de blog en Elance.com o, para una ayuda a un costo muy bajo, ensaye con Fiverr.com, un sitio web que representa a los trabajadores independientes de todo el mundo y que hacen pequeños trabajos por solo cinco dólares.

Como parte del proceso de creación de su blog, considere crear una palabra ingeniosa, frase o nombre comercial que pueda estar ligado a su nombre real. Por ejemplo, si usted busca el nombre comercial «Principios del éxito», verá mi nombre conectado a esa frase en miles de páginas web a través de la Internet. Mi equipo de mercadeo, dirigido por Lisa Williams, ha trabajado muy duro para crear este resultado en los últimos años. Actualmente «somos dueños» de esta frase. Antes de «Principios del éxito», mi palabra de moda o frase comercial era *Sopa de pollo para el alma*.

Por supuesto, una vez que comience su blog, será hora de pensar en la forma en que podría beneficiarlo un sitio web. Este puede ofrecer páginas además de su blog, describir los productos o servicios que usted vende, detallar cómo contratarlo a usted para un trabajo de consultoría, proporcionar formas en que las personas puedan optar por una guía gratuita u otras muestras de su trabajo (por lo que usted tendrá sus direcciones de correo electrónico para futuras labores de mercadeo), y por lo general lo representan a usted ante el público como una autoridad en su campo. Si usted es un artista o fotógrafo, puede mostrar una galería con sus obras de arte. Si es dueño de un restaurante, puede ofrecer cupones para nuevos clientes. Si es ejecutivo de una empresa, puede ofrecer información sobre su disponibilidad y temas como orador. Y si es dueño de un negocio, su sitio web puede generar ventas reales para usted las veinticuatro horas al día, y en todo el mundo, si así lo desea.

Cree perfiles en medios sociales que sean clave

Con su blog y sitio web instalados, ahora tiene un destino para sus seguidores de medios sociales, un lugar para remitir a las personas, donde estas pueden encontrar la manera de trabajar con usted (o comprarle). Su blog comparte sus conocimientos y perspectivas sobre su profesión o industria, y su sitio web ofrece soluciones.

Los medios sociales son esos a los que usted se conecta, comparte enlaces y en los que trabaja su red de contactos. No es donde usted se vende abiertamente. Una vez que envíe potenciales compradores de las redes sociales a su blog —luego de compartir un «gancho» y un enlace a sus últimos artículos de su blog—, cada artículo debería terminar con un enlace a esa parte de su sitio web que ofrece formas de trabajar o comprarle algo a usted.

Por estos días, si usted dice ser una autoridad en cualquier tema y no aparece por lo menos en Facebook y LinkedIn, no será considerado un experto «de verdad». Sabiendo eso, es muy sencillo iniciar o actualizar su página en Facebook para empezar a posicionarse como una fuente de información, ayuda y asesoramiento relacionada con su marca personal a la cual recurrir. Usted puede publicar videos cortos sobre temas útiles. Puede escribir breves textos de asesoramiento sobre un solo tema. Puede encuestar a sus seguidores, hacer concursos, informarles sobre su último proyecto e incluso hacer publicidad para llegar a más personas en su «red de contactos».

LinkedIn es un sitio de redes sociales aún más importante si usted es un profesional de carrera o propietario de un negocio. Actualmente con más de 250 millones de miembros en todo el mundo (frente a solo 8,5 millones en 2007) es, literalmente, la red profesional más grande del mundo, de modo que no solo ofrece oportunidades para conectarse con personas que pueden ayudarle con su negocio, sino que es la plataforma de contratación ideal para nuevos compradores y clientes.

Dependiendo de su marca personal y de los consejos o información que usted distribuya, otros sitios de redes sociales que tal vez desee utilizar son Google+, Pinterest, YouTube, además de los miles de sitios dedicados a temas o asuntos específicos.

Publique periódicamente

Por supuesto, una vez que inicie sus perfiles de redes sociales, usted querrá publicar con regularidad. No hay nada peor que tener grandes lagunas en sus mensajes. Esto lo hará parecer falto de atención y poco profesional, a pesar de que es posible que no tenga nada importante que decir durante semanas o meses. Algunos expertos recomiendan que si usted no es capaz de mantener las páginas de sus medios sociales, es mejor inhabilitarlas durante un tiempo hasta que pueda retomarlas.

Construir una marca requiere diligencia y esfuerzo, así que permanezca activo y conectado. Después de todo, las redes sociales son para conectarse.

Limite el contenido personal inconexo que pueda entorpecer su «marca»

Por último, piense en la posibilidad de limitar su material personal y no profesional que aparezca en línea, o al menos limitarlo a páginas de medios sociales que sean solo para sus familiares y amigos. A menos que su estilo de vida, actividades familiares, relaciones románticas, fiestas, vacaciones y otros aspectos de su vida personal sean parte de su marca, mantenga estos asuntos privados en grupos de medios sociales que le permitan decidir quiénes podrán ver lo que usted comparta. Hacer que su vida privada esté abierta al mundo mediante la publicación de fotografías personales, opiniones, mensajes en

Twitter y detalles acerca de sus actividades en su tiempo libre entorpecerá su marca y les dará licencia a sus seguidores para juzgarlo y tal vez incluso una razón para cuestionar su experiencia. Sea real, sea agradable en línea, pero mantenga en privado la mayor parte de su vida particular.

Un ejemplo perfecto de esto es una colega mía que, además de ser una experta en negocios reconocida internacionalmente y autora exitosa, es también una premiada diseñadora floral, popular profesora de diseño y artista floral publicada. Fue nombrada dos veces la Arreglista de Flores del Año, asiste a exposiciones de flores en todo el mundo, ha ganado numerosos premios, y está próxima a convertirse en juez de espectáculos de flores acreditada a nivel nacional. Pero aunque ella tiene todas las razones para enviar un mensaje positivo acerca de su hobby, usted no verá fotos de su trabajo o invitaciones para asistir a sus conferencias sobre diseño floral, al menos no de su parte.

¿Por qué? Debido a que ella ha desarrollado cuidadosamente su *imagen personal más importante*: la de una veterana estratega de negocios, autora de negocios publicada y oradora notable. Luego de saber cómo pueden propagarse los contenidos en la Internet, y la facilidad con que podría causar confusión con sus clientes potenciales, ella ha decidido rechazar de forma proactiva el centro de atención cuando se trata de su afición.

SEGUNDO PASO: ASEGÚRESE DE QUE SU CONTENIDO EN LÍNEA PROMUEVA SU «MARCA»

Hoy, casi dos mil millones de nombres se buscan en Google todos los días,★ lo que equivale casi a toda la población de Estados Unidos y Europa combinadas. Más importante aún, el *Washington Post* informa que al setenta y cinco por ciento de los profesionales de recursos humanos les piden investigar en línea a los solicitantes de empleo, con la friolera del setenta por ciento de los candidatos rechazados como consecuencia de estas búsquedas. ¿Cuál fue el factor principal en la decisión de no contratar a alguien? Fotografías provocadoras subidas por el candidato en su propia página de red social *o incluso en las páginas de sus amigos*. Esta tendencia se ha vuelto tan nociva para los jóvenes profesionales que una universidad adquirió servicios de gestión de reputación para cada graduado, donde expertos en línea investigan y eliminan los contenidos cuestionables.

★ Un estudio de la Universidad Estatal de Pensilvania encontró que, de los seis mil millones de búsquedas aproximadas que se realizan todos los días en Google, alrededor del treinta por ciento de ellas —o 1,8 mil millones de búsquedas— se efectúan para nombres de personas.

Hoy, lo que usted diga y haga en línea tiene el poder de afectar su futuro profesional. Entonces, ¿qué puede hacer para transmitir su imagen personal en línea de una manera que promueva su marca y cree una buena relación con su mercado, tal como lo hacen las personas exitosas?

Viva su marca

Moses Ma, coautor de *Agile Innovation: A Revolutionary Approach to Accelerate Success, Overcome Risk, and Engage Everyone* [Innovación ágil: un enfoque revolucionario para acelerar el éxito, superar el riesgo e involucrar a todo el mundo], recomienda que usted viva su marca; es decir, que sea realmente, piense, respire y, finalmente, manifieste los ideales que usted busca.

A la mayoría de las personas simplemente se les ocurren unas pocas palabras para acompañar su perfil en las redes sociales. Para ser en verdad exitoso, usted necesita administrar sus pensamientos, ser consciente de su forma de actuar, y estar al tanto de la manera en que es percibido por sus amigos, socios, clientes actuales y potenciales, proveedores, colegas… y por todo el mundo en la web. Si usted se está vendiéndose a sí mismo como alguien que es bueno en algo, procure ser útil, informativo, perspicaz, no solo para los clientes que están pagando, sino para todo el mundo en general. Comparta una parte de su «ingrediente secreto» donde quiera que publique, comente o suba algo. Si usted es innovador, demuéstrelo. Si es un gran *coach,* no se limite a incluir testimonios únicamente; ofrezca un poco de *coaching* a través de su blog.

Dele rienda suelta a su participación

La Internet ofrece una gran oportunidad para relacionarse con los demás. No se limite a registrarse y a holgazanear. Involúcrese en conversaciones, interésese realmente en lo que hace la gente, y ayude a otros si usted tiene un hecho, nombre de contacto, idea o alguna otra cosa que pueda ser valiosa. Contribuya a la comunidad, dé antes que recibir. Usted no solo debe seguir y comentar las publicaciones de blogs de los demás para darles ánimo, sino también hacer un esfuerzo para participar en Twitter, siguiendo a las personas y publicando fragmentos de información. Sea lo suficientemente bueno en ello para saber lo que significa términos como hashtag y HootSuite. Deje que su título, avatar y fondo de escritorio expresen su marca personal.★

★Un *avatar* es el nombre de la pantalla, imagen o gráfica elegida por usted, y que lo representa (o a su alter ego) cuando publica algo en línea, hace comentarios sobre en blogs, juega o participa en los mundos virtuales.

Cultive su presencia en línea

No hay nada peor que tratar con alguien que solo habla de sí mismo en una fiesta o a quien se le ponen los ojos vidriosos cuando usted está respondiendo. La Internet no es diferente. Estar «presente» en línea significa estar más interesado en otras personas que en la promoción de su propio mensaje: quiénes son, qué los motiva, qué los hace felices y qué los anima. Incluso en un tablero de chat, usted debe estar completamente presente cuando lea lo que otros dicen. Una vez que sienta empatía, usted querrá ayudarles a obtener lo que quieren, y esa es la manera de forjar el componente de «valor» perspicaz, sabio y útil de su marca personal.

Inspire positividad

Hay una gran cantidad de personas negativas, críticas, sarcásticas y cínicas en línea. No sea una de ellas. Su energía y actitud positiva es como un barco que lo lleva a través de un mar de actividad en línea y le ayuda a navegar su viaje por este medio. No se limite a flotar sin rumbo como una balsa: sea el capitán de su barco, dirigiéndolo hacia sus metas con propósito y positividad.

La positividad comienza con ser amable, cariñoso y solidario. Haga un esfuerzo por ser amable con todas las personas que conoce o que vea en línea, y pondrá su reputación a aumentar en este medio. Así que no se limite a ser agradable con quienes tenga posibilidades; sea amable con *todos*. Haga un esfuerzo por apreciar algo acerca de cada persona con la que interactúe en línea. Esfuércese para inspirarlos de alguna manera.

Me acuerdo de la semana que estuve en Bermudas para asistir a una reunión del Concejo de Liderazgo Transformacional (TLC, por sus siglas en inglés). Mientras estábamos abordando un autobús para ir a cenar al otro lado de la isla, un joven que trabajaba en la cocina de nuestro hotel subió en el último minuto, y como no había asientos disponibles, se sentó junto al reverendo Michael Beckwith, uno de los maestros que aparecen en *El secreto*, y estrella de su próxima película, y quien es ampliamente considerado como uno de los pensadores espirituales más populares de Estados Unidos. Aunque Michael *podría* haber permanecido en silencio al lado de ese trabajador, entabló una animada conversación con el joven, manifestándole el mismo interés y amabilidad entusiastas que les había profesado a otros participantes «importantes» y de alto nivel en la reunión del TLC.

Creo que debería tratar a las personas como quiero ser tratado. Eso significa que cualquier esfuerzo en línea requiere un compromiso serio, incansable y mutuo de las personas involucradas en ese esfuerzo.

CRAIG NEWMARK
Fundador de Craigslist.com

Craig Newmark, fundador de Craigslist.com, explica este tipo de «presencia» en línea como un ciclo de escucha acción permanente. Usted pide retroalimentación de la comunidad, hace algo al respecto y lo repite... por siempre. Esta fue la fórmula de Craig para desarrollar un sitio web comunitario para «conectar el mundo por el bien común», y que en 2010 superó en tráfico a eBay, con más de cincuenta mil millones de páginas vistas al mes. Su marca personal y esa energía de positividad —o la falta de ella—, irradia alrededor de usted al igual que un campo de energía, así que asegúrese de tener una energía realmente positiva antes de entrar en línea. Esto significa que incluso en sus peores días, después de reuniones que lo dejan exhausto, o con toda una vida de equipaje potencial... permita que su núcleo brille. Hable con impecabilidad, utilice palabras empoderadoras cuando publique algo, respete siempre los otros puntos de vista en una controversia, suponga que los demás tienen las mejores intenciones (aunque no las tengan), y sea una persona íntegra, tanto si está conectado como cuando no lo esté.

Irradie la energía del éxito

Inspire a las personas compartiendo sus historias de éxito. Comparta citas inspiradoras, artículos o libros que haya leído. Ayude a los demás revelando su camino al éxito. No se guarde todo para usted. No solo las personas aprenden a través de historias; compartir en estos términos lo humaniza a usted y les ayuda a ellos a ver lo que es posible para sus vidas.

Comparta su «por qué»

Según Simon Sinek, autor del exitoso libro *La clave es el por qué del New York Times,* «La gente no compra lo QUE haces; compra el PORQUÉ lo haces».

¿Por qué decidió empezar a compartir la información como un experto en su área? ¿Por qué aborda su trabajo de la forma en que lo hace? ¿Qué lo mantiene emocionado todos los días en su carrera o campo de estudio? Su «por qué» debe ser la idea más poderosa, clara y positiva que acuda a la mente cuando alguien piense en usted. Es lo que usted representa: los valores, capacidades y la actitud que las personas asocian con usted cuando lo ven en la web, o cuando se refieren a usted.

Al definir su por qué personal en primer lugar, usted tendrá oyentes interesados y de mente amplia cuando describa lo que esté haciendo, cómo lo está haciendo, por qué los demás deben interesarse y lo que usted tiene que ofrecer.

Forje relaciones más profundas

Aunque la Internet puede ser un lugar muy anónimo y transitorio —en el que las personas entran por unos minutos, pero sin permanecer el tiempo suficiente para conectarse—, usted, por el contrario, tiene la capacidad de forjar relaciones duraderas, simplemente abordando su tiempo en línea con relaciones más profundas como su meta. La web ahora le da la oportunidad de construir un poderoso equipo de soporte, conectarse con mentores potenciales, crear un grupo de mentes maestras, o simplemente entablar amistades serviciales en salas de chat, foros y sitios de membresía con personas que están en la misma senda que usted. Una vez que haya establecido una conexión, no dude en pedir lo que desea y necesita.

Pero del mismo modo, sea alguien que esté dispuesto a ayudar a los demás. Dé antes de preguntar. Siga la conversación y ofrezca ayuda en el contexto de las discusiones y las comunidades donde se encuentra.

En su libro *Jab, Jab, Jab, Right Hook* [Golpe, golpe, golpe, gancho de derecha], el autor y experto en medios sociales Gary Vaynerchuk explica que, durante años, los vendedores desarrollaron dos enfoques diferentes para la ventas en línea: (1) campañas de alto impacto diseñadas para disparar las ventas (el «gancho de derecha»), y (2) cultivar con paciencia las relaciones con los clientes a lo largo del tiempo (el «golpe»). Ahora, debido a los medios de comunicación sociales, dice él, la combinación ganadora de golpes y ganchos de derecha ha cambiado, requiriendo que los vendedores en línea creen contenidos que sean específicos para las comunidades, y conversaciones al interior de las plataformas de medios sociales individuales. La única manera de verse comprometido en todas estas plataformas diferentes es… ¡estar comprometido! Vaya y forje relaciones sólidas y significativas con aquellos que necesitan su ayuda, y sea más propenso a hablar en su nombre y hablarles a otros de usted. No importa cuántos amigos tenga en Facebook o cuántas personas lo sigan en Twitter. Lo que importa es qué tan sólidas y resilientes lleguen a ser esas relaciones.

Suba fotos y videos

La gente en línea se relaciona mejor con otras personas, no con palabras o imágenes. Así que salga de su caparazón y empiece a tomar más fotos y a grabar videos más cortos de su trabajo, sus intereses, sus consejos y sus interacciones con los clientes.

Si le parece que los videos en línea son solo otra moda pasajera y sobreva-lorada, piénselo de nuevo,* señala un artículo de Forbes.com. El artículo citó un estudio que mostró que los videos eran mejores productores de oportu-nidades de ventas que las documentaciones técnicas, los libros electrónicos e incluso que las demostraciones en vivo de los representantes de ventas.

Como seres humanos, nuestra función cerebral tiende naturalmente a los rostros, los movimientos y sonidos. Susan Weinschenk, Ph.D. (consul-tora de empresas como Walmart, Amazon.com, Best Buy y Disney), utiliza la ciencia del cerebro para predecir, entender y explicar qué motiva a las personas y cómo se comportan.† Ella afirma que hay cuatro razones por las que los videos en línea son convincentes y persuasivos:

1. El *área de la cara fusiforme* del cerebro nos obliga a prestar atención a los rostros, de modo que nos conectamos más fácilmente con lo que se dice. Además, esta parte del cerebro también procesa las emociones, por lo que los espectadores establecen a menudo una conexión emocional con el mensaje y la persona que lo transmite.

2. La voz humana transmite información abundante. De hecho, solo el tono de voz que usted utiliza para expresar su mensaje tendrá un impacto en lo que oyen los espectadores. Así que tenga cuidado en transmitir entusiasmo, autoridad e incluso emoción, dependiendo de la respuesta que quiera de los espectadores.

3. Las emociones son contagiosas. Debido a la interacción de hu-mano a humano que proporcionan los videos, estos le ayudan a transmitir emoción y pasión por un tema de una manera que la palabra escrita simplemente no puede lograr.

4. El movimiento llama la atención. En el transcurso de la evolu-ción humana, nuestro cerebro se ha programado para prestar atención al movimiento en nuestra línea de visión periférica. Eso significa que escuchamos cualquier mensaje cuando el movi-miento está unido a él.

Y, por último, Susan aconseja: los videos testimoniales son validación social con esteroides. Combinan la prueba social, la sincronización cerebral y el contenido emocional... Usted simplemente no puede superar esto para convertir a alguien a su manera de pensar.

Uno de mis mejores estudiantes, Mykola Latansky, que vive en Ucrania y enseña los principios del éxito, publica diariamente un blog de video,

---

* http://www.forbes.com/sites/seanrosensteel/2013/01/28/why-online-video-is-vital-for-your-2013-content-marketing-objectives/.
† http://www.blog.theteamw.com/2013/01/22/4-reasons-why-online-video-is-compelling-per-suasive/.

actualmente conocido como vlog. Antes de hacer eso, él atraía cincuenta o sesenta personas a sus entrenamientos. Ahora, debido a la naturaleza cautivadora de los vlogs y a que se han vuelto virales, atrae a seiscientos participantes o más, y su negocio ha pasado a ser una empresa con ingresos de un millón de dólares al año.

TERCER PASO: MONITOREE SU IMAGEN PERSONAL EN LÍNEA Y ELIMINE CUALQUIER INFORMACIÓN NEGATIVA

Una de las tendencias más populares, especialmente para los empresarios y las pequeñas empresas, es «la gestión de la reputación», el monitoreo, la corrección y la mejora de la información en línea acerca de usted y su negocio. Y si esta información se presenta en forma de reseñas en los sitios de consumidores... en fotografías suyas en situaciones dudosas... en publicaciones o videos que haya subido... en otros blogs en los que aparece usted o su nombre comercial... o incluso alguien que infrinja el nombre de su producto de marca registrada, contenido en línea sobre usted y su negocio, puede ser inspiradora, informativa o francamente vergonzosa.

No es de sorprender que haya surgido toda una nueva generación de proveedores de servicios para ayudarle a encargarse de su reputación en línea, independientemente de que usted sea el propietario de un negocio, se esté graduando de la universidad y comenzando su carrera, o haya decidido recientemente trabajar por una causa digna. Incluso las relaciones personales que han terminado o las antiguas relaciones comerciales que se deterioraron pueden manejarse o reducirse al mínimo en línea a través de la gestión de la reputación.

Pero antes de contratar a un servicio profesional, hay cosas que puede hacer por su cuenta. Hemos incluido un tutorial completo, una lista de verificación en línea para ayudarle con todo el proceso, así como una lista de las empresas de gestión de reputación que pueden encargarse del proceso cuando sea necesario. Visite la página www.TheSuccessPrinciples.com/resources. Busque el principio 64 y haga clic en el enlace.

SUPRIMA SU PASADO SI PUEDE. EN EUROPA, ES MÁS FÁCIL QUE NUNCA

Por supuesto, si hay algo terrible en su pasado que usted no ha podido eliminar (y actualmente es una persona de integridad e impecabilidad que en verdad quiere comenzar de nuevo), debe aprovechar los privilegios del «derecho al olvido», los cuales permiten una petición para que la información «inadecuada, irrelevante o excesiva» permanezca oculta en Google. Casi 12.000 personas llenaron estas peticiones el primer día en que este derecho estuvo disponible, después de que la decisión del Tribunal de Justicia de la Unión Europea obligara a Google a prestarlo. La versión estadounidense de Google aún no está regulada de esta manera, pero vale la pena buscar en los principales motores de búsqueda y sitios web individuales donde usted viva.

VÉNDASE A SÍ MISMO CON UNA CHARLA TED

Tal vez la penúltima experiencia para la marca personal es dar una charla en TED o una charla en TEDx. Desde su inicio en 2009, los eventos TEDx se han llevado a cabo en más de 167 países a una tasa promedio de ocho por día. Si todavía no ha descubierto las charlas TED, ingrese a TED.com, haga clic en la pestaña «más vistas», vea unas pocas a modo de introducción, y después haga clic en la pestaña «explorar toda la biblioteca».

Hago todo lo posible para ver una charla TED cada día. Todas son ofrecidas por personas que son genios y líderes en su campo, y han dado charlas en las conferencias TED en los últimos años. Las siguientes son algunas de las charlas TED que más me gustan, y que me parecen las mejores. Puede encontrarlas todas en YouTube.

- Sir Ken Robinson: ¿Matan la creatividad las escuelas?
- Tony Robbins: ¿Por qué hacemos lo que hacemos?
- Dan Pink: El rompecabezas de la motivación
- Brené Brown: El poder de la vulnerabilidad
- Jill Bolte Taylor: Mi golpe de percepción
- Simon Sinek: Cómo fomentan los grandes líderes la acción
- Dan Gilbert: La ciencia sorprendente de la felicidad
- Angela Lee Duckworth: ¿La clave del éxito? Determinación.

IMAGÍNESE A SÍ MISMO DANDO
UNA CHARLA TEDX

Chris Anderson, CEO y curador de TED, comparte lo que se necesita para crear una charla TED verdaderamente convincente:

La primera vez que experimentamos ofreciendo charlas TED en la web, nuestra principal preocupación era que nadie las vería. ¿Por qué sentarse y oír una conferencia de dieciocho minutos cuando hay todo un mundo de videos hilarantes de gatos con los cuales pasar el rato? Para nuestro asombro, las charlas comenzaron a hacerse virales, y eso sucedió porque nuestros oradores estaban aprovechando algo sorprendente y primario: en ciertas circunstancias, una idea que esté en la mente humana puede resonar con la misma visión y emoción que siente quien la origina.

Para que este pequeño milagro suceda, es necesaria toda la ayuda posible. La chispa de la curiosidad. De la claridad. Del humor. Suprimir la jerga innecesaria. Y sí, en algunos casos, una conexión emocional con el orador es un ingrediente valioso. Aprendemos más de las personas que nos importan. Parece que hemos encontrado un enfoque atractivo en nuestro formato de dieciocho minutos. Pero, ¿se puede compartir algo que valga la pena en esta cantidad de tiempo? Definitivamente, y de manera inequívoca, sí. El discurso de Gettysburg hizo historia en una novena parte de este tiempo. ¿«Tengo un sueño», de Martin Luther King? Dieciséis minutos.

Algunas de nuestras instrucciones a los oradores son: la sustancia es más importante que el desempeño; la conexión personal puede ser buena, la manipulación emocional no lo es; y no existe una fórmula. Dé la charla a su propia manera.

Y esa es una receta perfecta para el mantenimiento de su marca personal: cuando usted comparte, bloguea o comenta… recuerde siempre que la sustancia importa, que la conexión personal importa, y que usted debe ser fiel a sí mismo en todos los sentidos.

Esta es una visualización potente: véase a usted mismo dando una charla TED algún día, o algo semejante a esto, porque es en esa dirección a donde vamos, así que haga lo que sea necesario para dar esa charla. Esto podría significar que usted averigüe qué quiere decir. Podría significar recibir algún tipo de capacitación para hablar en público y desarrollar una presencia en el escenario. Podría significar ir allá, ser rechazado, recibir retroalimentación, negar y, finalmente, hacer las cosas bien.*

---

*Actualmente hay tres libros muy buenos sobre cómo dar una charla TED. Aunque usted nunca haya dado una y lo que quiere es ser un mejor orador, estos libros tienen un valor incalculable: *Talk Like TED: The 9 Public-Speaking Secrets of the World's Top Minds* [Hable como en TED: los nueve secretos de las mentes más brillantes del mundo para hablar en público], de Carmine Gallo (Nueva York: St. Martin Press, 2014), *How to Deliver a TED Talk* [Cómo dar una charla TED], de Jeremy Donovan (Nueva York: McGraw-Hill Education, 2014), y *How to Deliver a Great TED Talk* [Cómo dar una maravillosa charla TED], de Akash Karia (autopublicado, 2012).

Cuando usted tiene algo que realmente vale la pena compartir con todo el mundo —algo que le apasiona completamente— recibirá una oportunidad para hacerlo.

EL INGREDIENTE SECRETO DEL ÉXITO DIGITAL ES LA PASIÓN

Para terminar, el ingrediente secreto para venderse a sí mismo de manera exitosa en la era digital es la pasión. Se trata de encontrar su propia voz, de hallar su propio camino, de descubrir un tipo de creatividad que usted pueda llamar suyo. Esto significa permitir que su intuición y brillo interior lo conduzcan —como una mano invisible— a su propio camino, haciendo caso omiso de las normas aceptadas o tendencias actuales. La pasión es algo en su interior que le ofrece el entusiasmo continuo, el enfoque y la energía que necesita para tener éxito. Pero a diferencia de la motivación para sentirse bien proveniente de fuentes externas, la verdadera pasión tiene una naturaleza más espiritual. Viene de adentro. Y puede ser canalizada en increíbles hazañas de éxito.

En definitiva, usted puede tener éxito y prosperar en la era digital.

No se diga a sí mismo que está muy viejo o que los retos tecnológicos son demasiados para usted. Salga de su rutina y familiarícese con todas las cosas digitales. La única barrera actual es su propia creencia.

Jimmy Wales, fundador de Wikipedia, dijo una vez: «Imagine un mundo en el que cada persona en el planeta tenga acceso libre a la suma de todo el conocimiento humano». Ese mundo es hoy. La suma de todo el conocimiento humano está ahí para usted, como un océano de información y datos. De usted depende si quiere permanecer en la playa o aprender a nadar.

UTILICE LOS MEDIOS SOCIALES DE MANERA QUE MEJOREN SU REPUTACIÓN

La Internet ha sido el cambio más fundamental en mi vida y en cientos de años. Es lo más grande desde la invención de la escritura.

RUPERT MURDOCH
Presidente y CEO de News Corp y de 21st Century Fox

Con los años, una gran cantidad de empresarios, profesionales de ventas y consultores se han preguntado si los medios sociales realmente funcionan para crear más clientes. Están orientados al consumidor. Son mercados masivos. Y aunque algunas personas dicen que es lo único que utilizan para comercializar sus negocios, otros dicen que es dedicar una gran cantidad de tiempo por no mucho a cambio.

En verdad, la realidad ha estado probablemente en algún punto intermedio.

Hoy, sin embargo, los medios de comunicación social han llegado finalmente al punto de inflexión en el que, en lugar de ver una gran cantidad de interés, pero no muchos interesados, estamos viendo ahora a millones de seguidores convertirse en «compradores» (lo que sea que ese término pueda significar para usted). Si está utilizando los medios sociales y la Internet para promover su experiencia y mejorar su marca personal, esto tiene gran relevancia para usted, independientemente de que sea dueño de un negocio real, esté involucrado en una causa benéfica, tenga una idea para un nuevo movimiento social o esté trabajando para desarrollar su carrera. No solo eso, sino que los medios sociales han madurado ahora para ofrecer nuevas formas de conectarse, haciendo que sea más fácil que nunca llegar a los tipos adecuados de clientes potenciales.

CÓMO HACER PARA QUE LOS SEGUIDORES MANTENGAN UNA INTERACCIÓN CON USTED

¿Cuál es el aspecto más poderoso de las redes sociales para promover su marca personal? Atraer seguidores que mantengan una interacción con usted y su mensaje; luego, transmitir su información a amigos, colegas y a sus propios seguidores. Para alcanzar ese objetivo, tendrá que mantener una presencia continua en los sitios más populares de medios sociales. Y, hoy, el sitio más grande que hay es Facebook, con 900 millones de usuarios en todo el mundo.

Por supuesto, ya le hemos recomendado que tenga una página privada en Facebook para compartir su información personal y fotografías con amigos y familiares cercanos. Pero también puede crear una página de seguidores en Facebook para su negocio, carrera o causa. Consulte «Crear página» para una celebridad, banda o negocio en la página de inicio de Facebook.

Una vez haga eso, puede utilizar una serie de estrategias recomendadas por Facebook para mejorar su visibilidad, interactuar mejor con sus seguidores y mejorar sus posibilidades de aparecer en News Feed, una lista hecha por Facebook de historias personales, que es constantemente actualizada, y Páginas que un usuario individual de Facebook sigue en Facebook. Un usuario individual no solo puede ajustar su configuración acerca de los tipos de mensajes que desea recibir en su servicio de noticias, sino que Facebook utiliza su propia fórmula para determinar qué publicaciones son utilizadas. La popularidad de las publicaciones es un factor en el algoritmo.

Así que sea interesante, atractivo, útil y cree cada publicación de una manera que la gente quiera saber más. Esto requiere algo más que anuncios de productos. ¿Qué recomienda Facebook para mejorar la participación de sus seguidores?

1. Utilice «medios audiovisuales» en combinación con palabras escritas. Los medios audiovisuales como las fotos y videos son conocidos por captar una mayor atención y ayudar a que su publicación se destaque. Se recomiendan publicaciones de alrededor de 100 a 250 palabras, e imágenes relacionadas con estilos de vida. Trate de compartir fotos de las personas que siguen sus recomendaciones o que utilizan su producto.

2. Aumente la interacción con sus publicaciones en Facebook, creando una conversación bidireccional entre usted y sus seguidores. Publique una cita, un video o una idea y pida a los seguidores que compartan sus pensamientos, comentarios o sus propias

historias acerca de lo que han visto. En mi página de seguidores de Facebook, un breve artículo generará entre diez y veinte comentarios de respuesta, mientras que una cita agradable que he encontrado o un video corto mío inspirarán más de 1.600 comentarios. Una gran diferencia. Además, publicar información que muestre que usted escuchó la retroalimentación ayuda a crear un mayor compromiso con sus seguidores y construye lealtad.

3. Si usted tiene un negocio, comparta descuentos y promociones que sean exclusivos para sus seguidores en Facebook. Incluya siempre un claro llamado a la acción con los pasos exactos a seguir para canjear el vale, cupón o código de descuento, además de indicar siempre cuándo terminará la promoción con el fin de crear una sensación de urgencia. También puede remitir a los lectores directamente a una página en su sitio web para mejorar las ventas en línea.

4. Proporcione acceso a la información exclusiva. Janet Switzer utiliza esto para llevar a sus clientes a Facebook o para proporcionar un impulso allí donde ellos necesitan conseguir más seguidores. Ella envía un correo electrónico a la lista del cliente (y listas de colegas o endosantes útiles), ofreciendo un informe especial u otro elemento de interés, luego les pide que le den «Nos gusta en Facebook», con el fin de obtener el informe. Del mismo modo, usted puede hacer que quienes ya son seguidores suyos se sientan especiales por el hecho de compartir noticias exclusivas de productos, concursos y eventos. Esto no solo aumenta la lealtad de aquellas personas que ya son seguidores suyos, sino que también impulsa las ventas en línea. Usted puede hacer regalos individuales o dar una serie de regalos por diez días.

5. Relacione sus publicaciones en Facebook con acontecimientos actuales u otras cosas que sean tendencia y estén en la mente de todos, incluyendo noticias, vacaciones y tendencias de consumo. Responda de manera oportuna a los comentarios sobre su página. Cuanto más rápido responda, es más probable que los seguidores interactúen con usted en el futuro.

6. Planee un calendario de actividad en Facebook, así contenga únicamente aquellas ideas de las que usted quiera hablar semanal o mensualmente. Esto le ayudará a mantenerse encaminado y a publicar con frecuencia, y también garantizará que su contenido esté bien planeado, sea interesante y que no deje de utilizar Facebook para grandes eventos de negocios y noticias. ¿Con qué frecuencia debería escribir? Eso se determina realmente por ensayo

y error: encuentre una frecuencia que funcione para usted y sus seguidores.

7. Una vez que encuentre una frecuencia que funcione, escriba sus publicaciones en lotes antes de tiempo y prográmelos para publicarlos en momentos específicos haciendo clic en el ícono del reloj de la herramienta «compartir» de su página. También puede programar sus publicaciones para que aparezcan cuando la mayoría de sus fans estén conectados en línea. Para saber cuándo hacen esto, visite su página de «*Insights*» y vaya a la pestaña de publicaciones. Programar los publicaciones es administrar bien el tiempo.

8. Dirija publicaciones a grupos demográficos específicos en su base de seguidores. Si algunas publicaciones son para grupos específicos de personas, puede administrarlas utilizando la herramienta «compartir» de su página haciendo clic en el ícono objetivo en la esquina inferior izquierda y seleccionando «Segmentación de anuncios». Facebook recopila información como el género, el estado civil, el nivel de educación, los intereses, la edad, la ubicación y el idioma de sus seguidores, y encontrará un grupo específico para utilizar esto.

9. Cree publicaciones de manera que conduzcan a los lectores a su sitio web. Para mí, este es el valor por excelencia de Facebook, porque —como sucede algunas veces—, Facebook puede limitar la conexión entre usted y sus seguidores en cualquier momento. Pero una vez que estos seguidores han migrado a su sitio web para aceptar su lista de correo electrónico, usted controla la comunicación con esos nombres. Y no se ponga nervioso por los informes de que ya nadie está utilizando el correo electrónico, o que la gente está utilizando únicamente Facebook como correo electrónico. Eso puede ser cierto para las poblaciones más jóvenes, pero no es cierto para el grupo demográfico de mayor edad y orientado a los negocios. Para crear enlaces de Facebook a su sitio web, vaya a la herramienta «compartir» de su página, ingrese la dirección del sitio web o URL a la que usted quiere enviar a la gente y luego oprima la tecla «*Enter*».

10. Examine el desempeño de las publicaciones individuales para ver dónde puede mejorar. Puede ver lo que está funcionando si va a la sección «*Insights*» de la página. Esto también le ayudará a entender mejor a sus seguidores y a crear contenidos en Facebook que los comprometan de manera continua.

TRATE A SUS SEGUIDORES COMO
USTED QUISIERA SER TRATADO

La autenticidad es la clave para mantener amigos en las redes sociales, fans y seguidores comprometidos. Sea humilde, deje que otros hablen de usted. No decepcione nunca a los demás. Proteja su reputación para que sea tan buena cuando esté desconectado como cuando esté conectado a la Internet. Evite dar sus propias opiniones políticas, religiosas o médicas, a menos que su marca personal gire alrededor de esos temas.

Aprenda a presumir de una manera que haga que la gente lo anime en vez de envidiarlo. La jactancia sumisa es la técnica molesta de decirle a la gente lo fantástica que es su vida, mientras la salpica con humor modesto o falsas afirmaciones como: «pobre de mí». Jean Twenge, profesora de psicología en la Universidad Estatal de San Diego y coautora del libro *The Narcissism Epidemic: Living in the Age of Entitlement* [La epidemia del narcisismo: la vida en la edad de los derechos], dice «Jactarse por sí solo hace que usted parezca un narcisista». «La jactancia sumisa lo hace parecer como un narcisista que es también falaz». Es normal querer compartir las cosas increíbles que suceden. Comparta las cosas buenas, pero hágalo con moderación, recuerde a su público.

¿Y qué si la controversia no es una parte habitual de su tema? No se enfrasque en una pelea en línea sobre los puntos de vista controvertidos de los demás; más bien, difúndalos utilizando la técnica de persuasión social «Feel, Felt, Found» (sentir, sentido, encontrado), utilizada normalmente por los vendedores y respaldada★ por Wired.com: «Uao, entiendo perfectamente por qué a usted le PARECE que la legislación sobre el agua es una amenaza real. ¡También me sentí interesado por el valor de mis propiedades! Pero luego ENCONTRÉ este artículo acerca de que ni los intereses corporativos ni nuestros legisladores estatales nos cuentan la historia completa…».

UTILICE LOS MEDIOS SOCIALES QUE SEAN
APROPIADOS PARA SU ASUNTO Y SU CARRERA

Si usted es una actriz, Facebook y Twitter le ayudarán a administrar sus fans. Pero si es el presidente de un banco o un juez del Tribunal Supremo, Pinterest y Facebook simplemente no son para usted, pues están enfocados en los consumidores. Para la mayoría de los profesionales y empleados corporativos que están cimentando sus carreras, LinkedIn es la plataforma de

---

★ www.wired.com/2014/06/connected-world.

redes profesionales ideal pero, por el contrario, es difícil ser respetado en LinkedIn si usted es un payaso, mimo o cómico profesional. Los profesionales y los propietarios de pequeñas empresas deberían conectarse con las muchas plataformas de medios sociales que existen específicamente para su industria.

Un consejo, por cierto: *no* participe en todos los planes de «comprar» amigos a empresas dudosas que dicen que añadirán miles de fans en Facebook por una tarifa.

LINKEDIN ES LA PLATAFORMA PRINCIPAL PARA PROFESIONALES DE NEGOCIOS

Si usted es empleado de una empresa o propietario de un negocio que vende productos y servicios que los empresarios necesitan, LinkedIn le ayudará a mostrarse a sí mismo como una autoridad en su campo.

Para crear su perfil, decida cómo quiere representarse a sí mismo y a quiénes desea atraer como clientes, compradores o patrocinadores. Aunque esto puede parecer básico, usted se sorprenderá de la manera como muchas personas añaden información a su perfil de LinkedIn, y que en realidad no prestan un servicio a su esfuerzo de reclutamiento. Por ejemplo, si usted es actualmente un *coach* ejecutivo o un consultor gerencial, ¿realmente necesitamos saber que usted estudió yoga o que obtuvo una certificación como terapeuta en masajes en 1984?

Además, recuerde que los perfiles de LinkedIn son sobre personas concretas, no sobre empresas. Así que si usted es dueño de un negocio, elija a alguien para que sea la cara de la empresa en LinkedIn —si no es usted—, o decida cuáles empleados aparecerán en la lista.

Una vez que usted decida esto, cree un perfil lo más completo posible utilizando buenas estrategias de mercadeo.★ Utilice la función de correo electrónico de LinkedIn para agregar contactos que estén alineados con sus habilidades y experiencia, a partir de una amplia gama de empresas. Esto dará comienzo a su «árbol» o red física, lo que le permitirá ampliar sus contactos de forma exponencial. A continuación, acuda a sus contactos y pida una recomendación; esto servirá como un «testimonio» en su perfil. (No necesitará muchos, pero trate de conseguir cuatro o cinco como mínimo).

Una vez que haya hecho su perfil y empezado a buscar recomendaciones, es el momento de ser reconocido como experto. Para ello, comience a

---

★Para obtener información detallada sobre cómo redactar un fabuloso perfil en LinkedIn, visite el blog de Janet Switzer en la página www.JanetSwitzer.com/blog.

participar en grupos de LinkedIn. Este sitio web ha fomentado todo tipo de grupos de personas afines en campos similares, áreas de especialización o líneas de trabajo. Usted puede participar en estos grupos y darse a conocer entre otros integrantes del grupo que podrían ser clientes potenciales o compradores para usted. Encuentre grupo(s) de profesionales que respondan a sus intereses o a su industria y luego, desde la página principal del grupo, podrá compartir enlaces y dar inicio a discusiones. Es una gran manera de hacer nuevos contactos profesionales. Usted también puede ayudar al equipo en la sección de «Respuestas» de LinkedIn que muestra sus conocimientos para que todos puedan verlos, y usted probablemente también estará ayudando a un cliente potencial futuro.

En estos días, hay mucho más por hacer en LinkedIn que puede ayudarle a construir su marca personal, incluyendo la publicación de artículos con base en su experiencia. Y aun cuando LinkedIn no es el único método de comercialización disponible para usted (aunque es uno al que recurren muchas personas de manera exclusiva), le puede brindar nuevas conexiones, un nuevo reconocimiento y nuevos negocios. Y al igual que Facebook, es un lugar en el que usted necesita ser encontrado con el fin de parecer legítimo.

Una última razón para actualizar o iniciar un perfil en LinkedIn es que el romance de Google con LinkedIn hará que su sitio web tenga también un nivel más alto. Esta es la razón: LinkedIn permite a los motores de búsqueda como Google ver y clasificar los datos en los perfiles de LinkedIn. Como parte de su perfil de LinkedIn, usted debe mencionar siempre su sitio web o blog (junto con la copia descriptiva que ayuda a los motores de búsqueda a encontrarlos). Google les da a los perfiles de LinkedIn un rango bastante alto cuando se trata de devolver los resultados de búsqueda para los usuarios finales. (Una idea: Asegúrese de ajustar sus preferencias de perfil en LinkedIn en «Vista completa» para que su sitio web/blog aparezca públicamente en el perfil visible).

UTILICE EL PODER EXPONENCIAL DEL *CROWDFUNDING*

Coautoría de Moses Ma★

El crowdfunding *no es nada nuevo. Lo que mucha gente no sabe es que la Estatua de la Libertad fue construida gracias al* crowdfunding. *Lo que es diferente hoy es que usted tiene acceso a mucha más gente que lo que haría de otro modo.*

ERICA LABOVITZ
Directora de mercadeo de Indiegogo

En los principios del éxito 17, 18 y 19, usted ya aprendió a que «¡Pida! ¡Pida! ¡Pida!»; «Rechace el rechazo»; y «Use la retroalimentación en beneficio propio». Pues bien, hay un lugar perfecto para practicar estos tres principios: el *crowdfunding*, que es la recaudación de fondos a través de pequeñas contribuciones de muchas personas por medio de la Internet con el fin de financiar un proyecto, empresa o iniciativa.

Esta manera nueva y apasionante para llevar a cabo nuestras visiones, alcanzó un punto de inflexión en Estados Unidos con la adopción de la ley impulsando la puesta en marcha de nuestros negocios (JOBS, por sus siglas en inglés), firmada por el presidente Obama, la cual reduce la carga normativa de las empresas emergentes y hace que sea más fácil salir a la luz pública. Estas plataformas de *crowdfunding* han ayudado a financiar de todo,

---

★Moses Ma es la persona a quien recurro para saber lo que está sucediendo y lo que es innovador en el mundo de la tecnología. Es coautor de *Agile Innovation: A Revolutionary Approach to Accelerate Success, Overcome Risk, and Engage Everyone* [Un enfoque revolucionario para acelerar el éxito, superar el riesgo e involucrar a todo el mundo] (Nueva York: Wiley, 2014).

desde nuevas empresas, proyectos de cine y música, organizaciones sin fines de lucro, y todo tipo de pequeñas empresas, así como ha ayudado a individuos y pequeños grupos a recaudar dinero para asuntos como matrículas universitarias, gastos médicos, equipos deportivos y viajes de voluntariado.

Los sitios web de *crowdfunding* han ayudado a personas de todo el mundo a recaudar dinero y han tenido un crecimiento exponencial, pasando de 89 millones de dólares en 2010 a 1,47 mil millones en 2011, a 2,66 mil millones en 2012, y a más de 5.000 mil millones de dólares en 2013. Se espera que su crecimiento se duplique cada año, hasta el momento se han realizado más de un millón de campañas individuales en todo el mundo. Hace poco, el Banco Mundial encargó un estudio sobre el futuro crecimiento del *crowdfunding* y sus estimaciones más conservadoras predicen que será un mercado de inversión de 93.000 millones de dólares en 2025.

LO QUE SE NECESITA PARA TRABAJAR LA MULTITUD

Si usted está buscando la manera de hacer una campaña de *crowdfunding*, sería bueno que aprendiera de un triunfador. La campaña más exitosa de *crowdfunding* que se ha realizado fue la del reloj Pebble, un reloj personalizable que podía mostrar publicaciones y alertas desde su iPhone o teléfono inteligente con Android, así como ejecutar una variedad de aplicaciones. Su fundador, Eric Migicovsky, no pudo reunir suficiente dinero a través de las fuentes tradicionales de capital de riesgo, por lo que Pebble Technology lanzó una campaña tipo «*kickstarter*» el 11 de abril de 2012, con el objetivo inicial de recaudar fondos por cien mil dólares. Quienes pagaran 115 dólares recibirían un reloj Pebble cuando estuvieran disponibles (99 dólares para los primeros doscientos), encargando efectivamente el Pebble de 150 dólares a un precio con descuento.

Al cabo de dos horas de ponerse en marcha, el proyecto cumplió con la meta de cien mil dólares, y en seis días se convirtió en el proyecto más financiado en la historia del *kickstarter* hasta ese momento, recaudando más de 4,7 millones de dólares cuando faltaban todavía treinta días para concluir la campaña. El 10 de mayo, Pebble Technology anunció que estaban limitando el número de pedidos anticipados, y el 18 de mayo, la financiación se cerró con 10.266.844 de dólares luego de que 68.928 personas se comprometieran con la campaña.

Por lo tanto, si usted está buscando salir y darle una oportunidad al *crowdfunding*, estos son algunos principios que ayudaron a Pebble a convertirse en un éxito. Puede hacer todas estas cosas por su cuenta y por casi nada en términos de costos.

1. Utilice el poder de la narración. Como seres humanos, primero sentimos y después pensamos. Y la mejor manera de evocar una respuesta emocional es contar una gran historia, y hacerlo en un video. Así que si quiere hacer una campaña de *crowdfunding*, piense en sí mismo como en la industria del cine. Kickstarter.com informa que los proyectos que incluyen un video son financiados con éxito el cincuenta por ciento de las veces, mientras que los que no cuentan con uno tienen apenas un treinta por ciento de probabilidades de financiar su proyecto. Los proyectos que incluyen un video también recaudan más dinero y de manera significativa.

Lo sorprendente es que esos videos que han ayudado a recaudar la mayor cantidad de fondos no son los que se vuelven locos con los valores de producción de Hollywood. Los videos que funcionan mejor son modestos y directos, y dicen simplemente: «Este soy yo y no estoy escondiendo nada». Más importante aún, le permiten presentar su pasión con honestidad.

Mire el video de Pebble. Expresa con honestidad que no tienen el dinero para rodar un anuncio profesional. Es rudimentario y claramente casero, pero exuda una adorable cualidad de seriedad y de pura simpatía que ninguna agencia de publicidad podría alcanzar con un presupuesto de producción de 200.000 dólares.

Nadie querrá invertir en algo que no pique su curiosidad. Las fotos y los textos no bastan para contar toda la historia; usted debe profundizar más y conectar a sus futuros clientes con las personas y personalidades que están detrás del producto. Y debe hacerlo de una manera auténtica. Creo que hemos logrado todo esto con nuestro video, en el que participó todo nuestro equipo y fue rodado en nuestras oficinas corporativas centrales —mejor conocidas como mi apartamento en esa época—, en un mes aproximadamente.

ERIC MIGICOVSKY
Fundador y CEO de Pebble Technology

Recuerde, los donantes y los capitalistas de riesgo nunca invierten en una idea; invierten en una persona. En usted. Cuando se describa a sí mismo o a su idea, utilice un lenguaje sencillo y claro que ofrezca un retrato franco y conciso de lo que realmente es usted como persona real. Y más importante aún, muestre que su pasión es real y que es digna de ser apoyada.

2. Ejecute de manera impecable. Tener una gran idea para una campaña es una cosa, pero ejecutarla es harina de otro costal. Una vez que tenga toda su historia, lo más importante para su campaña es que esta les llegue a un mayor número de personas. Así que vaya y suplíqueles a sus amigos que participen, ruégueles a los blogueros para que escriban sobre su campaña y, lo más importante, obtenga testimonios de todo el mundo que desee incluir en la página de su campaña. Cuando usted mira la página de la campaña de Pebble, verá que contiene una gran cantidad de citas en la parte superior derecha, de las personas y organizaciones que la refrendan, incluyendo a William Gibson, el célebre autor que inventó el «ciberespacio». Adicionalmente, el sitio ofrece un kit de medios para blogueros con materiales muy convincentes para crear artículos virales.

El ingrediente secreto para un proyecto *kickstarter* financiado con éxito son las actualizaciones frecuentes y administradas. Si usted habla con cualquier persona que haya dirigido una campaña, le dirá que las actualizaciones importantes traen consigo picos en la financiación. Ver las actualizaciones hace que los demás se refieran a usted como persona, hace creíble que el proyecto será completado, le da a la gente algo para compartir con los demás, y lo mantiene a usted en el espacio mental de ellas.

3. Construya y recompense a su comunidad. Así como usted no se embarcaría solitario en una gran expedición al desierto, es muy importante conformar un equipo para el *crowdfunding*. Usted necesita un equipo sólido de trabajadores incansables que puedan ayudar a manejar la promoción diaria, agradecer a los donantes y otras tareas esenciales pero que consumen mucho tiempo. Una vez que conforme el equipo de base, salga y pida a todos sus familiares y amigos que defiendan activamente su causa, o por lo menos que lo animen a usted haciendo una contribución y compartiendo las noticias acerca de su campaña con todas las personas que conozcan. Entre a Twitter y Facebook. Haga lo que sea lo necesario.

Las tres claves más importantes para tener éxito con el *crowdfunding* son la *comunidad*, la *comunidad* y la *comunidad*. Es fundamental «concentrar previamente» a un grupo numeroso de personas que estén dispuestas a comprometerse en el instante en que usted comience la campaña de *crowdfunding*. Llamo a esta técnica «estruendo, relámpago y trueno». Usted tiene que comenzar con un estruendo antes del inicio de la campaña y reclutar a cientos de personas para que se comprometan en el instante en que usted la lance. Es algo muy semejante al lanzamiento de un libro; si las ventas iniciales son fuertes, su éxito es una profecía autocumplida. Es importante reunir a su comunidad para despegar de inmediato antes de comenzar. Y cuando lance la campaña, tendrá que ejecutar como un rayo. Impecable. Sin vacilar. Si hace esto con rapidez, los bloggers informarán de manera invariable sobre usted. Vaya a la parte superior de la lista «lo que está de moda». El comportamiento de rebaño tendrá lugar y todo será para su beneficio.

Esa es la etapa del trueno, cuando la manada comienza a salir en estampida hacia su campaña.

A continuación, usted necesita recompensar a su comunidad. Esto ya es bastante obvio para la mayoría de las personas, pero si está lanzando un producto, es crucial que lo incluya en uno de los niveles de recompensa. Es una de las razones principales por las que la mayoría de los patrocinadores proporcionan su dinero para la mayoría de los proyectos. Aun así, es increíble la cantidad de campañas que se olvidan de hacer esto.*

La misión del kickstarter es ayudar a darles vida a las empresas por medio de una comunidad de partidarios. No estaríamos aquí sin las casi 70.000 personas que creyeron en nuestro producto. Se trata de darles lo que quieren; sin ellas, nada de esto sería posible.

ERIC MIGIKOVSKY

Por último, no sea tímido... salga y comprometa a la gente. Este es el momento para aprender cómo recolectar no con estilo y con garbo. Si estudia la página de la campaña Pebble, verá que hacen muy bien esto.

4. El nacimiento de una marca. Una campaña en una página de crowdfunding es algo así como un bebé recién nacido: es algo hermoso. Y parte de la belleza está en ver el nacimiento de su marca. Y la esencia de su marca es la confianza. Así que lo que usted necesita hacer es comunicar su credibilidad y experiencia en múltiples niveles. Esto es algo que el equipo de Pebble hizo a la perfección.

Cuando vea el video y lea su descripción del proyecto o las actualizaciones, es importante decir una y otra vez que usted puede hacerlo, que lo va a hacer, que no hay manera en el mundo de que no lo hará. Exprese continuamente gratitud por las personas de su equipo que tienen las habilidades para hacer que eso suceda. La clave es hacer que su público se identifique con usted.

5. Pida con amabilidad y sea agradecido. Esto parece obvio, pero usted se sorprenderá de la cantidad de campañas que nunca piden dinero. Describen

---

*Para saber cómo crear niveles de recompensa que funcionen, eche un vistazo a los premios en la página Kickstarter de Pebble, o visite la página del tour DoGoodBus en www.StartSome Good. com/Help /Stories, haga clic en «Cómo DoGoodBus consiguió $100.000», y otro clic en «Ver la Campaña» en la parte inferior de la historia.

la necesidad. Denotan pasión. Pero no hay ningún llamado a la acción. Asegúrese de utilizar un lenguaje que les diga a las personas qué acciones pueden emprender para ayudar a su campaña. Y cuando usted pida, hágalo con amabilidad.

Por último, agradezca a cada uno de sus partidarios, contribuyentes y donantes por lo menos dos veces. Y no solo por una campaña exitosa; agradézcales profusamente para que se inscriban en la próxima campaña.

DÓNDE ENCONTRAR UNA MULTITUD

La combinación de todos estos cinco factores fue lo que hizo que el lanzamiento del reloj Pebble fuera el lanzamiento Kickstarter más exitoso de todos los tiempos. ¿Está listo para probarlo? Aquí hay siete sitios que puede visitar para encontrar el que más le convenga.

Kickstarter.com es el «gorila» de 800 libras del crowdfunding, diseñado y desarrollado originalmente para las artes creativas, aunque hoy muchos empresarios de la tecnología utilizan este sitio. Algunos han recaudado millones de dólares. Eche un vistazo a la campaña kickstarter para el «Coolest Cooler», que solo tenía una meta inicial de 50.000 dólares, pero que ha recaudado más de 10.056.281 dólares entre 48.141 personas (al momento de escribir esto) para financiar la producción de un refrigerador de bebidas para playa, que contiene una licuadora que funciona con baterías recargables para hacer batidos o margaritas, un parlante Bluetooth resistente al agua, un cargador USB, una tapa con iluminación LED, llantas anchas y onduladas, y otras características interesantes. Usted puede aprender mucho de esta campaña.

Indiegogo.com le permite recaudar dinero para absolutamente todo, utilizando un modelo opcional de «guarde lo que recaude» con tarifas más altas o pagar menos si utiliza un enfoque de financiación de todo o nada. Mi historia favorita de Indiegogo es la de Solar Roadways Inc., una nueva compañía en Sandpoint, Idaho, cuyo objetivo es sustituir las actuales carreteras, estacionamientos y caminos de entrada de asfalto a base de petróleo por paneles viales elaborados con materiales reciclados y que incorporan células fotovoltaicas que generan energía renovable que puede ser utilizada en hogares y empresas. Se recaudaron más de dos millones de dólares para su proyecto.

Fundable.com es otra importante plataforma de *crowdfunding* que ofrece campañas basadas en recompensas (donde los partidarios pueden prometer dinero para nuevas empresas a cambio de recompensas o encargar los bienes que van a producir las empresas), y campañas basadas en capital (donde los inversores acreditados —aquellos con un patrimonio neto de al menos un millón de dólares—, pueden invertir en nuevas empresas en el segmento de capital de la plataforma para pequeñas empresas). No hace mucho, una empresa llamada TuneGo, una nueva plataforma de apoyo para artistas independientes en la industria musical para cimentar sus carreras, publicar y distribuir su música, y hacer que suene en las estaciones radiales, recaudó 774.000 de dólares en Fundable.

GoFundMe.com es un sitio web personal de recaudación de fondos que ha ayudado a miles de personas a recaudar millones de dólares para causas como matrículas escolares, equipos deportivos, cuentas médicas, viajes de voluntariado, ideas de negocios, eventos especiales y gastos de viaje. Mi historia favorita de GoFundMe es la de Chandra Starr, de trece años. Ella y su madre fueron una vez indigentes, pero después de tener estabilidad, vivienda y un trabajo fijo, Chandra se dispuso a recoger un millón de centavos —10.000 dólares—, para alimentar a las personas sin hogar de su comunidad mediante la construcción de huertos. Ella sobrepasó su meta en 4.500 dólares.

StartSomeGood.com es ideal para las primeras etapas de buenos proyectos sociales que aún no están exentos de impuestos [501(c)(3)]. Utiliza un modelo único de «punto de inflexión» para recaudar fondos que permite cobrar el dinero a medida que lo recauda. Una de las características de su sitio es un curso gratuito y de nueve partes por correo electrónico llamado Crowdfunding 101. Una organización sin fines de lucro en Los Ángeles, llamada Do Good, quería salir de gira en su autobús con la banda Foster the People y visitar veintidós ciudades con la intención de involucrar a los jóvenes para trabajar con la juventud en riesgo, la educación musical, la jardinería y los comedores de beneficencia. Con 680 contribuciones que iban desde un dólar a más de 10.000 dólares, recaudaron 101.781 dólares para financiar su viaje. El autobús Do Good preparó más de 8.500 comidas en un banco de alimentos en Dallas. En el Austin City Limits Festival, trabajaron con voluntarios para recaudar 12.981 dólares, destinados a la compra de equipos para los bomberos que luchan contra los descomunales incendios forestales en Texas. Gracias a una contribución por el mismo valor, más de 25.000 dólares fueron destinados a esa causa.

Causes.com está diseñado para ayudar a conectar a las personas que tienen una causa común y darles la posibilidad de emprender acciones, incluyendo —pero sin limitarse a— la recaudación de dinero (cuarenta y ocho millones de dólares hasta ahora) para organizaciones no lucrativas registradas con el fin de hacer del mundo un lugar mejor. Los honorarios son bajos y todos los donantes en el sitio saben que todas las aportaciones serán deducibles de impuestos.

«Sí, mi padre comenzó un proyecto de crowdfunding *para pagarnos por* NO *practicar*».

Crowdrise.com es un sitio para organizaciones benéficas con el fin de recaudar dinero, con la novedad de que cualquier persona puede inscribirse como voluntario para lanzar una campaña de recaudación de fondos para una organización benéfica que ya esté registrada en el sitio. Todos estos sitios están haciendo diariamente cosas maravillosas por las personas, por la promoción de las artes, por el espíritu empresarial y por la filantropía en miles de formas.

LA SALA DE JUEGOS DE CAINE

Cuando estaba investigando sobre *crowdfunding*, me encontré con una historia inspiradora que simplemente debo compartir. En el verano de 2011, Caine Monroy, que tenía nueve años, pasó el verano construyendo una sala de juegos con cajas viejas de cartón y objetos de uso cotidiano en la parte delantera de la tienda de autopartes de su padre, que parecía más una bodega, en el Este de Los Ángeles. La «sala de juegos» consistía en todo tipo de juegos ingeniosos que Caine diseñó y construyó por su cuenta, incluyendo un sistema de tiquetes y de redención de premios utilizando sus viejos juguetes como autos Hot Wheels a manera de premios. (Tiene que ver el video «Caine's Arcade» en YouTube para comprender la magnitud del logro monumental y creativo de este niño).

El único problema era que debido a la ubicación de la tienda y al hecho de que la mayor parte del negocio consistía en procesar pedidos en línea, la sala de juegos solo tuvo clientes en el último día de verano, cuando Nirvan Mullick, un cineasta, fue a la tienda de autopartes con el fin de comprar una manija para la puerta de su auto. Intrigado por la sala de juegos, compró un «Fun Pass» de dos dólares y se convirtió en el primer cliente de Caine. Impresionado con la creatividad, optimismo y perseverancia del niño, Mullick convocó una multitud de más de un centenar de sus amigos y seguidores en Facebook para sorprender a Caine al asistir todos como clientes a su sala de juegos. Mullick filmó todo el evento y posteriormente lanzó «Caine's Arcade», un documental de once minutos de duración, en Vimeo y YouTube. De inmediato se hizo viral con más de un millón de visitas el primer día.★

En 2012, Mullick creó un fondo de becas para Caine utilizando el *crowdfounding*, con el objetivo inicial de recaudar 25.000 dólares, pero recaudó 60.000 dólares en el primer día y 170.000 en la primera semana. Con más de 19.000 donantes individuales, actualmente el fondo tiene un total de 239.000 dólares, y el objetivo final es recaudar 250.000 dólares.

Y eso no es todo. Caine, que actualmente tiene apenas doce años, ha sido invitado a hablar en la Escuela Marshall de Negocios de la USC, en el Festival Internacional Leones de la Creatividad en Cannes, Francia, y recientemente habló en TEDxTeen, luego de ser presentado por Chelsea Clinton. Y después de que él y Mullick hablaran en Denver durante la Cumbre de la Red de Innovación de Colorado en 2013, a Caine le ofrecieron una beca completa para asistir a la Universidad Estatal de Colorado.

Inspirado por Caine, Nirvan creó la Imagination Foundation [Fundación imaginación], cuya misión es crear «un mundo donde la creatividad

---

★ Hasta el momento, Caine's Arcade ha tenido más de 4,4 millones de visitas en YouTube y Vimeo.

y el espíritu empresarial sean valores sociales centrales fomentados en escuelas, hogares y comunidades de todo el mundo; donde a todos los niños
se les enseñe a ser pensadores y emprendedores creativos, y se les anime a
hacer realidad sus mejores ideas». Uno de sus principales proyectos es el
Reto Global del Cartón, realizado anualmente y donde se invita a niños de
todas las edades a construir cualquier cosa que puedan imaginar utilizando
cartón, materiales reciclados y la imaginación, reuniéndose luego para compartir lo que han creado y jugar el 11 de octubre, el aniversario del día en
que Mullick sorprendió a Caine con un centenar de clientes en su sala de
juegos. En los dos primeros años, más de cien mil niños de cincuenta países
han participado en el Reto del Cartón.★

★Puede saber más acerca de la fundación y el Reto del cartón visitando la página www.The
Success Principles.com/resources.

CONÉCTESE CON PERSONAS QUE PUEDAN AMPLIAR SU VISIÓN

Facebook no fue creado originalmente para ser una compañía. Fue desarrollado para cumplir una misión social: hacer que el mundo sea más abierto y conectado.

MARK ZUCKERBERG
Fundador de Facebook

¿Cuál es el aspecto más poderoso de la Internet hoy? Su capacidad para conectar a millones y millones de personas que pueden compartir su pasión, apoyar su visión, darle consejos y estar presentes para ayudarle a alcanzar su sueño. De hecho, nunca antes en la historia de la humanidad ha habido un recurso como este: uno que pone a su alcance la consecución de sus metas más elevadas.

Es obvio que la labor suya consiste en *utilizar* esta herramienta para lograr lo que quiere, y luego ampliar su pensamiento para reclutar e impactar positivamente a más personas en unas iniciativas que mejoren sus vidas. Tal vez usted no pueda haber tenido ese poder en el pasado, pero con la Internet y la tecnología actual, la búsqueda del bien social —así como de sus propias metas—, debe ser un objetivo importante para cada persona que se rija por los principios del éxito.

CONÉCTESE CON PERSONAS CON GUSTOS SIMILARES PARA RESPALDAR SUS METAS MEDIANTE EL *CROWDSOURCING*

Cuando publicamos el primer libro, *Sopa de pollo para el alma*, poco sabíamos que fue uno de los primeros de la historia en utilizar el *crowdsourcing*. Decenas de personas nos suministraron contenidos en forma de historias individuales, poemas y dibujos para ese volumen. Fue tan exitoso que toda la serie de libros *Sopa de pollo* fue compilada utilizando este método. En un momento dado, tuvimos cientos de escritores profesionales y gente común que contribuyeron con historias para futuros libros que queríamos escribir. Es un modelo que no solo funcionó, sino que se hizo aún más fácil con el poder de conexión de la Internet.

¿Qué es el *crowdsourcing* y cómo puede ayudarle a llevar a cabo sus metas? El diccionario en línea Merriam-Webster.com* define el *crowdsourcing* como «el proceso de obtener los servicios, ideas o contenidos necesarios mediante la solicitud de contribuciones a un grupo numeroso de personas, y especialmente a una comunidad en línea, en lugar de empleados o proveedores tradicionales».

Comience ampliamente, amplíe aún más y nunca mire hacia atrás.

ARNOLD SCHWARZENEGGER
Actor, filántropo y exgobernador del Estado de California

Si usted es un autor potencial pero no puede escribir bien o no puede empezar, el *crowdsourcing* puede ayudarle a completar su manuscrito. De hecho, Robert Kiyosaki, autor del libro *Papá rico, papá pobre*, armó su reciente libro —*La conspiración de los ricos*—, utilizando esta modalidad tras publicar la introducción en línea, y luego invitó a sus millones de lectores a comentar y a ofrecer ideas sobre el resto de los temas del libro. No solo fue una gran investigación de mercado acerca de lo que la gente realmente necesitaba de un libro financiero, sino que además, y como parte del proceso de comentarios, los contribuyentes tuvieron que registrarse y aceptar que Robert podría utilizar cualquiera de sus comentarios e ideas en los capítulos restantes del libro.

Si usted es un empresario con una gran idea para proporcionar un servicio único en ciudades de todo el mundo, pero no puede prestar el servicio por su cuenta o no quiere hacerlo, hay increíbles historias de éxito de empresas que han sido puestas en marcha tras reclutar a otros para ofrecer los servicios por usted. Uber es una aplicación para teléfonos inteligentes que le permite reservar un taxi o encontrar un viaje compartido en las principales ciudades enviando mensajes de texto a compañías de taxis y a los conductores particulares. En otras palabras, no hay una sola compañía de taxis que proporcione tantos conductores; los servicios se basan en el *crowdsourcing* y la aplicación le ayudará incluso a ver el lugar exacto donde se encuentra el vehículo con respecto a su ubicación.

---

*Visite la página www.merriam-webster.com/dictionary/crowdsourcing.

© Randy Glasbergen
glasbergen.com

«Tengo un germen de una idea de una noción, pero necesitaré diez millones de dólares para desarrollarla en una abstracción de una visión de un concepto».

Otras empresas se han puesto en marcha gracias a los servicios de *crowdsourcing* prestados por miles de proveedores individuales, luego desarrollan simplemente un portal de sitio web para conectar a los compradores de estos servicios con quienes los prestan. Uno de mis favoritos es Fiverr. com, un sitio web que representa a trabajadores independientes en todo el mundo, y que hacen pequeños trabajos por solo cinco dólares. Y el mercado independiente en línea Elance.com conecta a artistas gráficos, escritores, programadores y otros profesionales creativos de todo el mundo con empresas que necesitan trabajadores experimentados, pero que desean subcontratar el trabajo en lugar de contratar a un empleado. Elance les cobra a los proveedores un pequeño porcentaje por cada transacción y, en 2013 reservó proyectos por 300 millones de dólares a través de su sitio web sin ofrecer por sí mismos ninguno de los servicios creativos.

RECIBA AYUDA CON SUS PROYECTOS A TRAVÉS DE ASISTENTES VIRTUALES O DIRIJA TODA SU EMPRESA VIRTUALMENTE

Uno de los aspectos de la era digital que realmente cambian la vida es que la Internet les ofrece a las personas con talento la capacidad de trabajar desde cualquier lugar, siempre y cuando tengan una computadora y una conexión a la Internet. Esto no solo ha creado un cambio masivo en cómo, cuándo y dónde trabaja la gente, sino que ha dado lugar también a toda una fuerza laboral virtual que incluye a trabajadores remotos, trabajadores de tiempo flexible, proveedores de externalización de servicios y asistentes virtuales.

Si usted es dueño de una empresa de consultoría en Nueva York, por ejemplo, puede contratar a un director de mercadeo en Texas, un servicio de contestador telefónico en Iowa, un asistente personal en Maryland, y un contador en Ohio, todo ello en adición a sus empleados regulares o *incluso en lugar de ellos*.

El concepto de una «empresa virtual» en la que cada empleado vive y trabaja de forma remota ha existido desde hace varios años, pero la era digital ha hecho que estas empresas sean más manejables y productivas que nunca. Ahora usted puede celebrar video-reuniones con todo su personal utilizando Google Hangouts (de manera gratuita). Puede transferir archivos al instante mientras habla, o enviar mensajes sin costo alguno a través de Skype. Y por unos pocos dólares al mes, puede alquilar un sistema de telefonía virtual que le permitirá dirigir llamadas entrantes a «departamentos» individuales de su empresa, aunque sus trabajadores vivan en ciudades diferentes. Contrate a un artista de voz en off en Fiverr.com para grabar sus saludos telefónicos y mensajes de enrutamiento, y su empresa virtual parecerá tan profesional como su mayor competidor en toda la ciudad.

Lo que es realmente emocionante acerca del modelo del ayudante virtual es que la Internet también hace posible que las personas en las economías más desarrolladas contraten a trabajadores a tiempo parcial en otros países como Rumania, India y Filipinas, pagándoles tarifas que son excelentes salarios por hora en esas naciones, pero que son una fracción de lo que los profesionales con una formación comparable ganarían en países más desarrollados. No es raro que los contadores, programadores veteranos, y brillantes asistentes de investigación que tienen maestrías, cobren solo entre siete y dieciocho dólares la hora por un trabajo de primer nivel.

CONFORME UN GRUPO VIRTUAL DE MENTES MAESTRAS

Hoy, la Internet le permite crear un grupo de mentes maestras con mucha más facilidad porque su alcance ya es global, y su capacidad para verificar referencias, obtener referidos y encontrar al grupo adecuado de mentes maestras es ilimitada. Nunca ha habido una época mejor para conformar un grupo de mentes maestras. Y con tecnología como Skype, Google Hangouts y GoToMeeting, usted puede organizar una reunión con un grupo de mentes maestras —en la que todos participen a través de video—, con otros miembros del grupo en todo el mundo. No solo eso, sino que la tecnología hace que sea barato utilizar este servicio en comparación con las tarifas de llamadas de larga distancia del pasado. Además, usted puede compartir documentos, diapositivas, fotos y otra información mientras interactúa.

Si usted dirige seminarios o talleres (o si está pensando en hacerlo), eche un vistazo a MaestroConference. Puede conducir un seminario en vivo y en línea para grupos de hasta 5.000 personas o de hasta 2.000 usuarios para compartir una pantalla. Puede subdividirlos en pequeños grupos de discusión o compañeros, y escuchar sus conversaciones tal como lo haría si estuviera caminando alrededor de un salón de clases convencional. Las personas pueden hacer preguntas levantando digitalmente sus manos, y usted puede llamar de forma espontánea a quien quiera. O bien, puede preseleccionar preguntas escritas y ahorrar tiempo al no responder aquellas que sean irrelevantes. Es como un seminario en vivo. Además, Maestro ofrece entrenamiento personalizado de primera categoría sobre la forma de utilizar el sistema.

AUMENTE SUS FACULTADES CAPACITANDO A LOS DEMÁS

Muchas personas mueren con su música todavía en ellos. ¿Por qué? Con demasiada frecuencia, se debe a que siempre se están preparando para vivir. Y antes de que se den cuenta, el tiempo se agota.

OLIVER WENDELL HOLMES
Exjuez de la Corte Suprema de EE.UU.

La clave del éxito es tomar lo que ha aprendido (o vuelto a aprender) en este libro y ponerlo en práctica. Usted no puede hacer todo a la vez, pero puede comenzar. Este libro contiene sesenta y siete principios. Si usted no tiene cuidado, esto podría parecerle un poco abrumador. De modo que aquí está todo lo que tiene que hacer:

Vuelva a la sección I y empiece a trabajar en cada uno de los principios de manera individual, en el orden en que aparecen, asuma el cien por ciento de la responsabilidad por su vida y su éxito, aclare su propósito de vida, decida lo que quiere, fíjese metas específicas y medibles para todos los aspectos de su visión particular, divídalos en medidas de acción específicas que pueda emprender, cree afirmaciones para cada una de sus metas y comience a practicar todos los días la visualización de sus metas cumplidas. Si es inteligente, usted reclutará también a alguien para que sea su compañero de rendición de cuentas, o conformar un grupo de mentes maestras para que hagan estos primeros pasos con usted.

A continuación, comience a *adoptar medidas* con sus metas más importantes *todos los días, excepto en los que tenga libres.* Pague el precio haciendo lo que sea necesario, pida cualquier cosa que necesite sin ninguna expectativa o miedo al rechazo, solicite retroalimentación y responda a ella, comprométase con una mejoría interminable y persista frente a cualquier obstáculo que pueda surgir. Ahora está *listo y encaminado* al cumplimiento de sus metas principales.

Luego, a fin de cimentar y mantener el impulso, cree un programa para erradicar sus asuntos inconclusos, trabaje en la transformación de sus creencias limitantes, adquiera el hábito de trabajar para prosperar, crecer, perfeccionar el próximo trimestre, comprométase a leer uno de los libros que aparecen en «Lecturas y recursos adicionales para el éxito» (y luego otro y otro), y compre un programa de audio motivacional para escuchar en su auto o mientras hace ejercicio. A continuación, programe unas vacaciones con su cónyuge o algunos amigos, e inscríbase en un seminario de desarrollo personal y termínelo en seis meses a más tardar. Empiece a decirles no a las personas y cosas que lo distraigan de sus metas principales, y busque un mentor o contrate un *coach* para aconsejarlo y mantener el rumbo.

Por último, trabaje en desarrollar su conciencia acerca del dinero. Asegúrese de establecer un procedimiento para invertir de forma automática el diez por ciento o más de cada cheque de su pago en una cuenta de inversión, y una parte de su tiempo y dinero en su organización religiosa o sin fines de lucro favorita. Analice y reduzca sus gastos, y empiece a pensar cómo hacer una fortuna en lugar de ganarse la vida siendo cada vez más valioso para su empleador o sus clientes.

Usted no puede hacer todo al mismo tiempo. Pero si añade un poco de progreso cada día, con el tiempo habrá forjado todo un nuevo conjunto de hábitos y autodisciplinas. Recuerde, cualquier cosa que sea valiosa toma su tiempo. No hay éxitos de la noche a la mañana. Tardé años en aprender y poner en práctica todos los principios de este libro. He dominado algunos y todavía estoy trabajando en el dominio de los demás.

A pesar de que le llevará algún tiempo, usted no debería tardarse tanto como yo. Tuve que descubrir todos estos principios por mis propios medios durante un período de muchos años y de muchas fuentes diversas. Se los estoy pasando a usted en un paquete grande. Aproveche el hecho de que yo haya ido antes y allanado el camino para usted. Todo lo que usted necesita para pasar al siguiente nivel está aquí.

Por supuesto, hay cosas que usted necesita saber, y que son únicas para su situación, profesión, carrera y metas específicas que no están cubiertas en este libro, pero los principios fundamentales necesarios para tener éxito en cualquier empresa o línea de trabajo se han cubierto a lo largo de los capítulos anteriores. Haga el compromiso de empezar ahora y continuar utilizándolos para crear la vida de sus sueños.

EFECTOS PRECESIONALES

El científico, inventor y filósofo Buckminster Fuller habló sobre los *efectos precesionales* que se presentan cuando acabamos de empezar algo, que al estar «en movimiento» hacia nuestras propias metas, podemos llegar a servir a la humanidad. Fuller explicó la precesión señalando que el objetivo principal en apariencia de la abeja melífera es obtener néctar para elaborar miel, pero al ir tras el néctar, la abeja termina implicada de manera involuntaria en un propósito mucho más grande. Mientras vuela de flor en flor en busca de más néctar, recoge el polen en sus alas y termina haciendo por lo tanto una polinización cruzada de todas las plantas que hay en el mundo. Es una consecuencia involuntaria de la actividad de las abejas en busca del néctar. Usted también puede pensar en sí mismo como una lancha rápida que se desplaza a través del agua. A sus lados y detrás de usted hay una secuela de la actividad causada por la sola fuerza de su movimiento hacia adelante. La vida también es así. Mientras usted está activamente en movimiento en la consecución de sus metas, esto creará efectos precesionales que resultan ser mucho más importante de lo que usted podría comprender o tener planeado inicialmente. Usted acaba de comenzar, y el camino de las oportunidades se mantiene simplemente desplegándose al frente y a su lado.

Ninguna de las personas ricas y exitosas que conozco (mis dos amigos más cercanos y las más de noventa que entrevisté para este libro) pudieron haber previsto o predicho la secuencia exacta de los acontecimientos que transcurrieron durante los cursos de sus vidas. Todos comenzaron con un sueño y un plan, pero una vez que empezaron a hacerlo, las cosas acontecieron de forma inesperada.

Mire mi propio ejemplo. Mark Victor Hansen y yo nunca predijimos que *Sopa de pollo para el alma*, el título de nuestro primer libro, se convertiría en un nombre de marca y en una frase ampliamente conocida en América del Norte y en muchos otros países de todo el mundo. Tampoco podríamos haber previsto que tendríamos una línea de Sopa de pollo para Pet Lover Soul™, la marca de alimentos para perros y gatos, así como una línea de tarjetas de felicitación, un programa de televisión, una columna sindicada o un programa de radio. Todas estas cosas simplemente evolucionaron a partir de nuestro compromiso inicial para escribir un libro y prestar un servicio.

Cuando Dave Liniger decidió retirarse de la mayor agencia de bienes raíces en Denver y abrir la suya, no tenía idea de que cuarenta años después, su compañía, RE/MAX, se convertiría en la mayor agencia de bienes raíces de Estados Unidos, con negocios por un valor de mil millones de dólares, y 90.000 agentes en noventa países de todo el mundo.

Cuando Donald Trump construyó su primer edificio, no sabía que con el paso del tiempo sería dueño de casinos, campos de golf, un centro vacacional, el concurso de Miss USA y varios *realities* en la televisión estadounidense. Solo sabía que quería construir magníficos edificios. El resto transcurrió a lo largo del camino.

Carl Karcher comenzó con un puesto de salchichas en el centro de Los Ángeles. Cuando hizo un poco de dinero, compró otro y luego otro hasta que pudo adquirir un restaurante de verdad. Ese restaurante se convirtió en Carl's Jr.

Cuando Paul Orfalea abrió un centro de copiado para servir a los estudiantes universitarios locales, poco sabía que más tarde se convertiría en Kinko, una cadena con más de 1.800 tiendas y que le produciría un valor neto de 116 millones de dólares cuando la vendió posteriormente a FedEx.

Todas estas personas pueden haber tenido una serie de objetivos y un plan detallado de la mejor manera que podían concebir en ese momento, pero cada nuevo éxito les brindó posibilidades nuevas e imprevistas. Si usted apunta simplemente en la dirección que quiere ir, comience y siga adelante; todo tipo de oportunidades inesperadas aparecerán a partir de ese movimiento hacia adelante.

UN SUEÑO OLÍMPICO SE TRANSFORMA EN UNA CARRERA COMO ORADOR PROFESIONAL

Cuando Rubén González percibió finalmente su sueño de competir por tercera vez en los Juegos Olímpicos de invierno, regresó a Texas, donde Will, su vecino que tenía once años, le recordó su promesa de ir a contar su historia en la escuela primaria. Después de que Rubén entretuvo a la clase de quinto grado de Will con las historias de sus dificultades para lograr su sueño olímpico, el maestro de Will le preguntó a Rubén si estaría dispuesto a hablar frente a toda la escuela. Rubén les habló a los doscientos estudiantes por espacio de una hora.

Al final de su charla, varios profesores le dijeron que contrataban con frecuencia a oradores para que les hablaran a los estudiantes y que él era mucho mejor que cualquiera que hubieran contratado anteriormente. También le dijeron que tenía un don natural como orador. Animado por estos comentarios, Rubén comenzó a llamar a otras escuelas en el área de Houston, y obtuvo tantos contratos que renunció a su trabajo como vendedor de fotocopiadoras.

Todo salió bien hasta junio, cuando para su sorpresa, llegaron las vacaciones de verano y solo tuvo compromisos para hablar hasta el otoño. Alentado por la necesidad de comprar alimentos para él y su esposa, Rubén comenzó a llamar a los negocios locales. Poco a poco, se forjó una reputación en el mundo empresarial alrededor de Dallas y, a medida que se propagó el rumor sobre sus charlas tan motivadoras, la carrera de Rubén despegó. Al cabo de menos de dos años, Rubén hizo tanto dinero en los dos primeros meses como lo había hecho durante todo el año en su trabajo anterior como vendedor de fotocopiadoras.

Clasificarse en el puesto 35 a nivel mundial en luge, un deporte del que la mayoría de las personas no habían oído hablar, fue un paso hacia su carrera como orador de primera clase, pero no fue algo que estuviera planeando mientras caía en picada por la pista de hielo a noventa millas por hora en el Centro de Entrenamiento Olímpico en Lake Placid, Nueva York. Fue uno de esos efectos de precesión de los que hablaba Buckminster Fuller.

¡COMIENCE YA!

Ninguna cantidad de lectura o memorización lo hará exitoso en la vida. Lo que cuenta es la comprensión y la aplicación sabia.

BOB PROCTOR
Autor de *Ustedes nacieron ricos* y maestro de *El secreto*

He hecho todo lo posible para darle los principios y las herramientas que necesita para hacer que todos sus sueños se hagan realidad. Han funcionado conmigo y con muchos otros, también pueden funcionar con usted. Pero aquí es donde termina la información, la motivación y la inspiración, y comienza la transpiración (proporcionada por usted). Usted, y solo usted, es el responsable de emprender acciones para crear la vida de sus sueños. Nadie más puede hacerlo por usted.

Usted tiene todo el talento y los recursos que necesita para empezar ahora mismo y, crear finalmente cualquier cosa que desee. Sé que puede hacerlo. Usted sabe que puede hacerlo… ¡Así que vaya y hágalo! Es muy divertido, pero también es una labor muy ardua. Por lo tanto, ¡acuérdese de disfrutar del viaje!

Todos los que llegaron a donde están tuvieron que comenzar en donde estaban.

RICHARD PAUL EVANS
Exitoso autor de *La caja de Navidad*

EMPODÉRESE A SÍ MISMO
EMPODERANDO A LOS DEMÁS

También quiero sugerirle que les regale varios ejemplares de este libro a sus hijos adolescentes y en edad universitaria, a sus empleados, miembros de equipo y gerentes. Se sorprenderá de la forma en que esta obra puede cambiar radicalmente a una familia, un equipo o empresa con el simple acto de hacer que todos utilicen los mismos principios del éxito de manera simultánea.

El mejor regalo que le puede dar a alguien es el don del empoderamiento y del amor. ¿Qué podría ser más amoroso que ayudar a las personas que a usted le importan a liberarse de sus creencias limitantes y de su ignorancia sobre el éxito, y darles el poder para crear la vida que realmente desean en lo más profundo de su alma?

Son muchas las personas en el mundo que viven actualmente en un estado de resignación o desesperación. Es el momento de darle la vuelta a esto. Todos tenemos el poder dentro de nosotros para crear la vida que queremos, la vida que soñamos, la vida para la que hemos nacido. Todos merecemos realizar nuestro potencial y manifestar nuestro verdadero destino. Es nuestro derecho de nacimiento, pero debemos reclamarlo. Debemos ganarlo a fuerza de trabajo duro, y parte de ese trabajo es aprender primero y luego vivir de acuerdo a los principios eternos y de eficacia comprobada que nos garantizan conseguir los resultados deseados. La mayoría de nosotros no aprendimos estos principios en la escuela, solo unos pocos lo hicimos en casa.

Han sido transmitido de una persona a otra por mentores, capacitadores, empresarios exitosos, maestros, *coaches* y, más recientemente, en libros, seminarios y programas de audio. Ahora usted tiene la esencia de estos principios en sus manos. Utilícelos primero para liberar su propia vida y la de aquellos por quienes más se interesa, y cuyas actividades tengan un mayor impacto en su vida.

¿Qué pasaría si todos los miembros de su familia dejaran de quejarse, asumieran toda la responsabilidad por sí mismos y por sus vidas, y empezaran a crear la vida de sus sueños? ¿Qué pasaría si todos los empleados de su empresa practicaran estos principios? ¿Qué pasaría si todos los miembros de su equipo de softbol abordaran la vida de esta manera? ¿Qué pasaría si todos los estudiantes de secundaria de Estados Unidos conocieran estos principios y los practicaran en el aula, en el campo de juego y en su vida social? ¿Qué pasaría si todos los hombres y mujeres que están en prisión aprendieran estos principios valiosos antes de reincorporarse a la sociedad? Sería un mundo muy diferente.

Las personas asumirían el cien por ciento de responsabilidad por sus vidas y los resultados que pudieran generar. Tendrían claridad acerca de sus visiones y sus metas. Nadie podría ser víctima de la crítica y del abuso. Las personas respetarían sus acuerdos. Todo el mundo perseveraría en vista de la dificultad y el desafío. Hombres y mujeres conformarían equipos para apoyarse unos a otros y convertirse en todo lo que podrían ser. Las personas pedirían lo que necesitaran y quisieran, y se sentirían libres para decir no a las peticiones de los demás, pues no estaría bien que respondieran con un sí. Los individuos dejarían de lloriquear y de quejarse, y seguirían adelante creando la vida que quieren. Estarían haciendo el trabajo que les gusta y les prestarían por lo tanto un servicio más grande y alegre a los demás. Las personas dirían la verdad y se escucharían unas a otras con compasión, porque sabrían que la paz, la alegría y la prosperidad florecen al hacer esto.

En resumen, ¡el mundo funcionaría!

La mayor contribución que usted puede hacer al mundo es desarrollar la autoconciencia, la autorrealización, y el poder de manifestar sus propios sueños y deseos más profundos. La siguiente mejor cosa que puede hacer es ayudar a otros a hacer lo mismo. ¡Qué mundo tan maravilloso sería si todos hiciéramos eso!

Mi intención es que este libro contribuya a la creación de ese tipo de mundo. De ser así, habré cumplido mi propósito de inspirar y de empoderar a otros a vivir su visión más elevada en un contexto de amor y alegría, en armonía con el bien por excelencia de todos los interesados.

Si deseas conocer algo a fondo, enséñaselo a otros.

TYRON EDWARDS
Teólogo estadounidense

ENSÉÑELES ESTOS PRINCIPIOS A OTROS

Una de las maneras más eficaces de aprender cualquier cosa es enseñársela a los demás. Esto lo obliga a aclarar sus ideas, a hacer frente a las inconsistencias de su propio pensamiento y a convertir las palabras en hechos. Pero lo más importante, requiere que usted lea, estudie y comente la información, una y otra vez. La repetición consiguiente refuerza su propio aprendizaje.

Uno de los grandes beneficios que recibí al investigar y enseñar los principios del éxito es que constantemente me los estoy recordando a mí mismo y lo importante que es utilizarlos. A medida que los miembros de mi personal leían los capítulos de este libro mientras yo los terminaba, esto nos ayudó a todos a comprometernos de nuevo con aquellos que no estábamos aplicando completamente. Y cada vez que hago seminarios en todo el mundo, creo que puedo ser más diligente en la aplicación de los principios en mi propia vida.

Piense a quién pudiera enseñarle estos principios. ¿Podría impartir un seminario en su iglesia? ¿Ofrecer una clase en la escuela secundaria o universidad de su comunidad? ¿Conducir un seminario en su sitio de trabajo? ¿Facilitar un grupo de estudio de seis semanas que se reúna una vez por semana a la hora del almuerzo? ¿Dirigir un grupo de discusión con su familia?

Si desea, vaya a la página www.TheSuccessPrinciples.com, haga clic en la pestaña «únase al equipo» y descargue una guía gratuita de facilitadores para dirigir un curso de seis sesiones que enseña los principios básicos de este libro a los demás.

Usted no tiene que ser un maestro de estos principios para dirigir un grupo de discusión o un taller de seis sesiones. Solo tiene que estar dispuesto a leer las instrucciones en voz alta. La guía de estudio le dirá todo lo que necesita decir y hacer para realizar un minitaller productivo y ayudar a la gente a poner en práctica los principios en el trabajo, la escuela y el hogar.

También estamos involucrados activamente en la formación de miles de personas para enseñar los principios del éxito en talleres y cursos de formación altamente interactivos y experimentales. Además de nuestros entrenamientos en vivo de dos y tres semanas (repartidas en el transcurso de un año), y que tienen lugar en Estados Unidos, también tenemos disponible el curso completo para estudiar en casa «Capacite al capacitador en los principios del éxito». Ambos programas lo convertirán en un capacitador certificado en los principios del éxito de Canfield. Nuestro objetivo final es tener un millón de personas que enseñen estos principios, estrategias, métodos y técnicas en corporaciones, pequeñas empresas, escuelas, universidades, gobiernos, organizaciones sin fines de lucro, iglesias y seminarios públicos para el año 2030. Ya estamos en el camino correcto para el cumplimiento de este objetivo, y nos encantaría que usted se uniera a nosotros. Para obtener más información, visite la página www.JackCanfield.com.

Imagine una familia, grupo, club, grupo religioso, oficina, equipo de ventas o empresa donde las personas estuvieran trabajando juntas para apoyarse unas a otras en el hecho de vivir activamente estos principios. Los resultados serían milagrosos. Y usted podría ser la persona que hiciera que esto suceda. Si no es así, ¿entonces quién? Si no es ahora, ¿entonces cuándo?

CUANDO LEVANTE A OTROS, ELLOS LO LEVANTARÁN

Y esta es otra ventaja importante: mientras más ayuda usted a otras personas a tener éxito en la vida, más querrán ayudarle a tener éxito. Usted podría preguntarse por qué todas las personas que enseñan estrategias de éxito son tan exitosas. Es porque han ayudado a muchas personas a conseguir lo que quieren. Las personas apoyan de manera natural a quienes las han apoyado. Lo mismo será cierto para usted.

Uno de mis maestros espirituales me enseñó una vez a estudiar a los que estaban por encima de mí, a ser maestro para quienes estaban por debajo de mí, y ser un compañero de viaje y una ayuda idónea para quienes estaban en el mismo nivel. Este es un buen consejo para todos nosotros.*

AYÚDENOS A INICIAR UN MOVIMIENTO

Si usted cree que es demasiado pequeño como para hacer un impacto, trate de irse a la cama con un mosquito en la habitación.

ANITA RODDICK
Fundadora de The Body Shop, con 3.500 tiendas en sesenta y un países, que sirven a más de ochenta millones de clientes; y una destacada ecologista y activista de derechos humanos

Me imagino un mundo en el que todas las personas se inspiren para creer en sí mismas y en sus habilidades, y estén facultadas para alcanzar su pleno potencial y realizar todos sus sueños. Quiero que estos principios se enseñen en cada escuela y universidad, y que se practiquen en todas las pequeñas empresas y grandes corporaciones.

He entrenado a otros capacitadores y oradores, desarrollado planes de estudios para escuelas,† creado programas de capacitación en formato de video para programas de asistencia social y corporaciones,‡ escrito libros, creado programas de audio y video,§ conducido seminarios y cursos

---

*Si está interesado en profundizar su propia comprensión de estos principios y aprender a enseñarlos bajo la modalidad de un taller interactivo, es probable que también desee asistir a mi entrenamiento «Avance hacia el éxito», el cual dura cinco días. Este entrenamiento acelerará su crecimiento y le enseñará valiosas habilidades de liderazgo y métodos de instrucción. Para obtener más información, visite la página www.JackCanfield.com.

†Ver *Self-Esteem in the Classroom: A Curriculum* Guide [La autoestima en el aula: una guía curricular], de Jack Canfield. Disponible a través de los seminarios de autoestima, P. O. Box, 30880, Santa Barbara, CA 93130. sitio web: www.JackCanfield.com.

‡La información sobre estos programas —el GOALS y el STAR— (El éxito por medio de la acción y la responsabilidad), está disponible en la Foundation for Self-Esteem, 4607 Lakeview Canyon Road, # 299, Westlake Village, CA 91316-4028. Teléfono: 818-584-6650.

§Para obtener una lista completa de mis libros, programas de audio y video, seminarios y programas de entrenamiento, visite la página www.JackCanfield.com.

en línea, y desarrollado programas de entrenamiento y *telecoaching** para el público en general. He creado una columna sindicada, ayudado a producir una serie de televisión, y aparecido en numerosos programas de radio y televisión que comparten estas ideas con los demás.

Me encantaría que se uniera a mí para difundir el mensaje. Si desea hacer parte del equipo de los principios del éxito, visite la página www.TheSuccess-Principles.com, regístrese haciendo clic en la pestaña «Únase al equipo», y le haremos saber cómo puede unirse a nosotros para llegar a otros y enseñarles.

¡TRANSFÓRMESE A SÍ MISMO PARA EL ÉXITO! ASISTA AL «AVANCE HACIA EL ÉXITO» EL PRINCIPAL EVENTO DE CAPACITACIÓN DE JACK CANFIELD

Su vida ideal está mucho más cerca de lo que cree. A través de este impactante programa de capacitación en vivo, miles de personas de todo el mundo han alcanzado sus sueños más altos, desde convertirse en los autores más vendidos al lanzamiento de nuevos negocios, duplicado sus ingresos, triplicado su tiempo libre, financiado nuevas obras de caridad, transformado en los mejores vendedores y mucho más. En tan solo cinco días, usted tendrá una claridad total acerca de lo que quiere, recibirá ayuda para superar los obstáculos que lo han estado frenando, escribirá un plan paso a paso para llevar su vida al siguiente nivel, ¡y luego aprenderá a poner en práctica e intensificar este plan de acción! Visite la página www.BreakthroughtoSuccess.com para obtener más información.

¡RECIBA APOYO A MEDIDA QUE APLICA ESTOS PRINCIPIOS! DESCUBRA EL *COACHING* PERSONAL DE JACK CANFIELD

No importa si sus metas son llegar a ser el mejor vendedor de su empresa, un destacado arquitecto, sacar las notas más altas en la escuela, comprar la casa de sus sueños o duplicar sus ingresos, los principios y las estrategias son los mismos, ¡pero deben aplicarse! Jack ha capacitado y guiado a un equipo de *coaches* en los principios del éxito para ofrecerle el apoyo personal, la objetividad y la retroalimentación constructiva que usted necesita para alcanzar el éxito. Con el apoyo de su coach, usted puede aprender a aplicar los

---

*Para una introducción gratuita al *coaching* (y determinar si el Programa *Coaching* de Canfield es el adecuado para usted), visite la página www.CanfieldCoaching.com.

principios de gran alcance de este libro. Visite la página www.JackCanfield. com/coaching para una introducción gratuita al *coaching*.

ÚNASE A LA PRÓXIMA GENERACIÓN DE LOS ENTRENADORES EN POTENCIAL HUMANO COMO UN INSTRUCTOR CALIFICADO EN LOS PRINCIPIOS DEL ÉXITO

El programa Capacite al capacitador de Jack Canfield es una capacitación profesional en la que Jack lo instruye en persona para obtener la certificación y enseñar los principios del éxito utilizando la «Metodología Jack Canfield» del aprendizaje experimental y el modelo holístico de crecimiento y desarrollo. Junto con un grupo de no más de cien estudiantes, usted estará empoderado para llevar los principios del éxito de Canfield al mundo; son los mismos principios descritos en este libro. Jack le ayudará a convertirse en un capacitador exitoso y dinámico, y lo equipará con el conjunto de habilidades, contenidos, ejercicios, diseño de talleres, herramientas de capacitación y la actitud mental necesaria para obtener resultados. Asista a un campamento en vivo o estudie en la comodidad de su hogar u oficina. Visite la página www.CanfieldTraintheTrainer.com.

LOS RETIROS PRIVADOS DE JACK CANFIELD

Si alguna vez ha querido recibir la ayuda personal de Jack para crear la vida significativa, plena y emocionante que usted se merece, estos retiros de grupos pequeños, realizados en lugares exclusivos como Maui, Toscana o Dubai, y la impresionante casa de Jack en Santa Bárbara, ofrecen un ambiente tranquilo y transformador, al mismo tiempo que le da el apoyo personalizado que usted necesita para despertar a la siguiente fase de su vida. Si es seleccionado para participar, usted se unirá a un grupo de alto calibre de triunfadores conscientes de sí mismos que han invertido años en su crecimiento personal y profesional, y alcanzado la cima de su profesión. Si alguna vez ha querido que Jack se centre en sus sueños más grandes, y conocer a otros líderes que comparten su compromiso con el éxito ilimitado, esta es su oportunidad. Únicamente mediante solicitud. Los retiros tienen un límite de veinticinco participantes. Visite la página www.JackCanfield-Retreat.com.

Lleve su éxito al siguiente nivel…

Los principios del éxito
HERRAMIENTAS GRATIS
PARA ALCANZAR **EL ÉXITO**

en la página www.thesuccessprinciples.com/tools.htm

GRATIS Guía de planeación para un año… para ayudarle a planear sus actividades, listas de tareas, elementos de acción, lecturas sobre el éxito, calendario de administración del tiempo y mucho más. Incluye una página tras otra de listas coloridas de comprobación diaria, páginas de notas y de fijación de metas, listas de lecturas, entradas en el diario personal, mensajes estimulantes e inspiradores de Jack y Janet… y más.

GRATIS Registro de victorias… para su carpeta de tres anillos u otro formato compatible con las páginas Victory Log. Estas páginas tamaño carta son coloridas, inspiradoras y están diseñadas para empoderarlo con los éxitos diarios creados por usted. Cuando los tiempos son difíciles, recuérdese a sí mismo lo exitoso que realmente es, utilizado sus propias páginas Victory Log, diseñadas para sintonizarse con los principios del éxito.

GRATIS Guía de estrategias para mentes maestras… diseñada específicamente para grupos de mentes maestras, esta guía gratuita de estrategias ayuda a su grupo con actividades, ideas y mensajes estimulantes que le pueden ayudar a cualquier grupo a alcanzar un mayor nivel de éxito.

Los principios del éxito
CURSO DE TRANSFORMACIÓN DE DIEZ DÍAS

En este curso impactante, GRATUITO y en línea —enviado a su dirección de correo electrónico—, usted descubrirá las estrategias fáciles de usar que le ayudarán a decidir lo que quiere… y a conseguirlo. Inscríbase hoy en la página www.the Success-Principles.com.

LLEVE EL PODER DEL CAMBIO A SU ORGANIZACIÓN: DISCURSO, TALLERES Y CAPACITACIÓN DE *LOS PRINCIPIOS DEL ÉXITO*

Los cambios positivos y profundos son la consecuencia natural cuando sus empleados, gerentes, miembros y estudiantes experimentan *Los principios del éxito* en un taller, una capacitación o los discursos en vivo.

No solo su equipo estará inspirado y motivado para lograr un mayor éxito, sino que aprenderán también a mejorar el nivel de su actitud mental, acciones, relaciones y alianzas estratégicas.

El discurso, taller o capacitación de *Los principios del éxito,* los empoderará con estrategias que los harán más productivos con un menor esfuerzo… que les ayude a poner más dinero en sus cheques de pago… que les ayude a funcionar mejor dentro de sus grupos de trabajo… y que les ayude a responder de forma más eficaz y productiva a los acontecimientos diarios.

El discurso, taller o capacitación de *Los principios del éxito* incluye herramientas para el éxito, así como materiales altamente personalizados del programa para cada participante. Es posible diseñar también capacitaciones a largo plazo o a distancia para su organización. El discurso, taller o capacitación de *Los principios del éxito* son ideales para grupos como:

- Profesionales independientes de ventas
- Propietarios de pequeñas empresas
- Gerentes y ejecutivos
- Miembros de la Asociación de Comercio
- Grupos de trabajo corporativos y nuevas contrataciones
- Teletrabajadores y empleados que trabajan en casa
- Estudiantes y educadores
- Funcionarios y administradores escolares de negocios
- Empleados y directivos sin fines de lucro
- Practicantes profesionales y su personal
- Empleados que enfrentan el despido o traslado
- Empleados del gobierno
- Personal militar y civil

Para obtener más información, visite la página www.JackCanfield.com.

SUS EMPLEADOS Y MIEMBROS SE BENEFICIAN CUANDO USTED ADQUIERE UNA BUENA CANTIDAD DEL PROGRAMA DE AUDIO *LOS PRINCIPIOS DEL ÉXITO* DE 30 DÍAS...

Ahora sus empleados, gerentes, miembros y estudiantes pueden experimentar este sistema revolucionario para alcanzar cualquier meta, vivir cualquier sueño, y tener éxito en cualquier campo adquiriendo el programa de audio de 30 días, *Los principios del éxito* en grandes cantidades. Usted podrá disfrutar de grandes descuentos con respecto al precio original; además, su equipo descubrirá hábitos nuevos e impactantes que les darán oportunidades sorprendentes y resultados extraordinarios.

Deje que *Los principios del éxito* le suministren a su grupo los ejercicios por escrito día a día, los cuales les ayudarán a incorporar estas nuevas actitudes y comportamientos en sus vidas nuevas y emocionantes. A continuación, vea cómo reciben beneficios inexplicables... encontrar contactos nuevos e importantes que les ofrecen oportunidades... y que el mundo despliega su abundancia y riqueza para ellos, y todo porque también han hecho el viaje a través de los ejercicios y los principios del éxito como los siguientes:

- Articular su atractivo único para que los recursos del mundo se dirijan hacia usted
- Acceder a mentores y amigos poderosos que le abrirán las puertas a medida que usted busca el éxito
- Decirle no a lo bueno, por lo que tendrá espacio en su vida para decirle sí a lo maravilloso
- Concluir proyectos, relaciones y heridas del pasado para que usted pueda abrazar el futuro
- Decir la verdad más temprano para evitar desastres a medida que avanza hacia el éxito
- Cambiar el resultado de cualquier evento, modificando simplemente su reacción a él
- Prepararse y estar listo de inmediato cuando la oportunidad toque su puerta
- Utilizar el sistema de administración única del tiempo, el cual le garantiza que usted tendrá más tiempo para centrarse en actividades que conducen al éxito.

Visite la página www.thesuccessprinciples.com., para adquirir el programa de audio de *Los principios del éxito* de 30 días. Para organizar un taller a nivel interno, llame al 805-563-2935.

LECTURAS RECOMENDADAS Y RECURSOS ADICIONALES PARA EL ÉXITO

Usted es el mismo hoy que como será dentro de cinco años, salvo por dos cosas: los libros que lea y las personas que conozca.

CHARLIE «TREMENDO» JONES
Miembro del Salón de la Fama de Oradores Nacionales

Como seguramente recordará, le sugiero que lea algo de carácter educativo, motivacional o inspirador todos los días, por un mínimo de veinte minutos al día y, preferiblemente, por espacio de una hora. A continuación encontrará una breve lista de algunos de mis libros para que comience a hacerlo. También he incluido una lista de los libros (casi doscientos) que me han parecido más útiles en mi viaje hacia el éxito, en el sitio web complementario www.TheSuccessPrinciples.com/resources. Encontrará libros para mantenerlo ocupado durante varios años.

Le sugiero que lea la lista del sitio web, vea qué libros le atraen y empiece con esos. Siga sus intereses y verá que cada libro que lea lo conducirá a otros.

También hay una lista de programas de audio que le sugiero que escuche, y varios programas de capacitación dirigidos por otras personas los que lo animo a asistir. Hay incluso dos campamentos de verano orientados al éxito que recomiendo para sus hijos.

Estamos actualizando constantemente esta lista con los nuevos y mejores recursos que voy descubriendo.

La siguiente es una breve lista de mis libros que se centran en el éxito. Todos ellos están disponibles en JackCanfield.com, en Amazon.com, BarnesandNoble.com, BooksaMillion.com, así como en muchas de sus librerías locales.

The Power of Focus: How to Hit Your Business, Personal and Financial Targets with Absolute Certainty [El poder de la concentración: ¿Cómo alcanzar sus objetivos empresariales, personales y financieros con absoluta certeza], Edición del 10° aniversario, de Jack Canfield, Mark Victor Hansen, y Les Hewitt (Deerfield Beach, FL: Health Communications, 2011).

El factor Aladino, de Jack Canfield y Mark Victor Hansen (Barcelona: Ediciones B, 2001).

La clave para vivir la ley de la atracción, de Jack Canfield y Dee Watkins (Madrid: Aguilar, 2009).

Tapping Into Ultimate Success: How to Overcome Any Obstacle and Skyrocket Your Results [El *tapping* hacia el éxito supremo: cómo superar cualquier obstáculo y disparar sus resultados], de Jack Canfield y Pamela Bruner (Carlsbad, CA: Hay House, 2012).

Coaching for Breakthrough Results: Proven Techniques for Making Impossible Dreams Possible [El *coaching* para el avance en los resultados: técnicas probadas para hacer posibles los sueños imposibles], de Jack Canfield y Peter Chee (Nueva York: McGraw-Hill, 2013).

Chicken Soup for the Soul: Unlocking the Secrets to Living Your Dreams [Sopa de pollo para el alma: descubra los secretos para vivir sus sueños], de Jack Canfield y Mark Victor Hansen (Cos Cob, CT: Chicken Soup for the Soul Publishing, 2012).

ACERCA DE LOS AUTORES

Jack Canfield, conocido como el Coach del Éxito # 1 de Estados Unidos, es un autor de *best sellers,* orador profesional, entrenador y empresario. Es el fundador y presidente del Grupo de Capacitación Canfield, que capacita a empresarios, educadores, líderes corporativos, profesionales de ventas, y personas motivadas en cuanto a la forma de ampliar su visión y acelerar el logro de sus metas personales y profesionales.

Como creador de la entrañable serie *Sopa de pollo para el alma,* y como fuerza impulsora tras el desarrollo y la venta de más de doscientos libros de la serie *Sopa de pollo para el alma*, con cien millones de ejemplares vendidos en Estados Unidos (y quinientos millones en todo el mundo en cuarenta y tres idiomas), Jack estaba excepcionalmente calificado para hablar del éxito. Su columna nacional de opinión aparece en ciento cincuenta periódicos. La serie de televisión Sopa de pollo para el alma se transmite por las cadenas PAX y ABC.

Jack se graduó en la Universidad de Harvard, tiene una maestría en educación psicológica de la Universidad de Massachusetts y tres doctorados honoríficos. Durante los últimos cuarenta años, ha sido psicoterapeuta, consultor educativo, capacitador corporativo y es una autoridad eminente en los campos de la autoestima, el avance hacia el éxito y el máximo rendimiento.

La primera edición de *Los principios del éxito* ha vendido medio millón de ejemplares en treinta idiomas en todo el mundo. Sus otros libros de superventas —*The Success Principles for Teens* [Los principios del éxito para adolescentes], *El poder de mantenerse enfocado, El factor Aladino, Atrévete a ganar, You've Got to Read This Book!* [¡Tienes que leer este libro!], *La clave para vivir la ley de atracción, Coaching for Breakthrough Success* [*Coaching* para avanzar hacia el éxito], y *Tapping into Ultimate Success* [*Tapping* hacia el éxito final]—, han vendido millones de ejemplares y puesto en marcha programas complementarios multimedia, así como programas de *coaching* y de capacitación empresarial para individuos y corporaciones entusiastas.

Jack posee un récord mundial Guinness por tener siete libros en la lista de los más vendidos del *New York Times* en un mismo día (24 de mayo de 1998). También obtuvo un récord mundial Guinness por la mayor firma de libros (del libro *Sopa de pollo para el alma de los niños*).

Jack es también el fundador de The Foundation for Self-Esteem [La fundación para la autoestima], que proporciona recursos de autoestima y cursos de capacitación a trabajadores sociales, beneficiarios de asistencia social, y profesionales de recursos humanos. Jack escribió y coprodujo GOALS, un programa de capacitación en formato de video para ayudar a individuos de California a dejar de recibir asistencia social y empezar a trabajar; 810.000 personas ya lo han hecho.

Jack ha aparecido en más de mil programas de radio y televisión, incluyendo *Oprah, The Montel Williams Show, Larry King Live, Today Show, Fox & Friends, Evening News*, de CBS, *Nightly News*, de NBC y *Talk Back Live*, de CNN, así como en PBS y la BBC. Jack es un maestro que ha participado en diecinueve películas, entre ellas *El secreto*, *La verdad*, *The Opus*, *Choice Point*, *La solución Tapping* y *El guardián de las llaves*.

Jack ha dirigido más de 2.500 talleres, seminarios y cursos de capacitación, ha presentado y realizado talleres para más de quinientas corporaciones, asociaciones profesionales, universidades, sistemas escolares y organizaciones de salud mental en los cincuenta estados y en treinta y cinco países. Sus clientes incluyen Microsoft, Federal Express, Siemens, Campbell's Soup Company, Virgin Records, Sony Pictures, General Electric, Sprint, Merrill Lynch, Hartford Insurance, Johnson & Johnson, Coldwell Banker, Northrop, RE/MAX, Keller Williams, UCLA, YPO, el Departamento de la Marina de los Estados Unidos y Children's Miracle Network (la Red del milagro de los niños).

Jack ha sido incluido en el Salón de la Fama de la Asociación Nacional de Oradores, recibido la beca Paul Harris del Club de Rotarios, galardonado con el Premio Placa de Oro de la National Achievement Summit, y galardonado con la Medalla del Rector de la Universidad de Massachusetts. Fue nombrado dos veces Motivador del Año por la revista *Business Digest*, recibió el Premio al Orador del Año de la Sociedad para el Éxito y el Liderazgo, así como el Premio Nacional de Liderazgo de la Asociación Nacional para la Autoestima.

Para obtener más información sobre las capacitaciones «Avance hacia el éxito» de Jack, los programas «Capacite al capacitador», de *coaching* y de audio y video, o para contratarlo como orador o entrenador, puede ponerse en contacto con su oficina en:

The Canfield Training Group, P.O. Box 30880, Santa Barbara, CA 93130
Teléfono: (805) 563-2935 y (800) 237-8336; Fax: (805) 563-2945
Correo electrónico: info@JackCanfield.com
Sitios web: www.JackCanfield.com, www.CanfieldTrainings.com,
    www.CanfieldCoaching.com

Janet Switzer ejemplifica el logro personal y la realización profesional resultantes de la aplicación de estos principios del éxito comprobados.

A los diecinueve años, comenzó su carrera profesional como especialista en la campaña de un miembro del Congreso de los Estados Unidos, y a los veintinueve ya había fundado una empresa editorial internacional con más de diez millones de dólares en activos.

En la actualidad, Janet es la estratega de ingresos preferida por muchos de los principales empresarios célebres del mundo. Sus clientes de alto perfil han incluido a Jack Canfield, al orador motivacional Les Brown, al ícono empresarial Jay Abraham, y al doctor en psicología Roger Callahan, quien desarrolló la terapia «*tapping*», entre muchos otros.

Es coautora de *bestsellers* del *New York Times* y estratega de mercadeo de *Los principios del éxito*, el clásico libro número uno de autoayuda publicado en treinta idiomas. Es también la principal autora del exitoso libro *Instant Income: Strategies That Bring in the Cash for Small Businesses, Innovative Employees, and Occasional*

Entrepreneurs [Ingresos instantáneos: estrategias que generan ingresos a pequeñas empresas, empleados innovadores y empresarios ocasionales].

Durante más de veinticinco años, Janet Switzer ha estado a la vanguardia para ayudar a los propietarios de negocios a aprender, a crecer y a ganar dinero. Sus libros, boletines y cursos de capacitación son leídos y utilizados por empresarios en más de ochenta países. Y su popular columna sobre pequeñas empresas se publica en más de doscientos veinte medios de comunicación en todo el mundo. Ha asesorado a miles de empresas y empresarios en sistemas y estrategias que generan un flujo confiable y predecible de dinero.

Janet Switzer es una oradora que hace reflexionar en conferencias en todo el mundo. Ha viajado a casi todos los continentes para hablar con empresarios, profesionales independientes de ventas, empleados corporativos y miembros de asociaciones, y sus eventos de capacitación están disponibles en toda América del Norte y la región de Asia Pacífico.

Además, Janet Switzer es la fundadora de «Profit Advisors», una red global de consultoría: la alternativa enfocada en ingresos y en pequeñas empresas para compañías de consultoría corporativa. Los consultores capacitados de esta red ayudan a los propietarios de pequeñas empresas a implantar sistemas de generación de ingresos en un lapso de doce meses. *Cash-Flow Culture*™ [Cultura de flujo de dinero], el próximo libro de Janet Switzer, y su programa de capacitación para corporaciones y pequeñas empresas, ayuda a los empleados a centrarse en ingresos cada vez mayores, con sistemas probados y conductores críticos que proporcionan rendición de cuentas y resultados tangibles.

Janet Switzer es una periodista ampliamente publicada y fue columnista de las revistas *Nightingale-Conant's AdvantEdge* y *Training*. Es toda una personalidad en los medios de comunicación, ha sido vista por más de setenta y cinco millones de televidentes, y ha aparecido en el *Wall Street Journal*, *USA Today*, el *New York Times*, *TIME*, las revistas *Entrepreneur* y *Speaker*, así como en las cadenas radiales MSNBC y ABC.

La división de consultoría de Janet Switzer ayuda a las pequeñas empresas a establecer sistemas de generación de ingresos, mientras que su compañía editorial ofrece herramientas y cursos de capacitación que ayudan a los propietarios de negocios a centrar a su personal y a sus operaciones en generar dinero en efectivo.

Visite la página www.JanetSwitzer.com.

AGRADECIMIENTOS

Este libro, como todo lo que he hecho en mi vida, es el resultado de un enorme esfuerzo de equipo. Quiero expresar mi más profundo aprecio y agradecimiento a:

Janet Switzer, sin cuyos esfuerzos hercúleos este libro nunca se habría terminado. Gracias por tu increíble apoyo, tu profunda visión y los largos días dedicados a la concepción original de esta obra, como coautora de una propuesta literaria de talla mundial, depurando mi interminable producción de palabras escritas hasta convertirlas en un manuscrito manejable, contribuyendo con contenidos nuevos, emocionantes y valiosos a la edición revisada, ofreciendo tu punto de vista de negocios a mis lectores empresariales de este libro, y creando un extraordinario plan de mercadeo para llegar a millones de personas con el mensaje de este volumen en la última década. Has sido una asesora de confianza y una estratega extraordinaria durante casi veinticinco años en mi carrera. ¡Eres verdaderamente impresionante!

A Patty Aubery, expresidenta de Chicken Soup for the Soul Enterprises y actual presidenta del Grupo de Capacitación Canfield. Gracias por «hacerme» escribir este libro, por traer a Janet Switzer a nuestra organización hace casi veinticinco años y por presentarme a Bonnie Solow, que me ayudó a hacer posible este libro. También por tu persistencia para reclutar a PEI, nuestra empresa de *coaching*, y por convencerlos de que mi mensaje valía la pena. Tu compromiso para apalancar la marca Canfield con el fin de transformar millones de vidas y tu determinación para crear la próxima generación de líderes transformacionales, me han hecho expandir continuamente. Tú eres la prueba viviente de que los principios de este libro funcionan cuando se trabaja en ellos. Las palabras nunca pueden expresar cuánto aprecio tu apoyo para hacer aflorar lo mejor de mí.

A Jeff Aubery, por vivir sin tu esposa mientras ella trabajaba en este libro, y en el programa de estudio en el hogar «Capacite al capacitador». Eres un hombre y un padre extraordinario.

A Steve Hanselman, que fue el editor de HarperCollins de la primera edición de este libro, y quien me instó a publicar esta edición revisada y siempre me brindó su apoyo. Gracias por tu ilimitada energía, por tu hermoso espíritu, y por tu dedicación a educar y elevar el nivel de la humanidad a través de la palabra escrita.

A Bonnie Solow, mi agente literaria. Eres más que un agente. Estuviste presente en cada paso, a todo lo largo del camino, con tus conocimientos editoriales, tu apoyo emocional, tu ánimo entusiasta y tu franca amistad. Admiro tu integridad, tu profesionalismo, tu compromiso con la excelencia, tu deseo sincero de marcar la diferencia y tu amor por la vida.

A Peter Hubbard, editor ejecutivo de HarperCollins, quien respaldó la revisión del décimo aniversario de este libro. Aprecio profundamente tu apoyo a este proyecto. A todas estas personas talentosas en HarperCollins, que jugaron un papel decisivo en la creación de este libro, en especial a Nick Amphlett, Andrew DiCecco, Rachel Meyers, Diane Shanley, Nyamekye Waliyaya, Dale Rohrbaugh, Onalee Smith y a Katie Steinberg.

A Deborah Feingold, que tomó la foto de la portada.

A todo el personal de Jack Canfield Companies, sin cuya ayuda no hubiera podido terminar este libro. Especialmente a Russell Kamalski, jefe de operaciones del Grupo de Capacitación Canfield. Gracias por tu actitud tolerante y calmada, que ayudó a mantener todo esto junto en medio del frenesí semejante a un tornado en el que nos encontramos con frecuencia. Eres un verdadero caballero.

A Jesse Ianniello, por todas tus horas interminables durante la transcripción de los cientos de entrevistas que grabé para el manuscrito original, y por asumir la enorme labor de ensamblaje necesario para completar esta edición revisada, además de tu papel habitual como vicepresidente de capacitación. Constantemente haces que lo difícil parezca fácil. Eres una verdadera maravilla.

A Andrea Haefele-Ventim, que no solo es nuestra alma mayor, sino que nos mantuvo a todos con los pies en la tierra y se hizo cargo de muchas de las tareas de desarrollo de capacitación y productos de la compañía mientras yo estaba trabajando en este libro. Has demostrado lo mucho que se puede lograr a través de la Internet y de Skype, haciéndolo todo desde Brasil luego de mudarte allí con tu nuevo esposo. Tu capacidad de mantenerte centrada y calmada, así como tu sentido del humor, son altamente apreciadas.

A Verónica Romero, mi asistente ejecutiva, que mantuvo mi vida en orden con muy poco apoyo de mi parte durante el último mes que estuve enterrado bajo el peso de este proyecto. Gracias por programar todas las entrevistas y por supervisar la consecución de todos los permisos necesarios para este libro. Gracias también por organizar y garantizar el éxito de mis viajes y de mi carrera como orador, así como por velar por mi integridad y bienestar durante este tiempo. Tus esfuerzos incansables, tu atención al detalle y tu compromiso con la excelencia son impresionantes. ¡Te aprecio mucho!

A Donna Bailey, por cuidarme en muchos aspectos de mi vida, y especialmente por asegurarte de no excedernos en el presupuesto, de manera que siempre tengamos suficiente dinero para hacer las cosas que tenemos que hacer.

A Teresa Collett, por gestionar la coordinación de todos mis compromisos para dar conferencias y mantener felices a todos nuestros clientes durante los últimos dieciocho años, sobre todo mientras yo estaba reescribiendo este libro.

A Lisa Williams, mi directora de mercadeo, quien supervisa toda nuestra presencia en la Internet, por promover constantemente este trabajo, por ser la cuidadora de mi mensaje y, sobre todo, por tu labor para solicitar nuevas historias de éxito para esta edición revisada. Tu incansable dedicación a la misión es increíble.

A Lexi Wagner, por todo tu apoyo en el departamento de mercadeo, así como en los medios sociales. Aprecio mucho tu actitud en cuanto a «lo que necesites» y «lo que sea necesario».

A Alice Doughty-Refauvelet, por tu entusiasmo, tu creatividad y tu capacidad de hacer casi cualquier cosa que pongamos delante de ti.

A Jody Schwartz, por tu enfoque total y completo en nuestra capacitación insignia, «Avance hacia al éxito». ¡Tu entusiasmo es contagioso!

A Dwain Jeworski, por estar dispuesto a ser nuestro recurso de confianza en todo lo relacionado con la era digital, así como por tu brillantez excepcional en el campo del mercadeo y por tu verdadera voluntad de hacer todo lo posible para apoyarme a mí y a la empresa en muchos sentidos, más allá de los principios del éxito.

A toda mi familia por su amor, apoyo y comprensión durante lo que ha sido sin duda el mayor desafío de mi carrera profesional. Gracias por comprender las largas horas que necesité para terminar este proyecto a tiempo. Los amo y los aprecio mucho a todos. A Inga, mi esposa, a quien adoro por lo mucho que me entiende a mí y a mi visión, y por su incesante amor, ayuda, humor y ánimo. A Christopher, mi hijo quien tiene ya veintitrés años, por soportar mi obsesión por este libro. Espero que nuestros viajes a Europa y África hayan compensado el tiempo perdido durante la redacción de la primera edición. A Riley y a Travis, mis dos hijastros, que están persiguiendo sus sueños con valentía y que siempre hacen que eso sea interesante. Gracias por todo su apoyo. A Oran y a Kyle, mis dos hijos mayores; ahora tenemos más tiempo para centrarnos en la familia y en mi primer nieto.

A la familia de Janet, por su apoyo, comprensión y buen humor luego de las vacaciones perdidas y por las conversaciones interminables relacionadas con el libro durante las cenas. A sus padres, Les y Beverly, que desde muy temprano le enseñaron a Janet el significado del éxito, y que fomentaron una atmósfera de logros en su casa. A sus hermanas, Jennifer y Jeff, por su constante apoyo y aliento a través de cada nuevo paso en la vida y la carrera de Janet. Y sobre todo, gracias a Brianne, la sobrina de Janet, que no solo refleja cómo los niños aprenden a tener éxito, sino que es también un recordatorio sutil de que lo más importante es disfrutar de él.

Para obtener una lista completa de todas las personas a las que nos gustaría agradecer, por favor visite la página www.TheSuccessPrinciples.com/resources.

AUTORIZACIONES

Agradecemos a los muchos editores y personas que concedieron su autorización para reproducir el material que se cita a continuación:

Doug Wittal. Reproducido con permiso.
Justin Bendel. Reproducido con permiso.
Natalie Peace. Reproducido con permiso.
Elvin Slew. Reproducido con permiso.
Pavel Popiolek. Reproducido con permiso.
Heather Walker O'Brien, autor de *Don't Give Up. Get Up!* [No se rinda.
    ¡Levántese!], y creador de la filosofía HELP www.HelpfulSpeaker.com.
Akshay Nanavati. Reproducido con permiso.
Lewis Pugh. Reproducido con permiso.
Forrest Willett. Reproducido con permiso.
John Calub. Reproducido con permiso.
© Randy Glasbergen www.glasbergen.com
Charles Rodrigues. ©1991 Tribune Media Services. Reproducido con permiso.
Raj Bhavsar. Reproducido con permiso.
Julie Marie Carrier, entrevistado por el autor.
Pat Williams, entrevistado por el autor.
Arnold M. Patent. Reproducido con permiso.
Dave Liniger, entrevistado por el autor.
Monty Roberts, entrevistado por el autor.
Logan Doughty. Reproducido con permiso.
Timothy Ferriss, entrevistado por el autor.
Rubén González, entrevistado por el autor.
Jason W. McDougall. Reproducido con permiso.
Peak Performers [Ejecutantes de élite], de Charles A. Garfield, Ph.D. Reproducido
    con permiso.
Catherine Lanigan. Reproducido con permiso.
Buddy Hickerson. © Tribune Media Services. Reproducido con permiso.
Daniel Amen, M. D., Director de Amen Clinics, Inc. y autor de *Cambia tu cerebro,*
    por cambia tu vida.
© Reproducido con permiso especial de King Features Syndicate.
Stuart Lichtman, entrevistado por el autor.
C. K. Kumaravel. Reproducido con permiso.
Brian Tracy. Reproducido con permiso.
Les Hewitt. Reproducido con permiso.
DC Cordova. Reproducido con permiso.
T. Harv Eker, entrevistado por el autor.
Anthony Robbins. Reproducido con permiso.

ÍNDICE

100 maneras de mejorar la estima propia en el aula (Canfield), 401

1001 Ways to Market Your Books [Mil y una maneras de promocionar tus libros] (Kremer), 237

Aaron, Raymond, 357–358

abundancia, 462, 485, 493

Abundancia (Diamandis), 542

Academia de Logros, 177–178

Achievers Coaching Program [Programa de entrenamiento para personas exitosas], 102, 383

acciones: inspiradas, 73, 75–77; orientados a las, 151–152. Ver también escuchar

«acciones inspiradas», 73, 75–76

aceptar el cambio, 290–293, 545

acerca del dinero, 479–482

activos financieros, 500, 501–502

actitud «hay que creer», 46

actitud, para creer en sí mismo, 51–52

Actitud mental positiva (Hill), 4

activos, finanzas, 501, 512

actos de bondad, 461

actos de servicio, como lenguaje de amor, 460

actuando para el futuro deseado (actuar como si…), 135–146

Adams, Brian, 236

adicción a las drogas, 41, 280, 443

adictos al trabajo, 288

administración del dinero. Ver plan financiero; gasto

administrador de contraseñas, 547–548

adrenalina, 166, 171

aficiones, 184, 511

afirmaciones, 111–117; cómo utilizarlas, 115; de amor, 447, 449; de perdón, 280–284; dinero y, 479–482; guía para las efectivas, 112–115; para correspondencia vibracional, 77–80 afirmaciones con la palabra «soy», 112–115

afirmaciones sobre el dinero, 479–480

Agile Innovation [Innovación ágil] (Ma), 560

agradecimiento, como paso para el perdón, 274–275

ahorro de dinero, 109–110. Ver también invertir dinero

Alcoa, 197

Alcohólicos Anónimos, 10

Alford, Steve, 180

Ali, Muhammad, 154

alegría, 26, 40, 69n, 77, 131–132, 273

Allen, James, 294, 301, 528

Allen, Robert, 24n, 106, 380, 528

Allen, Woody, 392

alertas amarillas, 16, 285–286

alma del dinero, El (Twist), 529

altruismo. Ver diezmo

ambición, 517

Amen, Daniel, 62, 296, 296n

Amazon.com, 522

amor, 275, 302–303, 447, 462–463; capaz y merecedor del, 309; el dinero sigue a lo que amas hacer, 345–347; los cinco lenguajes, 458–461; proceso de crítico interno a asesor interno, 300, 301–304

Anderson, Chris, 566–567

Anderson, Walter, 285

Anheuser-Busch, 197

ansiedad, 280–282

aplicaciones en la nube, 548–549

Apollinaire, Guillaume, 173

aprecio, 457–463; a través de la meditación, 79–80; como secreto del éxito, 462; compromiso y cumplimiento, 466–467; llegar a

tiempo, 464–465; de las personas que
lideran, 379; del auditorio, 453; hacia ti
mismo, 465; integridad, autoestima y,
466; los cinco lenguajes del, 458–461;
tarjetas, 461–462; visual, 446
aprender, 321–329; cursos de
capacitación para desarrollar el
potencial humano, 327; déjese enseñar,
324–325; esté listo para cuando
llegue la oportunidad, 325–326;
invierta en la educación de su equipo,
327–329; leer como herramienta para,
322–323; manténgase motivado con
los maestros, 330–334; tiempo de
televisión contra, 321–322
Aprendizaje basado en el contexto, 141
aprendizaje para la vida, 316. Ver también
aprecio
apuntes de victorias, 256–257
artistas embaucadores, 345–346
Aschauer, Peter, 514–515
asesor interior, 294–307; a otros para que
asuman el papel del liderazgo,
376–378; para escritores, 401;
propósito de los, 403, 405–406
asesores personales, 356–357, 365
Ash, Mary Kay, 159, 235
asistentes virtuales, 358–360, 588–589
Asociación de Directores de Estados
Unidos, 530
Asociación Nacional de Asesores
Financieros, 501
Asociación Nacional de Organizadores
Profesionales (NAPO), 271, 272n
Assaraf, John, 129, 248, 250, 468
ataques terroristas del 11 de septiembre
(2001), 122, 229, 283, 324, 431
atención plena, 422
atención, prestar, 19
atletas olímpicos, 149–151, 181–182, 357,
473
Atrévase a pensar como Leonardo da Vinci
(Gelb), 410
Attwood, Janet y Chris, 29
Aubery, Patty, 392, 459
Aunque tenga miedo hágalo igual, 138,
165n
autenticidad, 370, 573
Automatic Negative Thoughts
[Pensamientos automáticos negativos]
(ANTs), 296, 296n
autobús Do Good, 582

autoconciencia, de los líderes, 369–370
autoconfianza, 51, 154, 254–257, 305,
438. Ver también creer en sí mismo
autodestructivos, 6–7, 314–317. Ver
también creencias limitantes
autodiálogo, 108, 111–112, 301, 301–304
autoestima, 466; actos de clase, 473;
mentira como producto de una baja,
448; teoría de la ficha de póquer,
254–255
autoimagen, 106, 108, 109, 139
automejoramiento, 223
avatar, 560, 560n
Avon, 513
ayuno de medios de comunicación, 544

Baby Jogger, 513
Bach, David, 500, 506
Bach, Richard, 46, 136, 294
bajo nivel de apego, 177–178
Balletta, Madeline, 421–422
Barber, Skip, 324
barra de marcadores, 547
Baumgartner, Felix, 386
Baylando Records, 336
Beach Activities of Maui, 174
Beatty, Melody, 162
Beckwith, Michael, 561
Bee-Alive, 421–422
Behring, Kenneth, 536, 538n
Bench, Doug, 297, 483n
Bendel, Justin, xx
Bennis, Warren, 367
Bestseller Blueprint [Proyecto Best
Seller], 401
Better Life Day [Mejor día de la vida],
407
Bhavsar, Raj, 19–22
Biblia envenenada, La (Kingsolver), 203
Bierman, Jack, 152
Bill and Melinda Gates Foundation, 531
biografías, 323
Black Enterprise (revista), 199
Blakely, Sara, 373
Blanchard, Ken, 208, 237, 317, 347, 378,
401
Bledsoe, Jaylen, 60
blog (escribir en blog), 543, 546, 556–557
Bogguss, Suzy, 161
Bono, 539
Boone, Pat, 421–422
Booth, Leo, 347
Borten, Craig, 233
Bourdain, Anthony, 469

Boxer, Barbara, 6
Boyer, Tom, 481–482
Boyle, Susan, 56–57
brasas, caminar sobre, 54
Bragg, Paul, 175
Brause, Diane, 35
Bradbury, Ray, 163
Bradley, Bill, 180
Breitman, Patti, 363
Brin, Sergey, 205
Bristol, Claude, 312
Brown, Les, 325, 381
Bryant, Paul «Bear», 182
Buda, 64
Bunch, Jim, 387
Buzan, Tony y Barry, 98
Byrne, Rhonda, 80, 101n

Cabrera, Miguel, 345
Calub, John, xxvi–xxviii
Callahan, Roger, 172, 172n, 280n,
    281–284
calendarios (programar), 361; estar a
    tiempo, 455; lista de cosas para hacer
    diariamente, 100–101
Cambie su cerebro, cambie su vida (Amen),
    296n
cambio: aceptar el cambio, 292–293,
    545; con afirmaciones, 111–117; quejas
    contra el, 12–13; mejora y, 220–221; en
    respuesta a eventos, 6–18
Cambio radical tecnológico por siete
    días, 550
cambio cíclico, 292–293, 545
cambio estructural, 292, 545
Caminos ocultos (O'Dell), 201
campo cuántico, 265
Canfield, Inga, 259, 459, 460
Canfield, Kyle, 336
capacitación en desarrollo personal, 327
capacitación en la práctica, 163–164
Capala, Matthew, 553
Cardillo, Donna, 243
Carnegie, Andrew, 82, 404
Carrey, Jim, 89, 111
Carrie (King), 205
Carrier, Julie Marie, 25
Carroll, Pete, 13
carta de la verdad total, 273–275
carteleras para visiones, 129–130, 486
Carter, Christine, 182
Carter-Scott, Chérie, 33–34
Carver, George Washington, 5
Cash Flow Game, 491

Casstevens, David, 463
Causes.com, 582
celulares, 546, 551, 577
centrarse: en el dinero y la riqueza,
    479–486; 487; en el éxito, 245–253; en
    lo negativo, 298–299; en lo positivo,
    260–261, 299; en una visión, 36–38;
    proceso de enfoque total, 354–355;
    registro de triunfos diarios, 256–257
Centro de Nueva Inglaterra para
    Desarrollo Personal y Organizacional,
    163, 255
Chaplin, Charlie, 154
Chapman, Gary, 458–459, 459n
charlas TED, 566–568, 567n
Chee, Peter, 377n, 402
Chicken Soup for the African American
    Soul [Sopa de pollo para el alma
    afroamericana] (Canfield et al.), 214
Chicken Soup for the Gardener's Soul [Sopa
    de pollo para el alma del jardinero]
    (Edwards), 239
Chicken Soup for the Prisoner's Soul [Sopa
    de pollo para el alma del prisionero]
    (Canfield et al.), 527
Child, Julia, 56
Child Fund International [Fondo
    internacional de niños], 535
Childre, Doc, 417
chismorreo, 449–451
Chopra, Deepak, 49, 72, 101n
Churchill, Winston, 64, 201, 323, 471
ciclo de concluir, 266–267
cinco lenguajes del amor, 458–461
Clark, Wesley, 37
Clason, George, 493
clave es el por qué, La (Sinek), 562
Clinton, Bill, 178, 235
Club «de los pesimistas», 250–252
Coaching para el éxito (Miedaner), 271
cobros mensuales, 550
codicia, 529
cóctel millonario, 137
Collier, Robert, 237
Collins, Charlie, 443–446
Collins, Jim, 361, 363
Collins, Sylvia, 195
coloquios de éxito, 324
Colvin, Geoffrey, 183
Cómo decir no sin sentirse culpable
    (Breitman y Hatch), 363
Cómo hacerse rico (Getty), 452
Como un hombre piensa, así es su vida
    (Allen), 301

Cómo utilizar lo que tienes para conseguir lo que quieres (Tam), 442n
compartir la riqueza, 526–532
compasión, 274
compañías de network marketing, 521n
compromiso de mejoramiento, 220–223
compromisos, 317–319; con un mejoramiento, 220–223; de los líderes, 367–368
conciencia de concluir, 267–268
conclusión, 266–272; ciclo de, 266–267; espacio para algo nuevo, 268–269
condicionamiento, 51, 330
Confesiones de un chef (Bourdain), 469
confianza, en el equipo de apoyo, 370–372
conocimientos financieros, 491–492
consecuencias, 469; crear o permitir, 15–18; como resultado de responder a lo que sucede, 6–18; de los hábitos, 314–316
Conseguir el amor de tu vida (Hendrix), 461–462
consejeros, 380–382, 392
consejo, negocios, 383–385
conscientícese con su dinero, 489–493
consideraciones, 90–92
consultoría, 523
contacto físico, 460
contacto visual, 259, 415
controladores críticos, 225–226
conversaciones, fórmula para tener, 442–443
conversaciones cruciales, 442–443
Conversaciones cruciales (Patterson), 443n
conversación de corazón a corazón, 430–435; pautas para una, 432–433; cómo llevar a cabo una, 431; resultados, 433; cuándo utilizar una, 431
Conversaciones difíciles (Stone, ed.), 443n
Coolidge, Calvin, 231
Coonradt, Charles, 224, 224n
Cordova, DC, 24n, 103, 468
corregir curso, 209
correo electrónico, 350, 545, 546–547
correo electrónico no deseado, 551
correspondencia de aprecio, 78–80
correspondencia vibracional, 78–80
cortesía, 472
cosas para «no hacer», 361
Couples, Fred, 136–137
Cousteau, Jacques-Yves, xxix

Cowboy Leadership [Liderazgo vaquero] (Douglas), 168
Cox, Marty, 241
CRA Management Group, 382
Craig, Gary, 281–282, 281n
Craigslist.com, 519, 562
crear ingresos, 14–18
crear riqueza, 479–480
credibilidad en las relaciones, 389
creencias limitantes, 308–312; acerca del dinero, 479–484; círculo cerrado del diálogo interno, 107–109; fuentes de, 310–312; ley de la atracción y, 72; proceso de crítico interno a asesor interno, 300, 301–304; superación de, 6–7, 310–312
creer en el propio potencial, 53, 73–75
creer en sí mismo, 51–62; actitud, 51–52; actitud de que «hay que creer», 46–47; afirmaciones, 78; decisión, 56; falta de titulación universitaria y, 61; nunca es demasiado tarde, 56–58; opiniones de los demás como impedimento para, 62, 70; pensamiento negativo como impedimento para, 52–53;
Crichton, Michael, 188
crítico interno, 294–307; pensamientos negativos como, 295–296; pisotee esas hormigas, 296
Cromwell, Oliver, 222
crowdfunding, 576–585; listado de sitios, 581–583; principios de uso, 577–581
Crowdrise.com, 583
crowdsourcing, 586–588
Cruz Roja, 527
cuaderno amarillo, 33–34
Cuando digo no, me siento culpable (Smith), 363
cuenta de jubilación individual [Individual Retirement Account (IRA)], 500
cuidado de niños, 356
culpa, al decir que no, 363, 370
culpar, 6, 10–11, 14
Cumbre del Logro Internacional, 177–178, 537
cura de cinco minutos para las fobias, 172

Daggett, Tim, 123–124
Dallas Buyers Club (película), 233
Dantzig, George, 54
Daydots, 515

decir no, 360–366; culpa al, 363, 370; dificultad al, 362; para poder decir sí a los excelente, 363–364; técnicas para, 363–365

deducción automática, 500

DeGeneres, Ellen, 35

dejar de esperar, 162–178

dejar ir, 273–284; déjese enseñar, 324–325; perdone y siga avanzando, 276–280; proceso de la verdad total, 273–275

delegación (delegar responsabilidad), 344, 354–355; equipo de apoyo, 350, 354–359; proceso de enfoque total para la, 354–355

delegación total, 344–345

Demartini, John, 175, 322, 487, 496

Deming, W. Edwards, 455

derecho, sentido del, 3, 566, 573

derrumbarse, 210, 211

desarrollar el potencial humano, 327–329, 601

deseos, 32–33, 275; lista de «yo quiero», 34; sistema interno de posicionamiento global, 36

desórdenes, 266, 268

Despertando al gigante interior (Robbins), 234, 385

detalles irritantes, 271–272

deudas, finanzas, 507–509. Ver también gastos

deuda total, 489

día ideal, 265

Diamandis, Peter, 542

días de enfoque, 348–350, 353

días libres, 350–352, 591

días preparatorios, 348, 350

dieta baja en información, 543–544

diezmo, 497, 526–532; tipos de, 527–528

diezmos en tiempo, 528–529

diezmos financieros, 527

dignidad, 470–475

Dillanos Coffee Roasters, 240–241, 535

Dios, 24, 48, 72, 85, 94, 115–116, 154, 335, 404, 414, 421, 484, 526

Direct Selling Association, 520

Discurso, capacitación y taller de Los principios del éxito, 604

Distenfield, Linda e Ira, 516–517

dividir en segmentos, 97–102; haga lo que se debe hacer primero, 100–101; mapa mental, 98–100; programar el

día siguiente desde la noche anterior, 101–102

Do not Give Up, Get Up! [¡No te rindas, levántate] (Walker), 128

dolor, 179–180; riquezas y, 480–481

donaciones corporativas, 531

Dooner, John, 324

Dorsey, Jason, 383–384

Double Your Income Doing What You Love [Duplique sus ingresos haciendo lo que le gusta] (Aaron), 357

Doughty, Logan, 41–43

Douglas, Peter, 166–168

Douka, Jill, 407–408

Dubin, Burt, 411

Durfee, Cliff, 430, 433, 433n

Dwoskin, Hale, 483–485

Dyer, Wayne, 10, 101n, 240

E + R = D (Evento + Respuesta = Desenlace), 6–7, 16, 285, 291

eBay, 513

Eckhart, Meister, 78

Edison, Thomas, 404–405, 513

Edwards, Jaroldeen, 239

Edwards, Tyron, 597

Efesios, 447

efecto de onda expansiva, 447–448

efecto placebo, 45

efectos precesionales, 593–594

ego infantil, 261–262

Einstein, Albert, 65, 109, 118, 414, 495

ejercicio de la «situación difícil o problemática», 377–378

ejercicio de la visión, 39–40

ejercicio de «preguntas osadas», 191–192

ejercicio del espejo, 258–261

Eker, T. Harv, 103, 479

Elance.com, 358, 358n, 523, 557, 588

El camino personal (Peck), 187, 237

El coraje de ser tú misma (Thoele), 360

elección, 5–10; creer en uno mismo como, 51–52

elefante, 107

El hombre que escucha a los caballos (Roberts), 38, 38n

El hombre más rico de Babilonia (Clason), 493

El experimento de la intención [McTaggart], 67, 68n

eliminación de deudas, 488–489

Eller, Stevie y Karl, 177–178

Ellison, Larry, 61

El poder de tu mente subconsciente (Murphy), 308

El poder mágico de la voluntad (Bristol), 312

El nuevo mánager al minuto (Blanchard), 208, 237, 317, 378

El trabajo como deporte (Coonradt), 224

emergencias, 350

Emerson, Ralph Waldo, 64, 335, 533

empresarios ocasionales, 512

empoderamiento, 562–563

En busca del destino [también *El indomable Will Hunting*] (película), 186

endorfinas, 296

energía y pensamientos, 64–67

enseñanza, pasión por la, 336–337

ensoñación, 71

entrelazamiento, física, 66–67

entrenadores (entrenamiento), 396–402; *Coaching for Breakthrough Success* [*Coaching* para avanzar hacia el éxito] (Canfield y Chee), 377n, 402, 607; programa de Canfield, 400, 598

entrenamiento «Breakthrough to Success» [Avance al éxito], 29, 328, 599n

entrenamiento «el dinero y usted», 103, 468

entusiasmo, 335–339; desarrollo del, 337–338; mantener el, 338–339; por la enunciado positivo para cambiar, 483

equipo de apoyo, 350–356; asesores personales, 356–357, 365; confianza en el, 370–372; educación del, 324–325; líder entrenador de su, 376–378; líder que escucha la posibilidad del, 374–376; visión del líder y, 372–373

equipo de principios del éxito, 600

era digital, 539–552; recuperar el control, 550–552. Ver también Internet; persona en línea; redes sociales; teléfonos inteligentes

Erhard, Werner, 39, 464

errores como oportunidades para aprender, 155–156

escepticismo, xxv–xxviii, xxxi

Escobar, Tony y Randi, 520

escritura diaria, 85, 88; registro de triunfos diarios, 256–257

escuchar, y actuar, 425–429; discutir frente a, 426–427; ejercicio de las cuatro preguntas para, 427–429; interesado en la persona, 427; oír frente a, 425–426; para retroalimentación, 208; posibilidad, para líderes, 374–376

espacio entre las reglas, 455–456

especificidad: de metas, 82–84; de peticiones, 192–194

esperanzas, no renuncie nunca a sus, 231–233

esperar frente a las, 157–164

Esquith, Rafe, 336–337, 337n

estado de vibración, 67, 72, 462

estancado, 107

estrategia de disolución, 455

estrés, 280–281, 365

etiquetamiento, 300

exceder las expectativas, 240–244

Excellerated Business Schools, 468

excusas, renunciar a las, 5–7, 13–14

éxito: aprecio y, 447; entrenamiento «Avance al éxito», 29, 141, 377n, 402, 600; centrarse y celebrar, 253–262; registro de triunfos diarios, 256–257; teoría de la ficha de póquer, 254–255

expectativas negativas, 45

expectativas positivas, 45, 73, 450

experiencia, área principal del, 348–352

experiencias deformadas por la fantasía que parecen reales (FEAR), 168–169

experiencia de fracaso, 218–219

Evans, Janet, 181

Evans, Richard Paul, 595

eventos, respuestas a los, 6–18; alternativas del pasado y, 9–10; cambio de respuestas, 7–9; crear resultados, 15–18; dejar de culpar, 10–11; dejar de quejarse, 12–14

Everhart, Angie, 205

Facebook, 542, 549, 553, 570–572

factor Aladino, El (Canfield y Hansen), 192–194, 444, 606

«Factor Latte», 506

Fast Company (revista), 226, 352, 397

Feed the Children, 527

Feinstein, Dianne, 6

Ferriss, Tim, 46–47, 247, 401, 543, 543n

fiel a su palabra, 464–469

fiesta tipo «venga como será...», 138–146

fijar metas, 82–96; aclarar aspiraciones, 85; crea un poder asombroso, 82–84; el poder de, 82–84; en detalle, 85; plan de acción, 98–102; maestría aspirando a, 93, 100–104; múltiples metas, 89–90; superar los obstáculos al, 90–92

Firestone, Harvey, 404, 406

física cuántica, 65

Fiverr.com, 359, 557
Flag Is Up Farms, 38
Florida, Richard, 374
fobias, 172–173; cura de cinco minutos para las, 173; terapia tapping, 280, 282–284
Folk, Judith, 497
Fonda, Jane, 56
Forbes, B. C., 228
Forbes, Malcom S., 343, 345
Ford, Arielle, 269n
Ford, Eileen, 205
Ford, Henry, 53, 404–405
fortalezas y debilidades, 369–370
Fosse, Elaine, 331
freno de emergencia, 106, 327
fracaso: tratar con el, 218–219; miedo al (fracaso repetido), 155–156; retroalimentación y, 211–212
Francisco de Asís, San, 538
Freelancer.com, 358, 358n
Fritz, Robert, 38
Frost, David, 232, 232n
FTD (Florists' Telegraph Delivery), 290
Fueras de serie: La historia del éxito (Gladwell), 182
fuera de rumbo, 209–210
Fujimoto, Shun, 179–180
Fuller, Buckminster, 37, 155, 216, 593
Fundable.com, 581
Fundación Imaginación, 584
Fundación para la autoestima, 438–439
Fundación W. Clement y Jesse V. Stone, 321, 374

Gallagher, Sean, xx
Gallozzi, Chuck, 220
Gandhi, Mahatma, 64, 234, 368, 373
Garson, Greer, 346
gastos, 503–510; control, 491, 504, 512, 518; eliminar pequeños gastos, 508; librarse de las deudas, 507–509; pago en efectivo, 504–505; préstamo estudiantil, 506–507; reducir los costos, 507
Gates, Bill, 6, 37, 61, 373, 531
Gates Foundation, 531
Gates, Melinda, 531
gasto financiero, 503–510; eliminar gastos diarios pequeños, 506; librarse de las deudas, 507–510; pago en efectivo, 504–505; préstamo estudiantil, 506–507; reducir el costo, 505–506;

Gelb, Michael J., 410
gente exitosa, rodéese de, 247–253
genio interno, 343–347, 348–349, 410
gente tóxica, 251–252
George, William H., 531
Gersey, Sergio Sedas, 141–142
gestión de reputación, 559
Getty, J. Paul, 313, 452
Giuliani, Rudolph, 178, 323n, 517
Givens, Charles J., 287
Gladstone, William E., 155
Gladwell, Malcom, 182, 183n
Glamour (revista), 205
GoFundMe.com, 582
Goethe, Johann Wolfgang von, xxix
Goldwyn, Samuel, 440
González, Rubén, 149–151, 594
Good to Great [De bueno a excelente] (Collins), 363
Google, 205, 556, 559, 566, 575
Google Hangouts, 589
GoPro, 514
GPS (Global Positioning System [Sistema de Posicionamiento Global]), 36, 70
Graduate to Your Perfect Job [Gradúate para tu empleo perfecto] (Dorsey), 383–384
grandes conquistadores de logros, 37–38, 101–102, 220, 345
grandes propósitos, 177–178
gratitud: correspondencia vibracional de la, 77–80; de los líderes, 378–379
gravedad, 12, 63
gratitud, 378–379
Graves, Earl G., 199
Gray, John, 104, 237, 401
Greene, Brian, 65, 65n
Greenspan, Alan, 491
grupo virtual de mentes maestras, 589–589
grupos de mentes maestras, 403–407, 563
Guber, Peter, 373
Guerra de Vietnam, 232–233, 279

Habitat for Humanity, 527
hábitos, 313–317; autodestructivos, 6–7, 327; cambio de, 314–317; consecuencia de los, 316–317. Ver también creencias limitantes
Haddock, Doris, 57
«hágalo ya», 153–154
Hammerstein, Oscar, 231
Hamilton, Scott, 149
Hammond, Darrell, 234–235

Hansen, Mark Victor, 37, 70, 80, 87, 88,
    129, 164, 192, 200, 214, 237–238, 347,
    414, 420, 593, 606–607
Harrison, Steve, 401
Hatch, Connie, 363
Health Communications Inc., 202
Healy, Kent, 393
Hemingway, Ernest, 187
Hendricks, Gay, 104, 481–482
Hendrix, Harville, 461
heridas, 126, 260, 273, 276–280, 446–447
Hesburgh, Theodore, 372
Hess, Michael, 517
Hewitt, Les, 102, 379, 383, 606
Hicks, Esther y Jerry, 77, 79, 80, 101n,
    486
High Performers Internacional, 225
Hill, Napoleon, 4, 44, 45, 403–404
Hilton, Conrad, 411
hipotecas, 488–489
historias de víctimas, 5–7, 19–22
Hobart Elementary School, 336
Holland, Isabelle, 276
Holmes, Oliver Wendell, 591
Holtz, Lou, 12, 89
hora del poder, 134
hoteles Four Seasons, 244
hoteles Ritz–Carlton, 111, 243
*How to Get What You Really, Really, Really
    Want* [Cómo lograr de que de veras, de
    veras, de veras desea] (Dyer), 10, 240
Howard, Ron, 345
Hreljac, Ryan, 60–61
humildad recíproca, 573
Hunt, John, 354
Hutcherson, Donna y Dale, 196
Huxley, Aldous, 285

ideas para ganar más dinero, 511–525;
    conviértase en intrapresario, 512;
    negocio en la Internet, 519–520;
    detecte una necesidad, 513–517;
    empresario ocasional, 523–524; piense
    más allá de los límites, 518; únase a
    una compañía de mercadeo en red,
    520–521
impecable, en el lenguaje, 446–451
Impulsando la puesta en marcha de
    nuestros negocios [JOBS] en 2012,
    576
inclínese en la dirección correcta,
    157–164
Income Builders International, 111
inconcluso, 266–272

Indiegogo.com, 581
Inside Edge, 347
insignificante, 472
Instituto Referral, 388n
Instant Income [Ingresos instantáneos]
    (Switzer), 75–76, 512, 553n
integridad, personal, 371, 466
interés compuesto, 239, 493, 495
intereses contra compromisos, 390–391
«interiornet», 265
International Youth Foundation, 203
Internet, 539–575; conectarse con
    personas, 558–568; dieta baja en
    información, 543–544; negocio en, 520–
    521; seguridad, 547; servicios de citas,
    514; tener el control de, 551–552. Ver
    también *crowdfunding;* persona en línea;
    redes sociales; sitios web
intrapresario, 512
intuición, 277, 411–423; haga preguntas,
    419; meditación para intensificar la,
    413–414; prueba del balanceo, 76,
    419–420; técnica de la coherencia
    rápida, 416–419
inventario, de los éxitos principales,
    255–256
inversión automática, 500, 592
invertir dinero, 493–502; aumentar
    activos, 500–501; ley de 50/50, 497;
    mentalidad de millonario, 497–499;
    programas automáticos, 499–500, 592;
    integridad personal, 371, 465
ira, 210, 273, 274, 276, 278, 301
IRA (cuenta de jubilación individual),
    500
It's a Grind Coffee Houses, 241

Jab, Jab, Jab, Right Hook [Golpe,
    golpe, golpe, gancho de derecha]
    (Vaynerchuk), 563
*Jack Canfield, La clave para vivir la ley de la
    atracción*, 80, 606
Jack Canfield, retiros privados, 474–475,
    601
Jacobson, Trisha, 143–145
Jakóbiak, Lukasz, 545
Jamal, Azim, 134
James, Devon, 450
James, Henry, xxxvi
James, William, 245
Jeffers, Susan, 138,165,165n, 347
Jenner, Bruce, 88, 181
Jobs, Steve, 368
Johnson, Jimmy, 177

Jönsson, Olof, 66
Johnson, Spencer, 208
Jolley, Elizabeth, 57
Jones, Charlie «Tremendo», 606
Jordan, Michael, 180
Juan Sebastián Gaviota (Bach), 46, 136, 294
jubilación (cuentas de jubilación),
    488–489; contribuciones automáticas,
    488–489; hábito financiero, 488; plan
    financiero para la, 489, 491
juego de apreciación, 298–299
Juego de la vida por excelencia, 387
juicio, 449–450; miedo al, 443–445
Jung, Carl, 64

Kahn, Kabir, 130–134
kaizen, 220
Kapor, Mitch, 542
Karcher, Carl, 594
Kennedy, John F., 37, 94, 290, 323, 368,
    373
Keller, Helen, 341
Kelley, Mike, 174
Kersey, Cynthia, 206
Kettering, Charles F., 135
Keynote Concerts, 161
Khosla, Vinod, 226–227
Kickstarter, 577–581
Kim Phuc, Phan Thi, 279
King, Martin Luther, Jr., 37, 71, 158, 234,
    567
King, Stephen, 188, 205
Kingsolver, Barbara, 203
Kinko's, 161, 594
Kirberger, Kimberly, 35, 522
Kittinger, Joseph, 386
Kiyosaki, Robert, 394, 491, 500, 587
Klein, Helen, 58–59
Knight, Phil, 440–442
Koch, Richard, 364n
Kohl, David, 83–84
Kraus, Stephen, 82, 82n
Kremer, John, 237
Kriegel, Bob y Otis, 151–152
Kroc, Ray, 57, 153
Kumaravel, CK y Veena, 94, 96n

Labovitz, Erica, 576
La caja de Navidad (Evans), 595
La ciencia de enriquecerse (Wattles), 73, 477,
    511
La conspiración de los ricos (Kiyosaki), 587
ladrones de sueños, 38

La magia de pensar en grande (Schwartz),
    90
Lanigan, Catherine, 55–56
L. A. Parent (revista), 152–153
la prueba de la pasión, 29
La semana laboral de cuatro horas (Ferriss),
    46, 247, 401, 543
Las siete leyes espirituales del éxito (Chopra),
    49, 72, 101n
Latansky, Mykola, 564
Laundry, Miriam, xx, 394–395
Leahy, Frank, 463
Learning Strategies Corporation, 53
lectura, 321–322; sugerencias, 606–607
leer la mente, 299
Leyes dinámicas de la prosperidad, Las
    (Ponder), 63
Levi Strauss & Co., 256
Lewis, Shane, 520
Ley de 50/50, 497
ley de atracción, La (Hicks), 77, 79, 80
ley de la atracción, 63–81, 136; aprecio
    y, 77–80, 462; correspondencia
    vibracional (tercer paso), 77–80; crea
    que usted recibirá lo que desea, y luego
    tome medidas (segundo paso), 72–73;
    energía y nuestros pensamientos,
    64–67; estado constante de vibración,
    67–68; libros recomendados sobre, 80;
    pida lo que desee (primer paso), 68–72;
    tomar «acciones inspiradas», 73, 75–77;
    visualización, 71, 114
libro de los mapas mentales, El (Buzan), 98n
libro de metas, 88, 90, 129–130
Libro de Récords Guinness, 57, 129,
    394–395
Lichtman, Stu, 91–92
ligera ventaja, 223
ligera ventaja, La (Olson), 223
limitaciones insuperables, 106–117
Lincoln, Abraham, 147
Liniger, Dave, 37, 518, 593
LinkedIn, 554, 558, 573–573
listas: cosas para dejar de hacer, 361; cosas
    para hacer diariamente, 100–101; de
    éxitos personales, 255–256; de metas,
    87–88; de molestias tecnológicas, 550;
    de verificación, 270–271; mapa mental,
    98–100; para perdonar, 278–279;
    «veinte cosas que me encanta hacer»,
    34–35; «yo quiero», 34
listas de contactos, 387–388
lista de éxitos, 256

listas de metas, 87–88, 90
lista de «veinte cosas que me encanta
    hacer», 34–35
lista de «yo quiero», 34
lista para dejar de hacer, 355
«¡Listos, apunten! Fuego», 152–153
Little, Rick, 203
Live Your Dreams [Viva sus sueños]
    (Brown), 325
lluvia de ideas, 310, 403, 483
Loggins, Kenny, 162
Lombardi, Vince, 249
«lo que sea», 33
Los 10 hábitos que lo llevarán al éxito
    *(*Ringer), 314
Los cuatro acuerdos (Ruiz), 446, 446n, 450
lotería, 110, 154
Louganis, Greg, 181
Lucado, Max, 51
luna llena, 318–319

Ma, Moses, 553n, 560, 576n
Mabet, Susan, 206–207
Macauley, Ed, 181
MacDonald, Jean, 393–394
Macomber, Debbie y Wayne, 230
MacPhee, Robert, 406n
Madre Teresa, 71, 335, 368, 457
maestría, como fórmula para fijar metas,
    83, 93–94
maestría mental, 403–409
maestros de la motivación, 330–334
Make-A-Wish Foundation, 527
Managing the Obvious [Cómo administrar
    lo obvio] (Williams), 226
Mandela, Nelson, 277, 368, 470
mapa mental, 98, 100, 101
marca personal, 554–565; contenido que
    promueva su «marca», 559–565; decida
    quién quiere ser, 555–559; monitorear
    y limpiar, 565
Martin, Marcia, 425–426
Mary Kay Cosmetics, 159, 235, 393–394
Matthews, Gail, 82, 82n
Maw, Jeanette, 73–75
Maxwell, John, 223
McCain, John, 178
McCarty, Oseola, 498
McConaughey, Matthew, 233
McDonald's, 57, 153
McDougall, Jason, 47–48
McGraw, Tim, 45
McGraw, Tug, 45–46
McKeown, Les, 370

McTaggart, Lynne, 67, 68, 68n
meditación: aprecio y gratitud a través de
    la, 79–80; en el propósito para la vida,
    29; informal, 415–416; para acceder a
    la intuición, 412–414;
Medtronic, 531
mejorar resultados. Ver ideas para ganar
    más dinero
memoria, para aliviar el miedo, 168
mentiras (mentir), 448
mentores, 380–386; actuar según
    el consejo de los, 383–385; hacer
    contactos
mente de millonario, 484–485
mercado, y marca personal, 554–555
metas, 41–50; aclarar, 40–43; actuar
    como si lograse las, 134–146;
    afirmaciones y, 111–117; avanzar,
    222–224; buenas ideas contra, 99;
    conocimiento de las 42; esperar frente
    a las, 157–164; financieras, 479, 482,
    483n, 484; ganarse la vida y, 26–27;
    implicación, 147–156; impulso,
    157–158; leerlas tres veces al día,
    87–88; llevar en la billetera, 88–89;
    mejorar, 209; miedo al fracaso contra,
    155–156; motivación subyacente de las,
    159–160; pasar a la acción, 157–164,
    173–176, 571; peticiones de los demás
    contra, 362–366; plan de acción,
    98–102; poder asombroso de fijar,
    82–84; práctica continua,180–181;
    programación de la primera infancia
    contra, 31–32; propósitos de las, 35–40;
    regla de cinco y, 237–239; separar en
    partes, 97–100; usando el fracaso para
    avanzar, 155–156; visualización y,
    125–128. Ver también visión
metas mesurables, 82, 83, 84, 591
método Sedona, 484–485, 485n
Metodología Jack Canfield, 601
microgerencia, 344
Microsoft, 6, 61
Miedaner, Talane, 271
miedo, 165–178; al juicio, 443–445;
    autodiálogo y, 301, 301–304; como
    fobia, 172–173; dar un salto de fe,
    173–175; de pedir, 191–192; dispuesto
    a sentir miedo, 166–168; eliminar
    el, 170–172; en la negación, 286;
    fantasía que parece real, 168–169;
    imaginados, 168–169; motivos para el,
    169; obstáculos y, 90–92; proceso de

la verdad total y el, 273, 274; reducir el nivel de riesgo, 172; reemplazar las sensaciones físicas del, 171; usar la memoria para reemplazar el, 170; usos positivos del, 170–171
miembros de equipo, 344–345. Ver también equipo de apoyo
Migicovsky, Eric, 577–581
Miguel Ángel, 37, 179
milla adicional, 240–244
Miller, Lisa, 382
Million Dollar Forum, 111
Milliorn, Mike, 515–516
«millonario automático», 500
millonario automático, El (Bach), 500
Millonario en un minuto (Allen), 106, 380, 528
millonarios, 103, 497–500; aumentar activos, 500–501; hacerse millonario automáticamente, 499–500. Ver también ideas para ganar más dinero
miseria, y riqueza, 480–484
Misner, Ivan, 388–393, 388n
Mitchell, Edgar, 66
modelo de coaching situacional, 402
momento incómodo, 189
momento perfecto, 160–162, 193
Monroy, Caine, 584–585
Morris, David, 241
motivación, 159–160
Motivating the Teen Spirit, 214–215
Moyer, Jane, 352
Mullick, Nirvan, 584–585
Multiple Streams of Internet Income [Múltiples fuentes de ingresos por la Internet] (Allen), 524
múltiples fuentes de ingresos, 522–525
Múltiples fuentes de ingreso (Allen), 524
Murchison, Junior, 532
Murdoch, Rupert, 569
Murdock, Mike, 248
Murphy, Joseph, 308

Nanavati, Akshay, xxi
Nantz, Jim, 136–137
Narcissism Epidemic, The [La epidemia del narcisismo] (Twenge), 573
Nardelli, Bob, 396
NASA, 161, 188–189, 231
negación, 285–289; acción contra la, 289; basada en el miedo, 288–289; características, 286–287

negatividad emocional, 250–251
networking, 388–395; consejos útiles para un exitoso, 392; oportunidades alrededor, 385, 387–388; proceso VCP, 388–392; voluntariado y, 534–535
Newberry, Joe, 117
Newmark, Craig, 562
Nichols, Lisa, 214–215
Nicklaus, Jack, 1, 119
Nike, 440–441
Nikken, 395
niño interior, 259, 261–262
«No es en contra suya; es por mi bien…», 363
No Matter What [No importa qué] (Nichols), 216
no perder de vista el premio, 263–265
Nordstrom, 244
Nos veremos en la cumbre (Ziglar), 333
Nothing Down [Sin cuota inicial] (Allen), 528

Obama, Barack, 6
O'Brien, Dan, 88
obstáculos: al fijar metas, 90–92; persistencia al enfrentar los, 228–236
Ochs, Nola, 57
O'Dell, Tawni, 201, 232
Oklahoma! (musical), 231
Olson, Jeff, 223
Omidyar, Pierre, 513
ondas cerebrales alfa, 264
oportunidades: acciones inspiradas en las, 73, 75–77; buenas contra excelentes, 363, 365; errores como, 155–156, 253; para el networking, 385, 387–388; preparado para las, 325–326
oportunidades para mejorar, 209, 236, 305, 306
oración, 421–422
oratoria, con impecabilidad, 446–451
Orfalea, Paul, 594
organización del tiempo: delegar la responsabilidad y la, 338–339; equipo de apoyo, 350–356; llegar a la hora, 468–469; sistema del tiempo empresarial, 348–353; tiempo de vacaciones, 352–353
organizadores profesionales, 271, 272n
orientación a la acción, 151–152
Ortner, Nick, 281, 281n

pago en efectivo, 504–505
Page, Larry, 205

palabras: centrarse en lo que quiere, 71–72; de afirmación, 446; impecabilidad en el lenguaje, 446–451; poder de las, 447

Panero, Hugh, 229

Parker-Follett, Mary, 376

pasión, 335–339; desarrollar la, 337–338; éxito en la era digital y, 568; mantener la, 338–339; por la enseñanza, 336–337

pasado: consciencia de los éxitos en el, 253–254; alternativas del, 9–10; en la programación de la primera infancia, 31–32; dejar ir el, 273–284; conscientícese con su dinero y el, 489–493

Patent, Arnold M., 27n

patrones, en la retroalimentación, 217–218

Pavlina, Steve, 544

pagar el precio, 181–190

Papá rico, papá pobre (Kiyosaki), 394, 491, 500, 587

pasar a la acción, 147–156, 571; experimentar miedo y, 165–178; fracasar para avanzar, 155–156; inclinación de la gente exitosa por, 157–158; «¡Listos, apunten! Fuego», 152–153; nada va a ocurrir a menos que actúe, 148–149; negación frente a, 285

Peace, Natalie, xx

Peale, Norman Vincent, 232, 381

Peary, Robert, 231

Peck, M. Scott, 187–188

Pedid que ya se os ha dado (Hicks), 101n, 486

«películas mentales», 125–128

pensamientos: energía y, 64–67. Ver también ley de la atracción

Pensamientos a través del espacio (Wilkins y Sherman), 65–66

pensamientos intencionales, 65, 68, 69–70, 72

pensamientos negativos (imágenes), xxiii, 295–300; como impedimento para creer en sí mismo, 61; creencias limitantes y, 308–312; efectos en el organismo, 295–296; ley de la atracción y, 71, 72–73, 77; proceso de crítico interno a asesor interno, 294–300; proceso de la verdad total para los, 273–275; quitar el freno y los, 106; tipos de, 297–300

pensamientos positivos: efecto en el organismo, 296; háblese como a un triunfador, 301; ley de la atracción y, 75, 78; proceso de crítico interno a asesor interno, 300, 301–304

pensamientos tipo siempre o nunca, 297

Peoplemaking (Satir), 216

Perfiles de coraje (Kennedy), 323

perdón, 269, 271, 273–276; afirmaciones para el, 274–275; pasos para el, 278–279; seguir avanzando, 276

perdone y siga avanzando, 276

Perot, H. Ross, 228, 232

perseverancia, 149, 179, 201, 228–229, 235–236

persistencia, 193; 228–236

persona en línea, 553–568; contenido que promueva su «marca», 559–565; decida quién quiere ser, 555–559; monitorear y limpiar, 565

personalizar, 300

Peter, Laurence J., 266

Phelps, Michael, 182

Phillips, Dawa Tarchin, 422

PhotoReading Course [curso de fotolectura], 322

Piazza, Ignatius, 204

Piense y hágase rico (Hill), 44, 45, 403–404

Pillsbury Company, 534

Pilzer, Paul Zane, 526n

Pinterest, 257

pistas, búsqueda de, 104–105

plan financiero, 488–492; consciente de sus gastos, 491; determinar financiación del sueño de su vida, 488–491. Ver también gastos; invertir dinero; jubilación

planificador financiero certificado (CFP), 501

Plass, Leo, 58

poder de las palabras, 446–447

poder de liberar para acelerar su mente de millonario, 484–485

Poder de mantenerse enfocado, El (Canfield), 24, 398, 444, 606

Poder sin límites (Robbins), 103

Poitier, Sidney, 6

Ponder, Catherine, 63

Popiolek, Pavel, xxi

positividad, 561–562

Powell, Colin, 273

Power of Have It All, El [El poder de tenerlo todo] (Proctor), 482

Poynter, Dan, 237
práctica, 180–183, 250; persistencia y, 222–223
práctica deliberada, 180–181
predicciones catastróficas, 299
Pregracke, Chad, 196
preguntas, 191–195; básicas de liberación, 484–485; las más valiosas, 213; miedo a pedir, 191–192; reglas para pedir, 192–194; suponer contra, 442–443
preguntas (preguntar), 213–219; retroalimentación, 212–213; 411–412. Ver también preguntas
prejuicios, 431, 432, 446
preocupación, 62, 68, 71, 301
préstamos, 491
préstamos estudiantiles, 506–507
preste atención, 19
presupuestos (hacer presupuestos), 498–500. Ver también gastos
Price, Larry, 438
Primerica, 44
Principio 24: Exceda las expectativas (Peace), xx
Principio 80/20, El (Koch), 364n
principio de «¡El próximo!», 204
principio de Pareto, 364
privacidad digital, 549, 553
privilegios del «derecho al olvido», 566
proceso de enfoque total, 354–355
proceso de la verdad total, 273–275, 278
proceso «secretos», 436–437
proceso VCP, 388–392
procrastinar, 315
Proctor, Bob, 165, 482, 595
profecía autocumplida, 52
programa *Coaching* de Canfield, 398–400, 600–601
programa de capacitadores estratégicos, 427, 470, 471n
programa de doce pasos, 10
programa Entrene al entrenador, 328
programa GOALS (Gaining Opportunities and Life Skills), 254, 439, 599n
programa Quest, 203
programación de la primera infancia, 31–32, 308–309, 482–484
programador financiero, 490, 492, 494, 499
programar día desde la noche anterior, 101

programas de audio, motivadores, 333–334
propósitos para la vida, 23–30; búsqueda de, 25–29; ejercicio para determinar propósito, 27–29; fiel a sus, 29; sistema de guía interno y los, 26–29; propósitos personales, 24
prórroga, 192–193
prosperidad, 77, 484, 526, 528
proveedor de servicios, 524
Proyecto de embellecimiento y restauración del río Mississippi, 196–197
prueba de la pasión, La (Attwood), 29
prueba del balanceo, 76, 419–420
pruebas de polígrafo (detector de mentiras), 295–296
Publilius Syrus, 464
Puedes tenerlo todo (Patent), 27n
Pugh, Lewis, xxi
puntaje, 224–227; controladores críticos para llevar el, 225; en casa, 226–227; medida, 226

quejas (quejarse), 12–14; con la persona equivocada, 14; el juego de los 2.00 dólares, 14
quinesiología, 53–54
«quite el freno», 106–117, 327–329

Ramirez, Mary Alice, 197
Ramsey, Dave, 504
rechazo, 199–207; ejemplos famosos, 204–206; miedo al, 191–192; mito del, 199–200
recompensas, al niño interior, 261–262
recorrer la milla adicional, 240–244
«Recuerde que está educando hijos, no cultivando flores» (Canfield), 152
recursos, 118–119
redes de contactos, 388
redes sociales, 570–575; conectar con personas, 559–563; crear perfiles, 574–575; interacción con seguidores, 570–572; respetar a los seguidores, 573; subir fotos y vídeos, 563–565; uso apropiado de las, 573–574
referencias, 387, 388, 389, 391
regalos, 459–460
regateo, 505
régimen orientado a centrarse, 263
registro de triunfos diarios, 256–257
regla del 18/40/60, 62
«regla de cero excepciones», 317–318

regla de cinco, 237–239
reglas del juego, 361, 468
regla del quince por ciento, 455
Rejections of the Written Famous [Rechazos de obras famosas] (Spizer), 230
relación de rentabilidad, 390–392
relaciones: crear relaciones exitosas, 423–475; networking y estados de, 388–392
Relatively Famous Records, 161
reloj Pebble, 577–581
RE/MAX, 37, 518, 593
remordimientos, 274–275
rencor, 277
renunciar, 5–7, 234–235
resentimiento, 270, 274, 276, 278, 291, 376, 433–434, 437
reseña, 257
Resnick, Robert, 6
responsabilidad, 83, 274; de los que lideran, 367, 370–371
responsabilidad personal, xxxii, 3–22; culpa y, 10–11, 14; decisión y, 5–10, 14–18; excusas y, 5–7; 13–14; prestar atención, 19; queja y, 12–13; resultados y, 6–18
respuestas: a eventos, 6–18; resultados negativos y, 168–169
resultados negativos, y miedo, 168–169
retiros, 324, 474, 601
retroalimentación, 17–19, 208–219; al mostrar aprecio, 457, 458–460; capacitación en la práctica, 163–164; escuchar la, 217; fracaso y, 218–219; líderes y, 370; negativa, 208–209; patrones en la, 217–218; pedir, 212–213; positiva, 211–212, 407; prestar atención a la, 216–217; responder a la, 210–212
reuniones de mentes maestras, 406–407
revivir una y otra vez la misma experiencia, 107–108
riesgo, 12, 13, 164–166; miedo a correr, 196, 212; progreso y, 175–177; reducir el nivel de, 172
Riley, Pat, 472
Ringer, Martha, 272n
Ringer, Robert J., 314
Ripa, Kelly, 283
Robbins, Anthony «Tony», 24n, 54, 103, 172, 234, 345, 347, 385
Robbins, Mark y Sheila, 492
Roberts, Monty, 24n, 38

Robertson, Anna Mary (Abuela Moses), 57, 253
Robinson, Jackie, 6
Rocky (película), 154, 365–366
Roddick, Anita, 599
Rogers, Will, 503
Rohn, Jim, xxxii, 3, 93, 247, 322
Roosevelt, Theodore, 412
Rosenblum, Jack, 217
Ross, Percy, 191
Ross, Ryan, 59
Rowling, J. K., 205
Rozman, Deborah, 417
Ruiz, Don Miguel, 446, 446n, 450
Ruskin, John, 147
Rutte, Martin, 269, 469, 475

SAFECO, 534
salario total, 9–10, 481, 489
salto cuántico, 85–86
salto de fe, 173–176
Sanders, coronel Harlan, 201
Satir, Virginia, 216, 300
Saturday Night Live (serie de TV), 234
Scheele, Paul R., 53, 322
Scheinfeld, Robert, 101n, 265
Schilling, Scott, 480
Schneider, John, 161
Schwab, Charles M., 457, 489
Schwartz, David, 90
Schwarzenegger, Arnold, 130, 587
Scolastico, Ron, 237–238
SCORE [Grupo de servicio de empresarios jubilados], 383
Secret of the Ages, The [El secreto del tiempo] (Collier), 237
Secreto, El (Byrne), 80, 101n
Secreto, El (película), 63, 67–68, 79, 81, 117, 125, 165, 175
secreto del amor: encuentra a tu alma gemela gracias a la ley de la atracción, El (Ford), 269n
sentir miedo y hacerlo de todos modos, 165–178
Secretos del liderazgo de Jesús (Murdock), 248
Sedas, Sergio, 408
Seeley, Kathleen, 368n
seguridad en línea, 547–548
Seidler, Gary, 202
selectivo, 250–251
sensaciones físicas del miedo, 171
sentimientos, 121; casos de, 123–128; comience ya, 134; cómo utilizar la,

114–115; de día ideal, 265; dando una charla TEDx, 567–568; emociones en la, 122; ensoñación intencional, 71–72; función cerebral y, 118–120; imágenes impresas, 128–129; para mejorar el desempeño, 119–120; proceso de, 120–121;
Serebriakoff, Victor, 52–53
Sgrouples, 549
Sharp, Billy, 374–375
Sherman, Harold, 66
Shimoff, Marci, 401
Shinn, Florence Scovell, 115
Si la vida es un juego, estas son las reglas (Carter-Scott), 33
silenciar la culpa, 304–307
«simplemente diga no». Ver decir no
Simon, Sid, 318–319
Sinek, Simon, 562
sistema de activación reticular (SAR), 118, 135
sistema de enfoque de los que logran el éxito,102
sistema de guía interno, 26–27
sistema del tiempo empresarial, 348–353
sistema interno de posicionamiento global, 36, 74
Sistemas Marítimos de la Armada, 291
Sistema para alcanzar el éxito que nunca falla, El (Stone), 4–5
sitios web: asistentes virtuales, 358–360, 588–589; instalación, 519–520, 556–557; marcadores, 547; seguridad, 547–548. Ver también sitios web
Sitzman, Nick, 295
Small, Adam, 387
Smith, Manuel J., 363
sobrecarga de información, 543–544
socios responsables, 83, 408
Solar Roadways Inc., 581
solicitudes, 68–69, 302, 303, 361
Sopa de pollo para el alma (Canfield et al.), 24, 37, 70, 77, 80, 88, 129, 152, 164, 201–203, 237–238, 279, 401, 414, 527, 532, 557, 586–587, 593
Sopa de pollo para el alma del adolescente (Kirberger), 428, 522
Sopa de pollo para el alma: recetario (Canfield et al.), 347
Southwest Airlines, 470
Speaking Success System [Sistema para el éxito como orador] de Burt Dubin, 411

Spanx, 373
Speaker's Sourcebook, The [Libro de referencias del orador] (Van Ekeren), 295n
Spielberg, Steven, 187, 205, 238
Spizer, Joyce, 230
Sports Illustrated, 45, 150
Stallone, Sylvester, 154, 203, 365
Stanfield, Jana, 158–159
STAR (éxito por medio de la acción y la responsabilidad), 599n
Starr, Chandra, 582
Start Late, Finish Rich [Comience tarde, termine rico] (Bach), 500, 506
StartSomeGood.com, 582
Stein, Ben, 31, 423
Stern, Isaac, 183
Stevens Corporation, 411
Stone, W. Clement, xxx, 4–5, 88, 115, 153, 251, 321, 374
Strand Prophecy, The [La profecía del hilo] (Winner), 61
Street Kid's Guide to Having It All, The [La guía del niño de la calle para tenerlo todo] (Assaraf), 250
Storytelling para el éxito (Guber), 373
Success Principles for Teens [Los principios del éxito para adolescentes] (Healy), 393
sueños, 159–164; carteleras y álbumes de metas para hacer realidad los, 129–130; creer en el potencial propio, 51–53; de grandes logros, 37; de riqueza, 488, 513; ensoñación intencional, 71–72; nunca renuncie, 231–235; vivir los de otro, 32–33
suficiencia, 529, 531
Sullivan, Dan, 243, 345, 348, 427, 470
Superación para personas inteligentes (Pavlina), 544
suposiciones, 452–456
Surowiecki, James, 541
Suu Kyi, Aung San, 373
Switzer, Janet, 75, 226n, 349, 382, 392, 512, 519, 523, 553n, 571, 609
Szymanski, Frank, 463

Tagore, Rabindranath, 158
talento está sobrevalorado, El (Colvin), 183
Tam, Marilyn, 440–442
Tapping Into Ultimate Success [El tapping hacia el éxito supremo] (Canfield y Bruner), 24, 281, 307, 607

tarjetas de crédito, 503, 506, 507–509, 550
Técnica de liberación emocional (EFT), 281, 281n, 307
técnica de la coherencia rápida, 416–417
técnica «de persuasión social», 573
técnica «Quieres decir que...», 454–455
tecnología, 541–552; cambio radical por siete días, 550; dieta baja en información, 543–544; tomar las riendas de la, 545–550. Ver también Internet; persona en línea; redes sociales; teléfonos inteligentes
telecumbres, 324
teléfonos inteligentes, 544, 546–547, 551–552
termostato psicológico interno, 109–110
temperatura financiera, 109–111
Templeton, John Marks, 497, 536
«tensión estructural», 87
teoría de la expectativa, 45
teoría de la ficha de póquer, 254–255
Terapia de *Tapping,* 107, 280–284, 307
Terapia del campo de pensamiento (TFT), 281–282
testimonios en vídeo, 560
TGI Friday's, 515–516
The Journey [El viaje] (Patent), 27n
The Path of Least Resistance [La vía del menor esfuerzo] (Fritz), 38
There Are No Shortcuts [No hay atajos] (Esquirth), 337n
Thigpen, Peter, 256–257
Thoele, Sue Patton, 360
Thoreau, Henry David, 506
Thurber, Marshall, 103, 189, 468
Thurman, Howard, 347
tiempo de calidad, 459
tiempo de televisión, 321–322
tiempo de vacaciones, 352–353
Time Present, Time Past [Tiempo presente, tiempo pasado] (Bradley), 180
toma somática de decisiones, 76, 419–420
Town, Phil, 491
Tracy, Brian, 23, 100, 258, 368
¡Tráguese ese sapo! (Tracy), 100
trampas, 97–98. Ver también obstáculos
Tresidder, Todd, 506
Trick to Money Is Having Some!, The [¡El secreto del dinero es tener un poco!] (Wilde), 493
Troup, John, 181
True, Herbert, 194

Trump, Donald, 35, 594
TuneGo, 582
Turner, Ted, 531
Twain, Mark, 97, 170, 436
Twenge, Jean, 573
Twist, Lynne, 529
Twitter, 559, 573

Ueberroth, Peter, 175
Unbreakable Spirit [Espíritu inquebrantable] (Nichols), 215
unidades de atención, 262, 267–268, 271
universidad: falta de titulación, 61; préstamo estudiantil, 506–507
«Unos sí, unos no, qué importa...», 200
Unstoppable Foundation, 206–207
U. S. Small Business Administration [Administración de Estados Unidos para las Pequeñas Empresas], 383

valor, 180, 206–207
Van Ekeren, Glen, 295n
Vaynerchuk, Gary, 563
Vegso, Peter, 202
verdad, 436–442; proceso de la verdad total, 273–275, 278
vibración, 67–68
vida ideal, idea clara de, 35
videocumbres, 324
vídeos en línea, 563–564
Vidmar, Peter, 123–124
visión, 35–43; compartir la, 40–41; conectarse con personas y expandir la, 558–568; de los líderes, 372–373; de quienes tienen grandes logros, 37; de vida ideal, 35; permanecer centrado en la, 36–38; sistema de enfoque de los que logran el éxito,102; sistema interno de posicionamiento global, 36. Ver también metas
«visión 2020», 37
visibilidad, como estado de relación, 389–390
visualización, 114–134; para adquirir riqueza, 479, 485, 511
visualización guiada del propósito de vida, 29
visualizadores eidéticos, 128
«vocecita interior». Ver intuición
voluntariado, 534–535, 577; reciba más de lo que dé, 534–535; sus talentos como, 534
vulgaridad, 472

Wales, Jimmy, 568
Walker, Heather O'Brien, xxi, 125–1228
Wallack, Melisa, 233
Walsh, Mike, 225
Washington, Denzel, 6, 470
Watson, James, 416
Wattles, Wallace D., 73, 477, 511
We the People (compañía), 516–517
Wealth Without Risk [Fortuna sin riesgo] (Givens), 287
Weinschenk, Susan, 564
Weiske, Gordon, 185–186
Wentworth, Diana von Welanetz, 346–347
Wepner, Chuck, 154
Weston, Simon, 279–280
White, Paul, 458, 459n
Whole Foods, 332
Wilcox, Frederick, 174
Wilde, Stuart, 493
Wilkins, Hubert, 65–66
Willett, Forrest, xxii–xxv
Williams, Arthur L., 44
Williams, Lisa, 557
Williams, Pat, 26
Williams, Rick y Tyler, 226

Williams, Venus, 62
Wilson, Kemmons, 330
Winfrey, Oprah, 35, 79, 187, 231, 251, 498
Winner, Brianna y Brittany, 61
Winters, Jonathan, 148
Wittal, Doug, xx
Wooden, John, 321, 473
Woodman, Nicholas, 514
Woods, Tiger, 35
WordPress, 556
Worsley, Sharon, 283
Wyland, 183–184, 250

Yellow Ribbon International, 527
Young, Cliff, 49
Young, Whitney M., 325
Young Entrepreneurs Organization [Organización de empresarios jóvenes], 248
YWCA, 527

Ziglar, Zig, 333, 536
Zmeskal, Kim, 181
zona de confort, 106–117
Zuckerberg, Mark, 61, 586